Psych

C. G. Jung

Alpha Editions

This edition published in 2022

ISBN : 9789356704190

Design and Setting By
Alpha Editions
www.alphaedis.com
Email - info@alphaedis.com

Contents

Vorrede.

Dies Buch ist die Frucht einer beinahe zwanzigjährigen Arbeit im Gebiete der praktischen Psychologie. Es ist gedanklich allmählich entstanden, einmal aus unzähligen Eindrücken und Erfahrungen der psychiatrischen und nervenärztlichen Praxis sowohl, wie des Umganges mit Menschen aller sozialen Schichten, sodann aus meiner persönlichen Auseinandersetzung mit Freund und Feind, und schliesslich aus der Kritik der psychologischen Eigenart meiner selbst. Ich habe mir vorgenommen, den Leser nicht mit Kasuistik zu beschweren, dagegen lag es mir daran, meine aus der Erfahrung abstrahierten Gedanken historisch sowohl wie terminologisch der bereits vorhandenen Erkenntnis anzugliedern. Ich habe dieses Unternehmen weniger aus einem Bedürfnis historischer Gerechtigkeit durchgeführt, als vielmehr in der Absicht, die Erfahrungen des ärztlichen Spezialisten aus dem engen Fachgebiete in allgemeinere Zusammenhänge zu bringen; in Zusammenhänge, welche es auch dem gebildeten Laien ermöglichen, sich die Erfahrungen eines Spezialgebietes zu nutze zu machen. Ich hätte diese Angliederung, die man leicht als einen Eingriff in andere Gebiete missverstehen könnte, niemals gewagt, wenn ich nicht der Überzeugung wäre, dass die in diesem Buche dargestellten psychologischen Gesichtspunkte von allgemeiner Bedeutung und Anwendbarkeit sind, und darum auch besser in einem allgemeinen Zusammenhang abgehandelt, als in der Form einer fachwissenschaftlichen Hypothese belassen werden. Dieser meiner Absicht entsprechend habe ich mich darauf beschränkt, mich mit den Ideen einzelner Bearbeiter des vorliegenden Problems auseinanderzusetzen, und habe darauf verzichtet, alles zu erwähnen, was überhaupt schon zu unserer Frage gesagt wurde. Ganz abgesehen davon, dass es meine Kraft um ein Vielfaches überstiege, eine auch nur annähernde Vollständigkeit eines solchen Verzeichnisses von einschlägigen Materialien und Meinungen zu erreichen, trüge eine solche Sammlung auch gar nichts Gründliches bei zur Erörterung und Entwicklung des Problems. Ich habe darum vieles, was ich mir im Laufe der Jahre gesammelt habe, ohne Bedauern weggelassen und mich möglichst auf die Hauptsachen beschränkt. Diesem Verzicht ist auch ein wertvolles Dokument, das mir sehr viele Hilfe gewährte, zum Opfer gefallen. Dies ist ein umfangreicher Briefwechsel mit meinem Freunde, Herrn Dr. med. *H. Schmid* in Basel, den ich mit ihm über die Typenfrage gepflogen habe. Ich verdanke diesem Meinungsaustausch sehr viel Klärung, und vieles daraus ist auch in allerdings veränderter und mehrfach überarbeiteter Form in mein Buch übergegangen. Im wesentlichen gehört dieser Briefwechsel zu den Vorarbeiten, deren Mitteilung mehr Verwirrung als Klarheit erzeugen würde. Ich bin es aber den Bemühungen meines Freundes schuldig, ihm an dieser Stelle meinen Dank auszusprechen.

Küsnacht-Zürich.
Im Frühling 1920.

Dr. **C. G. Jung.**

Einleitung.

Plato und Aristoteles! Das sind nicht bloss die zwei Systeme, sondern auch die Typen zweier verschiedener Menschennaturen, die sich seit undenklicher Zeit, unter allen Kostümen, mehr oder minder feindselig entgegenstehen. Vorzüglich das ganze Mittelalter hindurch, bis auf den heutigen Tag, wurde solchermassen gekämpft, und dieser Kampf ist der wesentlichste Inhalt der christlichen Kirchengeschichte. Von Plato und Aristoteles ist immer die Rede, wenn auch unter anderm Namen. Schwärmerische, mystische, platonische Naturen offenbaren aus den Abgründen ihres Gemütes die christlichen Ideen und die entsprechenden Symbole. Praktische, ordnende, aristotelische Naturen bauen aus diesen Ideen und Symbolen ein festes System, eine Dogmatik und einen Kultus. Die Kirche umschliesst endlich beide Naturen, wovon die einen sich meistens im Klerus und die andern im Mönchstum verschanzen, aber sich unablässig befehden.

(*H. Heine*: Deutschland, I.)

Bei meiner praktischen ärztlichen Arbeit mit nervösen Patienten ist mir schon lange aufgefallen, dass es neben den vielen individuellen Verschiedenheiten der menschlichen Psychologie auch *typische Unterschiede* gibt, und zwar fielen mir zunächst *zwei Typen* auf, die ich als *Introversions-* und *Extraversionstypus* bezeichnete.

Wenn wir einen menschlichen Lebensverlauf betrachten, so sehen wir, wie die Schicksale des einen mehr bedingt sind durch die Objekte seiner Interessen, während die Schicksale eines andern mehr durch sein eigenes Inneres, durch sein Subjekt bedingt sind. Da wir nun alle etwas mehr nach dieser oder jener Seite abweichen, so sind wir natürlicherweise geneigt, alles jeweils im Sinne unseres eigenen Typus zu verstehen.

Ich erwähne diesen Umstand schon hier, um möglichen Missverständnissen vorzubeugen. Begreiflicherweise erschwert dieser Umstand den Versuch einer allgemeinen Beschreibung der Typen beträchtlich. Ich muss beim Leser schon ein grosses Wohlwollen voraussetzen, wenn ich hoffen will, richtig verstanden zu werden. Es wäre relativ einfach, wenn jeder Leser von sich wüsste, zu welcher Kategorie er selber zählt. Es ist aber oft sehr schwierig, herauszufinden, ob jemand zu diesem oder jenem Typus gehört; besonders, wenn man selber in Frage kommt. Das Urteil in Bezug auf die eigene Persönlichkeit ist ja immer ausserordentlich getrübt. Diese subjektiven Urteilstrübungen sind darum so besonders häufig, weil jedem ausgesprochenem Typus eine besondere *Tendenz zur Compensation der Einseitigkeit seines Typus* innewohnt, eine Tendenz, die biologisch zweckmässig ist, da sie das seelische Gleichgewicht zu erhalten strebt. Durch die

Compensation entstehen sekundäre Charaktere oder *Typen*, welche ein äusserst schwierig zu enträtselndes Bild darbieten, so schwierig, dass man selbst geneigt ist, die Existenz der Typen überhaupt zu leugnen und nur noch an individuelle Verschiedenheiten zu glauben.

Ich muss diese Schwierigkeiten hervorheben, um eine gewisse Eigentümlichkeit meiner spätern Darstellung zu rechtfertigen: Es möchte nämlich scheinen, als ob der einfachste Weg der wäre, zwei concrete Fälle zu beschreiben und zergliedert nebeneinander zu stellen. Jeder Mensch aber besitzt beide Mechanismen, der Extraversion sowohl, wie der Introversion, und nur das relative Überwiegen des einen oder andern macht den Typus aus. Man müsste daher schon stark retouchieren, um das nötige Relief in das Bild zu bringen, was auf einen mehr oder weniger frommen Betrug hinausliefe. Dazu kommt, dass die psychologische Reaktion eines Menschen ein dermassen kompliziertes Ding ist, dass meine Darstellungsfähigkeit wohl kaum hinreichen würde, um ein absolut richtiges Bild davon zu geben. Ich muss mich daher notgedrungenerweise darauf beschränken, die Prinzipien darzustellen, die ich aus der Fülle der beobachteten Einzeltatsachen abstrahiert habe. Es handelt sich dabei um keine Deductio a priori, wie es etwa den Anschein haben könnte, sondern um eine deduktive *Darstellung* empirisch gewonnener Einsichten. Diese Einsichten sind, wie ich hoffe, ein klärender Beitrag zu einem Dilemma, das nicht nur in der analytischen Psychologie, sondern auch in andern Wissenschaftsgebieten und ganz besonders auch in den persönlichen Beziehungen der Menschen untereinander zu Missverständnis und Zwiespalt geführt hat und immer noch führt. Daraus erklärt sich, warum die Existenz von zwei verschiedenen Typen eine eigentlich schon längst bekannte Tatsache ist, die in dieser oder jener Form, sei es dem Menschenkenner, sei es der grübelnden Reflexion des Denkers, aufgefallen ist, oder der Intuition *Goethes* z. B. als das umfassende Prinzip der *Systole* und *Diastole* sich dargestellt hat. Die Namen und Begriffe, unter denen der Mechanismus der Introversion und der Extraversion gefasst wurde, sind recht verschieden und jeweils dem Standpunkt des individuellen Beobachters angepasst. Trotz der Verschiedenheit der Formulierungen leuchtet immer wieder das Gemeinsame in der Grundauffassung hervor, nämlich eine Bewegung des Interesses auf das Objekt hin in dem einen Falle, und eine Bewegung des Interesses vom Objekt weg zum Subjekt und zu dessen eigenen psychologischen Vorgängen im andern Falle. Im erstern Falle wirkt das Objekt wie ein Magnet auf die Tendenzen des Subjekts, es zieht sie an und bedingt das Subjekt in hohem Masse, ja, es entfremdet sogar das Subjekt sich selber und verändert dessen Qualitäten im Sinne einer Angleichung an das Objekt so sehr, dass man meinen könnte, das Objekt sei von höherm und in letzter Linie von ausschlaggebender Bedeutung für das Subjekt, und als sei es gewissermassen eine absolute Bestimmung und ein besonderer Sinn von Leben und Schicksal, dass das Subjekt sich ganz ans

Objekt aufgebe. Im letztern Falle dagegen ist und bleibt das Subjekt das Zentrum aller Interessen. Man könnte sagen, es scheine, als ob in letzter Linie alle Lebensenergie das Subjekt suche und darum stets verhindere, dass das Objekt einen irgendwie übermächtigen Einfluss erhalte. Es scheint, als ob die Energie vom Objekt wegfliesse, als ob das Subjekt der Magnet sei, der das Objekt an sich ziehen wolle.

Es ist nicht leicht, dieses gegensätzliche Verhalten zum Objekt in einer leicht fasslichen und klaren Weise zu charakterisieren, und die Gefahr ist gross, zu ganz paradoxen Formulierungen zu gelangen, welche mehr Verwirrung als Klarheit stiften. Ganz allgemein könnte man den introvertierten Standpunkt als denjenigen bezeichnen, der unter allen Umständen das Ich und den subjektiven psychologischen Vorgang dem Objekt und dem objektiven Vorgang überzuordnen oder doch wenigstens dem Objekt gegenüber zu behaupten sucht. Diese Einstellung gibt daher dem Subjekt einen höhern Wert als dem Objekt. Dementsprechend steht das Objekt immer auf einem tiefern Wertniveau, es hat sekundäre Bedeutung, ja, es steht gelegentlich nur als das äussere, objektive Zeichen eines subjektiven Inhaltes, etwa als Verkörperung einer Idee, wobei aber die Idee das Wesentliche ist; oder es ist der Gegenstand eines Gefühls, wobei aber das Gefühlserlebnis die Hauptsache ist und nicht das Objekt in seiner realen Individualität. Der extravertierte Standpunkt dagegen ordnet das Subjekt dem Objekt unter, wobei dem Objekt der überragende Wert zukommt. Das Subjekt hat stets sekundäre Bedeutung; der subjektive Vorgang erscheint bisweilen bloss als störendes oder überflüssiges Anhängsel objektiver Geschehnisse. Es ist klar, dass die Psychologie, die aus diesen gegensätzlichen Standpunkten hervorgeht, in zwei total verschiedene Orientierungen zerfallen muss. Der eine sieht alles unter dem Gesichtswinkel seiner Auffassung, der andere unter dem des objektiven Geschehens.

Diese gegensätzlichen Einstellungen sind zunächst nichts anderes als gegensätzliche Mechanismen: ein diastolisches Herausgehen an und ein Ergreifen des Objektes und ein systolisches Konzentrieren und Loslösen der Energie von den ergriffenen Objekten. Jeder Mensch besitzt beide Mechanismen als Ausdruck seines natürlichen Lebensrhythmus, den *Goethe* wohl nicht zufällig mit den physiologischen Begriffen der Herztätigkeit bezeichnet hat. Eine rhythmische Abwechslung beider psychischen Tätigkeitsformen dürfte dem normalen Lebensverlauf entsprechen. Die komplizierten äusseren Bedingungen, unter denen wir leben, sowohl, wie die vielleicht noch komplizierteren Bedingungen unserer individuellen psychischen Disposition erlauben aber selten einen gänzlich ungestörten Ablauf der psychischen Lebenstätigkeit. Äussere Umstände und innere Disposition begünstigen sehr oft den einen Mechanismus und beschränken oder hindern den andern. Daraus entsteht natürlicherweise ein Überwiegen des einen Mechanismus. Wird dieser Zustand in irgend einer Weise chronisch, so entsteht daraus ein *Typus*, nämlich eine habituelle Einstellung, in welcher der eine Mechanismus dauernd vorherrscht, allerdings ohne den andern je völlig unterdrücken zu können, denn er gehört unbedingt zur psychischen Lebenstätigkeit. Es kann daher niemals ein in dem Sinne reiner Typus entstehen, dass er durchaus nur den einen Mechanismus besässe bei völliger Atrophie des andern. Eine typische Einstellung bedeutet immer bloss das relative Überwiegen des einen Mechanismus.

Mit der Konstatierung der Introversion und Extraversion war zunächst eine Möglichkeit gegeben, zwei umfangreiche Gruppen von psychologischen Individuen zu unterscheiden. Jedoch ist diese Gruppierung von so oberflächlicher und allgemeiner Natur, dass sie eben nicht mehr als eine so allgemeine Unterscheidung erlaubt. Eine genauere Untersuchung jener Individualpsychologien, die in die eine oder andere Gruppe fallen, ergibt sofort grosse Unterschiede zwischen den einzelnen Individuen, die doch derselben Gruppe angehören. Wir müssen daher einen weitern Schritt tun, um bezeichnen zu können, worin die Unterschiede der zu einer bestimmten Gruppe gehörenden Individuen bestehen. Es hat sich nun meiner Erfahrung gezeigt, dass ganz allgemein die Individuen sich unterscheiden lassen, nicht nur nach der universellen Verschiedenheit von Extra- und Introversion, sondern auch nach den einzelnen psychologischen Grundfunktionen. In dem gleichen Masse nämlich, wie äussere Umstände sowohl, wie innere Disposition ein Vorherrschen von Extraversion oder Introversion veranlassen, so begünstigen sie auch das Vorherrschen einer bestimmten Grundfunktion im Individuum. Als Grundfunktionen, d. h. als Funktionen, die sich sowohl genuin wie auch essentiell von andern Funktionen unterscheiden, ergaben sich meiner Erfahrung das *Denken*, das *Fühlen*, das *Empfinden* und das *Intuieren*. Herrscht eine dieser Funktionen habituell vor, so entsteht ein entsprechender Typus. Ich unterscheide daher einen Denk-, einen Fühl-, einen Empfindungs- und einen intuitiven Typus. *Jeder dieser Typen kann ausserdem introvertiert oder extravertiert sein*, je nach seinem Verhalten zum Objekt in der Weise, wie oben geschildert wurde. Ich habe diese hier auseinandergesetzte Unterscheidung in zwei vorläufigen Mitteilungen[1] über die psychologischen Typen nicht durchgeführt, sondern den Denktypus mit dem Introvertierten und den Fühltypus mit dem Extravertierten identifiziert. Diese Vermischung hat sich einer vertieften Bearbeitung des Problems gegenüber als unhaltbar erwiesen. Zur Vermeidung von Missverständnissen möchte ich daher den Leser bitten, die hier durchgeführte Unterscheidung im Auge zu behalten. Um die in solch komplizierten Dingen unbedingt erforderliche Klarheit zu sichern, habe ich das letzte Kapitel dieses Buches der Definition meiner psychologischen Begriffe gewidmet.

I
Das Typenproblem in der antiken und mittelalterlichen Geistesgeschichte.

I.
Das Typenproblem in der antiken und mittelalterlichen Geistesgeschichte.

1. Zur Psychologie in der Antike. Die Gnostiker. Tertullian und Origenes.

Es gab zwar immer Psychologie, solange die geschichtliche Welt besteht, aber eine objektive Psychologie gibt es erst seit kurzem. Für die Wissenschaft früherer Zeit gilt der Satz: Der Gehalt an subjektiver nimmt zu mit dem Mangel an objektiver Psychologie. Daher die Werke der Alten zwar voll Psychologie sind, aber nur weniges davon ist als Objektiv-Psychologisches zu bezeichnen. Dies dürfte in nicht geringem Masse bedingt sein durch die Eigentümlichkeit der menschlichen Beziehung in Antike und Mittelalter. Die Antike hatte, wenn man so sagen darf, eine beinahe ausschliesslich biologische Bewertung des Mitmenschen, wie aus den Lebensgewohnheiten und den Rechtsverhältnissen des Altertums überall hervorleuchtet. Das Mittelalter hatte, insofern ein Werturteil überhaupt Ausdruck gefunden hat, eine metaphysische Bewertung des Mitmenschen, die ihren Anfang mit dem Gedanken des unverlierbaren Wertes der Menschenseele nahm. Diese, den Standpunkt der Antike compensierende Bewertung, ist der persönlichen Wertschätzung, welche allein die Grundlage einer objektiven Psychologie sein kann, ebenso ungünstig wie die biologische Bewertung. Es gibt zwar nicht wenige, welche meinen, eine Psychologie sei auch ex cathedra zu schreiben. Heutzutage sind allerdings die meisten überzeugt, dass eine objektive Psychologie sich zu allererst auf Beobachtung und Erfahrung zu stützen habe. Diese Grundlage wäre ideal, wenn sie möglich wäre. Das Ideal und der Zweck der Wissenschaft bestehen aber nicht darin, eine möglichst genaue Beschreibung der Tatsachen zu geben — die Wissenschaft kann doch nicht konkurrieren mit kinematographischen und phonographischen Aufnahmen —, sondern sie erfüllt ihren Zweck und ihre Absicht nur in der Aufstellung des Gesetzes, welches nichts ist als ein abgekürzter Ausdruck für mannigfaltige und doch als irgendwie einheitlich erfasste Prozesse. Dieser Zweck erhebt sich mittelst der *Auffassung* über das schlechthin Erfahrbare und wird immer trotz allgemeiner und erwiesener Gültigkeit ein Produkt der subjektiven psychologischen Konstellation des Forschers sein. In wissenschaftlicher Theorie- und Begriffsbildung liegt viel von persönlicher Zufälligkeit. Es gibt auch eine psychologische persönliche Gleichung, nicht bloss eine psychophysische. Wir sehen Farben, aber keine Wellenlängen.

Diese wohlbekannte Tatsache muss nirgends mehr beherzigt werden, als in der Psychologie. Die Wirksamkeit der persönlichen Gleichung fängt schon an bei der Beobachtung. *Man sieht, was man am besten aus sich sehen kann.* So sieht man zu allererst den Splitter in seines Bruders Auge. Kein Zweifel, der Splitter ist dort, aber der Balken sitzt im eigenen und — dürfte den Akt des Sehens einigermassen behindern. Ich misstraue dem Prinzip der „reinen Beobachtung" in der sogen. objektiven Psychologie, es sei denn, man beschränke sich auf die Brille des Chronoskopes, des Tachistoskopes und anderer „psychologischer" Apparate. Man sichert sich damit auch gegen eine zu grosse Ausbeute an psychologischen Erfahrungstatsachen. Noch viel mehr kommt aber die persönliche psychologische Gleichung zur Geltung bei der Darstellung oder Mitteilung des Beobachteten, gar nicht zu sprechen von der Auffassung und Abstraktion des Erfahrungsmaterials! Nirgends, wie in der Psychologie, ist es eine unerlässliche Grundanforderung, dass der Beobachter und Forscher seinem Objekt adäquat sei, in dem Sinne, dass er imstande sei, nicht nur das eine, sondern auch das andere zu sehen. Die Forderung, dass er *nur* objektiv sehe, ist gar nicht zu erheben; denn das ist unmöglich. Wenn man nicht *zu* subjektiv sieht, so dürfte man schon zufrieden sein. Dass die subjektive Beobachtung und Auffassung mit den objektiven Tatsachen des psychologischen Objektes übereinstimmt, ist nur insofern für die Auffassung beweisend, als die Auffassung keine allgemeine zu sein prätendiert, sondern nur gültig sein will für das in Betracht gezogene Gebiet des Objektes. Insofern befähigt der Balken im eigenen Auge geradezu die Auffindung des Splitters in des Bruders Augen. In diesem Fall beweist, wie gesagt, der Balken im eigenen Auge nicht, dass der Bruder keinen Splitter im Auge habe. Aber die Behinderung des Sehens könnte leicht Anlass zu einer allgemeinen Theorie werden, dass alle Splitter Balken seien. Die Anerkennung und Beherzigung der subjektiven Bedingtheit der Erkenntnisse überhaupt, und ganz besonders der psychologischen Erkenntnisse, ist eine Grundbedingung für die wissenschaftliche und gerechte Würdigung einer vom beobachtenden Subjekt verschiedenen Psyche. Diese Bedingung ist nur dann erfüllt, wenn der Beobachter über den Umfang und die Art seiner eigenen Persönlichkeit hinreichend unterrichtet ist. Er kann aber nur dann hinreichend unterrichtet sein, wenn er sich in hohem Masse von den ausgleichenden Einflüssen der Collektivurteile und Collektivgefühle freigemacht hat und dadurch zu einer klaren Auffassung seiner eigenen Individualität gelangt ist.

Je weiter wir in der Geschichte zurückgehen, desto mehr sehen wir, dass die Persönlichkeit unter der Decke der Collektivität verschwindet. Und wenn wir gar zur primitiven Psychologie hinuntergehen, so finden wir, dass dort vom Begriffe des Individuums überhaupt nicht zu reden ist. Statt der Individualität finden wir nur collektive Bezogenheit oder „participation mystique" (*Lévy-Bruhl*). Die Collektiveinstellung verhindert aber die

Erkenntnis und die Würdigung einer vom Subjekt verschiedenen Psychologie, indem der collektiv eingestellte Geist eben unfähig ist, anders als projizierend zu denken und zu fühlen. Das, was wir unter dem Begriff „Individuum" verstehen, ist eine verhältnismässig junge Errungenschaft der menschlichen Geistes- und Kulturgeschichte. Es ist darum kein Wunder, dass die früher allmächtige Collektiveinstellung eine objektive psychologische Würdigung der Individualdifferenzen sozusagen gänzlich verhindert hat, wie überhaupt jede wissenschaftliche Objektivierung individualpsychologischer Vorgänge. Gerade wegen dieses Mangels an psychologischem Denken war die Erkenntnis „psychologisiert", d. h. angefüllt mit projizierter Psychologie. Dafür bieten die Anfänge philosophischer Welterklärung treffende Beispiele. Hand in Hand mit der Entwicklung der Individualität und der dadurch bedingten psychologischen Differenzierung der Menschen geht die Entpsychologisierung der objektiven Wissenschaft. Diese Erörterungen dürften erklären, warum die Quellen objektiver Psychologie in den uns aus dem Altertum überlieferten Stoffen äusserst spärlich fliessen. Die Unterscheidung der vier Temperamente, die wir vom Altertum übernommen haben, ist eine kaum noch psychologische Typisierung, indem die Temperamente beinahe nichts anderes als psycho-physiologische Komplexionen sind. Der Mangel an Nachricht will nun aber nicht sagen, dass wir von der Wirksamkeit der in Frage stehenden psychologischen Gegensätze keine Spuren in der antiken Geistesgeschichte besässen.

So hat die gnostische Philosophie drei Typen aufgestellt, vielleicht entsprechend den drei psychologischen Grundfunktionen, *Denken*, *Fühlen* und *Empfinden*. Dem Denken entspräche der Pneumatiker, dem Fühlen der Psychiker, dem Empfinden der Hyliker. Die mindere Schätzung des Psychikers entspricht dem Geiste der Gnosis, welche gegenüber dem Christentum auf dem Werte der Erkenntnis insistierte. Die christlichen Prinzipien der Liebe und des Glaubens aber waren der Erkenntnis abhold. Innerhalb der christlichen Sphäre wäre demnach der Pneumatiker der Minderschätzung unterlegen, insofern er sich bloss durch den Besitz der Gnosis, der Erkenntnis, auszeichnete.

Wir dürfen an die Typendifferenz auch denken, wenn wir den langen und nicht gefahrlosen Kampf betrachten, den die Kirche seit den ersten Anfängen gegen den Gnostizismus führte. Bei der unzweifelhaft überwiegend praktischen Richtung des ersten Christentums kam der Intellektuelle, insofern er nicht, seinem Kampftriebe folgend, sich in der apologetischen Polemik verlor, kaum auf seine Rechnung. Die „regula fidei" war zu enge und erlaubte keine selbständige Bewegung. Zudem war sie arm an positivem Erkenntnisinhalt. Sie enthielt wenige Gedanken, die zwar praktisch ungeheuer wertvoll waren, aber dem Denken einen Riegel vorschoben. Vom sacrificium intellectus war der Intellektuelle weit schwerer betroffen als der Fühlmensch. Es ist daher sehr begreiflich, dass die überwiegenden Erkenntnisinhalte der Gnosis, welche im Lichte unserer heutigen Geistesentwicklung nicht nur nicht an Wert verloren, sondern sogar bedeutend gewonnen haben, für den Intellektuellen innerhalb der Kirche von grösster Anziehung sein mussten. Sie waren für ihn recht eigentlich die Versuchung der Welt. Besonders machte der *Doketismus* der Kirche zu schaffen mit seiner Behauptung, dass Christus nur einen Scheinleib besessen habe, und dass sein ganzes Erdendasein und Leiden ein Schein gewesen sei. In dieser Behauptung drängt sich das rein Denkmässige gegenüber dem menschlich Erfühlbaren übermächtig in den Vordergrund. Wohl am deutlichsten tritt uns der Kampf mit der Gnosis in zwei Gestalten entgegen, die nicht nur als Väter der Kirche, sondern auch als Persönlichkeiten überaus bedeutend waren. Es sind dies *Tertullian* und *Origenes*, ungefähre Zeitgenossen vom Ende des 2. Jahrhunderts. Von ihnen sagt *Schultz*[2]: „Der eine Organismus vermag den Nährstoff fast restlos in sich aufzunehmen und seiner eigenen Beschaffenheit zu assimilieren, der andere scheidet ihn unter stürmischen Abwehrerscheinungen ebenfalls wieder fast restlos aus. So gegensätzlich hat sich Origenes auf der einen Seite verhalten, Tertullianus auf der andern. Ihre Reaktion auf die Gnosis kennzeichnet nicht nur die beiden Charaktere und ihre Weltanschauungen, sondern sie ist auch von grundsätzlicher Bedeutung für die Stellung der Gnosis in dem Geistesleben und den religiösen Strömungen von damals.“

Tertullian wurde etwa um 160 in Karthago geboren. Er war ein Heide, dem lüsternen Leben seiner Stadt ergeben bis etwa zu seinem 35. Lebensjahre, wo er ein Christ wurde. Er wurde der Verfasser zahlreicher Schriften, aus denen sein Charakter, der uns besonders interessiert, unverkennbar hervortritt. Vor allem deutlich ist sein beispielloser edler Eifer, sein Feuer, sein leidenschaftliches Temperament und die tiefe Innerlichkeit seiner religiösen Auffassung. Er ist fanatisch und genial einseitig um einer erkannten Wahrheit willen, unduldsam, eine Kampfnatur ohnegleichen, ein erbarmungsloser Streiter, der seinen Sieg nur in der totalen Vernichtung seines Gegners sieht, seine Sprache ist wie eine funkelnde Klinge, von grausamer Meisterschaft geführt. Er ist der Schöpfer des auf mehr als 1000 Jahre hinaus gültigen Kirchenlateins. Er prägt die Terminologie der jungen Kirche. „Hatte er einen Gesichtspunkt aufgegriffen, so musste er ihn, gleichwie gepeitscht von einem Heere der Hölle, in alle seine Konsequenzen hinein auch durchführen, selbst wenn das Recht schon lange nicht mehr auf seiner Seite stand und alle vernünftige Ordnung zerfetzt vor ihm lag.“ Die Leidenschaftlichkeit seines Denkens war so unerbittlich, dass er sich immer und immer wieder gerade davon entfremdete, wofür er eigentlich sein Herzblut hergegeben hatte. Dementsprechend ist auch seine Ethik von herber Strenge. Er gebot, das

Martyrium aufzusuchen, statt es zu fliehen, er erlaubte keine zweite Ehe und verlangte die stete Verschleierung der Personen weiblichen Geschlechts. Die Gnosis, die eben eine Leidenschaft des Denkens und Erkennens ist, bekämpfte er mit fanatischer Unnachsichtigkeit, und mit ihr die von ihr eigentlich wenig verschiedene Philosophie und Wissenschaft. Ihm wird das grossartige Bekenntnis zugeschrieben: Credo quia absurdum est (Ich glaube um des Widersinns willen). Dies dürfte historisch allerdings nicht ganz stimmen, er sagte bloss: (De carne Christi. 5.): „Et mortuus est dei filius, prorsus credibile est, quia ineptum est. Et sepultus resurrexit; certum est, quia impossibile est."

Vermöge der Schärfe seines Geistes durchschaute er die Kläglichkeit philosophischen und gnostischen Wissens und wies es verächtlich von sich. Er berief sich dagegen auf das Zeugnis seiner eigenen innern Welt, auf seine eigenen innern Tatsachen, welche eins waren mit seinem Glauben. Sie gestaltete er aus und wurde so zum Schöpfer der begrifflichen Zusammenhänge, welche noch heute dem katholischen System zu Grunde liegen. Die irrationale innere Tatsache, die ihm wesentlich dynamischer Natur ist, war das Prinzip und die Grundlegung gegenüber der Welt und der collektiv gültigen oder rationalen Wissenschaft und Philosophie. Ich zitiere seine Worte:

„Ich rufe ein neues Zeugnis an, oder vielmehr ein Zeugnis, welches bekannter ist als irgend ein Schriftdenkmal, mehr verhandelt als irgend ein Lebenssystem, weiter verbreitet als irgend eine Veröffentlichung, grösser als der ganze Mensch, nämlich das, was den ganzen Menschen ausmacht. So tritt denn herzu, o du Seele, magst du nun etwas Göttliches und Ewiges sein, wie manche Philosophen glauben — du wirst dann umso weniger lügen — oder durchaus nicht göttlich, weil nämlich sterblich, wie freilich Epikuros allein meint — du wirst dann umso weniger lügen dürfen — magst du vom Himmel gekommen oder aus der Erde geboren, magst du aus Zahlen oder Atomen gefügt sein, magst du zugleich mit dem Leibe dein Dasein beginnen oder nachträglich in ihn eingefügt werden, gleichviel woher immer du auch stammst und wie immer du auch den Menschen zu dem machst, was er ist, nämlich ein vernünftiges Wesen, der Wahrnehmung fähig und auch der Erkenntnis. Aber nicht dich rufe ich, du Seele, die du in Schulen abgerichtet, in Bibliotheken bewandert, in Akademien und attischen Säulenhallen gespeist und gesättigt, Weisheit verkündest, nein, dich will ich sprechen, du Seele, die du schlicht und ungebildet, unbeholfen und unerfahren bist, sowie du bei denen bist, die nichts weiteres haben als dich, ganz wie du da eben von der Gasse, von der Strassenecke, von der Werkstatt kommst. Ich bedarf gerade deiner Unwissenheit."

Die im sacrificium intellectus vollbrachte Selbstverstümmelung *Tertullians* führte ihn zur rückhaltlosen Anerkennung der irrationalen innern Tatsache, der wirklichen Grundlage seines Glaubens. Die Notwendigkeit des religiösen Prozesses, den er in sich empfand, fasste er in die unübertreffbare Formel: *anima naturaliter christiana.* Mit dem sacrificium intellectus fielen für ihn Philosophie und Wissenschaft, konsequenterweise auch die Gnosis.

Im weitern Fortschritt seines Lebens verschärften sich die geschilderten Züge. Als die Kirche mehr und mehr genötigt war, Kompromisse mit der Masse zu schliessen, empörte er sich dagegen und wurde ein Anhänger jenes phrygischen Propheten *Montanus*, eines Ekstatikers, der das Prinzip der absoluten Verneinung der Welt und der vollständigen Vergeistigung vertrat. In heftigen Pamphleten begann er die Politik des Papstes *Calixtus I.* anzugreifen und geriet so mit dem Montanismus mehr oder weniger extra ecclesiam. Nach einem Berichte des *Augustin* soll er später sogar noch mit dem Montanismus sich überworfen und eine eigene Sekte gestiftet haben.

Tertullian ist sozusagen ein klassischer Vertreter des introvertierten Denkmenschen. Sein beträchtlicher, überaus scharf entwickelter Intellekt ist flankiert von unverkennbarer Sinnlichkeit. Der psychologische Entwicklungsprozess, den wir als den *christlichen* bezeichnen, führte ihn zum Opfer, zur Abschneidung des wertvollsten Organes, welcher mythische Gedanke im grossen und vorbildlichen Symbol der Opferung des Gottessohnes wiederum enthalten ist. Sein wertvollstes Organ war eben der Intellekt und die durch ihn vermittelte klare Erkenntnis. Durch das sacrificium intellectus wurde ihm der Weg über eine rein verstandesmässige Entwicklung unmöglich, wodurch er sich gezwungen fand, die irrationale Dynamis seines Seelengrundes als Fundament seines Wesens anzuerkennen. Das Denkmässige der Gnosis, ihre spezifische intellektuelle Ausmünzung dynamischer Phänomene des Seelengrundes, musste ihm notwendigerweise verhasst sein, denn es war eben der Weg, den er zu verlassen hatte, um das Prinzip des Fühlens anzuerkennen.

In Origenes lernen wir den absoluten Gegensatz zu Tertullian kennen. Origenes wurde um 185 in Alexandria geboren. Sein Vater war ein christlicher Märtyrer. Er selber wuchs auf in jener ganz eigentümlichen geistigen Atmosphäre, in der sich die Gedanken von Orient und Okzident mischten. Mit grosser Wissbegier eignete er sich alles Wissenswerte an, und so nahm er alles auf, was die überreiche alexandrinische Gedankenwelt jener Zeit bot, Christliches, Jüdisches, Hellenistisches, Ägyptisches. Er tat sich als Lehrer an einer Katechetenschule hervor. Der heidnische Philosoph *Porphyrius*, ein Schüler *Plotins*, sagte von ihm: „Sein äusseres Leben war das eines Christen und widergesetzlich; in Bezug auf seine Ansicht von den Dingen und von der Gottheit aber hellenisierte er und schob die Vorstellungen der Griechen den fremden Mythen unter.“ Schon vor 211 fällt seine Selbstkastration, deren nähere Motive zwar zu erraten, aber historisch unbekannt sind. Er war persönlich von grossem Einfluss, von gewinnender Rede. Er war stets umgeben von Schülern und einer ganzen Schar von Stenographen, welche die kostbaren Worte, die aus dem Munde des verehrten Lehrers fielen, auffingen. Er war schriftstellerisch ausserordentlich fruchtbar und entfaltete eine grossartige Lehrtätigkeit. In *Antiochia* hielt er selbst der Kaiserin-Mutter *Mammaea* Vorlesungen über Theologie. In Caesarea war er Haupt einer Schule. Seine Lehrtätigkeit war vielfach unterbrochen von ausgedehnten Reisen. Er war von ausserordentlicher Gelehrsamkeit und hatte eine erstaunliche Fähigkeit, den Dingen sorgfältig nachzugehen. Er spürte alte Bibelhandschriften auf und erwarb sich um die Textkritik besondere Verdienste. „Er war ein grosser Gelehrter, ja, der einzige wahrhafte Gelehrte, den die alte Kirche besessen hat", sagt *Harnack*. *Origenes*, ganz im Gegensatz zu *Tertullian*, verschloss sich dem Einfluss des Gnostizismus nicht, im Gegenteil, er führte ihn sogar in gemilderter Form in den Schooss der Kirche über; wenigstens richtete sich darauf sein Streben. Ja, er war sozusagen selber ein christlicher Gnostiker, seinem Denken und seinen Grundanschauungen nach. Seine Stellung zu *Glauben und Wissen* schildert *Harnack* mit folgenden psychologisch bedeutsamen Worten: „Die Bibel ist in gleicher Weise beiden nötig: die Gläubigen empfangen aus ihr die Tatsachen und Gebote, die sie brauchen, und die Wissenden entziffern aus ihr die Ideen und ziehen aus ihr die Kräfte, die sie bis zur Anschauung und Liebe Gottes führen — also dass alles Stoffliche durch geistliche Deutung (allegorische Auslegung, Hermeneutik) umgeschmolzen erscheint zu einem Kosmos von Ideen, ja, zuletzt alles durch den „Aufstieg" überwunden und als Stufe zurückgelassen ist, und allein das selige ruhende Verhältnis des von Gott ausgegangenen kreatürlichen Geistes zu Gott übrig bleibt (amor et visio)." Seine Theologie war zum Unterschied von der des *Tertullian* eine wesentlich philosophische, die sich sozusagen ganz in den Rahmen einer neuplatonischen Philosophie schmiegt. In Origenes durchdringen sich die Sphären griechischer Philosophie und Gnosis einerseits und der christlichen Ideenwelt andererseits in friedlicher und harmonischer Weise. Diese weitgehende einsichtsvolle Duldsamkeit und Gerechtigkeit führten aber auch Origenes zum Schicksal der Verdammung durch die Kirche. Allerdings fand die endgültige Verdammung erst posthum statt, nachdem Origenes als Greis in der Christenverfolgung des *Decius* gemartert worden und an den Folgen der Tortur bald nachher gestorben war. 399 sprach Papst *Anastasius I.* seine Verdammung aus, und 543 wurde seine Irrlehre von einer von *Justinian* einberufenen Synode verflucht, woran sich auch die Urteile späterer Konzilien hielten.

Origenes ist ein klassischer Vertreter des extravertierten Typus. Seine Grundorientierung geht auf das Objekt; das zeigt sich in der gewissenhaften Berücksichtigung der objektiven Tatsachen und ihrer Bedingungen, und es zeigt sich in der Formulierung jenes höchsten Prinzips, des amor und der visio Dei. Der christliche Entwicklungsprozess traf bei Origenes auf einen Typus, dessen ursprüngliche Grundlage die Beziehung zu Objekten ist, welche sich von jeher symbolisch in der Sexualität ausdrückt, weshalb gewisse Theorien auch alle wesentlichen Seelenfunktionen eben auf die Sexualität reduzieren. Die Kastration ist daher der adäquate Ausdruck des Opfers der wertvollsten Funktion. Es ist durchaus charakteristisch, dass *Tertullian* das sacrificium intellectus vollbringt, *Origenes* aber das sacrificium phalli, denn der christliche Prozess will eine vollständige Aufhebung der sinnlichen Bindung an das Objekt, genauer gesagt: er will das Opfer der bislang am höchsten gewerteten Funktion, des teuersten Gutes, des stärksten Triebes. Das Opfer ist, biologisch betrachtet, im Dienste der Domestikation gebracht, psychologisch betrachtet aber, um durch Auflösungen alter Bindungen neue Entwicklungsmöglichkeiten für den Geist einzuführen. *Tertullian* opferte den Intellekt, weil es der Intellekt war, der ihn am stärksten an die Weltlichkeit band. Er bekämpfte die Gnosis, weil sie für ihn den Abweg in das Intellektuelle darstellte, das zugleich auch die Sinnlichkeit bedingt. Dieser Tatsache entsprechend finden wir, dass der Gnostizismus auch in Wirklichkeit in zwei Richtungen geteilt ist: die eine Richtung der Gnostiker strebt nach einer über alles Mass hinausgehenden Vergeistigung, die andere Richtung verliert sich im ethischen Anomismus, in einem absoluten Libertinismus, der von keiner Unzucht und keiner noch so abscheulichen Perversität und Schamlosigkeit zurückschreckt. Man unterschied geradezu Enkratiten (Enthaltsame) und Antitakten oder Antinomisten (Ordnungs- und Gesetzesgegner), welche prinzipiell sündigten und sich absichtlich, gewissen Lehrsätzen entsprechend, zügelloser Ausschweifung ergaben. Zu den letztern gehören die Nicolaiten, Archontiker etc. und die treffend benannten Borborianer. Wie nahe die anscheinenden Gegensätze beisammen lagen, zeigt das Beispiel der Archontiker, wo dieselbe Sekte in eine enkratitische und in eine antinomistische Richtung zerfiel, welche beide logisch und konsequent blieben. Wenn man wissen will, was ein kühn und grosszügig durchgeführter Intellektualismus ethisch bedeutet, der studiere die gnostische Sittengeschichte. Man wird das sacrificium intellectus durchaus begreifen. Jene Leute waren eben auch praktisch konsequent und lebten ihr Erdachtes bis zur Absurdität. Origenes aber opferte die *sinnliche* Bindung an die Welt, indem er sich selbst verstümmelte. Ihm war offenbar der Intellekt keine spezifische Gefahr, sondern eher ein an das Objekt bindendes Fühlen und Empfinden. Durch die Kastration befreite er sich von der mit dem Gnostizismus gepaarten Sinnlichkeit und konnte sich darum ungescheut dem

Reichtum gnostischen Denkens ergeben, während Tertullian durch sein intellektuelles Opfer sich der Gnosis verschloss, damit aber auch eine Tiefe des religiösen Gefühls erreichte, die wir bei Origenes vermissen. „Vor Origenes zeichnet ihn aus, dass er jedes seiner Worte in tiefstem Gemüte erlebt hat, dass ihn nicht, wie jenen, der Verstand fortriss, sondern das Herz. Dagegen steht er hinter ihm dadurch zurück, dass er, der leidenschaftlichste aller *Denker*, knapp daran war, das Wissen überhaupt zu verwerfen und seinen Kampf gegen die Gnosis zu einem solchen gegen das menschliche Denken überhaupt zu erweitern", sagt *Schultz*.

Wir sehen hier, wie sich im christlichen Prozess der ursprüngliche Typus recht eigentlich umgedreht hat: *Tertullian*, der scharfe Denker, wird zum Gefühlsmenschen; *Origenes* wird zum Gelehrten und verliert sich an das Denkmässige. Es ist natürlich ein Leichtes, die Sache auch logisch umzudrehen und zu sagen, Tertullian sei von jeher der Gefühlsmensch gewesen und Origenes der Intellektuelle. Abgesehen von der Tatsache, dass damit der typische Unterschied nicht aus der Welt geschafft ist, sondern nach wie vor besteht, erklärt aber die umgekehrte Anschauungsweise nicht, wieso es kommt, dass Tertullian seinen gefährlichsten Feind im Denkmässigen, Origenes aber in der Sexualität gesehen hat. Man könnte sagen, sie hätten sich beide getäuscht, und man könnte dafür als Argument das fatale Resultat des Lebens beider ins Feld führen. In diesem Falle müsste man annehmen, dass beide das ihnen weniger Wichtige geopfert, also gewissermassen einen Kuhhandel mit dem Schicksal gemacht hätten. Das ist auch eine Ansicht, deren Prinzip von anerkennenswerter Gültigkeit ist. Gibt es doch sogar unter den Primitiven solche Schlaumeier, die vor ihren Fetisch treten mit einem schwarzen Huhn unter dem Arm und sagen: „Siehe, ich opfere dir ein schönes schwarzes Schwein." Ich bin aber der Ansicht, dass die entwertende Erklärungsweise, trotz der unverkennbaren Erleichterung, die der gewöhnliche Mensch beim Herunterreissen von etwas Grossem verspürt, nicht unter allen Umständen die richtige sei, auch wenn sie sich sehr „biologisch" anlässt. Soweit wir diese beiden Grossen im Reiche des Geistes persönlich kennen, müssen wir aber sagen, dass ihre ganze Art dermassen ernsthaft ist, dass ihre christliche Umkehrung weder Erschleichung noch Betrug war, sondern Wirklichkeit und Wahrhaftigkeit.

Wir verlieren uns nicht auf einen Nebenweg, wenn wir uns bei dieser Gelegenheit vergegenwärtigen, was die Brechung der natürlichen Triebrichtung, als welche der christliche (Opfer-) Prozess erscheint, psychologisch bedeutet: Aus dem Obengesagten ergibt sich nämlich, dass die Umkehrung zugleich auch den Übergang in eine andere Einstellung bedeutet. Damit wird auch klar, woher das treibende Motiv zur Umkehrung stammt, und inwiefern *Tertullian* recht hat, die Seele als „naturaliter christiana" aufzufassen: Die natürliche Triebrichtung folgt, wie alles in der Natur, dem

Prinzip des kleinsten Kraftmasses. Nun hat der eine Mensch etwas mehr Veranlagung hier, der andere dort. Oder die Anpassung an die erste Umgebung der Kindheit erfordert etwas mehr Zurückhaltung und Nachdenken oder etwas mehr Einfühlung, je nach der Art der Eltern und der Umstände. Dadurch bildet sich automatisch eine gewisse Vorzugseinstellung aus, welche verschiedene Typen ergibt. Insofern nun jeder Mensch als relativ stabiles Wesen alle psychologischen Grundfunktionen besitzt, so wäre es auch eine psychologische Notwendigkeit hinsichtlich einer vollkommenen Anpassung, dass der Mensch sie auch gleichmässig verwende. Denn es muss einen Grund haben, warum es verschiedene psychologische Anpassungswege gibt: offenbar genügt der eine allein nicht, indem das Objekt beispielsweise als bloss Gedachtes oder als bloss Gefühltes nur teilweise erfasst zu sein scheint. Durch einseitige („typische") Einstellung bleibt ein Fehlbetrag in der psychologischen Anpassungsleistung, der sich im Laufe des Lebens aufhäuft, wodurch sich früher oder später eine Anpassungsstörung entwickelt, welche das Subjekt zu einer Compensation drängt. Die Compensation kann aber nur erreicht werden durch eine *Abschneidung* (Opfer) der bisherigen einseitigen Einstellung. Dadurch entsteht eine temporäre Aufstauung der Energie und ein Überfluten in bisher bewusst nicht benützte, aber unbewusst bereitliegende Kanäle. Das Anpassungsdefizit, welches die causa efficiens zum Prozess der Umkehrung ist, macht sich subjektiv bemerkbar als Gefühl einer unbestimmten Unbefriedigung. Eine solche Atmosphäre herrschte um die Wende unserer Zeitrechnung. Ein ausserordentliches und erstaunliches Erlösungsbedürfnis überkam die Menschheit und bewirkte jenes unerhörte Aufblühen von allen möglichen und unmöglichen Kulten im alten Rom. Es mangelte auch nicht an Vertretern der Auslebetheorie, die anstatt mit „Biologie", mit Gründen damaliger Wissenschaft operierten. Auch konnte man sich nicht genug tun mit Spekulationen darüber, woher es komme, dass es den Menschen so schlecht gehe; nur war der Kausalismus jener Zeit etwas weniger beschränkt, als der unserer Wissenschaft; man griff nicht bloss in die Kindheit zurück, sondern gleich in die Kosmogonie und ersann zahlreiche Systeme, welche nachwiesen, was alles in der Vorzeit passiert war, wodurch dann unleidliche Folgezustände für die Menschheit herauskamen.

Das Opfer, das *Tertullian* und *Origenes* brachten, ist drastisch, zu drastisch für unsern Geschmack, aber es entsprach dem Geiste jener Zeit, der durchaus *concretistisch* war. Aus diesem Geiste heraus nahm die Gnosis ihre Visionen für schlechthin real oder doch wenigstens als direkt auf Reales bezüglich, und Tertullian setzt die Tatsache seines Fühlens für objektiv gültig. Der Gnostizismus projizierte die subjektive innere Wahrnehmung des Prozesses der Einstellungsänderung als ein kosmogonisches System und glaubte an die Realität seiner psychologischen Figuren.

In meinem Buch über „Wandlungen und Symbole der Libido" liess ich die Frage offen, woher die eigentümliche Libidorichtung im christlichen Prozesse stamme. Ich sprach damals von einer Zerspaltung der Libidorichtung in zwei gegeneinander gerichtete Hälften. Die Erklärung hiefür ergibt sich aus der Einseitigkeit der psychologischen Einstellung, die so einseitig geworden war, dass die Compensation aus dem Unbewussten herauf sich aufdrängte. Es ist gerade die gnostische Bewegung in den ersten christlichen Jahrhunderten, welche das Hervorbrechen unbewusster Inhalte im Momente der Compensierung aufs klarste dartut. Das Christentum selber bedeutete die Zertrümmerung und Opferung antiker Kulturwerte, d. h. der antiken Einstellung. In gegenwärtiger Zeit ist beinahe überflüssig zu bemerken, dass es gleichgültig ist, ob wir von heute oder von der Zeit vor 2000 Jahren reden.

2. Die theologischen Streitigkeiten der alten Kirche.

Es ist nicht unwahrscheinlich, dass wir dem Typengegensatz auch sonst in der Geschichte der Schismen und Häresieen der an Streitigkeiten so reichen frühchristlichen Kirche begegnen. Die vielleicht mit den Urchristen überhaupt identischen Ebioniten oder Judenchristen glaubten an die ausschliessliche Menschlichkeit Christi und hielten ihn für den Sohn der Maria und des Joseph, der erst nachträglich seine Weihe durch den heiligen Geist empfangen habe. Die Ebioniten sind somit in diesem Punkte das den Doketen gegenüber liegende Extrem. Dieser Gegensatz wirkte noch lange nach. In veränderter Form trat der Gegensatz in kirchenpolitisch verschärfter aber inhaltlich gemilderter Form um 320 in der Häresie des *Arius* wieder zu tage. Arius leugnete die von der orthodoxen Kirche proponierte Formel τῷ Πατρὶ ὁμοούσιος (dem Vater gleich). Wenn wir die Geschichte des grossen arianischen Streites um Homousie und Homoiusie (Wesengleichheit und Wesensähnlichkeit Christi mit Gott) genauer ansehen, so scheint uns zwar die Homoiusie deutlich den Akzent auf das Sinnliche und menschlich Erfühlbare zu legen, gegenüber dem rein Denkmässigen und Abstrakten des Standpunktes der Homousie. Gleichermassen möchte es uns scheinen, als ob die Empörung der *Monophysiten* (welche die absolute Einheit der Natur Christi vertraten) gegen die dyophysitische Formel des Konzils von Chalcedon (welches die unzertrennbare Doppelnatur Christi, nämlich seine geeinte *menschliche* und *göttliche* Natur vertrat) wiederum den Standpunkt des Abstrakten und Unvorstellbaren gegenüber dem Sinnlich-Natürlichen der dyophysitischen Formel zur Geltung brächte. Zugleich aber tritt uns die Tatsache überwältigend vor Augen, dass an der arianischen Bewegung, sowohl wie am Monophysitenstreit, die subtile dogmatische Frage zwar für diejenigen Köpfe, welche sie ursprünglich herausbrachten, die Hauptsache war, nicht aber für die grosse Masse, welche sich parteinehmend des Dogmenstreites bemächtigte. Für sie hatte auch zu jenen Zeiten eine so subtile Frage keine Motivkraft, sondern sie war bewegt durch Probleme und Ansprüche politischer Macht, die mit der theologischen Differenz nichts zu tun hatten. Wenn die Typendifferenz hier überhaupt eine Bedeutung hatte, so war es die, dass sie die Schlagworte lieferte, welche die groben Masseninstinkte in schmeichelhafter Weise etikettierten. Damit soll aber keineswegs die Anerkennung der Tatsache ausgelöscht sein, dass für die, die den Streit entfachten, Homousie und Homoiusie, eine ernsthafte Sache war. Denn dahinter verbarg sich historisch wie psychologisch das ebionitische Bekenntnis zum reinen Menschen Christus mit relativer („scheinbarer") Göttlichkeit, und das doketische Bekenntnis zum reinen Gott Christus mit nur scheinbarer Körperlichkeit. Und unter dieser Schicht wiederum liegt das grosse psychologische Schisma. Einerseits die Behauptung, der Hauptwert und die Hauptbedeutung liege bei dem sinnlich Erfassbaren, dessen Subjekt, wenn auch nicht immer menschlich-persönlich, so doch immer ein projiziertes menschliches Empfinden ist; andererseits die Behauptung, der Hauptwert liege bei dem Abstrakten und Aussermenschlichen, dessen Subjekt die Funktion ist, das heisst: der objektive Naturprozess, der in unpersönlicher Gesetzmässigkeit abläuft, jenseits menschlicher Empfindung, ja sogar als deren Grundlage. Ersterer Standpunkt übersieht die Funktion zu Gunsten des Funktionskomplexes, als welcher der Mensch erscheint; letzterer Standpunkt übersieht den Menschen als den unerlässlichen Träger zu Gunsten der Funktion. Beide Standpunkte leugnen einander gegenseitig ihren Hauptwert. Je entschiedener sich die Vertreter der beiden Standpunkte mit ihrem Standpunkt identifizieren, desto mehr versuchen sie auch, in bester Absicht vielleicht, sich gegenseitig den eigenen Standpunkt aufzudrängen und vergewaltigen dadurch den Hauptwert des andern.

Eine andere Seite des Typengegensatzes scheint im *pelagianischen* Streit im Beginn des 5. Jahrhunderts hervorzutreten. Die von *Tertullian* tiefempfundene Erfahrung, dass der Mensch auch nach der Taufe die Sünde nicht vermeiden kann, wurde bei *Augustin*, der in vielen Beziehungen Tertullian nicht unähnlich ist, zu jener durchaus charakteristischen, pessimistischen Lehre der Erbsünde, deren Wesen in der seit Adam vererbten *Concupiscentia* besteht.[3] Der Tatsache der Erbsünde gegenüber stand bei Augustin die erlösende Gnade Gottes mit der durch sie geschaffenen Institution der Kirche, welche die Erlösungsmittel verwaltete. In dieser Auffassung steht der Wert des Menschen sehr tief. Er ist eigentlich nichts als ein armseliges, verworfenes Geschöpf, das dem Teufel unter allen Umständen verfallen ist, wenn er nicht durch das Medium der alleinseligmachenden Kirche der göttlichen Gnade teilhaftig wird. Damit fiel nicht nur der Wert, sondern auch die sittliche Freiheit und Selbstbestimmung des Menschen mehr oder weniger weg, wodurch allerdings der Wert und die

Bedeutung der *Idee* der Kirche umsomehr stieg, was dem in der augustinischen civitas Dei ausgesprochenen Programm entsprach.

Einer solch erdrückenden Auffassung gegenüber erhebt sich immer wieder das Gefühl der Freiheit und des sittlichen Wertes des Menschen, das auf die Länge sich von keiner noch so tiefen Einsicht oder noch so scharfen Logik unterdrücken lässt. Das Recht des menschlichen Wertgefühles fand seinen Verteidiger in *Pelagius*, einem britannischen Mönch und seinem Schüler *Caelestius*. Ihre Lehre gründete sich auf die sittliche Freiheit des Menschen als einer gegebenen Tatsache. Für die psychologische Verwandtschaft des pelagianischen Standpunktes mit der dyophysitischen Auffassung ist bezeichnend, dass die angefeindeten Pelagianer bei *Nestorius*, dem Metropoliten von Konstantinopel, Aufnahme fanden. Nestorius betonte die Trennung der beiden Naturen Christi gegenüber der Cyrillischen Lehre der φυσιχὴ ἕνωσις, der physischen Einheit Christi als Gottmenschen. Nestorius wollte auch Maria durchaus nicht als θεοτόκος (Gottesgebärerin), sondern bloss als Χριστοτόκος (Christusgebärerin) aufgefasst wissen. Er nannte den Gedanken, dass Maria Gottesmutter sei, mit gutem Recht sogar heidnisch. Von ihm aus ging der nestorianische Streit, der schliesslich mit der Abspaltung der nestorianischen Kirche endete.

3. Das Problem der Transsubstantiation.

Mit den grossen politischen Umwälzungen, dem Zusammenbruch des römischen Reiches und dem Untergang der antiken Zivilisation fanden auch diese Streitigkeiten ein Ende. Als aber nach mehreren Jahrhunderten wieder eine gewisse Stabilität erreicht war, traten auch die psychologischen Differenzen wieder in ihrer charakteristischen Weise hervor, zuerst zaghaft, aber mit steigender Kultur intensiver werdend. Zwar waren es nicht mehr die Probleme, welche die alte Kirche in Aufruhr gebracht hatten, sondern neue Formen waren gefunden worden, aber die darunter versteckte Psychologie war dieselbe.

Um die Mitte des 9. Jahrhunderts trat der Abt *Paschasius Radbertus* mit einer Schrift über das Abendmahl an die Öffentlichkeit, worin er die Transsubstantiationslehre vertrat, d. h. die Behauptung, dass der Wein und die Hostie in der Kommunion sich in das wirkliche Blut und das wirkliche Fleisch Christi verwandeln. Diese Auffassung wurde, wie bekannt, zu einem Dogma, wonach sich die Verwandlung „vere, realiter, substantialiter“ vollziehe, obschon zwar die „Akzidentien“, nämlich Brot und Wein, ihr Aussehen behielten, so seien sie doch, der Substanz nach, Fleisch und Blut Christi. Gegen diese extreme Concretisierung eines Symbols wagte *Ratramnus*, ein Mönch desselben Klosters, wo *Radbertus* Abt war, gewissen Widerspruch zu erheben. Einen entschiedenen Gegner aber fand Radbertus in *Scotus Eriugena*, dem grossen Philosophen und kühnen Denker des frühen

Mittelalters, der so hoch und einsam über seiner Zeit stand, dass der Fluch der Kirche ihn erst nach Jahrhunderten erreichte, wie *Hase* in seiner Kirchengeschichte sagt. Als Abt von Malmesbury wurde er um 889 von seinen Mönchen ermordet. *Scotus Eriugena*, dem wahre Philosophie auch wahre Religion war, war kein blinder Anhänger der Autorität und des einmal Gegebenen, denn er konnte, zum Unterschiede von den meisten seiner Zeit, selber denken. Er stellte die Vernunft über die Autorität, vielleicht in sehr unzeitgemässer Weise, aber der Anerkennung späterer Jahrhunderte gewiss. Sogar die über jede Diskussion erhabenen Väter der Kirche hielt er nur darum und insofern für Autoritäten, als in ihren Schriften Schätze menschlicher Vernunft enthalten waren. So hielt er auch dafür, dass das Abendmahl nichts anderes sei, als ein Andenken an jenes letzte Mahl, das Jesus mit seinen Jüngern feierte, was auch sonst der vernünftige Mensch zu allen Zeiten denken wird. Aber Scotus Eriugena, so klar und einfach menschlich er dachte, und so wenig er geneigt war, vom Sinne und Wert der heiligen Zeremonie abzustreichen, war nicht eingefühlt in den Geist seiner Zeit und in die Wünsche seiner Umgebung, was auch aus dem Umstand seiner Ermordung durch seine eigenen Klostergenossen hervorgehen dürfte. Darum konnte er vernünftig und folgerichtig denken, hatte aber damit keinen Erfolg, welcher nämlich dem Radbertus zufiel, der zwar nicht denken konnte, dafür aber das Symbolische und Sinnreiche „transsubstantiierte" und ins Sinnenfällige vergröberte, eingefühlt, wie er offenbar war, in den Geist seiner Zeit, die nach der Concretisierung religiöser Geschehnisse verlangte.

Man erkennt unschwer in diesem Streit wieder jene Grundelemente, denen wir schon bei den früher besprochenen Streitigkeiten begegnet sind, nämlich den abstrakten, der Vermischung mit dem concreten Objekt abholden und den concretisierenden, dem Objekt zugewandten Standpunkt. Es liegt uns fern, vom intellektuellen Standpunkte aus ein einseitiges entwertendes Urteil über Radbertus und seine Leistung auszusprechen. Obschon gerade dieses Dogma dem modernen Geiste als absurd vorkommen muss, so darf man sich dadurch doch nicht verleiten lassen, es historisch für wertlos zu erklären. Es ist zwar ein Prunkstück für jede Sammlung menschlicher Irrtümer, aber sein Unwert geht daraus nicht eo ipso hervor, denn vor aller Verurteilung müssten wir weitläufig untersuchen, was dieses Dogma im religiösen Leben jener Jahrhunderte wirkte, und was unsere Zeit noch dieser Wirkung indirekt verdankt. Es ist nämlich nicht zu übersehen, dass gerade der Glaube an die Wirklichkeit dieses Wunders eine Ablösung des psychischen Prozesses vom rein Sinnenfälligen verlangt, welche nicht ohne Einfluss auf die Natur des psychischen Prozesses bleiben kann. Der Prozess des gerichteten Denkens nämlich wird schlechterdings zur Unmöglichkeit, wenn das Sinnenfällige einen zu hohen Schwellenwert besitzt. Vermöge eines zu hohen Wertes dringt es beständig in die Psyche ein, zerreisst und zerstört die gerade auf Ausschliessung des Nichtpassenden basierte Funktion des gerichteten

Denkens. Aus dieser einfachen Überlegung ergibt sich ohne weiteres der praktische Sinn derartiger Riten und Dogmen, die von eben diesem Standpunkt aus auch einer rein opportunistischen, biologischen Betrachtungsweise standhalten, ganz zu schweigen von den direkten, spezifisch religiösen Wirkungen, die vom Glauben an dieses Dogma auf den einzelnen ausgingen. So hoch uns Scotus Eriugena steht, so wenig ist es erlaubt, die Leistung des Radbertus gering zu schätzen. Wir dürfen aus diesem Fall aber lernen, dass der Gedanke des Introvertierten inkommensurabel ist dem Gedanken des Extravertierten, da die beiden Denkformen hinsichtlich ihrer Bestimmungen gänzlich und gründlichst verschieden sind. Man dürfte vielleicht sagen: das Denken des Introvertierten sei *vernünftig*, das des Extravertierten aber *programmatisch*.

Mit diesen Ausführungen soll, wie ich ausdrücklich hervorheben will, keineswegs etwas ausgemacht sein über die individuelle Psychologie der beiden Autoren. Was wir von Scotus Eriugena persönlich wissen — es ist wenig genug — genügt nicht, um eine sichere Diagnose seines Typus zu machen. Das, was wir wissen, spricht zu Gunsten des Introversionstypus. Von Radbertus wissen wir so gut wie nichts. Wir wissen nur, dass er etwas dem allgemeinen menschlichen Denken Widerstreitendes sagte, aber mit sicherer Gefühlslogik das erschloss, was jene Zeit als das Passende anzunehmen bereit war. Diese Tatsache würde zu Gunsten des Extraversionstypus sprechen. Aus ungenügender Kenntnis beider Persönlichkeiten müssen wir aber unser Urteil suspendieren, denn besonders bei Radbertus könnte die Sache auch ganz anders liegen. Er könnte ebenso gut ein Introvertierter gewesen sein, der bei beschränktem Verstande in keiner Weise über die Auffassungen seiner Umgebung hinausragte, und dessen Logik bei gänzlicher Unoriginalität gerade soweit reichte, einen nächstliegenden Schluss aus den in den Schriften der Väter bereitgelegten Prämissen zu ziehen. Und umgekehrt könnte Scotus Eriugena auch ein Extravertierter gewesen sein, wenn nachgewiesen wäre, dass er von einem Milieu getragen war, das sich sowieso durch common sense auszeichnete und auch eine dementsprechende Äusserung als das Passende und Wünschenswerte empfand. Letzteres ist nun gerade für Scotus Eriugena keineswegs nachgewiesen. Auf der andern Seite aber wissen wir auch, wie gross die Sehnsucht jener Zeit nach der Realität des religiösen Wunders war. Diesem Charakter des Zeitgeistes musste die Ansicht des Scotus Eriugena als kalt und ertötend erscheinen, während des Radbertus Behauptung als lebenfördernd musste empfunden werden, denn sie concretisierte das, was jedermann wünschte.

4. Nominalismus und Realismus.

Der Abendmahlstreit des IX. Jahrhunderts war nichts als der Auftakt zu einem weit grössern Streite, der die Geister auf Jahrhunderte hinaus trennte und unabsehbare Folgen in sich schloss. Es war der Gegensatz zwischen *Nominalismus* und *Realismus.* Unter Nominalismus versteht man jene Richtung, welche behauptete, dass die sogenannten Universalia, nämlich die Gattungs- oder Allgemeinbegriffe, wie z. B. die Schönheit, das Gute, das Tier, der Mensch etc. nichts seien als Nomina (Namen) oder Wörter, spöttisch auch „flatus vocis" genannt. *Anatole France* sagt: „Et qu'est-ce que penser? Et comment pense-t-on? Nous pensons avec des *mots*—songez-y, un métaphysicien n'a, pour constituer le système du monde, que le cri perfectionné des singes et des chiens." Dies ist extremer Nominalismus, ebenso wenn *Nietzsche* die Vernunft als „Sprachmetaphysik" auffasst.

Umgekehrt behauptete der Realismus die Existenz der Universalia ante rem, nämlich, dass die Allgemeinbegriffe ihre Existenz für sich nach Art der platonischen Ideen hätten. Trotz seiner Kirchlichkeit ist der Nominalismus eine skeptische Strömung, welche die dem Abstrakten eigentümliche Sonderexistenz bestreiten will. Es ist eine Art von wissenschaftlichem Skeptizismus innerhalb der starrsten Dogmatik. Sein Realitätsbegriff fällt notwendigerweise zusammen mit der sinnenfälligen Realität der Dinge, deren Individualität das Reale darstellt gegenüber der abstrakten Idee. Der strikte Realismus dagegen verlegt den Wirklichkeitsakzent auf das Abstrakte, die Idee, das Universale, das er ante rem (vor die Sache) setzt.

a) *Das Universalienproblem in der Antike.* Wie der Hinweis auf die platonische Ideenlehre zeigt, handelt es sich um einen weit zurückreichenden Konflikt. Einige giftige Bemerkungen bei *Platon* über „spätlernende Greise" und „Arme im Geiste" weisen uns hin auf die Vertreter von zwei verwandten Philosophenschulen, die sich mit platonischem Geiste schlecht vertrugen, nämlich die *Kyniker* und die *Megariker.* Der Vertreter der erstern Schule, *Antisthenes,* war, obschon der sokratischen Geistesatmosphäre keineswegs fern und sogar ein Freund des *Xenophon,* doch der schönen Ideenwelt Platons ausgesprochenermassen abhold. Er schrieb sogar eine Streitschrift gegen Platon, worin er dessen Namen unanständigerweise in Σάθων verkehrte. Σάθων, heisst Knabe oder Mann, aber unter dem geschlechtlichen Aspekt, denn σάθων kommt von σάθη, penis, womit *Antisthenes* auf dem uns wohlbekannten Projektionswege zart andeutete, wessen Sache er gegen Platon zu verfechten gedenke. Für den Christen *Origenes* war dieser Auch-Urgrund, wie wir sehen, eben gerade der Teufel, dem er durch Selbstkastration beizukommen suchte, worauf er ungehindert in die reichgeschmückte Welt der Ideen hinüberging. Antisthenes aber war ein vorchristlicher Heide, dem die Sache, wofür der Phallus seit Alters als Symbol gesetzt ist, nämlich das sinnliche Empfinden, noch am Herzen lag; nicht nur ihm, sondern, wie bekannt, auch der ganzen kynischen Schule, deren Leitmotiv war: zurück zur Natur! Die Gründe, die das concrete Fühlen und Empfinden des Antisthenes in den Vordergrund schieben konnten, waren nicht wenige: vor allem, er war ein Proletarier, der aus seinem Neid eine Tugend machte. Er war kein ἰθαγενής, kein Vollblutgrieche. Er war von der Peripherie; er lehrte auch draussen vor den Toren von Athen und befleissigte sich eines proletarischen Benehmens, ein Vorbild der kynischen Philosophie. Auch die ganze Schule setzte sich aus Proletariern oder doch wenigstens aus „peripheren" Leuten zusammen, denen allen eine zersetzende Kritik hergebrachter Werte eigentümlich war. Nach Antisthenes war einer der hervorragendsten Vertreter der Schule *Diogenes*, der sich selbst den Titel Kyon — Hund beilegte, und dessen Grabmal auch ein Hund aus parischem Marmor zierte. So warm seine Menschenliebe, und so menschlich verständnisvoll sein ganzes Wesen war, so unerbittlich riss er auch alles herunter, was den Menschen seiner Zeit heilig war. Er verlachte sie ob der Schauer, die die Zuschauer beim Anblick der thyesteischen Mahlzeit oder der Incesttragödie des Oedipus im Theater befielen, denn die Anthropophagie sei doch nicht so schlimm, indem das Menschenfleisch keine Ausnahmestellung gegenüber anderm Fleisch beanspruchen könne, und auch das Missgeschick eines Incestverhältnisses kein besonderes Unheil sei, wie uns das lehrreiche Beispiel unserer Haustiere zeige. In mehrfacher Hinsicht verwandt mit den Kynikern war die megarische Schule. War doch Megara die unglückliche Nebenbuhlerin Athens! Nach einem vielversprechenden Anfang, wo Megara durch die Gründung von Byzanz und des hybläischen Megara in Sizilien sich hervortat, brachen bald innere Wirren aus, an denen Megara bis zum Verfall hinsiechte und von Athen in jeder Hinsicht überflügelt wurde. Tölpelhafte Bauernwitze hiessen in Athen „megarische Spässe". Aus diesem mit der Muttermilch eingesogenen Neid des Unterlegenen dürfte sich nicht weniges, was für die megarische Philosophie kennzeichnend ist, erklären. Auch diese Philosophie, wie die kynische, war eine durchaus nominalistische, die zum Ideenrealismus des Platon in striktem Gegensatz stand.

Ein hervorragender Vertreter dieser Richtung war *Stilpon* von Megara, von dem folgende charakteristische Anekdote geht: Stilpon kam einmal nach Athen und sah auf der Akropolis das von Phidias geschaffene Wunderbild der Pallas. Echt Megarisch bemerkte er dazu, das sei *nicht die Tochter des Zeus, sondern die des Phidias*. In diesem Scherz ist auch der ganze Geist des megarischen Denkens ausgedrückt, denn Stilpon lehrte, dass die Gattungsbegriffe ohne Realität und objektive Gültigkeit seien, wer also von dem Menschen spreche, spreche von keinem, weil er οὔτε τόνδε οὔτε τόνδε (weder diesen noch jenen) bezeichne. *Plutarch* schreibt ihm den Satz zu: ἕτερον ἑτέρον μὴ κατηγορεῖσθαι dass eines über ein anderes nicht aussagen könne. *Antisthenes* lehrte Ähnliches. Der älteste Vertreter dieser Art von Urteilsbildung scheint *Antiphon von Rhamnus* gewesen zu sein, ein Sophist und Zeitgenosse des Socrates. Ein von ihm überlieferter Satz lautet: „Die Länge sieht weder mit Augen, noch kann sie mit dem Geist erkennen, wer irgend welche langen Gegenstände erkennt.“ Aus diesem Satz geht die Leugnung der Substantialität des Gattungsbegriffes ohne weiteres hervor. Mit dieser eigentümlichen Art des Urteils wird den Platonischen Ideen allerdings der Boden entzogen, denn bei Platon kommt gerade den Ideen eine ewige und unveränderliche Gültigkeit und Dauer zu, während das „Wirkliche“ und die „Vielheit“ bloss vergänglicher Abglanz ist. Der kynisch-megarische Kritizismus dagegen löst vom Standpunkt des Wirklichen aus jene Gattungsbegriffe in rein kasuistische und descriptive Nomina auf ohne irgend welche Substantialität. Der Akzent liegt auf dem individuellen Ding.

Diesen offenkundigen und fundamentalen Gegensatz hat *Gomperz* klar erfasst als das Problem der *Inhärenz* und der *Prädikation*:

Wenn wir z. B. von „warm“ und „kalt“ reden, so reden wir von „warmen“ und „kalten“ Dingen, zu denen „warm“ und „kalt“ als Attribute resp. Prädikate oder Aussagen gehören. Die Aussage bezieht sich auf Wahrgenommenes und wirklich Existierendes, nämlich auf einen warmen oder kalten Körper. Aus einer Mehrheit ähnlicher Fälle abstrahieren wir den Begriff der „Wärme“ und „Kälte“, womit wir auch unmittelbar etwas Dinghaftes verbinden, resp. mitdenken. So ist uns „Wärme“ und „Kälte“ etc., etwas Dingliches infolge des Nachklanges der Wahrnehmung in der Abstraktion. Es ist uns geradezu schwierig, das Dinghafte von der Abstraktion abzustreifen, indem es jeder Abstraktion ihrer Herkunft entsprechend natürlicherweise anhaftet. In diesem Sinne ist die Dinghaftigkeit des Prädikates eigentlich a priori. Wenn wir nunmehr auf den nächsthöhern Gattungsbegriff „Temperatur“ übergehen, so fühlen wir auch hier noch ohne Schwierigkeit das Dinghafte, welches zwar seine sinnliche Bestimmtheit in etwas abgelegt, aber in nichts an seiner Vorstellbarkeit eingebüsst hat. Aber auch die Vorstellbarkeit haftet enge an der sinnlichen Wahrnehmung. Wenn wir zu einem noch viel höhern Gattungsbegriff aufsteigen, nämlich zu dem der *Energie*, so schwindet zwar der Charakter des Dinghaften und ebenso in gewissem Grade die Qualität der Vorstellbarkeit, damit eröffnet sich aber auch der Konflikt über die „Natur“ der Energie, nämlich ob sie rein denkmässig, abstrakt sei, oder ob sie etwas „Wirkliches“ sei. Zwar ist der gelehrte Nominalist unserer Tage davon überzeugt, dass „Energie“ ein blosses Nomen ist und „Rechenpfennig“ unseres geistigen Calcüls, kann aber nicht verhindern, dass der gewöhnliche Sprachgebrauch „Energie“ als etwas durchaus Dinghaftes handhabt und in den Köpfen beständig die grösste erkenntnistheoretische Verwirrung anrichtet.

Die Dinglichkeit des rein Denkmässigen, die so natürlich sich in unsern Abstraktionsprozess einschleicht und die „Realität“ des Prädikates oder der abstrakten Idee bewirkt, ist kein Kunstprodukt, keine willkürliche Hypostasierung eines Begriffes, sondern etwas eigentümlich

Naturnotwendiges. Es ist nämlich nicht so, dass der abstrakte Gedanke willkürlich hypostasiert und in eine Jenseitswelt ebenso künstlicher Herkunft versetzt wird, sondern der wirkliche historische Prozess ist umgekehrt. Beim Primitiven nämlich ist die Imago, der psychische Widerhall der Sinnesempfindung so stark und so ausgesprochen sinnlich gefärbt, dass er, wenn er reproduktiv auftritt, d. h. als spontanes Erinnerungsbild, gelegentlich sogar die Qualität der Hallucination hat. Wenn also einem Primitiven das Erinnerungsbild seiner verstorbenen Mutter wieder einfällt, so sieht und hört er sozusagen ihren Geist. Wir „denken" nur an die Toten, der Primitive nimmt sie wahr, eben wegen der ausserordentlichen Sinnlichkeit seiner geistigen Bilder. Daher kommt der primitive Geisterglaube. Die Geister sind das, was wir ganz einfach Gedanken nennen. Wenn der Primitive „denkt", so hat er eigentlich Visionen, deren Realität so gross ist, dass er das Psychische und das Reale beständig verwechselt. *Powell* sagt: „La confusion des confusions dans la pensée des non-civilisés est la confusion de l'objectif et du subjectif." *Spencer* und *Gillen* sagen: „What a savage experiences during a dream is just as real to him as what he sees when he is awake." Was ich selber von der Psychologie des Negers gesehen habe, bestätigt das Angeführte durchaus. Aus dieser Grundtatsache des psychischen Realismus der Selbständigkeit des Bildes gegenüber der Selbständigkeit der Sinnesempfindung stammt der Geisterglaube und nicht aus irgend einem Erklärungsbedürfnis des Wilden, das ihm bloss von Europäern angedichtet wird. Der Gedanke hat für den Primitiven visionären, auditiven und darum auch Offenbarungscharakter. Daher der Zauberer, nämlich der Visionäre, auch immer der Denker des Stammes ist, der die Offenbarung der Geister oder Götter vermittelt. Eben daher kommt auch die magische Wirkung des Gedankens, denn weil er real ist, ist er so gut wie Tat, ebenso das Wort, als äussere Bekleidung des Gedankens, denn das Wort ruft „reale" Erinnerungsbilder heraus, hat also „reale" Wirkung. Wir wundern uns über den primitiven Aberglauben nur darum, weil uns eine weitgehende Entsinnlichung des psychischen Bildes gelungen ist, d. h. wir lernten „abstrakt" denken, natürlich mit den obenerwähnten Einschränkungen. Immerhin weiss derjenige, der sich auch praktisch mit analytischer Psychologie beschäftigt, dass er des öftern genötigt ist, auch seinen „gebildeten" europäischen Patienten in Erinnerung zu rufen, dass „Denken" kein „Tun" ist, dem einen, weil er glaubt, etwas zu denken, genüge, dem andern, weil er meint, er dürfe etwas nicht denken, weil er es sonst tun müsste. Wie leicht die ursprüngliche Realität des psychischen Bildes wieder hervortritt, zeigt der Traum beim Normalen und die Hallucination bei Verlust des geistigen Gleichgewichtes. Die mystische Praxis bestrebt sich sogar, die primitive Realität der Imago durch künstliche Introversion wieder herzustellen, um das Gegengewicht gegenüber der Extraversion zu erhöhen. Ein treffendes Beispiel ist die Initiation des mohammedanischen Mystikers Tewekkul-Beg durch Molla-Shâh.[4] Tewekkul-Beg erzählt: „Nach diesen Worten hiess er (Molla-Shâh) mich ihm gegenübersetzen, während meine Sinne wie berauscht waren, und befahl mir, in meinem Innern sein eigenes Bild zu erzeugen; und nachdem er mir die Augen verbunden hatte, forderte er mich auf, alle meine Seelenkräfte auf mein Herz hinzusammeln. Ich gehorchte, und im Augenblick, auf die göttliche Gunst und den geistigen Beistand des Scheichs hin, öffnete sich mein Herz. Ich sah, dass in meinem Innern etwas war, das einem umgestürzten Becher glich; als dieser Gegenstand aufgerichtet worden war, erfüllte ein Gefühl uneingeschränkter Glückseligkeit mein Wesen. Ich sagte zum Meister: „Von dieser Zelle, in der ich vor dir sitze, sehe ich ein treues Bild in meinem Innern, und das erscheint mir, als ob ein anderer Tewekkul-Beg vor einem andern Molla-Shâh sässe.“ Der Meister erklärte ihm dies als die erste Erscheinung seiner Initiation. Bald darauf folgten in der Tat noch andere Visionen, nachdem einmal der Weg zum primitiven Realbilde eröffnet war.“

Die Realität des Prädikates ist a priori gegeben, denn sie war von jeher im menschlichen Geiste vorhanden. Nur durch nachträgliche Kritik wird der Abstraktion der Wirklichkeitscharakter entzogen. Noch in den Zeiten *Platons* war der Glaube an die magische Realität des Wortbegriffes so gross, dass es sich für den Philosophen lohnte, Fang- oder Trugschlüsse zu ersinnen, wobei er mittelst der absoluten Wortbedeutung eine absurde Antwort erzwang. Ein einfaches Beispiel ist der Enkekalymmenos (der Verhüllte) genannte Trugschluss des Megarikers *Eubulides*. Er lautet: „Kannst Du deinen Vater erkennen? Ja. Kannst du diesen Verhüllten erkennen? Nein. Du widersprichst dir; denn dieser Verhüllte ist dein Vater. Du kannst also deinen Vater erkennen und doch auch nicht erkennen.“ Der Trug liegt bloss darin, dass der Befragte naiverweise voraussetzt, dass das Wort „erkennen“ allemal auch einen und denselben objektiven Tatbestand kennzeichne, während seine Gültigkeit in Wirklichkeit nur auf gewisse Fälle beschränkt ist. Auf demselben Prinzip beruht der Keratines (der Gehörnte), welcher folgendermassen lautet: „Was du nicht verloren hast, hast du noch, Hörner hast du nicht verloren. Also hast du Hörner.“ Auch hier liegt der Trug in der Naivität des Befragten, der in der Prämisse einen bestimmten Tatbestand annimmt. Mit dieser Methode konnte überzeugend dargetan werden, dass die absolute Wortbedeutung eine Illusion war. Damit ging man auch der Realität des Gattungsbegriffes zu Leibe, der in der Form der platonischen Idee sogar metaphysische Existenz und ausschliessliche Gültigkeit hatte. *Gomperz* sagt: „Man war eben noch nicht von jenem Misstrauen gegen die Sprache erfüllt, das uns beseelt und in den Worten einen häufig so wenig adäquaten Ausdruck der Tatsachen erkennen lässt. Es herrschte vielmehr der naive Glaube vor, dass ein Begriffskreis und der Gebrauchskreis des ihm im grossen und ganzen entsprechenden Wortes einander jedesmal decken müssen." Gegenüber der magischen absoluten Wortbedeutung, welche voraussetzt, dass durch sie auch jeweilen das objektive Verhalten der Sachen gegeben sei, ist die sophistische Kritik durchaus am Platze. Sie beweist schlagend die Ohnmacht der Sprache. Insofern nun die Ideen blosse Nomina sind — eine Annahme, die zu beweisen wäre — ist der Angriff auf Platon gerechtfertigt. Die Gattungsbegriffe hören aber auf, blosse Nomina zu sein, wenn sie Ähnlichkeiten oder Konformitäten der Dinge unter sich bezeichnen. Dann handelt es sich um die Frage, ob diese Konformitäten objektiv sind oder nicht. Tatsächlich existieren diese Konformitäten, daher auch die Gattungsbegriffe einer Realität entsprechen. Sie enthalten Reales so gut, wie die exakte Beschreibung eines Dinges. Der Gattungsbegriff ist davon nur dadurch unterschieden, dass er die Beschreibung oder die Bezeichnung der Konformitäten der Dinge ist. Die Hinfälligkeit liegt daher nicht im Begriff oder in der Idee, sondern in ihrem sprachlichen Ausdruck, der selbstverständlich unter keinen Umständen das Ding oder die Konformität der Dinge adäquat wiedergibt. Der nominalistische Angriff auf die Ideenlehre ist daher im Prinzip ein Übergriff ohne Rechtfertigung. Platons irritierte Abwehr war daher vollständig berechtigt. Das Inhärenz-Prinzip bei *Antisthenes* besteht darin, dass von einem Subjekt nicht nur nicht viele Prädikate, sondern überhaupt keines, das von ihm verschieden ist, ausgesagt werden kann. Antisthenes hat nur Aussagen als gültig zugelassen, die mit dem Subjekt identisch waren. Abgesehen von dem Umstand, dass solche identische Sätze (wie „das Süsse ist süss") überhaupt nichts aussagen und darum sinnlos sind, liegt die Schwäche des Inhärenzprinzips darin, dass auch ein identisches Urteil mit dem Ding nichts zu tun hat; das Wort „Gras" hat mit dem Ding „Gras" an sich gar nichts zu tun. Das Inhärenzprinzip leidet in ebenso hohem Masse an dem alten Wortfetischismus, der naiv voraussetzt, dass das Wort auch die Sache decke. Wenn daher der Nominalist dem Realisten zuruft: „Du träumst, du meinst es mit Dingen zu tun zu haben, während du doch nur mit Wortchimären fichtst!" So kann der Realist dasselbe dem Nominalisten antworten, denn auch der Nominalist handelt nicht mit den Dingen selbst, sondern mit Worten, die er für die Dinge setzt. Auch wenn er für jedes einzelne Ding ein besonderes Wort setzt, so sind es doch immer nur Worte und nicht die Dinge selbst.

So ist nun die Idee der „Energie" zwar zugestandenermassen ein blosser Wortbegriff, aber doch so ausserordentlich real, dass die Aktiengesellschaft eines Elektrizitätswerkes Dividende daraus bezahlt. Der Verwaltungsrat liesse sich von der Irrealität und sonstiger Metaphysik der Energie keineswegs überzeugen. „Energie" bezeichnet eben die Konformität der Krafterscheinungen, die nicht wegzuleugnen ist und die ihre Existenz tagtäglich aufs Schlagendste beweist. Insofern das Ding real ist, und ein Wort das Ding konventionell bezeichnet, so kommt auch dem Wort „Realbedeutung" zu. Insofern die Konformität der Dinge real ist, so kommt auch dem die Konformität der Dinge bezeichnenden Gattungsbegriff „Realbedeutung" zu, und zwar eine Bedeutung, die nicht kleiner und nicht grösser ist, als die des Wortes, das die Einzelsache bezeichnet. Die Verschiebung des Wertakzentes von der einen auf die andere Seite, ist Sache der individuellen Einstellung und der zeitgenössischen Psychologie. Diese Grundlage hat *Gomperz* auch bei Antisthenes herausgefühlt und hebt folgende Punkte hervor: „Handfester Menschenverstand, das Widerstreben gegen alle Schwärmerei, vielleicht auch die Stärke des Individualgefühles, dem die Einzelpersönlichkeit und darum wohl auch das Einzelwesen überhaupt als der Typus der vollen Wirklichkeit gilt." Wir fügen dazu noch den Neid des Nicht-Vollbürgers, des Proletariers, des Menschen, den das Geschick spärlich mit Schönheit bedachte und der wenigstens dadurch in die Höhe kommen will, dass er die Werte der andern herunterreisst. Dies ist besonders charakteristisch für den Kyniker, der immer andere bekrittelte, dem nichts heilig war, wenn es nämlich einem andern gehörte, und der sich sogar vor Hausfriedensbruch nicht scheute, um eine Gelegenheit zu haben, seine Ratschläge an den Mann zu bringen.

Dieser wesentlich kritischen Geistesrichtung gegenüber steht die Ideenwelt Platons mit ihrer ewigen Wesenhaftigkeit. Es ist klar, dass die Psychologie desjenigen, der jene Welt schuf, gegensätzlich orientiert war zu der oben geschilderten kritisch-zersetzenden Urteilsbildung. Das Denken *Platons* abstrahiert von der Vielheit der Dinge und schafft synthetisch-construktiv Begriffe, welche die allgemeinen Konformitäten der Dinge als das eigentlich Seiende bezeichnen und ausdrücken. Ihre Unsichtbarkeit und Übermenschlichkeit ist ein gerades Gegenteil zum Concretismus des Inhärenzprinzipes, welches den Stoff des Denkens auf das Einmalige, Individuelle, Sächliche reduzieren möchte. Dieses Unternehmen ist aber ebenso unmöglich, wie die ausschliessliche Geltung des Prädikationsprinzipes, welches das über viele Einzeldinge Ausgesagte zu einer jenseits der Hinfälligkeit existierenden ewigen Substanz erheben möchte. Beide Urteilsbildungen sind daseinsberechtigt, sowie auch beide in jedem Menschen natürlicherweise vorhanden sind. Man sieht dies meines Erachtens am besten an der Tatsache, dass gerade der Gründer der megarischen Schule, Eukleides von Megara, eine All-Einheit aufstellte, die unermesslich hoch und unerreichbar über dem Individuellen und Kasuistischen stand. Er verband nämlich das eleatische Prinzip des „Seienden" mit dem „Guten", sodass für ihn das „Seiende" und das „Gute" identisch waren. Dagegen stand nur das „Nicht-Seiende-Böse". Diese optimistische All-Einheit ist natürlich nichts anderes als ein Gattungsbegriff höchster Ordnung, einer, der das Seiende schlechthin umfasst, zugleich auch aller Evidenz zuwiderläuft, und dies in weit höherm Masse als die

Platonischen Ideen. Damit schaffte Eukleides eine Compensation für die kritische Auflösung des construktiven Urteils in lauter Wortdinge. Diese All-Einheit ist so fern und so vage, dass sie auch schlechterdings keine Konformität der Dinge mehr ausdrückt, kein Typus ist, sondern das Gebilde eines Wunsches nach einer Einheit, welche den ungeordneten Haufen der Einzeldinge zusammenfasst. Der Wunsch nach einer solchen Einheit drängt sich allen auf, die einem extremen Nominalismus huldigen, insofern sie überhaupt aus ihrer negativ-kritischen Haltung herauszukommen versuchen. Wir finden daher bei dieser Art Leute gar nicht selten einen einheitlichen Grundbegriff von hervorragender Unwahrscheinlichkeit und Willkürlichkeit. Es ist nämlich eine unmögliche Sache, sich auf das Inhärenzprinzip ausschliesslich zu gründen. *Gomperz* sagt darüber treffend: „Solch ein Versuch wird voraussichtlich zu allen Zeiten misslingen. Ganz und gar ausgeschlossen war sein Gelingen in einem Zeitalter, dem es an geschichtlichem Verständnis gebrach, und dem eine vertiefte Seelenlehre so gut als vollständig abging. Hier war die Gefahr nicht nur drohend, sondern unabwendbar, dass die offenkundigeren und durchsichtigeren, aber alles in allem minder gewichtigen Nützlichkeiten die versteckteren, aber in Wahrheit schwerer wiegenden in den Hintergrund drängen würden. Indem man die Tierwelt und den Urmenschen zum Vorbild nahm, um nach diesem Muster die Auswüchse der Kultur zu beschneiden, legte man Hand an gar vieles von dem, was die Frucht einer nach Jahrmyriaden zählenden, im grossen und ganzen aufsteigenden Entwicklung gewesen ist.“

Das construktive Urteil, das im Gegensatz zur Inhärenz, auf die Konformität der Dinge abstellt, hat allgemeine Ideen erzeugt, die zu den höchsten Kulturgütern gehören. Auch wenn diese Ideen zu den Toten gehören, so verbinden uns mit ihnen doch noch Fäden, die, wie *Gomperz* sagt, eine kaum zerreissbare Stärke gewonnen haben. Er fährt weiter: „Wie der entseelte Leichnam, so kann auf diesem Wege auch das an sich Unbeseelte einen Anspruch auf Schonung, Ehrung und selbst aufopfernde Hingebung erwerben; man denke an Bildnisse, an Gräber, an die Fahne des Soldaten. Tue ich mir aber Gewalt an und bemühe ich mich mit Erfolg, jenes Gespinnst zu zerreissen, so verfalle ich der Verrohung, so erleide ich schwere Einbusse an all den Empfindungen, welche den harten Felsboden der nackten Wirklichkeit wie mit einer reichen Decke blühenden Lebens umkleiden. Auf der Hochhaltung dieses Überwuchses, auf der Schätzung alles dessen, was man erworbene Werte nennen möchte, beruht jede Verfeinerung, alle Zier und Anmut des Lebens, alle Veredelung tierischer Triebe, so gut als aller Kunstgenuss und Kunstbetrieb — eben all dasjenige, was die Kyniker skrupel- und mitleidslos auszurotten bemüht waren. Gewisslich — das darf man ihnen und ihren nicht allzuseltenen modernen Nachfolgern bereitwillig zugestehen — es gibt eine Grenze, über welche hinaus wir dem Walten des Associationsprinzipes nicht Folge leisten dürfen, ohne der Torheit, ja des Aberglaubens geziehen zu werden, der ganz und gar aus dem schrankenlosen Walten jenes Prinzipes erwachsen ist."

Wir sind so ausführlich auf das Problem der Inhärenz und der Prädikation eingegangen, weil dieses Problem nicht nur im scholastischen Nominalismus und Realismus wieder aufgetaucht ist, sondern auch, weil es immer noch nicht zur Ruhe und Ausgleichung gelangt ist und wohl nie dazu gelangen wird. Denn es handelt sich hier wiederum um den typischen Gegensatz zwischen dem abstrakten Standpunkt, wo der ausschlaggebende Wert im Denkprozess selber liegt, und dem Denken und Fühlen, das (bewusst oder unbewusst) der Orientierung durch das sinnliche Objekt unterliegt. In letzterm Fall ist der geistige Prozess Mittel zum Zweck der Heraushebung der Persönlichkeit. Es ist kein Wunder, dass es gerade die Proletarierphilosophie war, welche das Inhärenzprinzip adoptierte. Wo immer genügend Gründe vorhanden sind, das Schwergewicht auf das Individualfühlen zu verlegen, wird das Denken und Fühlen notwendigerweise durch Armut an positiv-schaffender Energie (die nämlich alle dem persönlichen Zwecke zugeführt wird) negativ-kritisch, es analysiert und reduziert auf concrete Einzelheit. Der daraus entstehenden Anhäufung ungeordneter Einzeldinge wird bestenfalls eine vage All-Einheit übergeordnet, deren Wunschcharakter mehr oder weniger durchsichtig ist. Wo das Schwergewicht aber auf dem geistigen Prozesse liegt, da wird das Resultat des geistigen Schaffens der Vielheit als Idee übergeordnet. Die Idee ist möglichst depersonalisiert; das persönliche Empfinden aber geht soweit als möglich in den geistigen Prozess über, den es hypostasiert.

Wie oben, so müssen wir uns auch hier im Vorübergehen die Frage vorlegen, ob die Psychologie der platonischen Ideenlehre uns zu der Annahme berechtige, dass *Platon* persönlich dem introvertierten Typus angehöre, und ob die Psychologie der Kyniker und Megariker uns gestatte, einen *Antisthenes*, *Diogenes* und *Stilpon* dem extravertierten Typus zuzurechnen? Von dieser Fragestellung aus ist eine Entscheidung *ganz unmöglich.* Aus einer höchst sorgfältigen Durchforschung der authentischen Schriften Platons als seiner „documents humains" liesse sich vielleicht erschliessen, welchem Typus er persönlich angehörte. Ich selber wage es nicht, irgend ein positives Urteil auszusprechen. Wenn jemand den Beweis erbrächte, dass Platon dem extravertieren Typus angehörte, würde es mich nicht erstaunen. Von den andern ist die Überlieferung dermassen fragmentarisch, dass eine Entscheidung meines Erachtens zu den Unmöglichkeiten gehört. Da die beiden besprochenen Arten des Denkens von einer Verlagerung des Wertakzentes herrühren, so ist es natürlich ebensogut möglich, dass durch gewisse Gründe bei einem Introvertierten das persönliche Empfinden in den Vordergrund geschoben und dem Denken superordiniert wird, sodass das Denken negativ-kritisch wird. Für den Extravertierten liegt der Wertakzent auf der Beziehung zum Objekt schlechthin, aber nicht notwendigerweise auf dem persönlichen Verhältnis dazu. Wenn die Beziehung zum Objekt im Vordergrund steht, dann ist der geistige Prozess zwar schon subordiniert, entbehrt aber des destruktiven Charakters, wenn er sich ausschliesslich mit der Natur des Objektes befasst und die Einmischung des persönlichen Empfindens fernhält. Wir haben daher den besondern Konflikt zwischen Inhärenz- und Prädikationsprinzip als einen *Spezialfall* anzumerken, der im weitern Verlauf der Untersuchung eine tiefergehende Würdigung finden soll. Das Besondere dieses Falles liegt im positiven und negativen Mitspielen des persönlichen Empfindens. Wo der Typus (Gattungsbegriff) das Einzelding bis zum Schatten herunterdrückt, da hat der Typus, die Idee, Wirklichkeit gewonnen. Wo der Wert des Einzeldinges den Typus (Gattungsbegriff) aufhebt, da ist anarchistische Zersetzung am Werke. Beide Positionen sind extrem und ungerecht, aber sie erzeugen ein Gegensatzbild, das an Deutlichkeit nichts zu wünschen lässt und eben durch Übertreibung Züge hervorhebt, die, allerdings in milderer und darum versteckterer Form, auch dem Wesen des introvertierten und extravertierten Typus anhaften, auch wenn es sich um Persönlichkeiten handelt, bei denen das persönliche Empfinden nicht in den Vordergrund geschoben ist. Denn es macht einen beträchtlichen Unterschied im Wesen aus, ob z. B. das Geistige Herr ist oder Diener. Der Herr denkt und fühlt anders als der Diener. Auch eine weitgehende Abstraktion vom Persönlichen zu Gunsten des Allgemeinwertes vermag die persönlichen Beimischungen nicht gänzlich zu eliminieren. Und insofern diese existieren, enthalten auch Denken und Fühlen jene destruktiven Tendenzen, die aus der Selbstbehauptung der Person gegenüber der Ungunst sozialer Bedingungen herrühren. Man würde aber einen grossen Irrtum begehen, wenn man, um der Existenz der persönlichen Tendenzen willen, auch die hervorgebrachten Allgemeinwerte auf persönliche Unterströmungen reduzieren wollte. Das wäre Afterpsychologie. Aber solche gibt es.

b) *Das Universalienproblem in der Scholastik.* Das Problem der beiden Urteilsbildungen blieb ungelöst, denn — tertium non datur. So überlieferte *Porphyrius* das Problem auch dem Mittelalter: „Mox de generibus et speciebus illud quidem sive subsistant sive in nudis intellectibus posita sint, sive subsistentia corporalia sint an incorporalia, et utrum separata a sensibilibus an in sensibilibus posita et circa haec consistentia, dicere recusabo.“ (Was die Allgemein-und Gattungsbegriffe betrifft, so ist die Frage, ob sie substantiell oder bloss intellektuell sind, ob sie körperlich oder unkörperlich sind, ob sie getrennt von den Wahrnehmungsdingen oder in und um dieselben sind.) In dieser Form etwa nahm das Mittelalter das Problem auf: Man unterscheidet die platonische Ansicht, die universalia ante rem, das Allgemeine oder die Idee als Muster oder Beispiel vor allen Einzeldingen und gänzlich losgelöst von ihnen ἐν οὐρανίῳ τόπῳ (an himmlischen Orte) existierend, wie die weise Diotima im Gespräch über das „Schöne", zu Sokrates sagt:

„Dieses *Schöne* wird sich ihm nicht darstellen als ein Gesicht oder Hände oder was sonst zum Körper gehört, noch auch als ein begrifflicher Ausdruck oder Erkenntnis, noch überhaupt als etwas, was an einem andern ist, sei es an einem Einzelwesen oder auf der Erde oder im Himmel oder sonstwo, sondern *an sich und für sich selbst und sich selber ewig gleich*, alles andere Schöne aber seiner nur dergestalt teilhaft, dass es selber durch Entstehen und Vergehen des andern Schönen weder vermehrt, noch vermindert wird, noch irgend etwas erleidet." (Symposion 211 B.)

Der platonischen Form gegenüber stand, wie wir sahen, die kritische Annahme, dass Gattungsbegriffe blosse Wörter seien. In diesem Falle ist das Reale prius, das Ideale posterius. Man bezeichnete diese Ansicht mit dem Schlagwort: universalia post rem.

Zwischen beiden Auffassungen steht die gemässigte realistische Auffassung des *Aristoteles*, die als „universalia in re" bezeichnet werden kann, dass nämlich Form (εἶδος) und Stoff zusammen existieren. Der aristotelische Standpunkt ist ein concretistischer Vermittlungsversuch, welcher dem Wesen des *Aristoteles* völlig entspricht. Gegenüber dem Transscendentalismus seines Lehrers *Platon*, dessen Schule dann einem pythagoräischen Mystizismus verfiel, war *Aristoteles* ganz ein Mann der Wirklichkeit, seiner antiken Wirklichkeit, muss man sagen, die vieles concret enthielt, was spätere Zeiten herausnahmen und dem Inventar des menschlichen Geistes zurechneten. Seine Lösung entspricht dem Concretismus des antiken common sense.

Diese drei Formen geben auch die Gliederung der mittelalterlichen Ansichten im grossen Universalienstreit, der eigentlich die Essenz der Scholastik war. Es kann nicht meine Aufgabe sein — schon um meiner mangelnden Kompetenz willen — bis in die Einzelheiten des grossen Streites einzudringen. Ich begnüge mich mit orientierenden Andeutungen. Der Streit hob an mit den Ansichten des *Johannes Roscellinus* gegen Ende des 11. Jahrhunderts. Für ihn waren die Universalia bloss nomina rerum, Namen der Dinge, oder, wie die Tradition sagt: „flatus vocis". Es gab für ihn nur Einzeldinge, Individuen. Er war, wie *Taylor* treffend bemerkt, „strongly held by the reality of individuals." Der nächst liegende Schluss war, auch Gott nur als Individuum zu denken, damit auch die Trinität in drei Personen aufzulösen, womit *Roscellinus* eigentlich zu einem Tritheismus gelangte. Das konnte sich der vorherrschende Realismus nicht bieten lassen; 1092, auf einer Synode zu Soissons, wurden Roscellins Ansichten verdammt. Auf der andern Seite stand *Wilhelm von Champeaux*, der Lehrer *Abälards*, ein extremer Realist, aber von aristotelischer Färbung. Nach Abälard lehrte er, dass ein und dasselbe Ding in seiner Totalität und zu gleicher Zeit in den verschiedenen Einzeldingen existiere. Zwischen den Einzeldingen sei überhaupt keine wesentliche Verschiedenheit, sondern bloss eine Mannigfaltigkeit der „Akzidentien". Mit letzterm Begriff sind die wirklichen Verschiedenheiten der Dinge als Zufälligkeiten charakterisiert, sowie im Dogma der Transsubstantiation Brot und Wein als solche nur „Akzidentien" sind.

Auf Seiten des Realismus stand auch *Anselm von Canterbury*, der Vater der Scholastik. Echt platonisch liegen bei ihm die universalia im göttlichen Logos. Aus diesem Geiste heraus ist auch der psychologisch wichtige *Gottesbeweis* zu verstehen, den Anselm aufgestellt hat und den man den *ontologischen* nennt. Dieser Beweis tut die Existenz Gottes aus der Idee Gottes dar. *J. H. Fichte* (Psychologie II, 120) hat diesen Beweis kurz folgendermassen formuliert: „Das Vorhandensein der Idee eines Unbedingten in unserm Bewusstsein beweist die reale Existenz dieses Unbedingten." Anselms Gedanke ist, dass der im Intellekte vorhandene Begriff eines höchsten Wesens auch die Qualität der Existenz einschliesst (non potest esse in intellectu solo). Er folgert also: „Vero ergo est aliquid, quo majus cogitari non potest, ut nec cogitari posset non esse, et hoc es tu, Deus noster." Die logische Schwäche des ontologischen Argumentes ist so offenkundig, dass es schon psychologischer Erklärungsgründe bedarf, weshalb ein Geist wie Anselm diese Argumentation aufstellen konnte. Der nächste Grund ist in der allgemeinen psychologischen Disposition des Realismus überhaupt zu suchen, nämlich in der Tatsache, dass sowohl eine gewisse Menschenklasse, als auch, entsprechend der Zeitströmung, gewisse Menschengruppen ihren Wertakzent auf die Idee verlegen, sodass die Idee ihnen einen hohern Real- resp. Lebenswert darstellt, als die Wirklichkeit der Einzeldinge. Daher es ihm einfach als eine Unmöglichkeit erscheint, anzunehmen, dass das, was ihnen das Wertvollste und Bedeutsamste ist, nicht auch *wirklich* existieren sollte. Sie haben ja den schlagendsten Beweis für dessen Wirksamkeit selber in Händen, indem ihr Leben, Denken und Fühlen offenkundigerweise ganz nach diesem Gesichtspunkt orientiert ist. Die Unsichtbarkeit der Idee tut nichts zur Sache neben ihrer ausserordentlichen *Wirksamkeit*, die eben eine *Wirklichkeit* ist. Sie haben einen ideellen und keinen sensualistischen Wirklichkeitsbegriff.

Ein zeitgenössischer Gegner des Anselm, *Gaunilo*, wendete schon ein, dass die häufig vorkommende Vorstellung einer glückseligen und vollkommenen Insel (nach Art des Phäakenlandes) doch nicht notwendigerweise auch deren wirkliche Existenz beweise. Dieser Einwand ist tastbar vernünftig. Solcher und ähnlicher Einwände wurden im Laufe der Jahrhunderte nicht wenige erhoben, was aber keineswegs hinderte, dass das ontologische Argument bis auf neueste Zeit nicht ausgestorben ist, sondern noch im 19. Jahrhundert von *Hegel*, *Fichte* und *Lotze* vertreten wurde. Derartige Kontradiktionen sind nicht einem ganz besondern Mangel an Logik oder einer noch viel grössern Verblendung auf der einen oder andern Seite zuzuschreiben. Das wäre abgeschmackt. Vielmehr handelt es sich um tiefgreifende psychologische Unterschiede, die einmal anzuerkennen und fest zu halten sind. Die Annahme, es gebe nur *eine* Psychologie oder nur ein psychologisches Grundprinzip, ist eine unerträgliche Tyrannei des pseudowissenschaftlichen Vorurteils vom Normalmenschen. Man spricht immer von *dem* Menschen und seiner „Psychologie", die allemal auf „nichts anderes, als" zurückgeführt wird. Ebenso spricht man immer von *der* Wirklichkeit, als ob es nur eine gäbe. Wirklichkeit ist das, was in einer menschlichen Seele wirkt, und nicht das, was von gewissen Leuten als wirkend angenommen und in voreingenommener Weise verallgemeinert wird. Auch wenn dabei noch so wissenschaftlich vorgegangen wird, so ist nicht zu vergessen, dass die Wissenschaft nicht die „summa" des Lebens ist, und dass sie sogar nur eine der psychologischen Einstellungen, sogar nur eine Form des menschlichen Denkens ist.

Das ontologische Argument ist kein Argument und kein Beweis, sondern die psychologische Konstatierung der Tatsache, dass es eine Menschenklasse gibt, der eine bestimmte Idee das Wirksame und Wirkliche ist, eine Wirklichkeit, welche sozusagen an die der Wahrnehmungswelt heranreicht. Der Sensualist pocht auf die Gewissheit seiner „Realität", und der Mensch der Idee besteht auf seiner psychologischen Wirklichkeit. Die Psychologie muss sich mit der Existenz dieser zwei (oder mehrerer) Typen abfinden, und es jedenfalls unter allen Umständen vermeiden, den einen als ein Missverständnis des andern aufzufassen, und sie darf niemals ernsthaft den Versuch machen, den einen Typus auf den andern zu reduzieren, als ob alles Anderssein nur eine Funktion des einen sei. Damit soll das bewährte Wissenschaftsprinzip — principia explicandi praeter necessitatem non sunt multiplicanda — nicht aufgehoben sein. Denn die Notwendigkeit einer Mehrheit psychologischer Erklärungsprinzipien besteht. Ganz abgesehen von dem zu Gunsten dieser Annahme hier Vorgebrachten sollte einem die bemerkenswerte Tatsache die Augen öffnen, dass nämlich, trotz der anscheinend endgültigen Erledigung des ontologischen Argumentes durch *Kant*, nicht wenige der nachkantischen Philosophen das Argument wieder aufgenommen haben. Und heute sind wir wieder ebenso weit oder vielmehr noch viel weiter entfernt von einer Verständigung über die Gegensatzpaare Idealismus-Realismus, Spiritualismus-Materialismus einschliesslich aller Nebenfragen, als das frühe Mittelalter, das wenigstens eine gemeinsame Weltanschauung hatte.

Zu Gunsten des ontologischen Beweises gibt es wohl kein den modernen Intellekt ansprechendes logisches Argument. Das ontologische Argument hat eben in sich selber mit Logik gar nichts zu tun, sondern es ist in der Form, in der *Anselm* es der Geschichte hinterlassen hat, eine nachträglich intellektualisierte oder rationalisierte *psychologische Tatsache*, was natürlich ohne petitio principii und sonstige Sophismen nicht geschehen konnte. Darin aber eben zeigt sich die unerschütterliche Gültigkeit des Argumentes, dass es existiert, und dass der consensus gentium es als eine allgemein vorhandene Tatsache beweist. Mit der Tatsache ist zu rechnen, nicht mit dem Sophismus ihrer Begründung, denn der Fehler des ontologischen Argumentes besteht einzig und allein darin, dass es logisch argumentieren will, wo es doch viel mehr ist als bloss ein logischer Beweis; es handelt sich nämlich um eine psychologische Tatsache, deren Vorkommen und Wirksamkeit so überwältigend klar ist, dass sie gar keiner Argumentation bedarf. Der consensus gentium beweist, dass Anselm mit der Konstatierung, dass Gott *ist*, weil er gedacht wird, recht hat. Das ist eine offenkundige Wahrheit, sogar nichts anderes als ein identischer Satz. Die „logische" Begründung ist daneben ganz überflüssig und ist erst noch falsch, insofern Anselm seiner Gottesidee eine dingliche Wirklichkeit anbeweisen wollte. Er sagt: „Existit ergo procul dubio aliquid, quo majus cogitari non volet, et in intellectu et in re." Es existiert also über allen Zweifel hinaus etwas, grösser als welches nichts gedacht werden kann, und zwar sowohl im Intellekt als auch im Ding (Dinglichkeit, „Realität"). Der Begriff „res" war aber der Scholastik etwas, das mit dem Gedanken auf gleicher Höhe stand. So unterschied *Dionysius Areopagita*, dessen Schriften einen bedeutenden Einfluss auf die frühmittelalterliche Philosophie ausübten, neben einander entia rationalia, intellectualia, sensibilia, simpliciter existentia (rationale, intellektuelle, wahrnehmbare, schlechthin existierende Dinge) *Thomas von Aquino* nennt „res" das, quod est in anima (was in der Seele ist) und auch das „quod est extra animam" (was ausserhalb der Seele ist). Diese bemerkenswerte Gleichstellung lässt noch die primitive Dinglichkeit („Realität") des Gedankens in der damaligen Auffassung erkennen. Aus diesem Geisteszustand heraus ist daher auch die Psychologie des ontologischen Beweises leicht verständlich. Die Hypostasierung der Idee war gar kein wesentlicher Schritt, sondern als ein Nachklang der primitiven Sinnlichkeit des Gedankens ohne weiteres gegeben. Das Gegenargument des *Gaunilo* ist psychologisch ungenügend, indem auch die Idee einer glückseligen Insel, wie der consensus gentium beweist, häufig vorkommt, jedoch unzweifelhaft weniger wirksam ist, als die Gottesidee, der infolgedessen ein höherer „Realitätswert" zukommt.

Alle Spätern, die das ontologische Argument wieder aufgenommen haben, sind dem Irrtum des Anselm, wenigstens im Prinzip, verfallen. *Kants* Argumentation dürfte endgültig sein. Wir wollen daher in Kürze darauf eintreten: er sagt, „dass der Begriff eines absolut notwendigen Wesens ein reiner Vernunftbegriff, d. h. eine blosse Idee sei, deren objektive Realität dadurch, dass die Vernunft ihrer bedarf, noch lange nicht bewiesen ist."

„Die unbedingte Notwendigkeit der Urteile aber ist nicht eine absolute Notwendigkeit der Sachen. Denn die absolute Notwendigkeit des Urteils ist nur eine bedingte Notwendigkeit der Sache oder des Prädikates im Urteile.“

Unmittelbar vorher gibt *Kant* als Beispiel eines notwendigen Urteils, dass ein Dreieck drei Winkel habe. Auf diesen Satz bezieht er sich, indem er weiterfährt: „Der vorige Satz sagte nicht, dass drei Winkel schlechterdings notwendig seien, sondern unter der Bedingung, dass ein Triangel da ist, sind auch drei Winkel notwendigerweise da. Gleichwohl hat diese logische Notwendigkeit eine so grosse Macht ihrer Illusion bewiesen; dass, indem man sich einen Begriff a priori von einem Ding gemacht hatte, der so gestellt war, dass man seiner Meinung nach das Dasein mit in seinem Umfang begriff, man daraus glaubte, sicher schliessen zu können, dass, weil dem Objekt dieses Begriffes das Dasein notwendig zukommt, d. i. unter der Bedingung, dass ich dieses Ding als gegeben (existierend) setze, auch sein Dasein notwendig (nach der Regel der Identität) gesetzt werde, und dieses Wesen daher schlechterdings selbst notwendig sei, weil sein Dasein in einem nach Belieben angenommenen Begriffe und unter der Bedingung, dass ich den Gegenstand desselben setze, mit gedacht wird.“ Die Macht der Illusion, auf die Kant hier anspielt, ist nichts anderes, als die primitive, *magische Macht des Wortes*, die auch dem Begriffe heimlicherweise innewohnt. Es hat einer langen Entwicklung bedurft, bis die Menschen einmal gründlichst einsahen, dass das Wort, der flatus vocis, nicht auch jedesmal eine Realität bedeute oder bewirke. Aber die Tatsache, dass gewisse Menschen dies einsahen, hat noch lange nicht vermocht, die abergläubische Macht, die dem formulierten Begriff innewohnt, in allen Köpfen auszurotten. Offenbar ist auch in diesem „instinktiven“ Aberglauben etwas, das nicht ausgerottet sein will, weil es irgend eine Daseinsberechtigung aufweist, die allerdings bis jetzt nicht genügend gewürdigt wurde. Der Paralogismus (Fehlschluss) kommt in einer ähnlichen Weise in das ontologische Argument hinein, nämlich durch eine Illusion, die *Kant* folgendermassen erläutert: Er spricht zunächst von der Behauptung von „schlechterdings notwendigen Subjekten“, deren Begriff der Begriff der Existenz schlechthin inhärent ist, die also ohne innern Widerspruch nicht aufgehoben werden können. Dieser Begriff wäre der des „allerrealsten Wesens“. „Er hat, sagt ihr, alle Realität, und ihr seid berechtigt, ein solches Wesen als möglich anzunehmen .... Nun ist unter aller Realität auch das Dasein mitbegriffen: Also liegt das Dasein in dem Begriff von einem Möglichen. Wird dieses Ding nun aufgehoben, so wird die innere Möglichkeit des Dinges aufgehoben, welches widersprechend ist. Ich antworte: Ihr habt schon einen Widerspruch begangen, wenn ihr in den Begriff eines Dinges, welches ihr lediglich seiner Möglichkeit nach denken wolltet, es sei unter welchem versteckten Namen, schon den Begriff seiner Existenz hereinbrachtet. Räumet man auch dieses ein, so habt ihr dem

Scheine nach gewonnen Spiel, in der Tat aber nichts gesagt, denn ihr habt eine blosse Tautologie begangen."

„Sein ist offenbar kein reales Prädikat, d. i. ein Begriff von irgend etwas, was zu dem Begriffe eines Dinges hinzukommen könne. Es ist bloss die Position eines Dinges oder gewisser Bestimmungen an sich selbst. Im logischen Gebrauche ist es lediglich die Copula eines Urteiles. Der Satz: Gott ist allmächtig, enthält zwei Begriffe, die ihn zum Objekte haben: Gott und Allmacht. Das Wörtchen: ist, ist nicht noch ein Prädikat oben ein, sondern nur das, was das Prädikat beziehungsweise aufs Subjekt setzt. Nehme ich nun das Subjekt (Gott) mit allen seinen Prädikaten (worunter auch die Allmacht gehört) zusammen und sage: Gott ist, oder: es ist ein Gott, so setze ich kein neues Prädikat zum Begriffe von Gott, sondern nur das Subjekt an sich selbst, mit allen seinen Prädikaten und zwar den Gegenstand in Beziehung auf meinen Begriff. Beide müssen genau einerlei enthalten, und es kann daher zu dem Begriffe, der bloss die Möglichkeit ausdrückt, darum, dass ich dessen Gegenstand als schlechthin gegeben (durch den Ausdruck: er ist) denke, nichts weiter hinzukommen. Und so enthält das Wirkliche nichts mehr als das bloss Mögliche. Hundert wirkliche Taler enthalten nicht das mindeste mehr, als hundert mögliche."

„Aber in meinem Vermögenszustande ist mehr bei hundert wirklichen Talern, als bei dem blossen Begriffe derselben (d. i. ihrer Möglichkeit)."

„Unser Begriff von einem Gegenstande mag also enthalten, was und wieviel er wolle, so müssen wir doch aus ihm herausgehen, um diesem die Existenz zu erteilen. Bei Gegenständen der Sinne geschieht dieses durch den Zusammenhang mit irgend einer meiner Wahrnehmungen nach empirischen Gesetzen; aber für Objekte des reinen Denkens ist ganz und gar kein Mittel, ihr Dasein zu erkennen, weil es gänzlich a priori erkannt werden müsste, unser Bewusstsein aller Existenz aber, gehöret ganz und gar zur Einheit der Erfahrung, und eine Existenz ausser diesem Felde kann zwar nicht schlechterdings für unmöglich erklärt werden, sie ist aber eine Voraussetzung, die wir durch nichts rechtfertigen können."

Diese ausführliche Erinnerung an die grundlegende Auseinandersetzung *Kants* erscheint mir nötig, da wir gerade hier die reinlichste Scheidung finden zwischen dem esse in intellectu und esse in re. *Hegel* warf Kant vor, dass man den Begriff Gott nicht mit hundert Talern in der Phantasie vergleichen könne. Wie aber Kant mit Recht sagt, abstrahiert die Logik von allem Inhalt, denn dann wäre sie keine Logik mehr, wenn ein Inhalt prävalierte. Wie immer gibt es zwischen dem logischen Entweder-Oder kein Drittes — nämlich vom Standpunkt der Logik gesehen. Aber zwischen „intellectus und res" gibt es noch „anima", und dieses „esse in anima" macht die ganze ontologische Argumentation überflüssig. Kant selber hat in der Kritik der praktischen

Vernunft einen grosszügigen Versuch gemacht, das „esse in anima" philosophisch zu würdigen. Er führt dort Gott ein als Postulat der praktischen Vernunft, das sich aus der durch die a priori erkannte „Achtung fürs moralische Gesetz notwendigen Absicht aufs höchste Gut und der darausfliessenden Voraussetzung der objektiven Realität desselben" ergibt.[5]

Das „esse in anima" nun ist ein psychologischer Tatbestand, von dem einzig nur auszumachen ist, ob er einmalig, vielmalig oder universell in der menschlichen Psychologie vorkommt. Der Tatbestand, der Gott genannt und als „höchstes Gut" formuliert wird, bedeutet, wie schon der Terminus zeigt, den höchsten seelischen Wert oder, mit andern Worten, die Vorstellung, welcher die höchste und allgemeinste Bedeutung hinsichtlich der Bestimmung unseres Handelns und unseres Denkens erteilt wird oder faktisch zukommt. In der Sprache der analytischen Psychologie fällt der Gottesbegriff zusammen mit demjenigen Vorstellungskomplex, welcher entsprechend der vorigen Definition die höchste Summe von Libido (psychische Energie) auf sich vereinigt. Demnach wäre der faktische Gottesbegriff der Anima bei verschiedenen Menschen durchaus verschieden, was auch der Erfahrung entspricht. Gott ist nicht einmal ein in der Idee feststehendes Wesen, viel weniger noch in Wirklichkeit. Denn der höchste wirkende Wert einer menschlichen Seele ist, wie bekannt, sehr verschieden lokalisiert. Es gibt solche, ὧν ὁ θεὸς ἡ κοιλία (deren Gott der Bauch, Phil. 3, 19), das Geld, die Wissenschaft, die Macht, die Sexualität etc. ist. Je nach der Lokalisation des höchsten Gutes verschiebt sich die ganze Psychologie des Individuums, wenigstens in den Hauptzügen, sodass eine psychologische „Theorie", die auf irgend einem Grundtrieb ausschliesslich basiert ist, wie z. B. auf Machtgier oder Sexualität, auf einen Menschen anderer Orientierung appliziert, immer nur die Züge nebensächlicher Bedeutung adäquat erklären kann.

c) *Der Einigungsversuch des Abälard.* Es ist nun nicht ohne Interesse, nachzuforschen, wie die Scholastik selber es versuchte, den Universalienstreit zu schlichten und ein Gleichgewicht zwischen den typischen Gegensätzen, die das tertium non datur trennte, zu schaffen. Dieser Ausgleichsversuch ist das Werk *Abälards*, jenes unglücklichen Mannes, der in Liebe zu Heloise entbrannte und seine Leidenschaft mit dem Verluste seiner Mannheit bezahlen musste. Wer das Leben Abälards kennt, weiss, in welchem Masse seine eigene Seele jene getrennten Gegensatzpaare beherbergte, deren Vereinigung ihm philosophisch am Herzen lag. *Rémusat*[6] charakterisiert Abälard als einen Eklektiker, der zwar alle ausgesprochenen Theorien über die Universalien kritisierte und zurückwies, aber von allen doch das Wahre und Haltbare entlehnte. Abälards Schriften sind, soweit sie den Universalienstreit betreffen, schwerverständlich und verwirrend, denn der Autor ist in beständiger Abwägung aller Argumente und Aspekte begriffen; und gerade die Tatsache, dass er keinem ausgesprochenen Standpunkt recht gab, sondern das Gegensätzliche zu begreifen und zu einigen suchte, hat es vermocht, dass er nicht einmal von seinen Schülern richtig verstanden wurde. Einige verstanden ihn als Nominalisten, andere als Realisten. Dieses Missverständnis ist charakteristisch, denn es ist viel leichter, einem bestimmten Typus entsprechend zu denken, weil man in ihm logisch und konsequent bleiben kann, als beiden Typen entsprechend, denn ein mittlerer Standpunkt fehlt. Der Realismus sowohl als der Nominalismus führen, in ihnen selber verfolgt, zu Geschlossenheit, Klarheit und Einheitlichkeit. Die Abwägung und Ausgleichung der Gegensätze aber führt zur Verwirrung und zu einem im Sinne der Typen unbefriedigenden Abschluss, indem die Lösung weder den einen noch den andern völlig zufrieden stellen kann. *Rémusat* hat eine ganze Reihe von fast kontradiktorischen Behauptungen aus den Schriften Abälards, unsern Gegenstand betreffend, zusammengestellt. Er ruft aus: „Faut-il admettre, en effet, ce vaste et incohérent ensemble de doctrines dans la tête d'un seul homme, et la philosophie d'Abélard est-elle le chaos?" Vom Nominalismus nimmt Abälard die Wahrheit, dass die Universalia in dem Sinne „Worte" sind, als sie durch Sprache ausgedrückte geistige Konventionen sind; ferner nimmt er daraus die Wahrheit, dass ein Ding in Wirklichkeit nichts allgemeines, sondern immer ein gesondertes ist, und dass die Substanz in Wirklichkeit niemals eine universelle, sondern eine individuelle Tatsache ist. Vom Realismus nimmt Abälard die Wahrheit, dass die „genera" und „species" Vereinigungen von Individualfakten und -Dingen auf Grund ihrer unzweifelhaften Ähnlichkeiten sind. Der vermittelnde Standpunkt ist für ihn der *Konzeptualismus*, der als eine Funktion zu verstehen ist, welche die wahrgenommenen Individualobjekte begreift, auf Grund ihrer Ähnlichkeit in genera und species klassifiziert und so von ihrer absoluten Vielheit auf eine relative Einheit bringt. So unzweifelhaft die Vielheit und Verschiedenheit der Einzeldinge ist, so unzweifelhaft ist auch die Existenz von Ähnlichkeiten, welche die Vereinigung unter dem Begriff ermöglicht. Wer psychologisch so eingestellt ist, hauptsächlich die Ähnlichkeit der Dinge wahrzunehmen, für den ist der Sammelbegriff sozusagen gegeben, d. h. er drängt sich förmlich auf, man könnte sagen, mit der unleugbaren Tatsächlichkeit der Sinneswahrnehmung. Wer aber psychologisch so eingestellt ist, dass er hauptsächlich die Verschiedenheit der Dinge wahrnimmt, dem ist die Ähnlichkeit nicht ausschliesslich gegeben, sondern die Diversität der Dinge, die sich ihm mit ebenso grosser Tatsächlichkeit aufdrängt, wie dem andern die Ähnlichkeit. Es scheint, als ob die *Einfühlung* ins Objekt derjenige psychologische Vorgang wäre, der eben die Verschiedenheit dieses Objektes von einem andern in ein besonders helles Licht rückt, und als ob die Abstraktion vom Objekt derjenige Vorgang wäre, der besonders geeignet ist, über die tatsächliche Verschiedenheit der Einzeldinge hinwegzusehen, zu Gunsten ihrer allgemeinen Ähnlichkeit, welche eben die Grundlage der Idee ist. Einfühlung und Abstraktion vereinigt ergeben jene Funktion, die dem Begriff des Konzeptualismus zu Grunde liegt. Er gründet sich auf die psychologische Funktion, welche wirklich die einzige Möglichkeit ist, die Divergenz des Nominalismus und des Realismus auf eine gemeinsame Bahn zusammen zu bringen.

Obschon das Mittelalter grosse Worte von der Seele zu reden wusste, so hatte es doch keine Psychologie, welche eine der jüngsten Wissenschaften überhaupt ist. Hätte es damals eine Psychologie gegeben, so hätte Abälard das esse in anima zur vermittelnden Formel erhoben. Das hat Rémusat klar erkannt, indem er sagt: „Dans la logique pure, les universalia ne sont que les termes d'un langage de convention. Dans la physique, qui est pour lui plus transscendante qu'expérimentale, qui est sa véritable ontologie, les genres et les espèces se fondent sur la manière dont les êtres sont réellement produits et constitués. Enfin, entre la logique pure et la physique, il y a un milieu et comme une science mitoyenne, qu'on peut appeler une psychologie, où Abélard recherche comment s'engendrent nos concepts et retrace toute cette généalogie intellectuelle des êtres, tableau ou symbole de leur hiérarchie et de leur existence réelle." (Rémusat: T. II, p. 112.)

Die Universalia ante rem und post rem sind eine Streitfrage für alle folgenden Jahrhunderte geblieben, wenn sie auch ihr scholastisches Gewand abgeworfen haben und in neuen Verkleidungen aufgetreten sind. Im Grunde genommen, war es die alte Frage. Bald neigte der Lösungsversuch auf die realistische, bald auf die nominalistische Seite. Die Wissenschaftlichkeit des XIX. Jahrhunderts hat dem Problem wieder einen Ruck nach der nominalistischen Seite hinüber gegeben, nachdem die Philosophie des Anfanges des XIX. Jahrhunderts dem Realismus in höherm Masse Genüge getan hatte. Aber die Gegensätze sind nicht mehr soweit von einander getrennt, wie zu Abälards Zeiten. Wir haben eine Psychologie, eine vermittelnde Wissenschaft, welche Idee und Ding einzig zu einigen vermag, ohne dem einen oder andern Gewalt anzutun. Diese Möglichkeit liegt im Wesen der Psychologie, aber niemand könnte behaupten, dass bis jetzt die Psychologie diese Aufgabe auch erfüllt hätte. Man muss in diesem Sinn den Worten Rémusats beipflichten: „Abélard a donc triomphé; car, malgré les graves restrictions qu'une critique clairvoyante découvre dans le nominalisme ou le conceptualisme qu'on lui impute, son esprit est bien l'esprit moderne à son origine. Il l'annonce, il le dévance, il le promet. La lumière qui blanchit au matin l'horizon est déjà celle de l'astre encore invisible qui doit éclairer le monde."

Wer über die Existenz der psychologischen Typen und damit auch über die Tatsache hinwegsieht, dass die Wahrheit des einen der Irrtum des andern ist, dem wird Abälards Bemühung nichts weiter bedeuten als eine scholastische Spitzfindigkeit mehr. Insofern wir aber die Existenz der beiden Typen anerkennen, muss uns der Versuch Abälards doch sehr bedeutend vorkommen. Er sucht den mittleren Standpunkt im „sermo", worunter er weniger die „Rede", als den geformten, zu einem bestimmten Sinn gefügten Satz versteht, also eine Definition, die sich zur Befestigung ihres Sinnes mehrerer Worte bedient. Er spricht nicht von „verbum", denn dies ist im Sinne des Nominalismus nichts weiter als eine „vox", ein „flatus vocis". Denn das ist eben die grosse psychologische Leistung des antiken wie des mittelalterlichen Nominalismus, dass er die primitive, magische oder mystische Identität von Wort und objektivem Tatbestand gründlich aufgelöst hat, zu gründlich für den Typus Mensch, der nicht im Anhalten an die Dinge, sondern in der Abstraktion der Idee über die Dinge sein Fundament hat. Abälard war zu weiten Geistes, als dass er diesen Wert des Nominalismus übersehen hätte. Das Wort allerdings war ihm eine „vox", der Satz hingegen, eben der „sermo" in seiner Sprache, war ihm mehr, denn er brachte festen Sinn mit sich, er beschrieb das Gemeinsame, das Ideelle, das Gedachte, denkend Wahrgenommene an den Dingen. Im sermo lebte das Universale und nur dort. Weshalb es begreiflich ist, dass Abälard auch unter die Nominalisten gezählt wurde, mit Unrecht allerdings, denn das Universale war ihm von grösserer Tatsächlichkeit als eine vox.

Der Ausdruck seines Konzeptualismus muss Abälard wohl schwer gefallen sein, denn er hatte sich notwendigerweise aus Contradictionen zusammenzusetzen. Ein in einem Oxforder Manuskript erhaltenes Epitaph auf Abälard gibt uns einen, wie mir scheint, trefflichen Einblick in das Paradoxale seiner Lehre:

Hic docuit voces cum rebus significare,

Et docuit voces res significando notare;

Errores generum correxit, ita specierum.

Hic genus et species in sola voce locavit,

Et genus et species sermones esse notavit.

— — — — — — — —

Sic animal nullumque animal genus esse probatur.

Sic et homo et nullus homo species vocitatur.

Das Gegensätzliche lässt sich wohl kaum anders als im Paradoxon zusammenfassen, insofern nämlich ein Ausdruck erstrebt wird, der sich im Prinzip auf den einen Standpunkt stützt, nämlich im vorliegenden Fall auf den intellektuellen Standpunkt. Wir dürfen nicht vergessen, dass der grundliegende Unterschied zwischen Nominalismus und Realismus nämlich nicht bloss ein logisch-intellektueller ist, sondern ein psychologischer, der in letzter Linie auf eine typische Verschiedenheit der psychologischen Einstellung zum Objekt sowohl wie zur Idee hinausläuft. Wer ideell eingestellt ist, erfasst und reagiert unter dem Gesichtswinkel der Idee. Wer aber auf das Objekt eingestellt ist, der erfasst und reagiert unter dem Gesichtswinkel seines Empfindens. Das Abstrakte kommt für ihn in zweiter Linie, daher ihm eben das, was an den Dingen gedacht werden muss, als das minder Wesentliche vorkommt, dem ersteren aber umgekehrt. Der auf das Objekt Eingestellte ist natürlicherweise Nominalist — „Name ist Schall und Rauch" — insofern er nämlich noch nicht gelernt hat, seine nach dem Objekt orientierte Einstellung zu compensieren. Ist dieser letztere Fall eingetreten, so wird aus ihm, falls er das Zeug dazu hat, ein haarscharfer Logiker, der an Exaktheit, Methode und Trockenheit seinesgleichen sucht. Der ideell Eingestellte ist natürlicherweise logisch, weshalb er das Lehrbuch der Logik im Grunde genommen nicht verstehen und nicht schätzen kann. Die Entwicklung zur Compensation seines Typus macht ihn, wie wir bei *Tertullian* sahen, zum leidenschaftlichen Gefühlsmenschen, dessen Gefühle aber im Bannkreis seiner Ideen bleiben. Der Compensationslogiker aber bleibt mit seiner Ideenwelt im Bannkreis seiner Objekte.

Mit dieser Überlegung gelangen wir zur Schattenseite des Abälardschen Gedankens. Sein Lösungsversuch ist einseitig. Wenn es sich beim Gegensatz von Nominalismus und Realismus bloss um eine logisch-intellektuelle Auseinandersetzung handelte, so wäre nicht einzusehen, warum keine andere als eine paradoxale Endformulierung möglich wäre. Da es sich aber um einen psychologischen Gegensatz handelt, so muss eine einseitig logisch-intellektuelle Formulierung im Paradoxon enden. — Sic et homo et nullus homo species vocitatur. — Der logisch-intellektuelle Ausdruck ist schlechthin unfähig, auch in der Form des sermo, uns jene mittlere Formel zu geben, welche dem Wesen der zwei entgegengesetzten psychologischen Einstellungen gleichermassen gerecht wird, denn er ist ganz von der abstrakten Seite genommen und ermangelt völlig der Anerkennung der concreten Wirklichkeit.

Jede logisch-intellektuelle Formulierung — sei sie auch noch so vollkommen — streift die Lebendigkeit und Unmittelbarkeit des Objekteindruckes ab. Sie muss sie abstreifen, um überhaupt zur Formulierung gelangen zu können. Damit geht aber gerade das verloren, was der extravertierten Einstellung das Allerwesentlichste zu sein dünkt, nämlich die Bezogenheit auf das wirkliche Objekt. Es ist daher keine Möglichkeit vorhanden, auf dem Wege der einen oder andern Einstellung eine irgendwie befriedigende, vereinigende Formel zu finden. Und doch kann der Mensch nicht — auch wenn sein Geist es könnte — in diesem Zwiespalt verharren, denn dieser Zwiespalt ist nicht bloss eine Angelegenheit einer fernabgelegenen Philosophie, sondern das tagtäglich sich wiederholende Problem des Verhältnisses des Menschen zu sich selber und zur Welt. Und weil es sich im Grunde genommen um dieses Problem handelt, so kann der Zwiespalt auch nicht durch die Diskussion nominalistischer und realistischer Argumente gelöst werden. Es bedarf zur Lösung eines dritten, vermittelnden Standpunktes. Dem „esse in intellectu“ fehlt die tastbare Wirklichkeit, dem „esse in re“ fehlt der Geist. Idee und Ding aber treffen sich in der Psyche des Menschen, welche zwischen Idee und Ding die Wage hält. Was ist schliesslich die Idee, wenn ihr die Psyche nicht lebendigen Wert ermöglicht? Was ist auch das objektive Ding, wenn ihm die Psyche die bedingende Kraft des sinnlichen Eindruckes entzieht? Was ist Realität, wenn sie nicht eine Wirklichkeit in uns, ein „esse in anima“ ist? Die lebendige Wirklichkeit ist weder durch das tatsächliche, objektive Verhalten der Dinge, noch durch die ideelle Formel ausschliesslich gegeben, sondern nur durch die Zusammenfassung beider im lebendigen psychologischen Prozess, durch das „esse in anima“. Nur durch die spezifische Lebenstätigkeit der Psyche erreicht die Sinneswahrnehmung jene Eindruckstiefe, und die Idee jene wirkende Kraft, welche beide unerlässliche Bestandteile einer lebendigen Wirklichkeit sind. Diese Eigentätigkeit der Psyche, die sich weder als reflektorische Reaktion auf den Sinnesreiz, noch als Exekutivorgan ewiger Ideen erklären lässt, ist wie jeder Lebensprozess ein beständiger Schöpferakt. Die Psyche erschafft täglich die Wirklichkeit. Ich kann diese Tätigkeit mit keinem andern Ausdruck als mit *Phantasie* bezeichnen. Die Phantasie ist ebensosehr Gefühl, wie Gedanke, sie ist ebenso intuitiv, wie empfindend. Es gibt keine psychische Funktion, die in ihr nicht ununterscheidbar mit den andern psychischen Funktionen zusammenhinge. Sie erscheint bald als uranfänglich, bald als letztes und kühnstes Produkt der Zusammenfassung alles Könnens. Die Phantasie erscheint mir daher als der deutlichste Ausdruck der spezifischen psychischen Aktivität. Sie ist vor allem die schöpferische Tätigkeit, aus der die Antworten auf alle beantwortbaren Fragen hervorgehen, sie ist die Mutter aller Möglichkeiten, in der auch, wie alle psychologischen Gegensätze, Innenwelt und Aussenwelt lebendig verbunden sind. Die Phantasie war es und ist es immer, die die Brücke schlägt zwischen den unvereinbaren Ansprüchen von Objekt und Subjekt, von Extraversion und Introversion.

In der Phantasie allein sind die beiden Mechanismen verbunden.

Wenn Abälard bis zur Erkenntnis der psychologischen Verschiedenheit der beiden Standpunkte durchgedrungen wäre, so hätte er folgerichtigerweise die Phantasie zur Formulierung des vereinigenden Ausdruckes heranziehen müssen. Aber die Phantasie ist tabu im Reiche der Wissenschaft, gleichermassen wie das Gefühl. Wenn wir aber den grundliegenden

Gegensatz als einen psychologischen erkennen, so wird sich die Psychologie genötigt sehen, nicht nur den Gefühlsstandpunkt, sondern auch den vermittelnden Phantasiestandpunkt anzuerkennen. Hier aber kommt die grosse Schwierigkeit: Die Phantasie ist grösstenteils ein Produkt des Unbewussten. Sie enthält zwar zweifellos bewusste Bestandteile, aber es ist doch ein besonderes Charakteristikum der Phantasie, dass sie im wesentlichen unwillkürlich ist und dem Bewusstseinsinhalt eigentlich fremd gegenübersteht. Sie hat diese Eigenschaften mit dem Traum gemeinsam, welch letzterer allerdings in noch weit höherm Masse unwillkürlich und fremdartig ist. Das Verhältnis des Menschen zu seiner Phantasie ist in hohem Masse bedingt von seinem Verhältnis zum Unbewussten überhaupt. Und diese letztere Beziehung ist wiederum besonders bedingt durch den Zeitgeist. Je nach dem Grade des vorherrschenden Rationalismus wird der einzelne mehr oder weniger geneigt sein, sich auf das Unbewusste und dessen Produkte einzulassen. Die christliche Sphäre, wie überhaupt jede geschlossene Religionsform, hat die unzweifelhafte Tendenz, das Unbewusste im Individuum möglichst zu unterdrücken, und damit auch seine Phantasie lahmzulegen. An ihrer Statt gibt die Religion festgeprägte symbolische Anschauungen, welche das Unbewusste des Individuums vollgültig ersetzen sollen. Die symbolischen Vorstellungen aller Religionen sind Gestaltungen unbewusster Vorgänge in typischer, allgemeinverbindlicher Form. Die religiöse Lehre gibt sozusagen endgültige Auskunft über die „letzten Dinge", über das Jenseits des menschlichen Bewusstseins. Wo immer wir eine Religion im Entstehen beobachten können, da sehen wir, wie beim Stifter selbst die Figuren seiner Lehre ihm als Offenbarungen, d. h. als Concretisierungen seiner unbewussten Phantasie zufliessen. Die aus seinem Unbewussten heraus entstandenen Formen werden für allgemeingültig erklärt und ersetzen solchermassen die individuellen Phantasien anderer. Das Evangelium Matthäi hat uns ein Fragment dieses Vorganges aus dem Leben Christi aufbewahrt: in der Versuchungsgeschichte sehen wir, wie die Idee des Königtums aus dem Unbewussten an den Stifter herantritt in Form der Vision des Teufels, der ihm die Macht über die Reiche der Erde anbietet. Hätte Christus die Phantasie/concretistisch missverstanden, und somit wörtlich genommen, so wäre ein Verrückter mehr in der Welt gewesen. Er wies aber den Concretismus seiner Phantasie ab und trat in die Welt als ein König, dem die Reiche des *Himmels* untertan sind. Darum war er kein Paranoiker, wie auch der Erfolg bewiesen hat. Die von psychiatrischer Seite gelegentlich geäusserten Ansichten über das Krankhafte der Psychologie Christi sind nichts als ein lächerliches rationalistisches Gerede, fern von jeglichem Verständnis für derartige Vorgänge in der Geschichte der Menschheit. Die Form, in der Christus den Inhalt seines Unbewussten der Welt vorstellte, wurde angenommen und für allgemein verbindlich erklärt. Damit verfielen alle individuellen Phantasien der Ungültigkeit und Wertlosigkeit, ja sogar der Ketzerverfolgung, wie das Schicksal der gnostischen Bewegung und aller spätern Häretiker zeigt. Ganz in diesem Sinne sagte schon der Prophet Jeremias (23, 16):

„So spricht der Herr Zebaoth: Gehorcht nicht den Worten der Propheten, so euch weissagen. Sie betrügen euch; denn sie predigen ihres *Herzens Gesicht*, und nicht aus des Herrn Munde."

(25) „Ich höre es wohl, was die Propheten predigen, und falsch weissagen in meinem Namen, und sprechen: *Mir hat geträumet*, mir hat geträumet.

(26) Wann wollen doch die Propheten aufhören, die falsch weissagen, und ihres Herzens Trügerei weissagen.

(27) und wollen, dass mein Volk meines Namens vergesse über ihren Träumen, die einer dem andern erzählet? gleichwie ihre Väter meines Namens vergassen über dem Baal.

(28) Ein Prophet, der Träume hat, der erzähle Träume; wer aber mein Wort hat, der predige mein Wort recht. Wie reimen sich Stroh und Weizen zusammen? spricht der Herr."

Ebenso sehen wir im frühen Christentum, wie z. B. die Bischöfe eifrig bemüht waren, die Wirksamkeit des individuellen Unbewussten unter den Mönchen auszurotten. Besonders wertvolle Einblicke in dieser Hinsicht gewährt uns der Erzbischof *Athanasius* von Alexandria in seiner Biographie des heiligen Antonius.[7] Er beschreibt darin zum Zwecke der Belehrung seiner Mönche die Erscheinungen und Gesichte, die Gefahren der Seele, die den einsam Betenden und Fastenden befallen. Er belehrt sie, wie geschickt der Teufel sich verkleide, um die Heiligen zu Falle zu bringen. Der Teufel ist natürlich die Stimme des eigenen Unbewussten des Anachoreten, das sich empört gegen die gewaltsame Unterdrückung der individuellen Natur. Ich gebe eine Reihe von wörtlichen Anführungen aus diesem schwer zugänglichen Buche. Sie zeigen sehr deutlich, wie das Unbewusste systematisch unterdrückt und entwertet wurde:

„Es gibt Zeiten, wo wir niemand sehen, und doch das Geräusch vom Arbeiten der Teufel hören, und es ist, wie wenn jemand ein Lied mit lauter Stimme sänge, und zu andern Zeiten ist es, wie wenn wir die Worte der heiligen Schrift hörten, wie wenn ein Lebender ihre Worte wiederholte, und sie sind genau gleich den Worten, die wir hören würden, wenn jemand aus dem Buch (Bibel) vorliest. Und es kam auch vor, dass sie (die Teufel) uns aufrissen zum Nachtgebet und uns antrieben, aufzustehen. Und sie täuschten uns auch Ähnlichkeit mit Mönchen vor und die Erscheinung von solchen, die trauern (d. h. Anachoreten). Und sie nähern sich uns, wie wenn sie von weither kämen, und sie beginnen Worte zu äussern, die geeignet sind, das Verständnis der Kleinmütigen zu schwächen: „Es ist jetzt ein Gesetz über aller Schöpfung, dass wir die Verwüstung lieben, aber wir waren unfähig durch Gotteswillen, in unsere Häuser einzutreten, als wir zu ihnen kamen, und das Rechte zu tun.“ Und wenn es ihnen nicht gelingt, ihren Willen auf diese Weise durchzusetzen, so geben sie diesen Betrug auf für einen andern und sagen: „Wie ist es möglich für dich, zu leben? Denn du hast gesündigt und Unrecht in mancherlei Dingen begangen. Denkst du, dass der Geist mir nicht offenbart hat, was du getan hast, oder dass ich nicht weiss, dass du dieses und jenes getan hast?“ Darum, wenn ein einfältiger Bruder diese Dinge hört, und innerlich fühlt, dass er wirklich so gehandelt hat, wie der Böse ihm sagte, und wenn er die Listigkeit des Bösen nicht kennt, dann wird sein Geist sogleich verwirrt, er wird verzweifeln und einen Rückfall erleiden. Es ist, o meine Geliebten, uns nicht nötig, über diese Dinge erschrocken zu sein, aber wir müssen uns fürchten, wenn die Teufel anfangen noch mehr von den Dingen zu reden, *welche wahr sind*, und dann müssen wir sie unnachsichtlich schelten. — Darum lasst uns auf der Hut sein, dass wir unser Ohr nicht ihren Worten leihen, auch wenn die Worte, die sie sprechen, Worte der Wahrheit sind. Denn es wäre eine Schande für uns, wenn die, die sich gegen Gott empörten, unsere Lehrer werden sollten. Und lasst uns wappnen, o meine Brüder, mit dem Panzer der Gerechtigkeit und lasst uns den Helm der Erlösung anziehen, und im Augenblick des Kampfes lasst uns aus einem gläubigen Sinne geistige Pfeile abschiessen wie von einem gespannten Bogen. Denn sie (die Teufel) sind gar nichts, und auch, wenn sie etwas wären, ihre Stärke hätte nichts in sich, das der Macht des Kreuzes widerstehen könnte.“

St. Antonius erzählt: „Einmal erschien mir ein Teufel von ganz besonders hochmütigem und unverschämtem Benehmen, und er trat vor mich mit dem tumultuarischen Lärm einer Volksmenge, und er wagte mir zu sagen: „Ich und gerade ich bin die Kraft Gottes; ich und gerade ich bin der Herr der Welten.“ Und er sprach weiter zu mir: „Was wünschest du, dass ich dir geben soll? Verlange und du wirst empfangen.“ Da blies ich ihn an und wies ihn zurück im Namen Christi. — Bei einer andern Gelegenheit, als ich fastete, erschien mir der Listige, in Gestalt eines Bruders, der Brot brachte, und er fing an, mir Ratschläge zu erteilen, indem er sagte: „Stehe auf und stille dein Herz mit Brot und Wasser und ruhe dich ein wenig aus von deinem übermässigen Mühen, denn du bist ein Mensch und so hoch du auch stehen magst, so bist du doch mit einem sterblichen Leibe bekleidet und du solltest ängstlich sein wegen Krankheiten und Trübsal.“ Darauf betrachtete ich seine Worte und bewahrte meine Ruhe und hielt mit der Antwort zurück. Und ich beugte mich in Ruhe nieder und tat Busse im Gebet und sagte: „O, Herr, mache du ein Ende mit ihm, wie du dies zu allen Zeiten zu tun gewohnt warest." Und als ich diese Worte gesprochen hatte, da kam er zum Ende und schwand dahin wie Staub und ging aus meiner Türe wie Rauch.

Und einmal in einer Nacht näherte sich der Satan meinem Hause und klopfte an die Türe, und ich ging hinaus, zu sehen, wer anklopfte, und ich erhob meine Augen und ich sah die Gestalt eines ausserordentlich grossen und starken Mannes und als ich ihn fragte: „Wer bist du?" antwortete er und sprach zu mir: „Ich bin Satan." Darauf sagte ich zu ihm: „Was suchest du?" Und er antwortete und sprach zu mir: „Warum schmähen mich die Mönche und die Anachoreten und die andern Christen, und warum häufen sie zu allen Zeiten Verfluchung auf mich?" Ich fasste meinen Kopf in Erstaunen über seine unsinnige Torheit und ich sagte zu ihm: „Warum quälst du sie?" Darauf antwortete er und sagte zu mir: „Nicht ich bin es, der sie quält, sondern sie quälen sich selber, denn es geschah mir bei einer gewissen Gelegenheit, was sich wirklich begeben hat, dass sie sich, hätte ich ihnen nicht zugerufen, dass *ich* der Feind sei, für immer umgebracht hätten. Ich habe darum keinen Platz, wo ich sein könnte, und kein schimmerndes Schwert und nicht einmal Menschen, die mir wirklich untertan wären, denn die, die mir dienen, verachten mich gänzlich, und überdies, ich muss sie in Fesseln halten, denn sie hängen mir nicht an, weil sie es für recht halten, so zu tun, und sie sind immer bereit, bei jeder Gelegenheit mir davon zu laufen. Die Christen haben die ganze Welt erfüllt, und siehe, sogar die Wüste ist voll von ihren Klöstern und Wohnstätten. Lass sie sich in acht nehmen, wenn sie mich mit Missbrauch überhäufen." Darauf sagte ich zu ihm in Bewunderung der Gnade unseres Herrn: „Wie kommt es, dass du, der du bei jeder andern Gelegenheit ein Lügner warest, jetzt die Wahrheit sprichst? Und wie kommt es, dass du jetzt die Wahrheit sagst, wenn du doch gewohnt bist, Lügen zu reden? Es ist in der Tat wahr, dass du, als Christus in diese Welt kam, in die tiefsten Tiefen hinuntergeworfen wardst, und dass die Wurzel deines Irrtums aus der Erde gerissen wird." Und als Satan den Namen Christi hörte, da schwand seine Gestalt und seine Worte nahmen ein Ende."

Diese Anführungen zeigen, wie das Unbewusste des Individuums verworfen wurde mit Hilfe des allgemeinen Glaubens, obschon es in durchsichtiger Weise die Wahrheit sprach. Dass es verworfen wurde, hat seine besondern Gründe in der Geistesgeschichte. Es liegt uns hier nicht ob, diese Gründe näher zu erläutern. Wir müssen uns mit der Tatsache begnügen, dass es unterdrückt wurde. Diese Unterdrückung besteht, psychologisch gesprochen, in einer Entziehung der Libido, der psychischen Energie. Die dadurch gewonnene Libido diente dem Aufbau und der Entwicklung der bewussten Einstellung, wodurch sich allmählich eine neue Weltanschauung herausbildete. Die dadurch erlangten unzweifelhaften Vorteile befestigen natürlicherweise diese Einstellung. Es ist daher kein Wunder, dass unsere

Psychologie durch eine vorzugsweise ablehnende Einstellung gegenüber dem Unbewussten gekennzeichnet ist.

Es ist nicht nur begreiflich, sondern auch durchaus notwendig, dass alle Wissenschaften den Gefühlstandpunkt sowohl, wie den der Phantasie auszuschliessen haben. Darum sind es eben Wissenschaften. Wie steht es aber mit der Psychologie? Insofern sie sich als Wissenschaft betrachtet, muss sie dasselbe tun. Wird sie aber dadurch ihrem Stoffe gerecht? Jede Wissenschaft sucht schliesslich ihren Stoff in Abstraktionen zu formulieren und auszudrücken, also könnte und kann auch die Psychologie den Prozess des Fühlens, Empfindens und Phantasierens in intellektuellen Abstraktionen fassen. Diese Behandlung sichert zwar das Recht des intellektuell-abstrakten Standpunktes, nicht aber das Recht der andern möglichen psychologischen Gesichtspunkte. Diese andern möglichen Gesichtspunkte können in einer wissenschaftlichen Psychologie nur erwähnt, nicht aber als selbständige Prinzipien einer Wissenschaft auftreten. Wissenschaft ist unter allen Umständen eine Angelegenheit des Intellekts, und ihm sind die andern psychologischen Funktionen als Objekte unterworfen. Der Intellekt ist der Souverain des Wissenschaftsgebietes. Ein anderes ist es aber, wenn die Wissenschaft in ihre praktische Verwendung übertritt. Der Intellekt, der vordem König war, wird hier blosses Hilfsmittel, zwar ein wissenschaftlich verfeinertes Instrument, aber doch nur ein Handwerksgerät, das nicht mehr Selbstzweck, sondern blosse Bedingung ist. Der Intellekt und mit ihm die Wissenschaft wird hier in den Dienst der schöpferischen Kraft und Absicht gestellt. Auch dies ist noch „Psychologie", jedoch keine Wissenschaft mehr; es ist eine Psychologie im weitern Sinne des Wortes, eine psychologische Tätigkeit von schöpferischer Natur, in welcher der schaffenden Phantasie das Primat zukommt. Man könnte ebenso gut, statt von schaffender Phantasie zu sprechen, auch sagen, dass in einer solch praktischen Psychologie dem *Leben* selbst die führende Rolle zugefallen sei; denn einerseits ist es zwar schon die zeugende und schöpfende Phantasie, welche sich der Wissenschaft als eines Hilfsmittels bedient, andererseits aber sind es auch die mannigfaltigen Anforderungen der äussern Realität, welche die Tätigkeit der schöpferischen Phantasie anregen. Die Wissenschaft als Selbstzweck ist gewiss ein hohes Ideal, aber seine konsequente Durchführung erzeugt so viele Selbstzwecke als es Wissenschaften und Künste gibt. Dies führt zwar zu einer hohen Differenzierung und Spezialisierung der jeweils in Betracht fallenden Funktionen, aber damit auch zu ihrer Welt- und Lebensferne und überdies zu einer Anhäufung von Spezialgebieten, die allmählich allen Zusammenhang unter sich verlieren. Damit beginnt nicht nur eine Verarmung und Verödung im Spezialgebiete, sondern auch in der Psyche des Menschen, der zum Spezialisten sich hinaufdifferenziert hat, oder hinuntergesunken ist. Die Wissenschaft aber muss ihren Lebenswert dadurch beweisen, dass sie nicht nur Herrin, sondern auch Magd sein kann. Sie entehrt sich damit keineswegs. Wenn uns zwar schon die Wissenschaft zur Erkenntnis der Ungleichmässigkeiten und Störungen der Psyche geführt hat, und daher der ihr innewohnende Intellekt unsere höchste Achtung verdient, so ist es doch ein schwerwiegender Irrtum, ihr darum einen Selbstzweck anzudichten, der sie unfähig macht, blosses Instrument zu sein. Wenn wir aber mit dem Intellekt und seiner Wissenschaft in das wirkliche Leben treten, so erkennen wir gleich, dass wir uns in einer Beschränkung befinden, welche uns andere, ebenso wirkliche Lebensgebiete verschliesst. Wir sind darum genötigt, die Universalität unseres Ideals als eine Beschränktheit aufzufassen und uns nach einem spiritus rector umzusehen, welcher in Ansehung der Forderungen eines völligen Lebens eine grössere Gewähr der psychologischen Universalität bietet als der Intellekt allein. Wenn Faust ausruft: „Gefühl ist alles", so spricht er das Gegenteil des Intellektes aus, und damit gewinnt er bloss eine andere Seite, aber nicht jene Totalität des Lebens und damit der eigenen Psyche, welche Fühlen und Denken in einem höhern Dritten vereinigt. Dieses höhere Dritte kann, wie ich bereits andeutete, als ein praktisches Ziel sowohl als die das Ziel erschaffende Phantasie verstanden werden. Dieses Ziel der Totalität kann weder von der Wissenschaft, die sich Selbstzweck ist, noch vom Fühlen, das der Sehkraft des Denkens ermangelt, erkannt werden. Das eine muss sich den andern als Hilfsmittel leihen, aber ihr Kontrast ist dermassen gross, dass wir einer Brücke bedürfen. Diese Brücke ist uns in der schaffenden Phantasie gegeben. Sie ist keines von beiden, denn sie ist die Mutter beider — ja noch mehr, sie ist schwanger mit dem Kinde, dem Ziele, welches die Gegensätze einigt.

Wenn uns Psychologie nur Wissenschaft bleibt, so erreichen wir das Leben nicht, sondern dienen dem Selbstzweck der Wissenschaft. Sie führt uns zwar zur Erkenntnis der Sachlage, widersetzt sich aber jedem andern Zwecke als dem eigenen. Der Intellekt bleibt in sich selbst solange gefangen, als er sein Primat nicht freiwillig opfert, um die Würde anderer Zwecke anzuerkennen. Er schreckt davor zurück, den Schritt über sich selbst hinaus zu tun und seine universelle Gültigkeit zu leugnen, denn alles andere ist ihm *nichts als Phantasie.* Was aber hat es je Grosses gegeben, das nicht zuvor Phantasie war? Solchermassen schneidet sich der im Selbstzweck der Wissenschaft versteifte Intellekt die Lebensquelle ab. Ihm ist Phantasie nichts als Wunschtraum, worin alle der Wissenschaft sowohl willkommene als nötige Unterschätzung ausgedrückt ist. Die Wissenschaft als Selbstzweck ist unumgänglich, solange es sich darum handelt, die Wissenschaft zu entwickeln. Das Selbe aber wird ein Übel, wenn es sich um das Leben selber handelt, das entwickelt werden sollte. So war es eine historische Notwendigkeit im christlichen Kulturprozess, dass die freischaffende Phantasie unterdrückt wurde, und so war es auch eine Notwendigkeit unseres naturwissenschaftlichen Zeitalters, die Phantasie in anderer Hinsicht zu unterdrücken. Es ist nicht zu vergessen, dass die schöpferische Phantasie auch zu einer schädlichsten Wucherung entarten kann, wenn ihr nicht gerechte Grenzen gesetzt werden. Diese Grenzen sind aber niemals jene künstlichen Schranken, welche der Intellekt oder das vernünftige Gefühl setzen, sondern sie sind gegeben durch die Not und die unumstössliche Wirklichkeit. Die Aufgaben der Zeitalter sind verschieden, und immer kann man erst nachher mit Sicherheit erkennen, was hat sein müssen, und was nicht hätte sein sollen. In der jeweiligen Gegenwart wird immer der Streit der Überzeugungen herrschen, denn „der Krieg ist der Vater von allem". Nur die Geschichte entscheidet. Die Wahrheit ist nicht ewig, sie ist ein Programm. Je „ewiger" eine Wahrheit ist, desto unlebendiger und wertloser ist sie, denn sie sagt uns nichts mehr, weil sie selbstverständlich ist.

Wie die Psychologie die Phantasie bewertet, solange sie bloss Wissenschaft ist, zeigen uns die bekannten Ansichten von *Freud* und *Adler*. Die *Freud*sche Deutung reduziert die Phantasie auf die kausalen elementaren Triebprozesse. Die *Adler*sche Auffassung dagegen reduziert sie auf die elementaren finalen Absichten des Ich. Ersteres ist eine Triebpsychologie, letzteres eine Ich-Psychologie. Der Trieb ist ein unpersönliches biologisches Phänomen. Eine darauf basierte Psychologie muss naturgemäss das Ich vernachlässigen, denn das Ich verdankt seine Existenz dem principium individuationis, der individuellen Differenzierung, die kein allgemeines biologisches Phänomen ist wegen ihrer Vereinzelung. Obschon allgemeine biologische Triebkräfte auch die Persönlichkeitsbildung ermöglichen, so ist doch eben gerade das Individuelle essentiell verschieden vom allgemeinen Triebe, steht dazu sogar im striktesten Gegensatz, wie das Individuum als Persönlichkeit sich immer von der Collektivität unterscheidet. Sein Wesen besteht eben gerade in dieser Unterscheidung. Jede Ich-Psychologie muss daher gerade das Collektive der Triebpsychologie ausschliessen und übergehen, denn sie beschreibt eben den Ich-Prozess, der sich vom Collektivtriebe differenziert. Die charakteristische Animosität zwischen den Vertretern der beiden Standpunkte rührt von der Tatsache her, dass der eine Standpunkt konsequenterweise eine Entwertung und Heruntersetzung des andern Standpunktes bedeutet. Denn solange die Unterscheidung zwischen Trieb- und Ichpsychologie nicht anerkannt ist, so muss natürlich die eine wie die andere Seite ihre Theorie für allgemeingültig halten. Damit ist nun keineswegs gesagt, dass z. B. die Triebpsychologie nicht auch eine Theorie des Ichprozesses aufstellen könnte. Sie kann das sehr wohl tun, aber in einer Art und Weise, die dem Ichpsychologen wie ein Negativ zu seiner Theorie erscheint. Daher kommt es, dass bei *Freud* die „Ichtriebe" zwar gelegentlich auftauchen, in der Hauptsache aber ein bescheidenes Dasein fristen. Umgekehrt erscheint bei *Adler* die Sexualität beinahe wie ein blosses Vehikel, das den elementaren Machtabsichten in dieser oder jener

Weise dient. Das Adlersche Prinzip ist die Sicherung der persönlichen Macht, die sich dem allgemeinen Triebe superponiert. Bei Freud ist es der Trieb, der sich das Ich dienstbar macht, sodass das Ich nur als eine Funktion des Triebes erscheint.

Innerhalb beider Typen geht die wissenschaftliche Tendenz dahin, alles auf das eigene Prinzip zu reduzieren und daraus wieder zu deduzieren. Diese Operation lässt sich besonders leicht an den Phantasien vollziehen, indem diese nicht wie die Funktionen des Bewusstseins, sich an die Realität adaptieren und darum objektiv orientierten Charakter haben, sondern rein trieb- und ichgemäss sind. Wer vom Standpunkt des Triebes aus sieht, findet unschwer die „Wunscherfüllung", den „infantilen Wunsch", die „verdrängte Sexualität". Wer vom Standpunkt des Ich aus sieht, findet ebenso leicht die elementaren Absichten auf die Sicherung und Differenzierung der Ichpersönlichkeit, denn die Phantasien sind Vermittlungsprodukte zwischen Ich und allgemeinem Trieb. Demgemäss enthalten sie die Elemente beider Seiten. Die Deutung nach der einen oder andern Seite ist daher immer etwas gewalttätig und willkürlich, indem dabei immer der eine Charakter unterdrückt wird. Aber im grossen und ganzen kommt doch eine beweisbare Wahrheit dabei heraus, nur ist sie eine Partialwahrheit, die keinen Anspruch auf allgemeine Gültigkeit erheben kann. Ihre Gültigkeit erstreckt sich auf die Reichweite ihres Prinzipes. Im Gebiete des andern Prinzipes aber ist sie ungültig. Die Freudsche Psychologie ist charakterisiert durch den zentralen Begriff der *Verdrängung* inkompatibler Wunschtendenzen. Der Mensch erscheint als ein Bündel von Wünschen, die dem Objekt gegenüber nur teilweise anpassbar sind. Seine neurotischen Schwierigkeiten bestehen darin, dass Milieueinfluss, Erziehung und objektive Bedingungen ein Ausleben der Triebe teilweise verhindern. Von Vater und Mutter stammen teils moralisch erschwerende Einflüsse, teils infantile, das spätere Leben kompromittierende Bindungen. Die ursprüngliche Triebveranlagung ist ein unabänderlich gegebenes Etwas, das hauptsächlich durch Objekteinflüsse störende Modifikationen erleidet, daher ein möglichst ungestörtes Ausleben der Triebe gegenüber passend gewählten Objekten als das nötige Heilmittel erscheint. Umgekehrt ist Adlers Psychologie charakterisiert durch den zentralen Begriff der Ich-Superiorität. Der Mensch erscheint in erster Linie als ein Ichpunkt, der unter keinen Umständen dem Objekt unterlegen sein darf. Während bei Freud das Begehren nach dem Objekt, die Bindung an das Objekt und die dem Objekt gegenüber unmögliche Art gewisser Begehren eine bedeutende Rolle spielen, richtet sich bei Adler alles nach der Superiorität des Subjektes. Freuds Triebverdrängung gegenüber dem Objekt ist bei Adler zur Sicherung des Subjektes geworden. Das Heilmittel ist bei ihm die Aufhebung der isolierenden Sicherung, bei Freud die Aufhebung der Verdrängung, welche das Objekt unerreichbar macht.

Das Grundschema ist daher bei Freud die *Sexualität*, welche die stärkste Beziehung zwischen Subjekt und Objekt ausdrückt; bei Adler dagegen die *Macht* des Subjektes, welche am wirksamsten gegen die Objekte sichert und dem Subjekt eine jede Beziehung aufhebende und unangreifbare Isolierung gibt. Freud möchte das ungestörte Herausfliessen der Triebe an ihre Objekte gewährleisten, Adler aber möchte den feindseligen Bann der Objekte durchbrechen, um das Ich von der Erstickung im eigenen Panzer zu erlösen. Erstere Ansicht dürfte daher im wesentlichen extravertiert, letztere dagegen introvertiert sein. Die extravertierte Theorie gilt für den extravertierten Typus, die introvertierte Theorie gilt für den introvertierten Typus. Insofern nun der reine Typus ein ganz einseitiges Entwicklungsprodukt ist, ist er auch notwendigerweise unbalanciert. Die Überbetonung der einen Funktion ist gleichbedeutend mit der Verdrängung der andern Funktion. Diese Verdrängung wird auch durch die Psychoanalyse insofern nicht aufgehoben, als die jeweils applizierte Methode nach der Theorie des eigenen Typus orientiert ist. Der Extravertierte wird nämlich seine aus dem Unbewussten auftauchenden Phantasien auf ihren Triebgehalt reduzieren, seiner Theorie entsprechend. Der Introvertierte aber auf seine Machtabsichten. Der Gewinn aus einer solchen Analyse fällt jeweils dem schon bestehenden Übergewicht zu. Diese Art der Analyse verstärkt also bloss den schon bestehenden Typus und ermöglicht dadurch keine Verständigung oder Vermittlung zwischen den Typen. Im Gegenteil, die Kluft wird erweitert und zwar äusserlich sowohl wie innerlich. Es entsteht auch innerlich eine Dissociation, indem jeweils die in den unbewussten Phantasien (Träumen etc.) auftauchenden Partikel der andern Funktion entwertet und wieder verdrängt werden. Darum hatte ein gewisser Kritiker einigermassen recht, als er behauptete, Freuds Theorie sei eine neurotische Theorie, abgesehen von dem Umstand, dass dieser Ausdruck übelwollend ist und nur dazu dienen soll, von der Pflicht ernsthafter Beschäftigung mit den angeregten Problemen zu entbinden. Freuds sowohl wie Adlers Standpunkt ist einseitig und nur charakteristisch für einen Typus.

Beide Theorien stehen dem Prinzip der Imagination insofern ablehnend gegenüber, als sie die Phantasien reduzieren und nur als einen semiotischen[8] Ausdruck behandeln. In Wirklichkeit aber bedeuten die Phantasien mehr als das: sie sind nämlich zugleich auch die Repräsentanten des andern Mechanismus, also beim Introvertierten der verdrängten Extraversion, beim Extravertierten der verdrängten Introversion. Die verdrängte Funktion aber ist unbewusst, daher unentwickelt, embryonal und archaïsch. Sie ist in diesem Zustand unvereinbar mit dem höhern Niveau der bewussten Funktion. Das Unannehmbare der Phantasie rührt hauptsächlich her aus dieser Eigentümlichkeit der zugrunde liegenden, nicht anerkannten Funktion.

Aus diesen Gründen ist die Imagination für jeden, dem die Anpassung an äussere Realität Hauptprinzip ist, etwas Verwerfliches und Nutzloses. Immerhin weiss man, dass noch jede gute Idee und jede Schöpfertat aus der Imagination hervorgegangen ist und ihren Anfang in dem nahm, was man als infantile Phantasie zu bezeichnen gewohnt ist. Es ist nicht nur der Künstler, der alles Grösste in seinem Leben der Phantasie verdankt, sondern überhaupt jeder schöpferische Mensch. Das dynamische Prinzip der Phantasie ist das *Spielerische*, das ebenfalls dem Kinde eignet, und als solches ebenfalls unvereinbar mit dem Prinzip ernster Arbeit erscheint. Aber ohne dieses Spiel mit Phantasien ist noch nie ein schöpferisches Werk geboren worden. Wir verdanken dem Imaginationsspiel unabsehbar viel. Es ist daher kurzsichtig, wenn die Phantasien ihres abenteuerlichen oder unannehmbaren Charakters wegen mit Geringschätzung behandelt werden. Es ist nicht zu vergessen, dass eben gerade in der Imagination eines Menschen sein Wertvollstes liegen kann. Ich sage ausdrücklich: *kann*, denn auf der andern Seite sind die Phantasien auch wertlos, indem sie in der Form des Rohstoffes keinerlei Verwertbarkeit besitzen. Um das Wertvolle, das in ihnen liegt, zu heben, bedarf es einer Entwicklung derselben. Diese Entwicklung wird aber nicht geleistet durch reine Analyse derselben, sondern auch eine synthetische Behandlung, durch eine Art construktiven Verfahrens.[9]

Es bleibt eine offene Frage, ob der Gegensatz zwischen den beiden Standpunkten intellektuell jemals befriedigend ausgeglichen werden kann. Obschon der Versuch *Abälards* dem Sinne nach ausserordentlich geschätzt werden muss, so hat er doch praktisch keine nennenswerten Folgen gezeitigt, denn er konnte keine vermittelnde psychologische Funktion herstellen ausser eben dem Konzeptualismus oder Sermonismus, der eine einseitige intellektuelle Neuauflage des alten Logosgedankens zu sein scheint. Der Logos als Mittler hatte allerdings den Vorteil vor dem Sermo, dass er in seiner menschlichen Erscheinungsweise auch den nicht-intellektuellen Erwartungen gerecht wurde.

5. Der Abendmahlstreit zwischen Luther und Zwingli.

Von den spätern Gegensätzen, welche die Geister bewegten, sollte eigentlich der Protestantismus und die Reformationsbewegung überhaupt zur Sprache kommen. Allein diese Erscheinung ist dermassen komplex, dass sie in viele psychologische Einzelprozesse zuvor aufgelöst werden müsste, um Gegenstand der analytischen Betrachtung werden zu können. Das aber liegt ausserhalb des Bereiches meines Könnens. Ich muss mich darum begnügen, nur einen Einzelfall aus jenem grossen Streit der Geister hervorzuheben, nämlich den Abendmahlstreit zwischen *Luther* und *Zwingli*. Die bereits erwähnte Transsubstantiationslehre wurde vom Laterankonzil von 1215 sanktioniert und bildete von da an eine feste Glaubensüberlieferung, in der auch Luther aufwuchs. Obschon nun der Gedanke, dass eine Zeremonie und ihre concrete Ausübung eine objektive Heilsbedeutung habe, eigentlich durchaus unevangelisch ist, indem die evangelische Richtung sich gerade gegen die Bedeutung der katholischen Institutionen wendete, so konnte Luther sich doch nicht befreien von dem unmittelbar wirkenden sinnlichen Eindruck des Geniessens von Brot und Wein. Er konnte darin nicht bloss ein Zeichen erblicken, sondern die sinnenfällige Tatsächlichkeit und ihr unmittelbares Erleben waren für ihn ein unerlässliches religiöses Erfordernis. Er forderte darum die wirkliche Gegenwart des Leibes und Blutes Christi im Abendmahl. Er empfing „in und unter" Brot und Wein den Leib und das Blut Christi. Die religiöse Bedeutung des unmittelbaren Erlebens am Objekt war ihm so gross, dass auch sein Vorstellen an den Concretismus einer stofflichen Gegenwart des heiligen Leibes gebannt war. Seine Erklärungsversuche stehen daher alle unterhalb dieser Tatsache: der Leib Christi ist allerdings bloss „unräumlich" gegenwärtig. In Anlehnung an die sogen. Consubstantiationslehre ist neben der Substanz von Brot und Wein auch die Substanz des heiligen Leibes real gegenwärtig. Die durch diese Annahme verlangte Ubiquität des Leibes Christi, die dem menschlichen Begreifen besondere Beschwerden verursacht, wurde zwar ersetzt durch den Begriff der Volipräsenz, welche bedeutet, dass Gott überall da gegenwärtig ist, wo er gegenwärtig sein will. Unbekümmert um all diese Schwierigkeiten hat Luther unentwegt am unmittelbaren Erleben des sinnlichen Eindruckes festgehalten und lieber alle Bedenken des menschlichen Verstehens mit teils absurden, teils sonstwie ungenügenden Erklärungen abgefunden. Es ist kaum anzunehmen, dass es bloss die Macht der Tradition war, welche Luther bestimmt hat, dieses Dogma festzuhalten, denn gerade er hat es zur Genüge bewiesen, dass er mit den traditionellen Glaubensformen aufräumen konnte. Man wird wohl nicht fehlgehen in der Annahme, dass es gerade die Berührung mit dem „Wirklichen" und Stofflichen im Abendmahl war, deren Gefühlsbedeutung für Luther selbst über dem evangelischen Prinzip stand, dass nämlich das Wort der alleinige Träger der Gnade ist, und keine Zeremonie. So hatte bei Luther zwar das Wort die Heilsbedeutung, daneben aber war auch der Genuss des Abendmahls ein Übermittler der Gnade. Wie gesagt, dies dürfte nur anscheinend eine Konzession an die Institutionen der katholischen Kirche sein, in Wirklichkeit war es wohl eine durch die Psychologie Luthers geforderte Anerkennung der auf unmittelbares Sinnenerlebnis gegründeten Gefühlstatsache.

Dem Lutherischen Standpunkt gegenüber vertrat *Zwingli* die reine Symbolauffassung. Es handelt sich für ihn um ein „geistliches" Geniessen des Leibes und Blutes Christi. Dieser Standpunkt ist charakterisiert durch die Vernunft und durch eine ideelle Auffassung der Zeremonie. Er hat den Vorteil, das evangelische Prinzip nicht zu verletzen und zugleich auch alle vernunftwidrigen Hypothesen zu vermeiden. Aber diese Auffassung wird dem nicht gerecht, was Luther erhalten wissen wollte, nämlich der Realität des Sinneneindruckes und seines besondern Gefühlswertes. Zwar teilte auch Zwingli das Abendmahl aus, und bei ihm wurden Brot und Wein ebenso genossen, wie bei Luther, jedoch enthielt seine Auffassung keine Formel, welche den Standpunkt des dem Objekt eigentümlichen Empfindungs- und Gefühlswertes adäquat wiedergegeben hätte. Luther gab dafür eine Formel, aber sie stiess sich an der Vernunft und am evangelischen Prinzip. Den Empfindungs- und Gefühlsstandpunkt kümmert das nicht, und zwar mit Recht, denn die Idee, das „Prinzip", kümmert sich um die Empfindung des Objektes ebenso wenig. Die beiden Gesichtspunkte schliessen sich in letzter Linie aus.

Für die extravertierte Auffassung ist die Lutherische Formulierung ein Vorteil, für den ideellen Standpunkt die Zwinglische. Obschon Zwinglis Formel dem Gefühl und der Empfindung keine Gewalt antut, sondern bloss eine ideelle Auffassung gibt, so ist zwar anscheinend der Objektwirkung Raum gelassen. Aber es scheint, als ob der extravertierte Standpunkt sich nicht damit begnüge, offenen Raum zu haben, sondern er verlangt auch eine Formulierung, wobei das Ideelle dem Empfindungswerte folgt, genau so, wie die ideelle Formulierung ein Nachfolgen des Fühlens und Empfindens erheischt.

Ich schliesse hier dieses Kapitel über das Typenprinzip in der antiken und mittelalterlichen Geistesgeschichte mit dem Bewusstsein, eine blosse Fragestellung gegeben zu haben. Meine Kompetenz reicht bei weitem nicht aus, ein so schwieriges und umfangreiches Problem irgendwie erschöpfend behandeln zu können. Wenn es mir gelungen sein sollte, dem Leser einen Eindruck vom Vorhandensein typischer Standpunktverschiedenheiten zu vermitteln, so ist meine Absicht erfüllt. Ich brauche wohl kaum beizufügen, dass ich weiss, dass keiner der hier berührten Stoffe in abschliessender Weise behandelt ist. Ich muss diese Arbeit denjenigen überlassen, die über reichere Kenntnisse auf diesem Gebiete verfügen als ich.

II
Über Schillers Ideen zum Typenproblem.

II.
Über Schillers Ideen zum Typenproblem.

1. Die Briefe über die ästhetische Erziehung des Menschen.

a) *Über die wertvolle und die minderwertige Funktion.* Soweit ich mit meinen beschränkten Mitteln in Erfahrung zu bringen vermochte, scheint *Friedrich Schiller* der Erste zu sein, der eine bewusste Unterscheidung typischer Einstellungen in grösserm Masstab und mit völligerer Darstellung der Einzelheiten durchzuführen versucht hat. Wir begegnen diesem bedeutenden Versuche, die beiden in Frage stehenden Mechanismen darzustellen und zugleich eine Möglichkeit ihrer Vereinigung aufzufinden, in dem im Jahre 1795 erstmals veröffentlichten Aufsatz: „Über die ästhetische Erziehung des Menschen". Der Aufsatz besteht aus einer Reihe von Briefen, die Schiller an den Herzog von Holstein-Augustenburg[10] richtete.

Durch die Tiefe der Gedanken, die psychologische Durchdringung des Stoffes und durch den weiten Blick auf die Möglichkeit der psychologischen Lösung des Konfliktes, veranlasst mich Schillers Aufsatz zu einer umfänglichern Darstellung und Würdigung seiner Ideen, denen es wohl bis jetzt noch nie begegnet ist, in solchem Zusammenhange abgehandelt zu werden. Schillers Verdienst in unserer psychologischen Hinsicht ist, wie aus dem Folgenden erhellen wird, auch wirklich kein geringes; gibt er uns doch ausgearbeitete Gesichtspunkte, die wir in unserer psychologischen Wissenschaft eben erst zu würdigen anfangen. Mein Unternehmen wird allerdings nicht zu leicht sein, indem es mir passieren könnte, den Ideen Schillers eine Auslegung zu geben, von der man behaupten könnte, ihr Sinn läge nicht in dem, was er sagt. Denn obschon ich mich bemühen werde, an allen wesentlichen Stellen die Worte des Autors selber anzuführen, so wird es doch nicht wohl möglich sein, seine Ideen in den Zusammenhang, den ich hier aufzustellen unternehme, hineinzubringen, ohne gewisse Deutungen oder Auslegungen zu geben. Dazu wird mich einerseits der erwähnte Umstand nötigen, andererseits aber auch die nicht zu übersehende Tatsache, dass Schiller selber einem bestimmten Typus zugehört, und infolgedessen, auch gegen seinen Willen, gezwungen ist, eine Beschreibung von der einen Seite aus zu geben. Die Beschränktheit unserer Auffassung und Erkenntnis tritt wohl nirgends deutlicher zutage, als in psychologischen Darstellungen, wo es uns fast unmöglich ist, ein anderes Bild zu zeichnen als jenes, dessen Grundzüge in unserer eigenen Seele vorgezeichnet liegen. Ich schliesse aus vielerlei Zügen, dass Schillers Art dem introvertierten Typus zugehört, während *Goethes* Art — wenn wir von seinem alles überragenden Intuitivismus absehen wollen — mehr nach der extravertierten Seite neigt. Man wird auch Schillers eigenes Bild unschwer in seiner Schilderung des idealistischen Typus wiederfinden. Durch diese Zugehörigkeit ist seiner Formulierung eine unvermeidliche Beschränkung auferlegt, deren Vorhandensein wir um eines völligern Verständnisses willen nie ausser Acht lassen dürfen. Dieser Beschränkung ist es zuzuschreiben, dass der eine Mechanismus in grösserer Vollständigkeit von Schiller dargestellt ist, als der andere, welcher beim Introvertierten nur unvollständig entwickelt ist und darum noch gewisse minderwertige Charaktere an sich hat, die ihm eben aus Gründen der Mangelhaftigkeit seiner Entwicklung anhaften müssen. In solchen Fällen bedarf die Darstellung des Autors unserer Kritik und Korrektur. Es ist selbstredend, dass diese Beschränkung Schiller auch Anlass gegeben hat, zu einer Art der Terminologie, welche der Eignung zu allgemeiner Verwendbarkeit ermangelt. Als Introvertierter hat Schiller ein besseres Verhältnis zu den Ideen, als zu den Dingen der Welt. Das Verhältnis zu den Ideen kann ein mehr gefühlsmässiges oder mehr reflektierendes sein, je nachdem das Individuum mehr dem Fühl- oder mehr dem Denktypus zugehört. Ich möchte hier den Leser, der vielleicht durch frühere Publikationen angeleitet worden ist, das Fühlen mit Extraversion und das Denken mit Introversion gleichzusetzen, bitten, sich der im letzten Kapitel gegebenen Definitionen erinnern zu wollen. Ich habe dort mit Introversions- und Extraversionstypus zwei allgemeine Klassen von Menschen unterschieden, zu denen sich die Einteilung in Funktionstypen wie Denk-, Fühl-, Empfindungs- und Intuitionstypus als Unterabteilung verhält. Ein Introvertierter kann daher ein Denk- oder ein Fühltypus sein, denn sowohl der Denkende wie der Fühlende kann unter dem Primate der Idee stehen, so wie auch beide gegebenenfalls unter dem Primate des Objektes stehen können.

Wenn ich nun Schiller seiner Art und besonders seinem charakteristischen Gegensatz zu Goethe entsprechend als Introvertierten auffasse, so bleibt zunächst die Frage offen, zu welcher Unterabteilung er gehört. Diese Frage ist schwer zu beantworten. Ohne Zweifel spielt das Moment der Intuition bei ihm eine grosse Rolle, weshalb man ihn, wenn man ihn ausschliesslich als Dichter betrachtet, dem intuitiven Typus Mensch zurechnen könnte. In den Briefen über die ästhetische Erziehung tritt uns allerdings der Denker Schiller entgegen. Nicht nur hieraus, sondern auch aus dem wiederholten Eingeständnis Schillers selber, wissen wir, wie stark das reflektierende Element in ihm war. Dementsprechend müssen wir seinen Intuitivismus sehr nach der Seite des Denkens verschieben, sodass wir ihn auch vom Gesichtspunkte der Psychologie des introvertierten Denktypus aus unserm Verständnis näher bringen können. Es wird sich im Folgenden, hoffe ich, zur Genüge erweisen, dass diese Auffassung mit der Wirklichkeit sich deckt, indem es in den Schillerschen Schriften nicht wenige Stellen gibt, welche vernehmlich zu ihren Gunsten sprechen. Ich möchte daher den Leser bitten, im Auge zu behalten, dass meinen Ausführungen die Annahme, die ich eben skizziert habe, zu Grunde liegt. Dies erscheint mir darum notwendig, weil Schiller das ihm vorliegende Problem als solches behandelt, wie er es aus seiner eigenen innern Erfahrung herausgehoben hat. Die höchst allgemeine Formulierung, die er ihm gibt, könnte, in Anbetracht der Tatsache, dass eine andere Psychologie, d. h. ein anderer Typus Mensch dasselbe Problem in ganz andere Formen fassen würde, als ein Übergriff oder als eine vorschnelle Verallgemeinerung angesehen werden. Das wäre aber insofern ungerecht, als es tatsächlich eine ganze Klasse von Menschen gibt, für die das Problem der getrennten Funktionen ebenso liegt, wie für Schiller. Wenn ich daher bisweilen in meinen folgenden Ausführungen die Einseitigkeit und den Subjektivismus Schillers hervorhebe, so will ich damit nichts an der Gültigkeit und Wichtigkeit des von ihm hervorgehobenen Problems abstreichen, sondern vielmehr Raum schaffen für andere Formulierungen. Meine bisweilen vorgebrachte Kritik hat daher mehr die Bedeutung einer *Transscription* in eine Ausdrucksweise, welche die Schillersche Formulierung ihrer subjektiven Bedingtheit entledigt. Immerhin schliessen sich meine Ausführungen so enge an Schiller an, dass sie weit weniger die allgemeine Frage von Introversion und Extraversion, die uns im I. Kapitel ausschliesslich beschäftigt hat, behandeln, als vielmehr den *typischen Konflikt des introvertierten Denktypus.*

Zuallererst beschäftigt Schiller die Frage nach der Ursache und Herkunft der Trennung der beiden Mechanismen. Mit sicherm Griffe hebt er als Grundmotiv die Differenzierung der Individuen heraus. „Die Kultur selbst war es, welche der neuen Menschheit diese Wunde schlug.“[11] Schon dieser eine Satz zeigt das umfassende Verständnis Schillers für unser Problem. Die Auflösung des harmonischen Zusammenwirkens der seelischen Kräfte im instinktiven Leben ist wie eine stets offene und nie verheilende Wunde, eine wahre Amfortaswunde, weil die Differenzierung einer Funktion aus mehreren ein Überwuchern dieser und eine Vernachlässigung und Verkrüppelung jener unvermeidlich mit sich führt.

„Ich verkenne nicht die Vorzüge,“ sagt Schiller, „welche das gegenwärtige Geschlecht, als Einheit betrachtet, und auf der Wage des Verstandes, vor dem besten in der Vorwelt behaupten mag; aber in geschlossenen Gliedern muss es den Wettkampf beginnen, und das Ganze mit dem Ganzen messen. Welcher einzelne Neuere tritt heraus, Mann gegen Mann, mit dem einzelnen Athenienser um den Preis der Menschheit zu streiten? Woher wohl dieses nachteilige Verhältnis der Individuen bei allem Vorteil der Gattung?“[12]

Schiller schiebt die Schuld an dieser Unterlegenheit der Neuern auf die Kultur, d. h. auf die Differenzierung der Funktionen. Zunächst weist er darauf hin, wie in Kunst und Gelehrsamkeit sich der intuitive und der spekulative Verstand entzweit und ihre Anwendungsgebiete eifersüchtig gegeneinander abgeschlossen hätten. „Und mit der Sphäre, auf die man seine Wirksamkeit einschränkt, hat man sich auch in sich selbst einen Herrn gegeben, der nicht selten mit Unterdrückung der übrigen Anlagen zu endigen pflegt. Indem hier die luxurierende Einbildungskraft die mühsamen Pflanzungen des Verstandes verwüstet, verzehrt dort der Abstraktionsgeist das Feuer, an dem das Herz sich hätte wärmen, und die Phantasie sich entzünden sollen." (l. c. p. 23.)

Und weiter: „Wenn das gemeine Wesen das Amt des Mannes zum Masstab macht, wenn es an dem einen seiner Bürger nur die Memorie, an einem andern nur den tabellarischen Verstand, an einem Dritten nur die mechanische Fähigkeit ehrt; wenn es hier, gleichgültig gegen den Charakter, nur auf Kenntnisse dringt, dort hingegen einem Geiste der Ordnung und einem gesetzlichen Verhalten die grösste Verfinsterung des Verstandes zu gut hält — wenn es zugleich diese einzelnen Fertigkeiten zu einer eben so grossen Intensität will getrieben wissen, als es dem Subjekt an Extensität erlässt — darf es uns da nicht wundern, dass die übrigen Anlagen des Gemütes vernachlässigt werden, um der einzigen, welche ehrt und lohnt, alle Pflege zuzuwenden?"

In diesen Gedanken Schillers liegt viel Wichtiges. Es ist begreiflich, dass Schillers Zeit bei der damaligen unvollkommenen Kenntnis des Griechentums den griechischen Menschen nach der Grösse seiner überlieferten Werke einschätzte und damit auch masslos überschätzte, denn die besondere griechische Schönheit verdankte ihr Dasein nicht zuletzt dem Kontraste mit dem Milieu, aus dem sie hervorging. Der Vorteil des griechischen Menschen bestand darin, dass er weniger differenziert war als der Neuere, wenn man darin einen Vorteil zu sehen geneigt ist; denn die Nachteile eines solchen Zustandes dürften zum mindesten ebenso einleuchtend sein. Die Differenzierung der Funktionen erfolgte sicherlich nicht aus Tücke, sondern eben wie immer und überall in der Natur, aus *Not.* Wenn einer von diesen späten Bewunderern des griechischen Himmels und der arkadischen Seligkeiten zufälligerweise als attischer Helot zur Welt gekommen wäre, so hätte er wohl die Schönheiten Griechenlands mit etwas andern Blicken betrachtet. Wenn schon unter den primitiven Bedingungen des 5. Jahrhunderts a. Chr. n. das einzelne Individuum eine grössere Möglichkeit zu einer allseitigen Entfaltung seiner Eigenschaften und Fähigkeiten hatte, so war dies doch nur dadurch möglich, dass Tausende seiner Mitmenschen von desto elendern Umständen eingeschränkt und verkrüppelt wurden. In einzelnen Exemplaren wurde gewiss eine hohe Individualkultur erreicht, aber eine Collektivkultur war der Antike fremd. Diese Errungenschaft war dem Christentum vorbehalten. Daher kommt es, dass die Neuern als Masse sich mit dem griechischen Menschen nicht bloss messen können, sondern ihn auch bei weitem überragen in jeder Hinsicht einer collektiven Kultur. Dagegen hat Schiller durchaus recht, dass unsere Individualkultur nicht gleichen Schritt gehalten hat mit der Collektivkultur; und das ist auch in den 120 Jahren, die seit der Abfassung der Schillerschen Arbeit verflossen sind, nicht besser geworden, im Gegenteil: wenn wir nicht zu Ungunsten der Individualentwicklung noch weiter in die Collektivatmosphäre hineingeraten wären, so hätte es kaum der gewaltsamen Reaktionen, die sich im Geiste eines *Stirner* und *Nietzsche* personifizieren, bedurft. Schillers Worte dürften daher heute noch ebensoviel Geltung haben.

Wie die Antike die Förderung einer obern Klasse hinsichtlich der Individualentwicklung durch die Unterdrückung einer Mehrheit gemeinen Volkes (Heloten, Sklaven) besorgte, so erreichte die nachfolgende christliche Sphäre den Zustand einer Collektivkultur dadurch, dass sie denselben Prozess soviel wie möglich ins Individuum selber verlegte (auf die Subjektivstufe erhob, wie wir uns auszudrücken pflegen). Indem der Wert des Einzelnen durch das christliche Dogma einer unverlierbaren Seele proklamiert war, so konnte nun nicht mehr die minderwertige Mehrheit des Volkes in Wirklichkeit der Freiheit einer mehrwertigen Minderheit unterworfen werden, sondern es wurde im Einzelnen die mehrwertige Funktion den minderwertigen Funktionen vorgezogen. Auf diese Weise ergab sich eine Verlegung der Hauptbedeutung auf die eine wertvolle Funktion zu Ungunsten aller andern Funktionen. Damit wurde psychologisch die äussere soziale Form der antiken Kultur ins Subjekt verlegt, wodurch im Einzelnen ein innerer Zustand erzeugt wurde, der in der Antike ein äusserer Zustand gewesen war, nämlich eine herrschende bevorzugte Funktion, die auf Kosten einer minderwertigen Mehrheit sich entwickelte und differenzierte. Durch diesen psychologischen Prozess kam allmählich eine collektive Kultur zustande, welche zwar dem Einzelnen die „droits de l'homme“ in ungleich höherm Masse gewährleistet, als die Antike, dafür aber den Nachteil hat, dass sie auf einer subjektiven Sklavenkultur beruht, d. h. also auf einer Verlegung der antiken Mehrheitsversklavung ins Psychologische, wodurch zwar die Collektivkultur erhöht, die Individualkultur aber erniedrigt wird. Wie die Versklavung der Masse die offene Wunde der Antike war, so ist die Sklaverei der minderwertigen Funktionen eine stets blutende Wunde in der Seele des heutigen Menschen.

„Einseitigkeit in Übung der Kräfte führt zwar das Individuum unausbleiblich zum Irrtum, aber die Gattung zur Wahrheit,“ sagt Schiller.[13] Die Bevorzugung der mehrwertigen Funktion dient wesentlich zum Vorteil der Societät, aber zum Nachteil der Individualität. Dieser Nachteil geht soweit, dass die grossen Organisationen unserer heutigen Kultur nach der völligen Auslöschung des Individuums streben, indem sie ganz auf eine maschinelle

Verwendung der einzelnen bevorzugten Funktionen des Menschen beruhen. Nicht die Menschen zählen, sondern ihre eine differenzierte Funktion. Der Mensch präsentiert sich in der Collektivkultur nicht als solcher, sondern er ist bloss durch eine Funktion repräsentiert, ja er identifiziert sich sogar ausschliesslich mit dieser Funktion und verleugnet die Zugehörigkeit der andern, minderwertigen Funktionen. Damit sinkt das moderne Individuum zu einer blossen Funktion hinab, weil eben bloss diese Funktion einen Collektivwert repräsentiert und daher auch allein eine Lebensmöglichkeit gewährt. Dass eine Differenzierung der Funktion aber anders auch gar nicht hätte zustande kommen können, sieht Schiller deutlich ein: „Die mannigfaltigen Anlagen im Menschen zu entwickeln, war kein anderes Mittel, als sie einander entgegen zu setzen. Dieser Antagonismus der Kräfte ist das grosse Instrument der Kultur, aber auch nur das Instrument, denn solange derselbe dauert, ist man erst auf dem Wege zu dieser."[14]

Nach dieser Auffassung wäre der gegenwärtige Zustand des Antagonismus der Kräfte noch kein Kulturzustand, sondern wir wären erst auf dem Wege zur Kultur. Darüber wird man allerdings geteilter Meinung sein: denn die einen werden als Kultur eben den Zustand der Collektivkultur verstehen, während die andern diesen Zustand bloss als *Zivilisation* verstehen und an die Kultur die strengere Anforderung der Individualentwicklung stellen. Darin täuscht sich allerdings Schiller, wenn er sich ausschliesslich auf den zweiten Standpunkt begibt und unserer Collektivkultur die griechische Individualkultur entgegenhält, denn er übersieht dabei die Mangelhaftigkeit der damaligen Zivilisation, welche die unumschränkte Gültigkeit jener Kultur in Zweifel zieht. So ist eigentlich keine Kultur je vollständig, insofern sie immer entweder mehr auf dieser oder mehr auf jener Seite steht, d. h. das einemal ist das Ideal der Kultur ein extravertiertes, d. h. der Hauptwert liegt beim *Objekte* und der Beziehung zu ihm; das anderemal ist das Ideal ein introvertiertes und die Hauptbedeutung liegt beim Individuum, oder *Objekte* und den Beziehungen zur Idee. In der erstern Form nimmt die Kultur eine collektive Art an, in der letztern aber eine individuale. Es ist daher begreiflich, dass gerade unter der Einwirkung der christlichen Sphäre, deren Prinzip die christliche Liebe ist (und durch Kontrastassociation auch deren Gegenstück, nämlich die Vergewaltigung der Individualität), eine Collektivkultur zustande kam, in welcher der Einzelne unterzugehen droht, weil die individuellen Werte schon aus Prinzip einer Minderbewertung verfallen. Daraus ergab sich auch in der Zeit der deutschen Klassiker jene besondere Sehnsucht nach der Antike, die ihnen ein Symbol individueller Kultur wurde und eben deshalb meistens sehr überschätzt und öfters unmässig idealisiert wurde. Auch fanden nicht wenige Versuche statt, den griechischen Geist sozusagen nachzuahmen und anzuempfinden, Versuche, die uns heute etwas abgeschmackt vorkommen, die aber doch als Vorläufer einer Individualkultur gewürdigt sein wollen. In den 120 Jahren, die vergangen sind seit der Abfassung der Schillerschen Schrift, sind die Umstände hinsichtlich einer Individualkultur nicht besser, sondern schlimmer geworden, indem das Interesse des einzelnen in noch weit höherm Masse als damals für collektive Beschäftigungen in Anspruch genommen ist, und darum weit weniger Musse dem einzelnen übrig bleibt zur Entwicklung einer Individualkultur; daher wir heutzutage eine hoch entwickelte Collektivkultur besitzen, die alles, was je zuvor war, an Organisation bei weitem übertrifft, dafür aber auch die Individualkultur in zunehmendem Masse geschädigt hat. Es besteht heute eine tiefe Kluft zwischen dem, was einer ist und was einer vorstellt, d. h. zwischen dem, was er als Individuum, und dem, als das er als Collektivwesen funktioniert. Seine Funktion ist entwickelt, seine Individualität aber nicht. Ist er trefflich, so ist er mit seiner Collektivfunktion identisch, ist er aber das Gegenteil davon, so ist er zwar als Funktion in der Societät geschätzt, aber als Individualität ist er ganz auf der Seite seiner minderwertigen, unentwickelten Funktionen, infolgedessen er einfach barbarisch ist, während der erstere sich über seine tatsächlich bestehende Barbarei glücklich hinweggetäuscht hat. Gewiss hat diese Einseitigkeit hinsichtlich der Societät nicht zu unterschätzende Vorteile gebracht, und es werden dadurch Errungenschaften erzielt, die anderswie nicht zu erreichen gewesen wären, wie Schiller treffend sagt: „Dadurch allein, dass wir die ganze Energie unseres Geistes in einem Brennpunkt versammeln, und unser ganzes Wesen in eine einzige Kraft zusammenziehen, setzen wir dieser einzelnen Kraft gleichsam Flügel an, und führen sie künstlicherweise weit über die Schranken hinaus, welche die Natur ihr gesetzt zu haben scheint.“[15]

Aber diese einseitige Entwicklung muss und wird zu einer Reaktion führen, weil die unterdrückten minderwertigen Funktionen nicht bis ins Endlose vom Mitleben und von der Entwicklung ausgeschlossen werden können. Einmal wird der Moment kommen, wo „die Trennung in dem innern Menschen wieder aufgehoben“ werden muss, um dem Unentwickelten eine Lebensmöglichkeit zu gewähren. Ich habe bereits angedeutet, dass die Differenzierung in der Kulturentwicklung in letzter Linie eine Dissociation der Grundfunktionen des psychischen Lebens schafft, gewissermassen über die Differenzierung der Fähigkeiten hinausgehend und übergreifend in das Gebiet der allgemeinen psychologischen Einstellung überhaupt, welche die Art und Weise der Verwendung der Fähigkeiten regiert. Dabei bewirkt die Kultur eine Differenzierung jener Funktion, die wohl schon angeborenerweise sich einer bessern Ausbildungsfähigkeit erfreut. So ist bei dem einen das Denkvermögen, beim andern das Fühlen einer weitern Entwicklung in besonderm Masse zugänglich und darum wird er sich unter dem Drängen der Kulturforderung in besonderm Masse mit der Entwicklung jenes Vermögens beschäftigen, dessen Anlage in ihm von Natur aus schon eine besonders günstige resp. ausbildungsfähige ist. Die Ausbildungsfähigkeit bedeutet allerdings nicht, dass die Funktion a priori eine Anwartschaft auf besondere Tüchtigkeit hätte, sondern sie setzt — man möchte sagen: im Gegenteil — eine gewisse Zartheit, Labilität und Formbarkeit der Funktion voraus, weshalb auch durchaus nicht immer der höchste Individualwert in dieser Funktion zu suchen und zu finden ist, sondern vielleicht nur der höchste Collektivwert, insofern nämlich diese Funktion zu einem collektiven Wert entwickelt ist. Es mag, aber, wie gesagt, sehr leicht so sein, dass unter den vernachlässigten Funktionen viel höhere Individualwerte versteckt liegen, die zwar für das collektive Leben von geringer Bedeutung, für das individuelle Leben dagegen von grösstem Werte sind und daher Lebenswerte darstellen, welche dem einzelnen eine Intensität und Schönheit des Lebens zu verleihen vermögen, welche er von seiner Collektivfunktion vergebens erwartet. Zwar verschafft ihm die differenzierte Funktion die Möglichkeit des collektiven Daseins, nicht aber die Befriedigung und Lebensfreude, welche bloss die Entwicklung der Individualwerte geben kann. Ihre Abwesenheit ist daher ein oft tief empfundener Mangel, der Abstand von ihnen aber eine innere Spaltung, die man mit Schiller einer schmerzhaften Wunde vergleichen könnte.

„Wieviel also auch für das Ganze der Welt durch die getrennte Ausbildung der menschlichen Kräfte gewonnen werden mag, so ist nicht zu leugnen, dass die Individuen, welche sie trifft, unter dem Fluche dieses Weltzweckes leiden. Durch gymnastische Übungen bilden sich zwar athletische Körper aus, aber nur durch das freie und gleichförmige Spiel der Glieder die Schönheit. Ebenso kann die Anspannung einzelner Geisteskräfte zwar ausserordentliche, aber nur durch die gleichförmige Temperatur derselben, glückliche und vollkommene Menschen erzeugen. Und in welchem Verhältnis stünden wir also zu dem vergangenen und kommenden Weltalter, wenn die Ausbildung der menschlichen Natur ein solches Opfer notwendig machte? Wir wären die Knechte der Menschheit gewesen, wir hätten einige Jahrtausende lang die *Sklavenarbeit* für sie getrieben, und unserer verstümmelten Natur die beschämenden Spuren dieser Dienstbarkeit eingedrückt — damit das spätere Geschlecht, in einem seligen Müssiggange, seiner moralischen Gesundheit warten, und den freien Wuchs seiner Menschheit entwickeln könnte! Kann aber wohl der Mensch dazu bestimmt sein, über irgend einem Zwecke sich selbst zu versäumen? Sollte uns die Natur durch ihre Zwecke eine Vollkommenheit rauben können, welche uns die Vernunft durch die ihrigen vorschreibt? Es muss also falsch sein, dass die Ausbildung der einzelnen Kräfte das Opfer ihrer Totalität notwendig macht; oder wenn auch das Gesetz der Natur noch so sehr dahin strebte, *so muss es bei uns stehen, diese Totalität in unserer Natur, welche die Kunst zerstört hat, durch eine höhere Kunst wieder herzustellen.*“[16]

Es ist unverkennbar, dass Schiller in seinem persönlichen Leben diesen Konflikt aufs tiefste empfunden hat, und dass aus eben diesem Widerstreit in ihm die Sehnsucht entsprungen ist, jene Einheitlichkeit oder Gleichförmigkeit zu finden, welche auch den unterdrückten und im Sklavendienste schmachtenden Funktionen die Erlösung bringen sollte und damit die Wiederherstellung eines harmonischen Lebens. Dieser Gedanke bewegte auch *Wagner* in seinem Parsifal, und er verlieh ihm symbolischen Ausdruck in der Wiederbringung des verlorenen Speeres und der Heilung der Wunde. Was *Wagner* im künstlerischen symbolischen Ausdruck zu sagen versuchte, das bemüht sich *Schiller* in philosophischer Überlegung klar zu machen. Er sagt es nicht laut, aber implicite deutlich genug, dass sein Problem um ein *Wiederaufnehmen antiker Lebensart und Lebensauffassung* geht, woraus sich unmittelbar der Schluss ergibt, dass er die christliche Lösung seines Problems entweder übersieht oder absichtlich übergeht. Auf alle Fälle ist sein geistiger Blick mehr auf die antike Schönheit gerichtet, als auf die christliche Erlösungslehre, welche doch nichts anderes bezweckte, als eben dasselbe, um das sich Schiller bemüht, nämlich um eine *Erlösung vom Übel.* Wie *Julian*, der Apostat, in seiner Rede über König Helios sagt, ist des Menschen Herz von „tobendem Kampfe erfüllt", womit er treffend nicht nur sich selber, sondern auch seine ganze Zeit kennzeichnet, nämlich die innere Zerrissenheit der spätern Antike, die ihren äussern Ausdruck in jener beispiellosen chaotischen Verwirrung der Köpfe und Herzen fand, aus welcher die christliche Lehre den Menschen zu erlösen versprach. Was das Christentum gab, war allerdings keine *Lösung*, sondern eine *Erlösung*, eine Loslösung der einen wertvollen Funktion von allen andern Funktionen, die damals ebenso gebieterisch mitregieren wollten. Das Christentum gab *eine* bestimmte Richtung unter Ausschliessung aller andern möglichen Richtungen. Dieser Umstand dürfte wesentlich dazu beigetragen haben, dass Schiller die durch das Christentum dargebotene Heilsmöglichkeit mit Stillschweigen übergeht.

Die nahe Beziehung der Antike zur Natur schien jene Möglichkeit zu versprechen, welche das Christentum nicht gewährte. „Die Natur zeichnet uns in ihrer physischen Schöpfung den Weg vor, den man in der moralischen zu wandeln hat. Nicht eher, als bis der Kampf elementarischer Kräfte in den niedrigern Organisationen besänftigt ist, erhebt sie sich zu der edeln Bildung des physischen Menschen. Ebenso muss der Elementenstreit in dem ethischen Menschen, der Konflikt blinder Triebe, fürs erste beruhigt sein, und die grobe Entgegensetzung muss in ihm aufgehört haben, ehe man es wagen darf, die Mannigfaltigkeit zu begünstigen. Auf der andern Seite muss die Selbständigkeit seines Charakters gesichert sein, und die Unterwürfigkeit unter fremde despotische Formen einer anständigen Freiheit Platz gemacht haben, ehe man die Mannigfaltigkeit in ihm der Einheit des Ideals unterwerfen darf." (1. c. pag. 32.)

Also nicht eine Loslösung oder Erlösung von der minderwertigen Funktion soll es sein, sondern eine Berücksichtigung von ihr, sozusagen eine Auseinandersetzung mit ihr soll es sein, welche auf natürlichem Wege die Gegensätze vereint. Schiller fühlt aber, dass das Annehmen minderwertiger Funktionen zu einem „Konflikt blinder Triebe" führen könnte, wie ebenso, aber umgekehrt, die Einheit des Ideals wieder jenen Vorrang der wertvollen Funktion vor den minderwertigen Funktionen herstellen und damit den alten Zustand wieder herbeiführen könnte. Die minderwertigen Funktionen sind der wertvollen Funktion entgegengesetzt, nicht etwa ihrem tiefsten Wesen, sondern ihrer derzeitigen Gestalt nach. Sie wurden ursprünglich vernachlässigt und verdrängt, weil sie dem Kulturmenschen hinderlich waren in der Erreichung seiner Ziele, welche nämlich einseitige Interessen und nicht gleichbedeutend mit einer Vollendung der menschlichen Individualität sind. Dazu aber wären diese nicht anerkannten Funktionen unerlässlich und widerstreiten ihrem Wesen nach auch gar nicht dem gedachten Ziele. Solange aber das Kulturziel nicht zugleich mit dem Ideal der Vollendung des menschlichen Wesens zusammenfällt, werden diese Funktionen auch einer Minderschätzung unterliegen und darum einer relativen Verdrängung verfallen. Das Annehmen der verdrängten Funktionen ist gleichbedeutend mit innerm Bürgerkrieg, mit einer Entfesselung der vorher gebändigten Gegensätze, wodurch die „Selbständigkeit des Charakters" ohne weiteres aufgehoben ist. Diese Selbständigkeit kann nur durch Schlichtung dieses Kampfes erreicht werden, was ohne Despotie über die widerstreitenden Kräfte unmöglich erscheint. Damit ist aber die Freiheit kompromittiert, ohne welche der Aufbau einer sittlich freien Persönlichkeit unmöglich ist. Gewährt man aber die Freiheit, so verfällt man dem Konflikt der Triebe.

„Von der Freyheit erschreckt, die in ihren ersten Versuchen sich immer als Feindin ankündigt, wird man dort einer bequemen Knechtschaft sich in die Arme werfen, und hier, von einer pedantischen Curatel zur Verzweiflung gebracht, in die wilde Ungebundenheit des Naturstandes entspringen. Die Usurpation wird sich auf die Schwachheit der menschlichen Natur, die Insurrektion auf die Würde derselben berufen, bis endlich die grosse Beherrscherin aller menschlichen Dinge, die blinde Stärke, dazwischen tritt, und den vorgeblichen Streit der Prinzipien wie einen gemeinen Faustkampf entscheidet."[17]

Die zeitgenössische französische Revolution hat diesen Sätzen einen ebenso lebendigen, als blutigen Hintergrund gegeben, begonnen im Zeichen der Philosophie und der Vernunft mit hohem idealistischem Aufschwung und endigend in einem blutrünstigen Chaos, aus dem das despotische Genie Napoleons hervorging. Die Göttin der Vernunft erwies sich als ohnmächtig gegenüber der Gewalt der entfesselten Bestie. Schiller fühlt die Unterlegenheit der Vernunft und Wahrheit und postuliert darum, dass die

Wahrheit selbst eine *Kraft* werde. „Hat sie bis jetzt ihre siegende Kraft noch so wenig bewiesen, so liegt dies nicht an dem Verstande, der sie nicht zu entschleyern wusste, sondern an dem Herzen, das sich ihr verschloss, und an dem Triebe, der nicht für sie handelte. Denn woher diese noch so allgemeine Herrschaft der Vorurteile und diese Verfinsterung der Köpfe bey allem Licht, das Philosophie und Erfahrung aufsteckten? *Das Zeitalter ist aufgeklärt*, das heisst, die Kenntnisse sind gefunden und öffentlich preisgegeben, welche hinreichen würden, wenigstens unsere praktischen Grundsätze zu berichtigen. Der Geist der freyen Untersuchung hat die Wahnbegriffe zerstreut, welche lange Zeit den Zugang zu der Wahrheit verwehrten, und den Grund unterwühlt, auf welchem Fanatismus und Betrug ihren Thron erbauten. Die Vernunft hat sich von den Täuschungen der Sinne und von betrüglicher Sophistik gereinigt, und die Philosophie selbst, welche uns zuerst von ihr abtrünnig machte, ruft uns laut und dringend in den Schooss der Natur zurück — woran liegt es, dass wir noch immer Barbaren sind?"[18]

Wir fühlen in diesen Worten Schillers die Nähe der französischen Aufklärung und des phantastischen Intellektualismus der Revolution. „Das Zeitalter ist aufgeklärt" — welche Überschätzung des Intellekts! „Der Geist der freien Untersuchung hat die Wahnbegriffe zerstreut" — welcher Rationalismus! Man wird lebhaft an die Worte des Proktophantasmisten erinnert: „Verschwindet doch! Wir haben ja aufgeklärt!" Wenn schon es einerseits durchaus im Geiste jener Zeit lag, die Bedeutung und Wirksamkeit der Vernunft zu überschätzen, wobei man gänzlich vergass, dass, wenn die Vernunft wirklich eine solche Kraft besässe, sie schon längst die reichlichste Gelegenheit gehabt hätte, sie zu beweisen, so ist auch andererseits die Tatsache nicht zu übersehen, dass nicht alle massgebenden Köpfe damals so dachten, und dass also mithin dieser Anflug eines rationalistischen Intellektualismus sich wohl auch auf eine besonders starke subjektive Entwicklung dieses selben Elementes bei Schiller begründet. Wir haben bei ihm mit einem Vorwiegen des Intellektes, nicht vor seiner poetischen Intuition, wohl aber vor seinem Fühlvermögen zu rechnen. Schiller selbst erschien es, als ob ein Konflikt in ihm bestünde zwischen Imagination und Abstraktion, d. h. zwischen Intuition und Intellekt. So schreibt er an *Goethe* (31. August 1794): „Dies ist es, was mir, besonders in frühern Jahren, sowohl auf dem Felde der Spekulation als der Dichtkunst ein ziemlich linkisches Ansehen gegeben; denn gewöhnlich übereilte mich der Poet, wo ich philosophieren sollte, und der philosophische Geist, wo ich dichten wollte. Noch jetzt begegnet es mir häufig genug, dass die Einbildungskraft meine Abstraktion, und der kalte Verstand meine Dichtung stört." Seine ausserordentliche Bewunderung des Goetheschen Geistes, seine beinahe weibliche An- und Nachempfindung der Intuition seines Freundes, der er in seinen Briefen so häufig Ausdruck verleiht, beruht eben auf der eindringlichen Wahrnehmung dieses Konfliktes, den er der beinahe vollkommen synthetischen Natur Goethes gegenüber doppelt empfinden musste. Dieser Konflikt verdankt sein Dasein dem psychologischen Umstande, dass die Energie des Fühlens sich in gleichem Masse dem Intellekte sowohl als der schöpferischen Imagination lieh. Schiller scheint diesen Umstand erkannt zu haben; im selben Briefe an Goethe macht er die Bemerkung, dass, nachdem er seine moralischen Kräfte, die der Imagination und dem Intellekt die rechten Grenzen anweisen sollten, zu „kennen und zu gebrauchen" angefangen habe, eine physische Krankheit sie zu untergraben drohe. Es ist nämlich das schon öfter erwähnte Kennzeichen einer mangelhaft entwickelten Funktion, dass sie sich der bewussten Disposition entzieht und aus eigenem Antriebe, d. h. mit einer gewissen Autonomie, sich unbewusst andern Funktionen beimischt, wobei sie sich ohne differenzierte Auswahl, rein dynamisch benimmt, etwa als ein Impetus oder als eine blosse Verstärkung, welche der bewussten, differenzierten Funktion den Charakter des Hingerissenseins oder des Zwanghaften verleiht, wodurch die bewusste Funktion im einen Falle über ihre durch Absicht und Entschluss gesteckten Grenzen hinausgeführt, im andern Falle dagegen noch vor der Erreichung ihres Zieles angehalten und auf einen Nebenweg verführt, im dritten Falle endlich zu einem Widerstreit mit der andern bewussten Funktion geführt wird, welcher Konflikt solange ungelöst bleibt, als die unbewusst beigemengte störende Triebkraft nicht an und für sich differenziert, und solchermassen einer gewissen bewussten Disposition unterworfen wird. Man wird also wohl kaum fehlgehen mit der Vermutung, dass der Ausruf: „Woran liegt es, dass wir noch immer Barbaren sind?" nicht bloss im Geiste jener Zeit begründet ist, sondern auch in der subjektiven Psychologie Schillers. Mit der damaligen Zeit sucht auch er die Wurzel des Übels an der falschen Stelle, denn das Barbarische bestand und besteht nie darin, dass die Vernunft oder die Wahrheit ungenügende Wirkung haben, sondern darin, dass man von ihnen eine solche Wirkung erwartet, oder sogar darin, dass man der Vernunft eine solche Wirkung überhaupt verschafft aus einer abergläubischen Überschätzung der „Wahrheit". Das Barbarische liegt in der Einseitigkeit und im Masslosen, in der schlechten Proportion überhaupt.

Gerade am eindrucksvollen Beispiel der französischen Revolution, die damals eben den Höhepunkt des Schreckens erreicht hatte, konnte Schiller sehen, wie weit die Macht der Göttin Vernunft reicht, und inwiefern die vernunftlose Bestie im Menschen triumphiert. Es waren gewiss auch diese Zeitereignisse, welche Schiller dieses Problem in besonderm Masse aufdrängten, wie es ja oftmals geschieht, dass ein im Grunde persönliches und darum anscheinend subjektives Problem mit einem Male zu einer allgemeinen, die ganze Societät umfassenden Frage emporwächst, wenn es auf äussere Ereignisse stösst, deren Psychologie dieselben Elemente enthält wie der persönliche Konflikt. Dadurch fällt auch dem persönlichen Problem eine Würde zu, die es vorher nicht besass, indem nämlich das Uneinssein mit sich selber immer etwas Beschämendes und Heruntersetzendes an sich hat, wodurch man in eine nach aussen und innen erniedrigte Lage gerät, wie ein Staat, der durch einen Bürgerkrieg entehrt ist. Darum scheut man sich auch, einen rein persönlichen Konflikt vor einem grössern Publikum auszubreiten — vorausgesetzt, dass man nicht an einer allzu kühnen Selbstüberschätzung leidet. Gelingt es aber, den Zusammenhang des persönlichen Problems mit grössern zeitgenössischen Ereignissen aufzufinden und einzusehen, so bedeutet ein solches Zusammentreffen soviel als eine Erlösung aus der Einsamkeit des rein Persönlichen, und das subjektive Problem erweitert sich zu einer allgemeinen Frage unserer Societät. Dies ist kein geringer Gewinn in Ansehung der Möglichkeit einer Lösung. Denn während dem persönlichen Problem nur jene spärlichen Energieen des bewussten Interesses für die eigene Person zur Verfügung stehen, fliessen jetzt die collektiven Triebkräfte ein und vereinigen sich mit den Interessen des Ich, und dadurch entsteht nunmehr eine neue Lage, welche neue Möglichkeiten einer Lösung gewährt. Was nämlich die persönliche Kraft des Willens oder des Mutes nie vermocht hätte, vermag die collektive Triebkraft; sie trägt den Menschen über Hindernisse hinweg, die er mit seiner persönlichen Energie nie bewältigen könnte.

So dürfen wir auch vermuten, dass die Eindrücke der zeitgenössischen Ereignisse Schiller den Wagemut gegeben haben, den Versuch zu unternehmen zu einer Lösung des Konfliktes zwischen Individuum und sozialer Funktion. Diesen Widerspruch hat auch *Rousseau* tief empfunden; er ist ihm sogar zum Ausgangspunkt geworden für sein Werk „Émile ou de l'Éducation" (1762). Wir finden dort einige Stellen, die für unser Problem von Bedeutung sind: „L'homme civil n'est qu'une unité fractionnaire qui tient au dénominateur, et dont la valeur est dans son rapport avec l'entier, qui est le corps social. Les bonnes institutions sociales sont celles qui savent le mieux dénaturer l'homme, lui ôter son existence absolue pour lui en donner une relative, et transporter le moi dans l'unité commune."

„Celui qui dans l'ordre civil veut conserver la primauté des sentiments de la nature ne sait ce qu'il veut. Toujours en contradiction avec lui-même, toujours flottant entre ses penchants et ses devoirs, il ne sera jamais ni homme ni citoyen; il ne sera bon ni pour lui ni pour les autres."[19]

Rousseau eröffnet sein Werk mit dem berühmten Satze: „Tout est bien, sortant des mains de l'Auteur des choses; tout dégénère entre les mains de l'homme." Dieser Satz ist für Rousseau und die ganze Epoche charakteristisch. Auch Schiller blickt zurück, allerdings nicht nach dem natürlichen Menschen Rousseau's — hier liegt ein wesentlicher Unterschied — sondern nach dem Menschen, der „unter griechischem Himmel" lebte.

Gemeinsam aber ist beiden die *retrospektive Orientierung* und, damit unzertrennlich verknüpft, die Idealisierung und Überschätzung der Vergangenheit. Schiller vergisst über der Schönheit der Antike den wirklichen Alltagsgriechen, Rousseau versteigt sich zu dem Satze: „l'homme naturel est tout pour lui; il est l'unité numérique, l'entier absolu", und übersieht dabei, dass der natürliche Mensch durchaus collektiv ist, d. h. ebensosehr in sich wie in andern und alles andere mehr ist als eine Einheit. Rousseau sagt an einer Stelle: „nous tenons à tout, nous nous accrochons à tout, les temps, les lieux, les hommes, les choses, tout ce qui est, tout ce qui sera, importe à chacun de nous, notre individu n'est plus que la moindre partie de nous-mêmes. Chacun s'étend, pour ainsi dire, sur la terre entière, et devient sensible sur toute cette grande surface."

„Est-ce la nature qui porte ainsi les hommes si loin d'eux-mêmes?"[20]

Rousseau lässt sich täuschen: er glaubt, dieser Zustand sei neuerdings so geworden. Nein! Er ist uns bloss neuerdings *bewusst* geworden, nachdem er immer so war und um so mehr so, je weiter wir in die Anfänge hinuntersteigen. Denn das, was Rousseau schildert, ist nichts als jene Collektivmentalität des Primitiven, die *Lévy-Bruhl* trefflich als „participation mystique" gekennzeichnet hat. Dieser Zustand der Unterdrückung der Individualität ist keine neuere Erwerbung, sondern ein Überrest jener archaïschen Zeit, wo es überhaupt noch keine Individualität gab. Es handelt sich also keineswegs um eine neuerliche Unterdrückung der Individualität, sondern bloss um das Bewusstwerden und die Empfindung der überwältigenden Macht des Collektiven. Man projiziert natürlicherweise diese Macht in die staatlichen und kirchlichen Institutionen, wie wenn nicht jedermann schon Mittel und Wege gefunden hätte, sich gegebenenfalls auch um Moralgebote zu drücken! Diese Institutionen besitzen keineswegs jene ihnen zugemutete Allmacht, um derentwillen sie von Zeit zu Zeit von Neuerern aller Art bekämpft wurden, sondern jene unterdrückende Macht liegt unbewusst in uns und zwar in der weiterbestehenden Collektivmentalität des Barbaren. Der Collektivpsyche ist gewissermassen jede Individualentwicklung verhasst, wenn sie nicht den Zielen der Collektivität unmittelbar dient. So ist die Differenzierung der einen Funktion, von der wir oben sprachen, zwar eine Entwicklung eines individuellen Wertes, aber dermassen noch unter dem Gesichtswinkel der Collektivität, dass, wie wir bereits sahen, das Individuum selber dabei zu Schaden kommt. Ihrer Unkenntnis der ältern Zustände der menschlichen Psychologie haben es die beiden Autoren zu danken, dass sie einer Urteilstäuschung in Bezug auf die Werte der Vergangenheit verfielen. Die Folge der Urteilstäuschung ist die Anlehnung an das Trugbild eines früher vollkommenern Typus Mensch, der von seiner Höhe irgendwie heruntergeriet. Die Rückwärtsorientierung ist an sich bereits ein Überbleibsel antiken Denkens, denn es ist bekanntlich ein Charakteristikum der ganzen antiken und barbarischen Mentalität, dass sie ein goldenes paradiesisches Zeitalter vor dem Beginne der gegenwärtigen schlechten Zeit vermutete. Es war erst die grosse soziale und geistesgeschichtliche Tat des Christentums, dass es dem Menschen eine Zukunftshoffnung gab und ihm damit eine Möglichkeit der Verwirklichung seiner Ideale in der Zukunft versprach.[21] Die stärkere Betonung dieser Rückwärtsorientierung in der neuern Geistesentwicklung dürfte mit der Erscheinung jener allgemeinen Regression zum Heidnischen zusammenhängen, die sich mit der Renaissance in zunehmendem Masse bemerkbar macht.

Es scheint mir gewiss, dass diese Rückwärtsorientierung auch einen bestimmten Einfluss haben muss auf die Auswahl der Mittel zur Erziehung des Menschen. Dieser Geist sucht Anlehnung am Trugbild des Vergangenen. Wir könnten darüber hinweggehen, wenn uns nicht die Erkenntnis des Konfliktes zwischen den Typen und den typischen Mechanismen dazu zwänge, zugleich nach dem zu suchen, was ihre Einigkeit herstellen könnte. Das lag auch Schiller am Herzen, wie wir im folgenden sehen werden. Was sein Grundgedanke dabei ist, spricht er in folgenden Worten aus, die das Obengesagte resümieren: „Eine wohlthätige Gottheit reisse den Säugling bey Zeiten von seiner Mutter Brust, nähre ihn mit der Milch eines bessern Alters, und lasse ihn unter fernem griechischem Himmel zur Mündigkeit reifen. Wenn er dann Mann geworden ist, so kehre er, eine fremde Gestalt, in sein Jahrhundert zurück; aber nicht, um es mit seiner Erscheinung zu erfreuen, sondern furchtbar, wie Agamemnons Sohn, um es zu reinigen.“[22] Die Anlehnung an das griechische Vorbild könnte kaum deutlicher ausgesprochen werden. In dieser engen Formulierung eröffnet sich aber auch der Anblick einer Beschränkung, welche Schiller im folgenden zu einer sehr wesentlichen Erweiterung nötigt; er fährt nämlich weiter: „Den Stoff zwar wird er von der Gegenwart nehmen, aber die Form von einer edlern Zeit, *ja jenseits aller Zeit, von der absoluten unwandelbaren Einheit seines Wesens entlehnen.*“ Schiller fühlte wohl deutlich, dass er noch weiter zurückgreifen müsste, in eine Urzeit göttlichen Heroentums, wo die Menschen noch Halbgötter waren. Daher sagt er weiter: „Hier aus dem reinen Aether seiner daemonischen Natur rinnt die Quelle der Schönheit herab, unangesteckt von der Verderbnis der Geschlechter und Zeiten, welche tief unter ihr in trüben Strudeln sich wälzen.“ Hier kommt das schöne Trugbild eines goldenen Zeitalters herein, wo die Menschen noch Götter waren, und sich am Anblick ewiger Schönheit erlabten. Hier aber hat auch der Dichter den Denker Schiller übereilt. Einige Seiten weiter gewinnt der Denker wieder die Oberhand. „In der Tat“, sagt Schiller (p. 47), „muss es Nachdenken erregen, dass man beynahe in jeder Epoche der Geschichte, wo die Künste blühen und der Geschmack regiert, die Menschheit gesunken findet, und *auch nicht ein einziges Beispiel aufweisen kann*, dass ein hoher Grad und eine grosse

Allgemeinheit aesthetischer Cultur bey einem Volke mit politischer Freyheit und bürgerlicher Tugend, dass schöne Sitten mit guten Sitten, und Politur des Betragens mit Wahrheit desselben Hand in Hand gegangen wäre."

Dieser weder im einzelnen noch allgemeinen zu leugnenden wohlbekannten Erfahrung entsprechend müssten also wohl jene Heroen der Vorzeit sich keines besonders sittlichen Lebenswandels erfreut haben, was übrigens auch nicht ein einziger griechischer oder anderer Mythus behauptet. Denn alle jene Schönheit konnte sich doch nur darum ihres Daseins freuen, weil es damals noch kein Strafgesetz und keine Sittenpolizei gab. Mit der Anerkennung dieser psychologischen Tatsache, dass nämlich lebendige Schönheit nur da ihren goldenen Schimmer ausbreitet, wo sie sich über einer Wirklichkeit voll Finsternis, Qual und Hässlichkeit erhebt, entzieht Schiller seiner eigentlichen Absicht den Boden; er hat sich vorgenommen, zu zeigen, dass das Getrennte sich vereinigen lasse durch den Anblick, den Genuss und die Erschaffung des Schönen. Die Schönheit sollte zum Mediator werden, der die ursprüngliche Einheit des menschlichen Wesens wiederherstellte. Demgegenüber aber weist alle Erfahrung darauf hin, dass die Schönheit zu ihrem Dasein ihres Gegenstückes notwendig bedarf.

Wie vorher der Dichter, so geht hier nunmehr der Denker mit Schiller durch: er *misstraut* der Schönheit, er hält es sogar für möglich, an Hand der Erfahrung, dass sie einen ungünstigen Einfluss ausübt: „Wohin wir immer in der vergangenen Welt unsere Augen richten, da finden wir, dass Geschmack und Freyheit einander fliehen, und *dass die Schönheit nur auf den Untergang heroischer Tugenden ihre Herrschaft gründet.*"

Auf diese Einsicht, welche die Erfahrung vermittelt hat, lässt sich wohl kaum der Anspruch gründen, den Schiller an die Schönheit richtet. In der weitern Verfolgung seines Gegenstandes gelangt er sogar dazu, den Revers der Schönheit in aller nur wünschenswerten Klarheit zu konstruieren: „Hält man sich also einzig nur an das, was die bisherigen Erfahrungen über den Einfluss der Schönheit lehren, so kann man in der Tat nicht sehr aufgemuntert seyn, *Gefühle auszubilden, die der wahren Cultur des Menschen so gefährlich sind*; und lieber wird man, auf die Gefahr der Rohigkeit und Härte, die schmelzende Kraft der Schönheit entbehren, als sich bey allen Vorteilen der Verfeinerung ihren erschlaffenden Wirkungen überliefert sehen."

Der Streit zwischen Dichter und Denker liesse sich wohl beilegen, wenn der Denker die Worte des Dichters nicht wörtlich nähme, sondern *symbolisch*, wie eben die Sprache des Dichters verstanden sein will. Sollte Schiller sich selbst missverstanden haben? Es scheint fast, denn sonst könnte er doch nicht dermassen gegen sich selber argumentieren. Der Dichter spricht von einer Quelle lauterer Schönheit, die hinter allen Zeiten und Geschlechtern liegt, darum wohl stets und in jedem Menschen quillt. Es ist auch nicht der Mensch des griechischen Altertums, den der Dichter meint, sondern den alten Heiden in uns selber, das Stück ewig unverdorbener Natur und natürlicher Schönheit, das unbewusst aber lebendig in uns liegt, und dessen Abglanz uns die Gestalten der Vorzeit verklärt, um dessentwillen wir auch dem Irrtum verfallen, dass jene Menschen das besessen hätten, wonach wir suchen. Es ist der von unserm collektiv orientierten Bewusstsein verworfene, archaïsche Mensch in uns, der uns so hässlich und unannehmbar erscheint, und der doch der Träger jener Schönheit ist, die wir anderswo vergeblich suchen. Von diesem spricht der Dichter Schiller, aber der Denker Schiller missversteht ihn als griechisches Vorbild. Was der Denker aber nicht logisch aus seinen Beweismaterialien erfolgern kann und worum er sich vergeblich bemüht, das verheisst ihm der Dichter in symbolischer Sprache.

Aus allem bisher Gesagten geht zur Genüge hervor, dass jeder Versuch zu einer Ausgleichung des einseitig differenzierten menschlichen Wesens unserer Zeit mit dem ernsthaften Aufnehmen der minderwertigen, weil nicht differenzierten Funktionen zu rechnen hat. Kein Vermittlungsversuch wird gelingen, der nicht die Energieen der minderwertigen Funktionen auszulösen und dann zur Differenzierung überzuleiten versteht. Dieser Vorgang kann nur stattfinden den Gesetzen der Energetik entsprechend, d. h. es muss ein Gefälle geschaffen werden, welches den latenten Energieen eine Möglichkeit der Auswirkung anbietet. Es wäre eine gänzlich aussichtslose Aufgabe, die schon vielmals unternommen und schon vielmals gescheitert ist, eine minderwertige Funktion direkt in eine hochwertige Funktion umzusetzen. Man könnte dann ebenso gut auch ein Perpetuum mobile erzeugen. Keine minderwertige Energieform kann einfach umgesetzt werden in eine höherwertige, es sei denn, dass zugleich noch eine Quelle höhern Wertes ihren Beistand leiht, d. h. die Umsetzung kann sich nur auf Kosten der hochwertigen Funktion vollziehen, wobei aber unter keinen Umständen der Anfangswert der hochwertigen Energieform auch für die minderwertigen Formen, ja nicht einmal für die hochwertige Funktion wieder erreicht werden kann, sondern es wird und muss sich eine Ausgleichung in einer mittlern Temperatur ergeben. Das bedeutet aber für jeden, der sich mit seiner einen, differenzierten Funktion identifiziert, ein Heruntersteigen zu einem zwar ausgeglichenen, aber in Ansehung des anscheinenden Anfangswertes niedriger zu bewertenden Zustand. Diese Folgerung ist unumgänglich. Jede Erziehung des Menschen, welche die Einheit und Harmonie seines Wesens erstrebt, hat sich mit dieser Tatsache auseinanderzusetzen. Schiller zieht diesen Schluss in seiner Art, wobei er sich aber sträubt, seine Folgen anzunehmen, selbst auf die Gefahr hin, auf die Schönheit verzichten zu müssen. Nachdem aber der Denker seine unerbittliche Folgerung ausgesprochen hat, ergreift der Dichter wieder das Wort: „Aber vielleicht ist die *Erfahrung* der Richterstuhl nicht, vor welchem sich eine Frage, wie diese, ausmachen lässt, und ehe man ihrem Zeugnis Gewicht einräumte, müsste erst ausser Zweifel gesetzt seyn, dass es dieselbe Schönheit ist, von der wir reden, und gegen welche jene Beispiele zeugen."[23] Man sieht, hier versucht Schiller sich über die Erfahrung zu stellen, d. h. mit andern Worten: der Schönheit eine Qualität zu verleihen, die ihr erfahrungsgemäss nicht zukommt. Er glaubt: „*die Schönheit müsste sich als eine notwendige Bedingung der Menschheit aufzeigen lassen*," d. h. also, als eine notwendige, zwingende Kategorie; darum spricht er auch von einem reinen Vernunftbegriff der Schönheit und von einem „transscendentalen Weg", der uns aus dem „Kreis der Erscheinungen und aus der lebendigen Gegenwart der Dinge" entfernt. „Wer sich über die Wirklichkeit nicht hinauswagt, der wird nie die Wahrheit erobern." Der subjektive Widerstand gegen den erfahrungsgemäss unabwendbaren Weg abwärts veranlasst Schiller, den logischen Intellekt stark in den Dienst des Gefühls zu pressen und ihn dadurch zu zwingen, eine Formel herzugeben, welche die Erreichung der ursprünglichen Absicht schliesslich doch noch möglich macht, obschon ihre Unmöglichkeit bereits genügend dargelegt ist. Einen ähnlichen Gewaltstreich begeht auch *Rousseau* mit seiner Annahme, dass die Abhängigkeit von der Natur keine Laster bedinge, wohl aber die von Menschen, womit er zu folgendem Schluss gelangt: „Si les lois des nations pouvaient avoir comme celles de la nature, une inflexibilité que jamais aucune force humaine ne pût vaincre, la dépendance des hommes redeviendrait alors celle des choses; on réunirait dans la république tous les avantages de l'état naturel à ceux de l'état civil; on joindrait à la liberté qui maintient l'homme exempt de vice la moralité qui l'élève à la vertu."

Auf Grund dieser Überlegung gibt er den Rat: „Maintenez l'enfant dans la seule dépendance des choses, vous aurez suivi l'ordre de la nature dans le progrès de son éducation." — „Il ne faut point contraindre un enfant de rester quand il veut aller, ni d'aller quand il veut rester en place. Quand la volonté des enfants n'est point gâtée par notre faute, ils ne veulent rien inutilement."[24]

Das Unglück ist eben, dass die „lois des nations" niemals und unter keinen Bedingungen dermassen mit denen der Natur übereinkommen, dass der zivilisierte Zustand auch zugleich der natürliche Zustand wäre. Wenn eine solche Übereinkunft überhaupt als möglich gedacht werden soll, so kann sie nur als ein Kompromiss gedacht werden, bei welchem aber keiner der beiden Zustände sein eigenes Ideal erreichen könnte, sondern erheblich darunter bliebe. Wer aber das Ideal des einen oder andern Zustandes erreichen will, der wird bei dem von Rousseau selber formulierten Satz bleiben müssen: „Il faut opter entre faire un homme ou un citoyen; car on ne peut faire a la fois l'un et l'autre."

In uns sind beide Notwendigkeiten: Natur und Kultur. Wir können nicht nur uns selber sein, sondern wir müssen auch auf anderes bezogen sein. Es muss daher auch einen Weg geben, der nicht bloss ein rationaler Kompromiss ist, sondern auch einen dem lebenden Wesen durchaus entsprechenden Zustand oder Prozess, etwa wie der Prophet sagt: eine „semita et via sancta", eine „via directa ita ut stulti non errent per eam". Ich bin also geneigt, dem Dichter in Schiller, der den Denker in ihm in diesem Fall etwas gewalttätig in Anspruch genommen hat, auch seinen Teil an Recht zu geben, denn schliesslich gibt es nicht bloss rationale, sondern auch irrationale Wahrheiten. Und was auf dem Wege des Intellekts von menschlichen Dingen unmöglich erscheint, ist schon öfters auf dem Wege des Irrationalen wahr geworden. Wirklich sind auch alle grössten Wandlungen, die der Menschheit zugestossen sind, ihr nicht auf dem Wege des intellektuellen Calcul zugekommen, sondern auf Wegen, die der Zeitgenosse übersah, oder als unsinnig ausschloss, und die erst lange Zeit nachher in ihrer innern Notwendigkeit durchschaut wurden. Noch öfter aber werden sie überhaupt nicht durchschaut, denn noch sind uns die allerwichtigsten Gesetze der menschlichen Geistesentwicklung ein Buch mit sieben Siegeln.

Allerdings bin ich wenig geneigt, der philosophischen Gebärde des Dichters einen besondern Wert zuzuerkennen, denn der Intellekt im Dienste des Dichters ist ein trügerisches Instrument. Was der Intellekt leisten kann, hat er ja in diesem Falle bereits geleistet, indem er den Widerspruch zwischen Wunsch und Erfahrung aufdeckte. Es ist darum vergeblich, nunmehr noch vom philosophischen Denken eine Lösung dieses Widerspruches zu verlangen. Und wenn schliesslich eine Lösung noch gedacht werden könnte, so stünde man damit doch noch vor dem Hindernis, denn es liegt ja überhaupt nicht an der Denkbarkeit oder Auffindung einer rationalen Wahrheit, sondern an der Entdeckung eines Weges, den das wirkliche Leben annimmt. An Vorschlägen und weisen Lehren hats ja nie gefehlt. Wenn es nur daran läge, so hätte die Menschheit schon zu Zeiten des Pythagoras die schönste Gelegenheit gehabt, um in jeder Beziehung auf die Höhe zu kommen. Darum darf man das, was Schiller vorschlägt, sozusagen nicht wörtlich nehmen, sondern als ein *Symbol*, das, entsprechend Schillers philosophischer Neigung, in das Gewand des philosophischen Begriffes gehüllt auftritt. In diesem Sinne ist auch der „transscendentale Weg", den Schiller sich zu beschreiten anschickt, nicht etwa als ein erkenntniskritisches Raisonnement, sondern vielmehr symbolisch als jener Weg zu verstehen, den der Mensch immer dann geht, wenn er auf ein mit seiner Vernunft zunächst nicht zu bewältigendes Hindernis, eine unlösbare Aufgabe, gestossen ist. Um diesen Weg aber auffinden und gehen zu können, muss er zuerst längere Zeit bei den Gegensätzen verweilen, in die sich sein früherer Weg gegabelt hat. Durch das Hindernis wird der Fluss seines Lebens aufgestaut. Wo immer eine Aufstauung der Libido stattfindet, da zerfallen auch die vorher im beständigen Fliessen des Lebens geeinten Gegensätze und treten nunmehr als kampfbegierige Gegner voreinander. In einem längern und in Dauer und Ausgang nicht abzusehenden Kampfe erschöpfen sich dann die Gegensätze und aus der Energie, die ihnen verloren geht, bildet sich das Dritte, welches dann eben der Beginn des neuen Weges ist.

Dieser Regel entsprechend begibt sich auch Schiller nunmehr in eine vertiefte Untersuchung der wirkenden Gegensätze. Auf was für ein Hindernis wir immer auch stossen mögen — wenn es nur ein sehr schwieriges ist — so wird bald der Zwiespalt zwischen der eigenen Absicht und dem widerstrebenden Objekte auch ein Widerstreit in uns selber. Denn, indem ich mich anstrenge, das widerstrebende Objekt meinem Willen unterzuordnen, setzt sich allmählich mein ganzes Wesen mit ihm in Beziehung, nämlich eben entsprechend der starken Libidobesetzung, welche einen Teil meines Wesens sozusagen ins Objekt hinüberzieht. Dadurch entsteht eine teilweise Identifikation gewisser ähnlicher Stücke meiner Persönlichkeit mit dem Wesen des Objektes. Sobald diese Identifikation eingetreten ist, so ist der Konflikt in meine eigene Seele versetzt. Diese „Introjektion" des Konfliktes mit dem Objekt macht mich uneins mit mir selber, verursacht dadurch eine Ohnmacht gegenüber dem Objekt und löst damit auch Affekte aus, welche immer das Symptom eines innerlichen Uneinsseins sind. Die Affekte aber beweisen, dass ich mich selber wahrnehme, und dadurch in den Stand gelange — wenn ich nämlich nicht blind bin — meine Aufmerksamkeit mir selber zuzuwenden und das Spiel der Gegensätze in mir selber zu verfolgen.

Diesen Weg geht Schiller: er findet den Zwiespalt nicht zwischen Staat und Individuum, sondern er fasst ihn zu Beginn des 11. Briefes[25] als die Zweiheit von „Person und Zustand", nämlich als das Selbst oder Ich und sein wechselndes Affiziertsein. Während das Ich von relativer Beharrung ist, ist sein Bezogensein (das Affiziertsein) wechselnd. Schiller will damit den Zwiespalt an der Wurzel fassen. Tatsächlich ist auch die eine Seite die bewusste Ichfunktion, und die andere Seite das collektive Bezogensein. Beide Bestimmungen gehören zur menschlichen Psychologie. Aber die verschiedenen Typen werden diese Grundtatsachen in einem jeweils andern Licht sehen. Für die Introvertierten ist zweifellos die Idee des Ich das Kontinuierliche und die Dominante des Bewusstseins, und das im Gegensatz dazu Befindliche ist das Bezogen- oder Affiziertsein. Für den Extravertierten dagegen liegt der Akzent vielmehr auf der Kontinuität der Beziehung zum Objekt und weniger auf der Idee des Ich. Für ihn läge das Problem daher anders. Diesen Punkt muss man im Auge behalten und in Betracht ziehen, wenn wir Schillers weitern Überlegungen folgen. Wenn er z. B. sagt: die Person offenbare sich „in dem ewig beharrenden Ich und nur in diesem", so ist dies vom Standpunkt des Introvertierten aus gedacht. Man müsste vom Standpunkt der Extravertierten dagegen sagen, dass sich die Person offenbare einzig und allein in ihrer Bezogenheit, in der Funktion der Beziehung zum Objekt. „Person" nämlich ist nur beim Introvertierten ausschliesslich Ich, beim Extravertierten liegt die Person in seinem Affiziertsein und nicht im affizierten Ich. Sein Ich liegt gewissermassen unter seiner Affektion, d. h. seiner Beziehung. Der Extravertierte findet sich selbst im Veränderlichen, im Wechsel, der Introvertierte im Beharren. Das Ich ist nicht „ewig Beharrendes", zuallerletzt beim Extravertierten, der hiefür ein geringes Augenmerk hat. Der Introvertierte hingegen hat hievon zu viel und erschrickt darum vor jedem Wechsel, insofern sein Ich berührt wird. Das Affiziertsein kann für ihn etwas direkt Peinliches bedeuten, während es der Extravertierte unter keinen Umständen missen möchte. Folgende Formulierung lässt ebenfalls ohne weiteres den Introvertierten erkennen: „In allem Wechsel beständig er selbst zu bleiben, alle Wahrnehmungen zu Erfahrung, d. h. zur Einheit der Erkenntnis, und jede seiner Erscheinungsarten in der Zeit zum Gesetz für alle Zeiten zu machen, ist die Vorschrift, die durch seine vernünftige Natur ihm gegeben ist."[26] Die abstrahierende, sich selber behaltende Einstellung ist deutlich; sie wird sogar zur obersten Richtschnur gemacht. Jedes Erlebnis muss sofort zur Erfahrung erhoben werden, und aus der Summe der Erfahrungen muss auch sofort ein Gesetz für alle Zukunft hervorgehen, während der andere Zustand, wobei aus dem Erlebnis keine Erfahrung gemacht werden darf, damit nicht etwa Gesetze entstehen, die die Zukunft behindern, ebenso menschlich ist. Dem entspricht es völlig, wenn sich Schiller Gott nicht als *werdend*, sondern nur als ewig seiend denken kann[27], daher er auch mit sicherer Intuition die „Gottähnlichkeit" des introvertierten Idealzustandes erkennt: „Der Mensch, vorgestellt in seiner Vollendung, wäre demnach die beharrliche Einheit, die in den Fluten der Veränderung ewig dieselbe bleibt." „Die Anlage zu der Gottheit trägt der Mensch unwidersprechlich in seiner Persönlichkeit in sich."[28] Diese Anschauung vom Wesen Gottes verträgt sich schlecht mit seiner christlichen Menschwerdung und jenen ähnlichen neuplatonischen Ansichten von der Göttermutter und ihrem Sohne, der als Demiurg in das Werden hinuntersteigt.[29] Die Anschauung Schillers aber zeigt, welcher Funktion er den höchsten Wert, die Göttlichkeit, zuerkennt, nämlich der Beharrung der Idee des Ich. Das Ich, das sich vom Affiziertsein abstrahiert, ist ihm das Wichtigste, und daher hat er diese Idee auch am meisten differenziert, wie dies bei jedem Introvertierten der Fall ist. Sein Gott, sein höchster Wert, ist ihm die Abstraktion und Erhaltung des Ich. Dem Extravertierten dagegen ist der Gott das Erleben am Objekt, das völlige Aufgehen in der Wirklichkeit, daher ihm ein menschgewordener Gott sympathischer ist als ein ewig unveränderlicher Gesetzgeber. Diese Gesichtspunkte dürften, wie ich antizipierend hier bemerken möchte, nur für die bewusste Psychologie der Typen gelten. Im Unbewussten dreht sich das Verhältnis um. Davon scheint Schiller eine Ahnung gehabt zu haben: wenn sein Bewusstsein zwar schon an einen unveränderlich seienden Gott glaubt, so ist ihm doch der Weg zur Gottheit aufgetan in den Sinnen, also im Affiziertsein, im Wechselnden, im lebendigen Prozess. Dieses aber ist für ihn die sekundär wichtige Funktion, und in dem Masse, als er sich mit seinem Ich identifiziert, und es vom Wechselnden abstrahiert, wird seine bewusste Einstellung auch ganz abstrahierend, während das Affiziertsein, die Bezogenheit auf das Objekt dann notgedrungenerweise mehr dem Unbewussten verfällt. Aus dieser Sachlage ergeben sich bemerkenswerte Folgen:

1. Durch die bewusste abstrahierende Einstellung, die ihrem Ideale folgend aus jedem Erlebnis eine Erfahrung macht und aus den Erfahrungen Gesetz, entsteht eine gewisse Beschränkung und Armut, die für den Introvertierten charakteristisch ist. Schiller hat sie in seinem Verhältnis zu Goethe deutlich gefühlt, denn er empfand Goethes mehr extravertierte Natur als ihm objektiv entgegenstehend.[30] Goethe sagt bezeichnenderweise von sich: „Ich bin nämlich als ein beschauender Mensch ein Stockrealiste, sodass ich bei allen Dingen, die sich mir darstellen, nichts davon und nichts dazu zu wünschen im Stande bin, und ich unter den Objekten gar keinen Unterschied kenne als den, ob sie mich interessieren oder nicht."[31] Über Schillers Wirkung auf ihn, sagt Goethe sehr charakteristisch: „Wenn ich Ihnen zum Repräsentanten mancher Objekte diente, so haben Sie mich von der *allzustrengen Beobachtung der äussern Dinge und ihrer Verhältnisse auf mich selbst zurück geführt, Sie haben mich die Vielseitigkeit des innern Menschen mit mehr Billigkeit anzuschauen gelehrt,*" etc.[32] In Goethe dagegen fand Schiller eine oftmals betonte Ergänzung oder Vollendung seines Wesens und zugleich empfand er seine Verschiedenheit, die er folgendermassen charakterisiert: „Erwarten Sie bei mir keinen grossen materialen Reichtum von Ideen; dies ist es, was ich bei Ihnen finden werde. Mein Bedürfnis und Streben ist es, aus wenigem viel zu machen, und wenn Sie meine Armut an allem, was man erworbene Erkenntnis nennt, einmal näher kennen sollten, so finden Sie vielleicht, dass es mir in manchen Stücken damit mag gelungen sein. Weil mein Gedankenkreis kleiner ist, so durchlaufe ich ihn eben darum schneller und öfter, und kann eben darum meine kleine Barschaft besser nutzen, und eine Mannigfaltigkeit, die dem Inhalte fehlt, durch die Form erzeugen. Sie bestreben sich, Ihre grosse Ideenwelt zu simplifizieren, ich suche Varietät für meine kleinen Besitzungen. Sie haben ein Königreich zu regieren, ich nur eine etwas zahlreiche Familie von Begriffen, die ich herzlich gerne zu einer kleinen Welt erweitern möchte."[33]

Ziehen wir die Äusserung gewisser, für den Introvertierten charakteristischer Minderwertigkeitsgefühle ab und rechnen wir dazu, dass die „grosse Ideenwelt" vom Extravertierten weniger regiert wird, als er selber Untertan in jenem Reiche ist, so gibt Schillers Darstellung ein treffendes Bild jener Dürftigkeit, die sich infolge einer wesentlich abstrahierenden Einstellung zu entwickeln pflegt.

2. Eine weitere Folge aus der abstrahierenden Bewusstseinseinstellung, die im weitern Verlauf unserer Untersuchung sich als bedeutsam erweisen wird, ist der Umstand, dass das Unbewusste in diesem Fall eine compensierende Einstellung entwickelt. Je mehr nämlich die bewusste Abstraktion die Beziehung zum Objekt einschränkt (weil zu viele „Erfahrungen" und „Gesetze" gemacht werden), desto mehr entsteht dafür im Unbewussten ein Verlangen nach dem Objekt, welche sich im Bewusstsein schliesslich als eine *zwanghafte sinnliche Bindung ans Objekt äussert.* Dabei steht die sinnliche an Stelle einer fehlenden resp. durch Abstraktion unterdrückten *gefühlsmässigen* Beziehung zum Objekt. Daher Schiller bezeichnenderweise die *Sinne* als den Weg zur Gottheit auffasst und nicht die *Gefühle.* Sein Ich liegt beim Denken, sein Affiziertsein, seine Gefühle aber in der Sinnlichkeit. Der Zwiespalt liegt also für ihn zwischen Geistigkeit als Denken und Sinnlichkeit als Affiziertsein oder Gefühl. Beim Extravertierten aber liegt die Sache umgekehrt: seine Beziehung zum Objekt ist entwickelt, seine Ideenwelt ist aber sinnlich, concret.

Das sinnliche Fühlen, oder besser gesagt, das im Zustande der Sinnlichkeit befindliche Fühlen ist *collektiv*, d. h. es schafft ein Bezogen- oder Affiziertsein, welches den Menschen immer zugleich auch in den Zustand der „participation mystique" versetzt, also in den Zustand einer partiellen Identität mit dem empfundenen Objekt. Diese Identität äussert sich in einer zwangsmässigen Abhängigkeit vom empfundenen Objekte, und das ist es, was den Introvertierten auf dem Wege des circulus vitiosus wieder zu einer Verstärkung der Abstraktion veranlasst, welche nämlich die lästige Beziehung und den von ihr ausgehenden Zwang aufheben soll. Schiller hat diese Eigentümlichkeit des sinnlichen Fühlens erkannt: „Solange er bloss empfindet, bloss begehrt und aus blosser Begierde wirkt, *so ist er noch weiter nichts als Welt*" (l. c. p. 55). Da nun aber der Introvertierte nicht endlos abstrahieren kann, um dem Affiziertsein zu entgehen, so sieht er sich schliesslich gezwungen, das Äussere zu formen. „Um also nicht bloss Welt zu sein, muss er der Materie Form erteilen," sagt Schiller[34], „er soll alles Innere veräussern und alles Äussere formen. Beyde Aufgaben in ihrer höchsten Erfüllung gedacht, führen zu dem Begriff der Gottheit zurück, von dem ich ausgegangen bin."

Dieser Zusammenhang ist bedeutsam. Setzen wir, das Objekt des sinnlich Gefühlten sei ein Mensch — wird er sich dieses Rezept gefallen lassen? Nämlich, wird er sich formen lassen, wie wenn der, der auf ihn bezogen ist, sein Schöpfer wäre? Gott im kleinen zu spielen, dazu ist ja der Mensch berufen, aber schliesslich haben auch die leblosen Dinge ein göttliches Recht auf ihr eigenes Sein, und die Welt war längstens kein Chaos mehr, als die ersten Menschenaffen anfingen, Steine zu schärfen. Es wäre wohl ein bedenkliches Unternehmen, wenn jeder Introvertierte seine beschränkte Begriffswelt veräussern und das Äussere danach formen wollte. Solches geschieht zwar alltäglich, aber der Mensch leidet auch, und zwar mit bestem Recht, an dieser Gottähnlichkeit. Für den Extravertierten würde diese Formel lauten: „Alles Äusserliche verinnerlichen und alles Innere formen." Diese Reaktion hat, wie wir oben sahen, Schiller bei Goethe auch hervorgerufen. Goethe gibt dazu noch eine treffliche Parallele; er schreibt an Schiller: „Dagegen bin ich bei jeder Art von Tätigkeit, ich darf beinah sagen, vollkommen *idealistisch: ich frage nach den Gegenständen gar nicht, sondern fordere, dass sich alles nach meinen Vorstellungen bequemen soll.*" (April 1798.) Das heisst, wenn der Extravertierte denkt, so geht es ebenso selbstherrlich zu, wie wenn der Introvertierte nach aussen wirkt. Diese Formel kann also nur da Gültigkeit beanspruchen, wo ein fast vollkommener Zustand schon erreicht ist, und zwar beim Introvertierten eine so reiche, schmiegsame und ausdrucksfähige Begriffswelt, dass sie das Objekt nicht mehr in ein Prokrustesbett zwingt, und beim Extravertierten eine so völlige Kenntnis und Berücksichtigung des Objektes, dass keine Karikatur mehr aus ihm entstehen kann, wenn mit ihm gedacht wird. Wir sehen also, dass Schiller seine Formel auf das Höchstmögliche gründet und damit eine fast unerschwinglich hohe Anforderung an die psychologische Entwicklung des Individuums stellt — vorausgesetzt, dass er sich auch in allen Stücken klar gemacht hat, was seine Formel heisst. Sei dem, wie ihm wolle, jedenfalls ist etwas deutlich, nämlich dass diese Formel: „Alles Innere veräussern und alles Äussere formen" das Ideal der bewussten Einstellung des Introvertierten ist. Sie gründet sich auf die Annahme einerseits eines idealen Umfanges der innern Begriffswelt, des formalen Prinzipes, und andererseits einer idealen Verwendungsmöglichkeit des sinnlichen Prinzipes, das in diesem Falle nicht mehr als Affiziertsein, sondern als eine aktive Potenz auftritt. Solange der Mensch „sinnlich" ist, ist er „nichts als Welt", um „nicht bloss Welt zu sein, muss er der Materie Form erteilen". Hierin liegt eine Umkehrung des passiven, erleidenden sinnlichen Prinzipes. Doch wie kann eine solche Umkehrung geschehen? Darum handelt es sich eben. Es ist kaum anzunehmen, dass der Mensch zugleich seiner Begriffswelt jenen ausserordentlichen Umfang gibt, der nötig wäre, um der materiellen Welt zusagende Form zu erteilen, zugleich auch sein Affiziertsein, seine Sinnlichkeit, aus einem passiven in einen aktiven Zustand umzukehren, und dadurch auf die Höhe seiner Ideenwelt zu bringen. Irgendwo muss der Mensch bezogen, sozusagen *unterlegen* sein, sonst wäre er ja wirklich gottähnlich. Es müsste denn sein, dass Schiller es darauf ankommen liesse, dem Objekt Gewalt anzutun. Damit würde er aber der archaischen minderwertigen Funktion ein uneingeschränktes Existenzrecht einräumen, was bekanntlich *Nietzsche* dann — wenigstens theoretisch — getan hat. Diese Annahme trifft nun allerdings für Schiller keineswegs zu, indem er sich, soweit es mir bekannt ist, nirgends bewusst in dieser Hinsicht ausgesprochen hat. Seine Formel hat vielmehr einen durchaus naiv-idealistischen Charakter, der sich wohl mit dem Geiste seiner Zeit verträgt, die noch nicht von jenem tiefen Misstrauen in menschliches Wesen und menschliche Wahrheit angekränkelt ist, wie die von Nietzsche inaugurierte Epoche des psychologischen Kritizismus. Die Schillersche Formel liesse sich nur durchführen mit der Anwendung eines rücksichtslosen Machtstandpunktes, welcher sich nicht mehr weiter um Gerechtigkeit und Billigkeit dem Objekte gegenüber oder um eine gewissenhafte Berücksichtigung der eigenen Kompetenz kümmert. Einzig in diesem Falle, den Schiller gewiss nie im Auge hatte, könnte auch die minderwertige Funktion zum Mitleben gelangen. Auf diese Weise hat sich auch das Archaïsche naiv und unbewusst und erst noch gedeckt durch den Schimmer grosser Worte und einer schönen Geste immer durchgedrückt und uns zur gegenwärtigen „Kultur“ verholfen, über deren Wesen allerdings die Menschheit jetzt einigermassen uneins geworden ist. Der archaïsche Machttrieb, der hinter der Kulturgeste sich bis dahin verborgen hatte, kam nunmehr als solcher an die Oberfläche und bewies unwiderleglich, dass wir „noch immer Barbaren sind“. Es ist nämlich nicht zu vergessen, dass im gleichen Masse, wie die bewusste Einstellung sich einer gewissen Gottähnlichkeit wegen ihres hohen und absoluten Standpunktes rühmen darf, eine unbewusste Einstellung sich entwickelt, deren Gottähnlichkeit aber nach unten orientiert ist, nämlich nach einem archaïschen Gotte sinnlicher und gewalttätiger Natur. Heraklits Enantiodromie sorgt dafür, dass die Zeit kommt, wo auch dieser deus absconditus an die Oberfläche kommt und den Gott unserer Ideale an die Wand drückt. Es ist, wie wenn die Menschen am Ende des XVIII. Jahrhunderts nicht recht hingesehen hätten auf das, was damals in Paris geschah, sondern in einer gewissen schöngeistigen, schwärmerischen oder spielerischen Einstellung verharrten, wohl um sich über den Anblick der Abgründe menschlichen Wesens hinwegzutäuschen.

„Da unten aber ist’s fürchterlich,

Und der Mensch versuche die Götter nicht,

Und begehre nimmer und nimmer zu schauen,

Was sie gnädig bedecken mit Nacht und mit Grauen.“

Als Schiller lebte, war eben die Zeit der Auseinandersetzung mit dem Untern noch nicht gekommen. Nietzsche stand dieser Zeit auch innerlich viel näher, daher es ihm gewiss war, dass wir uns einer Epoche grössten Kampfes nähern. Darum zerriss er auch, als der einzige wahre Schüler *Schopenhauers*, den Schleier der Naivetät und holte in seinem Zarathustra einiges davon herauf, was zum lebendigsten Inhalt einer kommenden Zeit bestimmt war.

b) *Über die Grundtriebe.* Im zwölften Briefe setzt sich Schiller mit den beiden Grundtrieben auseinander, denen er hier auch eine völligere Beschreibung widmet. Der „sinnliche“ Trieb ist damit beschäftigt, den Menschen „in die Schranken der Zeit zu setzen, und zur Materie zu machen“. Dieser Trieb fordert, dass „Veränderung sey, dass die Zeit einen Inhalt habe. Dieser Zustand der bloss erfüllten Zeit heisst *Empfindung*“.[35] „Der Mensch ist in diesem Zustande nichts als eine Grösseneinheit, ein erfüllter Moment der Zeit — oder vielmehr, er ist es nicht, denn seine Persönlichkeit ist solange aufgehoben, als ihn die Empfindung beherrscht, und die Zeit mit sich fortreisst“.[36] „Mit unzerreissbaren Banden fesselt dieser Trieb den höher strebenden Geist an die Sinnenwelt, und von ihrer freyesten Wanderung ins Unendliche ruft er die Abstraktion in die Grenzen der Gegenwart zurück.“

Es ist durchaus für die Psychologie Schillers bezeichnend, dass er die Äusserung dieses Triebes als „Empfindung“ auffasst, und nicht etwa als das aktive sinnliche *Begehren.* Das zeigt, dass Sinnlichkeit für ihn den Charakter des *Reaktiven*, des Affiziertseins, hat, was für den Introvertierten bezeichnend ist. Ein Extravertierter würde gewiss den Charakter des *Begehrens* zuerst hervorheben. Des Weitern ist kennzeichnend, dass es dieser Trieb sei, der Veränderung fordere. Die Idee will Unveränderlichkeit und Ewigkeit. Wer unter dem Primat der Idee steht, strebt nach Beharrung, daher alles, was nach Veränderung strebt, auf ihrer Gegenseite liegen muss. In Schillers Fall bei Gefühl und Empfindung, die, der Regel entsprechend, wegen ihres unentwickelten Zustandes mit einander verschmolzen sind. Schiller unterschied auch ungenügend zwischen *Gefühl* und *Empfindung*, was folgender Passus beweist: „Das Gefühl kann bloss sagen, das ist wahr für dieses Subjekt und in diesem Moment, und ein anderer Moment, ein anderes Subjekt kann kommen, das die Aussage der gegenwärtigen Empfindung zurücknimmt“. (l. c. p. 59.)

Diese Stelle zeigt deutlich, dass bei Schiller Empfindung und Gefühl auch im Sprachgebrauch zusammenlaufen. Der Inhalt dieses Passus zeigt eine ungenügende Bewertung und Differenzierung des Gefühls vor der Empfindung. Das differenzierte Fühlen kann auch *allgemeine Gültigkeiten* feststellen und nicht bloss kasuistische. Es ist aber wahr, dass die *Gefühlsempfindung* des introvertierten Denktypus wegen ihres passiven und reaktiven Charakters bloss kasuistisch ist, weil sie über den einzelnen Fall, durch den allein sie angeregt wurde, sich nie zu einer abstrakten Vergleichung aller Fälle erheben kann, denn dieses Geschäft besorgt beim introvertierten Denktypus nicht die Fühlfunktion, sondern die Denkfunktion. Umgekehrt aber liegt es beim introvertierten Fühltypus, wo das Gefühl abstrakten und allgemeinen Charakter erreicht und daher auch allgemeine und dauernde Werte feststellen kann.

Aus Schillers Beschreibung geht des Fernern hervor, dass die Gefühlsempfindung (womit ich eben die charakteristische Mischung von Gefühl und Empfindung beim introvertierten Denktypus bezeichne) diejenige Funktion ist, mit der sich das Ich nicht identisch erklärt. Sie hat den Charakter des Widerstrebenden, des Fremden, das die Persönlichkeit „aufhebt", sie mit sich fortreisst, den Menschen ausser sich selber stellt, sich selber entfremdet. Daher parallelisiert Schiller auch mit dem *Affekt*, der den Menschen „ausser sich" bringt.[37] Wenn man darauf wieder zur Besonnenheit komme, so nenne man das „ebenso richtig *in sich gehen*[38], d. h. in sein Ich zurückkehren, seine Person wiederherstellen". Daraus geht unmissverständlich hervor, dass für Schiller die Gefühlsempfindung eigentlich als nicht zur Person gehörig erscheint, sondern ein mehr oder weniger misslicher Begleitumstand ist, dem sich gelegentlich „ein fester Wille sieghaft entgegensetzt". Dem Extravertierten aber erscheint es, als ob eben gerade diese Seite sein eigentliches Wesen ausmache, und als ob er gerade dann wirklich bei sich selber sei, wenn er vom Objekt affiziert ist, was wir wohl verstehen können, wenn wir berücksichtigen, dass für ihn die Beziehung zum Objekt die differenzierte hochwertige Funktion ist, der das abstrakte Denken und Fühlen ebenso entgegensteht, wie es dem Introvertierten unerlässlich ist. Vom Vorurteil der Sinnlichkeit wird das Denken des extravertierten Fühltypus ebenso sehr betroffen wie das Fühlen des introvertierten Denktypus. Für beide bedeutet es äusserste „Beschränkung" auf das Materielle und Kasuistische. Auch das Erleben am Objekt kennt „freyeste Wanderung ins Unendliche", nicht nur die Abstraktion wie bei Schiller.

Wegen dieser Ausschliessung der Sinnlichkeit vom Begriff und Umfang der Person kann Schiller zu der Behauptung kommen, die Person sei „absolute und unteilbare Einheit", „die mit sich selbst nie im Widerspruch seyn kann". Diese Einheit ist ein Desiderat des Intellektes, der sein Subjekt in idealster Integrität erhalten möchte, und daher als hochwertige Funktion die ihm minderwertig erscheinende Funktion der Sinnlichkeit ausschliesst. Das Resultat ist die Verstümmelung menschlichen Wesens, die eben gerade Motiv und Ausgangspunkt der Schillerschen Untersuchung ist.

Da das Gefühl für Schiller die Qualität der Gefühlsempfindung hat und darum nur kasuistisch ist, so fällt natürlich die höchste Schätzung, ein richtiger Ewigkeitswert, dem formenden Gedanken zu, dem sog. „Formtrieb", wie ihn Schiller nennt[39]: „Aber wenn der Gedanke einmal ausspricht: *das ist, so entscheidet er für immer und ewig*, und die Gültigkeit seines Ausspruches ist durch die *Persönlichkeit* selbst verbürgt, die *allem Wechsel Trotz bietet*."[40] Man muss sich aber fragen: ist wirklich bloss das Beharrende der

Sinn und Wert der Persönlichkeit? Ist es nicht auch die Veränderung und das Werden, die Entwicklung, welche vielleicht sogar noch höhere Werte repräsentiert, als der blosse „Trotz" gegen den Wechsel?[41]

„Wo also der Formtrieb die Herrschaft führt, und das reine Objekt in uns handelt, da ist die höchste Erweiterung des Seyns, da verschwinden alle Schranken, da hat sich der Mensch aus einer Grössen-Einheit, auf welche der dürftige Sinn ihn beschränkte, zu einer Ideen-Einheit erhoben, die das ganze Reich der Erscheinungen unter sich fasst." „Wir sind nicht mehr Individuen, sondern Gattung; das Urteil aller Geister ist durch das unsrige ausgesprochen, die Wahl aller Herzen ist repräsentiert durch unsere Tat."

Es ist unzweifelhaft, dass der Gedanke des Introvertierten nach diesem Hyperion strebt, nur schade, dass die Ideeneinheit das Ideal einer an Zahl beschränkten Menschenklasse ist. Das Denken ist nur eine Funktion, die, wenn völlig entwickelt und ihrem eigenen Gesetze ausschliesslich gehorchend, natürlicherweise den Anspruch auf Allgemeingültigkeit erhebt. Es kann daher nur ein Teil der Welt durch das Denken erfasst werden, ein anderer nur durch das Gefühl, ein dritter nur durch die Empfindung usw. Darum gibt es wohl auch verschiedene psychische Funktionen, denn das psychische System kann doch biologisch nur als ein Anpassungssystem verstanden werden, daher es vermutlich darum Augen gibt, weil es Licht gibt. Das Denken hat daher unter allen Umständen nur eine Drittels- oder Viertelsbedeutung, obschon es in seiner eigenen Sphäre ausschliesslich gültig ist, so wie das Sehen die ausschliesslich gültige Funktion für die Aufnahme der Lichtschwingungen, das Hören für die Schallschwingungen ist. Wer daher die „Ideeneinheit" zuoberst setzt, und die Gefühlsempfindung als einen Gegensatz zu seiner Persönlichkeit empfindet, ist einem Menschen zu vergleichen, der zwar gute Augen hat, daneben aber völlig taub und anästhetisch ist.

„Wir sind nicht mehr Individuen, sondern Gattung", gewiss, wenn wir uns mit dem Denken, überhaupt mit der *einen* Funktion ausschliesslich identifizieren, dann sind wir collektive allgemeingültige Wesen, sind aber uns selber gänzlich entfremdet. Ausser dieser einen Viertelspsyche sind die andern drei Viertel im Dunkeln, in der Verdrängung und Minderbewertung. „Est-ce la nature, qui porte ainsi les hommes si loin d'eux-mêmes?" können wir hier mit *Rousseau* fragen — kaum in erster Linie die Natur, sondern unsere eigene Psychologie, welche in barbarischer Weise die eine Funktion überschätzt und sich davon wegreissen lässt. Dieser Impetus ist allerdings ein Stück Natur, nämlich jene ungezähmte Triebenergie, vor der der differenzierte Typus erschrickt, wenn sie sich „zufällig" einmal nicht in der idealen Funktion, wo sie als göttlicher Enthusiasmus gepriesen und verehrt wird, sondern in einer minderwertigen Funktion manifestiert, wie Schiller es deutlich sagt: „Aber dein Individuum und dein jetziges Bedürfnis wird die

Veränderung mit sich fortreissen, und was du jetzt feurig begehrst, dereinst zum Gegenstand deines Abscheus machen."

Ob sich nun aber das Ungezähmte, Masslose und Disproportionierte in der Sinnlichkeit — in abjectissimo loco — oder in der höchst entwickelten Funktion als Überschätzung und Deifikation derselben zeigt, es ist im Grunde genommen dasselbe, nämlich *Barbarei*. Dies kann allerdings so lange nicht eingesehen werden, als man noch vom *Gegenstande* des Tuns hypnotisiert ist und dabei das Wie des Handelns übersieht.

Identisch sein mit der einen differenzierten Funktion heisst collektiv sein, allerdings nicht mehr *collektiv identisch*, wie der Primitive, sondern *collektiv angepasst*, insofern ist „das Urteil aller Geister durch das unsrige ausgesprochen", indem wir dann genau so denken und reden, wie eben die allgemeine Erwartung ist bei denen, deren Denken im selben Masse differenziert und angepasst ist. Auch „die Wahl aller Herzen ist repräsentiert durch unsere Tat", insofern wir eben so denken und handeln, wie alle wünschen, dass gedacht und gehandelt werde. Alle glauben und wünschen ja, dass es das Beste und am meisten Erstrebenswerte sei, wenn man soviel wie möglich zu einer Identität mit der einen differenzierten Funktion gelange, denn das bringt die deutlichsten sozialen Vorteile, den Minderheiten der menschlichen Natur aber, welche bisweilen einen grossen Teil der Individualität ausmachen, die grössten Nachteile. „Sobald man", sagt Schiller, „einen ursprünglichen, mithin notwendigen Antagonism beider Triebe behauptet, so ist freylich kein anderes Mittel, die Einheit im Menschen zu erhalten, als dass man den sinnlichen Trieb dem vernünftigen *unbedingt unterordnet*. Daraus kann bloss Einförmigkeit, aber keine Harmonie entstehen, und der Mensch bleibt noch ewig fort geteilt".[42] „Weil es Schwierigkeit kostet, bey aller Regsamkeit des Gefühls seinen Grundsätzen treu zu bleiben, so ergreift man das bequemere Mittel, *durch Abstumpfung der Gefühle den Charakter sicher zu stellen*; denn freylich ist es unendlich leichter, vor einem entwaffneten Gegner Ruhe zu haben, als einen mutigen und rüstigen Feind zu beherrschen. In dieser Operation besteht denn auch grösstenteils das, was man einen Menschen formieren nennt, und zwar im besten Sinne des Wortes, wo es Bearbeitung des innern, nicht bloss des äussern Menschen bedeutet. Ein so formierter Mensch wird freylich davor gesichert seyn, rohe Natur zu seyn und als solche zu erscheinen; er wird aber zugleich gegen alle Empfindungen der Natur durch Grundsätze geharnischt seyn, und die Menschheit von aussen wird ihm ebenso wenig als die Menschheit von innen beykommen können."[43]

Es ist auch Schiller bekannt, dass die beiden Funktionen, das Denken und das Affiziertsein (Gefühlsempfindung) sich *einander unterschieben* können (was eben dann geschieht, wie wir sahen, wenn die eine Funktion vorgezogen wird). „Er kann die Intensität, welche die tätige Kraft erheischt, auf die leidende (Affiziertsein) legen, durch den Stofftrieb dem Formtrieb vorgreifen, und das empfangende Vermögen zum bestimmenden machen. Er kann die *Extensität*, welche der leidenden Kraft gebührt, der tätigen Kraft (dem positiven Denken) *zuteilen*, durch den Formtrieb dem Stofftrieb vorgreifen und dem empfangenden Vermögen das bestimmende unterschieben. In dem ersten Fall wird er nie er selbst, in dem zweiten wird er nie etwas Anderes seyn."[44]

In diesem sehr bemerkenswerten Passus ist vieles von dem enthalten, was wir oben bereits besprachen. Wenn die Kraft des positiven Denkens der Gefühlsempfindung zufliesst, was einer Umkehrung des introvertierten Typus gleichkäme, dann werden die Qualitäten der nicht differenzierten, archaïschen Gefühlsempfindungen zur Herrschaft gebracht, d. h. das Individuum verfällt damit einer äussersten Bezogenheit, einer Identität mit dem empfundenen Objekt. Dieser Zustand entspricht einer sog. *minderwertigen Extraversion*, d. h. einer Extraversion, welche den Menschen sozusagen gänzlich von seinem Ich loslöst und in archaïsche Collektivbindungen und -identitäten auflöst. Er ist dann nicht mehr „Er selbst", sondern blosse Bezogenheit, identisch mit seinem Objekt und deshalb standpunktlos. Gegen diesen Zustand empfindet der Introvertierte instinktiv den grössten Widerstand, was ihn aber nicht hindert, öfters unbewusst hineinzugeraten. Dieser Zustand ist nun unter keinen Umständen mit der Extraversion eines extravertierten Typus zu verwechseln, obschon der Introvertierte stets geneigt ist, diese Verwechslung zu begehen und dieser Extraversion dieselbe Verachtung zu bezeugen, die er im Grunde genommen stets für seine eigene extravertierte Beziehung hat.[45] Umgekehrt bedeutet der zweite Fall die reine Darstellung des introvertierten Denktypus, welcher sich durch die Abschneidung der minderwertigen Gefühlsempfindungen zur Sterilität verurteilt, d. h. in jenen Zustand begibt, in welchem „ihm die Menschheit von aussen ebenso wenig als die Menschheit von innen beykommen kann."

Es ist auch hier deutlich, dass Schiller stets nur vom Standpunkt des Introvertierten aus schreibt. Der Extravertierte nämlich, der sein Ich nicht beim Denken, sondern bei der Gefühlsbeziehung zum Objekte hat, findet sich selber eben am Objekt, während der Introvertierte sich daran verliert. Der Extravertierte aber, wenn er introvertiert, gelangt zu seiner minderwertigen Bezogenheit auf collektive Gedanken, zu einer Identität mit einem Collektivdenken archaïscher, concretistischer Art, das man als *Empfindungsvorstellen* bezeichnen könnte. In dieser minderwertigen Funktion verliert er sich selber ebenso, wie der Introvertierte in seiner Extraversion. Der Extravertierte hat daher dieselbe Abneigung oder Furcht oder stille Verachtung für die Introversion, wie der Introvertierte für die Extraversion.

Schiller empfindet den Gegensatz zwischen den beiden Mechanismen, in seinem Fall also zwischen Empfinden und Denken, oder, wie er auch sagt, „Materie und Form“ oder „Leiden und Tätigkeit“ (Affiziertsein und aktives Denken)[46] als *unüberbrückbar.* „Der Abstand zwischen Empfinden und Denken“ ist „unendlich“ und kann „schlechterdings durch nichts vermittelt werden“. Die beiden „Zustände sind einander entgegengesetzt und können niemals eins werden.“[47] Beide Triebe aber wollen sein, und als „Energieen“, wie sie sich Schiller in sehr moderner Weise denkt[48], wollen und bedürfen sie der „Abspannung“. „Dem Stofftrieb, wie dem Formtrieb, ist es mit ihren Forderungen ernst, weil der eine sich beym Erkennen auf die *Wirklichkeit*, der andere auf die *Notwendigkeit* der Dinge bezieht.“[49] Die „Abspannung des sinnlichen Triebes darf aber keineswegs die Wirkung eines physischen Unvermögens und einer Stumpfheit der Empfindung sein, welche überall nur Verachtung verdient; sie muss eine Handlung der Freyheit, eine Tätigkeit der Person seyn, die durch ihre moralische Intensität jene sinnliche mässigt.“[50] „Nur an den Geist darf der Sinn verlieren.“ Dementsprechend muss gefolgert werden, dass der Geist nur an den Sinn verlieren dürfe. Schiller sagt es zwar nicht direkt, aber meint es wohl so, dem Sinne nach, wenn er sagt: „Jene Abspannung des Formtriebes darf ebenso wenig die Wirkung eines geistigen Unvermögens und einer Schlaffheit der Denk- oder Willenskräfte seyn, welche die Menschheit erniedrigen würde. Fülle der Empfindungen muss ihre rühmliche Quelle seyn; die Sinnlichkeit selbst muss mit siegender Kraft ihr Gebiet behaupten und der Gewalt widerstreben, die ihr der Geist durch seine vorgreifende Tätigkeit gern zufügen möchte.“

In diesen Worten ist eine Anerkennung der Gleichberechtigung der „Sinnlichkeit“ mit der Geistigkeit ausgesprochen. Schiller spricht also dem Empfinden das Recht auf eigene Existenz zu. Zugleich aber sehen wir in diesem Passus auch noch einen tiefern Gedanken angedeutet, nämlich die Idee einer „Wechselwirkung“ der beiden Triebe, einer Interessengemeinschaft oder *Symbiose*, wie wir etwas moderner sagen würden, wobei das Abfallprodukt der einen Tätigkeit der Nährstoff der andern wäre. Schiller sagt, dass „die Wechselwirkung der beiden Triebe darin bestehe, dass die Wirksamkeit des einen die Wirksamkeit des andern zugleich *begründet* und *begrenzt*,“ und dass „jeder einzelne für sich gerade dadurch zu seiner höchsten Verkündigung gelangt, dass der andere tätig ist.“ Diesem Gedanken entsprechend dürfte daher ihr Gegensatz gar nicht als etwas zu Lösendes aufgefasst werden, sondern im Gegenteil als etwas Nützliches und Lebenförderndes, das man nur erhalten und unterstützen sollte. Diese Forderung richtet sich geradeswegs gegen die Vorherrschaft der einen differenzierten und sozial wertvollen Funktion, denn sie ist es, die in erster Linie die minderwertigen Funktionen unterdrückt und aussaugt. Das würde eine Sklavenrevolte gegen das heroische Ideal bedeuten, welches uns zwingt für das *Eine* alles *Andere* aufzuopfern. Wenn mit diesem Prinzip, welches bekanntlich durch das Christentum in besonders hohem Masse zuerst für die Vergeistigung des Menschen ausgebildet wurde, und dann für seine Vermaterialisierung ebenfalls die wirksamste Hilfe lieh, einmal gebrochen wird, so befreien sich natürlich die minderwertigen Funktionen und verlangen zu Recht oder Unrecht gleiche Anerkennung wie die differenzierte Funktion. Dadurch wird sich der volle Gegensatz zwischen Sinnlichkeit und Geistigkeit, oder zwischen Gefühlsempfinden und Denken beim introvertierten Denktypus offen darstellen. Der volle Gegensatz führt, wie es auch Schiller sagt, eine wechselseitige Beschränkung herbei, was psychologisch einer Abolition des Machtprinzipes gleichkommt, d. h. einem Verzichte auf Allgemeingültigkeit vermöge einer differenzierten und allgemeinangepassten, collektiven Funktion. Daraus ergibt sich ohne weiteres der *Individualismus*, d. h. die Notwendigkeit einer Anerkennung der Individualität, einer Anerkennung des Menschen, wie er ist. Doch hören wir, wie Schiller dem Problem beizukommen sucht! „Dieses Wechselverhältnis beyder Triebe ist zwar bloss eine Aufgabe der Vernunft, die der Mensch nur in der Vollendung seines Daseins ganz zu lösen im Stande ist. Es ist im eigentlichsten Sinne des Wortes die Idee seiner Menschheit, mithin ein Unendliches, dem er sich im Laufe der Zeit immer mehr nähern kann, aber ohne es jemals zu erreichen."[51] Es ist schade, dass Schiller als Typus bestimmt ist; wäre er es nicht, so hätte ihm nie einfallen können, das Zusammenwirken der beiden Triebe als eine „Aufgabe der Vernunft" zu betrachten, denn rational sind Gegensätze nicht zu vereinen — tertium non datur — darum heissen sie eben Gegensätze. Es müsste denn sein, dass Schiller unter Vernunft etwas anderes versteht als ratio, nämlich ein höheres, beinahe mystisches Vermögen. Gegensätze lassen sich nur praktisch als Kompromiss vereinigen oder *irrational*, indem zwischen ihnen ein *Novum* entsteht, das von beiden verschieden ist und doch geeignet, ihre Energieen gleichermassen aufzunehmen als ein Ausdruck beider und keines von beiden. Dergleichen ist nicht zu ersinnen, sondern kann allein durchs Leben geschaffen werden. Diese letztere Möglichkeit meint auch Schiller in der Tat, wie wir an den folgenden Sätzen sehen: „Gäbe es aber Fälle, wo er (der Mensch) diese doppelte Erfahrung zugleich machte, wo er sich zugleich seyner Freyheit bewusst würde, und sein Dasein empfände, wo er sich zugleich als Materie fühlte und als Geist kennen lernte, so hätte er in diesen Fällen, und schlechterdings nur in diesen, eine vollständige Anschauung seiner Menschheit, und der Gegenstand, der diese Anschauung ihm verschaffte, würde ihm zu einem Symbol seiner ausgeführten Bestimmung dienen." (l. c. p. 70.)

Wenn der Mensch also im Stande wäre, beide Kräfte oder Triebe zugleich zu leben, d. h. denkend zu empfinden und empfindend zu denken, so entstünde in ihm aus dem, das er erlebt (was Schiller den Gegenstand nennt), ein *Symbol*, das seine erreichte Bestimmung, d. h. seinen Weg, auf dem sich Ja und Nein vereinigen, ausdrücken würde. Bevor wir auf die Psychologie dieses Gedankens näher eintreten, wollen wir uns vergewissern, wie Schiller das Wesen und die Entstehung des Symbols auffasst. „Der Gegenstand des sinnlichen Triebes — heisst *Leben* in weitester Bedeutung; ein Begriff, der alles materiale Seyn, und alle unmittelbare Gegenwart in den Sinnen bedeutet. Der Gegenstand des Formtriebes — heisst *Gestalt* — ein Begriff, der alle formalen Beschaffenheiten der Dinge und alle Beziehungen derselben auf die Denkkräfte unter sich fasst."[52] Der Gegenstand der vermittelnden Funktion heisst nun, nach Schiller, „*lebende Gestalt*", als welche eben das Symbol wäre, in welchem sich die Gegensätze einigen, „ein Begriff, der allen aesthetischen Beschaffenheiten der Erscheinungen, und mit einem Worte dem, was man in weitester Bedeutung Schönheit nennt, zur Bezeichnung dient."[53] Das Symbol aber setzt auch eine Funktion voraus, welche Symbole schafft und wiederum aufnimmt, indem sie sie schafft. Diese Funktion nennt Schiller einen dritten Trieb, den *Spieltrieb*, der keiner der beiden gegensätzlichen Funktionen ähnlich ist, aber doch zwischen beiden steht und beider Wesen gerecht wird, vorausgesetzt nämlich (was Schiller nicht anmerkt), dass Empfinden und Denken dann die *ernsthaften* Funktionen wären. Es gibt aber nicht wenige, bei denen weder das Empfinden noch das Denken ganz ernst ist, dort müsste dann wohl statt des Spieles der Ernst mitten inne stehen. Obschon Schiller an anderer Stelle die Existenz eines dritten vermittelnden Grundtriebes verneint (p. 61), so wollen wir doch annehmen, dass zwar seine Konklusion etwas mangelhaft ist, aber seine Intuition umso richtiger. Denn tatsächlich steht etwas zwischen den Gegensätzen, aber es ist beim rein differenzierten Typus unsichtbar geworden. Es liegt beim Introvertierten in dem, was ich Gefühlsempfindung nenne. Wegen der relativen Verdrängung ist die minderwertige Funktion nur zum Teil ans Bewusstsein angeschlossen, zum andern Teil aber hängt sie am Unbewussten. Die differenzierte Funktion ist möglichst an die äussere Realität angepasst, sie ist recht eigentlich Wirklichkeitsfunktion, und darum ist in ihr das phantastische Element so viel wie möglich ausgeschlossen. Es hat sich darum mit den minderwertigen Funktionen, die in ähnlicher Weise unterdrückt werden, associiert. Daher hat das Empfinden des Introvertierten, das gewöhnlich sentimental ist, einen sehr starken Einschlag an unbewusster Phantasie. Das dritte Element, in welchem die Gegensätze zusammenlaufen, ist die einerseits schöpferische und andererseits rezeptive *Phantasietätigkeit*. Diese Funktion ist es, die Schiller als Spieltrieb bezeichnet, womit er mehr meint, als er tatsächlich sagt. Er ruft aus: „Denn, um es endlich auf einmal herauszusagen, der Mensch spielt nur, wo er in voller Bedeutung des Wortes Mensch ist, und er ist nur da ganz Mensch, wo er spielt."[54] Gegenstand des Spieltriebes ist ihm die Schönheit. „Der Mensch soll mit der Schönheit nur spielen, und er soll nur mit der Schönheit spielen."

Es war Schiller eigentlich bewusst, was es heissen könnte, den „Spieltrieb" gewissermassen an oberste Stelle zu setzen. Wie wir bereits sahen, bewirkt die Aufhebung der Verdrängung ein Aufeinanderprallen der Gegensätze und eine Ausgleichung, die notwendig mit einer Heruntersetzung der bisher höchsten Werte endet. Es ist eine Katastrophe der Kultur, so wie wir sie heute noch verstehen, wenn die barbarische Seite des Europäers sich zum Worte meldet, denn wer bürgt dafür, dass der Mensch dieser Art, wenn er zu spielen anfängt, sich gerade die ästhetische Stimmung und den Genuss ächter Schönheit zum Ziel setzen wird? Das wäre eine Antizipation gänzlich ungerechtfertigter Art. Vielmehr ist aus der notwendigen Erniedrigung der Kulturleistung zunächst ganz anderes zu erwarten. Schiller sagt darum mit Recht: „Der aesthetische Spieltrieb wird also in seinen ersten Versuchen noch kaum zu erkennen sein, da der sinnliche mit seiner eigensinnigen Laune, und seiner wilden Begierde unaufhörlich dazwischen tritt. Daher sehen wir den rohen Geschmack das Neue und Überraschende, das Bunte, Abenteuerliche und Bizarre, das Heftige und Wilde zuerst ergreifen, und vor nichts so sehr als vor der Einfalt und Ruhe fliehen."[55] Daraus muss man schliessen, dass Schiller die Gefahr dieser Verwandlung bewusst war. Aus diesem Umstand erklärt sich nun auch, dass er selber sich mit der gefundenen Lösung nicht zufrieden geben kann, sondern das dringende Bedürfnis fühlt, dem Menschen ein sichereres Fundament für seine Menschheit zu geben, als es der unsichere Grund einer ästhetisch-spielerischen Einstellung sein kann. Das muss auch so sein. Denn der Gegensatz zwischen den beiden Funktionen oder Funktionsgruppen ist dermassen gross und ernsthaft, dass das Spiel wohl kaum genügen dürfte, um all das Schwere und Ernsthafte dieses Konfliktes aufzuwiegen. Similia similibus curantur — es bedarf eines Dritten, das es an Ernsthaftigkeit den beiden andern mindestens gleich tut. Bei der spielerischen Einstellung muss alle Ernsthaftigkeit wegfallen, und damit ist die Möglichkeit einer absoluten Bestimmbarkeit eröffnet. Bald gefällt es dem Triebe vom Empfinden, bald vom Denken angelockt zu werden, und das eine Mal mit Objekten, das andere Mal mit Gedanken zu spielen. Jedenfalls aber wird er nicht mit der Schönheit ausschliesslich spielen, denn dazu müsste eben der Mensch kein Barbar mehr, sondern bereits ästhetisch erzogen sein, während es sich doch eben darum handelt, wie er aus dem barbarischen Zustand herauskommen kann. Darum muss vor allen Dingen einmal festgestellt werden, wo der Mensch eigentlich in seinem innersten Wesen steht. Er ist a priori ebenso wohl Empfinden, wie Denken, er ist mit sich selber im Gegensatz, daher er auch irgendwie dazwischen stehen und im Innersten eigentlich ein Wesen sein muss, das zwar an beiden Trieben teilnimmt, jedoch von beiden Trieben auch unterschieden werden kann, dergestalt, dass er zwar die Triebe erleiden und sich ihnen gegebenenfalls beugen muss, oder sie auch anwenden kann, aber indem er sich selbst von ihnen unterscheidet, als wie von Naturkräften, denen er zwar unterworfen ist, mit denen er sich aber nicht identisch erklärt. Schiller spricht sich darüber folgendermassen aus: „Diese Inwohnung zweier Grundtriebe widerspricht übrigens auf keine Weise der absoluten Einheit des Geistes, sobald man nur von beiden Trieben ihn selbst unterscheidet. Beide Triebe existieren und wirken zwar in ihm, aber er selbst ist weder Materie noch Form, weder Sinnlichkeit noch Vernunft." (l. c. p. 99.)

Mir scheint, dass Schiller hier etwas sehr Wichtiges andeutet, nämlich die *Ausscheidbarkeit eines individuellen Kerns*, der zwar bald Subjekt, bald Objekt der gegensätzlichen Funktionen sein kann, immer aber von ihnen unterscheidbar bleibt. Die Unterscheidung selbst ist ein intellektuelles sowohl wie moralisches Urteil. Beim einen geschieht es durchs Denken, beim andern durchs Fühlen. Gelingt die Unterscheidung nicht oder wird sie überhaupt nicht gemacht, so ist die unweigerliche Folge davon, dass eine Auflösung des Individuums in die Gegensatzpaare eintritt, indem es eben mit ihnen identisch wird. Die weitere Folge ist eine Entzweiung mit sich selbst, oder eine willkürliche Entscheidung für diese oder jene Seite unter gewaltsamer Verdrängung der entgegenstehenden. Dieser Gedankengang ist eine sehr alte Überlegung, die meines Wissens durch *Synesius*, den christlichen Bischof von Ptolemais und Schüler der Hypatia, psychologisch am interessantesten formuliert worden ist. In seinem Buch de somniis[56] weist er dem spiritus phantasticus praktisch dieselbe Stelle in der Psychologie an, wie Schiller dem Spieltrieb und ich der schöpferischen Phantasie, nur drückt er sich statt psychologisch *metaphysisch* aus, was für unsere Zwecke aber wie ein alter Sprachgebrauch nicht in Betracht fällt. Synesius sagt von ihm: „Spiritus phantasticus inter aeterna et temporalia medius est, quo et plurimum vivimus." Der Spiritus phantasticus einigt in sich die Gegensätze, und daher begibt er sich auch in die Triebnatur hinunter bis zum Tierischen, wo er zum Instinkt wird und zum Erreger dämonischer Begierden: „Vendicat enim sibi spiritus hic aliquid velut proprium, tanquam ex vicinis quibusdam ab extremis utrisque, et quae tam longe disjuncta sunt, occurrunt in una natura. Atqui essentiae phantasticae latitudinem natura per multas rerum sortes extendit, descendit utique usque ad animalia, quibus non adest ulterius intellectus. — Atque est animalis ipsius ratio, multaque per phantasticam hanc essentiam sapit animal etc. — Tota genera daemonum ex ejusmodi vita suam sortiuntur essentiam. Illa enim ex toto suo esse imaginaria sunt, et iis quae fiunt intus, imaginata."

Die Dämonen sind ja psychologisch nichts anderes als Interferenzen des Unbewussten, d. h. Einbrüche spontaner Natur in die Kontinuität des bewussten Ablaufes von Seiten unbewusster Komplexe. Die Komplexe sind Dämonen vergleichbar, die launisch unser Denken und Handeln stören, daher das Altertum und Mittelalter schwere neurotische Störungen als Besessenheit auffasste. Wenn also das Individuum sich konsequent auf die eine Seite stellt, so stellt sich das Unbewusste auf die andere und rebelliert, was natürlich gerade den neuplatonischen oder christlichen Philosophen am meisten aufgefallen sein muss, insofern sie den Standpunkt einer ausschliesslichen Vergeistigung vertraten. Besonders wertvoll ist der Hinweis auf die imaginäre Natur der Dämonen. Wie ich oben erörtert habe, ist es gerade das phantastische Element, welches im Unbewussten mit den verdrängten Funktionen associiert ist. Dadurch, dass das Individuum (wie wir statt individuellem Kern kürzer sagen können) sich von den Gegensätzen nicht unterscheidet, wird es mit ihnen identisch und dadurch innerlich zerrissen, d. h. es entsteht ein qualvolles Uneinssein. Dies drückt *Synesius* folgendermassen aus: „Proinde spiritus hic animalis, quem beati spiritualem quoque animam vocaverunt, fit deus et daemon omniformis et idolum. In hoc etiam anima poenas exhibet."

Durch die Teilnahme am Triebhaften wird der Geist „ein Gott und vielgestaltiger Dämon". Diese eigentümliche Idee wird sofort verständlich, wenn wir uns daran erinnern, dass Empfinden und Denken an sich collektive Funktionen sind, in die sich das Individuum (der Geist bei Schiller) durch Nichtunterscheidung aufgelöst hat. Es wird also dadurch zu einem Collektivwesen, d. h. gottähnlich, weil Gott eine Collektivvorstellung vom allverbreiteten Wesen ist. „In diesem Zustand" sagt *Synesius*, „leidet die Seele die Qual." Die Erlösung aber erfolgt durch Unterscheidung, indem nämlich der Geist, wenn er „humidus et crassus" geworden ist, in die Tiefe heruntersinkt, d. h. ins Objekt verwickelt wird, dagegen, wenn durch die Qual geläutert, er „trocken und heiss" wieder nach oben steigt, indem er sich eben durch die feurige Qualität von der feuchten Beschaffenheit seines unterirdischen Aufenthaltsortes unterscheidet.

Naturgemäss erhebt sich hier die Frage, vermöge welcher Kraft sich das Unteilbare, eben das Individuum, gegen die trennenden Triebe verteidigen könne. Dass es auf dem Wege des Spieltriebes geschehen könne, daran denkt auch Schiller an dieser Stelle nicht mehr, denn hier muss es sich wohl um etwas Ernsthaftes handeln, um eine bedeutende Kraft, welche das Individuum wirksam von den Gegensätzen abzutrennen vermag. Denn auf der einen Seite ruft der höchste Wert, das höchste Ideal, auf der andern Seite lockt die stärkste Lust. „Jeder dieser beiden Grundtriebe", sagt Schiller, „strebt, sobald er zur Entwicklung gekommen, seiner Natur nach und notwendig nach Befriedigung, aber eben darum, weil beide notwendig und beide doch nach entgegengesetzten Objekten streben, so hebt diese doppelte Nötigung sich gegenseitig auf, und der *Wille* behauptet eine vollkommene Freyheit zwischen beiden. Der Wille ist es also, der sich gegen beide Triebe als eine Macht verhält, aber keiner von beiden kann sich für sich selbst, als eine Macht gegen den andern verhalten." „Es gibt in dem Menschen keine andere Macht als seinen Willen, und nur was den Menschen aufhebt, der Tod und jeder Raub des Bewusstseins kann die innere Freyheit aufheben."[57]

Es ist richtig, dass *logisch* sich die Gegensätze aufheben, aber *praktisch* ist dem nicht so, sondern praktisch stehen die Triebe aktiv gegeneinander und verursachen den zunächst unauflösbaren Konflikt. Der Wille könnte zwar entscheiden, aber nur dann, wenn wir jenen Zustand, der eben erst noch zu erreichen ist, antizipieren. Aber noch ist das Problem, wie der Mensch aus der Barbarei herauskommt, nicht gelöst, und noch ist jener Zustand nicht hergestellt, der allein dem Willen diejenige Richtung verleihen könnte, welche beiden Trieben gerecht wird und sie vereinigt. Es ist eben das Zeichen des barbarischen Zustandes, dass der Wille einseitig durch die eine Funktion bestimmt ist, denn der Wille muss doch einen Inhalt, ein Ziel haben. Und wie ist dieses Ziel gegeben? Wie anders, als durch einen vorhergehenden psychischen Prozess, der durch ein intellektuelles oder gefühlsmässiges Urteil oder durch ein sinnliches Begehren dem Willen den Inhalt und das Ziel gibt? Geben wir dem sinnlichen Begehren als einem Willensmotiv nach, so handeln wir dem einen Trieb entsprechend gegen unser rationales Urteil. Überlassen wir es dagegen dem rationalen Urteil, den Streit zu schlichten, so wird auch die gerechteste Verteilung der Berücksichtigung sich doch immer auf das rationale Urteil stützen und daher dem andern Trieb ein Vorrecht über die Sinnlichkeit einräumen. Der Wille wird unter allen Umständen bald mehr von dieser, bald mehr von jener Seite bestimmt sein, solange er nämlich darauf angewiesen ist, seine Inhalte von der einen oder andern Seite zu beziehen. Damit er aber wirklich den Streit entscheiden könnte, müsste er sich auf einen mittlern Zustand oder Prozess gründen, der ihm einen Inhalt gibt, welcher weder der einen noch der andern Seite zu nahe oder zu ferne ist. Dieser Inhalt müsste, nach Schillers Definition, ein *symbolischer* sein, denn nur dem Symbol kann die vermittelnde Stellung zwischen den Gegensätzen zukommen. Die Wirklichkeit, welche der eine Trieb voraussetzt, ist eine andere als die des andern Triebes. Sie wäre jener andern *unwirklich* oder *Schein* und vice versa. Dem Symbol aber kommt dieser Doppelcharakter des Realen und Irrealen zu. Es wäre kein Symbol, wenn es nur real wäre, denn dann wäre es eine reale Erscheinung, die nicht symbolisch sein könnte. Symbolisch kann aber nur sein, was im einen auch noch das andere einschliesst. Wenn es irreal wäre, so wäre es nichts als eine leere Imagination, die sich auf nichts Reales bezöge, und wäre auf diese Weise auch kein Symbol.

Die rationalen Funktionen sind ihrer Natur nach unfähig, Symbole zu erzeugen, denn sie produzieren nur Rationales, welches eindeutig bestimmt ist und nicht zugleich auch das andere, Entgegengesetzte, einschliesst. Die Funktionen der Sinnlichkeit sind ebenfalls unfähig, Symbole zu erzeugen, denn sie sind auch eindeutig bestimmt durch das Objekt und enthalten nur sich und nicht das andere. Man müsste also, um jene unparteiische Basis für den Willen aufzusuchen, sich an eine andere Instanz wenden, bei welcher die Gegensätze nicht klar geschieden, sondern noch ursprünglich geeint sind. Dies ist offenkundig beim Bewusstsein nicht der Fall. Denn das Bewusstsein ist seinem ganzen Wesen nach *Diskrimination*, Unterscheidung von Ich und Nicht-Ich, Subjekt und Objekt, Ja und Nein, usw. Der bewussten Unterscheidung ist überhaupt die Trennung der Gegensatzpaare zu verdanken, denn das Bewusstsein allein kann das Passende erkennen und vom Nichtpassenden oder Wertlosen unterscheiden. Es allein kann diese Funktion für wertvoll und jene für wertlos erklären, und darum dieser die Kraft des Willens leihen und damit die Ansprüche jener niederhalten. Wo aber kein Bewusstsein ist, wo noch unbewusst Instinktmässiges die Herrschaft führt, da ist keine Überlegung, kein pro et contra, keine Uneinigkeit, sondern einfaches Geschehen, geordnete Triebmässigkeit, Proportion des Lebens. (Insofern nämlich der Instinkt nicht Situationen begegnet, denen er unangepasst ist. In diesem Falle tritt Aufstauung, Affekt, Konfusion und Panik ein.)

Es wäre also aussichtslos, wenn man sich zur Entscheidung des Konfliktes zwischen den Trieben an das Bewusstsein wendete. Eine bewusste Entscheidung wäre blosse Willkür und könnte daher dem Willen nie jenen symbolischen Inhalt verleihen, der allein imstande ist, einen logischen Gegensatz irrational zu vermitteln. Dazu müssen wir tiefer gehen, wir müssen hinuntergreifen in jene Grundlagen des Bewusstseins, welche ihre ursprüngliche Instinktmässigkeit noch erhalten haben, nämlich ins Unbewusste, wo alle psychischen Funktionen ununterschieden zusammenfliessen in die ursprüngliche und fundamentale Aktivität des Psychischen. Die mangelnde Unterschiedenheit im Unbewussten rührt zunächst von der fast unmittelbaren Verknüpfung aller Gehirnzentren unter sich her und dann, in zweiter Linie, von dem relativ schwachen energetischen Werte der unbewussten Elemente.[58] Dass sie relativ wenig Energie besitzen, geht daraus hervor, dass ein unbewusstes Element, wenn es je eine stärkere Betonung erhält, auch sofort aufhört, subliminal zu bleiben, indem es dann nämlich über die Schwelle des Bewusstseins emporsteigt, wozu es nur vermöge einer besondern ihm innewohnenden Energie befähigt ist. Es wird dadurch zum „Einfall", zur „freisteigenden Vorstellung" (*Herbart*). Die starken energetischen Werte der Bewusstseinsinhalte wirken wie eine intensive Beleuchtung, wodurch deren Unterschiede deutlich erkennbar und Verwechslungen ausgeschlossen werden. Im Unbewussten dagegen unterschieben sich die heterogensten Elemente gegenseitig, insofern sie auch nur eine vage Analogie besitzen, eben vermöge ihrer geringen Helligkeit, ihres schwachen energetischen Wertes. Sogar heterogene Sinneseindrücke verschmelzen, wie wir bei den „Photismen" (*Bleuler*), der „audition coloriée" sehen. Auch enthält die Sprache nicht weniges von diesen unbewussten Verschmelzungen, wie ich dies z. B. für Ton, Licht und Gemütszustände gezeigt habe.[59] Das Unbewusste also dürfte jene psychische Instanz sein, wo all das, was im Bewusstsein getrennt und gegensätzlich ist, in Gruppierungen und Gestaltungen zusammenfliesst, welche, wenn als solche zum Lichte des Bewusstseins emporgehoben, eine Natur zeigen, die Bestandteile der einen Seite sowohl wie der andern aufweist, ohne jedoch zu dieser oder jener Seite zu gehören, sondern eine selbständige Mittelstellung beansprucht. Diese ihre Mittelstellung macht ihren Wert und Unwert fürs Bewusstsein aus, einen Unwert insofern als unmittelbar nichts deutlich Unterscheidbares an ihrer Gruppierung wahrzunehmen ist, weshalb das Bewusstsein in Verlegenheit darüber gerät, was damit anzufangen sei: einen Wert aber insofern, als gerade ihr Nichtunterscheidbares jenen symbolischen Charakter ergibt, welcher dem Inhalte eines vermittelnden Willens zukommen muss. Ausser dem Willen, der ganz von seinem Inhalt abhängt, ist dem Menschen als Hilfsmittel noch jene Mutterstätte der schöpferischen Phantasie, das Unbewusste, gegeben, welches jederzeit die Symbole auf dem Wege des Naturprozesses der elementaren psychischen Tätigkeit zu bilden vermag, die Symbole, welche zur Bestimmung des vermittelnden Willens dienen *können.* Ich sage „können", weil das Symbol nicht eo ipso in die Lücke tritt, sondern im Unbewussten bleibt, und zwar so lange, als die energetischen Werte der Bewusstseinsinhalte den Wert des unbewussten Symbols übersteigen. Unter normalen Bedingungen ist dies aber immer der Fall, und unter abnormen Bedingungen handelt es sich um eine Umkehrung der Wertverteilung, wobei dem Unbewussten ein höherer Wert zukommt, als dem Bewussten. In diesem Falle tritt zwar das Symbol an die Oberfläche des Bewusstseins heraus, ohne aber eine Aufnahme beim bewussten Willen und bei den exekutiven bewussten Funktionen zu finden, indem diese nämlich, wegen der Umkehrung der Werte, *subliminal* geworden sind. Das Unbewusste ist *superliminal* geworden, wodurch ein geistig abnormer Zustand, eine Geistesstörung, eingetreten ist.

Unter normalen Bedingungen daher ist dem unbewussten Symbol *künstlich* Energie zuzuführen, um es höherwertig zu machen und dadurch dem Bewusstsein zuzuführen. Dies geschieht — und damit schliessen wir uns wieder dem durch Schiller angeregten Gedanken der Unterscheidung an — durch eine Unterscheidung des *Selbst* von den Gegensätzen. Die Unterscheidung ist gleichbedeutend mit einem Zurückziehen der Libido von beiden Seiten, insoweit die *Libido disponibel* ist. Die in den Trieben investierte Libido ist nämlich nur zu einem gewissen Teil frei disponibel, genau soweit als die Willenskraft reicht, als welche diejenige Energiemenge darstellt, die das Ich zu „freier" Verfügung hat. Der Wille hat in diesem Fall das Selbst zum möglichen Ziele. Dieses Ziel ist umso möglicher, je mehr die weitere Entwicklung durch den Konflikt stillgestellt ist. Der Wille entscheidet in diesem Falle nicht zwischen den Gegensätzen, *sondern bloss für das Selbst*, d. h. die disponible Energie wird auf das Selbst zurückgezogen, mit andern

Worten *introvertiert.* Die Introversion bedeutet bloss, dass die Libido beim Selbst gehalten und ihr verwehrt wird, an den streitenden Gegensätzen teilzunehmen. Da ihr der Weg nach aussen versperrt ist, so wendet sie sich natürlich dem Denken zu, wodurch sie wiederum in Gefahr ist, in den Konflikt hineinzugeraten. Es gehört zum Akte der Unterscheidung und Introversion, dass die disponible Libido nicht nur vom äussern Objekt, sondern auch vom innern Objekt, nämlich vom Gedanken, gelöst wird. Dadurch wird sie gänzlich objektlos, sie ist auf nichts mehr bezogen, was Bewusstseinsinhalt sein könnte, und versinkt daher ins Unbewusste, wo sie das bereitliegende Phantasiematerial automatisch ergreift, und es dadurch zum Emporsteigen bewegt. Schillers Ausdruck für das Symbol, nämlich „lebende Gestalt", ist glücklich gewählt, weil das emporgehobene Phantasiematerial Bilder der psychologischen Entwicklung des Individuums in seinen nachfolgenden Zuständen enthält, gewissermassen eine Vorzeichnung oder Schilderung des weitern Weges zwischen den Gegensätzen. Wenn schon die diskriminierende Tätigkeit des Bewusstseins öfters nicht viel an den Bildern unmittelbar zu verstehen findet, so enthalten diese Intuitionen doch eine lebendige Kraft, welche auf den Willen bestimmend wirken kann. Die Bestimmung des Willens übt sich nach beiden Seiten aus, wodurch nach einiger Zeit die Gegensätze wieder stärker werden Der erneute Konflikt aber nötigt wieder zum selben eben geschilderten Prozess, wodurch immer wieder ein weiterer Schritt ermöglicht wird. Ich habe diese Funktion der Vermittlung der Gegensätze als *transscendente Funktion* bezeichnet, worunter ich also nichts Geheimnisvolles, sondern bloss eine Funktion bewusster und unbewusster Elemente oder, etwa wie in der Mathematik, eine gemeinsame Funktion realer und imaginärer Grössen verstehe.[60] Wir haben ausser dem Willen — dessen Wichtigkeit damit nicht geleugnet werden soll — noch die schöpferische Phantasie als eine irrationale instinktmässige Funktion, welche allein dem Willen einen Inhalt von einer Beschaffenheit, welche die Gegensätze zusammenführt, zu geben vermag. Diese Funktion ist es, die Schiller wohl intuitiv als Symbolquelle erfasste, aber als „Spieltrieb" bezeichnete und darum für die Motivierung des Willens nicht weiter nutzbar machen konnte. Um zum Willensinhalt zu gelangen, rekurrierte er zur Vernunft, und damit gerät er auf die eine Seite. Er ist aber unserm Problem überraschend nahe gekommen, wenn er sagt: „Jene Macht der Empfindung muss also vernichtet werden, ehe das Gesetz (der vernünftige Willen nämlich) dazu erhoben werden kann. Es ist also nicht damit getan, dass etwas anfange, was noch nicht war. Der Mensch kann nicht unmittelbar vom Empfinden zum Denken übergehen; *er muss einen Schritt zurücktun*, weil nur, indem eine Determination wieder aufgehoben wird, die entgegengesetzte eintreten kann. Er muss also — augenblicklich von aller Bestimmung frey seyn und einen Zustand der blossen Bestimmbarkeit durchlaufen. Mithin muss er auf gewisse Weise zu jenem negativen Zustand der blossen Bestimmungslosigkeit zurückkehren, in welchem er sich befand, ehe noch irgend etwas auf seinen Sinn einen Eindruck machte. Jener Zustand aber war an Inhalt völlig leer, und jetzt kommt es darauf an, eine gleiche Bestimmungslosigkeit, und eine gleich unbegrenzte Bestimmbarkeit mit dem grösstmöglichen Gehalt zu vereinbaren, weil unmittelbar aus diesem Zustand etwas Positives erfolgen soll. Die Bestimmung, die er durch Sensation empfangen, muss also festgehalten werden, weil er die Realität nicht verlieren darf; zugleich aber muss sie, insofern sie Begrenzung ist, aufgehoben werden, weil eine unbegrenzte Bestimmbarkeit stattfinden soll."[61]

Diese schwer verständliche Stelle kann nunmehr an Hand des Obengesagten leicht verstanden werden, wenn wir nur immer im Auge behalten, dass Schiller beständig geneigt ist, die Lösung beim vernünftigen Willen zu suchen. Dieses Moment muss weggedacht werden. Dann aber ist das, was er sagt, völlig klar. Der Schritt zurück ist die Unterscheidung von den gegensätzlichen Trieben, die Ablösung und Zurückziehung der Libido von den innern und äussern Objekten. Schiller hat hier allerdings zunächst das sinnliche Objekt im Auge, indem es ihm, wie schon gesagt, immer darum zu tun ist, auf die Seite des vernünftigen Denkens hinüberzugelangen, das ihm zur Willensbestimmung unerlässlich zu sein scheint. Jedoch drängt sich ihm die Notwendigkeit, jede Bestimmung aufzuheben, trotzdem auf. Damit ist implicite auch die Ablösung vom innern Objekt, der Idee, gegeben, sonst wäre es unmöglich, zu einer völligen Inhalts- und Bestimmungslosigkeit zu gelangen, also zu jenem ursprünglichen Zustand der Unbewusstheit, wo noch kein diskriminierendes Bewusstsein Subjekt und Objekt setzte. Damit meint Schiller offenkundig dasselbe, was ich als *Introversion ins Unbewusste* formuliert habe.

Die „unbegrenzte Bestimmbarkeit" bedeutet offenbar etwas Ähnliches, wie der Zustand des Unbewussten, in welchem alles auf alles unterschiedslos wirken kann. Dieser leere Zustand des Bewusstseins soll mit dem „grösstmöglichen Gehalt vereinbart" werden. Dieser Gehalt, als das Gegenstück zur Leere des Bewusstseins, kann nur der unbewusste Inhalt sein, denn irgend ein anderer Inhalt ist nicht gegeben. Damit ist offenbar die Vereinigung vom Unbewussten und Bewussten ausgedrückt, und „aus diesem Zustand soll etwas Positives" erfolgen. Dieses „Positive" ist für uns die *symbolische Bestimmung des Willens.* Für Schiller ist es ein „mittlerer Zustand", durch den die Vereinigung von Empfinden und Denken erfolgt. Er nennt ihn eine „mittlere Stimmung", in welcher Sinnlichkeit und Vernunft zugleich tätig sind, eben deswegen aber ihre bestimmende Gewalt gegenseitig aufheben, und durch eine Entgegensetzung eine Negation bewirken. Die Aufhebung der Gegensätze bewirkt eine Leere, die wir eben das Unbewusste nennen. Dieser Zustand ist, weil nicht durch die Gegensätze bestimmt, jeder Bestimmung zugänglich. Schiller nennt ihn einen „*aesthetischen*" Zustand.

(l. c. p. 105.) Es ist merkwürdig, dass er dabei übersieht, dass Sinnlichkeit und Vernunft in diesem Zustand nicht zugleich „tätig" sein können, denn wie Schiller selbst sagt, sind sie ja aufgehoben durch gegenseitige Negation. Da aber doch etwas tätig sein muss und Schiller keine andere Funktion zur Verfügung hat, so müssen eben für ihn wieder die Gegensatzpaare tätig sein. Ihre Tätigkeit ist allerdings vorhanden, aber da das Bewusstsein „leer" ist, so muss sie notwendigerweise im Unbewussten sein.[62] Dieser Begriff aber fehlt Schiller, weshalb er hier widerspruchsvoll wird. Die mittlere ästhetische Funktion würde daher unserer symbolbildenden Tätigkeit, der schöpferischen Phantasie, gleichkommen. Schiller definiert die „aesthetische Beschaffenheit" als die Beziehung einer Sache „auf das Ganze unserer verschiedenen Kräfte (Seelenvermögen), ohne für eine einzelne derselben ein bestimmtes Objekt zu seyn." Er hätte vielleicht besser getan, statt dieser vagen Definition hier auf seinen frühern Begriff des Symbols zurückzukommen, denn das Symbol hat die Qualität, dass es sich auf alle psychischen Funktionen bezieht, ohne ein bestimmtes Objekt einer einzelnen derselben zu sein. Als Erfolg der Erreichung dieser mittlern Stimmung sieht Schiller die Tatsache an, dass es dem Menschen „nunmehr von Natur wegen möglich gemacht ist, aus sich selbst zu machen, was er will — dass ihm die Freyheit, zu seyn, was er seyn soll, vollkommen zurückgegeben ist." Weil Schiller vorzugsweise intellektuell und rational verfährt, so fällt er seinem Urteil zum Opfer. Dies zeigt schon die Wahl des Ausdruckes „ästhetisch". Wenn er bekannt gewesen wäre mit der indischen Literatur, so hätte er gesehen, dass das *urtümliche Bild*, das ihm innerlich vorschwebt, eine ganz andere Bedeutung hat, als eine „ästhetische". Seine Intuition fand das unbewusste Modell, das seit Alters in unserm Geiste bereit liegt. Er deutet es aber als „ästhetisch", obschon er selber zuerst das Symbolische hervorgehoben hat. Das urtümliche Bild, das ich meine, ist jene eigenartige Ideenbildung des Ostens, die sich in Indien zur *Brahman-Atmanlehre* verdichtet hat, in China aber ihren philosophischen Vertreter in *Lao-tse* fand. Die indische Auffassung lehrt die Befreiung von den Gegensätzen, als welche alle affektiven Zustände und emotionalen Bindungen ans Objekt verstanden sind. Die Befreiung erfolgt nach Zurückziehung der Libido von allen Inhalten, wodurch eine völlige Introversion eintritt. Dieser psychologische Vorgang wird in sehr charakteristischer Weise als *tapas* bezeichnet, das man am besten als Selbstbebrütung wiedergibt. Dieser Ausdruck schildert trefflich den Zustand der inhaltlosen Meditation, in welchem die Libido gewissermassen als Brutwärme dem eigenen Selbst zugeführt wird. Durch die völlige Abziehung aller Funktionen vom Objekt entsteht notwendigerweise im Innern (im Selbst) ein Äquivalent der objektiven Realität, resp. eine völlige Identität des Innen und des Aussen, welche technisch als das tat twam asi (das bist du) bezeichnet werden kann. Durch die Zusammenschmelzungen des Selbst mit den Beziehungen zum Objekt entsteht die Identität des Selbst (Atman) mit dem Wesen der Welt (d. h. mit den Beziehungen des Subjektes zum Objekt), sodass die Identität des innern und äussern Atman erkannt wird. Der Begriff des Brahman ist nur um weniges verschieden vom Begriff des Atman, indem in Brahman der Begriff des Selbst nicht explicite gegeben ist, sondern bloss ein sozusagen allgemeiner, nicht näher zu definierender Zustand der Identität des Innern und Äussern. Ein zu *tapas* in gewissem Sinne paralleler Begriff ist *yoga*, worunter weniger ein Zustand der Meditation, als eine bewusste Technik der Erzielung des tapas-Zustandes zu verstehen ist. Yoga ist eine Methode, nach der die Libido planmässig „eingezogen" und dadurch aus den Gegensatzbindungen befreit wird. Der Zweck von tapas und yoga ist die Herstellung eines mittlern Zustandes, aus dem das Schöpferische und Erlösende hervorgeht. Der psychologische Erfolg für den Einzelnen ist die Erreichung des Brahman, des „höchsten Lichtes", oder „ânanda" (Wonne). Dies ist der Endzweck der Erlösungsübung. Zugleich ist aber auch derselbe Vorgang als kosmogonisch gedacht, indem aus Brahman-Atman als Weltgrund die ganze Schöpfung hervorgeht. Der kosmogonische Mythus ist, wie jeder Mythus, eine Projektion unbewusster Vorgänge. Die Existenz dieses Mythus beweist also, dass im Unbewussten des tapas-Übenden schöpferische Vorgänge stattfinden, welche zu verstehen sind als Neuadjustierungen gegenüber dem Objekt. Schiller sagt: „Sobald es *Licht* wird in dem Menschen, ist auch ausser ihm keine Nacht mehr. Sobald es stille wird in ihm, legt sich auch der Sturm in dem Weltall, und die streitenden Kräfte der Natur finden Ruhe zwischen bleibenden Grenzen. Daher kein Wunder, wenn die uralten Dichtungen von dieser grossen Begebenheit im Innern des Menschen als von einer Revolution in der Aussenwelt reden" etc.[63] Durch Yoga werden die Beziehungen zum Objekt introvertiert und durch Beraubung des Wertes ins Unbewusste versenkt, worin sie, wie oben dargestellt, neue Associationen mit andern unbewussten Inhalten eingehen können und darum, nach Vollendung der tapas-Übung, verändert wieder ans Objekt heraustreten. Durch die Veränderung der Beziehung zum Objekt hat das Objekt ein neues Gesicht bekommen. Es ist wie neugeschaffen; daher der kosmogonische Mythus ein treffendes Symbol für das Resultat der tapas-Übung ist. In der sozusagen ausschliesslich introvertierenden Richtung der indischen Religionsübung hat die Neuanpassung ans Objekt allerdings keine Bedeutung, sondern verharrt als unbewusst projizierter kosmogonischer Lehrmythus, ohne zu praktischer Neugestaltung zu gelangen. Hierin steht die indische religiöse Einstellung der abendländisch-christlichen sozusagen diametral gegenüber, indem das christliche Prinzip der Liebe extravertierend ist und des äussern Objektes unbedingt bedarf. Das erstere Prinzip gewinnt dafür den Reichtum der Erkenntnis, das letztere die Fülle der Werke.

Im Begriff des Brahman ist auch der Begriff des *ritam* (rechter Gang), die Weltordnung, enthalten. In Brahman, als dem schöpferischen Weltwesen und Weltgrunde kommen die Dinge auf den rechten Weg, denn in ihm sind sie ewig aufgelöst und neugeschaffen; aus Brahman erfolgt alle Entwicklung auf geordnetem Wege. Der Begriff des ritam führt uns hinüber zum Begriff des Tao bei *Lao-tse*. Tao ist der „rechte Weg", das gesetzmässige Walten, eine mittlere Strasse zwischen den Gegensätzen, befreit von ihnen und sie doch in sich einigend. Der Sinn des Lebens ist, diese Bahn des Mittlern zu wandeln und nie in die Gegensätze abzuschweifen. Das ekstatische Moment fehlt bei *Lao-tse* gänzlich; es ist ersetzt durch eine überlegene philosophische Klarheit, durch eine, von keinem mystischen Nebel getrübte intellektuelle und intuitive Weisheit, welche wohl das schlechthin Höchsterreichbare an geistiger Überlegenheit darstellt, und darum auch des Chaotischen in dem Grade ermangelt, dass sie sich in Gestirnsweite vom Ungeordneten dieser wirklichen Welt entfernt. Sie zähmt alles Wilde, ohne es läuternd zu ergreifen und in Höheres umzugestalten.

Man könnte leicht den Einwand erheben, die Analogie der Schillerschen Gedankengänge mit diesen anscheinend entlegenen Ideen sei weit hergeholt. Es ist aber nicht zu übersehen, dass bald nach Schiller eben dieselben Ideen sich mit Macht im Genius *Schopenhauers* durchgedrängt und sich mit dem abendländischen germanischen Geist aufs Innigste vermählt haben, um von da an bis jetzt nicht mehr daraus zu verschwinden. Es will meines Erachtens wenig bedeuten, dass die lateinische Upanishadübersetzung des *Anquetil du Perron* (1802) Schopenhauer zugänglich war, während Schiller auf die zu seiner Zeit noch sehr spärlichen Nachrichten jedenfalls keine bewusste Beziehung nimmt. Ich habe in meiner praktischen Erfahrung zur Genüge gesehen, dass es direkter Übermittlungen nicht bedarf, um solche Verwandtschaften zu erzeugen. Wir sehen ja etwas ganz Ähnliches bei den Grundanschauungen *Meister Eckeharts* und auch zum Teil *Kants*, die eine ganz erstaunliche Ähnlichkeit mit den Ideen der Upanishads haben, ohne im mindesten unmittelbar oder mittelbar deren Einwirkung erfahren zu haben. Es ist dasselbe, wie mit den Mythen und Symbolen, die in allen Winkeln der Erde autochthon entstehen können und trotzdem identisch sind, weil sie eben aus demselben und überall verbreiteten menschlichen Unbewussten erzeugt werden, dessen Inhalte unendlich weniger verschieden sind, als die Rassen und Individuen.

Ich halte es auch für nötig, die Parallele der Schillerschen zu den Gedanken des Ostens zu ziehen, damit nämlich die Gedanken Schillers aus dem zu engen Gewande des Ästhetismus[64] befreit werden. Der Ästhetismus ist ungeeignet, die überaus ernste und schwere Aufgabe der Erziehung des Menschen zu lösen, indem er immer das schon voraussetzt, was er eben erzeugen sollte, nämlich die Fähigkeit der Liebe zur Schönheit. Er verhindert geradezu eine Vertiefung des Problems, indem er immer vom Übeln, Hässlichen und Schweren wegblickt und nach dem Genuss zielt, wenn auch nach einem edeln. Darum mangelt auch dem Ästhetismus jede sittlich motivierende Kraft, da er im tiefsten Wesen doch nur verfeinerter Hedonismus ist. Schiller gibt sich zwar Mühe, ein unbedingtes sittliches Motiv hereinzubringen, ohne dass ihm dies aber überzeugend gelänge, denn es ist ihm, eben wegen der ästhetischen Einstellung, unmöglich zu sehen, zu was für Konsequenzen die Anerkennung der andern Seite der menschlichen Natur führt. Der Konflikt, der nämlich dadurch entsteht, bedeutet eine solche Verwirrung und ein solches Leiden für den Menschen, dass er durch den Anblick des Schönen im besten Falle den Gegensatz wieder verdrängen kann, ohne sich aber davon zu erlösen, womit der alte Zustand — bestenfalls — wieder hergestellt ist. Um dem Menschen aus diesem Konflikt herauszuhelfen, bedarf es einer andern Einstellung als der ästhetischen. Dies zeigt eben die Parallele mit den Ideen des Ostens. Die indische Religionsphilosophie hat dieses Problem in seiner ganzen Tiefe erfasst und gezeigt, welcher Kategorie von Mitteln es bedarf, um die Lösung des Konfliktes zu ermöglichen. Es bedarf für sie der höchsten sittlichen Anstrengung, der grössten Selbstverleugnung und Aufopferung, der höchsten religiösen Ernsthaftigkeit, der eigentlichen Heiligkeit. Wie bekannt, hat *Schopenhauer* bei aller Anerkennung des Ästhetischen, gerade diese Seite des Problems am deutlichsten hervorgehoben. Wir dürfen nun allerdings keineswegs der Täuschung verfallen, dass die Worte „ästhetisch" „Schönheit" etc. für Schiller ebenso geklungen hätten, wie für uns. Ich sage wohl nicht zu viel, wenn ich behaupte, dass die „Schönheit" für Schiller ein *religiöses Ideal* war. Schönheit war seine Religion. Seine „ästhetische Stimmung" liesse sich wohl ebenso gut mit „religiöse Andacht" wiedergeben. Ohne etwas Derartiges auszusprechen und ohne sein Kernproblem explicite als ein religiöses zu bezeichnen, ist Schillers Intuition aber zum religiösen Problem gekommen, allerdings zum religiösen Problem des Primitiven, das er in seiner Untersuchung sogar ziemlich ausführlich erörtert, ohne diese Linie bis zum Ende durchzuführen. Es ist merkwürdig, dass im weitern Verlauf seiner Überlegungen die Frage des „Spieltriebes" ganz in den Hintergrund tritt zu Gunsten des Begriffes der ästhetischen Stimmung, welche eine beinahe mystische Bewertung zu erlangen scheint. Ich glaube, das ist nicht zufällig, sondern beruht auf einem bestimmten Grunde. Es sind oftmals gerade die besten und tiefsten Gedanken eines Werkes, welche sich am hartnäckigsten einer klaren Erfassung und Formulierung widersetzen, wenn schon sie an verschiedenen Orten angedeutet und daher eigentlich genügend bereit wären, um ihre Synthese zu einem klaren Ausdruck zu ermöglichen. Es scheint mir, als ob auch hier eine solche Schwierigkeit vorläge. Zum Begriff der „ästhetischen Stimmung" als eines mittlern schöpferischen Zustandes bringt Schiller selber Gedanken bei, welche unschwer die Tiefe und Ernsthaftigkeit dieses Begriffes erkennen lassen. Andererseits sah er ebenso deutlich den „Spieltrieb" als jene gesuchte mittlere Tätigkeit. Man kann nun nicht leugnen, dass diese beiden Fassungen in einem gewissen Gegensatz zu einander stehen, indem sich Spiel und Ernst schwer vertragen wollen. Der Ernst kommt durch tiefe innere Nötigung, das Spiel aber ist ihr äusserer Ausdruck, ihr dem Bewusstsein zugewendeter Aspekt. Es handelt sich, wohlverstanden, nicht um ein *Spielenwollen*, sondern um ein *Spielenmüssen*, eine spielerische Betätigung der Phantasie durch *innere* Nötigung, ohne Zwang der Umstände, ohne Zwang des Willens auch. *Es ist ein ernstes Spiel.*[65] Und doch ist es Spiel, von Aussen, vom Bewusstsein, d. h. also vom Standpunkt des Collektivurteils gesehen. Aber es ist ein Spiel aus innerer Nötigung. Das ist die zweideutige Eigenschaft, die allem Schöpferischen anhaftet. Verläuft das Spiel in sich selbst, ohne ein Dauerndes und Lebendiges zu erzeugen, so war es eben nur Spiel, im andern Fall aber nennt man es Schöpferarbeit. Aus einer spielerischen Bewegung von Faktoren, deren Beziehungen zunächst nicht feststehen, entstehen die Gruppierungen, welche ein beobachtender und kritischer Intellekt erst nachträglich bewertet. Die Erzeugung des Neuen besorgt nicht der Intellekt, sondern der Spieltrieb aus innerer Nötigung. Der schaffende Geist spielt mit den Objekten, die er liebt. Daher man leicht jede schöpferische Tätigkeit, deren Möglichkeiten der Menge verborgen bleiben, als Spielerei ansehen kann. Es gibt wohl sehr wenige schöpferische Menschen, denen Spielerei nicht vorgeworfen wurde. Für den genialen Menschen, wie es Schiller war, ist man wohl geneigt, diese Gesichtspunkte gelten zu lassen. Aber er selber möchte über den Ausnahmemenschen und seine Art hinaus und zum allgemeinern Menschen gelangen, um auch ihm das Fördernde und Erlösende zu Teil werden zu lassen, das der Schöpfer sowieso schon aus stärkster innerer Nötigung gar nicht vermeiden kann. Die Möglichkeit der Ausdehnung eines solchen Gesichtspunktes auf die Erziehung des Menschen überhaupt ist aber nicht von vornherein gewährleistet, sie scheint es wenigstens nicht zu sein.

Zur Entscheidung dieser Frage müssen wir, wie immer in solchen Fällen, die Zeugnisse der menschlichen Geistesgeschichte anrufen. Dazu ist es nötig, dass wir uns noch einmal vergegenwärtigen, von welcher Basis wir bei der Behandlung dieser Frage ausgehen: wir haben gesehen, dass Schiller eine Loslösung von den Gegensätzen fordert bis zu einer völligen Leere des Bewusstseins, in der also weder Empfindungen, noch Gefühle, noch Gedanken, noch Absichten irgendwie eine Rolle spielen. Dieser erstrebte Zustand ist also ein Zustand eines undifferenzierten Bewusstseins, oder eines Bewusstseins, in dem durch Depotenzierung der energetischen Werte alle Inhalte ihre Unterschiedenheit eingebüsst haben. Ein wirkliches Bewusstsein aber ist nur da möglich, wo Werte eine Unterschiedlichkeit der Inhalte bewirken. Wo die Unterschiedenheit fehlt, kann auch kein wirkliches

Bewusstsein stattfinden. Infolgedessen dürfen wir einen solchen Zustand als „unbewusst" bezeichnen, obschon die Bewusstseinsmöglichkeit jederzeit vorhanden ist. Es handelt sich also um ein „abaissement du niveau mental" (*Janet*) artefizieller Natur, daher auch die Ähnlichkeit mit yoga und den Zuständen des hypnotischen „engourdissement". Meines Wissens hat sich Schiller nirgends darüber ausgesprochen, wie er sich eigentlich die Technik — um dieses Wort zu gebrauchen — zur Erzeugung der ästhetischen Stimmung denkt. Das Beispiel mit der Juno Ludovisi, das er beiläufig in seinen Briefen gibt[66], zeigt uns den Zustand einer „ästhetischen Andacht", deren Charakter in einer völligen Hingabe an und Einfühlung in das Objekt der Betrachtung besteht. Der Zustand dieser Andacht lässt aber das Charakteristikum der Inhalts- und Bestimmungslosigkeit vermissen. Das Beispiel zeigt aber immerhin, im Verein mit noch andern Stellen, dass Schiller die Idee der „Andacht" vorschwebt.[67] Damit greifen wir wiederum ins Gebiet der religiösen Phänomene; zugleich eröffnet sich uns aber auch ein Ausblick auf die tatsächliche Möglichkeit einer Ausdehnung solcher Gesichtspunkte auf den allgemeinen Menschen. *Der Zustand der religiösen Andacht ist ein Collektivphänomen, das nicht an individuelle Begabung geknüpft ist.*

Aber es gibt noch mehr Möglichkeiten. Wir sahen oben, dass die Bewusstseinsleere resp. der unbewusste Zustand durch eine Versenkung der Libido ins Unbewusste hervorgerufen wird. Im Unbewussten liegen relativ betonte Inhalte bereit, nämlich die Reminiszenzkomplexe der individuellen Vergangenheit, vor allem der Elternkomplex, der identisch ist mit dem Kindheitskomplex überhaupt. Durch die Andacht, d. h. also durch die Versenkung der Libido ins Unbewusste wird der Kindheitskomplex reaktiviert, wodurch die Kindheitsreminiszenzen, z. B. vor allem die Beziehungen zu den Eltern wieder belebt werden. Die aus dieser Reaktivierung hervorgehenden Phantasien geben Anlass zur Entstehung der Vater- und Muttergottheiten, sowie zum Erwachen religiöser Kindschaftsbeziehungen zum Gotte und der entsprechenden kindlichen Gefühle. Bezeichnenderweise sind es Symbole der Eltern, welche bewusst werden und durchaus nicht immer die Bilder der wirklichen Eltern, welche Tatsache *Freud* durch die Verdrängung der Elternimago aus Inzestwiderständen erklärt. Ich bin mit dieser Erklärung einverstanden, bin aber der Ansicht, dass sie nicht erschöpfend sei, indem sie den *ausserordentlichen Sinn dieser symbolischen Ersetzung* übersieht. Die Symbolisierung im Gottesbilde bedeutet einen gewaltigen Fortschritt über den Concretismus, die Sinnlichkeit der Reminiszenz, hinaus, indem die Regression sich durch das Annehmen des „Symbols" als eines wirklichen Symbols alsbald in eine Progression verwandelt, während sie Regression bliebe, wenn das sog. Symbol endgültig bloss als ein *Zeichen* für die wirklichen Eltern erklärt und damit seines selbständigen Charakters entkleidet würde.[68] Durch das Tatsächlichnehmen des Symbols kam die Menschheit zu ihren Göttern, d. h. zur *Tatsächlichkeit des Gedankens*, welcher den Menschen zum Herrn der Erde gemacht hat. Die Andacht ist, wie sie auch Schiller richtig auffasst, eine regressive Bewegung der Libido zum Ursprünglichen, ein Hinuntertauchen in die Quelle des Anfangs. Daraus erhebt sich als ein Bild der beginnenden Progressivbewegung das *Symbol*, welches eine zusammenfassende Resultante aller unbewussten Faktoren darstellt, die „*lebende Gestalt*", wie Schiller das Symbol nennt, ein Gottesbild, wie die Geschichte es zeigt. Es ist daher wohl kein Zufall, dass unser Autor gerade ein Götterbild, die Juno Ludovisi, als Paradigma erkoren hat. *Goethe* lässt dem Dreifuss der Mütter die Götterbilder von Paris und Helena entschweben, das verjüngte Elternpaar einerseits, andererseits aber das Symbol eines innern Vereinigungsprozesses, den Faust leidenschaftlich für sich begehrt als höchste innere Versöhnung, wie die nachfolgende Szene deutlich zeigt, und wie aus dem weitern Verlauf des zweiten Teiles ebenso deutlich hervorgeht. Wie wir gerade an dem Beispiele des Faust sehen können, bedeutet die Vision des Symbols einen Hinweis auf den weitern Weg des Lebens, eine Anlockung der Libido zu einem annoch fernen Ziel, das aber von da an unauslöschlich in ihm wirkt, sodass sein Leben, entfacht wie eine Flamme, stetig weiter schreitet zu fernen Zielen. Das ist auch die spezifisch lebenfördernde Bedeutung des Symbols. Das ist auch der Wert und Sinn des religiösen Symbols. Ich meine damit natürlich nicht dogmatisch erstarrte, tote Symbole, sondern Symbole, die dem schaffenden Unbewussten des lebendigen Menschen entsteigen. Die ungeheure Bedeutung solcher Symbole kann eigentlich nur der leugnen, der die Weltgeschichte mit dem heutigen Tage beginnen lässt. Es sollte überflüssig sein, von der Bedeutung der Symbole zu reden, aber leider ist dem nicht so, denn der Geist unserer Zeit glaubt sogar über seine eigene Psychologie erhaben zu sein. Der moralisch-hygienische Standpunkt unserer Zeit will natürlich immer wissen, ob ein solches Ding schädlich oder nützlich, richtig oder unrichtig sei. Eine wirkliche Psychologie kann sich darum nicht kümmern; ihr genügt es, zu erkennen, wie die Dinge an und für sich sind.

Die Symbolbildung, die sich aus dem Zustand der „Andacht" ergibt, ist wiederum eines jener religiösen Collektivphänomene, welche nicht an individuelle Begabung gebunden sind. Also dürfen wir auch in diesem Punkte eine Möglichkeit der Ausdehnung der besprochenen Gesichtspunkte auf den allgemeinen Menschen annehmen. Damit glaube ich, wenigstens die theoretische Möglichkeit der Schillerschen Gesichtspunkte für die allgemeine menschliche Psychologie hinlänglich dargetan zu haben. Der Vollständigkeit und Klarheit halber möchte ich hier noch anfügen, dass mich die Frage der Beziehung des Bewusstseins und der bewussten Lebensführung zum Symbol seit langem beschäftigt. Ich bin dabei zum Schlusse gekommen, dass dem Symbol in Ansehung seiner grossen Bedeutung als eines Repräsentanten des Unbewussten ein nicht zu kleiner Wert beizumessen sei. Wir wissen ja aus der täglichen Erfahrung in der Behandlung nervöser Kranken, welche eminent praktische Bedeutung die unbewussten Interferenzen besitzen. Je grösser die Dissociation, d. h. die Entfernung der bewussten Einstellung von den individuellen und collektiven Inhalten des Unbewussten ist, desto grösser sind auch die schädlichen, ja gefährlichen Hemmungen oder Verstärkungen der Bewusstseinsinhalte durch das Unbewusste. Aus praktischen Erwägungen heraus muss also wohl dem Symbol ein nicht unbeträchtlicher Wert zugesprochen werden. Wenn wir dem Symbol aber einen Wert zusprechen, gleichviel ob einen grossen oder kleinen, so erhält dadurch das Symbol bewussten Motivwert, d. h. es wird wahrgenommen und dadurch wird seiner unbewussten Libidobesetzung Gelegenheit zur Entfaltung in der bewussten Lebensführung gegeben. Damit ist — meines Erachtens — ein nicht unwesentlicher praktischer Vorteil gewonnen: nämlich die *Mitarbeit des Unbewussten*, sein Zusammenfliessen mit der bewussten psychischen Leistung und damit die Ausschaltung der störenden Einflüsse des Unbewussten. Diese gemeinsame Funktion, die Beziehung zum Symbol, habe ich als *transscendente Funktion* bezeichnet. Ich kann es mir an dieser Stelle nicht zur Aufgabe machen, dieses Problem bis zur völligen Klarstellung durchzuführen. Dazu wäre es unbedingt erforderlich, alle jene Materialien beizubringen, welche sich als Resultate der unbewussten Tätigkeit ergeben. Die in der bisherigen Fachliteratur beschriebenen Phantasien geben kein Bild von den symbolischen Schöpfungen, um die es sich hier handelt. Wohl aber gibt es von diesen Phantasien in der belletristischen Literatur nicht wenige Beispiele, die aber allerdings nicht „rein" beobachtet und dargestellt sind, sondern eine intensive „ästhetische" Bearbeitung durchlaufen haben. Ich möchte unter diesen Beispielen vor allem die beiden Werke von *Meyrink*: „Der Golem" und „das grüne Gesicht" hervorheben. Ich muss die Behandlung dieser Seite des Problems einer spätern Untersuchung vorbehalten.

Mit diesen Ausführungen über den mittlern Zustand sind wir nun, trotzdem wir uns durch Schiller haben dazu anregen lassen, weit über seine Auffassungen hinaus gegangen. Obschon er die Gegensätze in der menschlichen Natur scharf und tief erfasst, so bleibt er beim Lösungsversuch auf einer anfänglichen Stufe stehen. Es scheint mir, dass der Terminus „ästhetische Stimmung" daran nicht unschuldig ist. Schiller setzt nämlich die „ästhetische Stimmung" als sozusagen identisch mit dem *Schönen*, welches das Gemüt in diese Stimmung versetzt.[69] Er nimmt damit nicht bloss Ursache und Wirkung zusammen, sondern gibt auch dem Zustand der „Bestimmungslosigkeit", ganz entgegen seiner eigenen Definition, eine eindeutige Bestimmtheit, indem er ihn mit dem Schönen gleichsetzt. Damit ist auch der vermittelnden Funktion die Spitze von vornherein abgebrochen, indem sie als Schönheit ohne weiteres die Hässlichkeit, um die es sich doch auch handelt, zu kurz kommen lässt. Schiller definiert als „ästhetische

Beschaffenheit" einer Sache, dass sie sich „auf das Ganze unserer verschiedenen Kräfte" bezieht. Dementsprechend kann also „schön" und „ästhetisch" nicht zusammenfallen, denn unsere verschiedenen Kräfte sind auch ästhetisch verschieden, schön und hässlich, und nur ein unverbesserlicher Idealist und Optimist könnte das „Ganze" menschlicher Natur als schlechthin „schön" erdichten. Es ist vielmehr, wenn man gerecht sein will, einfach tatsächlich und hat seine hellen und dunklen Seiten. Die Summe aller Farben ist grau, hell auf dunklem, dunkel auf hellem Hintergrund.

Aus dieser begrifflichen Unfertigkeit und Unzulänglichkeit erklärt sich auch der Umstand, dass es völlig im Dunkeln bleibt, wie denn dieser vermittelnde Zustand hergestellt werden könnte. Es gibt zahlreiche Stellen, aus denen unzweideutig hervorgeht, dass es der „Genuss ächter Schönheit" sei, der den mittlern Zustand hervorrufe. So sagt Schiller: „Was unsern Sinnen in der unmittelbaren Empfindung schmeichelt, das öffnet unser weiches und bewegliches Gemüt jedem Eindruck, aber macht uns auch in demselben Grad zur Anstrengung weniger tüchtig. Was unsere Denkkräfte anspannt und zu abgezogenen Begriffen einladet, das stärkt unsern Geist zu jeder Art des Widerstandes, aber verhärtet ihn auch in demselben Verhältnis, und raubt uns ebenso viel an Empfänglichkeit, als es uns zu einer grössern Selbsttätigkeit verhilft. Eben deswegen führt auch das eine, wie das andere, zuletzt notwendig zur Erschöpfung", etc. „Haben wir uns hingegen dem Genuss ächter Schönheit hingegeben, so sind wir in einem solchen Augenblick unserer leidenden und tätigen Kräfte im gleichen Grade Meister und mit gleicher Leichtigkeit werden wir uns zum Ernst und zum Spiele, zur Ruhe und zur Bewegung, zur Nachgiebigkeit und zum Widerstand, zum abstrakten Denken und zur Anschauung wenden."

Diese Darstellung steht in schroffem Gegensatz zu den früher aufgestellten Bestimmungen des „ästhetischen Zustandes", in dem der Mensch „Null" sein soll, bestimmungslos, während er doch hier gerade in höchstem Mass durch die Schönheit bestimmt ist („dahingegeben"). Es lohnt sich nicht, dieser Frage bei Schiller weiter nachzugehen. Er ist hier an einer Grenze seiner selbst und seiner Zeit angelangt, die ihm zu überschreiten unmöglich war, denn überall stiess er an den unsichtbaren „hässlichsten Menschen", dessen Entdeckung unserm Zeitalter und *Nietzsche* vorbehalten war.

Schiller möchte das sinnliche Wesen zu einem vernünftigen machen, indem er es zuvor ästhetisch macht, wie er selber sagt.[70] Man muss die Natur des sinnlichen Menschen verändern[71], sagt er, man muss das physische Leben „der Form unterwerfen", er muss „seine physische Bestimmung nach den Gesetzen der Schönheit ausführen"[72], „auf dem gleichgültigen Felde des physischen Lebens muss der Mensch sein moralisches anfangen"[73], er muss „noch innerhalb seiner sinnlichen Schranken seine Vernunftfreyheit beginnen", „schon seinen Neigungen muss er das Gesetz seines Willens auflegen", „er muss lernen, edler begehren".[74]

Das „müssen", von dem unser Autor spricht, ist das wohlbekannte „sollen", das immer dann angerufen wird, wenn man keinen andern Weg sieht. Auch hier stossen wir an die unvermeidlichen Grenzen. Es wäre ungerecht, von einem einzelnen Geiste, und wäre er noch so gross, die Bewältigung dieses gigantischen Problems erwarten zu wollen, eines Problems, das nur Zeiten und Völker, und auch diese nicht bewusst, sondern nur aus Schicksal lösen können.

Die Grösse der Schillerschen Gedanken liegt in der psychologischen Beobachtung, und intuitiven Erfassung des Beobachteten. Dazu möchte ich noch einen seiner Gedankengänge anführen, welcher in hohem Masse verdient hervorgehoben zu werden. Wir haben oben gesehen, dass der mittlere Zustand charakterisiert ist durch die Hervorbringung eines „Positiven", nämlich des *Symbols*. Das Symbol vereinigt in seiner Natur das Gegensätzliche, so vereinigt es auch den Gegensatz real-irreal, indem es zwar einerseits eine psychologische Realität oder Wirklichkeit (seiner *Wirksamkeit* wegen) ist, andererseits aber keiner physischen Realität entspricht. Es ist eine Tatsache und doch ein *Schein*. Diesen Umstand hebt Schiller deutlich hervor[75], um daran eine Apologie des *Scheins* anzuschliessen, die in jeder Hinsicht von Bedeutung ist.

„Die höchste Stupidität und der höchste Verstand haben darin eine gewisse Affinität miteinander, dass Beyde nur das *Reelle* suchen und für den blossen Schein gänzlich unempfindlich sind. Nur durch die unmittelbare Gegenwart eines Objektes in den Sinnen wird jene aus ihrer Ruhe gerissen, und nur durch Zurückführung seiner Begriffe auf Tatsachen der Erfahrung wird der letztere zur Ruhe gebracht; mit einem Wort, die Dummheit kann sich nicht über die Wirklichkeit erheben, und der Verstand nicht unter der Wahrheit stehen bleiben. Insofern also das Bedürfnis der Realität und die Anhänglichkeit an das Wirkliche blosse Folgen des Mangels sind, ist die Gleichgültigkeit gegen Realität und das Interesse am Schein eine wahre Erweiterung der Menschheit und ein entschiedener Schritt zur Cultur."[76]

Als ich oben von der Werterteilung an das Symbol sprach, wies ich auf den praktischen Vorteil, den die Bewertung des Unbewussten hat: Wir schliessen die unbewusste Störung bewusster Funktionen aus, indem wir das Unbewusste von vornherein durch die Berücksichtigung des Symbols in Rechnung stellen. Das Unbewusste, wenn nicht realisiert, ist bekanntlich immer am Werk, über alles einen falschen Schein zu verbreiten: *es erscheint uns immer an den Objekten*, denn alles Unbewusste ist projiziert. Wenn wir daher das Unbewusste als solches erfassen können, so lösen wir von den Objekten den falschen Schein ab, was der Wahrheit nur förderlich sein kann. Schiller sagt: „Dieses menschliche Herrscherrecht übt er (der Mensch) aus in der *Kunst des Scheins*, und je strenger er hier das Mein und Dein von einander sondert, je sorgfältiger er die Gestalt von dem Wesen trennt, und je mehr Selbständigkeit er derselben zu geben weiss, desto mehr wird er nicht bloss das Reich der Schönheit erweitern, sondern selbst die Grenzen der Wahrheit bewahren; denn er kann den Schein nicht von der Wirklichkeit reinigen, ohne zugleich die Wirklichkeit von dem Schein frey zu machen".[77] „Dem selbständigen Schein nachzustreben erfordert mehr Abstraktionsvermögen, mehr Freyheit des Herzens, mehr Energie des Willens, als der Mensch nötig hat, um sich auf die Realität einzuschränken, und er muss diese schon hinter sich haben, wenn er bei jenem anlangen will."[78]

2. Die Abhandlung über naive und sentimentalische Dichtung.

Eine Zeitlang kam es mir vor, als ob *Schillers* Einteilung der Dichter als *naive* und *sentimentalische*[79] eine Einteilung wäre nach Gesichtspunkten, die mit den hier exponierten übereinstimmten. Nach reiflichem Nachdenken bin ich aber zum Schluss gekommen, dass dem nicht so ist. Die Schillersche Definition ist einfach: *Der naive Dichter ist Natur, der sentimentalische sucht sie.* Diese einfache Formel ist insofern verführerisch, als sie zwei verschiedene Arten der Beziehung zum Objekt aufstellt. Es läge daher nahe, etwa zu sagen: Der, der die Natur als Objekt sucht oder begehrt, hat sie nicht, er wäre demnach der Introvertierte, und umgekehrt wäre der, der schon Natur selber ist, also mit dem Objekt in innigster Beziehung steht, ein Extravertierter. Eine solche, etwas gewaltsame Interpretation hätte aber wenig zu tun mit dem Schillerschen Gesichtspunkt. Seine Einteilung in naiv und sentimentalisch ist eine Einteilung, die sich im Gegensatz zu unserer Typeneinteilung gerade nicht mit der individuellen Mentalität des Dichters befasst, sondern mit dem Charakter seiner schöpferischen Tätigkeit, resp. ihres Produktes. Derselbe Dichter kann in einem Gedichte sentimentalisch sein, in einem andern aber naiv. *Homer* ist zwar durchgehend naiv, aber wie viele von den Neuern sind nicht zum grössten Teil sentimentalisch? Schiller fühlte offenbar diese Schwierigkeit und sprach es darum aus, dass der Dichter durch seine Zeit bedingt sei, nicht als Individuum, sondern als Dichter. So sagt er: „Alle Dichter, die es wirklich sind, werden, je nachdem die Zeit beschaffen ist, in der sie blühen, oder zufällige Umstände auf ihre allgemeine Bildung und auf ihre vorübergehende Gemütsstimmung Einfluss haben, entweder zu den naiven oder zu den sentimentalischen gehören." Es handelt sich demnach auch für Schiller nicht um fundamentale Typen, sondern mehr um gewisse Characteristica oder Eigenschaften einzelner Produkte. Es ist demnach ohne weiteres einleuchtend, dass ein introvertierter Dichter gelegentlich sowohl naiv als sentimentalisch dichten kann. Damit fällt auch eine Identität von naiv und sentimentalisch einerseits mit extravertiert und introvertiert andererseits, gänzlich ausser Betracht, insofern die *Typen* in Frage kommen. Anders aber, insofern es sich um die *typischen Mechanismen* handelt.

a) *Die naive Einstellung.*

Ich stelle zunächst die Definitionen dar, die Schiller von dieser Einstellung gegeben hat. Es wurde bereits erwähnt, dass der Naive „Natur" ist. Er „folgt der einfachen Natur und Empfindung und beschränkt sich bloss auf Nachahmung der Wirklichkeit".[80] Wir „erfreuen uns bei naiven Darstellungen über die lebendige Gegenwart des Objektes in unserer Einbildungskraft".[81] „Die naive Dichtung ist eine Gunst der Natur. Ein glücklicher Wurf ist sie; keiner Verbesserung bedürftig, wenn er gelingt, aber auch keiner fähig, wenn er verfehlt wird." (l. c. p. 303.) „Durch seine Natur muss das naive Genie alles tun, durch seine Freyheit vermag es wenig; und es wird seinen Begriff erfüllen, sobald nur die Natur in ihm nach einer innern Notwendigkeit wirkt".[82] Die naive Dichtung „ist das Kind des Lebens und in das Leben führt sie auch zurück".[83] Das naive Genie hängt gänzlich ab von der „Erfahrung", von der Welt, von der es „unmittelbar berührt" wird. Es „bedarf eines Beystandes von aussen".[84] Dem naiven Dichter kann die „gemeine Natur" seiner Umgebung „gefährlich werden", denn „die Empfänglichkeit ist immer mehr oder weniger von dem äussern Eindruck abhängig und nur eine anhaltende Regsamkeit des produktiven Vermögens, welche von der menschlichen Natur nicht zu erwarten ist, würde verhindern können, dass der Stoff nicht jeweilen eine blinde Empfänglichkeit ausübte. So oft aber dies der Fall ist, wird aus einem dichterischen Gefühl ein gemeines".[85] „Das naive Genie lässt die Natur in sich unumschränkt walten".[86] Aus dieser Begriffsbestimmung leuchtet besonders die Abhängigkeit des Naiven vom Objekt ein. Seine Beziehung zum Objekt hat einen zwingenden Charakter, indem er das Objekt introjiziert, d. h. unbewusst sich damit identifiziert oder sozusagen a priori damit identisch ist. *Lévy-Bruhl* bezeichnet diese Beziehung zum Objekt als „participation mystique".[87] Diese Identität stellt sich immer her über eine Analogie zwischen dem Objekt und einem unbewussten Inhalt. Man kann auch sagen: die Identität kommt zustande durch eine Projektion einer unbewussten Analogieassociation auf das Objekt. Eine solche Identität hat immer zwingenden Charakter, weil es sich um eine gewisse Libidosumme handelt, die, wie jede aus dem Unbewussten wirkende Libidoquantität, in Bezug auf das Bewusste Zwangscharakter hat, d. h. sie ist dem Bewusstsein nicht disponibel. Der naiv Eingestellte ist daher in hohem Mass durch das Objekt bedingt, das Objekt wirkt sich sozusagen selbständig in ihm aus, es erfüllt sich selbst in ihm, indem er selber mit dem Objekte identisch wird. Dadurch leiht er gewissermassen seine Expressivfunktion dem Objekt und stellt es auf diese Weise dar, nicht indem er es aktiv oder absichtlich darstellt, sondern es stellt sich in ihm dar. Er ist selbst Natur, Natur schafft in ihm das Produkt. Er lässt Natur unumschränkt in sich walten. Dem Objekt kommt das Primat zu. Insofern ist naive Einstellung extravertiert.

b) *Die sentimentalische Einstellung.*

Wir haben oben bereits erwähnt, dass der Sentimentalische die Natur *sucht*. Er „reflektiert über den Eindruck, den die Gegenstände auf ihn machen, und nur auf jene Reflexion ist die Rührung gegründet, in die er selbst versetzt wird, und uns versetzt. Der Gegenstand wird hier auf eine Idee bezogen, und nur auf dieser Beziehung beruht seine dichterische Kraft".[88] Er „hat es immer mit zwey streitenden Vorstellungen und Empfindungen, mit der Wirklichkeit als Grenze, und mit seiner Idee als dem Unendlichen zu tun, und das gemischte Gefühl, das er erregt, wird immer von dieser doppelten Quelle zeugen."[89] „Die sentimentalische Stimmung ist das Resultat des Bestrebens, auch *unter den Bedingungen der Reflexion* die naive Empfindung, dem Inhalt nach, wiederherzustellen".[90] „Die sentimentalische Dichtung ist das Produkt der Abgezogenheit".[91] „Das sentimentalische Genie ist der Gefahr ausgesetzt, über dem Bestreben, alle Schranken von ihr (der menschlichen Natur) zu entfernen, die menschliche Natur ganz und gar aufzuheben, und sich nicht bloss, was sie darf und soll, über jede bestimmte und begrenzte Wirklichkeit hinweg zu der absoluten Möglichkeit zu erheben — oder zu idealisieren, sondern über die Möglichkeit selbst noch hinauszugehen — oder zu *schwärmen*." „Das sentimentalische Genie verlässt die Wirklichkeit, um zu Ideen aufzusteigen und mit freyer Selbsttätigkeit seinen Stoff zu beherrschen." (l. c. p. 314.)

Es ist leicht zu sehen, dass der Sentimentalische im Gegensatz zum Naiven durch eine reflektierende und abstrahierende Einstellung zum Objekt gekennzeichnet ist. Er „reflektiert" über das Objekt, indem er vom Objekt „abgezogen" ist. Er ist also sozusagen a priori vom Objekt getrennt, wenn seine Produktion anhebt; nicht das Objekt wirkt in ihm, sondern er selber wirkt. Er wirkt aber nicht in sich selber hinein, sondern über das Objekt hinaus. Er ist unterschieden vom Objekt, nicht identisch mit ihm, er sucht *seine* Beziehung zu ihm herzustellen, seinen „Stoff zu beherrschen." Aus dieser seiner Geschiedenheit vom Objekt entspringt der von Schiller hervorgehobene Eindruck der Zweiheit, indem der Sentimentalische aus zwei Quellen schöpft, aus dem Objekt, resp. aus dessen Wahrnehmung und aus sich selbst. Der äussere Eindruck des Objektes ist ihm nicht etwas Unbedingtes, sondern Material, das er nach Massgabe seiner eigenen Inhalte behandelt. Er steht daher über dem Objekt, und doch hat er eine Beziehung dazu, aber nicht die Beziehung der Empfänglichkeit, sondern er verleiht nach Willkür dem Objekt den Wert oder die Eigenschaft. Seine Einstellung ist also eine introvertierte.

Mit der Charakteristik dieser beiden Einstellungen als introvertiert und extravertiert haben wir aber den Gedanken Schillers nicht erschöpft. Unsere beiden Mechanismen bedeuten nur Grundphänomene ziemlich allgemeiner Natur, die das Spezifische nur vage andeuten. Wir müssen zum Verständnis des Naiven und Sentimentalischen zwei weitere Prinzipien zu Hilfe rufen, nämlich die Elemente der *Empfindung* und der *Intuition.* Ich werde im spätern Verlaufe unserer Untersuchung noch ausführlicher auf diese Funktionen zu sprechen kommen. Hier möchte ich nur erwähnen, dass der Naive durch das Vorwiegen des Empfindungselementes, der Sentimentalische durch das Vorwiegen des intuitiven Elementes gekennzeichnet ist. Die Empfindung bindet an das Objekt, ja sie zieht sogar das Subjekt in das Objekt, daher die „Gefahr" für den Naiven darin besteht, dass er im Objekt untergeht. Die Intuition als eine Wahrnehmung der eigenen unbewussten Vorgänge zieht vom Objekte ab, erhebt sich über das Objekt, sucht daher immer den Stoff zu beherrschen und nach subjektiven Gesichtspunkten zu formen, sogar zu vergewaltigen, ohne dessen bewusst zu sein. Die „Gefahr" des Sentimentalischen ist daher eine völlige Loslösung von der Realität und der Untergang in der dem Unbewussten entströmenden Phantasie („schwärmen"!).

c) *Der Idealist und der Realist.*

In derselben Abhandlung führen Schillers Überlegungen zu einer Aufstellung zweier psychologischer Menschentypen. Er sagt: „Dieses führt mich auf einen sehr merkwürdigen psychologischen Antagonism unter den Menschen in einem sich cultivierenden Jahrhundert: einen Antagonism, der, weil er radical und in der innern Gemütsform gegründet ist, eine schlimmere Trennung unter den Menschen anrichtet, als der zufällige Streit der Interessen je hervorbringen könnte, der dem Dichter und Künstler alle Hoffnung benimmt, allgemein zu gefallen und zu rühren, was doch seine Aufgabe ist; der es dem Philosophen, auch wenn er alles getan hat, unmöglich macht, allgemein zu überzeugen, was doch der Begriff einer Philosophie mit sich bringt; der es endlich dem Menschen im praktischen Leben niemals vergönnen wird, seine Handlungsweise allgemein gebilligt zu sehen: kurz einen Gegensatz, welcher Schuld ist, dass kein Werk des Geistes und keine Handlung des Herzens bey einer Klasse ein entscheidendes Glück machen kann, ohne eben dadurch bey der andern sich einen Verdammungsspruch zuzuziehen. Dieser Gegensatz ist ohne Zweifel so alt als der Anfang der Cultur, und dürfte vor dem Ende derselben schwerlich anders, als in einzelnen seltenen Subjekten, deren es hoffentlich immer gab und immer geben wird, beygelegt werden; aber obgleich zu seinen Wirkungen auch diese gehört, dass er jeden Versuch zu seiner Beylegung vereitelt, weil kein Teil dahin zu bringen ist, einen Mangel auf seiner Seite und eine Realität auf der andern einzugestehen, so ist es doch immer Gewinn genug, eine so wichtige

Trennung bis zu ihrer letzten Quelle zu verfolgen und dadurch den eigentlichen Punkt des Streits wenigstens auf eine einfachere Formel zu bringen."[92]

Aus dieser Stelle geht unzweideutig hervor, dass Schiller durch die Betrachtung der gegensätzlichen Mechanismen zu der Aufstellung von zwei psychologischen Typen gelangt, welche in seiner Auffassung jene Bedeutung beanspruchen, die ich dem Introvertierten und dem Extravertierten beilege. Ich kann in Bezug auf die gegenseitige Beziehung der beiden von mir aufgestellten Typen sozusagen Wort für Wort bestätigen, was Schiller von seinen Typen sagt. In Übereinstimmung mit dem, was ich oben sagte, gelangt Schiller vom Mechanismus zum Typus, indem er „sowohl von dem naiven als von dem sentimentalischen Character absondert, was beyde Poetisches haben."[93] Wenn wir diese Operation vollziehen, so haben wir das Geniale, Schöpferische in Abzug zu bringen und dann bleibt beim Naiven die Gebundenheit ans Objekt und dessen Selbständigkeit im Subjekt übrig, beim Sentimentalischen aber die Überlegenheit über das Objekt, die sich in mehr oder weniger arbiträrer Beurteilung oder Behandlung des Objektes äussern wird. Schiller sagt: „Es bleibt alsdann von dem erstern (naiven) nichts übrig, als, in Rücksicht auf das Theoretische, ein nüchterner Beobachtungsgeist und eine feste Anhänglichkeit an das gleichförmige Zeugnis der Sinne; in Rücksicht auf das Praktische eine resignierte Unterwerfung unter die Notwendigkeit der Natur." „Es bleibt von dem sentimentalischen Character nichts übrig, als ein unruhiger Speculationsgeist, der auf das Unbedingte in allen Erkenntnissen dringt, im Praktischen ein moralischer Rigorism, der auf dem Unbedingten in allen Willenshandlungen besteht. Wer zu der ersten Klasse zählt, kann ein *Realist*, und wer zu der andern, ein *Idealist* genannt werden."[94]

Die weitern Ausführungen Schillers über seine beiden Typen beziehen sich demgemäss ausschliesslich auf die bekannten Phänomene realistischer und idealistischer Einstellung und interessieren daher unsere Untersuchung nicht.

III
Das Apollinische und das Dionysische.

III.
Das Apollinische und das Dionysische.

Das von *Schiller* empfundene und teilweise bearbeitete Problem wurde in neuer und eigenartiger Weise von *Nietzsche* wieder aufgenommen in seiner von 1871 datierenden Schrift „Die Geburt der Tragödie". Dieses Jugendwerk bezieht sich zwar nicht auf Schiller, sondern weit mehr auf *Schopenhauer* und *Goethe*. Es hat aber, wenigstens anscheinend, mit Schiller den Ästhetismus und den Griechenglauben, mit Schopenhauer den Pessimismus und das Erlösungsmotiv, und unendlich vieles mit Goethes Faust gemeinsam. Von diesen Beziehungen ist natürlich die zu Schiller für unsere Absicht am bedeutsamsten. Wir können jedoch an Schopenhauer nicht vorübergehen, ohne zu bemerken, in welchem Masse er die bei Schiller als blasse Schemen auftauchenden Ahnungen östlicher Erkenntnisse in die Wirklichkeit übergeführt hat. Wenn wir von dem aus dem Kontraste mit christlicher Glaubensfreude und Erlösungsgewissheit stammenden Pessimismus absehen wollen, so ist Schopenhauers Erlösungslehre wesentlich buddhistisch. Er trat hinüber auf die Seite des Ostens. Dieser Schritt ist unzweifelhaft eine Kontrastreaktion gegen unsere okzidentalische Atmosphäre. Wie bekannt setzt sich auch gegenwärtig diese Reaktion noch in nicht unbeträchtlichem Masse fort in verschiedenen Bewegungen, welche mehr oder weniger vollständig nach Indien orientiert sind. Dieser Zug nach Osten macht für *Nietzsche* in Griechenland Halt. Er empfindet Griechenland auch als das Mittelstück zwischen Osten und Westen. Insofern berührt er sich mit Schiller — wie so ganz anders aber ist seine Auffassung des griechischen Wesens! Er sieht die dunkle Folie, auf der die golden heitere Welt des Olymps gemalt ist. „Um leben zu können, mussten die Griechen diese Götter, aus tiefster Nötigung, schaffen." „Der Grieche kannte und empfand die Schrecken und Entsetzlichkeiten des Daseins: um überhaupt leben zu können, musste er vor sie hin die glänzende Traumgeburt der Olympischen stellen. Jenes ungeheure Misstrauen gegen die titanischen Mächte der Natur, jene über allen Erkenntnissen erbarmungslos tronende Moira, jener Geier des grossen Menschenfreundes Prometheus, jenes Schreckenslos des weisen Oedipus, jener Geschlechtsfluch der Atriden, der Orest zum Muttermorde zwingt" — „wurde von den Griechen durch jene künstlerische Mittelwelt der Olympier fortwährend von neuem überwunden, jedenfalls verhüllt und dem Anblick entzogen".[95] Die griechische „Heiterkeit", der lachende Himmel von Hellas als eine schimmernde Illusion vor düstern Hintergründen — diese Erkenntnis war den Neuern vorbehalten; ein gewichtiges Argument gegen den moralischen Ästhetismus! Damit betritt Nietzsche einen gegenüber Schiller bedeutend veränderten Standpunkt. Was wir bei Schiller ahnen durften, dass nämlich seine Briefe über ästhetische Erziehung auch ein Versuch in eigener Sache waren, wird zur völligen Gewissheit bei Nietzsches Schrift — es ist ein „tief persönliches“ Buch. Und in dem Masse, als Schiller sozusagen zaghaft und mit blassen Farben anfängt, Licht und Schatten zu malen, und den in der eigenen Seele empfundenen Gegensatz als „naiv“ gegen „sentimentalisch“ zu begreifen, unter Ausschliessung alles Hintergründlichen und Abgründlichen menschlicher Natur, greift Nietzsches Auffassung tiefer und spannt einen Gegensatz, der in seinem einen Teile der strahlenden Schönheit der Schillerschen Vision in nichts nachgibt, aber in seinem andern Teile unendlich dunklere Töne findet, welche zwar die Kraft des Lichtes erhöhen, aber eine noch tiefere Nacht hinter sich ahnen lassen.

Nietzsche nennt sein fundamentales Gegensatzpaar: *Apollinisch-Dionysisch*. Wir wollen nun zunächst versuchen, uns die Natur dieses Gegensatzpaares zu vergegenwärtigen. Zu diesem Zwecke setze ich eine Reihe wörtlicher Zitate her, mittelst welcher der Leser — auch ohne die Schrift Nietzsches gelesen zu haben — in den Stand gesetzt ist, sich selber ein Urteil zu bilden, und zugleich meine Auffassung daran zu messen.

1. „Wir werden viel für die ästhetische Wissenschaft gewonnen haben, wenn wir nicht nur zur logischen Einsicht, sondern zur unmittelbaren Sicherheit der Anschauung gekommen sind, dass die Fortentwicklung der Kunst an die Duplizität des *Apollinischen* und des *Dionysischen* gebunden ist: in ähnlicher Weise wie die Generation von der Zweiheit der Geschlechter, bei fortwährendem Kampfe, und nur periodisch eintretender Versöhnung abhängt.“ (l. c. p. 19.)

2. „An ihre beiden Kunstgottheiten, Apollo und Dionysus, knüpft sich unsere Erkenntnis, dass in der griechischen Welt ein *ungeheurer Gegensatz*, nach Ursprung und Zielen, zwischen der Kunst des Bildners, der apollinischen, und der unbildlichen Kunst der Musik, als der des Dionysus, besteht: beide so verschiedenen Triebe gehen nebeneinander her, zumeist in offenem Zwiespalt miteinander, und sich gegenseitig zu immer neuen kräftigern Geburten reizend, um in ihnen den Kampf jenes Gegensatzes zu perpetuieren, den das gemeinsame Wort „Kunst“ nur scheinbar überbrückt; bis sie endlich, durch einen metaphysischen Wunderakt des hellenischen „Willens“ *mit einander gepaart* erscheinen und in dieser Paarung zuletzt das eben so dionysische wie apollinische Kunstwerk der attischen Tragödie erzeugen.“[96]

Um die beiden „Triebe“ näher zu charakterisieren, vergleicht Nietzsche die durch sie hervorgebrachten eigentümlichen psychologischen Zustände denen des *Traumes* und des *Rausches*. Der apollinische Trieb erzeugt den mit dem *Traum*, der dionysische Trieb den mit dem *Rausch* verglichenen Zustand. Unter „Traum" versteht Nietzsche, wie er selber belegt, wesentlich „innere Vision" den „schönen Schein der Traumwelten". Apollo „beherrscht den schönen Schein der innern Phantasiewelt", er ist „der Gott aller bildnerischen Kräfte". Er ist Mass, Zahl, Begrenzung und Beherrschung alles Wilden und Ungebändigten. „Man möchte — Apollo als das herrliche Götterbild des prinzipii individuationis bezeichnen."[97] Das Dionysische hingegen ist die Befreiung des schrankenlosen Triebes, das Losbrechen der ungezügelten Dynamis tierischer und göttlicher Natur, daher der Mensch im dionysischen Chore als *Satyr*, oben Gott und unten Bock, auftritt.[98] Es ist das Grauen über die Zerbrechung des Individuationsprinzipes, und zugleich die „wonnevolle Verzückung" darüber, dass es zerbrochen ist. Das Dionysische ist daher vergleichbar dem Rausch, der das Individuelle auflöst in die collektiven Triebe und Inhalte, eine Zersprengung des abgeschlossenen Ich durch die Welt. Daher findet sich im Dionysischen Mensch zu Mensch, „auch die entfremdete, feindliche oder unterjochte Natur feiert wieder ihr Versöhnungsfest mit ihrem verlorenen Sohne, dem Menschen."[99] Jeder fühlt sich mit seinem Nächsten „Eins", („nicht nur vereinigt, versöhnt, verschmolzen"). Seine Individualität muss daher gänzlich aufgehoben sein. „Der Mensch ist nicht mehr Künstler, er ist Kunstwerk geworden." „Die Kunstgewalt der ganzen Natur — offenbart sich hier unter den Schauern des Rausches."[100] D. h. die schöpferische Dynamis, die Libido in der Form des Triebes, bemächtigt sich des Individuums als eines Objektes und gebraucht es als Werkzeug oder Ausdruck. Wenn man das natürliche Wesen als „Kunstwerk" auffassen darf, dann wird der Mensch im dionysischen Zustand allerdings zum natürlich gewordenen Kunstwerk; insofern das natürliche Wesen aber auch eben gerade kein Kunstwerk ist im Sinne dessen, was wir „Kunstwerk" zu nennen pflegen, so ist es auch nichts als blosse Natur, ungezügelt, in jeder Hinsicht ein Wildbach und nicht einmal ein auf sich und sein Wesen beschränktes Tier. Ich muss der Klarheit und der spätern Diskussion wegen diesen Punkt hervorheben, denn aus gewissen Gründen hat Nietzsche diese Hervorhebung unterlassen und dadurch einen trügerischen ästhetischen Schleier über das Problem ausgebreitet, den er allerdings an einigen Stellen unwillkürlich lüften muss. So z. B. wie er von den dionysischen Orgien spricht: „Fast überall lag das Zentrum dieser Feste in einer überschwänglichen geschlechtlichen Zuchtlosigkeit, deren Wellen über jedes Familientum und dessen ehrwürdige Satzungen hinwegfluteten; gerade die wildesten Bestien der Natur wurden hier entfesselt, bis zu jener abscheulichen Mischung von Wollust und Grausamkeit."[101] Nietzsche betrachtet die Versöhnung des delphischen Apollo mit Dionysos als ein Symbol der Versöhnung dieser Gegensätze in der Brust des zivilisierten Griechen. Er vergisst aber dabei seine eigene compensatorische Formel nach der die Götter des Olymps ihr Licht der Dunkelheit der griechischen Seele verdanken: danach wäre die Versöhnung Apollos mit Dionysos ein schöner Schein, ein Desideratum, hervorgerufen durch die Not, die die zivilisierte Hälfte des Griechen empfand im Kampfe mit seiner barbarischen Seite, die sich eben gerade im dionysischen Zustand hemmungslose Bahn brach. Zwischen der Religion eines Volkes und seinem wirklichen Lebenswandel besteht immer eine compensatorische Beziehung, sonst hätte ja die Religion gar keinen praktischen Sinn. Angefangen mit der höchst moralischen Religion der Perser und der schon im Altertum berühmten moralischen Zweifelhaftigkeit persischer Lebensgewohnheiten hinunter bis in unsere „christliche" Epoche, wo die Religion der Liebe dem grössten Blutbad der Weltgeschichte assistiert, bewährt sich diese Regel. Darum dürfen wir auch gerade aus dem Symbol der delphischen Versöhnung auf einen besonders heftigen Zwiespalt im griechischen Wesen schliessen. Daraus würde sich die Erlösungssehnsucht erklären, welche den Mysterien jene gewaltige Bedeutung für das griechische Volksleben gab, und welche von den frühern Griechenschwärmern gänzlich übersehen wurde. Man begnügte sich damit, den Griechen naiv alles anzusehen, was einem selber fehlte. Im dionysischen Zustande wurde also der Grieche keineswegs zunächst zum Kunstwerk, sondern er wurde von seinem eigenen barbarischen Wesen ergriffen, seiner Individualität beraubt, in alle seine collektiven Bestandteile aufgelöst, eins gemacht mit dem collektiven Unbewussten (unter Dahingabe seiner individuellen Ziele), eins mit „dem Genius der Gattung, ja der Natur". Für die bereits erreichte apollinische Bändigung musste dieser Rauschzustand, der den Menschen gänzlich seiner selbst und seiner Menschheit vergessen liess und ihn zu einem blossen Triebwesen machte, etwas Verächtliches gewesen sein, weshalb unzweifelhaft zunächst ein heftiger Kampf zwischen den beiden Trieben ausbrechen musste. Man befreie die Triebe des zivilisierten Menschen! Der Kulturschwärmer bildet sich ein, dass eitel Schönheit herausströme. Dieser Irrtum beruht auf einem tiefgehenden psychologischen Kenntnismangel. Die im zivilisierten Menschen aufgestauten Triebkräfte sind ungeheuer destruktiv und um vieles gefährlicher als die Triebe der Primitiven, der seine negativen Triebe beständig in bescheidenem Masse lebt. Dementsprechend kann kein Krieg der historischen Vergangenheit an grandioser Scheusslichkeit mit dem Krieg zivilisierter Nationen rivalisieren. Es wird bei den Griechen nicht anders gewesen sein. Eben gerade aus der lebendigen Empfindung des Grauens heraus ist ihnen allmählich eine Versöhnung des Dionysischen mit dem Apollinischen gelungen — „durch einen metaphysischen Wunderakt", wie Nietzsche gleich anfangs sagt. Wir müssen diese Äusserung festhalten, ebenso die andere Bemerkung, dass der in Frage stehende Gegensatz „durch das gemeinsame Wort ‚Kunst' nur scheinbar überbrückt" werde. Wir müssen uns dieser Sätze erinnern, weil Nietzsche gleich wie Schiller die ausgesprochene Tendenz hat, der Kunst die vermittelnde und erlösende Rolle zuzuschreiben. Und damit bleibt das Problem im Ästhetischen stecken — das Hässliche ist auch „schön"; das Abscheuliche, ja das Böse sogar erglänzt begehrenswert im trügerischen Schimmer des Ästhetisch-Schönen. Die Künstlernatur in Schiller sowohl wie in Nietzsche vindiziert sich und ihrer spezifischen Schaffens- und Ausdrucksmöglichkeit die erlösende Bedeutung. Darob vergisst Nietzsche völlig, dass es sich beim Kampfe Apollos gegen Dionysos und ihrer schliesslichen Versöhnung für die Griechen niemals um ein ästhetisches Problem handelte, sondern um eine *religiöse Frage.* Die dionysischen Satyrfeste waren nach aller Analogie eine Art Totemfeste mit Rückidentifikation mit mythischen Ahnen oder direkt mit dem Totemtier. Der Dionysoskult hatte vielerorts einen mystisch-spekulativen Einschlag, und hat jedenfalls einen sehr starken, religiös erregenden Einfluss ausgeübt. Dass aus der ursprünglich religiösen Zeremonie die Tragödie hervorging, bedeutet genau soviel wie der Zusammenhang unseres modernen Theaters mit den mittelalterlichen Passionsspielen und ihrer ausschliesslich religiösen Grundlage, und erlaubt deshalb nicht, das Problem unter seinem bloss ästhetischen Aspekt zu beurteilen. Der Ästhetismus ist eine moderne Brille, durch welche die psychologischen Geheimnisse des Dionysoskultes in einem Lichte gesehen werden, in dem sie die Alten sicherlich nie sahen und erlebten. Wie bei Schiller, so auch bei Nietzsche wird der religiöse Gesichtspunkt völlig übersehen und durch die ästhetische Betrachtung ersetzt. Gewiss haben diese Dinge ihre ausgesprochen ästhetische Seite, die man nicht vernachlässigen darf.[102] Wenn man jedoch das mittelalterliche Christentum nur ästhetisch begreift, so wird sein wirklicher Charakter verfälscht und veräusserlicht und zwar ebenso sehr, wie wenn man es von ausschliesslich historischem Standpunkt aus begreift. Ein wirkliches Verstehen kann nur auf gleichem Grunde erfolgen, denn niemand wird behaupten wollen, das Wesen einer Eisenbahnbrücke sei hinlänglich verstanden, wenn man sie ästhetisch anempfunden hat. So ist mit der Auffassung, der Kampf zwischen Apollo und Dionysos sei eine Frage gegensätzlicher Kunsttriebe, das Problem in einer historisch und materiell ungerechtfertigten Weise auf das ästhetische Gebiet verschoben, womit es einer Teilbetrachtung unterworfen wird, die niemals im Stande ist, seinem wirklichen Inhalt gerecht zu werden.

Unzweifelhaft muss diese Verschiebung ihren psychologischen Grund und Zweck haben. Der Gewinn der Prozedur ist unschwer zu entdecken: die ästhetische Betrachtung macht aus dem Problem sofort ein Bild, welches der Beschauer gemächlich betrachtet, seine Schönheit sowohl wie seine Hässlichkeit bewundernd, in sicherer Entfernung von jeder Mitempfindung und jedem Miterleben die Leidenschaft des Bildes bloss anempfindend. Die ästhetische Einstellung schützt vor der Anteilnahme, vor der eigenen Hineinverwicklung, welche das religiöse Begreifen des Problems bedeutet.

Den gleichen Vorteil sichert die historische Betrachtungsweise, zu deren Kritik Nietzsche selbst eine Reihe der kostbarsten Beiträge geliefert hat.[103] Die Möglichkeit, ein solch gewaltiges Problem — „ein Problem mit Hörnern“, wie er es nennt — bloss ästhetisch nehmen zu können, ist allerdings verlockend, denn sein religiöses Begreifen, welches in diesem Fall das einzig adäquate Begreifen ist, setzt ein Erleben oder ein Erlebthaben voraus, dessen sich der moderne Mensch wohl selten rühmen kann. Dionysos scheint sich aber an Nietzsche gerächt zu haben — man vergleiche seinen „Versuch einer Selbstkritik“, der vom Jahre 1886 stammend, der „Geburt der Tragödie“ einleitend vorgesetzt ist: „Ja, was ist dionysisch? — In diesem Buche steht eine Antwort darauf — ein „Wissender“ redet da, der *Eingeweihte und Jünger seines Gottes.*“ Das war aber Nietzsche nicht, als er die „Geburt der Tragödie“ schrieb; damals war er ästhetisch affiziert, dionysisch aber erst, als er den „Zarathustra“ schrieb und jene denkwürdige Stelle, mit der er seinen „Versuch einer Selbstkritik“ beschliesst: „Erhebt eure Herzen, meine Brüder, hoch, höher! Und vergesst mir auch die Beine nicht! Erhebt auch eure Beine, ihr guten Tänzer, und besser noch: ihr steht auch auf dem Kopf!“

Die besondere Tiefe, mit der Nietzsche das Problem trotz ästhetischer Selbstsicherung erfasst hat, war der Wirklichkeit schon so nahe, dass sein späteres dionysisches Erleben beinahe als unvermeidliche Konsequenz erscheint. Sein Angriff auf *Sokrates* in der „Geburt der Tragödie“ gilt dem Rationalisten, der sich für den dionysischen Orgiasmus als unzugänglich erweist. Dieser Affekt entspricht dem analogen Fehler, den die ästhetische Betrachtung macht; *sie hält sich das Problem vom Leibe.* Trotz der ästhetischen Auffassung aber hat Nietzsche doch damals schon die Ahnung der wirklichen Lösung des Problems gehabt, als er schrieb, dass der Gegensatz nicht durch Kunst, sondern durch einen „metaphysischen Wunderakt des hellenischen Willens“ überbrückt wurde. Er setzt „Willen“ in Anführungszeichen, was wir bei seiner damaligen starken Beeinflussung durch Schopenhauer wohl als Beziehung auf den metaphysischen Willensbegriff deuten dürfen. „Metaphysisch“ hat für uns die psychologische Bedeutung von „unbewusst“. Wenn wir also „metaphysisch“ in Nietzsches Formel durch „unbewusst“ ersetzen, dann wäre der gesuchte Schlüssel dieses Problems ein unbewusster „Wunderakt“. Ein „Wunder“ ist irrational, also ist der Akt ein unbewusstes irrationales Geschehen, eine Bildung aus sich ohne Dazutun der Vernunft und der zielbewussten Absicht; es ergibt sich, es wird als ein Wachstumsphänomen der schaffenden Natur und nicht aus Erklügelung menschlichen Witzes, eine Geburt aus sehnsüchtiger Erwartung, aus Glauben und Hoffnung.

Ich lasse dieses Problem hier zunächst fallen, da wir im weitern Verlauf unserer Untersuchung Gelegenheit haben werden, noch ausführlicher auf diese Frage zurückzukommen. Dafür wollen wir daran gehen, die Begriffe Apollinisch-Dionysisch auf ihre psychologischen Qualitäten näher zu prüfen. Betrachten wir zunächst das Dionysische. Die Darstellung Nietzsches lässt ohne weiteres erkennen, dass damit eine Entfaltung gemeint ist, ein Herauf- und Herausströmenlassen, eine *Diastole*, wie Goethe sagte, eine die Welt umfassende Bewegung, wie sie auch Schiller in seiner Ode „an die Freude" schildert:

„Seid umschlungen, Millionen.

Diesen Kuss der ganzen Welt."

und weiter:

„Freude trinken alle Wesen

An den Brüsten der Natur;

Alle Guten, alle Bösen

Folgen ihrer Rosenspur.

Küsse gab sie uns und Reben,

Einen Freund geprüft im Tod;

Wollust war dem Wurm gegeben

Und der Cherub steht vor Gott."

Das ist dionysische Expansion. Es ist ein Strom mächtigsten All-Empfindens, der unwiderstehlich hervorbricht und wie stärkster Wein den Sinn berauscht. Es ist eine Trunkenheit im höchsten Sinne.

An diesem Zustand ist das psychologische Element der *Empfindung*, sei es der Sinnesempfindung, sei es der Affektempfindung, in höchstem Masse beteiligt. Es handelt sich also um eine Extraversion von Gefühlen, die ununterscheidbar an das Element der Empfindung geknüpft sind, weshalb wir sie als Gefühlsempfindungen bezeichnen. Es sind daher mehr Affekte, welche in diesem Zustande hervorbrechen, also Triebmässiges, blind Zwingendes, das sich namentlich in einer Affektion der Körpersphäre ausdrückt.

Dem gegenüber ist das Apollinische eine Wahrnehmung der innern Bilder der Schönheit, des Masses und der in Proportionen gebändigten Gefühle. Der Vergleich mit dem Traum weist deutlich auf den Charakter des Apollinischen Zustandes hin: es ist ein Zustand der Introspektion, der nach innen, nach der Traumwelt ewiger Ideen gekehrten Kontemplation, also ein Zustand der *Introversion.*

Insoweit ist die Analogie mit unsern Mechanismen wohl unzweifelhaft. Wenn wir aber uns mit der Analogie begnügten, so würden wir mit dieser Beschränkung den Begriffen Nietzsches Gewalt antun, indem wir sie nämlich in ein Prokrustesbett legten.

Wir sehen im Verlaufe unserer Untersuchung, dass der Zustand der Introversion, insofern er zum Habitus wird, immer auch eine Differenzierung der Beziehung zur Ideenwelt, und die habituelle Extraversion eine solche der Beziehung zum Objekt mit sich führt. Von dieser Differenzierung sehen wir bei Nietzsches Begriffen nichts. Das dionysische Gefühl hat den durchaus archaïschen Charakter der affektiven Empfindung. Es ist also nicht rein, abgezogen und aus dem Triebmässigen zu jenem beweglichen Element differenziert, das beim extravertierten Typus den Anweisungen der Ratio gehorcht und sich ihr als williges Instrument leiht. Ebenso betrifft Nietzsches Introversionsbegriff keine reine, differenzierte Beziehung zu Ideen, die sich aus der Anschauung, sei es der sinnlich bedingten, sei es der schöpferisch erzeugten, befreit hätte, zu abgezogenen und reinen Formen. Das Apollinische ist eine innere Wahrnehmung, eine Intuition der Ideenwelt. Der Vergleich mit dem Traum zeigt deutlich, dass Nietzsche sich diesen Zustand als einerseits bloss anschauend, und andererseits als bloss bildmässig denkt.

Diese Characteristica bedeuten etwas Eigenartiges, das wir unserm Begriff der introvertierten oder extravertierten Einstellung nicht zurechnen dürfen. Bei einem vorwiegend reflektierend eingestellten Menschen erfolgt aus dem apollinischen Zustand der Anschauung innerer Bilder eine dem Wesen des intellektuellen Denkens gemässe Bearbeitung des Geschauten. Daraus gehen die Ideen hervor. Bei einem vorwiegend fühlend eingestellten Menschen erfolgt ein ähnlicher Prozess, eine Durchfühlung der Bilder und eine Herstellung einer Gefühlsidee, welche essentiell mit der denkend hergestellten Idee zusammenfallen kann. Ideen sind darum ebenso sehr Gedanke wie Gefühl, z. B. die Idee des Vaterlandes, der Freiheit, Gottes, der Unsterblichkeit, etc. Das Prinzip beider Bearbeitungen ist ein rationales und logisches. Es gibt nun aber auch einen ganz andern Standpunkt, von dem aus die logisch-rationale Bearbeitung ungültig ist. Dieser *andere Standpunkt ist der ästhetische.* Er verweilt in der Introversion bei der *Anschauung* der Ideen, er entwickelt die Intuition, die innere Anschauung; in der Extraversion verweilt er bei der *Empfindung* und entwickelt die Sinne, den Instinkt, die Affizierbarkeit. Für diesen Standpunkt ist das Denken keinesfalls das Prinzip der innern Wahrnehmung der Ideen und ebenso wenig das Gefühl, sondern für ihn ist vielmehr das Denken und Fühlen blosses Derivat der innern Anschauung oder der Sinnesempfindung.

Nietzsches Begriffe führen uns somit zu den Prinzipien eines dritten und vierten psychologischen Typus, die man als ästhetische Typen gegenüber den rationalen Typen (Denk- und Fühltypen) bezeichnen könnte. Es ist der *intuitive* und der *Sinnes-* oder *Empfindungstypus*. Diese beiden Typen haben zwar das Moment der Introversion und Extraversion mit den rationalen Typen gemein, ohne aber einerseits wie der Denktypus, die Wahrnehmung und Anschauung der innern Bilder zum Denken, und andererseits, wie der Fühltypus, das affektive Trieb- und Empfindungserleben zum Gefühl zu differenzieren. Dagegen erhebt der Intuitive die unbewusste Wahrnehmung zu einer differenzierten Funktion, über die auch seine Anpassung an die Welt stattfindet. Er passt sich an mittels unbewusster Direktiven, die er empfängt durch eine besonders feine und geschärfte Wahrnehmung und Deutung dunkelbewusster Regungen. Wie eine solche Funktion aussieht, ist natürlich ihres irrationalen und sozusagen unbewussten Charakters wegen schwer zu beschreiben. Man kann sie etwa dem Daimonion des Sokrates vergleichen; allerdings mit dem Unterschied, dass die ungewöhnlich rationalistische Einstellung des Sokrates die intuitive Funktion möglichst verdrängte, sodass sie sich concret-hallucinatorisch durchsetzen musste, weil sie keinen direkten psychologischen Zugang zum Bewusstsein hatte. Dieses letztere ist aber beim Intuitiven gerade der Fall.

Der Empfindungstypus ist in jeder Hinsicht eine Umkehrung des Intuitiven. Er basiert sozusagen ausschliesslich auf dem Element der Sinnesempfindung. Seine Psychologie orientiert sich nach Trieb und Empfindung. Er ist daher ganz auf den realen Reiz angewiesen.

Die Tatsache, dass Nietzsche gerade die psychologische Funktion der Intuition einerseits und die der Empfindung und des Triebes andererseits hervorhebt, dürfte kennzeichnend sein für seine eigene, persönliche Psychologie. Er ist wohl dem intuitiven Typus zuzurechnen mit Neigung nach der introvertierten Seite. Für ersteres spricht seine vorwiegend intuitiv-künstlerische Art der Produktion, für welche gerade seine uns vorliegende Schrift über die Geburt der Tragödie sehr charakteristisch ist, in noch höherm Masse aber sein Hauptwerk: „Also sprach Zarathustra." Für seine introvertiert-intellektuelle Seite kennzeichnend sind seine aphoristischen Schriften, die trotz eines starken gefühlsmässigen Einschlages den ausgesprochen kritischen Intellektualismus in der Art der französischen Intellektuellen des XVIII. Jahrhunderts zeigen. Für seinen intuitiven Typus im allgemeinen spricht die mangelnde rationale Beschränkung und Geschlossenheit. Es ist bei dieser Sachlage nicht erstaunlich, dass er in seinem Anfangswerk die Tatsachen seiner persönlichen Psychologie unbewusst in den Vordergrund stellt. Dies entspricht der intuitiven Einstellung, welche in erster Linie über das Innere das Äussere wahrnimmt, bisweilen sogar auf Kosten der Realität. Mittels dieser Einstellung gewann er auch die tiefe Einsicht in die dionysischen Qualitäten seines Unbewussten, deren rohe Form allerdings, soweit wir wissen, erst beim Ausbruch seiner Krankheit die Oberfläche des Bewusstseins erreichte, nachdem sie sich in mannigfachen erotischen Andeutungen in seinen Schriften schon vorher verraten hatte. Es ist in psychologischer Hinsicht daher äusserst bedauerlich, dass die nach der Erkrankung in Turin vorgefundenen, eben in dieser Hinsicht sehr bezeichnenden Schriftstücke dem moralisch-ästhetischen Bedauern zu Liebe der Vernichtung anheimgefallen sind.

IV
Das Typenproblem in der Menschenkenntnis.

IV.
Das Typenproblem in der Menschenkenntnis.

1. Allgemeines über die Jordanschen Typen.

In der weitern chronologischen Verfolgung der Vorarbeiten zu der uns interessierenden Frage psychologischer Typen gelange ich jetzt zu einem kleinen, etwas seltsamen Werke, dessen Kenntnis ich meiner geschätzten Mitarbeiterin Dr. *Constance E. Long* in London verdanke: *Furneaux Jordan*. F. R. C. S. Character as seen in Body and Parentage. London 1896. Third ed.

Jordan beschreibt in seinem kleinen Buch von 126 Seiten in der Hauptsache zwei charakterologische Typen, deren Definition uns in mehr als einer Hinsicht interessiert, obschon — um es vorweg zu nehmen — der Autor im Grunde genommen nur zu einer Hälfte unsere Typen im Auge hat, zur andern Hälfte aber den Gesichtspunkt des intuitiven und des Empfindungstypus hereinbringt und ihn mit dem andern vermischt. Ich will zunächst dem Autor das Wort lassen und seine einleitende Definition wiedergeben. Er sagt p. 5: „Es gibt zwei fundamental verschiedene Charaktere, zwei deutliche Charaktertypen (mit einem dritten, mittlern): einen bei dem die Tendenz zur Aktivität stark, und die Tendenz zur Reflexion schwach ist, und einen andern, bei dem die Neigung zur Reflexion vorherrscht, während der Tätigkeitstrieb schwächer ist. Zwischen diesen beiden Extremen gibt es unzählige Abstufungen: Es genügt aber, noch einen dritten Typus aufzuzeigen, bei dem die Kräfte der Reflexion und der Tat sich mehr oder weniger die Wage halten. In einer mittlern Klasse können auch jene Charaktere untergebracht werden, bei denen eine Neigung zur Exzentrizität besteht, oder wo andere, möglicherweise abnorme Tendenzen gegenüber den emotionalen und nicht-emotionalen Vorgängen überwiegen."

Aus dieser Definition ist klar ersichtlich, dass *Jordan* der Reflexion, dem Denken, die Tätigkeit oder die Aktivität gegenüberstellt. Es ist durchaus verständlich, dass dem nicht tiefer forschenden Menschenbeobachter zunächst das reflektive Wesen im Gegensatz zum tätigen Wesen auffällt, und er daher geneigt ist, den beobachteten Gegensatz unter diesem Gesichtswinkel zu definieren. Aber schon die einfache Überlegung, dass das tätige Wesen nicht notwendigerweise bloss aus Impulsen hervorgeht, sondern auch dem Denken entspringen kann, lässt es als nötig erscheinen, die Definition etwas zu vertiefen. Jordan selbst kommt zu diesem Schluss, indem er pag. 6 ein weiteres Element in die Betrachtung einführt, das für uns von ganz besonderm Wert ist, nämlich das Gefühlselement. Er konstatiert nämlich, dass der aktive Typus weniger leidenschaftlich sei, während das reflektive Temperament sich durch Leidenschaftlichkeit auszeichne. Daher benennt Jordan seine Typen als „the less impassioned" und „the more impassioned". Das Element, das er in der einleitenden Definition überging, erhebt er also nachträglich zum ständigen Terminus. Was ihn aber von unserer Auffassung unterscheidet, ist die Tatsache, dass er den weniger „leidenschaftlichen" Typus immer auch zugleich „aktiv" sein lässt, und den andern „inaktiv". Ich halte diese Vermischung für unglücklich, indem es höchst leidenschaftliche und tiefe Naturen gibt, die auch zugleich sehr tatkräftig und tätig sind, und umgekehrt wenig leidenschaftliche, oberflächliche Naturen, die sich keineswegs durch Aktivität, nicht einmal durch die niedere Form der Tätigkeit, die Geschäftigkeit, auszeichnen. Meines Erachtens hätte seine sonst wertvolle Auffassung bedeutend an Klarheit gewonnen, wenn er die an sich charakterologisch bedeutsame Bestimmung der Aktivität und Inaktivität als einen ganz andern Gesichtspunkt hätte ausser Betracht fallen lassen. Es wird aus den folgenden Ausführungen hervorgehen, dass Jordan mit dem „less impassioned and more active" Typus den Extravertierten und mit dem „more impassioned and less active" Typus den Introvertierten beschreibt. Beide können tätig oder untätig sein, ohne dabei ihren Typus zu verändern, weshalb meines Erachtens das Moment der Aktivität als ein Hauptcharakteristikum in Wegfall kommen sollte; als Bestimmung sekundärer Bedeutung spielt es aber immerhin insofern eine Rolle, als der Extravertierte, seiner Art entsprechend, in der Regel viel beweglicher, lebendiger und tätiger erscheint, als der Introvertierte. Diese Eigenschaft hängt aber ganz an der Phase, in der sich das Individuum momentan der Aussenwelt gegenüber befindet. Ein Introvertierter in einer extravertierten Phase erscheint aktiv, ein Extravertierter in einer introvertierten Phase erscheint passiv. Die Aktivität selber, als ein Grundzug des Charakters kann bisweilen introvertiert sein, d. h. sie richtet sich ganz nach innen und entfaltet eine rege Gedanken- oder Gefühlstätigkeit, während aussen tiefe Ruhe herrscht; bisweilen kann sie extravertiert sein, wo sie sich dann in bewegtem, lebendigem Handeln zeigt, während ein fester unbewegter Gedanke oder ein ebensolches Gefühl dahinter steht.

Bevor wir des Nähern auf die Jordanschen Ausführungen eintreten, muss ich zur Klarstellung der Begriffe noch einen Umstand hervorheben, der, wenn nicht berücksichtigt, Anlass zu Verwirrung geben könnte. Ich habe eingangs bemerkt, dass ich in frühern Publikationen den Introvertierten mit dem Denktypus und den Extravertierten mit dem Fühltypus identifiziert hätte. Es ist mir erst später, wie ich schon bemerkte, klar geworden, dass Introversion und Extraversion als allgemeine Grundeinstellungen von den Funktionstypen zu unterscheiden sind. Diese beiden Einstellungen sind auch am leichtesten zu erkennen, während es schon einer umfangreichen Erfahrung bedarf, um auch die Funktionstypen, zu unterscheiden. Es ist bisweilen ungemein schwierig, herauszufinden, welcher Funktion das Primat zukommt. Verführerisch wirkt die Tatsache, dass der Introvertierte naturgemäss einen reflektierenden und überlegenden Eindruck macht, infolge seiner abstrahierenden Einstellung. Man ist daher leicht geneigt, bei ihm deshalb das Primat des Denkens zu vermuten. Umgekehrt zeigt der Extravertierte natürlicherweise sehr viele unmittelbare Reaktionen, welche leicht ein Vorherrschen des Gefühlselementes vermuten lassen. Diese Vermutungen sind aber täuschend, indem der Extravertierte leicht auch ein Denktypus und der Introvertierte ein Fühltypus sein kann. *Jordan* beschreibt im allgemeinen bloss den Introvertierten und den Extravertierten. Wo er aber in die Einzelheiten geht, wird seine Beschreibung missverständlich, indem sich dort Züge verschiedener Funktionstypen mischen, die wegen ungenügender Durcharbeitung des Stoffes nicht auseinander gehalten sind. In den allgemeinen Zügen aber ist das Bild der introvertierten und der extravertierten Einstellung unmissverständlich herausgekommen, sodass das Wesen der beiden Grundeinstellungen völlig ersichtlich wird.

Die Charakterisierung der Typen von der Affektivität her erscheint mir als das eigentlich Bedeutungsvolle der Jordanschen Schrift. Wir sahen ja bereits, dass das „reflektive" überlegende Wesen des Introvertierten durch ein unbewusstes archaïsches Trieb- und Empfindungsleben compensiert ist. Man könnte auch sagen, dass er eben deshalb introvertiert eingestellt sei, weil er über ein archaïsch-impulsives, leidenschaftliches Wesen sich zu der sichern Höhe der Abstraktion emporheben muss, um von dort aus die unbotmässigen, wildbewegten Affekte beherrschen zu können. Dieser Gesichtspunkt passt für viele Fälle gar nicht schlecht. Umgekehrt liesse sich auch sagen, dass das weniger tiefwurzelnde Affektleben des Extravertierten sich leichter zur Differenzierung und Domestikation eignet, als das archaïsche, unbewusste Denken und Fühlen, das Phantasieren, das einen gefährlichen Einfluss auf seine Persönlichkeit haben kann. Daher er ja immer der ist, der möglichst geschäftig und massenhaft zu leben und zu erleben sucht, um ja nicht zu sich und seinen bösen Gedanken und Gefühlen kommen zu müssen. Aus diesen leicht zu machenden Beobachtungen erklärt sich eine sonst als paradox anmutende Stelle bei Jordan p. 6, wo er sagt, dass beim „less impassioned" (extravertierten) Temperament der Intellekt vorherrsche und einen ungewöhnlich grossen Anteil an der Formung des Lebens habe, während beim reflektiven Temperament es gerade die Affekte seien, welche die grössere Bedeutung beanspruchen.

Diese Auffassung scheint auf den ersten Blick meiner Behauptung, der „less impassioned" Typus entspreche meinem extravertierten Typus, direkt ins Gesicht zu schlagen. Dem ist aber bei näherm Zusehen keineswegs so, indem das reflektive Wesen es wohl *versucht*, den unbotmässigen Affekten beizukommen, um in Wirklichkeit aber in höherm Masse von der Leidenschaft beeinflusst zu sein, als der, der seine am Objekt orientierten Wünsche zur bewussten Richtschnur seines Lebens genommen hat. Dieser letztere, der Extravertierte nämlich, versucht damit überall durchzukommen, muss es aber erleben, dass es seine subjektiven Gedanken und Gefühle sind, die ihm überall störend in den Weg treten. Er ist in höherm Masse durch seine psychische Innenwelt beeinflusst, als er es ahnt. Er selber kann es nicht sehen, aber eine aufmerksame Umgebung sieht die persönliche *Absichtlichkeit* seines Strebens. Daher es immer seine Grundregel sein muss, sich zu fragen: „Was will ich eigentlich? Was ist meine geheime Absicht?" Der andere, der Introvertierte, mit seinen bewussten, ausgedachten Absichten übersieht immer das, was seine Umgebung nur allzu deutlich wahrnimmt, nämlich, dass seine Absichten eigentlich starken, aber absicht- und objektlosen Trieben dienen und in hohem Masse durch sie beeinflusst sind. Wer den Extravertierten beobachtet und beurteilt, ist geneigt, das zur Schau getragene Fühlen und Denken für einen dünnen Schleier zu halten, der die kalte und ausgeklügelte persönliche Absicht nur unvollständig verhüllt. Wer den Introvertierten zu verstehen sucht, wird leicht dem Gedanken verfallen, dass eine heftige Leidenschaft durch anscheinende Vernünftelei nur mühsam im Zaume gehalten werde.

Beide Urteile sind richtig und falsch. Das Urteil ist *falsch*, wenn der bewusste Standpunkt, das Bewusstsein überhaupt dem Unbewussten gegenüber stark und widerstandsfähig ist; richtig aber dann, wenn ein schwacher bewusster Standpunkt einem starken Unbewussten gegenüber steht und ihm gegebenenfalls weichen muss. In diesem letztern Falle bricht dann das hervor, was im Hintergrunde stand, bei dem einen die egoistische Absicht, beim andern aber die zügellose Leidenschaft, der elementare Affekt, der sich jeder Konsideration enthebt. Diese Überlegungen mögen zugleich erkennen lassen, wie Jordan beobachtet: er ist offenbar auf die Affektivität des Beobachteten eingestellt, daher seine Nomenklatur: „less emotional" und „more impassioned". Wenn er daher den Introvertierten von der Affektseite aus als den Leidenschaftlichen auffasst, den Extravertierten vom selben Standpunkt aus als den weniger Leidenschaftlichen, und sogar als den Intellektuellen, so beweist er damit eine eigentümliche Art der Erkenntnis, die man als *intuitiv* bezeichnen muss. Ich habe daher oben bereits darauf hingewiesen, dass Jordan den rationalen mit dem ästhetischen Gesichtspunkt vermische. Wenn er den Introvertierten als den Leidenschaftlichen, den Extravertierten aber als den Intellektuellen charakterisiert, so sieht er die beiden Typen offenbar von der *unbewussten* Seite her an, d. h. er *nimmt sie wahr über sein Unbewusstes*. Er beobachtet und erkennt *intuitiv*, was beim praktischen Menschenkenner mehr oder weniger immer der Fall sein dürfte. So richtig und so tief eine solche Auffassung gelegentlich sein mag, so unterliegt sie doch einer sehr wesentlichen Beschränkung: sie übersieht die tatsächliche Wirklichkeit des Beobachteten, indem sie immer nur aus seinem unbewussten Spiegelbild, anstatt aus seiner wirklichen Erscheinung urteilt. Dieser Urteilsfehler haftet der Intuition ganz allgemein an, weshalb die Vernunft seit jeher auf gespanntem Fusse mit ihr steht und ihr nur widerwillig ein Existenzrecht einräumt, obschon sie sich in gewissen Fällen von der objektiven Richtigkeit der Intuition überzeugen muss. So stimmen die Jordanschen Formulierungen im grossen und ganzen mit der Wirklichkeit, jedoch nicht mit der Wirklichkeit, als welche sie die rationalen Typen verstehen, sondern mit der ihnen unbewussten Wirklichkeit. Diese Verhältnisse sind natürlich wie nichts geeignet, die Beurteilung des Beobachteten zu verwirren und die Verständigung über das Beobachtete zu erschweren. Man streite sich daher in dieser Frage nie um die Nomenklatur, sondern halte sich ausschliesslich an die Tatsache der beobachtbaren, gegensätzlichen Verschiedenheit. Obschon ich mich, meiner Art entsprechend, gänzlich anders ausdrücke als Jordan, so stimmen wir doch in der Klassifikation des Beobachteten überein (mit gewissen Abweichungen).

Bevor ich dazu übergehe, die Jordansche Typisierung des Beobachtungsmateriales zu besprechen, möchte ich noch kurz auf den postulierten, dritten oder „intermediate“ Typus zurückkommen. Wie wir sahen, rubriziert Jordan darunter einesteils die ganz Balancierten, andernteils die Unbalancierten. Es wird nicht überflüssig sein, an dieser Stelle die Klassifikation der valentinianischen Schule nochmals in Erinnerung zu rufen: der *hylische* Mensch, der dem psychischen und dem pneumatischen untergeordnet ist. Der hylische Mensch entspricht seiner Definition nach dem Empfindungstypus, d. h. demjenigen Menschen, dessen dominierende Bestimmungen durch und in den Sinnen, in der sinnlichen Wahrnehmung gegeben sind. Der Empfindungstypus hat weder ein differenziertes Denken, noch ein differenziertes Fühlen, aber seine Sinnlichkeit ist wohl entwickelt. Dies ist, wie bekannt auch beim Primitiven der Fall. Die triebmässige Sinnlichkeit des Primitiven hat aber ein Gegenstück, und das ist die Spontaneität des Psychischen. Das Geistige, die Gedanken erscheinen ihm sozusagen. Nicht er ist es, der sie macht oder erdenkt — dazu fehlen ihm die Fähigkeiten — sondern sie machen sich selbst und befallen ihn, ja erscheinen ihm sogar hallucinatorisch. Diese Mentalität ist als intuitiv zu bezeichnen, denn Intuition ist instinktmässige Wahrnehmung eines erscheinenden psychischen Inhaltes. Während in der Regel die psychologische Hauptfunktion des Primitiven die Sinnlichkeit ist, so ist die weniger hervortretende compensierende Funktion die Intuition. Auf höherer Stufe der Zivilisation, wo die einen das Denken und die andern das Fühlen mehr oder weniger differenziert haben, gibt es auch nicht wenige, welche die Intuition in höherm Masse entwickelt haben und als wesentlich bestimmende Funktion benützen. Daraus ergibt sich der intuitive Typus. Ich glaube daher, dass die Jordansche Mittelgruppe in den Empfindungs- und den Intuitionstypus aufzulösen ist.

2. Spezielle Darstellung und Kritik der Jordanschen Typen.

Was die allgemeine Erscheinung der beiden Typen betrifft, so hebt Jordan (p. 17) hervor, dass der weniger emotionale Typus viel mehr hervortretende oder markante Persönlichkeiten aufweise als der emotionale Typus. Diese Behauptung rührt davon her, dass Jordan den aktiven Typus Mensch mit dem weniger Emotionalen identifiziert, was meines Erachtens unzulässig ist. Abgesehen von diesem Irrtum ist es natürlich richtig, dass sich der weniger Emotionale oder Extravertierte, wie wir wohl sagen dürfen, durch sein Benehmen viel bemerkbarer macht als der Emotionale oder Introvertierte.

a) *Die introvertierte Frau.* (The more impassioned woman.) Jordan bespricht zunächst den Charakter der *introvertierten Frau.* Ich erwähne die Hauptpunkte seiner Beschreibung im Auszug (p. 17 ff.): „Ruhiges Benehmen, nicht leicht zu lesender Charakter, gelegentlich kritisch bis sarkastisch; wenn schon schlechte Launen bisweilen sehr merklich vorhanden sind, so ist sie doch weder launenhaft noch rastlos, noch tadelsüchtig, noch „censorious" (das dem Sinne nach als „censorhaft" wiedergegeben werden müsste), noch nörgelnd. Sie verbreitet Ruhe um sich, und sie ist unbewusst tröstend und heilend. Unter dieser Oberfläche schlummern aber Affekt und Leidenschaft. Ihre Gefühlsnatur gedeiht langsam zur Reife. Mit dem Alter gewinnt ihr Charakter an Reiz. Sie ist „sympathisch", d. h. mitfühlend und miterlebend. Die schlechtesten weiblichen Charaktere finden sich in diesem Typus. Sie sind die grausamsten Stiefmütter. Sie sind zwar die liebevollsten Mütter und Gattinnen, aber ihre Leidenschaften und Affekte sind so stark, dass ihre Vernunft davon mitgerissen wird. Sie lieben zu viel, sie hassen aber auch zu viel. Die Eifersucht kann sie zum wilden Tier machen. Die Stiefkinder, wenn gehasst, können durch sie physisch zu Tode gemartert werden. Wo das Böse nicht Herr ist, da ist die Moralität selbst ein tiefes Gefühl, das seinen eigenen und unabhängigen Weg geht, der sich nicht immer konventionellen Ansichten anpasst. Dieser Weg wird nicht begangen aus Nachahmung oder Unterwerfung und keinesfalls um einer Belohnung willen, weder im Diesseits noch im Jenseits. In der intimen Beziehung allein entfaltet sie ihre Vorzüge und Nachteile; hier zeigt sie den Reichtum ihres Herzens, ihre Sorgen und Freuden, aber auch ihre Leidenschaften und Fehler, wie Unversöhnlichkeit, Eigensinn, Zorn, Eifersucht oder gar Zügellosigkeit. Sie ist dem Einfluss des Momentes unterworfen und wenig fähig an die Wohlfahrt der Abwesenden zu denken. Sie kann leicht andere vergessen und die Zeit dazu. Wenn sie affektiert ist, so beruht ihre Pose nicht auf Nachahmung, sondern sie zeigt eine Veränderung des Benehmens und der Sprache entsprechend veränderten Gedanken und Gefühlen. In gesellschaftlicher Hinsicht bleibt sie sich in den verschiedensten Umgebungen möglichst gleich. Im häuslichen wie im gesellschaftlichen Leben macht sie keine grossen Ansprüche und ist leicht zufrieden zu stellen. Sie gibt spontan ihre zustimmenden oder lobenden Urteile. Sie versteht es zu beruhigen oder aufzumuntern. Sie besitzt das Mitgefühl für alle Schwachen, seien es Zweifüssler oder Vierfüssler. „Sie erhebt sich zum Hohen und beugt sich zum Niedrigen, sie ist Schwester und Spielgefährte der ganzen Natur." Ihr Urteil ist milde und tolerant. Wenn sie liest, so sucht sie den innersten Gedanken und das tiefste Gefühl des Buches zu erfassen; sie misshandelt deshalb das Buch mit Bleistiftstrichen und Randbemerkungen und liest es noch einmal."

Aus dieser Beschreibung ist unschwer der introvertierte Charakter zu erkennen. Die Beschreibung ist aber in einem gewissen Sinne einseitig, indem, sie hauptsächlich die Gefühlsseite in Betracht zieht, ohne gerade jenes Charakteristikum zu betonen, auf das ich einen besondern Wert lege, nämlich das *bewusste Innenleben*. Jordan erwähnt zwar, dass die introvertierte Frau „contemplative" sei, ohne aber näher darauf einzugehen. Seine Beschreibung bestätigt aber, wie mir scheint, meine Ausführungen über die Art seines Beobachtens; er sieht hauptsächlich das durch Gefühle konstellierte äussere Benehmen und die Äusserungen der Leidenschaft, er geht aber nicht ein auf das Wesen des Bewusstseins dieses Typus. Er erwähnt daher nicht, dass das Innenleben eine ganz ausschlaggebende Rolle spielt für die bewusste Psychologie dieses Typus. Warum z. B. liest die introvertierte Frau aufmerksam? Weil sie vor allem das Verstehen und das Erfassen der Gedanken liebt. Warum ist sie ruhig und beruhigend? Weil sie in der Regel ihre Gefühle bei sich behält und sie in ihren Gedanken betätigt, statt sie den andern aufzuladen. Ihre unkonventionelle Moralität stützt sich auf tiefgehende Überlegung und innere überzeugende Gefühle. Der Reiz ihres ruhigen und verständigen Charakters beruht nicht bloss auf einer ruhigen Einstellung, sondern darauf, dass man vernünftig und zusammenhängend mit ihr reden kann, und dass sie im Stande ist, das Argument ihres Partners zu würdigen. Sie unterbricht ihn nicht mit impulsiven Äusserungen, sondern begleitet seine Meinungen mit ihren Gedanken und Gefühlen, die gleichwohl feststehen und nicht am gegnerischen Argument umfallen.

Dieser festen und wohl ausgebildeten Ordnung der bewussten seelischen Inhalte stemmt sich ein chaotisch-leidenschaftliches Affektleben entgegen, das der Introvertierten sehr oft, wenigstens in seinem persönlichen Aspekt bewusst ist, und das sie fürchtet, weil sie es kennt. Sie denkt über sich selber nach und ist darum nach aussen gleichmässig und kann anderes erkennen und anerkennen, ohne darüber mit Beifall oder Tadel herzufallen. Weil ihr Affektleben ihr diese guten Eigenschaften aber verdirbt, so lehnt sie ihre Triebe und Affekte möglichst ab, ohne aber ihrer Herr zu werden. So wie ihr

Bewusstsein logisch und festgefügt ist, so ist ihr Affekt elementar, verworren und unbeherrschbar. Es fehlt ihm die eigentlich menschliche Note, es ist disproportioniert, irrational, es ist ein *Naturphänomen*, das menschliche Ordnung durchbricht. Es fehlt ihm jeglicher tastbare Hintergedanke, jede Absicht, darum ist es unter Umständen schlechthin destruktiv, ein Wildbach, der keine Zerstörung beabsichtigt und keine vermeidet, rücksichtslos und notwendig, nur seinem Gesetze gehorchend, ein Prozess, der sich selbst erfüllt. Ihre guten Eigenschaften rühren davon her, dass es dem Denken, einer toleranten oder wohlwollenden Auffassung, gelungen ist, einen Teil des Trieblebens zu beeinflussen und nachzuziehen, ohne aber das Ganze des Triebes ergreifen und umgestalten zu können. Die Affektivität der introvertierten Frau ist ihr weit weniger klar bewusst in seinem ganzen Umfang als ihre rationalen Gedanken und Gefühle. Sie ist unfähig, ihre ganze Affektivität zu umfassen, während sie verwendbare Auffassungen hat. Ihre Affektivität ist weit weniger beweglich als ihre geistigen Inhalte, sie ist gewissermassen zähflüssig, von bedeutender Inertie, daher schwer zu ändern, sie ist perseverierend, daher ihre unbewusste Stetigkeit und Gleichmässigkeit, daher aber auch ihr Eigensinn und ihre bisweilen unvernünftige Unbeeinflussbarkeit in Dingen, welche die Affektivität betreffen.

Diese Überlegungen können erklären, warum ein Urteil über die introvertierte Frau ausschliesslich von der Seite der Affektivität unvollständig und ungerecht ist im schlechten wie im guten Sinne. Wenn Jordan die schlechtesten weiblichen Charaktere unter den Introvertierten findet, so rührt dies meines Erachtens daher, dass er ein zu grosses Gewicht auf die Affektivität legt, wie wenn nur die Leidenschaft die Mutter des Bösen wäre. Man kann Kinder auch anders zu Tode quälen als bloss physisch. Und umgekehrt ist jener besondere Reichtum an Liebe bei introvertierten Frauen keineswegs immer ihr eigener Besitz, sondern sie sind öfters vielmehr davon besessen und können nicht wohl anders, bis einmal eine günstige Gelegenheit kommt, wo sie zum Erstaunen ihres Partners plötzlich eine unerwartete Kälte zeigen. Das Affektleben des Introvertierten überhaupt ist seine schwache Seite, es ist nicht unbedingt verlässlich. Er täuscht sich selber darüber, und andere täuschen und enttäuschen sich an ihm, wenn sie zu ausschliesslich auf seine Affektivität abstellen. Sein Geist ist verlässlicher, weil angepasster. Sein Affekt ist zu sehr ungebändigte Natur.

b) *Die extravertierte Frau.* (The less impassioned woman.) Wir gehen nunmehr über zu Jordans Schilderung der „less impassioned woman". Ich muss auch hier alles ausscheiden, was der Autor in punkto Aktivität hineinmengt, denn diese Beimischung ist nur geeignet, den typischen Charakter weniger gut erkennen zu lassen. Wenn daher von einer gewissen Raschheit der Extravertierten die Rede ist, so ist damit nicht das Element des Tatkräftigen, Aktiven gemeint, sondern nur die Beweglichkeit aktiver Vorgänge. Jordan sagt von der extravertierten Frau[104]: „Eine gewisse Raschheit und ein gewisser Opportunismus, eher als Ausdauer und Konsequenz. Ihr Leben ist in der Regel von vielen kleinen Dingen ausgefüllt. Sie überbietet selbst Lord Beaconsfield, wenn er sagt, dass die unwichtigen Dinge nicht sehr unwichtig sind, und die wichtigen Dinge nicht sehr wichtig. Sie verweilt gerne — wie ihre Grossmutter tat, und wie ihre Enkel noch tun werden — bei der allgemeinen Verschlechterung der Menschen und Dinge. Sie ist überzeugt, dass nichts geriete, wenn sie nicht danach sähe. Öfters äusserst nützlich in sozialen Bewegungen. Energieverschwendung in häuslichem Reinemachen, ein ausschliesslicher Lebenszweck für viele. Öfters keine Ideen, keine Leidenschaften, keine Ruhe und keine Fehler. Ihre affektive Entwicklung ist früh vollendet. Sie ist mit 18 Jahren ebenso weise wie mit 48. Ihr geistiges Blickfeld ist weder tief noch weit, aber es ist von vornherein klar. Bei guter Begabung führende Stellung. In Gesellschaft zeigt sie gütige Gefühle, ist freigebig, gastfreundlich zu jedermann. Sie beurteilt jedermann, und vergisst, dass sie selbst beurteilt wird. Sie ist hilfreich. Keine tiefe Leidenschaft. Lieben ist für sie Vorziehen, Hass ist bloss Abneigung, Eifersucht bloss gekränkter Stolz. Ihr Enthusiasmus hält nicht an. Sie geniesst die Schönheit der Dichtkunst, weniger ihr Pathos. Ihr Glauben und ihr Unglauben ist mehr vollständig als stark. Sie hat keine richtigen Überzeugungen, aber auch keine bösen Ahnungen. Sie glaubt nicht, sondern nimmt an; sie ist nicht ungläubig, sondern sie weiss nicht. Sie forscht nicht nach und zweifelt nicht. In wichtigen Angelegenheiten überlässt sie sich der Autorität, in kleinern Dingen macht sie voreilige Schlüsse. In ihrer eigenen kleinen Welt ist alles so, wie es nicht sein sollte, in der grossen Welt ist alles recht. Sie wehrt sich instinktiv, Vernunftschlüsse in die Praxis umzusetzen. Zu Hause zeigt sie einen ganz andern Charakter als in der Gesellschaft. Die Eheschliessung ist stark beeinflusst durch Ehrgeiz, Lust zur Veränderung, oder Gehorsam gegenüber hergebrachter Gewohnheit, oder durch das Verlangen, das Leben auf eine „solide Basis“ zu stellen, oder um eine grössere Wirkungssphäre zu erreichen. Wenn ihr Mann zum „impassioned“ Typus gehört, so liebt er die Kinder mehr als sie. Im häuslichen Kreise kommt bei ihr alles Unerfreuliche zu Tage. Hier lässt sie sich in unzusammenhängenden Tadelsvoten gehen. Unmöglich, vorauszusehen, wann für einen Augenblick die Sonne herauskommt. Sie beobachtet und kritisiert sich nicht. Wenn man ihr das beständige Beurteilen und Tadeln einmal vorwirft, so ist sie erstaunt und beleidigt und versichert, dass sie doch nur das Beste wolle, „aber es gibt Leute, die nicht wissen, was für sie gut ist“. Die Art, wie sie ihrer Familie Gutes tun möchte, ist ganz verschieden von der, wie sie andern Leuten nützen möchte. Der Haushalt muss immer bereit sein, von der Welt gesehen zu werden. Die Gesellschaft muss unterstützt und gefördert werden. Auf die obern Klassen muss man Eindruck machen, die niedern müssen in Ordnung gehalten werden. Das eigene Haus ist ihr Winter, die Gesellschaft ihr

Sommer. Die Verwandlung beginnt, sobald ein Besuch kommt. Keine Neigung zur Askese, ihre Respektabilität hat es nicht nötig. Liebe zum Wechsel, zur Bewegung und Erholung. Sie kann den Tag mit einem Gottesdienst anfangen und mit der komischen Oper beschliessen. Gesellschaftliche Beziehung ist ihr Genuss. Dort findet sie alles, Arbeit und Glück. Sie glaubt an die Gesellschaft, und die Gesellschaft glaubt an sie. Ihre Gefühle sind wenig durch Vorurteil beeinflusst und sie ist gewohnheitsmässig „anständig". Sie imitiert gerne und wählt dazu die besten Modelle aus, gibt sich darüber aber keine Rechenschaft. Die Bücher, die sie liest, müssen Leben und handelnde Personen enthalten."

Dieser wohlbekannte Typus Frau, den Jordan als „less impassioned" bezeichnet, ist ohne Zweifel extravertiert. Darauf deutet das ganze Benehmen, das, um seiner Art willen, eben als extravertiert bezeichnet wird. Das beständige Beurteilen, das nie auf wirklicher Überlegung beruht, ist ein Extravertieren eines flüchtigen Eindruckes, das mit einem wirklichen Gedanken nichts zu tun hat. Ich erinnere mich an einen witzigen Aphorismus, den ich einmal irgendwo gelesen habe: „Denken ist so schwer — darum *urteilen* die Meisten". Überlegung fordert vor allem Zeit, daher der, der überlegt, schon gar keine Gelegenheit zu beständiger Urteilsäusserung hat. Die Inkohärenz und Inkonsequenz des Urteils, seine Abhängigkeit von Tradition und Autorität zeigt die Abwesenheit eines selbständigen Überlegens an; ebenso deutet der Mangel an Selbstkritik und die Unselbständigkeit der Auffassung auf einen Defekt der Urteilsfunktion. Die Abwesenheit des geistigen Innenlebens bei diesem Typus kommt viel deutlicher zum Ausdruck als seine Anwesenheit beim introvertierten Typus in der oben vorangegangenen Schilderung. Man wäre nun leicht geneigt, nach dieser Schilderung auf einen ebenso grossen oder noch grössern Defekt der Affektivität zu schliessen, die offenkundig oberflächlich, ja seicht ist, fast unecht, denn die immer damit verbundene oder dahinter erkennbare Absicht macht das affektive Streben fast wertlos. Ich bin aber geneigt anzunehmen, dass der Autor hier ebenso unterschätzt, wie er im frühern Fall überschätzt. Trotz den gelegentlichen Anerkennungen von guten Eigenschaften kommt der Typus im ganzen doch recht schlecht weg. Ich glaube in diesem Fall an eine gewisse Voreingenommenheit des Autors. Es genügt ja meistens, dass man mit einigen oder einem Vertreter eines Typus schlechte Erfahrungen gemacht hat, um einem für jeden ähnlichen Fall den Geschmack zu nehmen. Man darf nicht vergessen, dass, wie die Verständigkeit der introvertierten Frau auf einer genauen Einpassung ihrer geistigen Inhalte in das allgemeine Denken beruht, so die Affektivität der extravertierten Frau eine gewisse Beweglichkeit und geringe Tiefe besitzt wegen ihrer Einpassung in das allgemeine Leben der menschlichen Gesellschaft. Es handelt sich in diesem Fall um eine sozial differenzierte Affektivität von nicht zu bestreitender Allgemeingültigkeit, die von der Schwere, Zähigkeit und Leidenschaftlichkeit des introvertierten Affektes sogar vorteilhaft absticht. Die differenzierte Affektivität hat das Chaotische des Pathos abgestreift und ist zu einer disponibeln Anpassungsfunktion geworden, allerdings auf Kosten des geistigen Innenlebens, das sich durch Abwesenheit bemerkbar macht. Nichtsdestoweniger aber ist es im Unbewussten vorhanden und zwar in einer der introvertierten Leidenschaft entsprechenden Form, nämlich in einem unentwickelten Zustand. Dieser Zustand ist charakterisiert durch Infantilismus und Archaïsmus. Aus dem Unbewussten gibt der unentwickelte Geist dem affektiven Streben Inhalte und geheime Motive mit, die nicht verfehlen, auf den kritischen Beobachter einen übeln Eindruck zu machen, während der Unkritische sie übersieht. Über dem unerfreulichen Eindruck, den die beständige Wahrnehmung schlecht verhüllter egoistischer Motive auf den Beschauer macht, vergisst man allzuleicht die Tatsächlichkeit und die angepasste Nützlichkeit der zur Schau getragenen Bestrebungen. Alles Leichte, Unverbindliche, Gemässigte, Harmlose, Oberflächliche des Lebens verschwände, wenn es keine differenzierten Affekte gäbe. Man würde entweder im immerwährenden Pathos oder in der gähnenden Leere verdrängter Leidenschaft ersticken. Wenn die soziale Funktion des Introvertierten hauptsächlich den Einzelnen wahrnimmt, so fördert der Extravertierte das Leben der Gesellschaft, die ebenfalls ein Anrecht auf Existenz hat. Dazu bedarf er der Extraversion, weil sie in erster Linie die Brücke zum Nächsten schlägt. Die Affektäusserung wirkt bekanntlich suggestiv, während das Geistige erst mittelbar, nach mühsamer Übersetzung, seine Wirksamkeit entfalten kann. Die zu der sozialen Funktion benötigten Affekte dürfen gar nicht tief sein, sonst erzeugen sie Leidenschaft beim Andern. Leidenschaft aber stört das Leben und Gedeihen der Societät. So ist auch der angepasste, differenzierte Geist des Introvertierten nicht tief, sondern mehr extensiv, und daher nicht störend und aufreizend, sondern vernünftig und beruhigend. Wie aber der Introvertierte störend wird durch die Heftigkeit seiner Leidenschaft, so wird der Extravertierte aufreizend durch sein halb unbewusstes Denken und Fühlen, das inkohärent und abgerissen oft in Form von takt- und schonungslosen Urteilen dem Mitmenschen appliziert wird. Wenn man die Gesamtheit solcher Urteile zusammensetzt und versucht, daraus synthetisch eine Psychologie zu konstruieren, so gelangt man zunächst zu einer ganz animalischen Grundauffassung, die an trostloser Wildheit, Roheit und Dummheit dem mörderischen Affektwesen des Introvertierten in keiner Weise nachsteht. Ich kann daher die Behauptung Jordans, dass die schlechtesten Charaktere unter den leidenschaftlichen introvertierten Naturen zu finden seien, nicht unterschreiben. Unter den Extravertierten gibt es ebenso viele und ebenso gründliche Schlechtigkeit. Wo die introvertierte Leidenschaftlichkeit in rohen Taten sich äussert, da begeht die Gemeinheit des unbewussten extravertierten Denkens und Fühlens Schandtaten an der Seele des Opfers.

Ich weiss nicht, was schlimmer ist. Der Nachteil des erstern Falles ist, dass die Tat sichtbar ist, die Gesinnungsgemeinheit des letztern Falles aber verbirgt sich hinter dem Schleier eines akzeptabeln Benehmens. Ich möchte die soziale Fürsorglichkeit dieses Typus, seine aktive Anteilnahme am Wohlergehen des Andern hervorheben, ebenso auch seine ausgesprochene Tendenz, andern eine Freude zu bereiten. Diese Qualität hat der Introvertierte meist nur in der Phantasie. Die differenzierten Affekte haben den weitern Vorteil der Anmut, der schönen Form. Sie verbreiten eine ästhetische, wohltuende Atmosphäre, Es gibt überraschend viele Extravertierte, die eine Kunst (meistens Musik) üben, weniger, weil sie dazu besonders befähigt sind, als weil sie damit der Gesellschaftlichkeit dienen können. Auch die Tadelsucht hat nicht immer einen unangenehmen oder gar wertlosen Charakter. Sehr oft beschränkt sie sich auf eine angepasste erzieherische Tendenz, welche sehr viel Gutes stiftet. Ebenso ist die Abhängigkeit des Urteils nicht unter allen Umständen von Übel, sondern trägt vielmehr bei zur Unterdrückung von Extravaganzen und schädlichen Auswüchsen, die dem Leben und der Wohlfahrt der Societät keineswegs förderlich sind. Es wäre überhaupt ganz ungerechtfertigt, behaupten zu wollen, der eine Typus sei in irgend einer Hinsicht wertvoller als der andere. Die Typen ergänzen sich gegenseitig, und ihre Verschiedenheit ergibt gerade jenes Mass an Spannung, dessen das Individuum sowohl wie die Societät zur Erhaltung des Lebens bedarf.

c) *Der extravertierte Mann.* Vom extravertierten Manne sagt Jordan (p. 26 ff.): „Unberechenbar und unbestimmt in seiner Einstellung, Neigung zur Launenhaftigkeit, aufgeregtem Getue, Unzufriedenheit und Urteilerei, beurteilt alles und jedes in abfälliger Weise, ist aber immer mit sich selber zufrieden. Obschon sein Urteil oft falsch ist und seine Projekte scheitern, so hat er doch grenzenloses Vertrauen in sie. Wie Sydney Smith von einem berühmten Staatsmann seiner Zeit sagte: er war jeden Moment bereit, das Kommando der Kanalflotte zu übernehmen, oder ein Bein zu amputieren. Er hat eine bestimmte Formel für alles, was ihm vorkommt: entweder ist die Sache nicht wahr — oder man kennt sie schon längst. An seinem Himmel gibt es nicht Platz für zwei Sonnen. Gibt es aber ausser ihm noch eine, so ist er ein Märtyrer. Er ist frühreif. Er liebt das Verwalten, oft ist er der Gesellschaft äusserst nützlich. Wenn er in einer Wohltätigkeitskommission sitzt, so interessiert er sich ebenso sehr für die Auswahl einer Waschfrau wie für die Wahl des Vorsitzenden. In der Gesellschaft ist er ganz dabei mit allen Kräften. Mit Selbstvertrauen und Ausdauer führt er sich der Gesellschaft vor. Er ist immer darauf aus, Erfahrungen zu machen, weil Erfahrung ihm hilft. Er zieht es vor, der öffentlich *bekannte* Vorsitzende einer Kommission von drei Mitgliedern, statt der *unbekannte* Wohltäter eines ganzen Volkes zu sein. Mindere Begabung verhindert keineswegs seine Wichtigkeit. Ist er tätig? Er ist überzeugt, dass er energisch ist. Ist er geschwätzig? Er glaubt an sein

Rednertalent. Er erzeugt selten neue Ideen oder eröffnet neue Pfade, aber er ist rasch bei der Hand, zu folgen, zu erfassen, anzuwenden und auszuführen. Er ist geneigt, sich an bereits bestehende und allgemein angenommene religiöse und politische Überzeugungen zu halten. Bei gewissen Gelegenheiten ist er geneigt mit Bewunderung die Kühnheit seiner ketzerischen Ideen zu betrachten. Nicht selten ist aber sein Ideal so hoch und stark, dass nichts die Bildung einer weiten und gerechten Lebensauffassung hindern kann. Sein Leben ist meistens gekennzeichnet durch Moralität, Wahrhaftigkeit und ideale Prinzipien, aber bisweilen führt ihn die Lust nach unmittelbarem Effekt in Schwierigkeiten. Wenn er in öffentlicher Versammlung zufälligerweise unbeschäftigt ist, d. h. nichts vorzuschlagen oder zu unterstützen oder zu beantragen oder zu opponieren hat, dann wird er doch aufstehen und wenigstens verlangen, dass man ein Fenster des Zuges wegen schliesse oder vielmehr, dass man eines öffne, um mehr Luft hereinzulassen. Denn er verlangt ebenso sehr Luft, wie Aufmerksamkeit. Immer geneigt, das zu tun, worum ihn niemand gebeten hat. Überzeugt, dass die Leute ihn so sehen, wie er wünscht, dass sie ihn sehen, nämlich als einen, der schlaflos auf seines Nächsten Wohl bedacht ist. Er verpflichtet sich andere, und kann infolgedessen doch nicht wohl ohne Belohnung von dannen gehen. Er vermag durch die Rede zu bewegen, ohne selbst bewegt zu sein. Er findet rasch die Wünsche und Meinungen der andern heraus. Er warnt vor drohendem Unheil, organisiert und unterhandelt geschickt mit Gegnern. Er hat immer Projekte und zeigt sensationelle Geschäftigkeit. Wenn irgend möglich, muss die Gesellschaft angenehm beeindruckt werden, und wenn das nicht möglich, so doch wenigstens in Erstaunen versetzt, und wenn auch das nicht verfängt, dann muss sie wenigstens beängstigt und erschüttert werden. Er ist ein Heiland von Beruf; als anerkannter Heiland gefällt er sich nicht übel. Wir können von uns aus ja nichts recht machen — aber wir können an ihn glauben, von ihm träumen, Gott für ihn danken und ihn bitten, uns anzureden. Er ist unglücklich in der Ruhe und kann nicht richtig ausruhen. Nach einem Tag voll Arbeit muss er einen prickelnden Abend haben in Theater, Konzert, Kirche, Bazar, Diner, Klub oder in allen zusammen. Hat er eine Versammlung versäumt, so stört er sie wenigstens mit einem ostentativen Entschuldigungstelegramm."

Auch diese Beschreibung lässt den Typus wohl erkennen. Aber fast noch mehr als bei der Beschreibung der extravertierten Frau tritt, trotz einzelnen anerkennenden Feststellungen, das Moment einer karikierenden Entwertung hervor. Dies liegt zum Teil daran, dass diese Methode der Beschreibung dem extravertierten Wesen überhaupt nicht gerecht werden kann, indem es sozusagen unmöglich ist, mit intellektuellen Mitteln den spezifischen Wert des Extravertierten ins richtige Licht zu rücken, während dies beim Introvertierten viel leichter möglich ist, indem seine bewusste Vernünftigkeit und seine bewusste Motivation sich durch intellektuelle Mittel ausdrücken lassen, ebenso die Tatsache seiner Leidenschaft und die daraus erfliessenden Taten. Beim Extravertierten dagegen liegt der Hauptwert bei den Beziehungen zum Objekt. Einzig das Leben selbst scheint mir dem Extravertierten jenes Recht einzuräumen, das ihm die intellektuelle Kritik nicht geben kann. Das Leben allein zeigt seine Werte und anerkennt sie. Man kann zwar konstatieren, dass der Extravertierte sozial nützlich sei, dass er sich grosse Verdienste um den Fortschritt der menschlichen Gesellschaft erwerbe usw. Aber eine Analyse seiner Mittel und seiner Motivationen wird immer ein negatives Resultat geben, denn der Hauptwert des Extravertierten liegt nicht in ihm selbst, sondern in der wechselseitigen Beziehung mit dem Objekt. Die Beziehung zum Objekt gehört zu jenen Imponderabilien, welche die intellektuelle Formulierung nie wird erfassen können.

Die intellektuelle Kritik kann es nicht unterlassen, analysierend vorzugehen und mittelst Angabe von Motivationen und Zwecken das Beobachtete zur völligen Deutlichkeit zu bringen. Daraus entsteht aber ein Bild, das für die Psychologie des Extravertierten so gut wie ein Zerrbild ist, und wer etwa glauben sollte, er fände die richtige Einstellung zu einem Extravertierten auf Grund einer solchen Beschreibung, der würde zu seinem Erstaunen sehen, dass die wirkliche Persönlichkeit ihrer Beschreibung spottet. Eine solch einseitige Auffassung verhindert die Anpassung an den Extravertierten durchaus. Um ihm gerecht zu werden, muss das Denken über ihn ganz ausgeschlossen werden, so wie auch der Extravertierte sich dem Introvertierten nur richtig anpassen kann, wenn er im Stande ist, seine geistigen Inhalte als solche zu nehmen, abgesehen von ihrer möglichen praktischen Verwendbarkeit. Die intellektuelle Analyse kann gar nichts anderes, als dem Extravertierten alle möglichen Hinter- und Nebengedanken, Zweckabsichten, und dergleichen mehr zuzuschieben, die in Wirklichkeit nicht eigentlich existieren, sondern höchstens als schattenhafte Effekte unbewusster Hintergründe mit einfliessen. Es ist ja gewiss so, dass der Extravertierte, wenn er sonst nichts zu sagen hat, doch wenigstens ein Fenster schliessen oder öffnen lässt. Doch wer hat es bemerkt? Wem ist es wesentlich aufgefallen? Doch nur einem, der sich Rechenschaft zu geben versucht über die möglichen Gründe und Absichten solchen Handelns, also einem, der reflektiert, zergliedert und rekonstruiert, während für alle andern dieser kleine Lärm in das allgemeine Lebensgeräusch überhaupt aufgeht, ohne dass sie irgend welchen Anlass fänden, darin dies oder jenes zu sehen. Aber eben in dieser Weise manifestiert sich die Psychologie des Extravertierten: sie gehört zu den Ereignissen des täglichen menschlichen Lebens und bedeutet nichts darüber und nichts darunter. Nur wer überlegt, sieht weiter und sieht schief — was das Leben anbelangt — richtig aber, was den unbewussten gedanklichen Hintergrund des Extravertierten anbetrifft. Er sieht nicht den positiven Menschen, sondern bloss seinen *Schatten.* Und der Schatten gibt dem Urteil recht zum Nachteil des bewussten positiven Menschen. Ich glaube, man tut, aus Gründen der Verständigung, gut daran, den Menschen von seinem Schatten, dem Unbewussten, zu trennen, sonst ist die Diskussion von einer Begriffsverwirrung sondergleichen bedroht. Man nimmt vieles am andern Menschen wahr, was nicht zu seiner bewussten Psychologie gehört, sondern aus seinem Unbewussten herausleuchtet, und lässt sich dadurch verführen, ihm als einem bewussten Ich die beobachtete Qualität auch zuzurechnen. Das Leben und das Schicksal tun auch so, aber der Psycholog, dem die Erkenntnis der Struktur der Psyche einerseits und die Ermöglichung einer bessern Verständigung der Menschen unter sich am Herzen liegt, sollte nicht so tun, sondern den bewussten Menschen vom unbewussten reinlich scheiden, denn nur über die Angleichung bewusster Standpunkte lässt sich Klarheit und Verständigung erreichen, niemals aber durch Reduktion auf die unbewussten Hintergründe, Nebenlichter und Viertelstöne.

d) *Der introvertierte Mann.* Vom Charakter des introvertierten Mannes (the more impassioned and reflective man) sagt Jordan[105]: „Seine Vergnügungen wechseln nicht von Stunde zu Stunde, seine Liebe zu einem Vergnügen ist genuiner Natur, er sucht das Vergnügen nicht aus blosser Rastlosigkeit. Wenn er in öffentlicher Stellung ist, so ist er dies auf Grund einer bestimmten Befähigung, oder er hat etwas im Sinn, das er ausführen möchte. Wenn seine Arbeit getan ist, so geht er gerne, er kann andere anerkennen und zöge es vor, seine Sache in der Hand eines Andern gedeihen zu sehen als in der eigenen zu Grunde zu gehen. Er überschätzt leicht die Verdienste seiner Mitarbeiter. Er ist und kann nie ein habitueller Schimpfer sein. Er entwickelt sich langsam, ist ein Zauderer, kein religiöser Führer, hat nie die Selbstsicherheit, derart zu wissen, was ein Irrtum ist, dass er dafür seinen Nächsten verbrennen könnte. Obschon es ihm nicht an Mut fehlt, so bringt er doch nicht soviel Überzeugung für seine eigene unfehlbare Wahrheit auf, dass er sich dafür verbrennen liesse. Bei bedeutender Begabung wird er von seiner Umgebung in den Vordergrund geschoben, während sich der andere Typus von selbst in Szene setzt."

Es ist, wie mir scheint, bezeichnend, dass der Autor im Kapitel über den introvertierten Mann, um den es sich hier handelt, tatsächlich nicht mehr sagt, als ich hier auszugsweise angegeben habe. Am meisten wird eine Schilderung der Passion vermisst, um derentwillen er doch als „impassioned" bezeichnet wird. Gewiss muss man in diagnostischen Mutmassungen vorsichtig sein — aber dieser Fall scheint zu der Annahme einzuladen, dass der Abschnitt über den introvertierten Mann wohl aus subjektiven Gründen so mager ausgefallen ist. Man hätte nach der ebenso eingehenden wie ungerechten Schilderung des extravertierten Typus eine ähnliche

Gründlichkeit der Beschreibung auch für den introvertierten Typus erwartet. Warum ist sie ausgeblieben?

Setzen wir den Fall, Jordan sei selber auf der introvertierten Seite, so wäre es begreiflich, dass ihm eine ähnliche Beschreibung, wie er sie für seinen Gegentypus mit unbarmherziger Schärfe gibt, wohl kaum gelegen hätte. Ich möchte nicht sagen, wegen Mangels an Objektivität, sondern wegen Mangels an Kenntnis seines eigenen Schattens. Wie der Introvertierte seinem Gegentypus erscheint, das kann der Introvertierte unmöglich wissen oder erdenken, es sei denn, dass er es sich vom Extravertierten vorsagen liesse auf die Gefahr hin, dass er ihn zum Duell fordern müsste. Denn ebensowenig, wie der Extravertierte ohne weiteres gewillt ist, die oben gegebene Charakteristik als ein wohlwollendes und zutreffendes Bild seines Charakters anzunehmen, ist der Introvertierte geneigt, seine Charakteristik von einem extravertierten Beobachter und Kritiker zu empfangen. Sie wäre nämlich ebenso entwertend. Denn in derselben Weise, wie der Introvertierte den Extravertierten zu erfassen versucht und dabei gänzlich daneben gerät, so versucht der Extravertierte das geistige Innenleben des Andern vom Standpunkt der Äusserlichkeit zu verstehen und gerät ebenso gründlich daneben. Der Introvertierte macht immer den Fehler, das Handeln aus der subjektiven Psychologie des Extravertierten ableiten zu wollen, der Extravertierte aber kann das geistige Innenleben immer nur als eine Folge äusserer Umstände begreifen. Ein abstrakter Gedankengang muss für den Extravertierten eine Phantasie, eine Art Hirngespinnst sein, wenn eine objektive Beziehung nicht ersichtlich ist. Und tatsächlich sind introvertierte Gedankengespinnste oft nichts weiteres als solche. Jedenfalls wäre vom introvertierten Mann vieles zu sagen, und ein ebenso vollständiges wie ungünstiges Schattenbild zu geben, wie Jordan dies im frühern Abschnitt über den Extravertierten getan hat.

Von Wichtigkeit scheint mir die Bemerkung Jordans zu sein, dass das Vergnügen des Introvertierten „genuiner Natur“ sei. Das scheint überhaupt eine Eigentümlichkeit des introvertierten Gefühls zu sein: es ist genuin, es ist, weil es aus sich selber da ist, es wurzelt in der tiefern Natur des Menschen, es steigt gewissermassen als sein eigener Zweck aus sich selber empor; es will keinem andern Zwecke dienen, leiht sich auch keinem und begnügt sich damit, sich selbst zu erfüllen. Das hängt zusammen mit der Spontaneität des archaïschen und natürlichen Phänomens, das sich bis dahin noch nicht den Zweckabsichten der Zivilisation gebeugt hat. Zu Recht oder Unrecht, jedenfalls ohne Rücksicht auf Recht oder Unrecht, auf Zweckmässigkeit oder Unzweckmässigkeit, manifestiert sich der affektive Zustand, dem Subjekt aufgedrängt, auch gegen seinen Willen und seine Erwartung. Er hat nichts an sich, was auf gedachte Motivation schliessen liesse.

Auf die weitern Abschnitte des Buches von Jordan möchte ich hier nicht eintreten. Er zitiert historische Persönlichkeiten als Beispiele, wobei vielerlei schiefe Gesichtspunkte herauskommen, die auf dem bereits erwähnten Übelstande beruhen, dass der Autor das Kriterium des Aktiven und des Passiven hereinbringt und mit den andern Kriterien vermengt. Daraus ergibt sich öfters der Schluss, dass eine aktive Persönlichkeit auch zum leidenschaftslosen Typus gerechnet wird und umgekehrt eine leidenschaftliche Natur auch immer passiv sein sollte. Meine Ansicht sucht diesen Irrtum zu vermeiden, indem sie das Moment der Aktivität als Gesichtspunkt überhaupt ausscheidet.

Jordan gebührt aber das Verdienst, zum ersten Mal (meines Wissens!) eine relativ zutreffende Charakterschilderung der emotionalen Typen gegeben zu haben.

V
Das Typenproblem in der Dichtkunst.

Carl Spittelers Prometheus und Epimetheus.

V.
Das Typenproblem in der Dichtkunst.

Carl Spittelers Prometheus und Epimetheus.

1. *Einleitendes über die Spittelersche Typisierung.* Wenn neben den Vorwürfen, welche die Verwicklungen des Affektlebens dem Dichter geben, nicht auch das Typenproblem eine bedeutende Rolle spielte, so wäre dies beinahe ein Beweis, dass es gar nicht existiert. Wir sahen aber schon bei *Schiller*, wie dieses Problem ebenso sehr den Dichter wie den Denker in ihm passionierte. Wir wenden nun in diesem Kapitel unsere Aufmerksamkeit einer dichterischen Schöpfung zu, welche sich fast ausschliesslich auf dem Motiv des Typenproblems begründet. Ich meine *Carl Spittelers Prometheus und Epimetheus*, ein Werk, das 1881 zum ersten Mal erschien.

Ich möchte keineswegs von vornherein erklären, dass Prometheus, der Vorausdenkende, den Introvertierten bedeute, und Epimetheus, der Handelnde und Nachdenkende, den Extravertierten. Es handelt sich ja in erster Linie beim Konflikt dieser beiden Gestalten um den Kampf der introvertierten mit der extravertierten Entwicklungslinie in einem und demselben Individuum, welche aber die dichterische Darstellung in zwei selbständigen Figuren und ihren typischen Schicksalen verkörpert hat.

Es ist unverkennbar, dass Prometheus introvertierte Charakterzüge aufweist. Er bietet das Bild eines seiner Innenwelt, seiner Seele getreuen Introvertierten. Er drückt sein Wesen treffend aus in den Worten[106], die er dem Engel erwidert: „Jedoch nicht stehts bei mir zu richten über meiner Seele Angesicht, denn siehe, meine Herrin ists, und ist mein Gott in Freud und Leid, und was ich immer bin, von ihr hab ichs zu eigen.

Und drum so will mit ihr ich teilen meinen Ruhm, und wenn es muss geschehen, wohlan, so mag ich ihn entbehren."

Prometheus ergibt sich damit auf Gnade und Ungnade seiner Seele, d. h. also der Funktion der Beziehung zur Innenwelt. Darum hat auch die Seele einen geheimnisvollen, metaphysischen Charakter, eben um der Beziehung zum Unbewussten willen. Prometheus verleiht ihr die absolute Bedeutung als Herrin und Führerin in derselben unbedingten Weise, wie sich Epimetheus der Welt ergibt. Er opfert sein individuelles Ich der Seele, der Beziehung zum Unbewussten als der Mutterstätte der ewigen Bilder und Bedeutungen und wird dadurch entselbstet, indem ihm das Gegengewicht der Persona[107], der Beziehung zum äussern Objekt entgeht. Mit der Dahingebung an seine Seele gerät Prometheus ausser allen Zusammenhang mit der Umwelt und verliert dadurch die unerlässliche Korrektur durch die äussere Realität. Dieser Verlust verträgt sich aber schlecht mit dem Wesen dieser Welt. Daher erscheint dem Prometheus ein Engel, offenbar ein Repräsentant der Weltregierung; ins Psychologische übersetzt: das projizierte Bild einer auf Realanpassung gerichteten Tendenz. Dementsprechend sagt der Engel zu Prometheus:

„Es wird geschehen, wenn du es nicht vermagst und dich befreist von deiner Seele ungerechter Art, so ist dahin für dich der vielen Jahre grosser Lohn und deines Herzens Glück und all die Früchte deines vielgestalten Geistes," und an anderer Stelle: „Verworfen wirst du sein am Tag des Ruhms um deiner Seele willen, die da kennet keinen Gott und achtet kein Gesetz und nichts ist ihrem Hochmut heilig, so im Himmel als auf Erden." Da Prometheus einseitig auf Seiten der Seele steht, so geraten alle Tendenzen zur Anpassung an die äussere Welt in die Verdrängung und verfallen so dem Unbewussten. Infolgedessen erscheinen sie, wenn sie wahrgenommen werden, als nicht zur eigenen Persönlichkeit gehörend und darum als projiziert. Damit steht in einem gewissen Widerspruch, dass auch die Seele, auf deren Seite ja Prometheus getreten ist, und die er sozusagen voll ins Bewusstsein aufnimmt, projiziert erscheint. Da die Seele eine Beziehungsfunktion ist, wie die Persona, so besteht sie gewissermassen aus zwei Teilen, einem Anteil, der dem Individuum zugehört und einem Anteil, der dem Objekte der Beziehung, in diesem Fall dem Unbewussten zufällt. Man ist zwar allgemein geneigt — wenn man nicht gerade ein Anhänger der Hartmannschen Philosophie ist — dem Unbewussten nur die relative Existenz eines psychologischen Faktors zuzubilligen. Aus erkenntnistheoretischen Gründen sind wir nun keineswegs in der Lage irgend etwas Gültiges auszusagen hinsichtlich einer objektiven Realität des psychologischen Erscheinungskomplexes, den wir als Unbewusstes bezeichnen, so wenig wie wir in der Lage sind, irgend etwas Gültiges über das Wesen der realen Dinge, das jenseits unseres psychologischen Vermögens liegt, auszumachen. Ich muss aber aus Gründen der Erfahrung darauf hinweisen, dass die Inhalte des Unbewussten in Bezug auf die Tätigkeit unseres Bewusstseins denselben Wirklichkeitsanspruch erheben vermöge ihrer Hartnäckigkeit und Persistenz, wie die realen Dinge der Aussenwelt, wenn schon dieser Anspruch einer vorzugsweise nach Aussen gerichteten Mentalität sehr unwahrscheinlich vorkommt. Es ist nicht zu vergessen, dass es immer sehr viele Menschen gegeben hat, für welche die Inhalte des Unbewussten einen grössern Wirklichkeitswert besassen, als die Dinge der Aussenwelt. Das Zeugnis der menschlichen Geistesgeschichte spricht zu Gunsten beider Wirklichkeiten. Eine tiefergehende Untersuchung der menschlichen Psyche zeigt auch ohne weiteres eine im allgemeinen gleich starke Beeinflussung der Bewusstseinstätigkeit von beiden Seiten, sodass wir psychologisch aus rein empirischen Gründen ein Recht haben, die Inhalte des Unbewussten als ebenso *wirklich* zu behandeln, wie die Dinge der Aussenwelt, wenn schon diese beiden Realitäten sich kontradizieren und ihrem Wesen nach gänzlich verschieden zu sein scheinen. Es wäre aber eine durch nichts gerechtfertigte Unbescheidenheit, wenn wir die eine Realität der andern überordnen wollten. Theosophie und Spiritualismus sind dieselben gewalttätigen Übergriffe, wie der Materialismus. Wir haben uns wohl in der Sphäre unseres psychologischen Vermögens zu bescheiden. Wegen der eigenartigen Wirklichkeit der unbewussten Inhalte darf man sie als Objekte bezeichnen mit demselben Rechte, wie wir die äussern Dinge als Objekte bezeichnen. Wie nun die Persona als Beziehung immer auch durch das äussere Objekt bedingt und daher ebenso sehr im äussern Objekt verankert ist, wie im Subjekt, so ist auch die Seele als Beziehung zum innern Objekt repräsentiert durch das innere Objekt, daher stets auch vom Subjekt noch in gewissem Sinne verschieden und darum als Verschiedenes wahrnehmbar. Sie erscheint darum dem Prometheus als etwas von seinem individuellen Ich durchaus Verschiedenes. Wenn schon ein Mensch sich der äussern Welt gänzlich hingeben kann, so steht die Welt doch immer noch als ein von ihm verschiedenes Objekt da, gleichermassen verhält sich auch die unbewusste Welt der Bilder als ein vom Subjekt verschiedenes Objekt, auch wenn der Mensch sich ihr ganz dahingibt.

In derselben Weise, wie die unbewusste Welt der mythologischen Bilder indirekt durch das Erleben am äussern Ding zu dem spricht, der sich der Aussenwelt ganz ergibt, so spricht auch die reale Aussenwelt und ihre Forderung indirekt zu dem, der sich ganz der Seele ergibt, denn niemand kann den beiden Wirklichkeiten entgehen. Geht einer nur nach aussen, so muss er seinen Mythus leben, geht er nach innen, so muss er sein äusseres, das sogenannte reale Leben träumen. So spricht die Seele zu Prometheus:

„Ein Gott des Frevels bin ich, der dich abseits führet auf den ungebahnten Pfaden. Du aber hattest nicht gehört und nun so ist nach meinen Worten dir geschehen, und also haben sie dir weggestohlen deines Namens Ruhm und deines Lebens Glück um meinetwillen.“[108]

Prometheus lehnt das Königtum, das ihm der Engel anbietet, ab, d. h. er verwirft die Anpassung an das Gegebene, weil seine Seele dafür von ihm gefordert wird. Während das Subjekt, nämlich Prometheus, durchaus menschlicher Natur ist, ist die Seele von ganz anderer Art. Sie ist dämonisch, weil das innere Objekt, mit dem sie als Beziehung verknüpft ist, durch sie hindurch schimmert, nämlich das überpersönliche, collektive Unbewusste. Das Unbewusste, betrachtet als der historische Untergrund der Psyche, enthält in konzentrierter Form die ganze Abfolge der Engramme, welche seit unmessbar langer Zeit die jetzige psychische Struktur bedingt haben. Die Engramme sind nichts anderes als Funktionsspuren, welche andeuten, in welcher Art durchschnittlich und am häufigsten und intensivsten die menschliche Psyche funktioniert hat. Diese Funktionsengramme stellen sich dar als mythologische Motive und Bilder, wie sie teils identisch, teils sehr ähnlich bei allen Völkern vorkommen und auch in den unbewussten Materialien des modernen Menschen unschwer nachzuweisen sind. Es ist daher verständlich, wenn auch ausgesprochene tierische Züge oder Elemente unter den unbewussten Inhalten auftreten neben jenen erhabenen Figuren, welche den Menschen von jeher auf seinem Lebenswege begleitet haben. Es handelt sich um eine ganze Welt von Bildern, deren Grenzenlosigkeit in nichts derjenigen der Welt der „realen" Dinge nachgibt. Wie dem Menschen, der sich persönlich ganz der äussern Welt ergibt, diese ihm in Gestalt eines nächsten, geliebten Wesens entgegentritt, an welchem er, falls ihm die äusserste Hingebung an das persönliche Objekt Schicksal ist, die Zweideutigkeit der Welt und des eigenen Wesens erfahren wird, so tritt dem Andern eine dämonische Personifikation des Unbewussten entgegen, welche die Gesamtheit, die äusserste Gegensätzlichkeit und Zweideutigkeit der Welt der Bilder verkörpert. Dies sind Grenzerscheinungen, die das normale Mittelmass überschreiten, und darum weiss die normale Mitte nicht um diese grausamen Rätsel. Sie existieren für sie nicht. Es sind immer nur die Wenigen, welche den Rand der Welt erreichen, wo ihr Spiegelbild beginnt. Wer immer in der Mitte steht, für den hat die Seele menschlichen, und nicht dubiosen, dämonischen Charakter, so wie ihm auch die Nächsten nie fragwürdig vorgekommen sind. Nur völlige Hingebung an das Eine oder Andere bewirkt ihre Zweideutigkeit. *Spittelers* Intuition erfasste jenes Seelenbild, das sich eine harmlosere Natur höchstens hätte träumen lassen.

So lesen wir p. 25: "Und während er sich so gebärdete in seines Eifers Ungestüm, da spielt ein seltsam Zucken ihr um Mund und Angesicht und immerwährend blinkten ihre Lider, schlugen hastig auf und zu, und hinter ihren weichen feinbehaarten Wimpern lauert es und drohete und schlich umher, dem *Feuer gleich*, das tückisch im Verborgenen durchzieht ein Haus, und *gleich dem Tiger*, der sich windet unter dem Gebüsch und aus den dunklen Blättern leuchtet ab und zu sein gelber buntgeflekter Körper."

Die Lebenslinie, die sich Prometheus wählt, ist also unverkennbar eine introvertierende. Er opfert die Gegenwart und seine Beziehung zu ihr, um eine ferne Zukunft vorausdenkend zu schaffen.

Ganz anders *Epimetheus*: Er erkennt, dass sein Streben zur Welt geht und nach dem, was der Welt gilt. Daher spricht er zum Engel: „Doch nun so ist nach Wahrheit mein Begehr, und siehe, meine Seele liegt in deiner Hand, und so es dir gefällt, so gib mir ein Gewissen, das mich lehre „Heit" und „Keit" und jegliches gerechte Wesen." Epimetheus kann der Versuchung nicht widerstehen, seine eigene Bestimmung zu erfüllen und sich dem „seelenlosen“ Standpunkt zu unterwerfen. Dieser Anschluss an die Welt belohnt sich auch sofort:

„Und es geschah, da Epimetheus sich erhob, da spürt er grösser seinen Wuchs und fester seinen Mut und all sein Wesen war geeint und all sein Fühlen war gesund von kräftigem Wohlbehagen. Und also kehrt er sichern Schrittes durch das Tal, geraden Wegs, wie wer da niemand scheut, und offenen Blicks, wie wen beseelt des eigenen Reichtums Angedenken.“

Er hat, wie Prometheus sagt, „um Heit und Keit verhandelt seine freie Seele“. Die Seele ist ihm (zu Gunsten seines Bruders) abhanden gekommen. Er ist seiner Extraversion nachgegangen, und weil diese sich nach dem äussern Objekt orientiert, so ist er in die Wünsche und Erwartungen der Welt aufgegangen, äusserlich zunächst zu seinem grössten Vorteil. Er ist ein Extravertierter geworden, nachdem er zuvor Jahre lang in Nachahmung seines Bruders in der Einsamkeit gelebt hat, als ein durch Nachahmung des Introvertierten *verfälschter Extravertierter*. Solche unwillkürliche „simulation dans le caractère“ (*Paulhan*) kommt nicht selten vor. Seine Entwicklung zum wirklichen Extravertierten ist darum ein Fortschritt zur „Wahrheit“ und verdient die ihm zu Teil werdende Belohnung.

Während Prometheus durch den tyrannischen Anspruch seiner Seele an jeder Beziehung zum äussern Objekt verhindert ist, und im Seelendienste die grausamsten Opfer bringen muss, empfängt Epimetheus einen zunächst wirksamen Schutz gegen die dem Extravertierten drohende Gefahr des völligen Verlorengehens an das äussere Objekt. Dieser Schutz besteht in dem auf die traditionellen „richtigen Begriffe“ sich stützenden Gewissen, also auf jenen nicht zu verachtenden Schatz an überlieferter Lebensklugheit, von dem die öffentliche Meinung denselben Gebrauch macht, wie der Richter vom Strafgesetzbuch. Damit ist dem Epimetheus jene Beschränkung gegeben, welche ihn hindert, sich dem Objekt in dem Masse hinzugeben, wie Prometheus seiner Seele. Das verbietet ihm das Gewissen, das an Stelle seiner Seele steht. Da Prometheus der Menschenwelt und ihrem kodifizierten Gewissen den Rücken kehrt, verfällt er der grausamen Herrin Seele und ihrer anscheinenden Willkür, und die Vernachlässigung der Welt büsst er mit grenzenlosem Leid. Die weise Beschränkung durch ein untadeliges Gewissen verbindet dem Epimetheus aber dermassen die Augen, dass er seinen Mythus blind leben muss, immer im Gefühl des Rechttuns, da er stets in Übereinstimmung mit der allgemeinen Erwartung bleibt, und stets mit Erfolg, da er Aller Wünsche erfüllt. So will man den König sehen, und so stellt ihn Epimetheus dar bis zum unrühmlichen Ende, bis dorthin nie verlassen von dem rückenstärkenden allgemeinen Beifall. Seine Selbstsicherheit und Selbstgerechtigkeit, sein unerschütterliches Vertrauen in seine allgemeine Gültigkeit, sein unzweifelhaftes „Rechttun“ und sein gutes

Gewissen, lassen unschwer jenen Charakter erkennen, den *Jordan* geschildert hat. Man vergleiche pag. 102 ff. den Besuch des Epimetheus beim kranken Prometheus, wo der König Epimetheus seinen leidenden Bruder heilen will: „Und als sie alles dieses wohl vollbracht, da trat der König vor, und links und rechts auf einen Freund sich stützend, hub er an und grüssete und sprach die *wohlgemeinten* Worte:

„Von Herzen reuet mich's um Dich, Prometheus, mein geliebter Bruder! Doch nun so fasse Mut, denn sieh, hier hab ich eine Salbe, wohl bewährt für alles Leid und heilet wunderbar in Hitze wie in Frost und also wohl zum Trost als wie zur Strafe kannst Du sie gebrauchen.

Und also sprechend nahm er seinen Stock und band die Salbe fest und reicht es alles ihm behutsam dar mit *wichtigem Gebahren.* Prometheus aber, da er kaum vernahm der Salbe Duft und Angesicht, so wandte er sein Haupt mit Ekel. Und über dem, da änderte der König seiner Stimme Ton, begann und schrie und prophezeiete mit heissem Eifer:

„In Wahrheit grössre Strafe scheint Dir not, denn nicht genügt Dir Deines Schicksals gegenwärtige Belehrung.“

Und also sprechend zog er einen Spiegel aus dem Rock und macht ihm alles klar von Anbeginn, und wurde sehr beredt und wusste alle seine Fehler.“

Diese Szene ist eine treffende Illustration zu den Worten *Jordans*: „Society must be pleased if possible; if it will not be pleased, it must be astonished, if it will neither be pleased nor astonished, it must be pestered and shocked.“ Wir begegnen in dieser Szene etwa der gleichen Climax. Im Orient bekundet ein reicher Mann seine Würde dadurch, dass er sich in der Öffentlichkeit nicht anders zeigt, als auf zwei Sklaven gestützt. Epimetheus benützt diese Pose, um Eindruck zu machen. Mit dem Wohltun muss auch gleich die Ermahnung und die moralische Belehrung verknüpft sein. Und als das nicht verfängt, so muss der andere doch wenigstens mit dem Bild seiner eigenen Gemeinheit erschreckt werden. Denn alles geht auf das Eindruckmachen. Es gibt eine amerikanische Redensart, welche sagt: In Amerika haben zwei Arten von Menschen Erfolg: der, der etwas kann und der, der es geschickt blufft. D. h. der Schein ist bisweilen ebenso erfolgreich wie die wirkliche Leistung. Der Extravertierte dieser Art arbeitet vorzüglich mit dem *Schein.* Der Introvertierte will es *erzwingen* und *missbraucht* dazu seine Arbeit. Bringen wir Prometheus und Epimetheus in einer Persönlichkeit zusammen, so ergibt sich daraus ein Mensch, der aussen Epimetheus und innen Prometheus ist, wobei beide Tendenzen einander beständig ärgern, und jede von ihnen versucht, das Ich endgültig auf ihre Seite zu bringen.

2. *Vergleichung von Spittelers mit Goethes Prometheus.* Es ist von nicht geringem Interesse, mit dieser Prometheusauffassung die *Goethe*sche

Prometheusdarstellung zu vergleichen. Ich glaube, genügenden Grund zu haben zu der Vermutung, dass Goethe eher dem extravertierten Typus zugehört, als dem introvertierten, während ich Spittelers Art dem letztem Typus zurechne. Einen völligen Nachweis für die Richtigkeit dieser Vermutung zu erbringen, könnte nur einer ausgedehnten und sorgfältigen Untersuchung und Analyse der Goetheschen Biographie gelingen. Meine Vermutung gründet sich auf vielerlei Eindrücke, die ich nicht erwähnen will, um nicht allzu Unzulängliches vorzubringen.

Die introvertierte Einstellung braucht nicht notwendigerweise mit der Prometheusfigur zusammenzufallen, womit ich meine, dass die überlieferte Prometheusfigur auch anders gedeutet werden könne. Diese andere Version findet sich z. B. im Platonischen *Protagoras*, wo der Verteiler der lebendigen Kräfte an die von den Göttern aus Erde und Feuer eben gebildeten Wesen nicht Prometheus, sondern Epimetheus ist. An dieser Stelle sowohl, wie im Mythus überhaupt, ist Prometheus (eben dem antiken Geschmack entsprechend) hauptsächlich der Listen- und Erfindungsreiche. Bei Goethe nun liegen zwei Fassungen vor. Im Prometheusfragment von 1773 ist Prometheus, der Trotzige, auf sich selbst sich stellende, gottähnliche, die Götter verachtende Schöpfer und Bildner. Seine Seele ist Minerva, die Zeustochter. Prometheus Beziehung zu Minerva hat viel Ahnlichkeit mit derjenigen von Spittelers Prometheus zur Seele. So sagt Prometheus zu Minerva:

„Sind von Anbeginn mir Deine Worte Himmelslicht gewesen!

Immer als wenn meine Seele zu sich selbst spräche,

Sie sich eröffnete

Und mitgeborne Harmonieen

In ihr erklängen aus sich selbst,

Und eine Gottheit sprach

Wenn ich zu reden wähnte,

Und wähnt ich, eine Gottheit spreche,

Sprach ich selbst.

Und so mit dir und mir

So ein, so innig

Ewig meine Liebe dir!“

Und weiter:

„Wie der süsse Dämmerschein

der weggeschiednen Sonne

Dort herauf schwimmt

Vom finstern Kaukasus

Und meine Seele umgibt mit Wonneruh',

Abwesend auch mir immer gegenwärtig,

So haben meine Kräfte sich entwickelt

Mit jedem Atemzug aus deiner Himmelsluft."

Auch Goethes Prometheus ist abhängig von seiner Seele. Die Ähnlichkeit mit der Beziehung des Spittelerschen Prometheus zur Seele ist gross. So sagt Spittelers Prometheus zu seiner Seele: „Und ob sie alles mir geraubt, so bleib' ich über alle Massen reich, so lange einzig Du mir bleibst und nennest mich „mein Freund" aus deinem süssen Mund und blickest auf mich nieder aus dem stolzen gnadenreichen Antlitz." Trotz der Ähnlichkeit der beiden Figuren und ihrer Beziehung zur Seele besteht aber doch ein wesentlicher Unterschied: Goethes Prometheus ist ein Schöpfer und Bildner, und Minerva belebt seine Tongestalten. Spittelers Prometheus ist nicht schaffend, sondern erleidend, nur seine Seele ist schaffend, aber ihr Schaffen ist verborgen und geheimnisvoll. Sie sagt beim Abschied zu ihm[109]: „Und nun, so scheide ich von Dir, denn siehe, meiner harrt ein grosses Werk, ein Werk gewaltger Arbeit voll, und viele Eile tuet not, damit ich es vollende." Es scheint, dass bei Spitteler der Seele die prometheiische Schöpferarbeit zufällt, während Prometheus selber bloss die Qual einer schöpferischen Seele erleidet. Goethes Prometheus aber ist selbsttätig, und zwar schöpferisch-tätig in erster Linie und ausschliesslich, und auf Grund seiner eigenen Schöpferkraft den Göttern trotzend:

„Wer half mir

Wider der Titanen Übermut?

Wer rettete vom Tode mich,

Von Sklaverey?

Hast du nicht alles selbst vollendet,

Heilig glühend Herz?"

Epimetheus ist in diesem Stück spärlich charakterisiert, durchaus dem Prometheus inferior, ein Anwalt des collektiven Gefühls, das Seelendienst nur als „Eigensinn“ verstehen kann. So sagt Epimetheus zu Prometheus:

„Du stehst allein!

Dein Eigensinn verkennt die Wonne

Wenn die Götter, du,

Die Deinigen und Welt und Himmel all’

Sich ein innig Ganzes fühlten.“

Die im Prometheusfragment vorhandenen Andeutungen sind zu spärlich, als dass wir daraus das Wesen des Epimetheus erkennen könnten. Die Charakteristik von Goethes Prometheus aber lässt einen typischen Unterschied erkennen zu der von Spittelers Prometheus. Goethes Prometheus bildet und wirkt nach aussen in die Welt, er setzt von ihm geformte und von seiner Seele belebte Gestalten in den Raum, er füllt die Erde mit den Geburten seines Schaffens, zugleich ist er Lehrer und Erzieher der Menschen. Bei Spittelers Prometheus aber geht alles nach innen, verschwindet im Dunklen des Seeleninnern, wie er selber aus der Welt verschwindet, sogar aus seiner engern Heimat auswandert, gewissermassen um noch unsichtbarer zu werden. Nach dem compensatorischen Prinzip unserer analytischen Psychologie muss in einem solchen Falle die Seele, d. h. die Personifikation des Unbewussten, besonders tätig sein und ein Werk vorbereiten, das aber noch unsichtbar ist. Ausser der bereits zitierten Stelle gibt es bei Spitteler noch eine völlige Beschreibung dieses zu erwartenden Äquivalenzvorganges. Wir finden sie im *Pandorazwischenspiel*:

Pandora, diese rätselvolle Figur im Prometheusmythus, ist bei Spitteler die Gottestochter, der, ausser einer allertiefsten Beziehung, sonst jede Beziehung zu Prometheus mangelt. Diese Fassung lehnt sich an die Geschichte des Mythus an, wo das Weib, das in Beziehung zu Prometheus tritt, entweder *Pandora* oder *Athene* ist. Der mythologische Prometheus hat seine Seelenbeziehung zu Pandora oder Athene wie bei Goethe. Bei Spitteler aber ist eine bemerkenswerte Spaltung eingetreten, die allerdings auch schon beim historischen Mythus angedeutet ist, wo nämlich Prometheus-Pandora sich mit der Analogie Hephaestus-Athene kontaminieren. Bei Goethe ist die Version Prometheus-Athene bevorzugt. Bei Spitteler hingegen ist Prometheus der göttlichen Sphäre entrückt, und eine eigene Seele ist ihm gegeben. Seine Göttlichkeit und seine mythische Urbeziehung zu Pandora aber sind als ein kosmisches Widerspiel im Himmelsjenseits aufbewahrt und für sich agierend. Die Dinge, die im Jenseits geschehen, sind Dinge, die im Jenseits unseres Bewusstseins geschehen, d. h. im Unbewussten. So ist das

Pandorazwischenspiel eine Darstellung dessen, was im Unbewussten während der Leiden des Prometheus geschieht. Während Prometheus aus der Welt verschwindet und auch die letzte Brücke zur Menschheit abbricht, versinkt er in die Tiefe seines Selbst und seine einzige Umgebung, sein einziges Objekt ist er selbst. Und damit ist er „gottähnlich“, denn Gott ist seiner Definition gemäss das Wesen, das überall in sich selbst ruht und immer und überall vermöge seiner Omnipräsenz sich selber zum Gegenstand hat. Selbstverständlich fühlt sich Prometheus ganz und gar nicht gottähnlich, sondern elend in höchstem Masse. Nachdem Epimetheus noch gekommen war, um sein Elend zu bespucken, hebt das Zwischenspiel im Jenseits an, natürlicherweise in dem Moment, wo alle Beziehung zur Welt in Prometheus bis zur Aufhebung zurückgedrängt war. Das sind erfahrungsgemäss die Momente, wo die Inhalte des Unbewussten die beste Möglichkeit haben, Selbständigkeit und Lebendigkeit zu gewinnen, sodass sie das Bewusstsein sogar zu überwältigen vermögen.[110] Im Unbewussten nun spiegelt sich des Prometheus Zustand folgenderweise: „Und an desselben Tages dunklem Morgen wandelte auf einsam stiller Wiese über allen Welten Gott, der Schöpfer alles Lebens, übend den verfluchten Zirkelgang, gemäss dem sonderbaren Wesen seiner rätselhaften, schlimmen Krankheit.

Denn wegen dieser Krankheit konnt’ er niemals enden seines Umgangs Arbeit, durfte nimmer Ruhe finden auf dem Pfade seiner Füsse, sondern ewig gleichen Schrittes macht er Tag für Tag und Jahr um Jahr die Runde um die stille Wiese, schweren Ganges, gesenkten Haupts, die Stirn durchfurcht, das Angesicht verzerrt und immerwährend nach des Kreises Mittelpunkt gerichtet die umwölkten Blicke.

Und während er so heute tat wie alle Tage unvermeidlichen Geschehens und tiefer senkte sich vor Gram sein Haupt und schleppender geriet vor Müdigkeit sein Schritt, und von der schlimm durchwachten Nacht erschien verbraucht der Urquell seines Lebens:

Kam durch Nacht und Dämmerung daher Pandora, seine jüngste Tochter, nahte ungewissen Schrittes sittsam der geweihten Stätte, stellt in Demut sich zur Seite, grüssend mit bescheidnem Blick, und fragend mit des Mundes ehrfurchtsvollem Schweigen.“

Es ist ohne weiteres einleuchtend, dass Gott die Krankheit des Prometheus hat. Denn wie Prometheus alle seine Leidenschaft, seine ganze Libido seiner Seele, dem Innersten zufliessen lässt und einzig und allein dem Dienste seiner Seele sich geweiht hat, so geht auch sein Gott den „Zirkelgang“ um den Weltmittelpunkt herum und erschöpft sich daran, genau wie Prometheus, der nahe daran ist, auszulöschen. Das heisst: seine Libido ist ganz ins Unbewusste hinübergegangen, wo sich ein Äquivalent vorbereiten muss, denn die Libido ist Energie, die nicht spurlos verschwinden kann, sondern immer ein Äquivalent erzeugen muss. Das Äquivalent ist Pandora, und was sie dem Vater bringt: sie bringt ihm nämlich ein köstliches Kleinod, das sie den Menschen zur Linderung ihrer Leiden geben möchte.

Wenn wir diesen Vorgang in die menschliche Sphäre des Prometheus übersetzen, so heisst es: während Prometheus im Zustande der „Gottähnlichkeit" leidet, bereitet seine Seele ein Werk vor, bestimmt die Leiden der Menschheit zu lindern. Seine Seele möchte damit zu den Menschen. Jedoch ist das Werk, das seine Seele in Wirklichkeit plant und schafft, nicht identisch mit dem Werk der Pandora. Das Kleinod der Pandora ist ein unbewusstes Spiegelbild, das *symbolisch* das wirkliche Werk der Seele des Prometheus darstellt. Es geht aus dem Text unzweifelhaft hervor, was das Kleinod ist: es ist ein Gott-Erlöser, eine Erneuerung der Sonne.[111] Diese Sehnsucht drückt sich in der Krankheit Gottes aus, er sehnt sich nach Wiedergeburt und deshalb fliesst seine ganze Lebenskraft in das Zentrum des Selbst zurück, d. h. in die Tiefe des Unbewussten, aus der das Leben sich wieder neu gebiert. Darum ist auch das Erscheinen des Kleinodes in der Welt geschildert, wie wenn die Bilder der Buddhageburt aus dem Lalitavistara dabei angeklungen hätten[112]: Pandora legt das Kleinod unter einem Nussbaum nieder, wie Maya ihr Kind unter dem Feigenbaum gebiert.

„Im mitternächt'gen Schatten unter dem Baume glüht und sprüht und flammt es immerdar, und gleich dem Morgenstern am dunklen Himmel strahlten in die Ferne die demantnen Blitze."

„Und auch die Bienen und die Schmetterlinge, die da tanzten überm Blumengarten, eileten herbei, umspieleten, umgaukelten das *Wunderkind*...." „.... und aus den Lüften liessen schweren Falles sich die Lerchen nieder, gierig, dass sie huldigten dem *neuen, schönern Sonnenangesicht*, und als sie nun aus nächster Nähe schauten den weissen Strahlenglanz, da schwindelte ihr Herz...." „Und über allem diesem tronte väterlich und mild der *auserwählte Baum* mit seiner Riesenkrone, seinem schweren grünen Mantel, hielt die königlichen Hände schützend über seiner Kinder Antlitz

Und all die vielen Zweige beugten liebend sich herab und neigten sich zur Erde, dass sie gleich als wie mit einem Zaune wehreten den fremden Blicken, neidisch, dass sie einzig und allein genössen des Geschenkes unverdiente Huld; und all die abertausend zartbeseelten Blätter bebeten und zitterten vor Wonne, flüsterten vor freudiger Erregung einen weichen, reingestimmten Chor in säuselnden Akkorden: „Wer wüsste, was verborgen unter dem bescheidnen Dach, wer ahnte, welches Kleinod ruht in unserer Mitte!"

Als für Maya die Stunde der Geburt gekommen, da gebar sie ihr Kind unter dem Plaksa-Feigenbaum, der seine Krone schützend bis zur Erde neigt. Vom fleischgewordenen Bodhisattva verbreitet sich unermesslicher Lichtglanz durch die Welt, Götter und Natur nehmen an der Geburt teil. Wie der

Bodhisattva auf die Erde tritt, wächst unter seinen Füssen ein grosser Lotus, und im Lotus stehend schaut er die Welt. Daher die tibetanische Gebetsformel: om mani padme hum = oh über das Kleinod im Lotus! Der Augenblick der Wiedergeburt findet den Bodhisattva unter dem auserwählten Bodhibaume, wo er zu *Buddha* (dem Erleuchteten) wird. Diese Wiedergeburt oder Erneuerung ist begleitet von demselben Lichtglanz und denselben Naturwundern und Göttererscheinungen wie die Geburt.

Im Reiche des Epimetheus aber, wo nur das Gewissen herrscht und nicht die Seele, geht das unermessliche Kleinod verloren. Der Engel, wütend über des Epimetheus Stumpfheit, fährt ihn an: „Und war dir keine Seele, dass du also roh und unvernünftig gleich den Tieren[113], dich verstecktest vor der *wunderbaren Gottheit*?"

Man sieht, das Kleinod der Pandora ist eine Erneuerung Gottes, ein neuer Gott; dies geschieht aber in der göttlichen Sphäre, d. h. im Unbewussten. Die Ahnungen des Vorganges, die ins Bewusstsein hinüberfliessen, werden vom epimetheischen Elemente, welches die Beziehung zur Welt beherrscht, nicht erfasst. Dies ist ausführlich von Spitteler in den folgenden Abschnitten[114] dargestellt, wo wir sehen, wie die Welt, d. h. das Bewusstsein und seine rationale, an den äussern Objekten orientierte Einstellung, unfähig ist, den Wert und die Bedeutung des Kleinodes richtig einzuschätzen. Darüber geht das Kleinod unwiederbringlich verloren.

Der erneuerte Gott bedeutet eine erneuerte Einstellung, d. h. die erneuerte Möglichkeit intensiven Lebens, eine Wiedererlangung des Lebens, weil psychologisch Gott immer den grössten Wert, also die grösste Libidosumme, die grösste Lebensintensität, das Optimum der psychologischen Lebenstätigkeit bedeutet. Bei Spitteler erweist sich demnach die prometheische Einstellung sowohl wie die epimetheische als unzulänglich. Die beiden Tendenzen dissoziieren sich, die epimetheische Einstellung harmoniert mit dem gegebenen Zustand der Welt, die prometheische dagegen nicht, weshalb letztere auf eine Erneuerung des Lebens hinarbeiten muss. Sie erzeugt auch eine neue Einstellung zur Welt (das der Welt geschenkte Kleinod), allerdings ohne damit bei Epimetheus Anklang zu finden. Trotzdem erkennen wir unschwer im Pandorageschenk bei Spitteler einen symbolischen Lösungsversuch des Problems, das wir schon bei der Besprechung der Schillerschen Briefe hervorgehoben haben, nämlich das Problem der Vereinigung der differenzierten und der undifferenzierten Funktion.

Bevor wir uns aber noch weiter mit diesem Problem beschäftigen, müssen wir zurückkehren zu Goethes Prometheus. Wie wir bereits sahen, bestehen unverkennbare Unterschiede zwischen dem schöpferischen Prometheus Goethes und der erleidenden Figur Spittelers. Ein weiterer wichtiger

Unterschied ist die Beziehung zu Pandora. Bei Spitteler ist Pandora ein jenseitiges, der göttlichen Sphäre angehöriges Duplikat der Seele des Prometheus; bei Goethe dagegen ist sie ganz Geschöpf und Tochter des Titanen, also in einem absoluten Abhängigkeitsverhältnis zu ihm. Schon die Beziehung des Goetheschen Prometheus zu Minerva rückt ihn an Stelle des Vulkan, und die Tatsache; dass Pandora ganz sein Geschöpf ist, und nicht als von den Göttern geschaffen erscheint, macht ihn zum Schöpfergott und entrückt ihn damit der menschlichen Sphäre. Daher sagt Prometheus:

„Und eine Gottheit sprach,

Wenn ich zu reden wähnte,

Und wähnt' ich, eine Gottheit spreche,

Sprach ich selbst."

Bei Spitteler dagegen ist alle Gottheit von Prometheus abgestreift, selbst seine Seele ist nur ein inoffizieller Dämon; die Gottheit ist für sich gesetzt, abgetrennt vom Menschlichen. Insofern ist die Goethesche Fassung antik, als sie die Göttlichkeit des Titanen unterstreicht. Dementsprechend muss auch Epimetheus stark daneben abfallen, während er bei Spitteler viel positiver hervortritt. In der „Pandora" Goethes besitzen wir nun glücklicherweise ein Stück, das uns eine vollständigere Charakterisierung des Epimetheus übermittelt als das bis jetzt besprochene Fragment. Epimetheus führt sich dort folgendermassen ein:

„Nicht sondert mir entschieden Tag und Nacht sich ab,

Und meines Namens altes Unheil trag ich fort;

Denn Epimetheus nannten mich die Zeugenden.

Vergangnem nachzusinnen, Raschgeschehenes

Zurückzuführen, mühsamen Gedankenspiels,

Zum trüben Reich gestaltenmischender Möglichkeit.

So bittre Mühe war dem Jüngling auferlegt,

Dass ungeduldig in das Leben hingewandt

Ich unbedachtsam Gegenwärtiges ergriff,

Und neuer Sorge neubelastende Qual erwarb."

Mit diesen Worten kennzeichnet Epimetheus sein Wesen: er grübelt dem Vergangenen nach und kann sich von Pandora, die er (der klassischen Sage gemäss) zum Weibe nahm, nicht mehr befreien, d. h. er kann sich ihres Erinnerungsbildes nicht mehr entledigen; sie selber jedoch ist ihm längst entlaufen, indem sie ihm ihre Tochter, Epimeleia, die Sorge, hinterliess, während sie Elpore, die Hoffnung, mit sich nahm. Hier ist nun Epimetheus in so deutlicher Weise geschildert, dass wir zu erkennen vermögen, welche psychologische Funktion er darstellt. Während Prometheus auch in der „Pandora" derselbe Schöpfer und Bildner ist, und mit demselben unversieglichen Drang zu schaffen und auf die Welt zu wirken sich täglich früh vom Lager erhebt, ist Epimetheus ganz den Phantasien, Träumen und Erinnerungen hingegeben, voll ängstlicher Besorgnis und sorgenvoller Überlegung. Pandora tritt auf als Geschöpf des Hephaestus, zurückgewiesen von Prometheus, aber von Epimetheus zur Gattin erwählt. Von ihr sagt er:

„Die Schmerzen selbst um *solch ein Kleinod* sind Genuss." Pandora ist ihm ein köstliches Kleinod, das höchste Gut sogar —

„Und sie gehört auf ewig mir, die Herrliche!
Der Seligkeit Fülle, die hab ich empfunden!
Die Schönheit besass ich, sie hat mich gebunden,
Im Frühlingsgefolge trat herrlich sie an.

Sie erkannt' ich, sie ergriff ich, da war es getan!
Wie Nebel zerstiebte trübsinniger Wahn,
Sie zog mich zur Erd' ab, zum Himmel hinan.
Du suchest nach Worten, sie würdig zu loben,
Du willst sie erhöhen, sie wandelt schon oben.
Vergleich' ihr das Beste; du hältst es für schlecht.
Sie spricht, du besinnst dich; doch hat sie schon recht.
Du stemmst dich entgegen; sie gewinnt das Gefecht.
Du schwankst ihr zu dienen, und bist schon ihr Knecht.

Das Gute, das Liebe, das mag sie erwidern.
Was hilft hohes Ansehen, sie wird es erniedern,
Sie stellt sich ans Ziel hin, beflügelt den Lauf.

Vertritt sie den Weg dir, gleich hält sie dich auf.
Du willst ein Gebot tun, sie treibt dich hinauf,
Gibst Reichtum und Weisheit und alles in den Kauf.
Sie steiget hernieder in tausend Gebilden,
Sie schwebet auf Wassern, sie schreitet auf Gefilden,
Nach heiligen Massen erglänzt sie und schallt,
Und einzig veredelt die Form den Gehalt,
Verleiht ihm, verleiht sich die höchste Gewalt,
Mir erschien sie in Jugend-, in Frauengestalt."

Wie diese Verse deutlich zeigen, hat Pandora für Epimetheus die Bedeutung eines Seelenbildes, sie stellt ihm die Seele dar: daher ihre göttliche Gewalt, ihre nicht zu erschütternde Überlegenheit. Wo immer solche Attribute gewissen Persönlichkeiten erteilt werden, kann man mit Sicherheit schliessen, dass diese Persönlichkeiten *Symbolträger* resp. Imagines sind für projizierte Inhalte des Unbewussten. Denn die Inhalte des Unbewussten sind es, die mit jener oben geschilderten Übergewalt wirken und besonders in jener Weise, wie sie Goethe unübertrefflich kennzeichnet in der Strophe:

„Du willst ein Gebot tun, sie treibt dich hinauf."

Mit diesen Worten ist die eigentümliche affektive Verstärkung gewisser Bewusstseinsinhalte durch Association analoger Inhalte des Unbewussten vorzüglich geschildert. Diese Verstärkung hat etwas Dämonisch-Zwingendes an sich, also eine „göttliche" oder „teuflische" Wirkung.

Wir haben oben die Goethesche Prometheusfigur als extravertiert bezeichnet. Sie ist in der „Pandora" dieselbe geblieben, jedoch fehlt hier die Beziehung des Prometheus zur Seele, zum unbewussten Weiblichen. Dafür aber tritt Epimetheus hervor als der nach innen Gerichtete, als der Introvertierte. Er grübelt nach, er ruft die Erinnerungen aus dem Grabe der Vergangenheit herauf, er „denkt". Von Spittelers Epimetheus ist er ganz und gar verschieden. Wir dürfen daher sagen, dass hier (in Goethes „Pandora") der früher angedeutete Fall tatsächlich eingetreten ist, wo Prometheus die extravertierte, handelnde, Epimetheus aber die introvertierte, grüblerische Einstellung ist.

Dieser Prometheus ist also etwa dasselbe in extravertierter Form, was der Spittelersche in introvertierter Form ist. In der „Pandora" dagegen ist Prometheus rein schaffend für collektive Zwecke, er hat einen förmlichen

Fabrikbetrieb in seinem Berg eingerichtet, wo Bedarfsartikel für alle Welt hergestellt werden. Er ist daher abgetrennt von seiner Innenwelt, welche Beziehung dieses Mal dem Epimetheus zufällt, nämlich jenem sekundären und rein reaktiven Denken und Fühlen des Extravertierten, dem alle Merkmale der minderdifferenzierten Funktion zukommen. Daher ist auch Epimetheus der Pandora gänzlich auf Gnade und Ungnade verfallen, weil sie ihm in jeder Hinsicht überlegen ist. Psychologisch heisst das, dass die bewusste epimetheische Funktion des Extravertierten, nämlich eben jenes phantastische, grüblerische und ruminierende Vorstellen durch das Dazutreten der Seele verstärkt wird. Wenn die Seele in Verbindung steht mit der minderdifferenzierten Funktion, so muss man den Schluss ziehen, dass die hochwertige, resp. differenzierte Funktion zu collektiv sei, d. h. im Dienste des Collektivgewissens[115] stehe, und nicht im Dienste der Freiheit. Wo immer dieser Fall vorkommt — und er kommt sehr häufig vor —, da ist die minderdifferenzierte Funktion, d. h. die „andere Seite" durch eine pathologische Egozentrizität verstärkt, d. h. der Extravertierte füllt dann seine freie Zeit durch melancholische oder hypochondrische Grübeleien aus, wenn nicht durch hysterische Phantasien und sonstige Symptome[116]; der Introvertierte dagegen schlägt sich mit Minderwertigkeitsgefühlen herum, die ihn zwangsmässig befallen und ihn nicht weniger trübselig stimmen.[117]

Der Prometheus der „Pandora" entspricht nicht mehr dem Spittelers. Er ist blosses collektives Tätigkeitsstreben, welches in seiner Einseitigkeit eine Verdrängung der Erotik bedeutet. Sein Sohn *Phileros*[118] ist reine erotische Leidenschaft; denn als ein Sohn seines Vaters muss er, wie dies bei den Kindern öfter der Fall ist, das von den Eltern zu wenig Gelebte unter unbewusstem Zwange nachholen. Des Unbedachten, immer erst nachher Bedenkenden, des Epimetheus Tochter, ist bezeichnenderweise Epimeleia = die Sorge. Phileros liebt Epimeleia, die Tochter der Pandora, und so wird des Prometheus Schuld, der Pandora zurückgewiesen hat, gesühnt. Zugleich werden Prometheus und Epimetheus geeint, dadurch, dass die Geschäftigkeit des Prometheus als nicht anerkannte Erotik sich herausstellt und des Epimetheus beständiges Zurückschauen als vernünftige Besorgnis, welche das ebenso beständige Produzieren des Prometheus hemmen und aufs richtige Mass beschränken möchte. Dieser Goethesche Lösungsversuch, der aus einer extravertierten Psychologie heraus erwachsen zu sein scheint, führt uns zurück zu dem Spittelerschen Lösungsversuch, den wir oben verlassen hatten, um uns mit der Goetheschen Prometheusfigur zu beschäftigen.

Spittelers Prometheus wendet sich, wie sein Gott, von der Welt, der Peripherie, weg und blickt nach innen, nach dem Mittelpunkt, jenem „engen Durchgang" der Wiedergeburt. Diese Konzentration oder Introversion leitet die Libido allmählich ins Unbewusste. Dadurch wird die Tätigkeit der unbewussten Inhalte verstärkt; die Seele beginnt zu „arbeiten" und schafft ein Werk, das aus dem Unbewussten ins Bewusstsein auftauchen möchte. Das Bewusstsein hat aber zwei Einstellungen: die prometheische, welche die Libido von der Welt abzieht und introvertiert, ohne zu geben, und die epimetheische, welche beständig ausgibt, seelenlos, geführt von den Ansprüchen des äussern Objektes. Wenn Pandora ihr Geschenk der Welt gibt, so heisst das im Psychologischen, dass ein unbewusstes Produkt von hohem Werte das extravertierte Bewusstsein, d. h. die Beziehung zur realen Welt zu erreichen im Begriff steht. Obschon die prometheische Seite, d. h. der Künstler den hohen Wert des Werkes intuitiv erfasst, so ist doch seine persönliche Beziehung zur Welt dermassen unter der Herrschaft der Tradition in jeder Hinsicht, dass das Werk eben bloss als Kunstwerk aufgefasst wird, und nicht auch als das, was es eigentlich ist, nämlich ein Symbol, das eine Erneuerung des Lebens bedeutet. Damit es aber aus der bloss ästhetischen Bedeutung heraus und zur Wirklichkeit komme, sollte es auch ins Leben hineingelangen, dadurch, dass es darin aufgenommen und gelebt wird. Wenn aber die Einstellung hauptsächlich introvertierend ist und nur auf Abstraktion geht, dann ist die Extraversionsfunktion minderwertig, d. h. im Banne collektiver Beschränktheit. Diese Beschränktheit verhindert, dass das von der Seele geschaffene Symbol lebendig wird. Dadurch geht das Kleinod verloren; man kann aber nicht wirklich leben, wenn „Gott", d. h. der höchste Lebenswert, der sich im Symbol ausdrückt, nicht lebendig werden kann. Darum bedeutet der Verlust des Kleinods zugleich den Beginn von Epimetheus Untergang.

Und nun beginnt die Enantiodromie: Anstatt dass, wie jeder Rationalist und Optimist geneigt ist anzunehmen, auf den guten Zustand ein besserer folge, weil ja alles in „aufsteigender Entwicklung" sich bewege, schliesst nun der Mann des trefflichen Gewissens, und der allgemein als gültig anerkannten sittlichen Grundsätze einen Pakt mit Behemoth und seiner Übeln Schar und verhandelt sogar die ihm anvertrauten Gotteskinder an den Teufel. Psychologisch heisst das, dass die collektive, undifferenzierte Einstellung zur Welt die höchsten Werte der Menschen ersticke und dadurch zu einer destruktiven Macht werde, deren Wirkung solange zunimmt, bis die prometheische Seite, nämlich die ideelle und abstrakte Einstellung sich in den Dienst des Seelenkleinodes stellt und als ein ächter Prometheus der Welt ein neues Feuer entzündet. Spittelers Prometheus muss aus seiner Einsamkeit heraus und mit Gefahr seines Lebens den Menschen sagen, dass sie irren, und wo sie irren. Er muss die Unerbittlichkeit der Wahrheit anerkennen, so wie Goethes Prometheus die Unerbittlichkeit der Liebe in Phileros erfahren muss.

Dass das destruktive Element in der epimetheiischen Einstellung tatsächlich die traditionelle und collektive Beschränktheit ist, beweist sich klar in der rasenden Wut des Epimetheus gegen das „Lämmchen“, das eine durchsichtige Karikatur der traditionellen Christlichkeit ist. In diesem Affekt bricht etwas durch, das uns aus dem ungefähr gleichzeitigen Eselsfest des Zarathustra wohlbekannt ist. Darin drückt sich eine zeitgenössische Strömung aus.

Der Mensch vergisst nämlich immer wieder, dass etwas, das einstmals gut war, nicht für immer und ewig gut bleibt. Er geht aber die alten Wege, die einstmals gut waren, noch lange, wenn sie schon schlecht geworden sind, und er kann sich nur mit den grössten Opfern und unter unerhörten Mühen vom Wahne befreien, dass das einstmals Gute heute vielleicht alt geworden und nicht mehr gut ist. Es geht ihm so im Kleinen wie im Grossen. Die Wege und Weisen seiner Kindheit, die einstmals gut waren, kann er kaum ablegen, auch wenn ihre Schädlichkeit längst erwiesen ist. Dasselbe, nur in gigantischer Vergrösserung, ist der Fall mit der historischen Einstellungsveränderung. Eine allgemeine Einstellung entspricht einer Religion, und Religionswechsel gehören zu den peinlichsten Momenten der Weltgeschichte. Unsere Zeit ist allerdings in dieser Hinsicht von einer Verblendung, die ihresgleichen sucht. Man meint, man müsse nur eine Bekenntnisformel als unrichtig und ungültig erklären, um von allen traditionellen Wirkungen christlicher oder jüdischer Religion psychologisch befreit zu sein. Man glaubt an Aufklärung, wie wenn eine intellektuelle Schwenkung irgendwie einen tiefern Einfluss auf die Gemütsvorgänge oder gar auf das Unbewusste hätte! Man vergisst völlig, dass die Religion der vergangenen 2000 Jahre eine psychologische Einstellung ist, eine bestimmte Art und Weise der Anpassung nach innen und aussen, die eine bestimmte Kulturform erzeugt und damit eine Atmosphäre geschaffen hat, welche von einer intellektuellen Leugnung ganz unbeeinflusst bleibt. Die intellektuelle Schwenkung ist zwar symptomatisch wichtig als ein Hinweis auf kommende Möglichkeiten, aber die tiefern Schichten der Psyche arbeiten noch lange in der frühern Einstellung weiter, gemäss der psychischen Inertie. Daher kommt es, dass das Unbewusste das Heidentum lebendig bewahrt hat. Die Leichtigkeit, mit der der antike Geist sich wieder erhebt, kann man an der Renaissance beobachten. Die Leichtigkeit, mit der sich der noch viel ältere primitive Geist wieder erhebt, kann man in unserer Zeit vielleicht noch besser beobachten als in irgend einer andern historisch bekannten Epoche. Je tiefer eine Einstellung wurzelt, desto gewaltsamer müssen die Versuche ausfallen, die davon befreien sollen. Der Ruf der Aufklärungsepoche: „Ecrasez l'infâme“, leitete die religiöse Umsturzbewegung innerhalb der französischen Revolution ein, welche psychologisch auch nichts anderes als eine wesentliche Einstellungskorrektur bedeutete, der aber die Universalität mangelte. Das Problem einer allgemeinen Einstellungsänderung schlief seit jener Zeit nicht mehr ein; es tauchte vielmehr in vielen hervorragenden Köpfen des XIX. Jahrhunderts wieder auf. Wir sahen bereits, wie *Schiller* das Problem zu bewältigen versuchte. In Goethes Ansätzen zum Prometheus-Epimetheusproblem erkennen wir wiederum den Versuch, die höher differenzierte Funktion, welche dem christlichen Ideal der Bevorzugung des Guten entspricht, irgendwie mit der minderdifferenzierten Funktion, deren Verdrängung und Nichtanerkennung wiederum dem christlichen Ideal der Verwerfung des Bösen entspricht, zu vereinigen.[119] Mit dem Symbol des Prometheus und des Epimetheus wird die Schwierigkeit, die Schiller philosophisch-ästhetisch zu bewältigen versuchte, in das Gewand des antiken Mythus gehüllt. Damit geschieht etwas, das ich schon früher als typisch und gesetzmässig hervorgehoben habe: wenn der Mensch nämlich vor einer schwierigen Aufgabe steht, die er mit den ihm zu Gebote stehenden Mitteln nicht bewältigen kann, dann entsteht automatisch eine rückläufige Libidobewegung, d. h. eine Regression. Die Libido zieht sich vom gegenwärtigen Problem zurück, introvertiert sich und belebt im Unbewussten ein mehr oder weniger primitives Analogon der bewussten Situation samt einem frühern Anpassungsweg. Dieses Gesetz bedingt Goethes Symbolwahl: Prometheus war der Heiland, welcher der im Dunkeln schmachtenden Menschheit Licht und Feuer brachte. Goethes Wissen hätte allerdings auch einen andern Heiland auffinden können, weshalb die eben angegebene Determinante zur Erklärung nicht hinreichend ist. Es muss vielmehr auch am antiken Geiste liegen, den gerade jene Zeit um die Wende des XVIII. Jahrhunderts als unbedingt compensatorisch empfand und schätzte, und dies in jeglicher Hinsicht, ästhetisch, philosophisch, moralisch, ja sogar politisch (Philhellenismus) auch ausdrückte. Der Paganismus der Antike, der als „Freiheit", „Naivetät", „Schönheit" etc. gepriesen wurde, war es, der dem Sehnen jener Zeit entgegenkam. Jenes Sehnen entsprang, wie dies Schiller so deutlich zeigt, der Empfindung der Halbheit, der seelischen Barbarei, der moralischen Unfreiheit, der Unschönheit. Diese Empfindungen rühren samt und sonders von der einseitigen Schätzung und von der damit verbundenen Tatsache her, dass die psychologische Dissociation zwischen der höher- und minderdifferenzierten Funktion fühlbar wurde. Die christliche Zerreissung des Menschen in ein wertvolles und ein verworfenes Stück wurde jenem im Vergleich zu frühern höher sensibilisierten Zeitalter unerträglich. Die Sündhaftigkeit stiess sich an der Empfindung der ewigen, natürlichen Schönheit, deren Anschauung jener Zeit allbereits möglich war; daher griff sie auf ein Zeitalter zurück, wo die Idee der Sündhaftigkeit die Ganzheit des Menschen noch nicht zerspalten hatte, wo das Höhere und das Tiefere menschlicher Natur in völliger Naivetät ohne Kränkung des moralischen oder ästhetischen Empfindens noch zusammen wohnen konnten.

Der Versuch einer regressiven Renaissance blieb aber in den Anfängen stecken, wie das Prometheusfragment und die „Pandora". Die klassische Lösung ging nicht mehr, denn die zwischenliegenden christlichen Jahrhunderte mit ihrem Tiefstes aufwühlenden Erleben liessen sich nicht leugnen. Daher die antikisierende Richtung sich allmählich eine Abmilderung ins Mittelalterliche gefallen lassen musste. Dieser Prozess setzt am deutlichsten in Goethes Faust ein, wo das Problem bei den Hörnern genommen wird. Die Gotteswette zwischen Böse und Gut wird aufgenommen. Faust, der mittelalterliche Prometheus, tritt Mephistopheles, dem mittelalterlichen Epimetheus gegenüber und schliesst den Pakt mit ihm. Und hier ist das Problem nun schon so erhöht, dass man sehen kann, wie Faust und Mephisto ein und derselbe Mensch sind. Das epimetheische Element, das alles zurückdenkt und in das anfängliche Chaos „gestaltenmischender Möglichkeit" zurückführt, verschärft sich im Teufel zu der bösen Gewalt, die allem Lebenden „die kalte Teufelsfaust" entgegenhält und das Licht in die Mutter Nacht, aus der es geboren, zurückzwingen möchte. Der Teufel hat überall ein richtig epimetheisches Denken, das Denken des „Nichts-als", welches alles Lebendige auf das anfängliche Nichts herunterschraubt. Die naive Leidenschaft des Epimetheus für die Pandora des Prometheus, wird zur Teufelsabsicht des Mephistopheles auf die Seele des Faust. Und die kluge Vorsicht des Prometheus, die göttliche Pandora auszuschlagen, wird gesühnt durch die Tragik der Gretchenepisode und die spät erfüllte Sehnsucht nach Helena und durch den endlosen Aufstieg zu den obern Müttern. („Das ewig Weibliche zieht uns hinan".)

In der Figur des mittelalterlichen Zauberers steckt der prometheische Trotz gegen die geltenden Götter. Der Zauberer hat ein Stück uralten Heidentums gerettet[120], er selbst besitzt ein Wesen in sich, das von der christlichen Zerspaltung nicht erreicht wurde, d. h. er hat Zugang zum Unbewussten, das noch heidnisch ist, und wo noch die Gegensätze in ursprünglicher Naivetät zusammenliegen, jenseits von aller Sündhaftigkeit, aber, wenn aufgenommen in das bewusste Leben, geeignet, Böses mit derselben ursprünglichen und darum dämonisch wirkenden Kraft zu erzeugen, wie Gutes. („Ein Teil von jener Kraft, die stets das Böse will, und stets das Gute schafft.") Er ist darum ein Verderber, sowohl wie ein Erlöser (Faust: Spaziergang). Diese Figur ist darum vor allen geeignet, der Symbolträger für einen Vereinigungsversuch zu werden. Zudem hat der mittelalterliche Zauberer die antike Naivetät, die unmöglich geworden ist, abgestreift und die ganze christliche Atmosphäre durch stärkstes Erleben aufgesogen. Jenes Stück Heidentum muss ihn zuerst ganz in christliche Selbstverleugnung und Selbstzerfleischung hineinstossen, denn seine Erlösungssehnsucht ist so stark, dass jedes Mittel ergriffen wird. Schliesslich versagt auch der christliche Lösungsversuch, und dann zeigt es sich, dass in der Erlösungssehnsucht und in der Eigensinnigkeit der Selbstbehauptung des heidnischen Stückes eben gerade die

Erlösungsmöglichkeit liegt, indem das antichristliche Symbol eine Möglichkeit für das Aufnehmen des Bösen zeigt. Goethes Intuition hat daher das Problem mit aller nur wünschenswerten Schärfe erfasst. Es ist gewiss charakteristisch, dass die andern seichtern Lösungsversuche, wie das Prometheusfragment, die „Pandora“ und der rosenkreuzerische Kompromiss eines Synkretismus von dionysischer Freude mit dem christlichen Selbstopfer in den „Geheimnissen“ unvollendet geblieben sind. Die Erlösung des Faust beginnt mit seinem Tode. Sein Leben behielt den prometheischen Göttlichkeitscharakter, der erst mit dem Tode, d. h. mit seiner Wiedergeburt von ihm abfiel. Psychologisch will das heissen, dass die Fausteinstellung aufzuhören hat, damit die Einheit des Individuums zustande komme. Was zuerst als Gretchen erschien und dann zu Helena auf höherer Stufe wurde, erhöht sich am Ende zur Mater gloriosa. Dieses vieldeutige Symbol zu erschöpfen, kann hier meine Aufgabe nicht sein. Ich will nur darauf hinweisen, dass es sich um jenes urtümliche Bild handelt, das bereits die Gnosis in hohem Masse beschäftigte, nämlich um die Idee der göttlichen Hure Eva, Helena, Maria und Sophia-Achamoth.

3. *Die Bedeutung des vereinigenden Symbols.* Werfen wir von dem nunmehr gewonnenen Standpunkt einen Blick auf die unbewusste Problembearbeitung bei Spitteler, so fällt uns sofort auf, dass der Pakt mit dem Bösen nicht der Absicht des Prometheus entspringt, sondern der Gedankenlosigkeit des Epimetheus, der nur ein Collektivgewissen, aber keinerlei Unterscheidungsvermögen für die Dinge der Innenwelt besitzt. Er lässt sich ausschliesslich durch Collektivwerte bestimmen und übersieht dadurch das Neue und Einzigartige, wie es dem am Objekt orientierten Collektivstandpunkt bekanntlich immer geht. Mit objektivem Masstab können wohl kurrente Collektivwerte gemessen werden, nicht aber Neugeschaffnes, dem nur freie Schätzung — eine Sache des lebendigen Gefühls — die richtige Bewertung geben kann. Dazu gehört aber ein Mensch, der eine „Seele“ hat und nicht bloss Beziehungen zu äussern Objekten. Der Niedergang des Epimetheus beginnt mit dem Verlust des neugebornen Gottesbildes. Sein moralisch unanfechtbares Denken, Fühlen und Handeln schliesst keineswegs aus, dass mehr und mehr das Böse, das Destruktive und Leere sich einschleichen. Diese Invasion des Bösen bedeutet eine Verwandlung des vorher Guten in eine Schädlichkeit. Damit drückt Spitteler aus, dass das bisherige moralische Prinzip zwar zuerst durchaus trefflich ist, mit der Zeit aber den Zusammenhang mit dem Leben verliert, indem es die Fülle der Lebenserscheinung nicht in sich fassen kann. Das rational Richtige ist ein zu enger Begriff, als dass es das Leben im ganzen und auf die Dauer genügend erfassen und ausdrücken könnte. Das irrationale Geschehnis der Gottesgeburt aber steht ausserhalb der rationalen Geschehnisschranken. Die Gottesgeburt will psychologisch sagen, dass ein neues Symbol, ein neuer Ausdruck der höchsten Lebensintensität geschaffen

sei. Alles Epimetheische im Menschen und alle epimetheischen Menschen erweisen sich als unfähig, dieses Ereignis zu fassen. Doch von diesem Moment an ist die höchste Lebensintensität nur auf der neuen Linie zu finden. Jede andere Richtung stirbt allmählich aus, d. h. sie fällt der Zerstörung und Auflösung anheim. Das neue lebenspendende Symbol entstammt der Liebe des Prometheus zu seiner Seele, welche reichlich als dämonisch gekennzeichnet ist. Man kann darum sicher sein, dass im neuen Symbol und seiner lebendigen Schönheit das Element des Bösen miteingeflossen ist, denn sonst würde ihm das leuchtende Leben mangeln, wie auch die Schönheit, denn Leben und Schönheit sind natürlicherweise moralisch indifferent. Darum findet die epimetheische Collektivität auch nichts Schätzenswertes daran. Die Einseitigkeit ihres moralischen Standpunktes verblendet sie völlig. Dieser Standpunkt ist identisch mit dem „Lämmchen", d. h. traditionell christlich. Die Wut des Epimetheus gegen das „Lämmchen" ist also nichts anderes, als das „Ecrasez l'infâme" in erneuter Form, eine Auflehnung gegen die hergebrachte Christlichkeit, die unfähig war, das neue Symbol zu begreifen und damit das Leben in eine neue Bahn zu lenken.

Diese Konstatierung könnte einen durchaus kalt lassen, wenn Dichter nicht solche wären, welche das collektive Unbewusste zu lesen imstande sind. Sie erraten, als die Ersten ihrer Zeit, die geheimnisvollen Strömungen, die sich unter Tag begeben und drücken sie nach individueller Fähigkeit in mehr oder weniger sprechenden Symbolen aus. Sie verkündigen so, als wahre Propheten, was im Unbewussten vorgeht, „was der Wille Gottes sei" in der Sprache des Alten Testamentes, und was dementsprechend in der Folgezeit unvermeidlich zu Tage treten wird als allgemeine Erscheinung. Die erlösende Bedeutung der Tat des Prometheus bei Spitteler, der Untergang des Epimetheus, seine Wiedervereinigung mit dem der Seele lebenden Bruder und die Rache des Epimetheus am Lämmchen, die in ihrer Grausigkeit an die Szene zwischen Ugolino und dem Erzbischof Ruggieri (Dante: Inferno, XXXII) erinnert, bereiten auf eine Lösung des Konfliktes vor, die mit einer blutigen Empörung gegen die hergebrachte collektive Moral verbunden ist.

Bei einem Dichter von kleinen Proportionen darf man annehmen, dass der Gipfel seines Werkes die Höhe seiner persönlichen Freuden, Leiden und Wünsche nicht überrage. Bei Spitteler hingegen überragt das Werk persönliches Schicksal. Darum steht seine Problemlösung nicht allein. Von hier zu Zarathustra, dem Zerbrecher der Tafeln, ist es bloss ein Schritt. Auch *Stirner* gesellt sich dazu, nachdem *Schopenhauer* als erster die Verneinungslehre aufgestellt hatte. Er sprach von Verneinung der Welt. Psychologisch heisst „Welt", wie ich die Welt sehe, meine Einstellung zur Welt, denn die Welt kann betrachtet werden als „mein Wille" und „meine Vorstellung". Die Welt ist an sich indifferent. Mein Ja und Nein erzeugt die Differenzen. Die

Verneinung betrifft also die Einstellung zur Welt, und zwar in erster Linie Schopenhauers Einstellung zur Welt, die einerseits rein intellektualistisch-rational ist und andererseits die Welt vermöge mystischer Identität im eigensten Gefühl erlebt. Diese Einstellung ist introvertiert, sie leidet also am typologischen Gegensatz. Schopenhauers Werk aber überragt seine Persönlichkeit um ein Vielfaches. Es spricht aus, was viele Tausende unklar dachten und fühlten. Ähnlich *Nietzsche*: sein Zarathustra vor allem hebt die Inhalte des collektiven Unbewussten unserer Zeit überhaupt ans Licht, daher wir auch bei ihm die entscheidenden Grundzüge finden: die ikonoklastische Empörung gegen die herkömmliche Moralatmosphäre und das Aufnehmen des „hässlichsten" Menschen, das bei Nietzsche zu jener in Zarathustra sich darstellenden erschütternden unbewussten Tragödie führt. Was aber schöpferische Geister aus dem collektiven Unbewussten heraufholen, das ist wirklich auch darin und tritt darum auch als massenpsychologische Erscheinung früher oder später zu Tage. Der Anarchismus, der Fürstenmord, die in neuester Zeit sich immer deutlicher vollziehende Abspaltung eines anarchistischen Elementes von der äussersten sozialistischen Linken, mit seinem absolut kulturwidrigen Programm — das sind die massenpsychologischen Erscheinungen, welche von Dichtern und schöpferischen Denkern längst schon ausgesprochen wurden. Darum können uns die Dichter nicht kalt lassen, denn in ihren Hauptwerken und in ihren tiefsten Inspirationen schöpfen sie aus den Tiefen des collektiven Unbewussten und sprechen laut aus, was andere nur träumen. Obschon es aber die Dichter laut aussprechen, so sprechen sie doch nur das Symbol, an dem sie ästhetische Freude empfinden, ohne Bewusstsein seiner wahren Bedeutung. Ich möchte nicht bestreiten, dass Dichter und Denker einen erzieherischen Einfluss auf ihre Mit- und Nachwelt haben; mir scheint aber, dass ihr Einfluss im wesentlichen darauf beruht, dass sie etwas, was alle wissen, lauter und deutlicher sagen, und nur insofern sie dieses allgemeine unbewusste „Wissen" ausdrücken, wirken sie erzieherisch oder verführerisch. Die grösste und unmittelbarste suggestive Wirkung erzielt der Dichter, der die oberflächlichste Schicht des Unbewussten in passender Form auszudrücken weiss. Je tiefer das Schauen des schöpferischen Geistes dringt, desto fremder ist er der Masse und desto grösser ist der Widerstand aller derjenigen, die sich einigermassen vor der Masse auszeichnen. Die Masse versteht ihn nicht, lebt aber unbewusst, was er ausspricht; nicht weil er es ausspricht, sondern weil sie aus dem collektiven Unbewussten lebt, in das er schaute. Die Bessern der Nation verstehen zwar etwas von dem, was er sagt, aber weil das Ausgesprochene einerseits mit den in der Masse sich begebenden Ereignissen übereinstimmt, andererseits aber ihre eigenen Bestrebungen antizipiert, so hassen sie den Schöpfer solcher Gedanken, nicht aus Bosheit, sondern aus Instinkt der Selbsterhaltung. Wenn das Erkennen des collektiven Unbewussten eine solche Tiefe erreicht, dass der bewusste Ausdruck den Inhalt nicht mehr fassen kann, dann kann im Augenblick nicht mehr entschieden werden, ob es sich um ein krankhaftes oder um ein wegen seiner besondern Tiefe unverständliches Produkt handelt. Meist ist ein mangelhaft gefasster, aber tief bedeutsamer Inhalt auch etwas Krankhaftes. Und krankhafte Produkte sind in der Regel bedeutsam. Aber in beiden Fällen ist der Zugang schwierig. Der Ruhm dieser Schöpfer, falls er sich überhaupt je einstellt, ist posthum, und verspätet sich gelegentlich um mehrere Jahrhunderte. Die Behauptung *Ostwalds*, dass heute ein genialer Geist höchstens noch auf die Dauer von ungefähr einem Jahrzehnt verkannt werde, beschränkt sich hoffentlich auf das Gebiet der technischen Erfindungen, sonst wäre eine solche Behauptung lächerlich in höchstem Masse.

Noch ist auf einen Punkt hinzuweisen, der mir von besonderm Belang erscheint. Die Problemlösung im „Faust", im „Parzival" von *Wagner*, bei Schopenhauer, selbst bei Nietzsches Zarathustra ist *religiös*. Es ist daher nicht erstaunlich, dass auch Spitteler zu einer religiösen Fassung gedrängt ist. Wenn ein Problem religiös gefasst wird, so heisst es psychologisch: sehr bedeutsam, von besonderm Werte, das Ganze des Menschen betreffend, daher auch das Unbewusste (Götterreich, Jenseits, usw.). Bei Spitteler ist sogar die religiöse Form von geradezu überwuchernder Fruchtbarkeit, wobei das speziell Religiöse allerdings an Tiefe verliert, dafür aber an mythologischem Reichtum, an Archaïsmus und darum auch an prospektiver Symbolik gewinnt. Das wuchernde mythologische Gespinnst erhöht die Unklarheit der Problemerfassung und -lösung, und macht darum das Werk schwer zugänglich. Das Abstruse, Groteske und Geschmacklose, das der mythologischen Wucherung immer anhaftet, verhindert die Einfühlung, isoliert dadurch den Sinn des Werkes und gibt dem Ganzen einen etwas unangenehmen Beigeschmack von jener Originalität, die sich nur dank einer ängstlich-sorgfältigen Anpassung an anderer Stelle von psychischer Abnormalität mit Erfolg unterscheiden kann.

Die mythologische Wucherung, so ermüdend und unschmackhaft sie auch sein mag, hat aber den einen Vorteil, dass nämlich das Symbol sich in ihr entfalten kann, aber allerdings in einer dermassen unbewussten Weise, dass der bewusste Witz des Dichters dem Ausdruck des Sinnes nirgends nachzuhelfen weiss, sondern einzig und allein im Dienste der mythologischen Wucherung und ihrer plastischen Ausgestaltung sich abmüht. Darin unterscheidet sich Spittelers Dichtung vom „Faust" sowohl wie vom „Zarathustra", dass der bewusste Anteil des Dichters am Sinne des Symbols in letztern Fällen ein grösserer war, und infolgedessen die mythologische Wucherung im „Faust" und die Gedankenwucherung im „Zarathustra" zu Gunsten der erstrebten Lösung zurückgedrängt wurde. Daher ist „Faust" sowohl wie „Zarathustra" weit *schöner* als Spittelers

Prometheus. Letzterer aber *wahrer* als relativ treues Abbild der wirklichen Vorgänge im collektiven Unbewussten. „Faust“ sowohl wie „Zarathustra“ erweisen sich als hilfreich in hohem Masse bei der individuellen Bewältigung des in Frage stehenden Problems; Spittelers „Prometheus und Epimetheus“ hingegen ermöglicht eine allgemeinere Erkenntnis des Problems und seiner collektiven Erscheinungsweise dank der mit allen Mitteln unterstützten mythologischen Wucherungen. Was die Spittelersche Demonstration unbewusster religiöser Inhalte in erster Linie erkennen lässt, ist das *Symbol der Gotteserneuerung*, das dann im „Olympischen Frühling“ ausgedehnt behandelt wird. Dieses Symbol erscheint innigst verbunden mit dem Typen- und Funktionsgegensatz und hat offenkundig die Bedeutung eines Lösungsversuches in Form einer Erneuerung der allgemeinen Einstellung, was in der Sprache des Unbewussten als Erneuerung des Gottes ausgedrückt wird. Die Gotteserneuerung ist ein geläufiges urtümliches Bild, das man sozusagen überall findet; ich erwähne nur den ganzen Komplex des sterbenden und wiedererstehenden Gottes und alle seine Vorstufen bis zur Erneuerung der Ladung der Fetische und Churingas mit magischer Kraft. Das Bild drückt aus, dass die Einstellung sich verändert hat, und dadurch eine neue Energiespannung eingetreten ist, eine neue Möglichkeit der Manifestation des Lebens, eine neue Fruchtbarkeit. Letztere Analogie erklärt den reichlich erwiesenen Zusammenhang der Gotteserneuerung mit den Phänomenen der Jahreszeiten und des Wachstums. Man ist natürlich geneigt, aus diesen Analogien auf Jahreszeiten-, Vegetations-, Astral- oder Lunarmythus zu schliessen. Man vergisst dabei ganz, dass ein Mythus wie alles Psychische nicht bloss durch das äussere Ereignis bedingt sein kann. Das Psychische bringt auch seine eigenen innern Bedingungen mit, sodass man mit ebenso viel Recht auch behaupten kann, der Mythus sei rein psychologisch und benütze die Daten der meteorologischen oder astronomischen Vorgänge bloss als Ausdrucksmaterial. Die Willkürlichkeit und Absurdität vieler primitiver mythischer Behauptungen lässt diese Erklärungsversion öfter als treffend erscheinen als jede andere.

Die psychologische Ausgangssituation für die Gotteserneuerung ist eine zunehmende Spaltung in der Anwendungsweise der psychischen Energie, der Libido. Die eine Hälfte begibt sich in eine prometheische, die andere Hälfte in eine epimetheische Anwendungsweise. Natürlich hindern sich solche Gegensätze nicht nur in der Societät, sondern auch im Individuum. Daher das Lebensoptimum sich mehr und mehr von den gegensätzlichen Extremen zurückzieht und eine Mittelstellung aufsucht, die notwendigerweise irrational und unbewusst sein muss, weil nur die Gegensätze rational und bewusst sind. Da nun die mittlere Position einen irrationalen Charakter hat als Vereinigung von Gegensätzen und noch unbewusst ist, so erscheint sie projiziert als vermittelnder Gott, als Messias oder Mediator. Für unsere, in punkto Erkenntnis, primitivern westlichen

Religionsformen erscheint die neue Lebensmöglichkeit als Gott oder Heiland, der aus Liebe oder aus väterlicher Fürsorge, aber aus seinem eigenen innern Entschluss heraus die Zerspaltung aufhebt, wann und wie es ihm aus uns verborgenen Gründen passt. Die Kindlichkeit dieser Anschauung ist in die Augen springend. Der Osten hat seit Jahrtausenden diesen Vorgang erkannt und deshalb auch eine psychologische Heilslehre aufgestellt, welche den Erlösungsweg in den Bereich menschlicher Absicht rückt. So hat die indische Religion sowohl wie die chinesische und der beide Sphären verbindende Buddhismus die Vorstellung eines *mittlern Pfades*, der von magischer Wirksamkeit, erlösend, und durch bewusste Einstellung erreichbar ist. Die vêdische Anschauung sucht bewusst die Befreiung aus den Gegensatzpaaren, um auf den Pfad der Erlösung zu gelangen.

a) *Die brahmanistische Auffassung des Gegensatzproblems.* Der Sanskritausdruck für Gegensatzpaar im psychologischen Sinn ist *Dvandva.* Er bedeutet sonst noch Paar (bes. Mann und Weib), Streit, Zank, Zweikampf, Zweifel, etc. Die Gegensatzpaare wurden schon vom Weltschöpfer geschaffen:

„Moreover, in order to distinguish actions, he separated merit from demerit, and he caused the creatures to be affected by the *pairs of opposites*, such as pain and pleasure."[121] Der Kommentator *Kulluka* nennt als weitere Gegensatzpaare: Wunsch und Zorn, Liebe und Hass, Hunger und Durst, Sorge und Wahn, Ehre und Schande. „Immerfort hat diese Welt unter den Gegensatzpaaren zu leiden."[122] Es ist nun eine wesentliche ethische Aufgabe, sich von den Gegensätzen nicht beeinflussen zu lassen (nirdvandva = frei, unberührt von den Gegensätzen), sondern sich darüber zu erheben, weil die Befreiung von den Gegensätzen zur Erlösung führt. Ich gebe im folgenden eine Reihe von Belegen:

1. Aus dem Buch des Manu[123]: „Wenn er durch die Einstellung seines Gefühls gleichgültig wird gegenüber allen Objekten, so erlangt er ewige Glückseligkeit, sowohl in dieser Welt, wie nach dem Tode. Wer in dieser Weise alle Bindungen allmählich aufgegeben hat und sich befreit hat von allen Gegensatzpaaren, ruht in *Brahman.*"

2. Die bekannte Ermahnung Krishnas[124]: „Die Vedas beziehen sich auf die drei Gunas[125]; Du aber, o Arjuna, sei gleichgültig gegen die drei Gunas, gleichgültig gegen die Gegensätze (nirdvandva) immerdar standhaft im Mut."

3. Im Yogasutra des Patanjali heisst es[126]: „Dann (in der tiefsten Versenkung, samadhi) erfolgt Unbetroffensein von den Gegensätzen."[127]

4. Vom Wissenden[128]: „Daselbst schüttelt er ab gute und böse Werke, dann übernehmen seine Bekannten, die ihm freund sind, sein gutes Werk und die ihm nicht freund sind, sein böses Werk; gleichwie einer, auf einem Wagen schnell fahrend, auf die Wagenräder hinabblickt, so blickt er herab

auf Tag und Nacht, so auf gute und böse Werke und auf alle Gegensätze; er aber, frei von guten und bösen Werken, als Brahmanwisser, geht zu dem Brahman ein.“

5. (Zur Versenkung ist berufen) „wer Gier und Zorn überwindet, das Hängen an der Welt und die Sinnenlust; wer sich von den Gegensätzen frei macht, wer das Ichgefühl (bezw. die Selbstsucht) aufgibt, der Hoffnung ledig ist.“[129]

6. Pandu, der ein Eremit werden will, sagt: „Mit Staub ganz bedeckt, im Freien hausend, will ich an der Wurzel eines Baumes meine Wohnung nehmen, alles, Liebes und Unliebes aufgeben, weder Kummer noch Freude empfinden, Tadel und Lob gleich aufnehmen, weder Hoffnung hegen, noch Verehrung bezeugen, frei von den Gegensätzen (nirdvandva), ohne Hab und Gut.“[130]

7. „Wer im Leben und im Sterben, im Glück wie im Unglück, bei Gewinnen und Verlieren, in Liebe und Hass sich gleich bleibt, der wird erlöst. Wer nichts erstrebt und nichts gering achtet, wer frei von den Gegensätzen (nirdvandva) ist, wessen Seele die Leidenschaft nicht kennt, der ist gänzlich erlöst.

Wer weder Recht noch Unrecht tut, und den in früherm Dasein aufgehäuften Schatz von (guten und bösen) Werken fahren lässt; wessen Seele sich beruhigt, wenn die körperlichen Elemente dahinschwinden, wer von den Gegensätzen sich frei hält, der wird erlöst.“[131]

8. „Volle tausend Jahre habe ich die Sinnendinge genossen, und doch regt sich immer von neuem die Begier nach ihnen. Deshalb will ich sie aufgeben, und meinen Geist auf Brahma richten; gleichgültig gegen die Gegensätze (nirdvandva) und frei von Ichgefühl will ich mit dem Wild umherstreifen.“[132]

9. „Durch Schonung aller Wesen, durch den Wandel eines Asketen, durch Selbstbezwingung und Wunschlosigkeit, durch Gelübde und untadliges Leben, durch Gleichmut und das Ertragen der Gegensätze wird dem Menschen in dem qualitätlosen Brahma die Wonne zuteil.“[133]

10. „Wer frei ist von Überhebung und Verblendung, und den Fehler an etwas zu hängen, überwunden hat, wer dem höchsten Atman treu bleibt, wessen Wünsche erloschen sind, wer unberührt bleibt von den Gegensätzen von Lust und Schmerz, diese von Verblendung Freien gelangen nach jener unvergänglichen Stätte.“[134]

Wie aus diesen Zitaten[135] hervorgeht, sind es zunächst die äussern Gegensätze, wie Hitze und Kälte, denen die psychische Anteilnahme versagt werden soll, sodann aber auch extreme affektive Schwankungen, wie Liebe und Hass usw. Die affektiven Schwankungen sind natürlich die steten Begleiter aller psychischen Gegensätze, so natürlich auch aller gegensätzlichen Auffassungen in moralischer und anderer Hinsicht. Solche Affekte sind erfahrungsgemäss umso grösser, je mehr das erregende Moment die Gesamtheit des Individuums berührt. Der Sinn der indischen Absicht ist daher klar: sie will von den Gegensätzen der menschlichen Natur überhaupt befreien, und zwar zu einem neuen Leben in Brahman, dem Erlösungszustand und Gott zugleich. Brahman muss also die irrationale Vereinigung der Gegensätze und somit ihre endgültige Überwindung bedeuten. Obschon Brahman als Weltgrund und Weltschöpfer die Gegensätze geschaffen hat, so müssen doch in ihm die Gegensätze auch wieder aufgehoben sein, wenn anders er den Erlösungszustand bedeuten soll. Ich gebe im folgenden eine Reihe von Belegen:

1. „Brahman ist sat und asat, das Seiende und Nichtseiende, satyam und asatyam, die Realität und die Irrealität."[136]

2. „Fürwahr, es gibt zwei Formen des Brahman, nämlich: das Gestaltete und das Ungestaltete, das Sterbliche und das Unsterbliche, das Stehende und das Gehende, das Seiende und das Jenseitige."[137]

3. „Der Gott, der Schöpfer aller Dinge, das grosse Selbst, das immerdar wohnt im Herzen des Menschen, wird wahrgenommen vom Herzen, der Seele, dem Geiste, wer das weiss, erreicht Unsterblichkeit. Wenn das Licht aufgegangen ist, dann gibt es nicht Tag noch Nacht, weder Sein noch Nichtsein."[138]

4. „Zwei sind im ewig, endlos höchsten Brahman latent enthalten, *Wissen und Nichtwissen*. Vergänglich ist Nichtwissen, ewig Wissen, doch der als Herr verhängt sie, ist der Andre."[139]

5. „Das Selbst, kleiner als klein, grösser als gross, ist verborgen im Herzen dieser Kreatur. Ein Mensch, befreit vom Begehren und befreit von Bekümmernis, sieht die Majestät des Selbst durch die Gnade des Schöpfers. Obschon er stille sitzt, so wandelt er ferne, obschon er stille liegt, so geht er überall. Wer, ausser mir, ist fähig diesen Gott zu erkennen, der erfreut und nicht erfreut?"[140]

6.

„Eins — ohne Regung und doch schnell wie Denken, —

Hinfahrend, nicht von Göttern einzuholen —

Stillstehend, überholt es alle Läufer —

Ihm wob schon die Urwasser ein der Windgott.

Rastend ist es und doch rastlos,

Ferne ist es und doch so nah.

In allem ist es inwendig,

Und doch ausserhalb allem da.“[141]

7. „Aber gleichwie dort im Luftraume ein Falke oder ein Adler, nachdem er umhergeflogen ist, ermüdet seine Fittiche zusammenfaltet, und sich zur Niederkauerung begibt, also eilt auch der Geist zu jenem Zustande, wo er, eingeschlafen, keine Begierde mehr empfindet und kein Traumbild schaut.

Das ist seine wahre Form frei von Verlangen, frei von Übel, frei von Furcht. Denn so, wie einer von einem geliebten Weibe umschlungen, kein Bewusstsein hat von dem, was aussen oder innen ist, so auch hat der Geist, von dem erkenntnisartigen Selbst (dem Brahman) umschlungen, kein Bewusstsein von dem, was aussen oder innen ist.“ (Subjekt-Objektgegensatz aufgehoben.)

„Ein Ozean ist diese eine Sekunde, frei von Zweiheit; dies ist die Brahmanwelt, o König. So lehrte ihn Yajnavalkya. Dies ist sein höchstes Ziel, dies sein höchster Erfolg, dies seine höchste Welt, dies seine höchste Wonne.“[142]

8.

„Was regsam ist, was fliegt und dennoch still steht,

Was atmet und nicht atmet, was die Augen schliesst,

Das trägt die ganze Erde allgestaltig,

Und das zusammengehend wird zur Einheit.“[143]

Diese Anführungen zeigen, dass Brahman die Vereinigung und Aufhebung der Gegensätze ist und daher zugleich auch als irrationale[144] Grösse darüber steht. Es ist ein Gottwesen, zugleich das Selbst (allerdings in geringerm Masse als der verwandte Atmanbegriff) und ein bestimmter psychologischer Zustand, der durch Isolierung gegenüber Affektschwankungen ausgezeichnet ist. Da das Leiden ein Affekt ist, so bedeutet die Befreiung von Affekten die Erlösung. Die Befreiung aus den Schwankungen der Affekte, das heisst aus der Gegensatzspannung ist gleichbedeutend mit dem Erlösungsweg, der allmählich zum Brahmanzustand führt. Brahman ist daher auch in gewissem Sinne nicht nur ein Zustand, sondern auch ein Prozess, eine „schöpferische Dauer“. Es ist daher nicht erstaunlich, dass sein Begriff in den Upanishaden mit all den

Symbolen ausgedrückt wird, die ich früher als Libidosymbole[145] bezeichnet habe. Ich gebe im folgenden die hiehergehörigen Belege:

b) *Über die brahmanistische Auffassung des vereinigenden Symbols.*

1. „Wenn es heisst: Brahman im Osten zuerst ward geboren, so wird als jene Sonne das Brahman Tag für Tag im Osten geboren."[146]

2. „Jener Mann in der Sonne ist Parameshtin, Brahman, Atman."[147]

3. „Jener Mann, den sie in der Sonne zeigen, das ist Indra, ist Prajapati, ist Brahman."[148]

4. „Das Brahman ist ein sonnengleiches Licht."[149]

5. „Was dieses Brahman ist, das ist eben das, was als jene Sonnenscheibe glüht."[150]

6.

„Brahman *zuerst im Osten ward geboren*;

Vom Horizont deckt auf den Glanz der Holde;

Die Formen dieser Welt, die tiefsten, höchsten,

Zeigt er, die Wiege des, was ist und nicht ist.

Vater der glänzenden, der Schätze Zeuger,

Ging ein er in den Luftraum allgestaltig;

Ihn preisen sie durch Lobgesang, *das Junge,*

Das Brahman ist, durch Brahman (Gebet) *wachsen machend.*

Das Brahman hat die Gottheiten, Brahman die Welt hervorgebracht."[151]

Ich habe gewisse, besonders charakteristische Stellen durch Sperrdruck hervorgehoben, aus denen hervorgeht, dass Brahman nicht nur das Hervorbringende ist, sondern auch das Hervorgebrachte, immer wieder Werdende. Der Beiname „der Holde" (vena), der hier der Sonne gilt, wird an andern Stellen dem *Seher*, der mit dem göttlichen Licht begnadet ist, gegeben, denn gleich wie die Brahman-Sonne, umwandelt auch des Sehers Geist „Erd' und Himmel, Brahman schauend".[152] Diese intime Beziehung, ja Identität des göttlichen Wesens mit dem Selbst (Atman) des Menschen, dürfte allgemein bekannt sein. Ich erwähne folgendes Beispiel aus dem Atharvaveda:

„Der Brahmanschüler belebend beide Welten geht.

In ihm sind einmütig die Götter alle.

Er hält und trägt die Erde und den Himmel,

Er sättigt durch sein Tapas[153] selbst den Lehrer.

Dem Brahmanschüler nah'n, ihn zu besuchen,

Väter und Götter, einzeln und in Scharen;

Und alle Götter sättigt er durch Tapas."

Der Brahmanschüler ist selbst eine Inkarnation Brahmans, woraus die Identität der Brahmanwesenheit mit einem bestimmten psychologischen Zustand unzweifelhaft hervorgeht.

7.

„Von Göttern angetrieben, glänzt unüberragt die *Sonne* dort;

Aus ihr ward Brahmankraft, das höchste Brahman,

Die Götter all, und was sie macht unsterblich.

Der Brahmanschüler trägt das Brahman glanzvoll,

Ihm sind die Götter alle eingewoben."[154]

8. Brahman ist auch Prana = Lebensodem und kosmisches Lebensprinzip, ebenso ist Brahman Vayu = Wind, der im Brihadaranyaka-Upanishad (3,7) als das kosmische und psychische Lebensprinzip angegeben wird.[155]

9. „Er, der dieser (Brahman) ist im Menschen, und er, der jener (Brahman) ist in der Sonne, beide sind eins."[156]

10. (Gebet eines Sterbenden): „Das Antlitz des Wahren (des Brahman) ist von einer goldenen Scheibe bedeckt. Öffne diese, o Pushan (Savitri, Sonne), dass wir sehen mögen das Wesen des Wahren. O Pushan, einziger Seher, Yama, Surya (Sonne), Sohn des Prajapati, breite deine Strahlen aus und sammle sie. Das Licht, das deine schönste Gestalt ist, ich sehe es. Ich bin, was er ist (d. h. der Mann in der Sonne)."[157]

11. „Und dieses Licht, das über diesem Himmel leuchtet, höher als Alles, höher als Jegliches, in der höchsten Welt, über welche hinaus es keine andern Welten mehr gibt, das ist dasselbe Licht, das im Innern des Menschen ist. Und dafür haben wir diesen sichtbaren Beweis: nämlich, wenn wir so durch Berührung die Wärme hier und Körper wahrnehmen."[158]

12. „Wie ein Reiskorn, oder Gerstenkorn, oder Hirsekorn, oder eines Hirsekorns Kern, so ist dieser Geist im innern Selbst, golden, wie eine Flamme ohne Rauch; und er ist grösser als der Himmel, grösser als der Raum, grösser als diese Erde, grösser als alle Wesen. Er ist des Lebens Seele, er ist meine Seele; zu ihm, von hier, zu dieser Seele werde ich hinscheidend eingehen."[159]

13. Brahman wird Atharvaveda 10,2 als vitalistisches Prinzip, als Lebenskraft, welche alle Organe und ihre zugehörigen Triebe schafft, aufgefasst.

„Wer, dass er des Geschlechtes Faden fortspinne, pflanzt ihm Samen ein, wer häufte auf ihn Geisteskräfte, gab Stimme ihm und Mienenspiel?"

Auch die *Macht* des Menschen stammt aus Brahman. Aus diesen Belegen, deren Zahl sich um ein Vielfaches vermehren liesse, geht unzweideutig hervor, dass der Brahmanbegriff übereinstimmt, vermöge aller seiner Attribute und Symbole mit jener Idee einer dynamischen oder schöpferischen Grösse, die ich als „Libido" bezeichnet habe. Das Wort „Brahman" bedeutet: 1. Gebet, 2. Zauberspruch, 3. heilige Rede, 4. heiliges Wissen (veda), 5. heiliger Wandel, 6. das Absolutum, 7. der heilige Stand (der Brahmanen). *Deussen* hebt als besonders charakteristisch die Gebetsbedeutung hervor.[160] Brahman leitet sich von barh, farcire, „die Anschwellung"[161], d. h. das „Gebet", aufgefasst als „der zum Heiligen, Göttlichen emporstrebende Wille des Menschen."

Diese Ableitung weist auf einen gewissen psychologischen Zustand hin, nämlich auf eine spezifische Konzentration der Libido, welche durch überfliessende Innervationen einen allgemeinen Spannungszustand hervorruft, der mit dem Gefühl der Anschwellung verknüpft ist. Daher man auch in der Umgangssprache von einem solchen Zustand gerne Bilder von Überfliessen, nicht mehr halten können, zerplatzen usw. gebraucht. („Wess' das Herz voll ist, dess gehet der Mund über.") Die indische Praxis sucht diesen Zustand der Stauung oder Anhäufung der Libido planmässig durch Abziehung der Aufmerksamkeit (der Libido) von den Objekten und von den psychischen Zuständen, den „Gegensätzen", herbeizuführen. Die Abspaltung der Sinneswahrnehmung und die Auslöschung des Bewusstseinsinhaltes führt gewaltsam zu einer Heruntersetzung des Bewusstseins überhaupt (genau wie in der Hypnose) und belebt dadurch die Inhalte des Unbewussten, d. h. die urtümlichen Bilder, die wegen ihrer Universalität und ihres unbeschränkten Alters kosmischen und übermenschlichen Charakter haben. Auf diese Weise kommen dann alle jene Gleichnisse von Sonne, Feuer, Flamme, Wind, Atem, usw. herein, welche von jeher als Symbole für die zeugende, schöpferische, weltbewegende Kraft galten. Da ich mich mit diesen Libidogleichnissen in einer speziellen

Untersuchung[162] ausführlich beschäftigt habe, so kann ich mir hier Wiederholungen ersparen. Die Idee eines schöpferischen Weltprinzipes ist eine Projektion der Wahrnehmung des lebenden Wesens im Menschen selbst. Man tut wohl am besten, dieses Wesen abstrakt als *Energie* aufzufassen, um alle vitalistischen Missverständnisse von vornherein auszuschliessen. Allerdings muss man aber auch auf der andern Seite jene Hypostasierung des Energiebegriffes, welche sich die modernen Energetiker leisten, strikte zurückweisen. Mit dem Begriffe der Energie ist auch der Begriff der Gegensätzlichkeit gegeben, indem ein energetischer Ablauf notwendig die Existenz eines Gegensatzes, d. h. zweier verschiedener Zustände voraussetzt, ohne welche überhaupt kein Ablauf stattfinden kann. Jedes energetische Phänomen (es gibt überhaupt kein Phänomen, das nicht energetisch wäre) manifestiert Anfang und Ende, oben und unten, heiss und kalt, früher und später, Ursprung und Ziel, usw., d. h. die Gegensatzpaare. Die Untrennbarkeit des Energiebegriffes vom Gegensatzbegriff haftet auch dem Libidobegriff an. Die Libidosymbole mythologischer oder philosophisch-spekulativer Natur sind daher entweder durch Gegensätze direkt dargestellt, oder lösen sich zu allernächst in Gegensätze auf. Ich habe auf diese innere Spaltung der Libido schon früher hingewiesen und bin damit auf Widerstand gestossen, zu Unrecht, wie mir scheint, denn die unmittelbare Association eines Libidosymbols mit dem Gegensatzbegriff gibt mir recht. Wir finden diese Association auch beim Brahmanbegriff oder -Symbol. In höchst merkwürdiger Weise findet sich die Form Brahmans als Gebet und zugleich als vorweltliche Schöpferkraft, letztere dabei in die Geschlechtsgegensätze aufgelöst, in einem Hymnus des Rigveda[163]:

„Und dies Gebet des Sängers, aus sich breitend,

Ward eine Kuh, die vor der Welt schon da war;

In dieses Gottes Schoss zusammenwohnend,

Pfleglinge gleicher Hegung sind die Götter.

Was ist das Holz, was ist der Baum gewesen,

Aus dem sie Erd und Himmel ausgehauen,

Die beiden, alternd nicht und ewig hilfreich,

Wenn Tage schwänden und Vor-Morgenröten? —

So gross ist ausser ihm nichts mehr vorhanden,

Er ist der Stier, der Erde trägt und Himmel,

Das Wolkensieb umgürtet wie ein Fell er,

Der Herr, wenn er, wie Surya, fährt mit Falben.

Als Sonnenpfeil bestrahlt er weit die Erde,
Durchbraust die Wesen, wie der Wind die Nebel,
Wo er als *Mitra*, *Varuna* sich umtreibt,
Zerteilt er *Glutschein* wie im Walde *Agni*.
Als zugetrieben ihm, die Kuh gebar,
Schuf sie, *bewegt, frei weidend, Unbewegtes.*
Gebar den Sohn, der älter als die Eltern —“

In einer andern Form ist die mit dem Weltschöpfer unmittelbar verbundene Gegensätzlichkeit dargestellt im Çatapatha-brahmanam 2, 2, 4: „Prajapati[164] war diese Welt zu Anfang nur allein, der erwog: Wie kann ich mich fortpflanzen?, er mühte sich ab, er übte Tapas[165]; da erzeugte er aus seinem Munde Agni (das Feuer), weil er ihn aus seinem Munde erzeugte[166]; darum ist Agni Speiseverzehrer. — Prajapati erwog: als Speiseverzehrer habe ich diesen Agni aus mir erzeugt; aber es ist hier *nichts andres ausser mir vorhanden*, was er essen könnte, denn die Erde war damals ganz kahl beschaffen; es gab keine Kräuter und keine Bäume; das war ihm in Gedanken. *Da kehrte sich Agni mit aufgerissnem Rachen gegen ihn.* — Da sprach zu ihm die ihm eigne Grösse: *Opfere!* Und Prajapati erkannte: die mir eigene Grösse hat zu mir gesprochen und er opferte —. Darauf stieg Er empor, der dort glüht (die Sonne); darauf erhob sich Er, der hier läutert (der Wind). So hat also Prajapati dadurch, dass er opferte, sich fortgepflanzt und zugleich vor dem Tode, der als Agni ihn fressen wollte, sich selbst gerettet —.“

Das Opfer ist immer das Aufgeben eines wertvollen Stückes, dadurch kommt der Opferer dem Gefressenwerden zuvor, d. h. es entsteht nicht eine Verwandlung in den Gegensatz, sondern eine Vereinigung und Ausgleichung, woraus sofort eine neue Libido- resp. Lebensform entsteht, Sonne und Wind erheben sich. An einer andern Stelle im Çatapatha-brahmanam wird angegeben, dass die eine Hälfte des Prajapati sterblich, die andere unsterblich sei.[167]

In ähnlicher Weise, wie Prajapati sich schöpferisch in Stier und Kuh teilt, so teilt er sich auch in die beiden Prinzipien *Manas* (Verstand) und *Vac* (Rede). „Prajapati war diese Welt allein, die Vac war sein Selbst, die Vac sein Zweites (sein alter ego); er erwog: ich will diese Vac hervorgehen lassen, und sie soll hingehen, dieses All zu durchdringen. Da liess er die Vac hervorgehen, und sie ging hin, indem sie dieses All erfüllte.“[168] Diese Stelle ist insofern von besonderm Interesse, als die Rede hier als eine schöpferische, extravertierende Libidobewegung aufgefasst wird, im Goetheschen Sinne als eine Diastole. Eine weitere Parallele ist die folgende Stelle: „Prajapati fürwahr war diese Welt, ihm war die Vac sein Zweites: mit ihr pflog er Begattung; sie wurde schwanger; da ging sie von ihm aus, da schuf sie diese Geschöpfe, und dann ging sie wieder in Prajapati zurück."[169] Çatapatha-Br. 8,1,2,9 wird der Vac sogar eine überragende Bedeutung zu teil: „die Vac fürwahr ist der weise Viçvakarman, denn durch die Vac ist diese ganze Welt gemacht." Çatap. Br. 1,4,5,8 wird die Frage des Primates zwischen Manas und Vac aber anders entschieden: „Es geschah einmal, dass der Verstand und die Rede sich um den Vorrang stritten. Der Verstand sprach: Ich bin besser als du, denn du sprichst nichts, was ich nicht vorher erkannt hätte —. Da sprach die Rede: Ich bin besser als du, denn was du erkannt hast, das tue ich kund, das mache ich bekannt. Sie gingen den Prajapati um Frageentscheidung an. Prajapati stimmte dem Verstande bei und sprach: Allerdings ist der Verstand besser als du, denn was der Verstand tut, das machst du nach und läufst in seinem Geleise; es pflegt aber der Schlechtere nachzumachen, was der Bessere tut." (Deussen.)

Diese Stellen zeigen, dass sich der Weltschöpfer auch in Manas und Vac, die zu einander in Gegensatz treten, spalten kann. Die beiden Prinzipien bleiben, wie *Deussen* hervorhebt, zunächst innerhalb des Prajapati, des Weltschöpfers, wie aus folgender Stelle hervorgeht: „Prajapati begehrte: ich will vieles sein, will mich fortpflanzen. Da meditierte er schweigend in seinem *Manas*; was in seinem Manas war, das bildete sich zum Brihat[170]; da bedachte er: dies liegt als eine Leibesfrucht in mir, die will ich durch die *Vac* gebären. Da schuf er die Vac" — etc.[171]

Diese Stelle zeigt die beiden Prinzipien in ihrer Natur als psychologische Funktionen; nämlich Manas als Introversion der Libido mit Erzeugung eines innern Produktes, Vac dagegen als die Funktion der Entäusserung, der Extraversion. Mit dieser Vorbereitung können wir nun auch eine weitere auf Brahman bezügliche Stelle[172] verstehen: Brahman schuf zwei Welten. „Nachdem es in die jenseitige (Welt-) Hälfte eingegangen, erwog es: Wie kann ich nun in diese Welten hineinreichen? *Und es reichte in diese Welten hinein durch zwei*, durch die *Gestalt* und durch den *Namen. — Diese beiden sind die beiden grossen Ungetüme des Brahman; wer diese beiden grossen Ungetüme des Brahman weiss, der wird zum grossen Ungetüm; diese beiden sind die beiden grossen Erscheinungen des Brahman.*"

Wenig weiter wird „Gestalt" als manas erklärt („Manas ist die Gestalt, denn durch das manas weiss man, dass es diese Gestalt ist") und „Namen" als vac („denn durch die vac greift man den Namen"). Die beiden „Ungetüme" des Brahman erscheinen also als manas und vac, und damit als zwei psychische Funktionen, mit denen Brahman in zwei Welten „hineinreichen" kann, womit offenbar „Beziehung" gemeint ist. Mit manas wird introvertierend die Gestalt der Dinge „aufgefasst" oder „aufgenommen"; mit vac wird extravertierend des Dinges Namen genannt. Beides sind Beziehungen und

Anpassungen oder Assimilationen der Dinge. Die beiden Ungetüme sind offenbar auch personifiziert gedacht, worauf auch der andere Name „Erscheinung“ = *yaksha* hindeutet, indem yaksha soviel wie Dämon oder übermenschliches Wesen heisst. Die Personifikation bedeutet psychologisch immer eine relative Selbständigkeit (Autonomie) des personifizierten Inhaltes, d. h. eine relative Abspaltung von der psychischen Hierarchie. Ein derartiger Inhalt gehorcht nicht der willkürlichen Reproduktion, sondern reproduziert sich selbst spontan oder entzieht sich auch dem Bewusstsein auf dieselbe Weise.[173] Eine solche Abspaltung entwickelt sich z. B., wenn eine Inkompatibilität besteht zwischen dem Ich und einem gewissen Komplex. Wie bekannt, beobachtet man diese Abspaltung sehr häufig zwischen dem Ich und dem Sexualkomplex. Aber auch andere Komplexe können abgespalten sein, z. B. der Machtkomplex, d. h. die Summe aller Strebungen und Vorstellungen, die sich auf Erlangung persönlicher Macht richten. Es gibt nun aber noch eine andere Art von Abspaltung, nämlich die *Abspaltung des bewussten Ich mit einer ausgewählten Funktion von den übrigen Komponenten der Persönlichkeit.* Man kann diese Abspaltung bezeichnen als eine *Identifikation des Ich mit einer gewissen Funktion* oder Funktionsgruppe. Diese Abspaltung ist sehr häufig bei Menschen, die sich besonders tief in eine ihrer psychischen Funktionen versenken und sie zur alleinigen bewussten Anpassungsfunktion differenzieren. Ein gutes literarisches Beispiel eines solchen Menschen ist der Faust am Beginn der Tragödie. Die übrigen Bestandteile der Persönlichkeit nähern sich in Gestalt des Pudels, und dann des Mephistopheles. Trotzdem Mephistopheles, wie unzweifelhaft durch viele Associationen nachzuweisen ist, auch den Sexualkomplex repräsentiert, so wäre es doch meines Erachtens ungerechtfertigt, Mephistopheles als einen abgespaltenen Komplex zu erklären, also z. B. als verdrängte Sexualität. Diese Erklärung ist zu eng, denn Mephistopheles ist noch mehr als bloss Sexualität, er ist auch Macht, er ist überhaupt das ganze Leben Fausts, insofern es nicht Denken und Forschen ist. Dies zeigt der Erfolg des Paktes mit dem Teufel auf's Deutlichste. Welche ungeahnten Möglichkeiten entwickeln sich nicht aus dem verjüngten Faust! Die richtige Auffassung scheint mir daher die zu sein, wonach Faust mit der einen Funktion sich identifiziert und mit ihr sich vom Ganzen seiner Persönlichkeit abgespalten hat. Später spaltet sich dann der Denker in Form Wagners von Faust ab.

Die bewusste Fähigkeit zur Einseitigkeit ist ein Zeichen höchster Kultur. Die unwillkürliche Einseitigkeit aber, d. h. das Nichtanderskönnen als Einseitigsein ist ein Zeichen von Barbarei. Daher wir auch die einseitigsten Differenzierungen bei barbarischen Völkern finden, z. B. die den guten Geschmack beleidigenden Erscheinungen der christlichen Askese, parallele Erscheinungen bei den Yogin und im Tibetanischen Buddhismus. Für den Barbaren besteht sogar immer die grosse Gefahr, dass er irgend einer Einseitigkeit zum Opfer fällt und dadurch das Ganze seiner Persönlichkeit aus den Augen verliert. Mit diesem Konflikt hebt z. B. auch das Gilgamesh-Epos an. Die Einseitigkeit der Bewegung tritt beim Barbaren mit dämonischem Zwange auf; es ist etwas von Berserkerwut und Amoklaufen darin. Die barbarische Einseitigkeit setzt immer einen gewissen Grad von Instinktverkrüppelung voraus, welche beim Primitiven fehlt, weshalb der Primitive im allgemeinen von der barbarischen Einseitigkeit noch frei ist.

Die Identifikation mit einer bestimmten Funktion führt sofort in eine Gegensatzspannung hinein. Je zwangsmässiger die Einseitigkeit ist, d. h. je ungezähmter die Libido ist, welche zur einen Seite drängt, desto dämonischer ist die Einseitigkeit. Denn der Mensch spricht dann von dämonischer Besessenheit oder von magischem Bewirktsein, wenn er von seiner eigenen ungezahmten, nicht domestizierten Libido hingerissen wird. Manas und Vac sind auf diese Weise wirklich grosse Dämonen, indem sie von gewaltiger Wirkung auf den Menschen sein können. Alle Dinge, die grosse Wirkungen ausüben, wurden als Götter oder Dämonen aufgefasst. So wurde manas in der Gnostik als der schlangenhafte Nous personifiziert, vac als Logos. Vac verhält sich zu Prajapati wie der Logos zu Gott. Wir erleben es sozusagen täglich, was für Dämonen Introversion und Extraversion sind. Wir sehen es bei unsern Patienten und fühlen es an uns selbst, mit welcher Kraft und Unwiderstehlichkeit die Libido nach innen oder nach aussen strömt, oder mit welcher Unerschütterlichkeit sich eine introvertierte oder extravertierte Einstellung festsetzen kann. Wenn daher manas und vac als die Ungetüme Brahmans bezeichnet werden, so entspricht das vollständig dem psychologischen Tatbestand, dass die Libido sich sofort bei ihrem Erscheinen in zwei Strömungen spaltet, die sich in der Regel zeitlich ablösen, zuweilen aber auch simultan in Form eines Konfliktes auftreten, nämlich in eine Auswärtsströmung und in eine Einwärtsströmung. Das Dämonische der beiden Bewegungen liegt an ihrer Unbeherrschbarkeit und Übermacht. Diese Qualität macht sich allerdings nur dann bemerkbar, wenn der Instinkt des Primitiven schon in höherm Masse beschränkt ist, wodurch eine natürliche und zweckmässige Gegenbewegung gegen die Einseitigkeit verhindert wird, und die Kultur noch nicht soweit fortgeschritten ist, dass der Mensch seine Libido schon soweit gezähmt hätte, dass er die introvertierende und extravertierende Libidobewegung freiwillig und absichtlich mitmachen könnte.

c) *Das vereinigende Symbol als dynamische Gesetzmässigkeit.* Wir haben die Entwicklung des erlösenden Prinzipes aus den Gegensatzpaaren und die Entstehung der Gegensatzpaare aus demselben schöpferischen Prinzip an Zitaten aus den indischen Quellen verfolgt, und haben dabei einen Einblick in ein offenbar gesetzmässiges psychologisches Geschehen gewonnen, das wir auch mit den Begriffen unserer modernen Psychologie unschwer vereinen können. Diesen Eindruck des gesetzmässigen Geschehens übermitteln uns auch die indischen Quellen, indem sie Brahman mit rita identifizieren. Was ist nun rita? Rita bedeutet: feste Ordnung, Bestimmung, Richtung, Entscheidung, heiliger Brauch, Satzung, göttliches Gesetz, das Rechte, Wahre. Seine Grundbedeutung nach Ausweis der Etymologie ist: Fügung, (richtiger) Gang, Richtung, Direktive. Das Geschehene, das von rita bedingt ist, erfüllt die ganze Welt, besonders aber zeigt sich das rita in den Naturvorgängen, die sich gleich bleiben, und zuerst die Vorstellung einer regelmässigen Wiederkehr erwecken: „Nach dem rita hat die himmelgeborne Morgenröte aufgeleuchtet." Die weltordnenden Väter haben „nach dem rita die *Sonne* am Himmel emporgeführt", die selbst „das helle sichtbare Antlitz des rita ist." Um den Himmel läuft das zwölfspeichige Rad des rita, das nie alt wird, das Jahr. Agni wird Spross des rita genannt. Im Tun des Menschen wirkt rita als das sittliche Gesetz, das Wahrheit und das Gehen auf geradem Wege gebietet. „*Wer dem rita folgt, des Pfad ist schön zu gehen und dornlos.*" Das rita tritt auch im Kultus hervor, sofern dieser als zauberische Wiederholung bezw. Hervorbringung des kosmischen Geschehens gilt. Wie dem rita gehorchend die Ströme fliessen, und die Morgenröte sich entflammt, so wird „unter des rita Anschirrung"[174] das Opfer entzündet; auf dem Pfade des rita bringt Agni das Opfer zu den Göttern. „Die Götter rufe ich, rein von Zauber; mit dem rita tue ich mein Werk, schaffe ich mein Denken", sagt der Opferer. Rita erscheint im Veda nicht personifiziert, dagegen haftet ihm nach *Bergaigne* der Anflug von *concretem Wesen* an. Da rita eine Richtung des Geschehens ausdrückt, so gibt es „Pfade des rita", es gibt „Wagenlenker"[175] und Schiffe des rita, die Götter werden ihm gelegentlich parallel gesetzt. So wird z. B. dasselbe von rita gesagt, was von Varuna gesagt wird. Auch Mitra, der alte Sonnengott, wird mit rita in Verbindung gebracht (wie oben!). Von Agni heisst es: „Du wirst Varuna, wenn du dem rita zustrebst."[176] Die Götter sind Hüter des rita.[177] Ich erwähne noch einige wesentliche Zusammenhänge:

1. „Rita ist Mitra, da Mitra das Brahman ist, und rita das Brahman ist."[178]

2. „Den Brahmanen die Kuh gebend, erwirbt man alle Welten sich, denn in ihr ist ritam, Brahman beschlossen, und das Tapas auch."[179]

3. „Prajapati wird der Erstgeborne des rita genannt."[180]

4. „Die Götter folgten den Gesetzen des rita."[181]

5. „Er, der ihn, den Verborgnen (Agni) sah, er, der sich dem Strome des rita näherte."[182]

6. „O Wissender des rita, wisse das rita! Erbohre viele Ströme des rita."[183]

Das Bohren bezieht sich auf den Dienst des Agni, dem dieser Hymnus geweiht ist. (Agni wird hier auch der „rote Stier des rita" genannt.) Im Agnidienst wird Feuer gebohrt als ein magisches Symbol der Wiedererzeugung des Lebens. Hier werden die Ströme des rita erbohrt, offenbar mit derselben Bedeutung, nämlich Lebensströme wieder heraufgebracht, aus Bindungen befreite Libido.[184] Die durch die rituelle Feuerbohrung oder durch den Vortrag der Hymnen herbeigeführte Wirkung ist natürlich vom Gläubigen als magische Wirkung des Objektes gedacht, in Wirklichkeit aber eine „Bezauberung" des Subjektes, nämlich eine Erhöhung des Lebensgefühls, eine Befreiung und Vermehrung der Lebenskraft, eine Wiederherstellung des psychischen Potentials.

7. So heisst es: „Obschon er (Agni) sich wegschleicht, so geht das Gebet doch geradeswegs zu ihm. Sie (die Gebete) haben hervorgeführt die fliessenden Ströme des rita."[185]

Das Wiederauftreten des Lebensgefühls, des Gefühls der strömenden Energie wird überhaupt gerne einer erschlossenen Quelle, oder dem Schmelzen des bannenden Wintereises im Frühling oder dem Regen nach langer Dürre verglichen.[186]

Damit stimmt folgende Stelle trefflich überein: „Die brüllenden Milchkühe des rita waren überfliessend mit ihren vollen Eutern. Die Flüsse, welche von ferne die Gunst (der Götter) erflehten, sind mitten durch den Felsen gebrochen mit ihren Fluten."[187]

Dieses Bild weist deutlich auf eine Energiespannung, auf eine Libidostauung hin, die gelöst wird. Rita erscheint hier als Besitzer des Segens, der „brüllenden Milchkühe", als eigentliche Quelle der befreiten Energie.

8. In Übereinstimmung mit dem erwähnten Bilde des Regens für die Befreiung der Libido befindet sich folgende Stelle: „Die Nebel fliegen, die Wolken donnern. Wenn sie ihn, der anschwillt von der Milch des rita, auf den geradesten Pfaden des rita geführt haben, dann füllen Aryaman, Mitra und Varuna, er, der die Erde umwandelt, den Ledersack (die Wolke) in der Gebärmutter der untern (Atmosphäre)."[188]

Agni ist der, der anschwillt von der Milch des rita, hier verglichen mit der Blitzkraft, die aus angesammelten und regengefüllten Wolken hervorbricht. Rita erscheint hier wieder als eigentliche Energiequelle, in der Agni auch geboren ist, wie Vedic hymns l. c. p. 161, 7. ausdrücklich erwähnt ist. Rita ist auch Pfad, d. h. gesetzmässiger Ablauf.

9. „Sie haben mit Zuruf begrüsst die Ströme des rita, welche verborgen waren an der Geburtsstelle des Gottes, an seinem Sitze. Als er zerteilt wohnte im Schosse der Wasser, da trank er, etc."[189]

Diese Stelle ergänzt das eben Gesagte über rita als Libidoquelle, in der der Gott wohnt und aus der er in der heiligen Prozedur hervorgeholt wird. Agni ist die positive Erscheinung der vorher latenten Libido, er ist der Vollbringer oder Erfüller des rita, sein „Wagenlenker" (vergl. oben!), er schirrt die zwei langmähnigen, roten Stuten des rita an.[190] Ja, er hält das rita wie ein Pferd am Zügel. (Ved. Hymn. l. c. p. 382.) Er führt die Götter den Menschen zu, d. h. also ihre Kraft und ihren Segen, welche nichts anderes als bestimmte psychologische Zustände sind, wo das Lebensgefühl und die Lebensenergie freier und glücklicher strömen, wo das Eis gebrochen ist. *Nietzsche* erfasste diesen Zustand in jenem wundervollen Vers:

„Der du mit dem Flammenspeere

Meiner Seele Eis zerteilt,

Dass sie brausend nun zum Meere

Ihrer höchsten Hoffnung eilt."

10. Damit stimmen überein die folgenden Anrufungen: „Mögen die göttlichen Tore sich öffnen, die Vermehrer des rita — die vielerwünschten Tore, dass die Götter hervorkommen mögen. Mögen Nacht und Morgenröte, — die jungen Mütter des rita zusammen auf dem Opfergrase sich niedersetzen, etc."[191]

Die Analogie mit dem Sonnenaufgang ist unverkennbar. Rita erscheint als die Sonne, denn aus Nacht und Dämmerung wird die junge Sonne geboren.

11. „O göttliche, leicht durchschreitbare Tore, öffnet euch zu unserm Schutze. Füllt das Opfer mit Seligkeit mehr und mehr: Wir nahen uns (mit Gebeten) der Nacht und dem Morgen — *den Vermehrern der Lebenskraft, den zwei jungen Müttern des rita.*"

Ich glaube, ich darf mir weitere Belege dafür ersparen, dass der Begriff des rita ein Libidosymbol ist, wie die Sonne, der Wind, etc. Nur ist der ritabegriff weniger concretistisch und enthält das abstrakte Element der bestimmten Richtung und der Gesetzmässigkeit, d. h. des bestimmten, ordnungsgemässen Pfades oder Ablaufes. Es ist also ein bereits philosophisches Libidosymbol, das direkt dem stoischen Begriff der εἱμαρμένη verglichen werden kann. Bei den Stoikern hat die εἱμαρμένη bekanntlich die Bedeutung einer schöpferischen Urwärme und zugleich eines bestimmten gesetzmässigen Ablaufes (daher auch ihre Bedeutung als „Zwang der Gestirne"). Der Libido als psychologischem Energiebegriff kommen diese Attribute als selbstverständlich zu: der Energiebegriff schliesst die Idee eines bestimmt gerichteten Ablaufes eo ipso ein, denn der Ablauf erfolgt immer von der höhern zur niedereren Spannung. So auch der

Libidobegriff, der nichts anderes bedeuten will, als die Energie des Lebensablaufes. Seine Gesetze sind die Gesetze der Lebensenergie. Die Libido als Energiebegriff ist eine quantitative Formel für die Lebenserscheinungen, die bekanntlich von verschiedener Intensität sind. Die Libido durchläuft, wie die physische Energie alle möglichen Verwandlungen, von denen uns die Phantasien des Unbewussten und die Mythen Kunde geben. Diese Phantasien sind wohl zunächst Selbstabbildungen der energetischen Wandlungsprozesse, welche natürlich ihre bestimmten Gesetze, einen bestimmten „Weg" des Ablaufens haben. Dieser Weg bedeutet die Linie oder Kurve des Optimums der energetischen Auslösung sowohl wie der entsprechenden Arbeitsleistung. Dieser Weg ist daher der Ausdruck für die strömende und sich manifestierende Energie schlechthin. Der Weg ist rita, der *„rechte Weg"*, der Strom der Lebensenergie, der Libido, die bestimmte *Bahn*, in der ein immer wieder sich erneuernder Ablauf möglich ist. Dieser Weg ist auch das Schicksal, insofern das Schicksal von unserer Psychologie abhängt. Es ist der Weg unserer Bestimmung und unseres Gesetzes. Es wäre grundfalsch zu behaupten, dass eine solche Richtung nichts als *Naturalismus* sei, womit man die Meinung ausdrückt, dass sich der Mensch seinen Trieben überlässt. Dabei wird vorausgesetzt, dass die Triebe immer nach „Unten" gehen, und dass der Naturalismus ein unethisches Hinuntergleiten auf einer schiefen Ebene sei. Ich habe nichts dagegen, wenn man den Naturalismus so versteht, muss aber bemerken, dass der Mensch, der sich selber überlassen ist, also alle Gelegenheit zum Hinuntergleiten hätte, wie z. B. der Primitive, Moral und Gesetzgebung hat, die an Strenge der Forderung gelegentlich unsere Kulturmoral beträchtlich überragen. Es tut dabei nichts zur Sache, wenn dem Primitiven etwas anderes als gut oder böse gilt als uns. Die Hauptsache ist, dass sein „Naturalismus" zur Gesetzgebung führt. Die Moralität ist kein Missverständnis, das ein ehrgeiziger Moses auf dem Sinai erfand, sondern gehört mit zu den Lebensgesetzen und wird im normalen Ablauf des Lebens erzeugt wie ein Haus oder ein Schiff oder ein anderes Kulturinstrument. Die natürliche Strömung der Libido, eben dieser mittlere Pfad, bedeutet einen völligen Gehorsam gegen die Grundgesetze menschlicher Natur, und es lässt sich schlechterdings kein höheres Moralprinzip aufstellen, als jene Übereinstimmung mit den natürlichen Gesetzen, deren Einklang der Libido die Richtung gibt, in der das Lebensoptimum liegt. Das Lebensoptimum ist nicht auf der Seite des rohen Egoismus, denn der Mensch erreicht niemals sein Lebensoptimum auf der Linie des Egoismus, denn im Grunde genommen ist er so beschaffen, dass ihm die Freude des Nächsten, deren Verursacher er ist, etwas Unerlässliches bedeutet. Ebenso wenig ist das Lebensoptimum zu erreichen auf dem Wege eines ungezügelten individualistischen Überordnungsdranges, denn das collektive Element im Menschen ist so stark, dass seine Sehnsucht nach Gemeinschaft ihm die

Freude am nackten Egoismus verdürbe. Das Lebensoptimum lässt sich nur erreichen durch den Gehorsam gegen die Strömungsgesetze der Libido, welche Systole und Diastole einander folgen lassen, die die Freude geben und die notwendige Beschränkung, welche auch die Lebensaufgaben individueller Natur stellen, ohne deren Erfüllung das Lebensoptimum nie erreicht werden kann.

Wenn nun die Erreichung dieses Weges bloss in einem Sichtreibenlassen bestünde, wie der meint, der über „Naturalismus" jammert, so hätte die tiefste philosophische Spekulation, welche die Geistesgeschichte überhaupt kennt, keine raison d'être. Beim Anblick der Upanishadphilosophie gewinnt man den Eindruck, als ob die Erreichung des Pfades nicht gerade zu den einfachsten Aufgaben gehöre. Unser occidentales Vornehmtun gegenüber den indischen Einsichten gehört zu unserm barbarischen Wesen, das noch weit davon entfernt ist, die ganz ausserordentliche Tiefe jener Gedanken und ihre erstaunliche psychologische Richtigkeit überhaupt zu ahnen. Wir sind eben immer noch so unerzogen, dass wir Gesetze von aussen brauchen und einen Zuchtmeister, resp. Vater drüber, damit wir wissen, was gut ist, und das Rechte tun können. Und weil wir noch so barbarisch sind, so kommt uns das Vertrauen in die Gesetze der menschlichen Natur und des menschlichen Pfades als ein gefährlicher und unethischer Naturalismus vor. Warum? Weil bei dem Barbaren unter der dünnen Kulturhaut gleich die Bestie kommt, und davor hat er mit Recht Angst. Aber das Tier wird nicht überwunden dadurch, dass es in einen Käfig gesperrt wird. *Es gibt keine Sittlichkeit ohne Freiheit.* Wenn ein Barbar seine Bestie loslässt, so ist das keine Freiheit, sondern eine Unfreiheit. Um frei sein zu können, muss zuvor die Barbarei überwunden werden. Dies geschieht im Prinzip dadurch, dass Grund und Motivkraft der Sittlichkeit vom Individuum als Bestandteile seiner eigenen Natur empfunden und wahrgenommen werden, und nicht als äussere Beschränkungen. Wie aber kann der Mensch anders zu dieser Empfindung und Einsicht gelangen als durch den Konflikt der Gegensätze?

d) *Das vereinigende Symbol in der chinesischen Philosophie.* Den Begriff eines mittlern, zwischen den Gegensätzen liegenden Pfades finden wir auch in China in der Form des *Tao.* Der Begriff des Tao tritt uns meistens entgegen in Verbindung mit dem Namen eines Philosophen, *Lao-tsze*, geb. 604 a. Chr. n. Dieser Begriff ist aber älter als die Philosophie des Lao-tsze. Er hängt zusammen mit gewissen Vorstellungen der alten Volksreligion vom Tao, dem „Wege" des Himmels. Dieser Begriff entspricht dem vedischen rita. Folgende sind die Bedeutungen von Tao: 1. Weg, 2. Methode, 3. Prinzip, 4. Naturkraft oder Lebenskraft, 5. gesetzmässige Naturvorgänge, 6. Idee der Welt, 7. Ursache aller Erscheinungen, 8. das Rechte, 9. das Gute, 10. die sittliche Weltordnung. Einige Übersetzer übersetzten Tao sogar mit Gott, nicht ohne eine gewisse Berechtigung, denn Tao hat denselben Anflug concreter Substanzialität wie rita.

Ich will zunächst einige Belege aus dem Tao-te-king, dem klassischen Buche des Lao-tsze geben:

1. „Ich weiss nicht, wessen Sohn es (Tao) ist; man kann es als vor der Gottheit existierend ansehen.“[192]

2. „Es hat ein Unbestimmbares, Vollkommenes gegeben, das wirkte vor Himmel und Erde. Wie still war es und wie formlos, für sich allein, unveränderlich, alles umfassend und unerschöpflich! Es kann als die *Mutter aller Dinge* betrachtet werden. Ich kenne seinen Namen nicht, aber ich bezeichne es als Tao.“[193]

3. Lao-tsze vergleicht das Tao dem Wasser, um sein Wesen zu kennzeichnen: „Der Segen des Wassers zeigt sich darin, dass es allen gut tut und dabei doch ohne Widerstreben immer den niedrigsten Ort aufsucht, den alle Menschen meiden. So hat es etwas vom Tao an sich.“ — Der Gedanke des „Gefälles“ könnte wohl nicht besser ausgedrückt sein.

4.

„Wer stets begierdelos, der schaut seine Wesenheit,

Wer stets begierdehaft, der schaut seine Aussenheit.“[194]

Die Verwandtschaft mit dem brahmanischen Grundgedanken ist unverkennbar, ohne dass eine direkte Berührung braucht stattgefunden zu haben. Lao-tsze ist ein durchaus origineller Denker, und das urtümliche Bild, das dem rita-Brahman-Atman und Taobegriff zu Grunde liegt, ist allgemein menschlich und findet sich als primitiver Energiebegriff, als „Seelenkraft“ oder wie es sonst bezeichnet werden mag, überall wieder.

5. „Wer das Ewige kennt, ist umfassend; umfassend, daher gerecht; gerecht, daher König; König, daher des Himmels; des Himmels, daher Taos; Taos, daher fortdauernd: er büsst den Körper ein ohne Gefährde.“[195]

Die Kenntnis des Tao hat also dieselbe erlösende und erhöhende Wirkung, wie das Wissen des Brahman: man wird eins mit Tao, mit der unendlichen „schöpferischen Dauer“, um diesen neuesten philosophischen Begriff seinen ältern Verwandten passend anzureihen, denn Tao ist auch der Gang der Zeit.

5. Tao ist eine irrationale, daher durchaus unfassbare Grösse: „Tao ist Wesen, aber unfasslich, aber unbegreiflich.“[196]

6. Tao ist auch nicht seiend: „Alle Dinge unter dem Himmel sind entsprungen aus ihm als dem Seienden, aber das Sein dieses Seienden ist

wiederum aus ihm als dem Nichtseienden entsprungen."[197] „Tao ist verborgen, namenlos."[198] Tao ist offenbar eine irrationale Vereinigung von Gegensätzen, daher ein *Symbol*, das ist und nicht ist.

7. „Der Talgeist ist unsterblich, er heisst das tiefe Weibliche. Des tiefen Weiblichen Pforte heisst Himmels und der Erden Wurzel."

Tao ist das schöpferische Wesen, als Vater zeugend und als Mutter gebärend. Es ist Anfang und Ende aller Wesen.

8. „Wess' Tun mit Tao übereinstimmt, wird eins mit Tao." Daher der Vollendete sich aus den Gegensätzen befreit, deren innigen Zusammenhang und alternierendes Auftreten er durchschaut. So heisst es Kapitel 9: „Sich selbst zurückziehen ist des Himmels Weg."

9. „Darum ist er (der Vollendete) unzugänglich für Anfreundung, unzugänglich für Entfremdung, unzugänglich für Vorteil, unzugänglich für Schaden, unzugänglich für Ehre, unzugänglich für Schmach."[199]

10. Das Einssein mit dem Tao hat Ähnlichkeit mit dem geistigen Zustand eines *Kindes* (Kap. 10, 28, 55).

Bekanntlich gehört diese psychologische Einstellung auch zu den Bedingungen der Erwerbung des christlichen Gottesreiches, das im Grunde genommen — trotz allen rationalen Deutungen — das zentrale, irrationale Wesen, Bild und Symbol ist, von dem die erlösende Wirkung ausgeht. Das christliche Symbol hat bloss einen mehr sozialen (Staats-) Charakter als die verwandten östlichen Begriffe. Diese letztern schliessen sich unmittelbarer an die jedenfalls seit Urzeit vorhandenen *dynamistischen* Vorstellungen, nämlich an das Bild der magischen Kraft, die von Dingen und Menschen ausgeht, auf höherer Stufe von Göttern oder von einem Prinzip.

11. Nach den Vorstellungen der taoistischen Religion zerfällt das Tao in ein *prinzipielles Gegensatzpaar*, in *Yang* und *Yin*. Yang ist Wärme, Licht, Männlichkeit. Yin ist Kälte, Dunkel, Weiblichkeit. Yang ist auch Himmel, Yin Erde. Aus der Yangkraft stammt *Schen*, der Himmelsanteil der Menschenseele, und aus der Yinkraft stammt *Kwei*, der irdische Seelenteil. Der Mensch ist dermassen als ein Mikrokosmos auch ein Vereiniger der Gegensatzpaare. Himmel, Mensch und Erde bilden die 3 Hauptelemente der Welt, die *San-tsai*. Dieses Bild ist eine ganz ursprüngliche Vorstellung, die wir ähnlich auch an andern Orten finden, z. B. in dem westafrikanischen Mythus von Obatala und Odudua, dem Urelternpaar (Himmel und Erde), die in einer Calebasse beisammenliegen, bis ein Sohn, der Mensch, zwischen ihnen entsteht. Der Mensch als ein die Weltgegensätze in sich vereinigender Mikrokosmos entspricht also dem irrationalen *Symbol*, das psychologische Gegensätze vereinigt. Dieses Urbild des Menschen klang offenbar auch bei *Schiller* an, als er das Symbol „lebende Gestalt" nannte.

Die Zweiteilung der menschlichen Seele in eine Schen- oder Hwunseele und eine Kwei- oder Pohseele, ist eine grosse psychologische Wahrheit. Diese chinesische Vorstellung klingt wiederum an in der bekannten Fauststelle:

Zwei Seelen wohnen, ach, in meiner Brust,

Die eine will sich von der andern trennen;

Die eine hält, in derber Liebeslust,

Sich an die Welt, mit klammernden Organen;

Die andere hebt gewaltsam sich vom Dust

Zu den Gefilden hoher Ahnen.

Die Existenz der zwei auseinanderstrebenden, gegensätzlichen Tendenzen, die beide den Menschen in extreme Einstellungen hineinzureissen und ihn in die Welt — sei es in deren geistige, sei es in deren materielle Seite — zu verwickeln und dadurch mit sich selber zu veruneinigen vermögen, fordert die Existenz eines Gegengewichtes, welches eben die irrationale Grösse des Tao ist. Daher bemüht sich der Gläubige ängstlich, in Übereinstimmung mit dem Tao zu leben, damit er nicht der Gegensatzspannung verfalle. Da Tao eine irrationale Grösse ist, so kann sie nicht absichtlich gemacht werden, was Lao-tsze immer wieder betont. Diesem Umstand verdankt ein anderer spezifisch chinesischer Begriff, das *Wuwei*, seine besondere Bedeutung. Es bedeutet „Nichtstun", aber wie *Ular* trefflich deutet: „Nicht tun, nicht Nichttun." Das rationale „Es schaffen wollen", das die Grösse und das Übel unserer eigenen Epoche ist, führt nicht zum Tao.

Das Bestreben der taoistischen Ethik geht also darauf aus, jene aus dem Weltgrund hervorgegangene Gegensatzspannung durch Rückkehr zum Tao zu erlösen. In diesem Zusammenhang müssen wir auch des „Weisen aus Omi", *Nakae Toju*[200], jenes bedeutenden japanischen Philosophen des XVII. Jahrhunderts gedenken. In Anlehnung an die Lehre der aus China eingewanderten Chu-Hi-Schule stellte er zwei Prinzipien auf, Ri und Ki. Ri ist die Weltseele, Ki der Weltstoff. Ri und Ki sind aber Eines und Dasselbe, indem sie die Attribute Gottes sind und daher nur in ihm und durch ihn sind. Gott ist ihre Vereinigung. Ebenso umfasst die *Seele* Ri und Ki. Von Gott sagt Toju: „Gott als das Wesen der Welt umfasst die Welt, aber befindet sich zugleich ganz in der Nähe von uns, und zwar in unserm eigenen Leib." Gott ist für ihn ein *allgemeines Ich*, während das *individuelle Ich* „Himmel" in uns ist, etwas Übersinnliches, Göttliches, als *Ryochi* bezeichnet. Ryochi ist „Gott in uns" und wohnt in jedem Individuum. Es ist das *wahre* Ich. Toju unterscheidet nämlich ein wahres und ein falsches Ich. Das falsche Ich ist eine erworbene, aus verkehrten Meinungen entstandene Persönlichkeit. Man könnte dieses falsche Ich zwanglos als „persona“ bezeichnen, nämlich als jene Gesamtvorstellung unseres Wesens, die wir aus der Erfahrung unserer Wirkungen auf die Umwelt und ihrer Wirkungen auf uns herausgebildet haben. Die Persona bezeichnet das, als was Einer sich selber und der Umwelt *erscheint*, nicht aber das, was Einer *ist*, um mit den Worten *Schopenhauers* zu reden. Was Einer ist, ist sein individuelles, nach Toju „wahres“ Ich, das Ryochi. Ryochi wird auch das „Alleinsein“, das „Alleinkennen“ genannt, offenbar weil es ein auf das Wesen des Selbst bezogener Zustand ist, jenseits von allen durch äussere Erfahrung bedingten persönlichen Urteilsbildungen. Toju fasst Ryochi als das „summum bonum“, als „Wonne“ auf (Brahman ist ananda = Wonne). Ryochi ist das Licht, das die Welt durchdringt, was *Inouye* ebenfalls mit Brahman parallelisiert. Ryochi ist Menschenliebe, unsterblich, allwissend, gut. Das Böse kommt vom Wollen (Schopenhauer!). Es ist die selbstregulierende Funktion, der Vermittler und Vereiniger der Gegensatzpaare, Ri und Ki: Es ist, ganz nach indischer Vorstellung, der „alte Weise, der dir im Herzen wohnet“, oder wie *Wang Yang-ming*, der chinesische Vater der japanischen Philosophie sagt: „In jedem Herzen wohnt ein Sejin (Weiser). Nur glaubt man es nicht fest genug, deshalb ist das Ganze eingegraben geblieben.“

Es ist von hier aus nicht mehr schwierig zu verstehen, welches urtümliche Bild zur Problemlösung in *Wagners* Parzival beigetragen hat: Das Leiden besteht in der Gegensatzspannung zwischen dem Gral und Klingsors Macht, die im Besitz des heiligen Speeres besteht. In Klingsors Bann befindet sich Kundry, die instinktive noch naturhafte Lebenskraft, die dem Amfortas mangelt. Parzival erlöst die Libido aus dem Zustande des rastlosen Getriebenseins, indem er einerseits ihrer Macht nicht verfällt, andererseits aber auch vom Gral getrennt ist. Amfortas ist beim Gral und leidet daran, nämlich weil er das Andere nicht hat. Parzival hat keines von beiden, er ist „nirdvandva“, frei von den Gegensätzen, und darum ist er auch der Erlöser, der Spender der Heilung und der erneuten Lebenskraft, der Vereiniger der Gegensätze, nämlich des Hellen, Himmlischen, Weiblichen, des Grales, und des Dunkeln, Irdischen, Männlichen, des Speeres. Der Tod der Kundry erklärt sich zwanglos als die Befreiung der Libido aus der naturhaften, undomestizierten Form (aus der „Form des Stieres“, vergl. oben!), die von ihr abfällt als tote Form, während die Kraft als neues strömendes Leben im Aufleuchten des Grales hervorbricht. Durch die zum Teil unwillkürliche Enthaltung von den Gegensätzen hat Parzival die Stauung erzeugt, die ein neues „Gefälle“ und damit eine erneute Energiemanifestation ermöglichte. Die unverkennbare sexualistische Sprache könnte leicht dazu verführen, die Vereinigung von Speer und Gralsgefäss einseitig als eine Befreiung der Sexualität aufzufassen. Das Schicksal des Amfortas zeigt aber, dass es nicht an der Sexualität liegt, sondern im Gegenteil, dass es gerade sein

Hinuntergleiten in eine naturhafte, tierische Einstellung war, das die Ursache seines Leidens und des Verlustes seiner Macht wurde. Die Verführung durch Kundry hat den Wert eines symbolischen Aktes, der weniger bedeuten will, dass es die Sexualität sei, welche solche Wunden schlägt, als vielmehr die Einstellung des naturhaften Getriebenseins, des willenlosen Unterliegens unter die biologische Lust. Diese Einstellung ist gleichbedeutend mit dem Überwiegen des tierischen Anteils unserer Psyche. Wer vom Tier übermannt wird, dem wird die Opferwunde, die dem Tier bestimmt ist (um der weitern Entwicklung des Menschen willen) zugefügt. Wie ich schon früher in meinem Buche über „Wandlungen und Symbole der Libido" hervorhob, handelt es sich im Grunde genommen nicht um das Sexualproblem, sondern um die Domestikation der Libido, und um die Sexualität nur insofern, als sie eine der wichtigsten und gefährlichsten Ausdrucksformen der Libido ist. Wenn man im Falle des Amfortas und in der Vereinigung von Speer und Gral nur das Sexualproblem sähe, so käme man in einen unlösbaren Widerspruch hinein, denn das Schädigende wäre dann auch zugleich das Heilende. Ein solches Paradoxon ist aber nur dann erlaubt und wahr, wenn man zugleich die Vereinigung der Gegensätze auf einer höhern Ebene sieht, nämlich wenn man versteht, dass es sich um Sexualität weder in dieser noch in jener Form handelt, sondern einzig und allein um die Einstellung, welcher alles Handeln, daher auch das sexuelle, unterworfen ist. Ich muss immer wieder betonen, dass das praktische Problem der analytischen Psychologie tiefer liegt, als Sexualität und ihre Verdrängung. Dieser Gesichtspunkt ist zweifellos wertvoll für die Erklärung jenes infantilen und darum krankhaften *Stückes* der Seele, aber er ist ungenügend als Erklärungsprinzip für das Ganze der menschlichen Seele. Das, was jenseits der Sexualität oder des Machttriebes steht, ist die *Einstellung zur Sexualität* oder zur Macht. Insofern die Einstellung nicht bloss ein intuitives, d. h. unbewusstes spontanes Phänomen ist, sondern auch eine bewusste Funktion, ist sie hauptsächlich *Auffassung*. Unsere Auffassung in allen problematischen Dingen wird von gewissen collektiven Ideen, welche unsere geistige Atmosphäre bilden, seltener bewusst, meist aber unbewusst in höchstem Masse beeinflusst. Diese collektiven Ideen stehen in engster Beziehung zu der Lebensauffassung oder Weltanschauung der vergangenen Jahrhunderte oder Jahrtausende. Ob diese Abhängigkeit uns nun bewusst oder unbewusst ist, tut nichts zur Sache, denn wir sind von diesen Ideen beeinflusst schon durch die Atmosphäre, die wir atmen. Diese collektiven Ideen haben immer religiösen Charakter, und eine philosophische Idee erreicht nur dann collektiven Charakter, wenn sie ein urtümliches Bild, d. h. ein collektives Urbild ausdrückt. Der religiöse Charakter dieser Ideen rührt davon her, dass sie Tatbestände des collektiven Unbewussten ausdrücken und dadurch auch latente Energien des Unbewussten auszulösen vermögen. Die grossen Lebensprobleme zu denen u. a. auch die Sexualität gehört, stehen immer in Beziehung zu den urtümlichen Bildern des collektiven Unbewussten. Diese Bilder sind sogar die je nachdem balancierenden oder compensierenden Faktoren gegenüber den Problemen, die das Leben an der Wirklichkeit aufwirft. Das ist insofern nicht erstaunlich, als die Bilder die Niederschläge der viel tausendjährigen Erfahrungen des Anpassungs- und Daseinskampfes sind. Alle grossen Erlebnisse des Lebens, alle höchsten Spannungen rühren deshalb an den Schatz dieser Bilder und bringen sie zur innern Erscheinung, die als solche bewusst wird, wenn soviel Selbstbesinnung und Fassungskraft vorhanden ist, dass das Individuum auch denkt, was es erlebt, und es nicht bloss tut, d. h. ohne es zu wissen, den Mythus und das Symbol concret lebt.

4. Die Relativität des Symboles.

a) *Frauendienst und Seelendienst.* Das Prinzip der christlichen Gegensatzvereinigung ist *Gottesdienst*, im Buddhismus *Dienst am Selbst* (Selbstentwicklung), bei Goethe und bei Spitteler finden wir im *Symbole des Frauendienstes* den *Seelendienst* als Lösungsprinzip angegeben. Darin liegt einerseits das moderne individualistische, andererseits aber auch ein primitives polydämonistisches Prinzip, das nicht nur jedem Stamm, sondern auch jeder Sippe, jeder Familie, ja jedem Individuum sein eigenes religiöses Prinzip zuweist.

Die mittelalterliche Vorlage zum Faust hat auch darum ihre ganz besondere Bedeutung, weil es tatsächlich ein mittelalterliches Element ist, das an der Wiege des modernen Individualismus steht. Begonnen hat es, wie es mir scheint, mit dem Frauendienst, wodurch die Seele des Mannes als psychologischer Faktor bedeutend verstärkt wurde; denn der Frauendienst meinte Seelendienst. Dies ist nirgends schöner und völliger ausgedrückt, als in *Dantes* „Göttlicher Komödie". Dante ist der geistige Ritter seiner Dame; für sie besteht er die Abenteuer der untern und obern Welt. Und in dieser Heldenarbeit erhöht sich ihm ihr Bild bis zu jener jenseitigen, mystischen Figur der Gottesmutter, einer Figur, die sich vom Objekt gelöst hat und daher zur Personifikation eines rein psychologischen Tatbestandes wird, nämlich derjenigen unbewussten Inhalte, deren Personifikation ich als Seele bezeichne. Der XXXIII. Gesang des Paradieses enthält diese Krönung der seelischen Entwicklung Dantes in Bernhards Gebet:

„O Jungfrau Mutter, Tochter deines Sohnes,

Demüt'ger, höher, als was je gewesen,

Ziel, ausersehen vom Herrn des ew'gen Throns,

Geadelt hast du so des Menschen Wesen,

Dass, der's geschaffen hat, das höchste Gut,

In dir Geschöpf zu sein, dich auserlesen."

Auf Dantes Entwicklung beziehen sich V. 22 ff.

„Er, der vom tiefsten Schlund sich eingefunden
Des Weltalls hat, der Geister Art und Sein
Von Reich zu Reich zu sehn und zu erkunden,

Er fleht zu dir, ihm Kräfte zu verleih'n,
Dass er die Augen höher heben könne,
Und seinen Blick für's höchste Heil zu weihn."

V. 31 ff.

„Jedwede Wolke seiner Sterblichkeit
Sei weggebannt durch dein Gebet! Entfalten
Soll sich ihm höchste Wonn' und Herrlichkeit!"

V. 37 ff.

„Lass ihn der ird'schen Regung widerstehn,
Sieh Beatricen, sieh so viel Verklärte
Mit mir zugleich, die Hände faltend, flehn!"

Der Umstand, dass hier Dante durch den Mund des heiligen Bernhard spricht, weist auf jene Umgestaltung und Erhöhung seines eigenen Wesens hin. Dieselbe Verwandlung erfolgt ja auch bei Faust, der von Margarethe zu Helena, und von ihr zur Gottesmutter aufsteigt, und, indem er sein Wesen durch figürlichen Tod mehrfach ändert, als Doktor Marianus das höchste Ziel erreicht. Als solcher spricht Faust sein Gebet an die Jungfrau Mutter:

„Höchste Herrscherin der Welt!
Lasse mich im blauen
Ausgespannten Himmelszelt
Dein Geheimnis schauen.
Billige, was des Mannes Brust

Ernst und zart beweget
Und mit heiliger Liebeslust
Dir entgegenträget.
Unbezwinglich unser Mut,
Wenn du hehr gebietest;
Plötzlich mildert sich die Glut,
Wie du uns befriedest.
Jungfrau, rein im schönsten Sinn,

Mutter, Ehren würdig,
Uns erwählte Königin,
Göttern ebenbürtig."

und

„Blicket auf zum Retterblick,
Alle reuig Zarten,
Euch zu seligem Geschick
Dankend umzuarten.
Werde jeder bess're Sinn
Dir zum Dienst erbötig;
Jungfrau, Mutter, Königin,
Göttin, bleibe gnädig!"

In diesem Zusammenhang müssen auch die bedeutsamen Symbolattribute der Jungfrau in der Lauretanischen Litanei erwähnt werden:

„Mater amabilis
Du liebliche Mutter
Mater admirabilis
Du wunderbare Mutter
Mater boni consilii.

Du Mutter des guten Rates.
Speculum justitiae
Du Spiegel der Gerechtigkeit
Sedes sapientiae
Du Sitz der Weisheit,
Causa nostrae laetitiae
Du Ursache unserer Freude,
Vas spirituale
Du geistliches Gefäss,
Vas honorabile
Du ehrwürdiges Gefäss,
Vas insigne devotionis
Du vortreffliches Gefäss der Andacht,
Rosa mystica.
Du geistliche Rose,
Turris Davidica,
Du Turm Davids,
Turris eburnea,
Du elfenbeinerner Turm,
Domus aurea,
Du goldenes Haus,
Foederis arca
Du Arche des Bundes,
Janua coeli
Du Pforte des Himmels,
Stella matutina.
Du Morgenstern."

(Missale Romanum.)

Diese Attribute zeigen die funktionelle Bedeutung des Jungfraumutterbildes; sie zeigen, wie das Seelenbild auf die bewusste Einstellung wirkt, nämlich als Gefäss der Andacht, als feste Form, als Quelle der Weisheit und der Erneuerung.

In gedrängtester und übersichtlichster Form finden wir diesen charakteristischen Übergang vom Frauendienste zum Seelendienste in einer frühchristlichen Bekenntnisschrift, im „Hirten" des *Hermas*, der um 140 p. Chr. n. schrieb. Das griechisch geschriebene Buch besteht aus einer Reihe von Visionen und Offenbarungen, welche im wesentlichen die Befestigung des neuen Glaubens darstellen. Das Buch galt eine Zeitlang als kanonisch, wurde aber vom Muratorischen Kanon verworfen. Es beginnt folgendermassen:

„Der, der mich aufzog, verkaufte mich an eine gewisse Rhoda in Rom. Nach vielen Jahren machte ich wiederum ihre Bekanntschaft und begann sie wie eine Schwester zu lieben. Nach einiger Zeit sah ich sie einmal im Tiberflusse baden, und ich gab ihr meine Hand und half ihr aus dem Flusse. Als ich ihre Schönheit erblickte, dachte ich in meinem Herzen die Worte: „Ich wäre glücklich, wenn ich ein Weib von solcher Schönheit und solcher Art hätte." Das war mein einziger Wunsch, und nichts anderes mehr (ἕτερον δὲ οὐδὲ ἕν)." Dieses Erlebnis war der Ausgangspunkt für die visionäre Episode, die nachher folgte. Anscheinend hat Hermas als Sklave der Rhoda gedient, wurde dann, wie das oft vorkam, freigelassen und begegnete ihr später wieder, wobei sich in ihm vermutlich ebensowohl aus Dankbarkeit wie aus Wohlgefallen ein Liebesgefühl regte, das aber für sein Bewusstsein bloss den Charakter der brüderlichen Liebe hatte. Hermas war ein Christ, dazu, wie aus dem weitern Text hervorgeht, zu jener Zeit schon ein Familienvater, welche Umstände die Verdrängung des erotischen Elementes leicht erklärlich machen. Umso eher war nun die eigentümliche Situation, welche viele Fragen offen lässt, geeignet, ihm den erotischen Wunsch zum Bewusstsein zu bringen. Er ist eigentlich im Gedanken, dass er Rhoda zum Weibe haben möchte, deutlich ausgedrückt, beschränkt sich aber, wie Hermas ausdrücklich hervorhebt, auf diese einfache Konstatierung, wohl weil Weitergehendes und Unmittelbareres sofort der moralischen Verdrängung verfiel. Dieser, wie aus dem Nachfolgenden unzweifelhaft hervorgeht, verdrängte Libidobetrag hat in seinem Unbewussten eine gewaltige Veränderung hervorgerufen, indem er das Seelenbild belebte und zur spontanen Wirksamkeit brachte. Folgen wir nun dem Texte weiter:

„Nach einer gewissen Zeit, als ich nach Cumae ging und die Schöpfung Gottes um ihrer Grösse, Schönheit und Macht pries, da wurde ich im Dahinschreiten schläfrig. Und ein Geist ergriff mich und führte mich weg durch eine pfadlose Gegend, durch die ein Mensch nicht gehen konnte. Dieser Ort war nämlich voll Schrunden und aufgerissen durch Wasserläufe. Ich überschritt diesen Fluss und kam auf ebenen Grund, wo ich mich auf die Knie warf, zu Gott betete und meine Sünden bekannte. Indem ich so betete, öffnete sich der Himmel und ich schaute jene Frau, nach der ich mich sehnte, und sie grüsste mich vom Himmel und sprach: „Heil dir, Hermas!" Indem ich sie anschaute, sprach ich zu ihr: „Herrin, was tust du hier?" Und sie antwortete: „Ich ward hinaufgenommen, um dich um deiner Sünden willen vor dem Herrn anzuklagen." Ich sagte zu ihr: „Klagst du mich jetzt an?" „Nein, sagte sie, aber höre jetzt die Worte, die ich zu dir sprechen werde. Der Gott, der im Himmel wohnt, und der das Seiende aus dem Nichtseienden geschaffen hat, und der es vergrössert und vermehrt hat um seiner heiligen Kirche willen, zürnt dir, weil du gegen mich gesündigt hast." Ich antwortete und sprach zu ihr: „Habe ich gegen dich gesündigt? Wo und wann sprach ich ein übles Wort zu Dir? Habe ich dich nicht immer und überall wie eine Göttin angesehen? Habe ich dich nicht immer wie eine Schwester behandelt? Warum, o Frau, klagst du mich fälschlich an mit so übeln und unreinen Dingen?" Sie lachte und sprach zu mir: „Die Begierde der Sünde erhob sich in deinem Herzen. Oder scheint es dir nicht eine sündhafte Tat zu sein für einen gerechten Mann, wenn eine sündige Begierde sich in seinem Herzen erhebt? Ja, es ist eine Sünde," sagte sie, „und eine grosse. Denn der Gerechte strebt nach dem Gerechten."

Einsame Spaziergänge sind, wie man weiss, dem Phantasieren förderlich. So hat wohl Hermas auf seinem Gang nach Cumae, seiner Herrin nachgedacht, wobei die verdrängte erotische Phantasie seine Libido allmählich ins Unbewusste hinunterzog. Infolgedessen wurde er, nämlich wegen der Heruntersetzung der Bewusstseinsintensität, schläfrig und geriet in einen somnambulen, resp. ekstatischen Zustand, der nichts anderes ist, als eine besonders intensive Phantasie, welche das Bewusstsein völlig gefangen nimmt. Es ist nun bezeichnenderweise keine erotische Phantasie, welche ihn befällt, sondern er wird gewissermassen in ein anderes Land versetzt, was die Phantasie als ein Übersetzen über einen Fluss und als ein Durchschreiten weglosen Geländes darstellt. Auf diese Weise erscheint ihm das Unbewusste als eine Gegen- oder Überwelt, in welcher sich Ereignisse begeben und Menschen sich bewegen, ähnlich wie in der Wirklichkeitswelt. Seine Herrin-Frau tritt ihm nicht in einer erotischen Phantasie entgegen, sondern in „göttlicher" Form, wie eine Göttin am Himmel ihm erscheinend. Dieser Umstand weist darauf hin, dass der ins Unbewusste verdrängte erotische Eindruck das bereitliegende Urbild der Göttin belebt hat, also das uranfängliche Seelenbild. Der erotische Eindruck hat sich also offenbar im collektiven Unbewussten mit jenen archaïschen Residuen vereinigt, welche die Spuren mächtiger Eindrücke vom Wesen des Weibes seit Urzeiten aufbewahren, Eindrücke vom Weibe als Mutter und vom Weibe als begehrenswerte Jungfrau. Diese Eindrücke waren darum mächtig, weil sie Gewalten sowohl im Kinde, wie im reifen Manne auslösten, welche das Attribut der Göttlichkeit, nämlich des Unwiderstehlichen, des unbedingt Zwingenden ohne weiteres verdienen. Die Erkenntnis dieser Gewalten als dämonischer Mächte verdankt ihren Ursprung wohl kaum einer moralischen Verdrängung, sondern eher einer Selbstregulierung des psychischen Organismus, der sich durch diese Wendung vor Gleichgewichtsverlust zu schützen sucht. Denn, wenn es der Psyche gelingt, gegen die gänzlich hinreissende Gewalt der Leidenschaft, welche den Menschen auf Gnade und Ungnade in die Bahn eines Andern wirft, eine Gegenposition aufzurichten, indem sie auf der Höhe der Leidenschaft dem grenzenlos begehrten Objekt das Idol entreisst und den Menschen vor dem Götterbilde auf die Kniee zwingt, so hat sie ihn damit von der Verfluchung an's Objekt erlöst. Er ist sich selber wiedergegeben und findet sich, auf sich selbst gezwungen, wieder zwischen Göttern und Menschen, in seiner eigenen Bahn, seinem eigenen Gesetze unterworfen. Die ungeheure Scheu, die dem Primitiven innewohnt, jene Scheu vor allem Eindrucksvollen, das er sofort als Zauber, als mit magischer Kraft geladen, empfindet, bewahrt ihn zweckmässiger Weise vor dem sozusagen von allen primitiven Völkern gefürchteten Seelenverlust, dem Krankheit und Tod folgen. Der Seelenverlust entspricht dem Losreissen eines Teiles des eigenen Wesens, dem Verschwinden und der Emanzipation eines Komplexes, der dadurch zum tyrannischen Usurpator des Bewusstseins wird, das Ganze des Menschen unterdrückt, ihn aus seiner Bahn wirft und zu Handlungen zwingt, deren blinde Einseitigkeit die Selbstzerstörung zur unvermeidlichen Gefolgschaft hat. Bekanntlich sind die Primitiven dergleichen Phänomenen unterworfen, wie dem Amoklaufen, der Berserkerwut, der Besessenheit u. dgl. mehr. Das Erkennen des dämonischen Charakters der Gewalt ist ein wirksamer Schutz, indem diese Vorstellung dem Objekte sofort den stärksten Zauber entzieht und seine Quelle in die Dämonenwelt, d. h. ins Unbewusste verlegt, woher auch die Gewalt der Leidenschaft in Wirklichkeit entsprungen ist. Dieser Zurückverlegung der Libido ins Unbewusste dienen nun auch die beschwörenden Riten, welche die Seele zurückführen und die Bezauberung lösen sollen.

Dieser Mechanismus wirkt offenbar auch im Falle des Hermas. Die Verwandlung der Rhoda in die göttliche Herrin entzog dem wirklichen Objekt die leidenschaftserregende und verderbliche Kraft und unterwarf Hermas dem Gesetz der eigenen Seele und ihrer collektiven Bestimmungen. Zweifellos hatte er vermöge seiner Fähigkeiten einen tiefern Anteil an den geistigen Strömungen seiner Zeit. Sein Bruder Pius hatte eben zu jener Zeit den bischöflichen Thron von Rom inne. Hermas war daher wohl in höherm Masse zur Mitarbeit an der grossen Aufgabe seiner Zeit berufen, als er als ein ehemaliger Sklave bewusst realisieren mochte. Kein fähiger Kopf jener Zeit konnte sich auf die Dauer der zeitgeschichtlichen Aufgabe der Christianisierung widersetzen, es sei denn, dass die Schranken und Bestimmungen der Rasse ihm natürlicherweise eine andere Funktion in dem grossen geistigen Umwandlungsprozess anwiesen. Gleichwie die äussern Lebensbedingungen den Menschen zu sozialen Funktionen zwingen, so enthält auch die Seele collektive Bestimmungen, welche zur Sozialisierung der Meinungen und Überzeugungen zwingen. Durch die Verwandlung eines möglichen sozialen Übergriffes und einer möglichen Selbstschädigung durch Leidenschaft in Seelendienst wird Hermas an die Erfüllung einer sozialen Aufgabe geistiger Natur herangeführt, welche für die damalige Zeit gewiss von keiner geringen Bedeutung war.

Um ihn zu dieser Aufgabe geschickt zu machen, ist es offenbar notwendig, dass die Seele ihm auch die letzte Möglichkeit einer erotischen Bindung ans Objekt zerstört. Diese letzte Möglichkeit ist die Unehrlichkeit gegen sich selbst. Damit, dass Hermas sich den erotischen Wunsch bewusst ableugnet, beweist er nur, dass es ihm angenehmer wäre, wenn der erotische Wunsch in ihm nicht existierte, beweist aber keineswegs, dass er nicht wirklich erotische Absichten und Phantasien hat. Darum deckt ihm die Herrin-Frau, die Seele, schonungslos die Existenz seiner Sünde auf und befreit ihn damit auch von der heimlichen Bindung ans Objekt. Damit übernimmt sie als „ein Gefäss der Andacht" jene Leidenschaft, die vorher im Begriffe war, sich nutzlos ans Objekt zu verschwenden. Davon musste auch der letzte Rest ausgetilgt werden, um nämlich damit die zeitgeschichtliche Aufgabe zu erfüllen, welche in einer Abschneidung des Menschen von der sinnlichen Gebundenheit, der primitiven „participation mystique" bestand. Für den damaligen Menschen war diese Gebundenheit unerträglich geworden. Es musste deshalb eine Differenzierung des Geistigen eintreten, um das psychische Gleichgewicht wieder herzustellen. Alle die philosophischen Versuche zur Herstellung des psychischen Gleichgewichtes, der aequanimitas, die sich hauptsächlich in der stoischen Lehre verdichteten, scheiterten an ihrem Rationalismus. Die Vernunft kann nur dem das Gleichgewicht verleihen, dem die Vernunft schon ein Gleichgewichtsorgan ist. Aber für wie viele Menschen und in welchen Zeiten der Geschichte war sie das? Der Mensch muss in der Regel zu seinem einen Zustand auch den Gegensatz haben, um sich gezwungenerweise in der Mitte zu finden. Aus blosser Vernunft kann er doch wohl nie das Lebensvolle und Sinnenfällige des unmittelbaren Zustandes aufgeben. So muss ihm gegen die Macht und Lust des Zeitlichen die Freude des Ewigen stehen und gegen die Leidenschaft des Sinnlichen die Entzückung des Übersinnlichen. So unleugbar wirklich ihm dieses ist, so zwingend wirksam muss ihm jenes sein.

Durch die Einsicht in das wirkliche Bestehen seines erotischen Wunsches wird es Hermas möglich, zur Anerkennung der metaphysischen Realität zu gelangen, d. h. dadurch gewinnt das Seelenbild auch jene sinnliche Libido, welche bislang am concreten Objekt haftend, nunmehr dem Bilde, dem Idol jene Realität verleiht, die das Sinnesobjekt von jeher ausschliesslich für sich beanspruchte. So kann die Seele mit Wirkung sprechen und ihre Ansprüche mit Erfolg zur Geltung bringen. Nach dem oben berichteten Gespräch mit Rhoda, verschwand ihr Bild, und der Himmel schloss sich wieder. Dafür erschien nun eine „alte Frau in leuchtendem Gewand", welche den Hermas belehrt, dass sein erotischer Wunsch ein sündhaftes und unsinniges Unternehmen gegen einen verehrungswürdigen Geist sei, dass aber Gott nicht deshalb ihm zürne, sondern vielmehr, weil er, Hermas, die Sünden seiner Familie dulde. Auf diese geschickte Weise wird die Libido dem erotischen Wunsch vollends entzogen und in der nächsten Wendung in die soziale Aufgabe übergeführt. Eine besondere Feinheit liegt in dem Umstande, dass die Seele auch das Bild der Rhoda abgeworfen und das Ansehen einer alten Frau angenommen hat, um das erotische Element möglichst in den Hintergrund treten zu lassen. Später erfährt Hermas durch Offenbarung, dass diese alte Frau die *Kirche* selber ist, womit sich das Concret-Persönliche in die Abstraktion auflöst, und die Idee eine Tatsächlichkeit und Wirklichkeit gewinnt, die sie vordem nicht besass. Darauf liest ihm die Alte ein geheimnisvolles Buch vor, das gegen die Heiden und Apostaten gerichtet ist, dessen Sinn er aber nicht erfassen kann. Wiederum später hören wir, dass das Buch eine Mission enthält. So überreicht ihm die Herrin-Frau seine Aufgabe, die er als ihr Ritter zu erfüllen hat. Auch die Tugendprobe fehlt nicht. Denn bald darauf hatte Hermas ein Gesicht, wo ihm die Alte erschien und ihm versprach, um die fünfte Stunde wieder zu kommen, um ihm die Offenbarung zu erklären. Hermas begab sich hinaus aufs Land, an die verabredete Stelle. Wie er dort anlangte, fand er ein Lager von Elfenbein, bedeckt mit einem Polster und einem feinen Linnen. „Als ich diese Dinge dort liegen sah," schreibt Hermas, „war ich höchst verwundert, und sozusagen ein Zittern befiel mich und mein Haar sträubte sich und wie ein panischer Schreck befiel es mich, da ich dort allein war. Als ich darauf wieder zu mir selber kam, mich des Ruhmes Gottes erinnerte und neuen Mut schöpfte, kniete ich nieder und bekannte wieder meine Sünden dem Herrn, wie ich früher getan hatte. Und sie kam mit sechs jungen Männern, die ich früher auch schon gesehen hatte, und sie stand neben mir und hörte, wie ich betete und meine Sünden dem Herrn bekannte. Und sie berührte mich und sprach: „Hermas, höre auf mit all deinen Bitten deiner Sünden wegen. Bitte auch um die Gerechtigkeit, damit du einen Teil davon zu deinem Hause mitnehmest." Und sie richtete mich bei der Hand auf und führte mich zum Lager und sagte zu den jungen Männern: „Geht und bauet!" Und als die jungen Männer weggegangen waren und wir allein waren, sprach sie zu mir: „Setze dich hieher!" Ich sagte zu ihr: „Herrin, lass die Alten zuerst sitzen." Sie sagte: „Tue, was ich dir sage, und setze dich." Aber als ich nach meinem Wunsche mich zur Rechten niedersetzen wollte, bedeutete sie mir mit einer Handbewegung, mich an ihre linke Seite zu setzen. Als ich deshalb nachdenklich und bekümmert wurde, weil sie mich nicht zur rechten Seite sitzen liess, sagte sie zu mir: „Bist du traurig, Hermas? Der Sitz zur Rechten ist für andere, die bereits Gott wohlgefällig sind und die für den Namen gelitten haben. Aber dir fehlt noch Vieles, um mit ihnen sitzen zu können. Aber bleibe wie bisher in deiner Einfachheit, und du wirst mit ihnen sitzen, und so soll es allen geschehen, wann sie erfüllt haben, was Jener Arbeit war und getragen, was Jene getragen haben."

Die erotische Verkennung der Situation lag Hermas wohl sehr nahe. Die Zusammenkunft mutet zunächst an wie ein Stelldichein an „einem schönen und abgeschlossenen Ort" (wie er sagt). Das dort aufgeschlagene kostbare Lager erinnert in fataler Weise an den Eros, sodass die den Hermas bei diesem Anblick befallende Angst sehr begreiflich erscheint. Er muss offenbar die erotische Association mächtig bekämpfen, um nicht einer unheiligen Stimmung zu verfallen. Er erkennt zwar, wie es scheint, die Versuchung nicht, wenn diese Erkenntnis nicht vielleicht eben in der Schilderung seiner Angst als selbstverständlich vorausgesetzt ist, welche Ehrlichkeit bei einem Menschen der damaligen Zeit vielleicht eher möglich war, als beim modernen Menschen. Denn der damalige Mensch stand doch im allgemeinen seiner Natur noch näher als wir, und war daher eher in der Lage, seine natürlichen Reaktionen unmittelbar wahrzunehmen und richtig zu erkennen. In diesem Falle dürfte sein Sündenbekenntnis eben gerade die Wahrnehmung eines unheiligen Gefühls betroffen haben. Jedenfalls deutet die darauffolgende Frage, ob er rechts oder links sitzen solle, auf eine moralische Zurechtweisung hin, die er von der Herrin empfängt. Obschon nämlich in den römischen Augurien die von links kommenden Zeichen als günstig galten, so war doch bei Griechen wie bei Römern die linke Seite ganz allgemein die ungünstige, worauf die Doppelbedeutung von „sinister" hinweist. Wie eine unmittelbar folgende Textstelle aber beweist, hat die hier aufgeworfene Frage von rechts und links zunächst mit dem Volksaberglauben nichts zu tun, sondern ist biblischer Provenienz, offenbar bezüglich auf Matth. 25, 33: „Er wird die Schafe zu seiner Rechten stellen und die Böcke zur Linken." Die Schafe sind um ihrer harmlosen und frommen Natur willen eine Allegorie der Guten, die Böcke aber um ihrer Unbändigkeit und Geilheit willen ein Bild der Bösen. Dadurch, dass ihm die Herrin den Sitz zur Linken anweist, gibt sie ihm durch die Blume ihr Verständnis für seine Psychologie zu erkennen. Als Hermas seinen Sitz zur Linken eingenommen hat, mit etwelcher Betrübnis, wie er hervorhebt, weist ihn die Herrin nunmehr auf ein visionäres Bild hin, das sich vor seinen Augen entrollt: Er sieht, wie die Jünglinge, unterstützt von Zehntausenden anderer

Männer einen gewaltigen Turm aufbauen, dessen Steine sich fugenlos einer an den andern passt. Dieser fugenlose, also wohl besonders feste, weil unzerbrechbare Turm, bedeutet die Kirche, wie Hermas erfährt. *Die Herrin ist die Kirche, und der Turm auch.* Wir sahen bereits in den Attributen der Lauretanischen Litanei, dass Maria als Turris Davidica und Turris eburnea, als Elfenbeinturm bezeichnet wird. Es scheint sich hier um eine gleiche oder ähnliche Beziehung zu handeln. Zweifellos hat der Turm die Bedeutung des Festen und der Sicherheit, etwa wie Psalm 61,4: „Du bist meine Zuversicht, ein starker Turm vor meinen Feinden." Eine gewisse Ähnlichkeit mit dem Turmbau von Babel wird hier wohl durch besonders intensive innere Gegengründe ausgeschlossen worden sein, nichtsdestoweniger aber angeklungen haben, denn Hermas wird ebensosehr unter dem niederdrückenden Anblick der unaufhörlichen Schismen und häretischen Streitereien der ersten Kirche gelitten haben, wie alle andern denkenden Köpfe jener Sphäre. Dieser Eindruck wird auch der wesentlichste Grund zur Verfassung dieser Bekenntnisschrift gewesen sein, wie wir aus jener Andeutung entnehmen dürfen, dass das geoffenbarte Buch wider die Heiden und Apostaten gerichtet sei. Die Heteroglossie, die Sprachverwirrung, welche den Turmbau von Babel verunmöglichte, beherrschte gerade in den ersten Jahrhunderten die christliche Kirche fast völlig und forderte verzweifelte Anstrengungen von den Gläubigen, um der Konfusion Herr zu werden. Da die damalige Christenheit weit davon entfernt war, eine Herde unter einem Hirten zu bilden, so war es nur natürlich, dass Hermas danach verlangte, den mächtigen „Hirten", den Poimen, sowohl wie diejenige feste und gesicherte Form zu finden, welche unverbrüchlich die von den vier Winden, von den Bergen und aus dem Meere geholten Elemente zu einem Ganzen vereinigte.

Das chthonische Begehren, die Sinnlichkeit in allen ihren mannigfaltigen Formen, mit ihrer Anklebung an die Reize der Umwelt und ihrem Zwange zur Zerstreuung der psychischen Energie in das grenzenlos Vielfältige der Welt ist ein Haupthindernis für die Vollendung einer einheitlich gerichteten Einstellung. Die Beseitigung dieses Hindernisses musste also eine der wichtigsten Aufgaben jener Zeit sein. Es ist darum nur verständlich, dass uns im Poimen (Hirt) des Hermas eben gerade die Bewältigung dieser Aufgabe vor Augen geführt wird. Wir sahen bereits, wie die ursprünglich erotische Erregung und die dadurch ausgelöste Energie übergeführt wurde in die Personifikation des unbewussten Komplexes, die Figur der Ekklesia, der alten Frau, welche durch ihr visionäres Auftreten die Spontaneität des ihr zu Grunde liegenden Komplexes bekundet. Hier erfahren wir nun weiter, dass die alte Frau, die Kirche, nunmehr sozusagen zum Turme wird, denn der Turm ist ebenfalls die Kirche. Dieser Übergang erscheint überraschend, denn der Zusammenhang des Turmes mit der alten Frau ist nicht ohne weiteres ersichtlich. Die Attribute der Maria in der lauretanischen Litanei werden uns aber auf die richtige Spur helfen, denn wir finden dort, wie erwähnt, die Jungfrau-Mutter als „Turm“ bezeichnet.

Dieses Attribut stammt aus dem Hohen Lied IV, 4: Sicut turris David collum tuum, quae aedificata est cum propugnaculis. (Dein Hals ist wie der Turm Davids, mit Brustwehr gebauet.)

VII, 4: Collum tuum sicut turris eburnea. (Dein Hals ist wie ein elfenbeinerner Turm.) (Ähnlich VIII, 10: Ego murus, et ubera mea sicut turris.)

Das Hohe Lied ist, wie bekannt, eigentlich ein profanes Liebesgedicht, vielleicht ein Hochzeitslied, dem sogar jüdische Gelehrte noch sehr spät die kanonische Anerkennung versagt haben. Die mystische Deutung liebte es aber, die Braut als Israel und den Bräutigam als Jahve aufzufassen und zwar aus einem richtigen Instinkte, nämlich um auch das erotische Gefühl in das Gottesverhältnis des ganzen Volkes überzuführen. Aus demselben Grunde hat sich auch das Christentum des Hohen Liedes bemächtigt, um den Bräutigam als Christus und die Braut als Kirche aufzufassen. Der Psychologie des Mittelalters lag diese Analogie ausserordentlich und ermutigte die ganz unverblümte Christuserotik der damaligen Mystik, wovon *Mechtild von Magdeburg* eines der glänzendsten Beispiele ist. Aus diesem Geiste ist die lauretanische Litanei hervorgegangen. Sie lehnt sich in gewissen Attributen der Jungfrau an das Hohe Lied an. Wir haben dies bereits für das Turmsymbol gezeigt. Die Rose wird schon von den griechischen Vätern als Attribut der Maria gebraucht, mit der Lilie, ebenfalls in Anlehnung an Hohes Lied 2, 1 f.: Ego flos campi et lilium convallium. Sicut lilium inter spinas, sic amica mea inter filias. („Ich bin eine Blume zu Saron und eine Rose im Tal. Wie eine Rose unter den Dornen, so ist meine Freundin unter den Töchtern.“ *Luther*.) Ein in den mittelalterlichen Marienhymnen vielgebrauchtes Bild ist der „verschlossene Garten“ aus dem Hohen Lied 4, 12 (Hortus conclusus, soror mea sponsa) und der „versiegelte Bronnen“. (H. L. 4, 12: fons signatus.) Die im Hohen Lied unverkennbar erotische Natur dieser Gleichnisse wird von den Vätern ausdrücklich als solche angenommen. So deutet z. B. *Ambrosius* den hortus conclusus als virginitas (de instit. virg. c. 10). Ebenso vergleicht *Ambrosius* (com. in apoc. c. 6) Maria mit dem Schilfkörbchen des Moses: „per fiscellam scirpeam, beata virgo designata est. Mater ergo fiscellam scirpeam in qua Moses ponebatur, praeparavit, quia sapientia dei, quae est filius dei, beatam Mariam virginem elegit, in cuius utero hominem, cui per unitatem personae conjungeretur, formavit.“ *Augustin* gebraucht das später häufige Gleichnis des thalamus (Brautgemach) für Maria, wiederum mit ausdrücklichem Hinweis auf den anatomischen Sinn: „elegit sibi thalamum castum, ubi conjungeretur sponsus sponsae“ (serm. 192) und „pocessit de thalamo suo, id est, de utero virginali“ (serm. 124).

Die Deutung von vas als uterus dürfte demnach für gesichert gelten, wenn *Ambrosius* parallel zu der eben zitierten Augustinstelle sagt: „non de terra, sed de coelo *vas* sibi hoc, per quod descenderet, elegit, et sacravit *templum pudoris*“ (de instit. virg. c. 5). Auch bei den griechischen Vätern ist die Bezeichnung als σκεῦος (Gefäss) nicht selten. Auch hier ist die Anlehnung an die erotische Allegorik des Hohen Liedes nicht unwahrscheinlich, obschon die Bezeichnung Vas im Vulgatatext nicht vorkommt, wohl aber das Bild des Bechers und des Trinkens: 7, 2: Umbilicus tuus crater tornatilis, nunquam indigens poculis. Venter tuus sicut acervus tritici, vallatus liliis. („Dein Schooss ist wie ein runder Becher, dem nimmer Getränke mangelt. Dein Leib ist wie ein Weizenhaufen, umsteckt mit Rosen.“ *Luther.*) Parallel dem Sinne des ersten Satzes geht der Vergleich der Maria mit dem Ölkrüglein der Witwe von Sarepta in den Meisterliedern der Kolmarer Handschrift. (K. Bartsch. Stuttgart, 1862.) „Sarepta in Sydonien lant dar Helyas wart gesant zuo einer witwen diu in solle neren, der glîcht mîn lîp wol wirdeclich, dô den propheten sant in mich got und uns wolt diu tiurunge verkêren.“ Parallel dem zweiten Satz sagt *Ambrosius*: „in quo virginis utero simul acervus tritici et lilii flores gratia germinabat: quoniam et granum tritici generabat et lilium, etc.“ In katholischen Quellen (Salzer: Sinnbilder und Beinamen Mariens) werden für die Gefässymbolik sehr fern liegende Stellen herangezogen, wie z. B. Hohes Lied 1,1: Osculetur me osculo oris sui: quia meliora sunt ubera tua vino. „Er küsse mich mit dem Kuss seines Mundes, denn deine Liebe (eigentlich „Brüste“) ist lieblicher denn Wein.“ *Luther.*); ja, sogar 2. Mose 16, 33: „Und Mose sprach zu Aaron: Nimm ein *Krüglein*, tu ein Gomervoll Man drein, und lass es vor dem Herrn, dass es behalten werde auf eure Nachkommen.“ Diese gekünstelten Beziehungen sprechen eher gegen die biblische Abstammung der Gefässymbolik als dafür. Für die Möglichkeit einer ausserbiblischen Herkunft überhaupt spricht die Tatsache, dass der mittelalterliche Marienhymnus ungescheut seine Gleichnisse von überall hernimmt und sozusagen alles, was irgendwie kostbar ist, mit der Jungfrau in Beziehung setzt. Dass das Gefässymbol schon sehr alt ist — es entstammt dem III. bis IV. Jahrhundert, spricht nicht gegen seine weltliche Herkunft, denn schon die Väter waren geneigt zu ausserbiblischen „heidnischen“ Gleichnissen, wie z. B. *Tertullian*[201], *Augustin*[202] u. a. die Jungfrau mit der noch unentweihten Erde, dem noch ungepflügten Acker verglichen, gewiss nicht ohne merklichen Seitenblick auf die Kore der Mysterien. Solche Vergleiche formten sich über heidnischen Modellen in derselben Weise wie dies *Cumont* für die frühmittelalterliche kirchliche Buchillustration am Beispiel der Himmelfahrt des Elias, die sich gerne an ein antikes mithrisches Vorbild hielt, gezeigt hat. In vielerlei Gebräuchen, nicht zum mindesten in der Verlegung der Geburt Christi auf den natalis solis invicti, folgte die Kirche der heidnischen Vorlage. *Hieronymus* vergleicht die Jungfrau mit der *Sonne* als der Mutter des Lichtes. Diese Bezeichnungen ausserbiblischer Natur können ihren Ursprung nur in den damals noch geläufigen heidnischen Anschauungsformen haben. Es ist darum nur gerechtfertigt, wenn man bei dem Gefässymbole auch der damals wohlbekannten und weitverbreiteten gnostischen Gefässymbolik gedenkt. Es sind aus jener Zeit eine grosse Anzahl von Gemmen erhalten mit dem Symbole des Gefässes, eines Kruges mit merkwürdigen Flügelbändern, der ohne weiteres an einen Uterus mit den Ligamenta lata erinnert. Dieses Gefäss wird nach *Matter* als „Vase of Sin" bezeichnet, etwa im Gegensatz zu den Marienhymnen, welche die Jungfrau als vas virtutum preisen. *King* (The Gnostics and their remains p. 111) bestreitet diese Auffassung als willkürlich und schliesst sich *Köhlers* Auffassung an, dass das (hauptsächlich ägyptische) Gemmenbild auf die Krüge des Schöpfrades, welches das Nilwasser auf die Felder pumpt, sich beziehe, worauf auch die eigentümlichen Bänder hindeuteten, welche offenbar zur Befestigung des Kruges am Rad dienten. Die befruchtende Tätigkeit des Kruges lasse sich in antiker Phraseologie als „Befruchtung der Isis durch den Samen des Osiris" ausdrücken, wie *King* bemerkt. Öfters befindet sich auf dem Gefäss eine Getreideschwinge, wahrscheinlich mit Beziehung auf die „mystica vannus Jacchi", das λῖκνον, die figürliche Geburtsstätte des Weizenkorns, des Symbols des Fruchtbarkeitsgottes. (Vergl. dazu *Jung*: Wandl. und Symb. der Libido. p. 319). Es war eine griechische Hochzeitszeremonie, dass man der Braut eine Getreideschwinge, gefüllt mit Früchten, auf den Kopf legte, ein offenkundiger Fruchtbarkeitszauber. Dieser Auffassung kommt die alte ägyptische Vorstellung entgegen, dass alles aus dem Urwasser abstamme, aus Nu oder Nut, welche auch mit dem Nil oder dem Ozean identifiziert wurde. Nu wird mit *drei Töpfen*, drei *Wasserzeichen* und dem Himmelszeichen geschrieben. In einem Hymnus an Ptah-Tenen heisst es: „Erschaffer des Korns, das hervorkommt aus ihm in seinem Namen Nu der Alte, der befruchtet die Wassermasse des Himmels und der macht, dass die Wasser hervorkommen auf den Bergen, um Leben zu geben Mann und Weib." (*W. Budge*: The Gods of the Egyptians. 1904. I, 511.) Sir *Wallis Budge* machte mich darauf aufmerksam, dass die Uterussymbolik auch heute noch im sudlichen Hinterland Ägyptens als Regen- und Fruchtbarkeitszauber existiert. Es kommt noch gelegentlich vor, dass die Eingeborenen im Busch eine Frau ermorden, und ihr den Uterus herausnehmen, um dieses Organ zu magischen Riten zu benützen. (Vergl. P. Amaury Talbot: In the shadow of the bush. pag. 67, 74 ff.) Wenn man sich vergegenwärtigt, wie stark die Kirchenväter durch gnostische Vorstellungen trotz stärksten Widerstandes gegen diese Häresieen beeinflusst waren, so ist es nicht undenkbar, dass gerade in der Gefässymbolik sich ein Stück christlich anwendbares Heidentum durchdrückte und zwar umso leichter, als die Marienverehrung an sich schon ein heidnisches Überkommnis ist, welches der christlichen Kirche die Hinterlassenschaft der Magna Mater, der Isis u. a., sicherte. Auch das Bild des *Vas sapientiae* erinnert an ein gnostisches Vorbild, nämlich an *Sophia*, diesem für die Gnosis so bedeutsamen Symbol.

Ich verweilte etwas länger bei der Gefässymbolik, als meine Leser wohl erwarteten. Ich tat dies aber aus einem bestimmten Grunde, nämlich, weil mir daran liegt, jene für das frühe Mittelalter so eigentümlich kennzeichnende Gralslegende in ihrer Beziehung zum Frauendienst psychologisch zu beleuchten. Die religiöse Zentralvorstellung dieses vielfach variierten Legendenstoffes ist das heilige Gefäss, ein, wie jedermann einleuchtet, durchaus unchristliches Bild, dessen Ursprung anderwärts zu suchen ist, als in den kanonischen Quellen. Mir scheint nach dem Obigen, dass es ein echtes Stück Gnosis ist, das entweder durch geheime Tradition die Ausrottung der Häresien überstand oder seine Wiedererstehung einer unbewussten Reaktion gegen das herrschende offizielle Christentum verdankt. Das Weiterleben oder das unbewusste Wiedererstehen des Gefässymbols beweist eine Verstärkung des weiblichen Prinzips in der damaligen männlichen Psychologie. Die Symbolisierung in einem rätselhaften Bilde bedeutet eine Vergeistigung der durch den Frauendienst belebten Erotik. Die Vergeistigung aber bedeutet immer die Zurückbehaltung eines Libidobetrages, der sonst direkt in der Sexualität sich ausleben würde. Wird ein solcher Libidobetrag zurückgehalten, so fliesst zwar erfahrungsgemäss ein Teil davon in den vergeistigten Ausdruck, der andere Teil aber verfällt dem Unbewussten und bewirkt dort eine gewisse Belebung entsprechender Bilder, welche sich eben im Symbol des Gefässes ausdrücken. Das Symbol lebt durch Zurückhaltung gewisser Libidoformen und bewirkt seinerseits wieder Zurückhaltung dieser Libidoformen. Die Auflösung des Symbols ist gleichbedeutend mit einem Abströmen der Libido auf direktem Wege oder mindestens mit einem fast unüberwindlichen Zwange zur direkten Anwendung. Das lebendige Symbol aber beschwört diese Gefahr. Ein Symbol verliert seine sozusagen magische oder, wenn man will, erlösende Kraft, sobald seine Auflösbarkeit erkannt ist. Daher muss ein wirkendes Symbol eine unangreifbare Beschaffenheit haben. Es muss der bestmögliche Ausdruck der jeweiligen Weltanschauung sein, der schlechterdings dem Sinne nach nicht überboten werden kann, sodann muss es dem Begreifen so ferne stehen, dass dem kritischen Intellekt alle Mittel fehlen, um es gültig auflösen zu können und schliesslich muss seine ästhetische Form dem Gefühl überzeugend entgegenkommen, sodass auch keine gefühlsmässigen Argumente sich dagegen erheben. Das Gralssymbol hat offenbar für eine gewisse Zeit diese Forderungen erfüllt und verdankte diesem Umstand seine lebendige Wirkung, die, wie das Beispiel *Wagners* zeigt, auch heute noch nicht ganz erloschen ist, obschon unsere Zeit und unsere Psychologie unaufhaltsam zu seiner Auflösung drängen.

Das allgemeine offizielle Christentum hat nun wiederum die in der Psychologie des Frauendienstes sich kundgebenden gnostischen Elemente aufgesogen und in einer gesteigerten Marienverehrung untergebracht. Ich habe die lauretanische Litanei als ein bekanntes Beispiel dieses Assimilationsprozesses aus einer sehr grossen Anzahl von andern ebenso interessanten Materialien ausgewählt. Mit dieser Assimilation an das allgemeine christliche Symbol ging zunächst die im Frauendienst sich entwickelnde Knospe einer seelischen Kultur des Mannes verloren. Seine Seele, die sich im Bilde der selbstgewählten Herrin ausdrückte, verlor den individuellen Ausdruck durch ihren Übergang in das allgemeine Symbol. Dadurch verlor sie auch die Möglichkeit einer individuellen Differenzierung, sie wurde verdrängt durch einen Collektivausdruck. Derartige Verluste pflegen immer schlimme Folgen zu haben, die sich auch in diesem Falle bald geltend machten. Indem nämlich die seelische Beziehung zur Frau sich durch die collektive Marienverehrung ausdrückte, ging dem Bilde der Frau ein Wert verloren, auf den aber das menschliche Wesen einen gewissen natürlichen Anspruch hat. Dieser Wert, der nur in der individuellen Wahl seinen natürlichen Ausdruck findet, verfällt, wenn der individuelle durch einen collektiven Ausdruck ersetzt wird, dem Unbewussten. Im Unbewussten erhält nun das Bild der Frau eine Besetzung, welche infantil-archaïsche Dominanten belebt. (Vergl. zu diesem Begriff: *Jung*: Die Psychologie der unbewussten Prozesse. Zürich, 1917.) Die relative Entwertung der realen Frau compensiert sich damit durch dämonische Züge, indem alle unbewussten Inhalte, insofern sie durch abgespaltene Libidobeträge aktiviert sind, projiziert am Objekt auftreten. Die relative Entwertung der Frau bedeutet: Der Mann liebt sie in einem gewissen Sinne weniger, dafür aber tritt die Frau als Verfolgerin auf, d. h. als Hexe. Auf diese Weise entwickelte sich mit und infolge der gesteigerten Marienverehrung der Hexenwahn, dieser unauslöschliche Schandfleck des spätern Mittelalters. Dies war aber nicht die einzige Folge. Durch die Abspaltung und Verdrängung einer wichtigen progressiven Tendenz entstand überhaupt eine gewisse Aktivierung des Unbewussten. Und diese Aktivierung konnte im allgemeinen christlichen Symbol keinen genügenden Ausdruck finden, denn der adäquate Ausdruck bestünde zunächst in individuellen Ausdruckformen. Dieser Umstand aber bereitete den Boden für Häresien und Schismen vor. Dagegen musste sich das christlich orientierte Bewusstsein mit Fanatismus wehren. Der Wahn der Inquisitionsgreuel war übercompensierter Zweifel, der sich vom Unbewussten her aufdrängte und der schliesslich eines der grössten Schismen der Kirche hervorrief, nämlich die Reformation.

Aus dieser längern Auseinandersetzung gewinnen wir folgende Einsicht: Wir sind ausgegangen von jener Vision des Hermas, in der er sah, wie ein *Turm* gebaut wurde. Die alte Frau, welche sich zuvor als die Kirche erklärt hatte, erklärt nunmehr den Turm als Symbol der Kirche. Ihre Bedeutung geht dadurch auf den Turm über, mit dem sich nun auch der ganze weitere Text des Poimen befasst. Es handelt sich für Hermas jetzt um den Turm und nicht mehr um die alte Frau, geschweige denn um die reale Rhoda. Damit ist die Ablösung der Libido vom realen Objekt und ihre Übersetzung auf das Symbol, ihre Überführung in eine Symbolfunktion vollendet. Die Idee einer allgemeinen und einheitlichen Kirche, ausgedrückt durch das Symbol eines fugenlosen und unerschütterlichen Turms, wird damit im Geiste Hermas' zur nicht mehr rückgängig zu machenden Wirklichkeit. Die Ablösung der Libido vom Objekt versetzt sie ins Innere des Subjektes, wodurch die Bilder des Unbewussten aktiviert werden. Diese Bilder sind archaïsche Ausdrucksformen, welche zu Symbolen werden, die ihrerseits wieder als Äquivalente für relativ entwertete Objekte auftreten. Dieser Vorgang ist jedenfalls so alt wie die Menschheit, denn Symbole finden sich schon unter den Relikten des prähistorischen Menschen sowohl wie beim niedrigsten heute noch lebenden Menschentypus. Es muss sich bei der Symbolbildung also offenbar um eine auch biologisch höchst wichtige Funktion handeln. Da das Symbol nur dank einer relativen Entwertung des Objektes leben kann, so dient es offenbar auch dem Zwecke der Objektentwertung. Hätte das Objekt einen unbedingten Wert, so wäre es auch unbedingt bestimmend für das Subjekt, wodurch die Freiheit des Handelns des Subjektes absolut aufgehoben wäre, indem auch eine relative Freiheit neben der unbedingten Determinierung durch das Objekt nicht mehr bestehen könnte. Der Zustand einer absoluten Bezogenheit auf das Objekt ist gleichbedeutend mit einer völligen Exteriorisierung des Bewusstseinsprozesses, d. h. mit einer Identität von Subjekt und Objekt, wodurch jede Erkenntnismöglichkeit aufgehoben ist. Dieser Zustand findet sich in gemilderter Form noch heute beim Primitiven. Die bei der praktischen Analyse uns häufig begegnenden sogenannten *Projektionen* sind ebenfalls nichts anderes als Residuen einer ursprünglichen Identität des Subjektes mit dem Objekt. Die durch einen solchen Zustand bedingte Ausschliessung der Erkenntnis und die Unmöglichkeit einer bewussten Erfahrung bedeuten eine beträchtliche Einbusse an Anpassungsfähigkeit, die für den von Natur aus Waffen- und schutzlosen Menschen mit seiner mehrere Jahre lang gegenüber den Tieren minderwertigen Nachkommenschaft erheblich ins Gewicht fällt. Der erkenntnislose Zustand bedeutet aber auch vom Standpunkt der Affektivität aus eine gefährliche Inferiorität, indem nämlich eine Identität des Gefühls mit dem gefühlten Objekt bewirkt, dass erstens einmal irgend ein Objekt eine beliebig starke Wirkung auf das Subjekt haben kann, und zweitens irgend ein Affekt des Subjektes ohne weiteres auch das Objekt in sich begreift und vergewaltigt. Was ich meine, illustriert eine Episode aus dem Leben des Buschmanns: Ein Buschmann hatte einen kleinen Sohn, den er mit der charakteristischen zärtlichen Affenliebe des Primitiven liebte. Diese Liebe ist selbstredend psychologisch völlig autoerotisch, d. h. das Subjekt liebt sich selber im Objekt. Das Objekt dient dabei gewissermassen als erotischer Spiegel. Eines Tages kommt der Buschmann vom Fischfang ärgerlich nach Hause, denn er hatte nichts gefangen. Wie immer kommt ihm der Kleine freudig entgegengesprungen. Der Vater aber packt ihn und dreht ihm auf der Stelle den Hals um. Natürlich beklagte er nachher das tote Kind mit derselben Fassungslosigkeit, mit der er es zuvor umgebracht hatte.

Dieser Fall zeigt klar die Identität des Objektes mit dem jeweiligen Affekt. Es ist klar, dass eine derartige Mentalität jede in höherm Masse schutzgewährende Organisation der Horde verhindert. Sie ist daher ein in Hinsicht der Fortpflanzung und Vermehrung der Spezies ungünstiger Faktor und muss daher bei einer Spezies mit starker Vitalität verdrängt und umgeformt werden. Diesem Zwecke entstammt und dient das Symbol, indem es dem Objekte einen gewissen Libidobetrag entzieht, es dadurch relativ entwertet und damit dem Subjekt einen Überwert verleiht. Dieser Überwert betrifft aber das Unbewusste des Subjektes. Dadurch wird das Subjekt zwischen eine äussere und eine innere Determinante gestellt, und daraus entsteht die Möglichkeit der Wahl und die relative Freiheit des Subjektes.

Das Symbol stammt immer aus archaïschen Residuen, aus stammesgeschichtlichen Engrammen, über deren Alter und Herkunft man vieles spekulieren, aber nichts Bestimmtes ausmachen kann. Es wäre auch ganz unrichtig, die Symbole aus persönlichen Quellen ableiten zu wollen, z. B. aus individuell verdrängter Sexualität. Eine solche Verdrängung kann höchstens den Libidobetrag liefern, der das archaïsche Engramm aktiviert. Das Engramm aber entspricht einer vererbten Funktionsweise, welche ihr Dasein nicht etwa einer sekularen Sexualverdrängung, sondern der Tatsache der Triebdifferenzierung überhaupt verdankt. Die Triebdifferenzierung aber war und ist eine biologisch notwendige Massnahme, die nicht etwa bloss der Spezies Mensch eigentümlich ist, sondern sich ebensowohl auch in der Geschlechtsverkümmerung der Arbeitsbiene manifestiert. Ich habe diese Abstammung des Symbols, im vorliegenden Falle des Gefässymbols, aus archaïschen Vorstellungen gezeigt. Wie diesem Symbole die Urvorstellung des Uterus zu Grunde liegt, so dürfen wir auch im Turmsymbol eine ähnliche Abstammung vermuten. Das Turmsymbol dürfte wohl in die Reihe jener im Grunde genommen phallischen Symbole gehören, an denen die Symbolgeschichte reich ist. Dass gerade in jenem Momente, wo Hermas beim Anblick des verlockenden Ruhelagers die erotische Phantasie verdrängen muss, sich ein phallisches Symbol aufdrängt, das vermutlich der Erektion entspricht, ist nicht erstaunlich. Wir sahen, dass auch andere Symbolattribute der Jungfrau-Kirche unzweifelhaft erotischer Herkunft sind, als solche schon durch ihre Abstammung vom Hohen Liede beglaubigt und zudem noch von den Vätern ausdrücklich als solche gedeutet. Das

Turmsymbol der lauretanischen Litanei stammt aus der gleichen Quelle und dürfte deshalb auch eine ähnliche Bedeutungsgrundlage haben. Das Attribut des Turms „elfenbeinern", ist zweifellos erotischer Natur, indem es sich auf die Hautfarbe- und -glätte bezieht (H. L. 5, 14: „Sein Leib ist wie rein Elfenbein.") Aber auch der Turm selber begegnet uns in unmissverständlich erotischer Beziehung im H. L. 8, 10: „Ich bin eine Mauer und meine Brüste sind wie Türme." Damit ist wohl das Hervorragen der Brüste, also ihre volle und pralle Konsistenz gemeint, etwa ähnlich wie H. L. 5, 15: „Seine Beine sind wie Marmelsäulen." Dem entspricht auch Hohes Lied 7, 5: „Dein Hals ist wie ein elfenbeinerner Turm", und: „Deine Nase ist wie der Turm auf dem Libanon", womit wohl das Schlanke und Ragende gemeint ist. Diese Attribute entspringen Tast- und Organempfindungen, die ins Objekt verlegt werden. Wie eine düstere Laune grau sieht und eine frohe hell und farbig, so empfindet das Tastvermögen auch unter dem Einfluss subjektiver sexueller Empfindungen, in diesem Falle der Erektionsempfindung, deren Qualitäten dem Objekt übertragen werden. Die erotische Psychologie des Hohen Liedes verwendet die im Subjekt erweckten Bilder auf das Objekt zur Erhöhung seines Wertes. Die kirchliche Psychologie verwendet aber dieselben Bilder, um die Libido auf das figürliche Objekt zu lenken, die Psychologie des Hermas aber erhebt das unbewusst erweckte Bild zunächst zum Selbstzweck, um darin denjenigen Gedanken zu verkörpern, der für die damalige Mentalität von ganz besonderer Wichtigkeit war, nämlich die Stabilisierung und Organisierung der neugewonnenen christlichen Weltanschauung und Einstellung.

b) *Die Relativität des Gottesbegriffes bei Meister Eckehart.* Der Prozess, den Hermas durchlief, stellt im Kleinen dar, was in der frühmittelalterlichen Psychologie im Grossen geschah: eine Neuentdeckung der Frau und die Herausbildung des weiblichen Gralssymboles. Hermas sah Rhoda in einem neuen Lichte, aber der dadurch ausgelöste Libidobetrag verwandelte sich ihm unter den Händen in die Erfüllung seiner zeitgenössischen Aufgabe.

Es ist nun meines Erachtens für unsere Psychologie bezeichnend, dass an der Schwelle der neuesten Zeit zwei Geister stehen, denen ein gewaltiger Einfluss auf die Herzen und die Köpfe der jungen Generation vorbehalten war: *Wagner* und *Nietzsche*, ersterer ein Anwalt der Liebe, der in seiner Musik die ganze Skala der Gefühlstöne von Tristan hinunter bis zur blutschänderischen Leidenschaft und von Tristan hinauf bis zur höchsten Geistigkeit des Grals erklingen lässt; letzterer ein Anwalt der Macht und des siegreichen Willens der Individualität. Wagner knüpft in seinem höchsten und letzten Ausdruck an die Gralslegende an, wie *Goethe* an *Dante*, *Nietzsche* aber an das Bild einer Herrenkaste und einer Herrenmoral, wie das Mittelalter es mehr als einmal verwirklichte in vielen heroischen und ritterlichen Gestalten mit blondem Haar. Wagner zersprengt die Bande, welche die Liebe einschnürten, Nietzsche zertrümmert die „Tafeln der Werte“, welche die Individualität beengen. Beide streben nach ähnlichem Ziele, aber sie erzeugen den unheilbaren Zwiespalt, denn wo Liebe ist, da herrscht nicht die Macht des Einzelnen, und wo die Macht des Einzelnen ist, da herrscht keine Liebe.

Dass drei der grössten deutschen Geister in ihren grössten Werken an die frühmittelalterliche Psychologie anknüpfen, scheint mir zu beweisen, dass eben jene Zeit eine Frage übrig gelassen hat, die seither nicht beantwortet worden ist.

Wir müssen es versuchen, dieser Frage hier etwas näher zu treten. Ich habe nämlich den Eindruck, als ob jenes fremdartige Etwas, das in gewissen Ritterorden damaliger Zeit (z. B. Templern) sein Wesen trieb, und das in der Gralslegende seinen Ausdruck gefunden zu haben scheint, ein Keim oder eine Knospe einer neuen Orientierungsmöglichkeit, m. a. W. eines neuen Symbols, gewesen sei. Die Unchristlichkeit, resp. die gnostische Art des Gralssymboles weist zurück auf jene frühchristlichen Häresieen, auf jene zum Teil gewaltigen Ansätze, die eine Fülle kühner und glänzender Ideen in sich bergen. Nun aber zeigt die Gnosis unbewusste Psychologie in reichster Entfaltung, ja in perverser Wucherung, also gerade jenes Element, das der regula fidei am meisten widerstrebt, jenes Prometheische und Schöpferische, das sich nur der eigenen Seele, aber keiner collektiven Richtschnur beugt. In der Gnosis finden wir, in roher Form allerdings, jenen Glauben an die Macht der eigenen Offenbarung und der eigenen Erkenntnis, welcher den spätern Jahrhunderten fehlte. Dieser Glaube hat seinen Ursprung in dem stolzen Gefühl der eigenen Gottesverwandtschaft, die sich keiner Menschensatzung unterwirft, die gegebenenfalls selbst die Götter zwingt durch die Macht der Erkenntnis. In der Gnosis liegt der Anfang jenes Weges, der zu den psychologisch so bedeutsamen Erkenntnissen der deutschen Mystik führt, welche eben um jene Zeit blühte, von der wir sprechen. Es gehört zur Kennzeichnung der Frage, die uns vorliegt, dass wir auch des grössten Denkers jener Zeit uns erinnern, *Meister Eckeharts.* So wie im Rittertum sich Anzeichen einer neuen Orientierung bemerkbar machten, so treten uns neue Gedanken in Eckehart entgegen, Gedanken von derselben *seelischen* Orientierung, welche *Dante* bewog, dem Bildnis Beatricens in die Unterwelt des Unbewussten zu folgen, und die Sänger inspirierte, welche die Kunde vom Gral sangen. Wir wissen leider nichts aus dem persönlichen Leben Eckeharts, das uns den Weg erklärt, auf dem er zur Seele gelangt ist, aber seine überlegene Art, mit der er in seiner Rede von der Reue sagt: „ouch noch erfrâget man selten, daz die liute koment ze grôzen dingen, sie sîen zu dem êrsten etwaz vertreten“ — lässt auf persönliche Erfahrung schliessen. Fremdartig gegenüber dem christlichen Gefühl der Sündhaftigkeit mutet uns Eckeharts Gefühl der innern Gottesverwandtschaft an. Man fühlt sich in die

Atmosphäre der Upanishaden entrückt. Es muss bei Eckehart eine ganz ausserordentliche Erhöhung des Seelenwertes, d. h. des Wertes des eigenen Innern stattgefunden haben, dass er sich erheben konnte zu einer sozusagen rein psychologischen, also relativen Auffassung Gottes und seines Verhältnisses zum Menschen. Die Entdeckung und ausführliche Formulierung der Relativität Gottes zum Menschen und seiner Seele scheint mir einer der wichtigsten Schritte auf dem Wege zu einer psychologischen Erfassung des religiösen Phänomens zu sein, und damit zur Möglichkeit einer Befreiung der religiösen Funktion aus den erdrückenden Schranken der ebenfalls daseinsberechtigten intellektuellen Kritik.

Wir gelangen damit zur eigentlichen Aufgabe dieses Kapitels, nämlich zur Erörterung der Relativität des Symboles. Unter *Relativität Gottes* verstehe ich eine Ansicht, nach der Gott nicht „absolut", d. h. losgelöst vom menschlichen Subjekt und jenseits aller menschlichen Bedingungen existiert, sondern nach der er vom menschlichen Subjekt in gewissem Sinne abhängig, und eine wechselseitige und unerlässliche Beziehung zwischen Mensch und Gott vorhanden ist, sodass man einerseits den Menschen als eine Funktion Gottes und andererseits Gott als eine psychologische Funktion des Menschen verstehen kann. Für unsere analytische Psychologie als für eine Wissenschaft, die man als empirisch vom menschlichen Standpunkt aus auffassen muss, ist das Gottesbild der symbolische Ausdruck eines gewissen psychologischen Zustandes oder einer Funktion, die dadurch charakterisiert ist, dass sie dem bewussten Willen des Subjektes unbedingt überlegen ist und deshalb Taten und Leistungen erzwingen oder ermöglichen kann, deren Ausführung der bewussten Anstrengung unerreichbar wäre. Dieser übermächtige Impuls — sofern sich die Gottesfunktion im Handeln manifestiert — oder diese den bewussten Verstand überragende Inspiration rührt von einer Energieaufstauung im Unbewussten her. Durch diese Libidoanhäufung werden Bilder belebt, die das collektive Unbewusste als latente Möglichkeiten besitzt, darunter befindet sich die Gottesimago, jene Prägung, die seit Uralters der collektive Ausdruck für die stärksten und unbedingtesten Einflüsse unbewusster Libidokonzentrationen auf das Bewusstsein ist. Für unsere Psychologie, die als Wissenschaft sich auf das Empirische innerhalb der unserer Erkenntnis gezogenen Grenzen beschränken muss, ist daher Gott nicht einmal relativ, sondern er ist eine Funktion des Unbewussten, nämlich die Manifestation eines abgespaltenen Libidobetrages, der die Gottesimago aktiviert hat. Für die orthodoxe Auffassung ist Gott natürlich absolut, d. h. für sich existierend. Damit ist auch eine völlige Abspaltung vom Unbewussten ausgedrückt, was psychologisch bedeutet, dass man sich der Tatsache, dass die göttliche Wirkung dem eigenen Innern entspringt, nicht bewusst ist. Der Standpunkt der Relativität Gottes aber bedeutet, dass ein nicht unbeträchtlicher Teil der unbewussten Vorgänge als psychologische Inhalte wenigstens andeutungsweise erkannt werden. Diese Einsicht kann natürlich nur da eintreten, wo der Seele eine mehr als gewöhnliche Aufmerksamkeit geschenkt wurde, wodurch die Inhalte des Unbewussten aus ihren Projektionen in die Objekte zurückgezogen wurden und ihnen (den Inhalten) so eine gewisse Bewusstheit gegeben wurde, die sie als dem Subjekt zugehörig und daher auch als subjektiv bedingt erscheinen lässt. Dieser Fall trat nun bei den Mystikern ein. Nicht, dass dieser Fall etwa ein erstmaliges Auftreten der Idee der Relativität Gottes überhaupt bedeutete: Bei den Primitiven ist natürlicherweise und im Prinzip eine Relativität Gottes vorhanden, indem fast überall auf tieferer Stufe die Gottesanschauung rein dynamischer Natur ist, d. h. Gott ist eine *göttliche Kraft*, eine Gesundheits-, Seelen-, Medizin-, Reichtums-, Häuptlings-, etc.-Kraft, die mit gewissen Prozeduren eingefangen und verwendet werden kann zur Erzeugung der für das Leben und die Gesundheit der Menschen notwendigen Dinge, gelegentlich auch zur Erzeugung magischer und feindseliger Wirkungen. Diese Kraft fühlt der Primitive ebensosehr aussen wie innen, d. h. ebensosehr als seine eigene Lebenskraft, wie als „Medizin" in seinem Amulett oder als Einfluss von seinem Häuptling ausgehend. Dies ist die erste nachweisbare Vorstellung einer alles durchdringenden und erfüllenden geistigen Kraft. Psychologisch ist die Kraft des Fetisch oder das Prestige des Medizinmannes eine unbewusste subjektive Bewertung dieser Objekte. Es handelt sich also im Grunde genommen um Libido, die sich im Unbewussten des Subjektes befindet und die am Objekt wahrgenommen wird, weil alles aktivierte Unbewusste projiziert erscheint. Die in der mittelalterlichen Mystik auftretende Relativität Gottes ist demnach ein Rückgriff auf den primitiven Tatbestand. Die verwandten östlichen Vorstellungen vom individuellen und überindividuellen Atman dagegen sind keine Regressionen auf Primitives, sondern eine dem Wesen des Ostens entsprechende konstante Weiterentwicklung aus dem Primitiven heraus unter Beibehaltung der schon im Primitiven deutlich hervortretenden Prinzipien. Der Rückgriff auf Primitives ist insofern nicht erstaunlich, als jede wirklich lebendige Religionsform die eine oder andere primitive Tendenz kultisch oder ethisch organisiert, woraus ihr eben die geheimnisvollen Triebkräfte zufliessen, welche jene Vollendung des menschlichen Wesens im religiösen Prozess erzeugen.[203] Dieser Rückgriff auf, oder wie im Indischen, der ununterbrochene Zusammenhang mit dem Primitiven ist eine Berührung der mütterlichen Erde, des Ursprungs aller Kraft. Im Sinne jeder zu rationaler oder ethischer Höhe differenzierten Anschauung sind diese Triebkräfte „unreiner" Natur. Das Leben selber aber fliesst zugleich aus klaren und aus trüben Quellen. Daher es auch jeder zu grossen „Reinlichkeit" an Leben mangelt. Jede Erneuerung des Lebens geht durch das Trübe und schreitet fort zur Klarheit. Je grösser aber die Klärung und Differenzierung, desto geringer wird die Lebensintensität, eben wegen des Ausschlusses der trübenden Substanzen. Der Entwicklungsprozess bedarf sowohl der Klärung als der Trübung. Das hat der grosse Relativist, der *Meister Eckehart* war, wohl eingesehen als er sagte: „Dar umbe lîdet got gerne den schaden der sünden unde hât dicke gelitten und aller dickest verhenget über die menschen, die er hat versehen, daz er sie ze grôzen dingen ziehen welle. Nim war! Wer was unserm herren ie lieber unde heimlicher denne die aposteln wâren? Der beleip nie keiner, er viele in tôtsünden, alle wâren sie tôtsünder gewesen. Daz hât er in der alten unde niuwen ê dicke bewîset von den, die ime verre die liebsten darnâch mâles wurden, und ouch noch erfraget man selten, daz die liute koment ze grôzen dingen, sie sîen ze dem êrsten *etwaz vertreten.*“[204]

Einerseits um seines psychologischen Scharfblickes willen, andererseits wegen der Höhe seines religiösen Fühlens und Denkens ist Meister Eckehart der glänzendste Vertreter jener kritischen Strömung in der Kirche des ausgehenden XIII. Jahrhunderts. Ich möchte daher von ihm eine Reihe von Aussprüchen zitieren, welche seine relativistische Gottesauffassung beleuchten:

1. „Denn der Mensch ist wahrlich Gott und Gott wahrlich Mensch.“[205]

2. „Wem dagegen Gott nicht solch innerer Besitz ist, *sondern sich allen Gott von draussen holen muss* in diesem oder dem, wo er ihn dann auf unzulängliche Weise sucht, mittels bestimmter Werke, Leute oder Örter: so hat man ihn eben nicht, und da kommt dann leicht etwas, was einen stört. Und zwar stört einen dann nicht bloss schlechte Gesellschaft, sondern auch die gute, nicht bloss die Strasse, sondern auch die Kirche, nicht bloss böse Worte und Werke, sondern gute genau so. Denn das Hindernis liegt in ihm: Gott ist in ihm noch nicht zur Welt geworden. Wär' er ihm das, so fühlte er sich allerorten und bei allen Leuten gar wohl und geborgen: immer hätt' er Gott,“ etc.[206]

Diese Stelle ist von besonderm psychologischem Interesse; sie zeigt nämlich ein Stück der primitiven Gottesauffassung, wie wir sie oben skizziert haben. „Sich allen Gott von draussen holen“, ist gleichbedeutend mit der primitiven Ansicht, dass man sich den „tondi“[207] von aussen verschaffen könne. Es mag allerdings bei Eckehart sich schon eher um eine Redefigur handeln, um eine Figur, die den Ursinn deutlich durchschimmern lässt. Jedenfalls ist es deutlich, dass Eckehart hier Gott als einen psychologischen Wert versteht. Das sieht man aus dem folgenden Satz: Wer Gott von aussen sich holt, der wird gestört durch die Objekte. Wer nämlich den Gott aussen hat, der hat ihn notwendigerweise projiziert im Objekt, wodurch das Objekt einen Überwert erhält. Wo dies aber der Fall ist, da hat das Objekt auch einen übermässigen Einfluss auf das Subjekt und hält es in einer gewissen sklavischen Abhängigkeit. Eckehart meint offenbar diese wohlbekannte

Gebundenheit ans Objekt, welche die Welt in der Rolle Gottes, d. h. als absolut bedingende Grösse erscheinen lässt. Daher sagt er darauf, dass einem solchen „Gott noch nicht zur Welt geworden sei“, weil ihm die Welt die Stelle Gottes vertrat. Ein solcher hat also den Überwert nicht vom Objekt abgelöst und introvertiert, sodass er diesen Wert in sich selber besässe. Besässe er ihn aber in sich selber, so hätte er Gott (eben diesen Wert) stets als Objekt, als Welt, und so wäre ihm Gott zur Welt geworden. Im gleichen Stück sagt Eckehart: „Wem recht zu Mut ist, dem passt es allerorten und bei allen Leuten; wem aber unrecht, dem ist's allerorten und bei allen Leuten nicht recht. Ein Rechtgemuter nämlich, der hat Gott bei sich.“ Einer, der diesen Wert bei sich hat, der ist guten Mutes überall, er ist nicht abhängig von den Objekten, d. h. er ist nicht bedürftig und hofft das vom Objekt, was ihm fehlt. Aus diesen Überlegungen dürfte zur Genüge hervorgehen, dass Gott bei *Eckehart* ein psychologischer, genauer gesagt, *psychodynamischer Zustand* ist.

3. „Zum andern Male verstehen sie unter dem Gottesreich die *Seele*. Denn die *Seele ist gleich beschaffen mit der Gottheit*. Alles somit, was hier gesagt ist vom Gottesreich, wiefern Gott selber dieses Reich ist, dasselbe lässt sich in Wahrheit auch sagen von der Seele. *Alles ist durch ihn geworden*, fährt Sankt Johannes fort. *Von der Seele ist das zu verstehen, denn die Seele ist das All*. Sie ist es, indem sie ein Bild Gottes ist. Als solches ist sie aber auch das Reich Gottes. — Dermassen, sagt ein Meister, ist Gott in der Seele, dass sein ganzes Gottsein auf ihr beruht. Es ist ein höherer Stand, dass Gott in der Seele ist, denn dass die Seele in Gott ist: dass sie in Gott ist, davon ist sie noch nicht selig, wohl aber davon, dass Gott in ihr ist. Verlasst euch darauf: *Gott ist selber selig in der Seele!*“

Die Seele, dieser vieldeutige und vielgedeutete Begriff, entspricht historisch genommen einem psychologischen Inhalt, dem eine gewisse Selbständigkeit innerhalb der Bewusstseinsgrenzen zukommen muss. Denn, wenn dies nicht der Fall wäre, so wäre man nie auf den Gedanken gekommen, der Seele ein selbständiges Wesen zuzuschreiben, wie wenn sie ein objektiv wahrnehmbares Ding wäre. Sie muss ein Inhalt sein, dem Spontaneität zukommt und damit notwendigerweise auch partielle Unbewusstheit, wie jedem autonomen Komplex. Der Primitive hat bekanntlich in der Regel mehrere Seelen, d. h. mehrere autonome Komplexe von hoher Selbständigkeit, sodass sie als gesonderte Wesen imponieren (ähnlich bei gewissen Geisteskranken!). Auf höherer Stufe vermindert sich die Seelenzahl, bis auf der höchsten bisher erreichten Kulturstufe die Seele ganz in die Bewusstheit aller psychischen Vorgänge sich auflöst und damit nur noch als Terminus für die Gesamtheit der psychischen Vorgänge ihr Dasein weiterfristet. Diese Aufzehrung der Seele ist nicht nur ein Zeichen westlicher, sondern auch östlicher Kultur. Im Buddhismus löst sich alles in Bewusstheit auf, sogar die Samskaras, die unbewussten Bildekräfte, müssen durch die religiöse Selbstentwicklung erreicht und umgewandelt werden. Mit dieser ganz allgemeinen historischen Entwicklung des Seelenbegriffes steht die Auffassung der analytischen Psychologie im Widerspruch, indem sie einen Seelenbegriff hat, der sich mit der Gesamtheit der psychischen Funktionen nicht deckt. Wir definieren nämlich die Seele einerseits als Beziehung zum Unbewussten, andererseits aber auch als eine Personifikation der unbewussten Inhalte. Vom Kulturstandpunkt aus ist es sozusagen beklagenswert, dass es noch Personifikationen unbewusster Inhalte gibt, wie es vom Standpunkt einer gebildeten und differenzierten Bewusstheit bedauerlich ist, dass es noch unbewusste Inhalte gibt. Aber da sich die analytische Psychologie mit dem wirklichen Menschen beschäftigt und nicht mit dem Menschen, wie er nach gewissen Ansichten sein sollte, so ergibt es sich eben, dass diejenigen Phänomene, welche schon die Primitiven veranlassen von „Seelen" zu reden, immer noch vorkommen, so gut als bei einem europäischen Kulturvolk es noch Unzählige gibt, die an Gespenster glauben. Wenn wir nun schon die Lehre von der „Einheit des Ich" aufstellen, wonach es keine selbständigen Komplexe geben kann, so kümmert sich eben die Natur um dergleichen intelligente Theorien nicht im Geringsten. Wie die „Seele" eine Personifikation unbewusster Inhalte ist, so ist, wie wir schon definiert haben, auch Gott ein unbewusster Inhalt, eine Personifikation, insofern er als persönlich gedacht ist, ein Bild oder Ausdruck, insofern er bloss oder hauptsächlich dynamisch gedacht ist, also im wesentlichen dasselbe wie die Seele, insofern sie als Personifikation eines unbewussten Inhaltes gedacht wird. Meister Eckeharts Auffassung ist daher rein psychologisch. Solange die Seele, wie er sagt, nur in Gott ist, ist sie nicht selig. Wenn man unter „Seligkeit" einen besonders gesunden und erhöhten Lebenszustand versteht, so kann also dieser Zustand nach Eckehart nicht vorhanden sein, solange die als Gott bezeichnete Dynamis, die Libido, in den Objekten verborgen ist. Denn solange der Hauptwert oder Gott, nach Eckehart, nicht in der Seele ist, so ist die Kraft aussen, also in den Objekten. Gott, d. h. der Hauptwert, muss aus den Objekten zurückgezogen werden, dadurch kommt Gott in die Seele, was ein „höherer Stand" ist und für Gott „Seligkeit" bedeutet. Psychologisch heisst das: Wenn die Gottes-Libido, d. h. der projizierte Überwert als Projektion erkannt[208] wird, sodass durch die Erkenntnis die Objekte an Bedeutung verlieren, dann wird dieser als zum Individuum gehörig gerechnet, und damit entsteht ein erhöhtes Lebensgefühl, d. h. ein neues Gefälle. Der Gott, d. h. die höchste Lebensintensität, befindet sich dann in der Seele, im Unbewussten. Dies ist aber nicht so zu verstehen, als ob dann Gott gänzlich unbewusst wäre, in dem Sinne, dass auch seine Idee dem Bewusstsein entschwände. Es ist vielmehr so, dass der Hauptwert anders gelagert wird und sich dann innen und nicht aussen befindet. Nicht die Objekte sind dann die autonomen

Faktoren, sondern Gott ist zu einem autonomen psychologischen Komplex geworden. Ein autonomer Komplex aber ist immer nur zum Teil *bewusst*, da er nur bedingt sich dem Ich associiert, d. h. niemals so, dass das Ich ihn ganz umfassen könnte, denn dann wäre er nicht mehr autonom.

Darum ist von diesem Augenblick an nicht mehr das überwertige Objekt determinierend, sondern das Unbewusste. Aus dem Unbewussten kommen dann die bedingenden Einflüsse, d. h. man fühlt und weiss sie dann als aus dem Unbewussten kommend, wodurch „eine Einheit des Wesens" (Eckehart) entsteht, eine Beziehung zwischen Bewusstem und Unbewusstem, bei der allerdings das Unbewusste an Bedeutung überwiegt. Wir müssen uns nun fragen, woher diese Seligkeit oder Liebeswonne (ânanda, wie die Inder den Brahmanzustand nennen) rühre.[209] Der höhere Wert liegt in diesem Zustand beim Unbewussten. Es ist also ein Gefälle zum Bewusstsein vorhanden, was sagen will, dass das Unbewusste als determinierende Grösse auftritt, woneben das Ich des Wirklichkeitsbewusstseins fast verschwindet. Dieser Zustand hat einerseits grösste Ähnlichkeit mit dem des *Kindes*, andererseits mit dem des *Primitiven*, der ebenfalls in hohem Masse vom Unbewussten beeinflusst ist. Man könnte überzeugend sagen, dass die Herstellung des frühern paradiesischen Zustandes die Ursache dieser Seligkeit sei. Es bleibt aber noch zu verstehen, warum denn dieser Anfangszustand so besonders wonnevoll ist. Dieses selige Gefühl begleitet alle jene Momente, die durch das Gefühl strömenden Lebens gekennzeichnet sind, also Augenblicke oder Zustände, wo Aufgestautes widerstandslos abfliessen konnte, wo es nicht nötig war, mit bewusster Anstrengung dieses oder jenes zu tun, um einen Weg zu finden oder um eine Wirkung zu Stande zu bringen. Es sind Situationen oder Stimmungen, „wo es von selbst geht", wo es nicht nötig ist, irgendwelche Bedingungen mühsam herzustellen, welche Freude oder Lust zu erregen versprechen. Für diese Freude, die unbekümmert um das Aussen, allerwärmend aus dem Innern strömt, ist die Zeit der Kindheit das unvergessliche Zeichen. Die „Kindschaft" ist daher ein Symbol für die eigentümliche innere Bedingung, unter der die „Seligkeit" eintritt. Gleichsam wie ein Kind sein heisst: einen Vorrat aufgestauter Libido besitzen, der sich noch verströmen kann. Dem Kinde strömt die Libido in die Dinge, so erwirbt es sich die Welt, und allmählich verliert es sich auch so an die Welt, wie die religiöse Sprache sagt, indem die Dinge allmählich überwertig werden. Dann kommt die Abhängigkeit von den Dingen. Daraus ergibt sich die Notwendigkeit des Opfers, d. h. der Zurückziehung der Libido, der Abschneidung der Bindungen. Auf diese Weise versucht es die intuitive Doctrin des religiösen Systems, die Energie wieder zu sammeln, sie selber stellt diesen Sammlungsprozess dar in ihren Symbolen. Der Überwert des Objektes ergibt gegenüber dem Minderwert des Subjektes ein rückläufiges Gefälle, weshalb die Libido ganz naturgemäss zurück zum Subjekt strömen würde, wenn nicht die hindernden Mächte des Bewusstseins wären. Beim Primitiven sehen wir überall naturgemäss Religionsübung, weil er ohne Schwierigkeit dem Trieb bald in dieser, bald in jener Richtung nachgehen kann. Durch die Religionsübung schafft er sich wieder die nötige magische Kraft, oder er holt sich die über Nacht verlorene Seele wieder zurück. Der Richtpunkt der grossen Religionen ist „nicht von dieser Welt"; damit ist die auf das Innere des Subjektes, d. h. auf sein Unbewusstes gerichtete Bewegung der Libido gegeben. Die allgemeine Zurückziehung und Introversion der Libido erzeugt dort eine Libidokonzentration, welche als „Kostbarkeit" symbolisiert wird, in den Gleichnisreden als „köstliche Perle", als „Schatz im Acker". Letzteres Gleichnis benützt auch Eckehart und deutet es folgendermassen: „Das Reich der Himmel ist gleich einem Schatz, der in einem Acker verborgen ist, spricht Christus. Dieser Acker ist die Seele — in der verborgen liegt der Schatz des Gottesreichs. Darum ist Gott und alle Kreatur selig in der Seele."[210] Diese Deutung kommt überein mit unserer psychologischen Überlegung. Die Seele ist die Personifikation des Unbewussten. Im Unbewussten liegt der Schatz, d. h. die in der Introversion versenkte oder versunkene Libido. Dieser Libidobetrag wird als „Gottesreich" bezeichnet. Das Gottesreich bedeutet eine beständige Einigkeit oder Vereinigung mit Gott, ein Leben in seinem Reiche, d. h. also in dem Zustande, wo ein überwiegender Libidobetrag im Unbewussten liegt und von dort aus das bewusste Leben determiniert. Die im Unbewussten konzentrierte Libido kommt vom Objekte, von der Welt, deren frühere Übermacht sie bedingte. Damals war Gott „Aussen" gewesen, jetzt wirkt er von „Innen" als verborgener Schatz, der als „Gottesreich" aufgefasst wird. Offenbar ist damit ausgedrückt, dass die in der Seele angesammelte Libido eine Beziehung zu Gott (Gottesreich) darstelle. Wenn nun Meister Eckehart zum Schlusse kommt, die Seele sei das Gottesreich selber, so ist sie als Beziehung zu Gott gedacht, und Gott wäre die in ihr wirkende und von ihr wahrgenommene Kraft. Eckehart nennt die Seele auch das *Bild Gottes.* Die ethnologischen und historischen Auffassungen der Seele lassen deutlich erkennen, dass sie einerseits ein Inhalt ist, der zum Subjekt gehört, andererseits aber auch zur Geisterwelt, d. h. zum Unbewussten. Darum hat auch die Seele immer etwas Irdisches und etwas Geisterhaftes an sich. Dasselbe ist auch mit der magischen Kraft, der Gotteskraft, beim Primitiven der Fall, während die Auffassung höherer Kulturstufen den Gott vom Menschen klar trennt und ihn schliesslich zu den Höhen reinster Idealität erhebt. Die Seele aber verliert nie ihre Mittelstellung. Sie muss daher als eine Funktion angesprochen werden zwischen dem bewussten Subjekt und den dem Subjekt unzugänglichen Tiefen des Unbewussten. Die aus diesen Tiefen wirkende determinierende Kraft (Gott) wird durch die Seele abgebildet, d. h. sie schafft Symbole, Bilder, und ist selbst nur Bild. In diesen Bildern überträgt sie die Kräfte des Unbewussten ans Bewusstsein. Sie ist auf diese Weise

Gefäss und Überleiterin, ein Wahrnehmungsorgan für unbewusste Inhalte. Was sie wahrnimmt, sind Symbole. Symbole aber sind geformte Energien, Kräfte, d. h. determinierende Ideen, die einen ebenso grossen geistigen, wie affektiven Wert haben. Wenn, wie Eckehart sagt, die Seele in Gott ist, so ist sie noch nicht selig, d. h. wenn diese Wahrnehmungsfunktion ganz von der Dynamis überflutet ist, so ist dies kein glücklicher Zustand. Wenn dagegen Gott in der Seele ist, d. h. wenn die Seele, die Wahrnehmung, das Unbewusste auffasst und sich zum Bilde und Symbol davon gestaltet, so ist dies ein glücklicher Zustand. Wir merken: der glückliche Zustand ist ein *schöpferischer Zustand.*

4. So spricht der Meister Eckehart das schöne Wort: „Wenn man mich fragt: „Warum beten wir, warum fasten wir, warum tun wir alle guten Werke, warum sind wir getauft, warum ist Gott Mensch geworden?" — ich antworte: Darum, damit Gott in der Seele geboren werde und die Seele wiederum in Gott. Darum ist die ganze Schrift geschrieben. Darum hat Gott die ganze Welt geschaffen: damit Gott in der Seele geboren werde und die Seele wiederum in Gott. *Alles Kornes innerste Natur meinet Weizen, und alles Metall Gold, und alle Geburt den Menschen!*"

Hier spricht es Eckehart deutlich aus, dass Gott in einer unzweifelhaften Abhängigkeit von der Seele steht, und zugleich, dass die Seele die Geburtstätte Gottes ist. Dieser letztere Satz ist nach unsern obigen Überlegungen leicht verständlich. Die Wahrnehmungsfunktion (Seele) erfasst die Inhalte des Unbewussten und als schöpferische Funktion gebiert sie die Dynamis in symbolischer Form.[211] Was die Seele gebiert, sind, psychologisch genommen, Bilder, von denen die allgemeine rationale Voraussetzung annimmt, dass sie wertlos seien. Solche Bilder sind auch in dem Sinne wertlos, als sie sich nicht unmittelbar mit Erfolg in der objektiven Welt verwerten lassen. Die nächste Verwendungsmöglichkeit ist die *künstlerische,* insofern einer über künstlerische Ausdrucksfähigkeit verfügt[212], eine zweite Verwendungsmöglichkeit ist die *philosophische Spekulation*[213], eine dritte die quasi *religiöse,* welche zur Häresie und Sektengründung führt; eine vierte Möglichkeit ist die Verwendung der in den Bildern liegenden Kräfte zur Ausschweifung in jeglicher Form. (Die beiden letztern Verwendungen haben sich besonders deutlich verkörpert in der enkratitischen (enthaltsamen, asketischen) und der antitaktischen (anarchistischen) Richtung der Gnostik. Die Bewusstmachung der Bilder hat aber indirekt insofern auch einen Wert für die Anpassung an die Wirklichkeit, als dadurch die Beziehung zur realen Umwelt von phantastischer Beimischung befreit wird. Ihren Hauptwert aber haben die Bilder für das subjektive Glück und Wohlbefinden, abgesehen von Gunst und Ungunst äusserer Bedingungen. Angepasst sein ist gewiss ein Ideal. Aber nicht immer ist Anpassung möglich, indem es Lagen gibt, in denen die einzige Anpassung geduldiges Erleiden ist. Diese Form der passiven Anpassung wird ermöglicht und erleichtert durch die Entwicklung der Phantasiebilder. Ich sage: „Entwicklung", weil die Phantasien zunächst blosser Rohstoff von zweifelhaftem Werte sind. Sie müssen daher einer Behandlung unterworfen werden, um diejenige Gestalt zu gewinnen, welche geeignet ist, das Maximum an Förderung zu gewähren. Diese Behandlung ist eine Frage der Technik, die ich in diesem Zusammenhang nicht erörtern kann. Ich kann nur soviel erwähnen, der Klarheit halber, dass es zwei Behandlungsmöglichkeiten gibt: 1. die reduktive und 2. die synthetische Methode. Erstere Methode führt alles auf die primitiven Triebe zurück, letztere entwickelt aus dem gegebenen Material einen Differenzierungsprozess der Persönlichkeit. Die reduktive und die synthetische Methode ergänzen einander, denn die Reduktion auf den Trieb führt zur Realität, zur Überbewertung der Realität und damit zur Notwendigkeit des Opfers. Die synthetische Methode entwickelt die symbolischen Phantasien, die sich aus der durch das Opfer introvertierten Libido ergeben. Aus dieser Entwicklung entsteht eine neue Einstellung der Welt gegenüber, die um ihrer Differenz willen ein neues Gefälle gewährleistet. Diesen Übergang in die neue Einstellung habe ich als *transscendente Funktion* bezeichnet.[214] In der erneuerten Einstellung tritt die vorher ins Unbewusste versunkene Libido als positive Leistung wieder zu Tage. Sie entspricht einem wiedergewonnenen sichtbaren Leben. Das heisst das Symbol der Gottesgeburt. Umgekehrt, wenn die Libido sich vom äussern Objekt zurückzieht und ins Unbewusste versinkt, dann wird die „Seele in Gott geboren". Dieser Zustand ist aber nicht glücklich (wie Eckehart richtig bemerkt), weil es sich um einen in Hinsicht des Taglebens negativen Akt, um einen Abstieg zum deus absconditus handelt, welch letzterer Eigenschaften besitzt, die von denen des am Tage leuchtenden Gottes sehr verschieden sind.[215]

Eckehart spricht von der Gottesgeburt als von einem öfters sich wiederholenden Vorgang. Tatsächlich ist nun der Vorgang, von dem wir hier handeln, ein psychologischer Prozess, der sich unbewusst fast beständig wiederholt, der uns aber nur in seinen ganz grossen Schwankungen relativ bewusst wird. Goethes Begriff der Systole und Diastole hat intuitiv wohl das Richtige getroffen. Es dürfte sich um einen Rhythmus der Lebenserscheinung, um Schwingungen der Lebenskräfte handeln, die in der Regel unbewusst ablaufen. Dies dürfte auch der Grund sein, dass die dafür bereits existierende Terminologie eine vorwiegend religiöse oder mythologische ist, denn solche Ausdrücke oder Formeln beziehen sich immer in erster Linie auf unbewusste psychologische Tatbestände und nicht auf die Mondphasen oder andere planetare Vorgänge, wie die wissenschaftliche Mythenerklärung öfters meint. Da es sich um vorwiegend unbewusste Vorgänge handelt, so haben wir wissenschaftlich auch die grösste Mühe aus der Bildersprache wenigstens soweit herauszukommen, dass wir das Niveau der Bildersprache anderer Wissenschaften erreichen. Die Ehrfurcht vor den grossen natürlichen Geheimnissen, welche die religiöse Sprache in durch Alter, Bedeutungsschwere und Schönheit geheiligten Symbolen auszudrücken sich bemüht, wird nicht gekränkt durch die Ausdehnung der Psychologie auf diese Gebiete, zu denen bisherige Wissenschaft keinen Zugang fand. Wir schieben die Symbole nur etwas weiter zurück und ziehen ein Stück ihrer Domäne ans Tageslicht, ohne aber dem Irrtum zu verfallen, wir hätten damit mehr geschaffen als bloss ein neues Symbol für dasselbe Rätsel, das allen Zeiten vor uns Rätsel war. Unsere Wissenschaft ist auch Bildersprache, sie passt aber in praktischer Hinsicht besser als die alte mythologische Hypothese, die sich mit concreten Vorstellungen ausdrückte, statt wie wir, mit Begriffen.

5. Die Seele hat „erst mit ihrem Geschöpfsein Gott gemacht, so dass es den nicht eher gab, als bis die Seele zu etwas Erschaffenem wurde. Ich habe vor einiger Zeit geäussert: „Dass Gott Gott ist, dessen bin ich eine Ursache!" Gott hat sich von der Seele: dass er Gottheit ist, hat er von sich selber."[216]

6. „Aber auch Gott wird und vergeht."[217]

7. „Da alle Kreaturen ihn aussprechen, da wird Gott. Als ich noch im Grunde und Boden der Gottheit weilte, in ihrem Strome und Quell, da fragte mich niemand, wohin ich wollte oder was ich täte: da war niemand, der mich hätte fragen können. Erst indem ich ausströmte, kündeten alle Kreaturen Gott. — Und warum reden sie nicht von der Gottheit? — Alles, was in der Gottheit ist, ist *Eines,* und von dem kann man nichts reden. *Nur Gott tut etwas*; die Gottheit tut nichts, sie hat nichts zu tun, und umgeschaut darnach hat sie sich auch nie. Gott und Gottheit sind unterschieden als Tun und Nichtstun." — Wenn ich wieder heim komme in Gott, erbilde ich da nichts mehr in mir, so ist dieser mein Durchbruch viel herrlicher als mein erster Hervorgang. Denn ich — der Eine — bringe ja alle Kreaturen, *aus ihrem eigenen in mein Empfinden erhoben*, auf dass in mir auch sie das Eine werden! Wenn ich dann zurückkomme in den Grund und Boden der Gottheit, in ihren Strom und Quell, so fragt mich niemand, woher ich komme, oder wo ich gewesen sei: es hat mich niemand vermisst. — Das heisst es: „*Gott vergeht.*"[218]

Wie aus diesen Zitaten hervorgeht, unterscheidet Eckehart zwischen Gott und Gottheit, wobei Gottheit das sich selbst nicht wissende und nicht habende All ist, während *Gott als eine Funktion der Seele* erscheint, wie letztere als eine Funktion der Gottheit. Die Gottheit ist offenbar die allverbreitete Schöpfermacht, psychologisch: der zeugende, schaffende Trieb, der sich selbst nicht weiss und nicht hat, vergleichbar der *Schopenhauer*schen Konzeption des *Willens*. Gott aber erscheint als das aus Gottheit und Seele Gewordene. Die Seele als Kreatur „spricht" ihn aus. Er ist, insofern die Seele vom Unbewussten unterschieden ist und insofern sie die Kräfte und Inhalte des Unbewussten wahrnimmt, und er vergeht, sobald die Seele in dem „Strom und Quell" der unbewussten Kraft untertaucht. So sagt Eckehart an anderer Stelle: „Als ich aus Gott heraustrat, da sprachen alle Dinge: „Es gibt einen Gott!" Nun kann mich das nicht selig machen, denn hierbei fasse ich mich als Kreatur. Aber in dem Durchbruche, da ich ledig stehen will im Willen Gottes, und ledig auch von diesem Gotteswillen, und aller seiner Werke, *und Gottes selber* — da bin ich mehr als alle Kreaturen, da bin ich weder Gott noch Kreatur: ich bin, was ich war und was ich bleiben werde, jetzt und immerdar! Da erhalte ich einen Ruck, dass er mich emporbringt über alle Engel. In dem Ruck werd' ich so reich, dass Gott mir nicht genug sein kann, nach allem, was er als Gott ist, nach allen seinen göttlichen Werken: denn ich empfahe in diesem Durchbruche, was ich und Gott gemeinsam sind. Da bin ich, was ich war, da nehme ich weder ab noch zu, denn ich bin da ein Unbewegliches, welches alle Dinge bewegt. Hier findet Gott keine Stätte mehr im Menschen, denn hier hat der Mensch durch seine Armut wieder errungen, was er ewiglich gewesen ist und immer bleiben wird. Hier ist Gott in den Geist hineingenommen."

Das „Hervorgehen" bedeutet eine Bewusstmachung des unbewussten Inhaltes und der unbewussten Kraft in der Form einer aus der Seele geborenen *Idee.* Dieser Akt ist eine bewusste Unterscheidung von der unbewussten Dynamis, eine Trennung von Ich als Subjekt von Gott (d. h. der unbewussten Dynamis) als Objekt. Dadurch „wird" Gott. Wenn diese Trennung durch den „Durchbruch", d. h. durch eine „Abscheidung" des Ich von der Welt und durch eine Identifikation des Ich mit der treibenden Dynamis des Unbewussten wieder aufgehoben wird, dann verschwindet Gott als Objekt und wird zu dem vom Ich nicht mehr unterschiedenen Subjekt, d. h. das Ich als relativ spätes Differenzierungsprodukt wird wieder vereinigt mit der mystischen, dynamischen Allbezogenheit („participation mystique" der Primitiven). Dies ist das Eintauchen in den „Strom und Quell". Die zahlreichen Analogien mit den Vorstellungen des Ostens sind ohne weiteres einleuchtend. Berufenere als ich haben sie in ausführlicher Bearbeitung hervorgehoben. Dieser Parallelismus ohne direkte Beeinflussung aber beweist, dass Eckehart aus einer Tiefe des collektiven Geistes denkt, die dem Osten und dem Westen gemeinsam ist. Dieser gemeinsame Grund, für den keine gemeinsame Geschichte verantwortlich gemacht werden kann, ist der Urgrund der primitiven Geistesveranlagung mit seinem primitiven energetischen Gottesbegriff, wo die treibende Dynamis noch nicht im Kristall der abstrakten Gottesidee erstarrt ist. Dieser Rückgriff auf ursprüngliche Natur, diese religiös organisierte Regression zu psychischen Bedingungen der Vorzeit, ist allen im tiefsten Sinne lebendigen Religionen gemeinsam, angefangen mit den Rückidentifikationen bei den Totemzeremonien der Australneger[219] bis zu den Ekstasen christlicher Mystiker unserer Zeit und unserer Kultur. Durch diesen Rückgriff wird wieder ein Anfangszustand hergestellt, die Unwahrscheinlichkeit der Identität mit Gott und vermöge dieser Unwahrscheinlichkeit, die doch zum eindrucksvollsten Erlebnis geworden ist, ergibt sich ein neues Gefälle; die Welt wird wieder geschaffen, indem die Einstellung des Menschen zum Objekt sich erneuert hat.

Es ist eine Pflicht des historischen Gewissens, an dieser Stelle, wo wir von der Relativität des Gottessymboles sprechen, auch jenes in seiner Zeit einsamen Mannes zu gedenken, der, wie es ein tragisches Geschick wollte, zu seiner eigenen Vision kein Verhältnis zu finden vermochte:

Angelus Silesius. Was Meister Eckehart mit grosser Anstrengung des Denkens und vielfach in schwer verständlicher Sprache sich auszudrücken bemühte, das spricht *Silesius* in kurzen, rührend innigen Versen aus, die aber, gedanklich, dieselbe Relativität Gottes schildern, die schon Meister Eckehart erfasst hat. Ich setze eine Reihe dieser Verse her. Sie mögen für sich selbst sprechen:

1.

Ich weiss, dass ohne mich

Gott nicht ein Nu kann leben,

Werd' ich zunicht, er muss

Von Not den Geist aufgeben.

2.

Gott mag nicht ohne mich

Ein einzigs Würmlein machen

Erhalt ich's nicht mit ihm,

So muss es stracks zukrachen.

3.

Ich bin so gross als Gott:

Er ist als ich so klein;

Er kann nicht über mich

Ich unter ihm nicht sein!

4.

Gott ist in mir das Feuer,

Und ich in ihm der Schein:

Sind wir einander nicht

Ganz inniglich gemein?

5.

Gott liebt mich über sich:

Lieb ich ihn über mich,

So geb ich ihm soviel,

Als er mir gibt aus sich!

6.

Gott ist mir Gott und Mensch:

Ich bin ihm Mensch und Gott:

Ich lösche seinen Durst,

Und er hilft mir aus Not.

7.

Gott, der bequemt sich uns,

Er ist uns, was wir wollen:

Weh uns, wenn wir ihm auch

Nicht werden, was wir sollen.

8.

Gott ist das, was er ist:

Ich bin das, was ich bin:

Doch kennst du Einen wohl,

So kennst du mich und ihn.

9.

Ich bin nicht ausser Gott,

Und Gott nicht ausser mir,

Ich bin sein Glanz und Licht,

Und er ist meine Zier.

10.

Ich bin die Reb im Sohn,

Der Vater pflanzt und speist,

Die Frucht, die aus mir wächst,

Ist Gott, der heil'ge Geist.

11.

Ich bin Gott's Kind und Sohn,

Er wieder ist mein Kind:

Wie gehet es doch zu,

Das beide beides sind.

12.

Ich selbst muss Sonne sein,

Ich muss mit meinen Strahlen

Das farbenlose Meer

Der ganzen Gottheit malen.

Es wäre lächerlich, anzunehmen, dass derart kühne Gedanken, wie die des Meister Eckehart nichts als leere Erfindungen bewusster Spekulation wären. Solche Gedanken sind immer historisch bedeutsame Phänomene, welche getragen sind von unbewussten Strömungen in der Collektivpsyche: Tausende von Andern, Namenlosen, stehen dahinter mit ähnlichen Gedanken und Gefühlen unter der Schwelle des Bewusstseins, bereit die

Tore einer neuen Zeit zu öffnen. In der Kühnheit dieser Gedanken spricht sich die Unbekümmertheit und unerschütterliche Sicherheit des unbewussten Geistes aus, der mit der Konsequenz eines Naturgesetzes eine geistige Wandlung und Erneuerung herbeiführen wird. Mit der Reformation erreichte die Strömung allgemein die Oberfläche des Taglebens. Die Reformation beseitigte in hohem Masse die Kirche als Vermittlerin des Heiles und stellte wieder die persönliche Beziehung zu Gott her. Damit war der Gipfel der grössten Objektivation der Gottesidee überschritten und von da an subjektiviert sich der Gottesbegriff wieder mehr und mehr. Die Aufsplitterung in Sekten ist logische Konsequenz dieses Subjektivierungsprozesses. Die äusserste Folge davon ist der Individualismus, der eine neue Form der „Abgeschiedenheit" darstellt und dessen unmittelbare Gefahr das Untertauchen in die unbewusste Dynamis ist. Der Kult der „blonden Bestie" stammt aus dieser Entwicklung und noch vieles andere, was unsere Zeit vor andern Zeiten auszeichnet. Sobald aber dieses Untertauchen in den Trieb stattfindet, so erhebt sich auf der andern Seite auch immer wieder der Widerstand gegen das rein Gestaltlose, Chaotische der blossen Dynamis, das Bedürfnis nach Form und Gesetz. Indem die Seele in den Strom taucht, muss sie auch das Symbol schaffen, das die Kraft in sich fasst, festhält und ausdrückt. Diesen Prozess in der Collektivpsyche fühlen oder ahnen diejenigen Dichter und Künstler, welche hauptsächlich aus den Wahrnehmungen des Unbewussten, also aus unbewussten Inhalten schaffen, und deren geistiger Horizont weit genug ist, um die Hauptprobleme der Zeit, in ihrer äussern Erscheinung wenigstens, zu fassen.

Spittelers Prometheus setzt an einem psychologischen Wendepunkt ein: er schildert das Auseinanderfallen der Gegensatzpaare, die früher noch beisammen waren. Prometheus, der Bildner, der Diener der Seele, verschwindet aus dem Kreis der Menschen; die menschliche Gesellschaft selber, seelenloser Moralroutine gehorchend, verfällt dem Behemoth, den gegensätzlichen, destruktiven Folgen eines überlebten Ideals. Zu rechter Zeit schafft Pandora (die Seele) im Unbewussten das rettende Kleinod, das die Menschheit nicht erreicht, weil letztere es nicht versteht. Die Wendung zum Bessern erfolgt erst durch das Eingreifen der prometheischen Tendenz, die vermöge der Einsicht und des Verstehens, erst wenige, dann viele Menschen zur Besinnung bringt. Es kann natürlich nicht anders sein, als dass dieses Werk seine Wurzeln im intimen Erleben des Schöpfers hat. Wenn es aber nur in einer poetischen Elaboration dieser rein persönlichen Erlebnisse bestünde, so würde ihm die Allgemeingültigkeit und Dauerhaftigkeit in hohem Masse mangeln. Weil es aber nicht nur Persönliches, sondern in der Hauptsache collektive Probleme unserer Zeit auch als persönliche erlebt, darstellt und behandelt, so kommt ihm Allgemeingültigkeit zu. Zugleich musste es aber auch bei seinem ersten Erscheinen auf die Teilnahmlosigkeit der Zeitgenossen stossen, denn die Zeitgenossen sind jeweils in der grossen Mehrzahl dazu berufen, die unmittelbare Gegenwart aufrecht zu erhalten und zu preisen und auf diese Weise jenen fatalen Ausgang herbeizuführen, dessen Verwicklung der vorausahnende schöpferische Geist schon zu lösen versucht hat.

5. Die Natur des vereinigenden Symbols bei Spitteler.

Wir müssen uns nun noch Rechenschaft geben über die wichtige Frage, von welcher Beschaffenheit das Kleinod und Symbol des erneuerten Lebens ist, das der Dichter als freude- und erlösungbringend empfindet. Wir haben bereits eine Reihe von Belegen zusammengestellt, welche die „göttliche" Natur, die „Gottheit" des Kleinodes dartun. Damit ist deutlich gesagt, dass in diesem Symbole Möglichkeiten zu neuen energetischen Auslösungen liegen, nämlich zu Befreiungen der unbewusst gebundenen Libido. Das Symbol sagt immer: gleichsam in dieser Form ist eine neue Manifestation des Lebens, eine Erlösung aus der Gebundenheit und dem Lebensüberdruss möglich. Die durch das Symbol aus dem Unbewussten befreite Libido ist symbolisiert als ein verjüngter, oder überhaupt als ein neuer Gott, so wie z. B. im Christentum Jahve eine Wandlung zum liebenden Vater und überhaupt zu einer höhern und geistigern Moralität vollzog. Das Motiv der Gotteserneuerung[220] ist allgemein verbreitet und kann deshalb als bekannt vorausgesetzt werden. Bezüglich der erlösenden Kraft des Kleinods sagt Pandora:

„Sondern sieh, von einem Menschenvolke, hab' ich einst vernommen, reich an Schmerzen, wert, dass man sich dess erbarme, darum hab' ich ein Geschenk mir ausgedichtet, dass vielleicht, wofern du mir's gewährst, damit ich lindere oder tröste, ihre vielen Leiden."[221] Die Blätter des geburtbeschützenden Baumes singen: „Denn hier ist Gegenwart, und hier ist Seligkeit und hier ist Gnade."[222]

Die Botschaft des „Wunderkindes", des neuen Symboles, ist Liebe und Freude, also ein Zustand paradiesischer Art. Diese Botschaft ist eine Parallele zur Christusgeburt, während die Begrüssung durch die Sonnengöttin[223] und das Geburtswunder, dass Menschen in der Entfernung in diesem Augenblick „gut" und begnadet werden[224], Attribute der Buddhageburt sind. Aus dem „Gottessegen" möchte ich nur die eine bedeutsame Stelle hervorheben: „dass jedem Manne diese Bilder widerführen, die dereinst als Kind er schaute in der Zukunft buntem träumerischen Scheine."[225] Damit ist offenbar gesagt, dass die Kindheitsphantasien in Erfüllung gehen mögen, d. h. dass jene Bilder nicht verloren gehen, sondern sich dem reifen Manne wieder nahen und sich erfüllen sollen. Der alte Kule in *Barlach*: Der tote Tag[226], sagt: „Wenn ich nachts liege, und die Finsterniskissen mich drücken, dann drängt sich zuweilen um mich klingendes Licht, sichtbar meinen Augen und meinen Ohren hörbar. Und da stehen dann die schönen Gestalten der bessern Zukunft um mein Lager. Noch starr, aber von herrlicher Schönheit, noch schlafend — — *aber wer sie erweckte, der schüfe der Welt ein besseres Gesicht. Das wäre ein Held, der das könnte.*" — „Was für Herzen würden dadurch erst schlagen können! Ganz andere Herzen, die ganz anders schlagen, als sie jetzt können." — (Von den Bildern.) „Sie stehen in keiner Sonne und werden nirgends von der Sonne beschienen. *Aber sie wollen und müssen einmal aus der Nacht.* Das wäre die Kunst, sie an die Sonne zu schaffen, da würden sie leben." Auch Epimetheus sehnt sich nach dem Bilde, dem Kleinod; er sagt im Gespräch über die Statue des Herakles (des Heroën!): „Dies ist des Bildes Sinn und mit Verständnis setzt es darein einzig unsern Ruhm, dass wir Gelegenheit erleben und sie fassen, *dass ein Kleinod reife über unserm Haupt und dass wir es gewinnen.*"[227] Auch als das Kleinod, von Epimetheus abgelehnt, den Priestern gebracht wird, singen diese gerade so, wie Epimetheus vorher das Kleinod ersehnte: „O komm, o Gott, mit deiner Gnade", um unmittelbar darauf das ihnen gebotene Himmelskleinod abzulehnen und zu lästern. Der Beginn des von den Priestern gesungenen Hymnus ist unschwer zu erkennen als das protestantische Kirchenlied:

„Komm, o komm, du *Geist des Lebens,*

Wahrer Gott von Ewigkeit!

Deine *Kraft* sei nicht vergebens,

Sie erfüll uns jederzeit:

So wird *Geist und Licht und Schein*

In dem dunklen Herzen sein.

O du *Geist der Kraft und Stärke,*

Du gewisser *neuer Geist,*

Fördre in uns deine Werke", etc.

Dieser Hymnus geht durchaus parallel mit unsern vorangegangenen Ausführungen. Dass dieselben Priester, die dieses Lied singen, den neuen Lebensgeist, das neue Symbol verwerfen, entspricht ganz dem rationalistischen Wesen epimetheischer Kreaturen. Die Vernunft sucht die Lösung immer auf dem vernünftigen, konsequenten, logischen Wege, womit sie in allen mittlern Lagen und Problemen Recht hat, aber in den grössten und entscheidenden Fragen reicht sie nicht aus. Sie ist unfähig, das Bild, das Symbol zu erschaffen; das Symbol ist irrational. Wenn der rationale Weg zur Sackgasse geworden ist, — was er nach einiger Zeit immer zu werden pflegt — dann kommt die Lösung von der Seite, von der man sie nicht erwartet.

(„Was kann von Nazareth Gutes kommen?") Dieses psychologische Gesetz ist z. B. die Grundlage der messianischen Prophezeiungen. Die Prophezeiungen selbst sind Projektionen des das künftige Geschehen vorahnenden Unbewussten. Weil die Lösung irrational ist, so wird das Erscheinen des Erlösers an eine unmögliche, d. h. irrationale Bedingung geknüpft, also an die Schwangerschaft der Jungfrau.[228] Diese Prophezeiung ist, wie viele andere, die etwa lauten, wie: „Macbeth wird keiner Feindesmacht erliegen, kommt feindlich nicht der Birnams Wald gestiegen, zum Dunsinan."

Die Geburt des Erlösers, d. h. die Entstehung des Symbols, findet dort statt, wo man sie nicht erwartet, und zwar gerade dort, von woher eine Lösung am allerunwahrscheinlichsten ist. So sagt *Jesaia* (53, 1): „Aber wer glaubt unserer Predigt? Und wem wird der Arm des Herrn offenbaret?

Denn er schoss auf vor ihm wie ein Reis und wie eine Wurzel aus dürrem Erdreich. Er hatte keine Gestalt noch Schöne; wir sahen ihn, aber da war keine Gestalt, die uns gefallen hätte.

Er war der Allerverachtetste und Unwerteste, voller Schmerzen und Krankheit. Er war so verachtet, dass man das Angesicht vor ihm verbarg; darum haben wir ihn nichts geachtet."

Das Erlösende entsteht nicht nur dort, von woher man nichts erwartet, sondern es tritt, wie diese Stelle zeigt, auch in einer Gestalt hervor, an der nichts Schätzenswertes ist für das epimetheische Urteil. Spitteler hat sich bei der Schilderung der Verwerfung des Symbols wohl kaum an das biblische Vorbild bewusst angelehnt, sonst würde man es seinen Worten anmerken. Vielmehr hat er aus derselben Tiefe geschöpft, aus der Propheten und Schöpfer die lösenden Symbole schaffen.

Die Erscheinung des Erlösers bedeutet eine Vereinigung der Gegensätze: „Die Wölfe werden bei den Lämmern wohnen, und die Pardel bei den Böcken liegen. Ein kleiner Knabe wird Kälber und junge Löwen und Mastvieh miteinander treiben.

Kühe und Bären werden an der Weide gehen, dass ihre Jungen beieinander liegen, und Löwen werden Stroh essen wie die Ochsen.

Und ein Säugling wird seine Lust haben am Loch der Otter, und ein Entwöhneter wird seine Hand stecken in die Höhle des Basilisken."[229]

Die Natur des erlösenden Symboles ist die eines Kindes[230], d. h. die Kindlichkeit oder Voraussetzungslosigkeit der Einstellung gehört zum Symbol und dessen Funktion. Diese „kindliche" Einstellung bringt es eo ipso mit sich, dass an Stelle der Eigenwilligkeit und rationalen Absichtlichkeit ein anderes Führungsprinzip tritt, dessen „Göttlichkeit" gleichbedeutend ist mit

„Übermacht“. Das Führungsprinzip ist irrationaler Natur, weshalb es in der Hülle des Wunderbaren erscheint. Diesen Zusammenhang gibt Jesaia sehr schön 9, 5: „Denn uns ist ein Kind geboren, ein Sohn ist uns gegeben, und die Herrschaft ist auf seiner Schulter; und er heisst Wunderbar, Rat, Kraft, Held, Ewig-Vater, Friedefürst.“

Diese Bestimmungen geben die wesentlichen Eigenschaften des lösenden Symboles, die wir oben bereits festgestellt haben. Das Kriterium der „göttlichen“ Wirkung ist die unwiderstehliche Kraft des unbewussten Impulses. Der Held ist immer die mit magischer Kraft ausgerüstete Figur, die das Unmögliche möglich macht. Das Symbol ist der mittlere Weg, auf dem sich die Gegensätze einen zu neuer Bewegung, ein Wasserlauf, der nach langer Dürre Fruchtbarkeit ergiesst: Die Spannung vor der Lösung wird einer Schwangerschaft verglichen:

„Gleichwie eine Schwangere, wenn sie schier gebären soll, so ist ihr Angst, schreiet in ihren Schmerzen: so gehet’s uns auch, Herr, vor deinem Angesicht.

Da sind wir auch schwanger, und ist uns bange, dass wir kaum Odem holen; doch können wir dem Lande nicht helfen —.

Aber deine Toten werden leben, meine Leichname werden auferstehen.“

Im Akte der Erlösung belebt sich das, was unbelebt, tot war, d. h. psychologisch: diejenigen Funktionen, die brach lagen und steril, unbeschäftigt, verdrängt, verachtet, unterschätzt, etc., waren, brechen plötzlich hervor und fangen an zu leben. Es ist eben gerade die minderwertige Funktion, welche das Leben, das in der differenzierten Funktion zu erlöschen drohte, fortsetzt.[231] Dieses Motiv kehrt im neutestamentlichen Gedanken der ἀποκατάρτασις πάντων, der Wiederbringung[232], wieder, welche eine hohe Entwicklungsform jenes allgemein verbreiteten Gedankens des Heldenmythus ist, nach dem der Held, wenn er aus dem Walfischbauch herauskommt, auch seine Eltern und all die, die vom Ungeheuer früher verschluckt worden sind, herausführt, was *Frobenius* das „Allausschlüpfen“ nennt.[233] Den Zusammenhang mit dem Heldenmythus wahrt auch Jesaia zwei Verse weiter (27, 1): „Zu der Zeit wird der Herr heimsuchen mit seinem harten, grossen und starken Schwert beide, den Leviathan, der eine flüchtige Schlange, und den Leviathan, der eine gewundene Schlange ist, und *wird den Drachen im Meer erwürgen.*“

Mit der Geburt des Symbols hört die Regression der Libido ins Unbewusste auf. Die Regression verwandelt sich in Progression, die Stauung gerät in Fluss. Dadurch wird die anziehende Macht des Urgrundes gebrochen. Darum heisst es auch in *Barlachs* Drama: Der tote Tag: Kule: „Und da stehen dann die schönen Gestalten der bessern Zukunft um mein Lager. Noch starr, aber von herrlicher Schönheit, noch schlafend — aber wer sie erweckte, der schüfe der Welt ein besseres Gesicht. Das wäre ein Held, der das könnte.

Mutter: Ein Heldentum in Jammer und Nöten!

Kule: Aber es könnte vielleicht doch einer!

Mutter: *Der sollte vorher seine Mutter begraben.*" —

Das Motiv des „Mutterdrachens" habe ich früher ausgiebig belegt, sodass ich mir hier die Wiederholung ersparen kann.[234] Die Entstehung neuen Lebens und neuer Fruchtbarkeit, da, wo man nichts erwarten konnte, schildert auch Jesaia 35, 5 ff.: „Alsdann werden der Blinden Augen aufgetan werden, und der Tauben Ohren werden geöffnet werden.

Alsdann werden die Lahmen löcken wie ein Hirsch, und der Stummen Zunge wird lobsagen. Denn es werden Wasser in der Wüste hin und wieder fliessen und Ströme im dürren Lande.

Und wo es zuvor trocken ist gewesen, sollen Teiche stehen; und wo es dürre gewesen ist, sollen Brunnquellen sein. Da zuvor die Schakale gelegen haben, soll Gras und Rohr und Schilf stehen.

Und es wird daselbst eine Bahn sein und ein Weg, welcher der heilige Weg heissen wird, dass kein Unreiner darauf gehen darf; und derselbige wird für sie sein, dass man drauf gehe, dass auch die Thoren nicht irren mögen."

Das lösende Symbol ist eine Bahn, ein Weg, auf der sich das Leben vorwärts bewegen kann, ohne Qual und Zwang.

Hölderlin sagt in „Patmos":

„Nah ist

Und schwer zu fassen der Gott.

Wo aber Gefahr ist, wächst

Das Rettende auch."

Es klingt, wie wenn die Nähe Gottes eine Gefahr wäre, d. h. wie wenn die Konzentration der Libido im Unbewussten eine Gefahr wäre für das bewusste Leben. Dem ist nun tatsächlich so: je mehr die Libido im Unbewussten investiert wird oder, besser gesagt, sich investiert, desto höher steigt der Einfluss, die Wirkungsmöglichkeit des Unbewussten, d. h. alle verworfenen, abgelegten, überlebten, ja seit Generationen gänzlich verlorenen Funktionsmöglichkeiten beleben sich und beginnen einen wachsenden Einfluss auf das Bewusstsein auszuüben, trotz oft verzweifelter Gegenwehr der bewussten Einsicht. Das Rettende ist das Symbol, welches

Bewusstes und Unbewusstes in sich fassen und vereinigen kann. Während die dem Bewusstsein disponible Libido in der differenzierten Funktion sich allmählich erschöpft und sich immer langsamer und schwieriger ergänzen lässt, und während die Symptome des Uneinssein mit sich selber sich häufen, wächst die Gefahr einer Überschwemmung und Zerstörung durch unbewusste Inhalte, zugleich aber wächst auch das Symbol, das berufen ist, den Konflikt zu lösen. Das Symbol aber ist auf's allerinnigste verbunden mit dem Gefährlichen und Bedrohenden, sodass es mit ihm entweder verwechselt werden kann, oder dass es bei seinem Erscheinen eben gerade das Böse und Zerstörende hervorruft. Jedenfalls ist die Erscheinung des Erlösenden aufs innigste mit Zerstörung und Verwüstung verknüpft. Wenn das Alte nicht reif wäre zum Tode, so würde nichts Neues erscheinen, und das Alte könnte und brauchte nicht ausgerottet zu werden, wenn es dem Neuen nicht schädlicherweise den Platz versperrte. Dieser natürliche psychologische Zusammenhang der Gegensätze findet sich bei Jesaia 7, 16 ff. 7, 14 heisst es, dass eine Jungfrau einen Sohn gebären wird, den sie Immanuel heissen wird. Immanuel heisst bezeichnenderweise „Gott mit uns", d. h. Vereinigung mit der latenten Dynamis des Unbewussten, die im lösenden Symbol gewährleistet ist. Was aber diese Vereinigung zunächst bedeuten will, zeigen die unmittelbar folgenden Verse:

„Denn ehe der Knabe lernet Böses verwerfen und Gutes erwählen, wird das Land verödet sein, vor dessen zween Königen dir grauet."

8, 1: „Und der Herr sprach zu mir: Nimm vor dich eine grosse Tafel und schreib darauf mit Menschengriffel: *Raubebald, Eilebeute*."

8, 3: „Und ich ging zu der Prophetin, die ward schwanger und gebar einen Sohn. Und der Herr sprach zu mir: nenne ihn *Raubebald, Eilebeute.*

Denn ehe der Knabe rufen kann: Lieber Vater, liebe Mutter! soll die Macht von Damaskus und die Ausbeute Samarias weggenommen werden durch den König zu Assyrien."

8, 6: „Weil dies Volk verachtet das Wasser zu Siloah, das stille gehet —

Siehe, so wird der Herr über sie kommen lassen starke und viele Wasser des Stromes, nämlich den König zu Assyrien und alle seine Herrlichkeit, dass sie über alle ihre Bette fahren und über alle ihre Ufer gehen;

Und werden einreissen in Juda, und schwemmen und überherlaufen, bis dass sie an den Hals reichen; und werden ihre Flügel ausbreiten, dass sie dein Land, o Immanuel, füllen, so weit es ist."

Ich habe schon in meinem Buch über „Wandlungen und Symbole der Libido" darauf hingewiesen, dass die Gottesgeburt vom Drachen, von der Überschwemmungsgefahr, dem Kindsmord bedroht ist. Psychologisch heisst das: dass die latente Dynamis ausbrechen und das Bewusstsein überschwemmen kann. Diese Gefahr ist für Jesaia der fremde König, der ein feindliches, mächtiges Reich regiert. Für Jesaia ist das Problem natürlich nicht psychologisch, sondern wegen seiner völligen Projektion concret. Bei Spitteler dagegen ist das Problem schon sehr psychologisch, deshalb vom concreten Objekt abgelöst, und doch drückt es sich in ganz ähnlichen Formen aus wie bei Jesaia, obschon wir kaum eine bewusste Anlehnung vermuten dürfen. Die Geburt des Erlösers ist gleichbedeutend mit einer grossen Katastrophe, indem nämlich ein neues, mächtiges Leben da hervorbricht, wo man gar kein Leben und keine Kraft und keine Entwicklungsmöglichkeit vermutete. Es strömt hervor aus dem Unbewussten, d. h. aus demjenigen Teil der Psyche, der gewollt und ungewollt nicht gewusst und deshalb von allen Rationalisten als Nichts behandelt wird. Aus diesem Nichtgeglaubten und Verworfenen kommt der neue Kraftzuschuss, die Erneuerung des Lebens. Was heisst aber das Nichtgeglaubte und Verworfene? Es sind alle diejenigen psychischen Inhalte, die wegen ihrer Unverträglichkeit mit den bewussten Werten verdrängt wurden, also das Hässliche, Unmoralische, Unrichtige, Unzweckmässige, Untaugliche usw. D. h. alles, was dem betreffenden Individuum einmal so erschienen ist. Die Gefahr besteht nun darin, dass der Mensch, wegen der Gewalt, mit der diese Dinge wiedererscheinen, wegen ihres neuen und wunderbaren Glanzes dermassen davon weggerissen wird, dass er alle frühern Werte darüber verwirft oder vergisst. Was man früher verachtete, wird jetzt oberstes Prinzip, und was früher Wahrheit war, heisst jetzt Irrtum. Diese Umkehrung der Werte kommt einer Zerstörung der bisherigen Lebenswerte gleich, ist also gleich wie eine Verwüstung des Landes durch Überschwemmung.

So bringt bei Spitteler das Himmelsgeschenk der Pandora dem Lande und den Menschen Unheil. Wie der Büchse der Pandora in der klassischen Sage die Krankheiten entströmen, das Land überschwemmen und verheeren, so entsteht ein ähnliches Unheil durch das Kleinod. Um dies zu begreifen, müssen wir uns Rechenschaft geben über die Beschaffenheit dieses Symboles. Die ersten, die das Kleinod finden, sind die Bauern, wie die Hirten die ersten sind, die den Erlöser begrüssen. Sie drehen es hin und her in ihren Händen, „bis sie schliesslich ganz und gar verdummeten, gemäss der fremden, sittenlosen, ungesetzlichen Erscheinung." Als sie es vor den König brachten und dieser es zur Prüfung dem Gewissen zeigte, damit es ja oder nein dazu sage, da sprang es erschrocken vom Schrank auf den Boden, und versteckte sich unter das Bett „unmöglichen Vermutens". Wie eine flüchtende Krabbe „giftig glotzend, feindlich sträubend die gewundnen Scheeren" — „so schaute das Gewissen unterm Bett hervor und es geschah, je näher Epimetheus rückte das Gebild, je weiter zog das andere sich zurück mit widerwärtigen Gebärden. Und also schweigend hockt es da und auch kein einz'ges Wort und keine Silbe gab es laut, wie sehr der König immer bat und flehete und reizte mit verschiedenen Reden."

Dem Gewissen war das neue Symbol offenbar höchst unsympathisch, weshalb der König den Bauern riet, das Kleinod zu den Priestern zu tragen. „Als kaum der Hiphil-Hophal (der Oberpriester) schauete des Bildes Angesicht, da fing er an sich zu entsetzen und zu ekeln, schrie und rief, indem er seine Arme schützend kreuzte über seiner Stirne:

„Hinweg mit diesem Hohn, denn etwas *Widergöttliches* beruht in ihm und fleischlich ist sein Herz und Frechheit blickt aus seinen Augen."

Darauf brachten die Bauern das Kleinod zur Akademie: Die Lehrer der hohen Schule aber fanden, dass dem Bilde „Gefühl und Seele" fehle, „überdies der Ernst, und auch zu allermeist der leitende Gedanke."

Der Goldschmied schliesslich fand das Kleinod unecht und von gemeinem Stoff. Auf dem Markt, wo die Bauern das Bild los werden wollten, kam die Markt-Polizei dazu. Die Hüter des Rechtes riefen beim Anblick des Bildes: „Wohnt auch ein Herz in eurem Leib und ruhet auch in eurer Seele ein Gewissen, dass ihr solches wagt und leget also öffentlich vor Aller Augen diese blosse, unverschämte, geile Nacktheit? —

Und nun so hebt euch eilig weg! und wehe über euch, wofern durch einen Zufall ihr beschmutzt mit diesem Anblick unsere reinen Kinder samt den weissen Weibern. —"

Das Symbol ist vom Dichter gekennzeichnet als fremd, sittenlos, ungesetzlich, der moralischen Empfindung zuwider, dem Gefühl und unserer Vorstellung des Seelischen widerstreitend, ebenso unserm Begriffe des Göttlichen, es spricht zur Sinnlichkeit, ist schamlos und geeignet, die öffentliche Sittlichkeit in hohem Masse durch Erregung sexueller Phantasien zu gefährden. Diese Attribute bestimmen also eine Wesenheit, welche besonders mit unsern moralischen Werten sich im Widerspruch befindet, in zweiter Linie auch mit dem asthetischen Werturteil, indem die höhern Gefühlswerte daran mangeln, und die Abwesenheit des „leitenden Gedankens" auch auf eine Irrationalität seines gedanklichen Inhaltes deutet. Das Verdikt „widergöttlich" liesse sich wohl auch mit „antichristlich" wiedergeben, indem diese Geschichte weder im fernen Altertum noch in China lokalisiert ist. Dieses Symbol ist also gemäss allen Attributen ein Vertreter der minderwertigen Funktion, also der nicht anerkannten psychischen Inhalte. Das Bild stellt offenbar — obschon dies nirgends gesagt ist — eine nackte menschliche Gestalt dar — „lebende Gestalt".

Diese Gestalt drückt die völlige Freiheit aus, so zu sein, wie man ist, zugleich auch die Pflicht, so zu sein, wie man ist; sie bedeutet demnach die höchste Möglichkeit ästhetischer wie sittlicher Schönheit, aber von Natur wegen und nicht in künstlich hergerichteter Idealform, den Menschen, wie er sein könnte. Ein solches Bild, dem Menschen, wie er gegenwärtig ist, vor Augen gestellt, kann gar nichts anderes als das in ihm auslösen, was schlummernd gebunden lag, und nicht mitlebte. Sollte der Zufall es wollen, dass er erst zur Hälfte zivilisiert, zur andern Hälfte aber noch ein Barbar ist, so wird durch solchen Anblick alle Barbarei in ihm aufgeweckt. Der Hass des Menschen konzentriert sich immer auf das Etwas, das ihm seine schlechten Eigenschaften zum Bewusstsein bringt. Daher das Schicksal des Kleinods mit dem Augenblick seines Erscheinens in der Welt auch besiegelt war. Der stumme Hirtenknabe, der es zuerst fand, wird von den wütenden Bauern halbtot geprügelt, dann „schmettern" die Bauern das Kleinod auf die Strasse. Damit hat das Erlösersymbol seine kurze aber typische Laufbahn geendet. Die Anlehnung an den christlichen Passionsgedanken ist unverkennbar. Die Erlösernatur des Kleinodes erhellt auch daraus, dass es bloss alle Tausend Jahre einmal erscheint; es ist ein seltenes Ereignis, dieses „Blühen des Schatzes" und Erscheinen eines Heilandes, eines Saoshyant, eines Buddha.

Das Ende der Laufbahn des Kleinodes ist geheimnisvoll: es fällt in die Hand eines wandernden Juden. „Nicht wars ein Jude dieser Welt und über alle Massen fremd erschien uns seine Kleidung."[235] Dieser besondere Jude kann nur *Ahasver* sein, der den wirklichen Erlöser nicht annahm und sich hier ein Erlöserbild sozusagen stiehlt. Die Ahasversage ist eine späte christliche Sage, die als solche nicht früher als Anfangs des XVII. Jahrhunderts zurückzudatieren ist.[236] Sie geht psychologisch hervor aus einem Libidobetrag oder Persönlichkeitsteil, der in der christlichen Einstellung zu Leben und Welt keine Verwendung findet und deshalb verdrängt wird. Für diesen Teil waren die Juden von jeher Symbol, daher der mittelalterliche Verfolgungswahnsinn gegenüber den Juden. Die Idee des Ritualmordes enthält den Gedanken der Verwerfung des Erlösers in verschärfter Form, denn man sieht den Splitter im eigenen Auge als Balken im Auge des Bruders. Der Ritualmordgedanke spielt auch bei Spitteler an, indem der Jude das vom Himmel geschenkte Wunderkind stiehlt. Dieser Gedanke ist eine mythologische Projektion der unbewussten Wahrnehmung, dass die Erlösungswirkung immer wieder vereitelt wird durch die Gegenwart eines unerlösten Stückes im Unbewussten. Dieses unerlöste, nicht domestizierte, unerzogene oder barbarische Stück, das man nur an der Kette halten und noch nicht frei laufen lassen kann, wird projiziert auf die, die das Christentum nicht angenommen haben, während es in Wirklichkeit ein Stück in uns ist, das bis jetzt den christlichen Domestikationsprozess nicht durchlaufen hat. Es besteht eine unbewusste Wahrnehmung dieses widerstrebenden Stückes, dessen Existenz man verleugnen möchte — daher die Projektion. Die Ruhelosigkeit ist ein concreter Ausdruck der Unerlöstheit. Das unerlöste Stück reisst das neue Licht, die Energie des neuen Symboles sofort an sich. Damit ist in anderer Weise dasselbe ausgedrückt, was wir schon oben andeuteten, als wir von der Wirkung des Symbols auf die allgemeine Psyche sprachen: das Symbol reizt alle verdrängten und nicht anerkannten Inhalte, wie z. B. bei den „Hütern des Marktes“; ebenso beim Hiphil-Hophal, der gemäss seinem unbewussten Widerstand gegen seine eigene Religion die Widergöttlichkeit und Fleischlichkeit des neuen Symbols sofort hervorhebt und verstärkt. Der Affekt der Ablehnung entspricht dem Betrage der verdrängten Libido. Mit der moralischen Umwandlung des reinen Himmelsgeschenkes in die schwülen Phantasiegespinnste dieser Köpfe ist der Ritualmord vollzogen. Das Erscheinen des Symbols aber hat trotzdem gewirkt. Zwar wurde es in seiner reinen Gestalt nicht angenommen, sondern es wurde von den archaïschen und undifferenzierten Mächten verschlungen, wobei die bewusste Moralität und Ästhetik noch kräftig mithalfen. Damit beginnt die Enantiodromie, die Wandlung von bisherigem Wert in Unwert, von bisher Gutem in Böses.

Das Reich der Guten, dessen König Epimetheus ist, lag seit Alters in Feindschaft mit dem Reich Behemoths. Der *Behemoth* und der *Leviathan*[237] sind die zwei aus dem Buche Hiob bekannten *Ungetüme Gottes*, die symbolischen Ausdrücke seiner Macht und Kraft. Als rohe tierische Symbole bezeichnen sie psychologisch verwandte Kräfte der menschlichen Natur.[238] Darum sagt Jahve: „Siehe da den Behemoth, den ich neben dir gemacht habe. —

Siehe, seine Kraft ist in seinen Lenden, und sein Vermögen in den Sehnen seines Bauches. Sein Schwanz strecket sich wie eine Zeder, und die Sehnen seiner Schenkel sind dicht geflochten[239]: Er ist der Anfang der Wege Gottes.“

Man muss diese Worte aufmerksam lesen: mit dieser Kraft „beginnen die Wege Gottes“, nämlich Jahves, des jüdischen Gottes, der im Neuen Testament diese Form von sich abtut. Er ist dort nicht mehr Naturgott. Psychologisch will das heissen, dass diese rohe Triebseite der im Unbewussten aufgestauten Libido in der christlichen Einstellung dauernd unten gehalten wird; damit wird die eine Gotteshälfte verdrängt, resp. auf das Schuldkonto des Menschen geschrieben, und in letzter Linie der Domäne des Teufels zugewiesen. Daher, wenn die unbewusste Kraft anfängt, emporzuströmen, wenn „die Wege Gottes anfangen“, dann kommt der Gott in der Gestalt von Behemoth.[240] Man könnte ebenso gut sagen, dass der Gott sich dann in Teufelsgestalt präsentiere. Diese moralischen Bewertungen aber sind optische Täuschungen: die Kraft des Lebens ist jenseits des moralischen Urteils. Meister Eckehart sagt: „Sage ich also, Gott ist gut: es ist nicht wahr, ich bin gut, Gott ist nicht gut! Ich gehe noch weiter: ich bin besser als Gott! Denn nur was gut ist, kann besser, und nur was besser werden kann, kann das Beste werden. Gott ist nicht gut, darum kann er auch nicht besser, und weil nicht besser, auch nicht das Beste werden. Fernab von Gott liegen diese drei Bestimmungen „gut", „besser", „das Beste". Er steht über allem dem."[241]

Als nächste Wirkung des erlösenden Symbols ergibt sich die Vereinigung der Gegensatzpaare: so vereinigt sich das ideale Reich des Epimetheus mit dem Reiche Behemoths; d. h. das moralische Bewusstsein geht einen gefährlichen Bund ein mit den unbewussten Inhalten und der dazugehörigen, mit diesen Inhalten identischen Libido. Nun sind aber dem Epimetheus die Gotteskinder anvertraut, nämlich jene höchsten Güter der Menschlichkeit, ohne die ein Mensch nichts anderes ist als ein Tier. Durch die Vereinigung mit dem eigenen unbewussten Gegensatz tritt die Gefahr der Verödung, Verwüstung oder Überschwemmung ein, d. h. die Werte des Bewussten könnten an die energetischen Werte des Unbewussten verloren gehen. Wäre jenes Bild der natürlichen Schönheit und Sittlichkeit angenommen und bewahrt worden, und hätte es nicht bloss vermöge seiner schuldlosen Natürlichkeit als Anreiz für die schwüle Schmutzigkeit des Hintergrundes unserer „sittlichen" Kultur gedient, dann wären die Gotteskinder trotz dem Bund mit Behemoth nicht gefährdet gewesen, denn Epimetheus hätte dann jederzeit unterscheiden können zwischen Wert und Unwert. Aber weil das Symbol unserer Einseitigkeit, unserer rationalistischen Differenziertheit und zugleich Verkrüppelung als unannehmbar erscheint, so fehlt jeder Masstab für Wert und Unwert. Wenn die Vereinigung der Gegensatzpaare dann als höheres Ereignis doch kommt, tritt notwendigerweise die Gefahr der Überschwemmung und Zerstörung ein, und zwar charakteristischer Weise dadurch, dass die gefährlichen Gegentendenzen unter dem Deckmantel der „richtigen Begriffe" eingeschmuggelt werden. Man kann auch das Böse und Verderbliche rationalisieren und ästhetisieren. So werden die Gotteskinder dem Behemoth eines nach dem andern ausgeliefert, d. h. die bewussten Werte werden gegen reine Triebmässigkeit und Verblödung eingetauscht. Die vorher unbewussten rohen und barbarischen Tendenzen verschlingen die bewussten Werte, daher Behemoth und Leviathan einen *unsichtbaren Walfisch* (unbewusst) als Symbol ihres Prinzipes aufstellen, während das entsprechende Symbol des epimetheischen Reiches der *Vogel* ist. Der Walfisch, als Bewohner des Meeres, ist allgemein das Symbol des verschlingenden Unbewussten.[242] Der Vogel, als Bewohner des hellen Luftreiches, ist ein Symbol des bewussten Gedankens, oder sogar des Ideals (Flügel!) und des heiligen Geistes.

Der endgültige Untergang des Guten wird verhindert durch Prometheus' Dazwischentreten. Er befreit das letzte Gotteskind, den Messias, aus der Gewalt seiner Feinde. Messias wird der Erbe des Gottesreiches, während Prometheus und Epimetheus, die Personifikationen der getrennten Gegensätze, vereint sich in ihr „heimatliches Tal" zurückziehen. Beide sind der Herrschaft ledig, Epimetheus, weil er verzichten musste, Prometheus, weil er gar nicht darnach strebte. Psychologisch ausgedrückt heisst es: die Introversion und Extraversion hören auf, als einseitige Richtlinien zu dominieren, dadurch hört auch die Dissociation der Psyche auf. An ihre Stelle tritt eine neue Funktion, symbolisch dargestellt durch ein Kind, genannt Messias, das lange schlafend lag. Der Messias ist der Mittler, das Symbol einer neuen, die Gegensätze vereinigenden Einstellung. Er ist ein Kind, ein Knabe, nach dem alten Vorbild des „puer aeternus", durch seine Jugend die Wiedergeburt und die Wiederbringung des Verlorenen (Apokatastasis) andeutend. Was Pandora als Bild zur Erde brachte, was von den Menschen verworfen wurde und ihnen zum Unheil gereichte, erfüllt sich im Messias. Dieser Symbolzusammenhang entspricht einer häufigen Erfahrung in der Praxis der analytischen Psychologie: Wenn in den Träumen ein Symbol auftritt, so wird es aus all den oben weitläufig angegebenen Gründen verworfen, und es bewirkt sogar eine Gegenreaktion, welche der Invasion Behemoths entspricht. Aus diesem Konflikt ergibt sich eine Vereinfachung der Persönlichkeit auf die seit Anfang des Lebens vorhandenen individuellen Grundzüge, welche den Zusammenhang der gereiften Persönlichkeit mit den Energiequellen der Kindheit gewährleisten. Wie Spitteler zeigt, besteht die grosse Gefahr bei diesem Übergang darin, dass statt des Symboles die dadurch erregten archaischen Triebe rationalistisch aufgenommen und in den hergebrachten Anschauungsformen untergebracht werden.

Der englische Mystiker, *W. Blake*[243] sagt: „Es gibt zwei Klassen von Menschen: die *Fruchtbaren*[244] und die *Verschlingenden.*[245] Religion ist ein Bestreben, die beiden zu vereinigen."[246] Mit diesem Wort Blakes, das in so einfacher Weise Spittelers grundliegende Ideen und meine Ausführungen dazu zusammenfasst, möchte ich dieses Kapitel beschliessen. Wenn ich ihm eine ungewöhnliche Ausdehnung gegeben habe, so geschah es, wie bei der Erörterung der Schillerschen Briefe, um dem Reichtum an Gedanken und Anregungen, den uns Spittelers „Prometheus und Epimetheus" bietet, gerecht zu werden. Ich habe mich soviel wie möglich auf das Wesentliche beschränkt, indem ich vorsätzlich eine ganze Reihe von Problemen, die eine vollständige Bearbeitung dieses Stückes behandeln müsste, übergangen habe.

VI
Das Typenproblem in der Psychiatrie.

VI.
Das Typenproblem in der Psychiatrie.

Wir gelangen nunmehr zu dem Versuch eines Psychiaters, zwei Typen herauszuheben aus der verwirrenden Mannigfaltigkeit der sog. *psychopathischen Minderwertigkeiten.* Diese ungemein umfangreiche Gruppe vereinigt alle psychopathischen Grenzzustände, die nicht mehr dem Gebiete der eigentlichen Psychosen zuzurechnen sind, also alle Neurosen und alle Degenerationszustände, wie intellektuelle, moralische, affektive, und sonstige psychische Minderwertigkeiten. Dieser Versuch stammt von *Otto Gross*, der unter dem Titel: „Die zerebrale Sekundärfunktion", 1902 eine theoretische Studie veröffentlichte, deren Grundhypothese ihn zur Aufstellung von zwei psychologischen Typen veranlasst hat.[247] Obschon das ihn beschäftigende empirische Material dem Gebiete der psychischen Minderwertigkeit entnommen ist, so hindert doch nichts, die dort gewonnenen Gesichtspunkte auch auf das weitere Gebiet der normalen Psychologie zu übertragen, indem nämlich der unbalancierte seelische Zustand dem Forscher nur eine besonders günstige Gelegenheit gewährt, gewisse psychische Phänomene in fast übertriebener Deutlichkeit zu sehen, Phänomene, die innerhalb der normalen Grenzen oft nur undeutlich wahrzunehmen sind. Der abnorme Zustand wirkt gelegentlich wie ein Vergrösserungsglas. Gross selber dehnt in seinem Schlusskapitel seine Folgerungen auch auf weitere Gebiete aus, wie wir unten sehen werden.

Gross versteht unter der „Sekundärfunktion" einen zerebralen Zellvorgang, der nach stattgehabter „Primärfunktion" einsetzt. Die Primärfunktion entspräche der eigentlichen Leistung der Zelle, nämlich der Erzeugung eines positiven psychischen Vorganges, sagen wir, einer Vorstellung. Die Leistung entspricht einem energetischen Vorgange, nämlich vermutlich der Auslösung einer chemischen Spannung, d. h. einem chemischen Zerfall. Nach dieser akuten Entladung, welche Gross als Primärfunktion bezeichnet, setzt die Sekundärfunktion ein, d. h. eine Restitution, ein Wiederaufbau durch Ernährung. Diese Funktion wird je nach der Intensität des vorausgegangenen Aufwandes an Energie kürzere oder längere Zeit in Anspruch nehmen. Die Zelle ist während dieser Zeit in einem gegenüber vorher veränderten Zustand, in einer Art Reizzustand, der den weitern psychischen Ablauf nicht unbeeinflusst lassen kann. Namentlich *hochbetonte, affektvolle* Vorgänge dürften einen besondern Energieaufwand, und daher eine besonders verlängerte Restitutionsperiode oder Sekundärfunktion bedeuten. Die Wirkung der Sekundärfunktion auf den psychischen Ablauf denkt sich Gross als eine nachweisbare spezifische Beeinflussung des nachfolgenden Associationsverlaufes, und zwar im Sinne einer Einschränkung der Associationsauswahl auf das in der Primärfunktion dargestellte „Thema", der sog. „Hauptvorstellung". Tatsächlich habe ich etwas später in meinen eigenen experimentellen Arbeiten — und ebenso mehrere meiner Schüler in entsprechenden Untersuchungen — auf die *Perseverationsphänomene*[248] nach hochbetonten Vorstellungen hinweisen können, Phänomene, die zahlenmässig nachzuweisen sind. Mein Schüler *Eberschweiler* hat in einer sprachlichen Untersuchung dieses selbe Phänomen in den Assonanzen und Agglutinationen nachgewiesen.[249] Aus der pathologischen Erfahrung weiss man überdies, wie häufig gerade bei schweren Gehirnläsionen wie Apoplexien, Tumoren, atrophischen und sonstigen Entartungszuständen die Perseverationen sind. Sie sind wohl eben dieser erschwerten Restitution zuzuschreiben. Die Gross'sche Hypothese hat daher viel Wahrscheinlichkeit für sich. Es ist nun ganz natürlich, die Frage aufzuwerfen, ob es nicht Individuen oder sogar Typen gibt, bei denen die Restitutionsperiode, die Sekundärfunktion, länger dauert als bei andern, und ob nicht daraus eventuell gewisse eigenartige Psychologien abzuleiten wären. Eine kurze Sekundärfunktion beeinflusst in einer gegebenen Zeitspanne weit weniger konsekutive Associationen, als eine lange. Die Primärfunktion kann daher im erstern Fall viel häufiger stattfinden. Das psychologische Bild dieses Falles zeigt daher die Eigentümlichkeit einer rasch immer wieder erneuten Bereitschaft der Aktion und der Reaktion, also eine Art von *Ablenkbarkeit*, eine Neigung zur Oberflächlichkeit der Verbindungen, ein Mangel an tiefern, geschlossenem Zusammenhängen, eine gewisse Inkohärenz, soweit Bedeutsamkeit des Zusammenhanges erwartet wird. Dagegen drängen sich in der Zeiteinheit viele neue Themata auf, ohne sich aber irgendwie zu vertiefen, sodass auch Heterogenes und Verschiedenwertiges à niveau auftritt, wodurch der Eindruck der sog. „Nivellierung der Vorstellungen" (*Wernicke*) hervorgerufen wird. Dieses rasche Aufeinanderfolgen der Primärfunktionen schliesst eo ipso ein Erleben der Affektwerte der Vorstellungen aus, daher die Affektivität nicht anders als oberflächlich sein kann. Zugleich sind dadurch aber auch rasche Anpassungen und Einstellungsänderungen ermöglicht. Der eigentliche Denkvorgang, oder besser gesagt, die Abstraktion, leidet natürlich unter der Kürze der Sekundärfunktion, indem der Vorgang der Abstraktion ein länger andauerndes Verweilen von mehreren Ausgangsvorstellungen und deren Nachwirkungen verlangt, also eine längere Sekundärfunktion. Ohne sie kann keine Vertiefung und Abstraktion einer Vorstellung — oder Vorstellungsgruppe — erfolgen. Die schnellere Wiederherstellung der Primärfunktion bedingt eine höhere *Reagibilität*, allerdings nicht in intensivem, sondern in extensivem Sinne, daher eine prompte Auffassung der unmittelbaren Gegenwart, aber nur ihrer Oberfläche und nicht ihrer tiefern Bedeutung nach. Dieser Umstand erweckt den Eindruck der Kritiklosigkeit oder je nachdem auch den der Vorurteilslosigkeit, des Entgegenkommens und Verstehens oder gegebenenfalls auch den Eindruck der unverständlichen Rücksichtslosigkeit, der Taktlosigkeit oder gar der Gewalttätigkeit. Das zu rasche Hinweggleiten über tiefere Bedeutungen veranlasst den Eindruck einer gewissen Blindheit für alle nicht an der äussersten Oberfläche liegenden Dinge. Die rasche Reagibilität erscheint auch als sog. Geistesgegenwart, Verwegenheit bis Tollkühnheit, die ihre Voraussetzung in der Kritiklosigkeit, im Nichtrealisieren der Gefahr hat. Die Raschheit der Aktion täuscht Entschlossenheit vor, ist aber mehr blinder Impuls. Der Eingriff in fremdes Gebiet erscheint als selbstverständlich und ist erleichtert durch die Unkenntnis des Affektwertes der Vorstellung, der Handlung und ihrer Wirkung auf den Mitmenschen. Durch die rasch wieder erneute Bereitschaft wird die Verarbeitung der Wahrnehmungen und Erfahrungen gestört, sodass das *Gedächtnis* in der Regel erheblich leidet, denn meistens können nur diejenigen Associationen leicht reproduziert werden, die massenhafte Verbindungen eingegangen sind. Relativ isolierte Inhalte versinken rasch, daher es unendlich viel schwerer ist eine Reihe von sinnlosen (inkohärenten) Worten sich zu merken, als ein Gedicht. Rasche Entflammbarkeit, Enthusiasmus, der bald erlöscht, sind weitere Charakteristika, ebenso gewisse Geschmacklosigkeiten, die durch die allzu rasche Aufeinanderfolge heterogener Inhalte und durch Nichtrealisierung ihrer zu differenten Affektwerte entstehen. Das Denken hat repräsentativen Charakter, also mehr die Art des Vorstellens und des Aneinanderreihens von Inhalten, als den der Abstraktion und Synthese. Ich bin bei dieser Schilderung des Typus mit kurzer Sekundärfunktion im wesentlichen Gross gefolgt unter Beifügung einiger Transskriptionen ins Normale. Gross nennt nämlich diesen Typus: *Minderwertigkeit mit verflachtem Bewusstsein.* Wenn wir aber die allzu krassen Züge bis zum Normalen abmildern, so erhalten wir ein Gesamtbild, in welchem der Leser unschwer den „less emotional type" *Jordans* wieder erkennt, also den *Extravertierten.* Gross gebührt daher das nicht unbeträchtliche Verdienst, der Erste zu sein, der eine einheitliche und einfache Hypothese für das Zustandekommen dieses Typus aufgestellt hat.

Den entgegengesetzten Typus bezeichnet Gross als *Minderwertigkeit mit verengtem Bewusstsein.* Die Sekundärfunktion dieses Typus ist besonders intensiv und verlängert. Durch ihre Verlängerung wird die konsekutive Association in höherm Masse beeinflusst als beim oben erwähnten Typus. Es liegt nahe, in diesem Falle auch eine verstärkte Primärfunktion anzunehmen, also eine umfangreichere und völligere Leistung der Zelle als beim Extravertierten. Die verlängerte und verstärkte Sekundärfunktion wäre die natürliche Folge davon. Die verlängerte Sekundärfunktion bewirkt ein längeres Haftenbleiben der von der Ausgangsvorstellung angeregten

Wirkung. Dadurch entsteht ein Effekt, den Gross als „Kontraktivwirkung" bezeichnet, nämlich eine besonders (im Sinne der Ausgangsvorstellung) gerichtete Auswahl der konsekutiven Associationen. Dadurch wird eine umfangreiche Realisierung oder Vertiefung des „Themas" erzielt. Die Vorstellung wirkt nachhaltig, der Eindruck geht tief. Eine ungünstige Folge ist die Einschränkung auf ein engeres Gebiet, worunter die Mannigfaltigkeit und der Reichtum des Denkens leiden. Jedoch wird die Synthese wesentlich unterstützt, da die zusammenzusetzenden Elemente lange genug konstelliert bleiben, um ihre Abstraktion zu ermöglichen. Des weitern bewirkt die Einengung auf ein Thema zwar eine Anreicherung an zugehörigen Associationen und eine feste innere Verknüpfung und Geschlossenheit eines Vorstellungskomplexes, aber zugleich auch wird dieser Komplex gegen alles Nichtzugehörige abgeschlossen und gerät dadurch in eine associative Isolierung, welches Phänomen Gross (in Anlehnung an *Wernickes* Begriff) als „Sejunktion" bezeichnet. Eine Folge der Sejunktion der Komplexe ist die Anhäufung von Vorstellungsgruppen (oder Komplexen), die unter sich in keinem oder einem nur lockern Zusammenhang stehen. Nach aussen zeigt sich dieser Zustand als eine disharmonische, oder, wie Gross sie nennt, eine *sejunktive* Persönlichkeit. Die isolierten Komplexe bestehen zunächst ohne gegenseitige Einwirkung nebeneinander, infolgedessen sie sich auch nicht gegenseitig ausgleichend und korrigierend durchdringen. Sie sind zwar in sich selbst streng und logisch geschlossen, aber entbehren des korrigierenden Einflusses andersgerichteter Komplexe. Es kann daher leicht vorkommen, dass ein besonders starker und daher auch besonders abgeschlossener und unbeeinflussbarer Komplex sich zur „überwertigen Idee" erhebt, d. h. zu einer Dominante wird, welche jeder Kritik trotzt und völliger Autonomie geniesst, sodass sie sich zur allbeherrschenden Grösse, zum „spleen" aufschwingt.[250] In krankhaften Fällen wird sie zur Zwangsidee oder zur paranoischen Idee, d. h. zu einer absolut unerschütterlichen Grösse, welche das ganze Leben des Individuums in ihren Dienst zwingt. Dadurch wird die ganze Mentalität anders orientiert, der Standpunkt wird „verrückt". Aus dieser Auffassung der Entstehung einer paranoischen Idee könnte auch die Tatsache erklärt werden, dass in gewissen Anfangszuständen durch geeignete psychotherapeutische Prozeduren die paranoische Idee auch korrigiert werden kann, nämlich dann, wenn es gelingt, sie mit andern erweiternden und daher korrigierenden Vorstellungskomplexen zu verbinden.[251] Es besteht auch eine unzweifelhafte Behutsamkeit, ja sogar Ängstlichkeit hinsichtlich der Associierung getrennter Komplexe. Die Dinge müssen reinlich gesondert bleiben, die Brücken zwischen den Komplexen werden sozusagen möglichst abgebrochen durch rigorose und rigide Formulierung des Komplexinhaltes. Gross nennt diese Tendenz „Associationsangst". (Psychopath. Minderw. p. 40.) Die strenge innere Geschlossenheit eines solchen Komplexes erschwert jeden Beeinflussungsversuch von aussen. Ein solcher Versuch hat nur dann Aussicht auf Erfolg, wenn es ihm gelingt, entweder die Prämisse oder den Schluss des Komplexes ebenso streng und logisch, wie sie unter sich verbunden sind, an einen andern Komplex anzuschliessen. Die Anhäufung von ungenügend verbundenen Komplexen bewirkt natürlich eine starke Abschliessung nach aussen und, wie wir sagen würden, eine starke Aufstauung der Libido innen. Daher findet man regelmässig eine ausserordentliche Konzentration auf innere Vorgänge, je nach der Art des Menschen entweder auf physische Sensationen bei einem mehr empfindungsmässig Orientierten oder auf geistige Vorgänge bei einem mehr Intellektuellen. Die Persönlichkeit erscheint gehemmt, absorbiert oder zerstreut, „in Gedanken versunken" oder intellektuell einseitig oder hypochondrisch. Auf jeden Fall findet sich eine geringe Anteilnahme am äussern Leben und eine deutliche Neigung zu Menschenscheu und Einsamkeit, die sich oft durch eine besondere Liebe zu Tieren oder Pflanzen compensiert. Dafür sind die innern Vorgänge umso reger, weil von Zeit zu Zeit bisher wenig oder gar nicht verbundene Komplexe plötzlich „zusammenstossen" und dadurch wieder Anlass geben zu einer intensiven Primärfunktion, die eine lange, zwei Komplexe amalgamierende Sekundärfunktion auslöst. Man könnte meinen, dass auf diese Weise einmal alle Komplexe zusammenstossen und dadurch eine allgemeine Einheitlichkeit und Geschlossenheit der psychischen Inhalte erzeugen könnten. Diese heilsame Folge würde natürlich nur dann eintreten, wenn man unterdessen den Wechsel des äussern Lebens stillstellen könnte. Weil dies aber nicht möglich ist, so treffen doch immer wieder neue Reize ein, die Sekundärfunktionen erzeugen, welche die innern Linien durchkreuzen und verwirren. Dementsprechend hat dieser Typus die ausgesprochene Tendenz, äussere Reize fernzuhalten, dem Wechsel aus dem Wege zu gehen, das Leben in seinem konstanten Flusse womöglich anzuhalten, bis er alle innern Amalgamierungen vollzogen hat. Wenn es sich um einen Kranken handelt, so wird er diese Tendenz auch deutlich zeigen, er wird sich möglichst von allem zurückziehen und ein Einsiedlerleben zu führen suchen. Er wird aber nur in leichten Fällen auf diese Weise seine Heilung finden. In allen schwereren Fällen bleibt nichts anderes übrig, als die Intensität der Primärfunktion herabzusetzen, welche Frage allerdings ein Kapitel für sich ist, das wir aber doch schon in der Besprechung der Schillerschen Briefe gestreift haben. Es ist ohne weiteres klar, dass dieser Typus durch ganz besondere *Affektphänomene* ausgezeichnet ist. Wie wir sahen, realisiert dieser Typus die der Ausgangsvorstellung zugehörigen Associationen. Er associiert das dem Thema zugehörige Material in vollem Masse, d. h. insofern es sich nicht um bereits an andere Komplexe gebundene Materialien handelt. Trifft ein Reiz auf solches Material, d. h. auf einen Komplex, so entsteht entweder eine gewaltige Reaktion, eine affektvolle Explosion oder gar nichts, wenn die Abgeschlossenheit des Komplexes nichts hereinlässt. Wenn die Realisierung aber stattfindet, so werden alle Affektwerte ausgelöst; es findet eine starke affektive Reaktion statt, welche eine lange Nachwirkung hinterlässt, die sehr häufig aussen unbemerkt bleibt, sich aber dafür innen umso tiefer einbohrt. Die Nachschwingungen des Affektes erfüllen das Individuum und machen es unfähig, neue Reize aufzunehmen, bis der Affekt verklungen ist. Eine Häufung von Reizen wird unerträglich, weshalb dann heftige Abwehrreaktionen eintreten. Bei starker Komplexanhäufung entsteht überhaupt eine chronische Abwehreinstellung, die sich zu Misstrauen, ja sogar bis zu Verfolgungswahn in pathologischen Fällen steigern kann. Die plötzlichen Explosionen, abwechselnd mit Schweigsamkeit und Abwehr, können der Persönlichkeit einen bizarren Anstrich geben, sodass solche Menschen ihrer Umwelt zum Rätsel werden. Die wegen innerer Inanspruchnahme verminderte Bereitschaft bewirkt Mangel an Geistesgegenwart und Schlagfertigkeit. Dadurch entstehen öfters verlegene Situationen, in denen man sich nicht zu helfen weiss — wiederum ein Grund mehr, sich von der Gesellschaft zurückzuziehen. Durch gelegentliche Explosionen wird zudem Verwirrung gestiftet in den Beziehungen zu andern, und wegen der Verlegenheit und Ratlosigkeit fühlt man sich ausser Stande, die Beziehungen wieder ins richtige Geleise zu bringen. Diese Schwerfälligkeit der Anpassung führt zu einer Reihe schlechter Erfahrungen, die unfehlbar ein Gefühl der Minderwertigkeit oder Bitterkeit erzeugen, wenn nicht gar Erbitterung, die sich dann gerne gegen diejenigen richtet, die die wirklichen oder vermeintlichen Urheber des Unglückes waren. Das affektive Innenleben ist sehr intensiv, und wegen der vielen nachklingenden Affekte ergibt sich auch eine äusserst feine Abstufung der Töne und ihrer Wahrnehmung, also eine besondere emotionale Sensitivität, die sich auch nach aussen verrät durch eine besondere Scheu und Ängstlichkeit vor emotionalen Reizen oder allen Situationen, wo solche Eindrücke möglich wären. Die Empfindlichkeit richtet sich namentlich gegen emotionale Zustände der Umgebung. Brüske Meinungsäusserungen, affektvolle Behauptungen, Gefühlsbeeinflussungen und dergl. werden daher von vornherein abgewehrt — und zwar aus Angst vor der eigenen Emotion, die wieder einen nachhallenden Eindruck auslösen könnte, dessen man nicht Herr zu werden fürchtet. Aus dieser Sensitivität entsteht mit der Zeit leicht eine gewisse Schwermut, die auf dem Gefühl beruht, vom Leben ausgeschlossen zu sein. An anderer Stelle[252] hält Gross dafür, dass „Tiefsinn" ein besonderes Charakteristikum dieses Typus sei. An derselben Stelle wird auch hervorgehoben, dass die Realisierung des Affektwertes leicht zur affektiven Überschatzung führe, zum „Zuwichtig-nehmen". Das starke Hervortreten der Innenvorgänge und des Emotionalen in diesem Bilde lässt leicht den Introvertierten erkennen. Die Beschreibung, die Gross gibt, ist weit vollständiger als die *Jordan*sche des „impassioned type", der aber in seinen Hauptzügen mit dem von Gross geschilderten Typus identisch sein dürfte.

Im V. Kapitel seiner Schrift bemerkt Gross, dass innerhalb der normalen Breite die beiden von ihm beschriebenen Minderwertigkeitstypen *physiologische Individualitätsverschiedenheiten* darstellen. Das verflacht-verbreiterte und das verengt-vertiefte Bewusstsein ist also eine Verschiedenheit des Charakters.[253] Der Typus des verbreiterten Bewusstseins ist nach Gross vorzugsweise praktisch, wegen der raschen Anpassung an die Umgebung. Das Innenleben überwiegt nicht, weil es nicht zur Ausbildung grosser Vorstellungskomplexe kommt. „Sie wirken energisch propagierend für die eigene Persönlichkeit — stehen sie höher, auch für fertig überkommene grosse Ideen."[254] Gross hält das Gefühlsleben dieses Typus für primitiv, bei Höherstehenden organisiere es sich „durch die Übernahme fertiger Ideale von aussen her". Dadurch kann die Tätigkeit, resp. das Gefühlsleben (wie Gross sagt) heroisch werden. „Aber immer ist es banal." „Heroisch" und „banal" scheinen nicht zueinander zu passen. Gross zeigt uns aber sofort, was er damit meint: bei diesem Typus besteht keine genügend reich entwickelte Verbindung des erotischen Vorstellungskomplexes mit dem übrigen Bewusstseinsinhalt, d. h. mit den übrigen Komplexen ästhetischer, ethischer, philosophischer und religiöser Natur. *Freud* würde hier von der Verdrängung des erotischen Elementes sprechen. Für Gross ist das ausgeprägte Vorhandensein dieser Verbindung das „eigentliche Zeichen der vornehmen Natur" (p. 61). Für die Ausbildung dieser Verbindung ist eine verlängerte Sekundärfunktion unerlässlich, denn nur durch Vertiefung und verlängertes Bewussthalten der Elemente kann diese Synthese zu Stande kommen. Durch übernommene Ideale kann die Sexualität zwar in die Bahnen des sozial Nützlichen gedrängt werden, aber sie „erhebt sich nie über die Grenzen der Trivialität". Dieses etwas harte Urteil betrifft einen durch das Wesen des extravertierten Charakters leicht erklärlichen Tatbestand: der Extravertierte orientiert sich ausschliesslich an äussern Daten, sodass das Hauptgewicht seiner psychischen Tätigkeit immer in der Beschäftigung mit solchen liegt. Es bleibt daher wenig oder nichts übrig für die Ordnung der innern Angelegenheiten. Sie haben sich von vornherein den von aussen aufgenommenen Bestimmungen unterzuordnen. Unter diesen Umständen kann daher auch die Verbindung der höher entwickelten mit den minder entwickelten Funktionen nicht stattfinden, denn sie verlangt ein grosses Mass von Zeit und Mühe, eine langwierige und schwierige Selbsterziehungsarbeit, die ohne Introversion überhaupt nicht geleistet werden kann. Dafür fehlt dem Extravertierten Zeit und Lust, und zudem hindert ihn daran dasselbe unverhohlene Misstrauen, mit dem er seine Innenwelt, und der Introvertierte die Aussenwelt betrachtet. Man darf nun aber nicht glauben, dass der Introvertierte dank seiner grössern synthetischen Fähigkeit und seines bessern Vermögens, Affektwerte zu realisieren, sozusagen ohne weiteres in der Lage wäre, auch die Synthese seiner Individualität durchzuführen, d. h. zunächst einmal eine harmonische Verbindung der höhern und niedern Funktionen herzustellen. Ich ziehe diese Formulierung der Gross'schen Auffassung, dass es sich bloss um die Sexualität handle, vor, denn m. E. handelt es sich nicht bloss um die Sexualität, sondern auch um andere Triebe. Die Sexualität ist allerdings eine sehr häufige Ausdrucksform für ungebändigte, rohe Triebe, aber ebenso ist auch das Machtstreben in allen seinen vielfachen Aspekten ein solcher Trieb. Gross hat für den Introvertierten den Ausdruck „sejunktive Persönlichkeit" erfunden, womit er die eigentümliche Schwierigkeit dieses Typus, Komplexe zu verbinden, hervorhob. Die synthetische Fähigkeit des Introvertierten dient zunächst bloss dazu, von einander möglichst getrennte Komplexe zu bilden. Solche Komplexe verhindern aber geradezu die Entwicklung einer hohern Einheit. So bleibt auch beim Introvertierten der Komplex der Sexualität oder des egoistischen Machtstrebens oder der Genussucht isoliert und möglichst scharf geschieden von andern Komplexen. Ich erinnere mich z. B. eines introvertierten, sehr intellektuellen Neurotikers, der sich abwechselnd in den hohen Sphären des transscendentalen Idealismus und in übelberüchtigten Vorstadtbordellen aufhielt, ohne dass sein Bewusstsein die Existenz eines moralischen oder ästhetischen Konfliktes zugelassen hätte. Die beiden Dinge wurden, als gänzlich verschieden, reinlich auseinander gehalten. Das Resultat war natürlich eine schwere Zwangsneurose.

Wir müssen diese Kritik im Auge behalten, wenn wir den Gross'schen Ausführungen über den Typus mit vertieftem Bewusstsein folgen. Das vertiefte Bewusstsein ist, wie Gross sagt, „die Grundlage der verinnerlichten Individualitäten". Infolge des starken Kontraktiveffektes werden äussere Reize immer vom Standpunkt einer Idee aus gesehen. An Stelle des Triebes zum praktischen Leben in der sog. Wirklichkeit tritt „der Drang zur Verinnerlichung". „Die Dinge werden nicht als Einzelerscheinung aufgefasst, sondern als Teilbegriffe der grossen Vorstellungskomplexe." Diese Auffassung von Gross stimmt genau überein mit unsern frühern Überlegungen anlässlich der Erörterung des nominalistischen und realistischen Standpunktes und seiner Vorstadien in der platonischen, megarensischen und zynischen Schule. Es ist aus den Gross'schen Auffassungen leicht zu ersehen, worin der Unterschied zwischen den Standpunkten besteht: der Mensch mit kurzer Sekundärfunktion hat in der Zeiteinheit viele und nur locker verbundene Primärfunktionen; er ist also besonders an die einzelne Erscheinung, an den Individualfall gebunden. Für ihn sind daher die Universalia nur nomina und entbehren der Wirklichkeit. Für die Menschen mit verlängerter Sekundärfunktion dagegen stehen immer die innern Tatbestände, die Abstrakta, Ideen oder Universalia im Vordergrund, sie sind ihm das eigentlich Wirkliche, worauf er alle Einzelerscheinungen beziehen *muss*. Er ist daher natürlicherweise Realist (im

Sinne der Scholastik). Da dem Introvertierten immer die Betrachtungsweise über der Wahrnehmung des Äussern steht, so ist er geneigt, Realitivist zu sein.[255] Er empfindet als besonders lustvoll die Harmonie der Umgebung[256]; sie entspricht seinem innern Drange nach Harmonisierung seiner isolierten Komplexe. Er vermeidet jedes „ungehemmte Auftreten", weil es zu störenden Reizen führen könnte. (Die Fälle von Affektexplosionen müssen ausgenommen werden!) Die soziale Rücksichtnahme ist gering infolge der Absorption durch innere Vorgänge. Das starke Vorherrschen der eigenen Ideen verhindert das Übernehmen fremder Ideen und Ideale. Durch die starke innere Durcharbeitung der Vorstellungskomplexe erhalten sie ausgesprochenen Individualcharakter. „Das Gefühlsleben ist häufig sozial unbrauchbar, immer aber individuell."[257]

Diese Behauptung des Autors müssen wir einer eingehenden Kritik unterziehen, denn sie enthält ein Problem, das nach meiner Erfahrung immer zu den grössten Missverständnissen zwischen den Typen Anlass gibt. Der introvertierte Intellektuelle, den Gross hier offenbar im Auge hat, zeigt nach aussen möglichst kein Gefühl, sondern logisch korrekte Ansichten, und korrektes Handeln, nicht zum mindesten deshalb, weil er erstens eine natürliche Abneigung gegen zur Schau getragene Gefühle hat, und weil er zweitens sich scheut, durch Inkorrektheit störende Reize, d. h. Affekte der Mitmenschen zu wecken. Er fürchtet unangenehme Affekte bei den andern, weil er dem andern seine eigene Sensitivität zutraut und immer auch schon durch die Raschheit und Sprunghaftigkeit des Extravertierten gestört worden ist. Er verdrängt sein Gefühl, daher es innerlich gelegentlich bis zur Leidenschaft anschwillt, daher nur zu deutlich von ihm wahrgenommen wird. Die Emotionen, die ihn quälen, sind ihm wohlbekannt. Er vergleicht sie mit den Gefühlen, die andere, natürlich in erster Linie extravertierte Fühltypen ihm zeigen und findet, seine „Gefühle" seien ganz anders als die anderer Menschen. Er kommt daher auf die Idee, seine „Gefühle" (genauer gesagt: seine Emotionen) seien einzigartig, d. h. individuell. Es ist natürlich, dass sie verschieden sind von den Gefühlen des extravertierten Fühltypus, denn diese sind ein differenziertes Anpassungsinstrument und ermangeln deshalb der „echten Leidenschaftlichkeit", welche die innern Gefühle des introvertierten Denktypus kennzeichnet. Die Leidenschaft als etwas Triebmässiges hat aber wenig Individuelles an sich, sondern sie ist gegebenenfalls allen Menschen gemeinsam. Nur das Differenzierte kann individuell sein. Daher in grossen Affekten sich der Typenunterschied auch sofort verwischt zu Gunsten des allgemeinen „Allzumenschlichen". In Wirklichkeit hat m. E. der extravertierte Fühltypus in erster Linie einen Anspruch auf Individualität des Gefühls, denn seine Gefühle sind differenziert; er verfällt aber derselben Täuschung bezüglich seines Denkens. Er hat Gedanken, die ihn quälen. Er vergleicht sie mit den Gedanken, die die Umgebung, d. h. in erster Linie die introvertierten Denktypen aussprechen.

Er findet, dass seine Gedanken wenig damit übereinstimmen, er hält sie daher für individuell und sich selbst vielleicht für einen originellen Denker oder er verdrängt die Gedanken deshalb überhaupt, weil ja doch niemand sonst so etwas denke. In Wirklichkeit sind es aber die Gedanken, die alle Welt hat, die aber selten laut gesagt werden. Nach meiner Ansicht entspringt also die obige Behauptung von Gross einer subjektiven Täuschung, die aber zugleich eine allgemeine Regel ist.

„Die erhöhte Kontraktivkraft ermöglicht das Sichvertiefen in Dinge, denen kein unmittelbares Vitalinteresse mehr anhaftet.“[258] Damit trifft Gross einen wesentlichen Zug der introvertierten Mentalität: der Introvertierte hat eine Neigung, den Gedanken an sich zu entwickeln ganz abgesehen von aller äussern Wirklichkeit. Hierin liegt ein Vorzug und eine Gefahr. Es ist ein grosser Vorteil, einen Gedanken jenseits der Sinnlichkeit abstrakt entwickeln zu können. Die Gefahr ist aber, dass dadurch der Gedankengang sich von jeder praktischen Anwendbarkeit entfernt, wodurch sein Lebenswert proportional sinkt. Der Introvertierte ist daher immer etwas bedroht, zuviel aus dem Leben hinauszugeraten und die Dinge zuviel unter ihrem symbolischen Aspekt zu betrachten. Auch diesen Zug hebt Gross hervor. Der Extravertierte ist aber nicht besser gestellt, nur liegt für ihn die Sache anders. Er hat die Fähigkeit, seine Sekundärfunktion derart zu verkürzen, dass er fast lauter positive Primärfunktionen erlebt, d. h. dass er überhaupt nicht mehr haftet, sondern in einer Art Rausch über die Wirklichkeit hinausfliegt, die Dinge nicht mehr sieht und realisiert, sondern nur noch als Stimulantien benützt. Diese Fähigkeit ist ein grosser Vorteil, denn damit kann man sich über manche schwierige Situation hinaushelfen („Verloren bist Du, glaubst Du an Gefahr.“ *Nietzsche*), ein grosser Nachteil aber, weil sie schliesslich mit einer Katastrophe endigt, indem sie öfters in ein fast unentwirrbares Chaos hineinführt.

Gross lässt aus dem extravertierten Typus die sog. *zivilisatorischen* und aus dem introvertierten Typus die sog. *kulturellen* Genies hervorgehen. Erstere Form entspricht dem „praktischen Durchsetzen“, letztere dem „abstrahierenden Erdenken“. Gross gibt zum Schlusse seiner Überzeugung Ausdruck, „dass unsere Zeit besonders des verengt-vertieften Bewusstseins bedürfe im Gegensatz zu frühern Zeiten, die ein breiteres und flacheres Bewusstsein hatten.“[259] „Wir freuen uns am Ideellen, am Tiefen, am Symbolischen. Durch Einfachheit zur Harmonie — das ist die Kunst der Hochkultur.“

Es war freilich das Jahr 1902, als Gross diese Worte schrieb. Und jetzt? Wenn man dazu überhaupt eine Meinung äussern darf, so müssten wir sagen: wir bedürfen offenbar beides, Zivilisation *und* Kultur, Verkürzung der Sekundärfunktion bei den einen und Verlängerung bei den andern. Denn wir schaffen nicht das Eine ohne das Andere, und — leider müssen wir es uns gestehen — es fehlt der heutigen Menschheit an beiden. Was beim einen zuviel ist, ist beim andern zu wenig, so wollen wir uns vorsichtigerweise ausdrücken. Denn das beständige Gerede vom Fortschritt ist unglaubwürdig und verdächtig geworden.

Zusammenfassend möchte ich bemerken, dass die Gross'schen Ansichten sich weitgehend mit den meinigen decken. Sogar meine Terminologie — Extraversion und Introversion — rechtfertigt sich angesichts der Gross'schen Auffassung. Es bleibt uns nur noch eine kritische Beleuchtung der Gross'schen Fundamentalhypothese, des Begriffes der Sekundärfunktion, vorbehalten.

Es ist immer eine missliche Sache um physiologische oder „organische" Hypothesen in Bezug auf psychologische Vorgänge. Es herrschte, wie bekannt, in den Zeiten der grossen Erfolge der Hirnerforschung eine Art Manie, physiologische Hypothesen für psychologische Vorgänge zu fabrizieren, worunter die Hypothese, dass im Schlafe die Zellfortsätze sich zurückzögen, nicht einmal die absurdeste ist, welche ernsthafte Würdigung und „wissenschaftliche" Diskussion erfuhren. Man hat mit Recht von einer förmlichen „Hirnmythologie" gesprochen. Ich möchte die Hypothese von Gross aber keineswegs als „Gehirnmythus" behandeln, dazu hat sie einen zu grossen Arbeitswert. Sie ist eine vorzügliche Arbeitshypothese, was auch von anderer Seite schon mehrfach gebührend anerkannt worden ist. Die Idee der Sekundärfunktion ist ebenso einfach wie genial. Es lässt sich mit diesem einfachen Begriff eine sehr grosse Zahl von komplexen Seelenphänomenen auf eine befriedigende Formel bringen, und zwar Phänomene, deren differente Natur einer einfachen Reduktion und Klassifikation durch eine andere Hypothese erfolgreich widerstanden hätten. Bei einer so glücklichen Hypothese ist man immer in Versuchung, ihre Ausdehnung und Anwendbarkeit zu überschätzen. Dies dürfte auch hier der Fall sein. Und doch hat diese Hypothese leider auch nur eine beschränkte Reichweite. Wir wollen ganz absehen von der Tatsache, dass die Hypothese an sich nur ein Postulat ist, denn niemand hat die Sekundärfunktion der Gehirnzelle je gesehen und niemand könnte beweisen, dass und warum die Sekundärfunktion im Prinzip den qualitativ gleichen Kontraktiveffekt auf die nächsten Associationen haben sollte wie die Primärfunktion, die doch ihrer Definition nach von der Sekundärfunktion ganz wesentlich verschieden ist. Es gibt einen andern Umstand, der m. E. weit schwerer ins Gewicht fällt: der Habitus der psychologischen Einstellung kann sich bei einem und demselben Individuum innerhalb kürzester Frist ändern. Wenn die Dauer der Sekundärfunktion ein physiologischer oder organischer Charakter ist, dann muss er als mehr oder weniger dauerhaft angesehen werden. Es ist dann nicht zu erwarten, dass die Dauer der Sekundärfunktion plötzlich sich ändert, denn solches sehen wir bei einem physiologischen oder organischen Charakter niemals, pathologische Veränderungen ausgenommen. Wie ich schon mehrfach hervorhob, sind Introversion und Extraversion gar keine *Charaktere*, sondern *Mechanismen*, die sozusagen beliebig ein- oder ausgeschaltet werden können. Nur aus ihrem habituellen Vorherrschen entwickeln sich dann die entsprechenden Charaktere. Gewiss beruht die Prädilektion auf einer gewissen angebornen Disposition, die aber wohl nicht immer absolut entscheidend ist. Ich habe oft gesehen, dass Milieueinflüsse fast ebenso wichtig sind. Ich erlebte es sogar einmal, dass jemand, der in der nächsten Umgebung eines Introvertierten lebte und ein deutlich extravertiertes Benehmen aufwies, seine Einstellung änderte und introvertiert wurde, als er später in eine nahe Beziehung zu einer ausgesprochen extravertierten Persönlichkeit trat. Viele Male habe ich gesehen, dass gewisse persönliche Einflüsse in kürzester Frist auch bei einem ausgesprochenen Typus die Dauer der Sekundärfunktion wesentlich veränderten, und dass ebenso der frühere Zustand sich wiederherstellt, wenn der fremde Einfluss wegfiel. Mir scheint, man müsse, solchen Erfahrungen entsprechend, das Interesse mehr der Beschaffenheit der Primärfunktion zuwenden. Gross selber hebt die besonders verlängerte Sekundärfunktion nach affektvollen Vorstellungen hervor[260] und bringt damit die Sekundärfunktion in Abhängigkeit von der Primärfunktion. Es ist in der Tat gar kein plausibler Grund vorhanden, warum die Typenlehre auf die Dauer der Sekundärfunktion gegründet werden sollte, man könnte sie vielleicht ebensowohl auf die *Intensität der Primärfunktion* gründen, denn die Dauer der Sekundärfunktion ist doch offenbar abhängig von der Intensität der Energieaufwendung, der Leistung der Zelle. Man könnte natürlich dagegen einwenden, dass die Dauer der Sekundärfunktion abhänge von der Schnelligkeit der Restitution, und dass es Individuen gäbe mit einer besonders prompten Hirnernährung gegenüber andern Minderbegünstigten. In diesem Falle müsste das Gehirn des Extravertierten eine grössere Restitutionsfähigkeit besitzen, als das des Introvertierten. Zu einer solchen, sehr unwahrscheinlichen Annahme fehlt jeder Beweisgrund. Was uns von den wirklichen Gründen der verlängerten Sekundärfunktion bekannt ist, beschränkt sich auf die Tatsache, dass, abgesehen von pathologischen Zuständen, die besondere Intensität der Primärfunktion eine Verlängerung der Sekundärfunktion logischerweise bewirkt. Dieser Tatsache entsprechend liegt also das eigentliche Problem bei der Primärfunktion und verdichtet sich zu der Frage, woher es komme, dass beim Einen die Primärfunktion in der Regel intensiv, beim Andern aber schwach ist. Wenn wir somit das Problem auf die Primärfunktion abstellen, dann ergibt sich die Notwendigkeit, zu erklären, woher die verschiedene Intensität und der tatsächlich vorkommende rasche Wechsel der Intensität der Primärfunktion stamme. Ich halte dies für ein energetisches Phänomen, das von einer allgemeinen *Einstellung* abhängt. Die Intensität der Primärfunktion scheint in erster Linie davon abzuhängen, wie gross die Spannung der Bereitschaft ist. Ist ein grosser Betrag an psychischer Spannung vorhanden, so wird auch die Primärfunktion besonders intensiv sein mit entsprechenden Folgen. Wenn mit zunehmender Ermüdung die Spannung abnimmt, dann tritt Ablenkbarkeit, Oberflächlichkeit der Association, schliesslich Ideenflucht ein, also der Zustand, der durch schwache Primärfunktion und kurze Sekundärfunktion gekennzeichnet ist. Die allgemeine psychische Spannung hängt ihrerseits (abgesehen von physiologischen Gründen, wie Ausgeruhtsein etc.) von höchst komplexen Faktoren ab, wie Stimmung, Aufmerksamkeit, Erwartung, etc., d. h. also von Werturteilen, die ihrerseits wieder Resultanten aus allen vorangegangenen psychischen Prozessen sind. Ich verstehe darunter natürlich nicht nur logische Urteile, sondern auch Gefühlsurteile. In unserer technischen Sprache bezeichnen wir die allgemeine Spannung *energetisch* als *Libido*, *bewusstseinspsychologisch* als *Wert*. Der intensive Vorgang ist „libidobesetzt" oder eine Manifestation der Libido, m. a. W. ein hochgespannter energetischer Ablauf. Der intensive Vorgang ist ein psychologischer *Wert*, daher die aus ihm hervorgehenden associativen Verknüpfungen als *wertvolle* bezeichnet werden, im Gegensatz zu jenen, die bei geringem Kontraktiveffekt zustande kommen, als welche wir wertlos oder oberflächlich bezeichnen. Die *gespannte* Einstellung ist nun für den Introvertierten durchaus bezeichnend, während die *entspannte*, leichte Einstellung den Extravertierten verrät[261], von Ausnahmezuständen abgesehen. Die Ausnahmen aber sind häufig und zwar bei einem und demselben Individuum. Man gebe dem Introvertierten das durchaus zusagende harmonische Milieu, so entspannt er sich bis zur totalen Extraversion, und man glaubt einen Extravertierten vor sich zu haben. Man versetze aber den Extravertierten in eine stille Dunkelkammer, wo ihn alle verdrängten Komplexe annagen können, und er wird in eine Spannung versetzt werden, in der er den leisesten Reiz bis zum äussersten realisieren wird. So können die wechselnden Situationen des Lebens ebenfalls wirken und den Typus momentan umgestalten, wodurch aber die Vorzugseinstellung in der Regel nicht dauernd verändert wird, d. h. trotz gelegentlicher Extraversion bleibt der Introvertierte, was er vorher war, und ebenso der Extravertierte.

Ich fasse zusammen: Die Primärfunktion scheint mir wichtiger zu sein, als die Sekundärfunktion. Die Intensität der Primärfunktion ist das ausschlaggebende Moment. Sie hängt ab von der allgemeinen psychischen Spannung, d. h. von dem Betrag angehäufter, disponibler Libido. Das Moment, das diese Anhäufung bedingt, ist ein komplexer Tatbestand, der die Resultante aller vorausgegangenen psychischen Zustände ist. Er lässt sich als Stimmung, Aufmerksamkeit, Affektlage, Erwartung etc. charakterisieren. Die Introversion ist charakterisiert durch allgemeine Spannung, intensive Primärfunktion und entsprechend lange Sekundärfunktion. Die Extraversion ist charakterisiert durch allgemeine Entspannung, schwache Primärfunktion und entsprechend kurze Sekundärfunktion.

VII
Das Problem der typischen Einstellungen in der Ästhetik.

VII.
Das Problem der typischen Einstellungen in der Ästhetik.

Es ist gewissermassen selbstverständlich, dass alle Gebiete des menschlichen Geistes, die sich direkt oder indirekt mit Psychologie befassen, ihre Beiträge zu der uns hier beschäftigenden Frage liefern. Nachdem wir die Stimme des Philosophen, des Dichters, des Arztes und des Menschenkenners vernommen, meldet sich der Ästhetiker zum Worte. Die Ästhetik ist ihrem ganzen Wesen nach angewandte Psychologie und beschäftigt sich nicht nur mit dem ästhetischen Wesen der Dinge, sondern auch — in vielleicht noch höherm Masse — mit der psychologischen Frage der ästhetischen Einstellung. Ein so fundamentales Phänomen wie der Gegensatz von Introversion und Extraversion konnte auch dem Ästhetiker auf die Dauer nicht entgehen, denn die Art und Weise, wie Kunst oder Schönes empfunden oder angeschaut wird, ist bei verschiedenen Menschen dermassen verschieden, dass einem dieser Gegensatz auffallen musste. Abgesehen von vielen, mehr oder weniger einmaligen oder einzigartigen individuellen Eigentümlichkeiten der Einstellung gibt es zwei gegensätzliche Grundformen, welche *Worringer* als *Einfühlung* und *Abstraktion* bezeichnet hat.[262] Seine Definition der Einfühlung lehnt sich hauptsächlich an *Lipps* an. Bei Lipps ist Einfühlung die „Objektivierung meiner in einem von mir unterschiedenen Gegenstande, gleichgültig ob das Objektivierte den Namen eines Gefühles verdient oder nicht." „Indem ich einen Gegenstand appercipiere, erlebe ich, als von ihm herkommend, oder in ihm, als apperzipiertem, liegend, einen Antrieb zu einer bestimmten Weise des innern Verhaltens. Diese erscheint als durch ihn gegeben, mir von ihm mitgeteilt."[263] *Jodl*[264] erklärt folgendermassen: „Der sinnliche Schein, welchen der Künstler gibt, ist nicht nur Veranlassung, dass wir uns nach Associationsgesetzen an verwandte Erlebnisse erinnern, sondern indem er dem allgemeinen Gesetze der Externalisation[265] unterliegt, und als ein Ausseruns erscheint, projizieren wir in ihn zugleich die innern Vorgänge hinein, welche er in uns reproduziert, und geben ihm dadurch *ästhetische Beseelung* — ein Ausdruck, welcher dem Ausdruck „Einfühlung" vorzuziehen sein dürfte, weil es sich bei dieser Introjektion der eigenen Innenzustände in das Bild nicht nur um Gefühle, sondern um innere Vorgänge jeder Art handelt." Von *Wundt* wird die Einfühlung zu den elementaren *Assimilationsprozessen* gerechnet.[266] Die Einfühlung ist also eine Art

Wahrnehmungsprozess, der dadurch gekennzeichnet ist, dass gefühlsmässig ein wesentlicher psychischer Inhalt ins Objekt verlegt, und das Objekt dadurch introjiziert wird, ein Inhalt, welcher vermöge seiner Zugehörigkeit zum Subjekt, das Objekt dem Subjekt assimiliert und dermassen mit dem Subjekt verknüpft, dass sich das Subjekt sozusagen im Objekt empfindet. Jedoch empfindet sich dabei das Subjekt nicht als in das Objekt projiziert, sondern das eingefühlte Objekt erscheint ihm als beseelt und aus sich selbst aussagend. Diese Eigentümlichkeit rührt daher, dass die Projektion unbewusste Inhalte in das Objekt überträgt, weshalb die Einfühlung in der analytischen Psychologie auch als *Übertragung* (Freud) bezeichnet wird. *Die Einfühlung ist daher eine Extraversion. Worringer* definiert das ästhetische Erleben in der Einfühlung folgendermassen: *„Ästhetischer Genuss ist objektivierter Selbstgenuss.*"[267] Dementsprechend ist nur diejenige Form *schön*, in die man sich einfühlen kann. *Lipps*[268] sagt: „Nur soweit diese Einfühlung besteht, sind Formen schön. Ihre Schönheit ist dies mein ideelles freies Sichausleben in ihnen." Die Form, in die man sich nicht einzufühlen vermag, ist demgemäss *hässlich.* Damit ist auch die Beschränkung der Einfühlungstheorie gegeben, denn es gibt Kunstformen, wie *Worringer* hervorhebt, welche dem Kunstschaffen der einfühlenden Einstellung nicht entsprechen. Es sind dies namentlich die orientalischen und exotischen Kunstformen. Aus langer Tradition hat sich bei uns Okzidentalen das „Naturschöne und das Naturwahre" als Kriterium des Kunstschönen festgesetzt, denn es ist auch das zum Wesen des griechisch-römischen und der okzidentalischen Kunst überhaupt gehörige Kriterium. (Gewisse Stylformen des Mittelalters machen hievon allerdings eine Ausnahme!) Unsere allgemeine Einstellung zur Kunst ist eben einfühlend seit Alters und als schön können wir darum nur bezeichnen, worein wir uns einfühlen können. Ist nun die Kunstform des Objektes eine lebenswidrige, sozusagen anorganische oder abstrakte, so können wir nicht unser Leben darein einfühlen, was wir aber immer tun, wenn wir einfühlen. („Was ich einfühle, ist ganz allgemein Leben." *Lipps.*) Wir können uns nur in organische, naturwahre, lebenwollende Form einfühlen. Und doch gibt es eine prinzipiell andere Kunstform, einen lebenswidrigen Styl, der das Lebenwollen verneint, sich vom Leben unterscheidet und doch einen Anspruch auf Schönheit erhebt. Wo das Kunstschaffen lebenswidrige, anorganische, abstrakte Formen erzeugt, kann es sich nicht mehr um ein Kunstwollen aus Einfühlungsbedürfnis handeln, sondern vielmehr um ein Bedürfnis, das der Einfühlung direkt entgegengesetzt ist, also um eine Tendenz, das Leben zu unterdrücken. „Als dieser Gegenpol des Einfühlungsbedürfnisses erscheint uns der *Abstraktionsdrang.*"[269] Zur Psychologie des Abstraktionsdranges sagt Worringer: „Welches sind nun die psychischen Voraussetzungen des Abstraktionsdranges? Wir haben sie im Weltgefühl jener Völker, in ihrem psychischen Verhalten dem Kosmos gegenüber zu suchen. Während der

Einfühlungsdrang ein glückliches pantheistisches Vertrauensverhältnis zwischen den Menschen und den Aussenwelterscheinungen zur Bedingung hat, ist der Abstraktionsdrang die Folge einer grossen innern Beunruhigung des Menschen durch die Erscheinungen der Aussenwelt und korrespondiert in religiöser Beziehung mit einer stark transscendentalen Färbung aller Vorstellungen. Diesen Zustand möchten wir eine ungeheure geistige Raumscheu nennen. Wenn Tibull sagt: „primum in mundo fecit deus timorem", so lässt sich dieses selbe Angstgefühl auch als Wurzel des künstlerischen Schaffens annehmen."

Es ist tatsächlich so, dass die Einfühlung eine Bereitwilligkeit, ein Vertrauen des Subjektes gegenüber dem Objekt voraussetzt. Die Einfühlung ist eine bereitwillig entgegenkommende Bewegung, welche den subjektiven Inhalt in das Objekt überträgt und dadurch eine subjektive Assimilation herstellt, welche ein gutes Einvernehmen zwischen Subjekt und Objekt hervorbringt oder auch gegebenenfalls vortäuscht. Ein passives Objekt lässt sich zwar subjektiv assimilieren, ändert aber dadurch seine wirklichen Qualitäten keineswegs. Sie werden durch die Übertragung nur verschleiert und vielleicht sogar vergewaltigt. Durch die Einfühlung können Ähnlichkeiten und anscheinende Gemeinsamkeiten erzeugt werden, die an sich eigentlich nicht bestehen. Es ist darum leicht verständlich, dass auch die Möglichkeit einer andern Art ästhetischer Beziehung zum Objekt bestehen muss, nämlich eine Einstellung, die dem Objekte nicht entgegenkommt, sondern vielmehr von ihm wegstrebt und sich gegen den Einfluss des Objektes zu sichern sucht, indem sie im Subjekt eine psychische Tätigkeit erzeugt, welche den Objekteinfluss zu paralysieren bestimmt ist. Die Einfühlung setzt das Objekt gewissermassen als leer voraus und kann es deshalb mit eigenem Leben erfüllen. Die Abstraktion dagegen setzt das Objekt gewissermassen als lebend und wirkend voraus und sucht sich deshalb seinem Einfluss zu entziehen. Die abstrahierende Einstellung ist also zentripetal, d. h. introvertierend. Der Worringersche Begriff der Abstraktion entspricht somit der introvertierten Einstellung. Es ist bedeutsam, dass Worringer den Objekteinfluss als Furcht oder Scheu bezeichnet. Der Abstrahierende würde sich also dem Objekt gegenüber einstellen, wie wenn das Objekt eine furchterregende Qualität, d. h. also eine schädigende oder gefährliche Wirkung hätte, gegen die er sich schützen muss. Diese anscheinend aprioristische Qualität des Objektes ist zweifellos auch eine Projektion resp. Übertragung, aber eine Übertragung negativer Art. Wir müssten also annehmen, dass dem Akte der Abstraktion ein unbewusster Projektionsakt vorangeht, in welchem negativ betonte Inhalte dem Objekt übertragen werden. Da die Einfühlung gleich wie die Abstraktion ein Bewusstseinsakt ist, und dem letztern eine unbewusste Projektion vorangeht, so dürfen wir die Frage aufwerfen, ob wohl der Einfühlung auch ein unbewusster Akt vorangehe. Da das Wesen der Einfühlung Projektion subjektiver Inhalte ist, so muss der vorausgehende unbewusste Akt das Gegenteil sein, nämlich ein Unwirksammachen des Objektes. Dadurch wird nämlich das Objekt gewissermassen entleert, der Selbsttätigkeit beraubt, und damit geeignet gemacht, die subjektiven Inhalte des Einfühlenden aufzunehmen. Der Einfühlende sucht sein Leben dem Objekt einzufühlen und im Objekte zu erfahren; es ist daher nötig, dass die Selbständigkeit und die Differenz des Objektes vom Subjekt nicht zu gross sind. Durch den unbewussten Akt, der der Einfühlung vorangeht, wird daher die Eigenmacht des Objektes depotenziert oder übercompensiert, indem nämlich das Subjekt sich unbewusst sofort dem Objekt überordnet. Die Überordnung kann aber nur unbewusst geschehen durch eine Verstärkung der Bedeutung des Subjektes. Dies kann geschehen durch eine unbewusste Phantasie, welche entweder das Objekt sofort entwertet und entkräftet, oder welche das Subjekt erhoht und dem Objekt überordnet. Dadurch erst entsteht jenes Gefälle, dessen die Einfühlung bedarf, um subjektive Inhalte in das Objekt überführen zu können. Der Abstrahierende findet sich in einer schreckhaft belebten Welt, die ihn übermächtig zu erdrücken sucht, darum zieht er sich in sich selbst zurück, um bei sich die rettende Formel zu ersinnen, welche geeignet ist, seinen subjektiven Wert soweit zu erhöhen, dass er dem Objekteinfluss wenigstens gewachsen ist. Der Einfühlende dagegen findet sich in einer Welt, die seines subjektiven Gefühles bedarf, um Leben und Seele zu haben. Er leiht ihr vertrauensvoll Beseelung, während der Abstrahierende sich misstrauisch vor den Dämonen der Objekte zurückzieht und mit abstrakten Schöpfungen sich eine schutzbietende Gegenwelt aufbaut. Wenn wir uns an die Ausführungen der vorangegangenen Kapitel erinnern, so werden wir in der Einfühlung unschwer den Mechanismus der Extraversion, und in der Abstraktion den der Introversion erkennen. „Die grosse innere Beunruhigung des Menschen durch die Erscheinungen der Aussenwelt" ist nichts anderes als die Reizscheu des Introvertierten, der wegen seiner tiefern Empfindung und Realisierung eine eigentliche Furcht vor zu raschem oder zu starkem Wechsel der Reize hat. Seine Abstraktionen dienen auch ausgesprochenermassen dem Zwecke, durch einen allgemeinen Begriff das Unregelmässige und Wechselnde in die Schranken der Gesetzmässigkeit einzufangen. Es ist selbstverständlich, dass diese im Grunde genommen magische Prozedur sich in vollster Entfaltung beim Primitiven findet, dessen geometrische Zeichen weniger Schönheits- als vielmehr magischen Wert haben.

Worringer[270] sagt mit Recht: „Von dem verworrenen Zusammenhang und dem Wechselspiel der Aussenwelterscheinungen gequält, beherrschte solche Völker ein ungeheures Ruhebedürfnis. Die Beglückungsmöglichkeit, die sie in der Kunst suchten, bestand nicht darin, sich in die Dinge der Aussenwelt zu versenken, sich in ihnen zu geniessen, sondern darin, das einzelne Ding der Aussenwelt aus seiner Willkürlichkeit und scheinbaren Zufälligkeit herauszunehmen, es durch Annäherung an abstrakte Formen zu verewigen und auf diese Weise einen Ruhepunkt in der Erscheinungen Flucht zu finden.“

„Diese abstrakten gesetzmässigen Formen sind also die einzigen und die höchsten, in denen der Mensch angesichts der ungeheuren Verworrenheit des Weltbildes ausruhen kann.“[271]

Wie Worringer sagt, sind es gerade orientalische Kunstformen und Religionen, welche die abstrahierende Einstellung zur Welt zeigen. Dem Orientalen muss also im allgemeinen die Welt anders erscheinen, als dem Okzidentalen, der mit Einfühlung sein Objekt beseelt. Dem Orientalen ist das Objekt a priori belebt, es hat die Übermacht über ihn, weshalb er sich davor zurückzieht und seine Eindrücke abstrahiert. Einen trefflichen Einblick in die orientalische Einstellung gewährt *Buddha* in der „Feuerpredigt“, wo er sagt: „Alles steht in Flammen. Das Auge und alle Sinne stehen in Flammen, durch das Feuer der Liebe, durch das Feuer des Hasses, durch das Feuer der Betörung entzündet; durch Geburt, Alter und Tod, Schmerz und Klagen, Kummer, Leid und Verzweiflung ist es entzündet. — Die ganze Welt steht in Flammen; die ganze Welt ist in Rauch gehüllt, die ganze Welt wird vom Feuer verzehrt; die ganze Welt erbebt.“ Dieser schreckhafte und leidvolle Anblick der Welt ist es, der den Buddhisten zu seiner abstrahierenden Einstellung veranlasst, wie ja auch Buddha der Legende nach durch einen ähnlichen Eindruck zu seiner Laufbahn gekommen ist. Die dynamische Belebung des Objektes als Grund zur Abstraktion ist in der symbolischen Sprache Buddhas treffend zum Ausdruck gebracht. Diese Belebung beruht nicht auf Einfühlung, sondern entspricht einer aprioristischen unbewussten Projektion, einer Projektion, die eigentlich von vornherein existiert. Der Ausdruck „Projektion“ erscheint sogar als ungeeignet, das Phänomen richtig zu bezeichnen. Projektion ist eigentlich ein Akt, der geschieht, und nicht ein von vornherein vorhandener Zustand, um den es sich aber hier offenbar handelt. M. E. ist für diesen Zustand *Lévy-Bruhls* Begriff der „participation mystique“ eher kennzeichnend, indem dieser Begriff die ursprüngliche Bezogenheit des Primitiven auf sein Objekt formuliert. Seine Objekte sind nämlich dynamisch belebt, mit Seelenstoff oder -kraft geladen (durchaus nicht immer beseelt, wie die animistische Hypothese annimmt!), und haben darum eine unmittelbare psychische Wirkung auf den Menschen, welche daher kommt, dass der Mensch gleichsam dynamisch identisch ist mit seinem Objekt. In gewissen primitiven Sprachen haben daher die Gebrauchsgegenstände belebtes Geschlecht (das Suffix des Belebtseins). In ähnlicher Weise ist für die abstrahierende Einstellung das Objekt a priori belebt und selbsttätig und bedarf der Einfühlung nicht, im Gegenteil, es wirkt so stark beeinflussend, dass es zur Introversion zwingt. Die starke unbewusste Libidobesetzung des

Objektes rührt her von seiner „participation mystique" mit dem Unbewussten des introvertiert Eingestellten. Das geht aus den Worten Buddhas klar hervor: das Weltfeuer ist identisch mit dem Feuer der Libido des Subjektes, mit seiner brennenden Leidenschaft, die ihm aber als Objekt erscheint, weil er sie nicht zur subjektiv disponibeln Funktion differenziert hat. Die Abstraktion erscheint daher als eine Funktion, welche die ursprüngliche „participation mystique" bekämpft. Sie trennt vom Objekte, um die Verkettung mit ihm aufzuheben. Sie führt einerseits zur Schaffung von Kunstformen, andererseits zu der Erkenntnis des Objektes. Gleichermassen ist auch die Funktion der Einfühlung ein Organ des Kunstschaffens sowohl als auch der Erkenntnis. Aber sie findet auf einer ganz andern Basis statt als die Abstraktion. Wie diese gegründet ist auf die magische Bedeutung und Gewalt des Objektes, so ist die Einfühlung gegründet auf die magische Bedeutung des Subjektes, das sich mittelst *mystischer Identifikation* des Objektes bemächtigt. Wie der Primitive einerseits magisch beeinflusst ist durch die Kraft des Fetisch, so ist er andererseits auch der Zauberer und der Akkumulator der magischen Kraft, der dem Fetisch „Ladung" erteilt. (Vergl. dazu den Churingaritus der Australier.[272]) Die unbewusste Depotenzierung des Objektes, die dem Einfühlungsakt vorausgeht, ist ebenfalls ein dauernder Zustand einer geringern Betonung des Objektes. Dafür sind aber beim Einfühlenden die unbewussten Inhalte mit dem Objekt identisch und lassen es unbelebt und unbeseelt erscheinen[273], weshalb die Einfühlung zur Erkenntnis des Wesens des Objektes nötig wird. Man könnte also in diesem Fall von einer beständig vorhandenen unbewussten Abstraktion reden, welche das Objekt als unbeseelt darstellt. Denn die Abstraktion hat immer diese Wirkung: sie tötet die Eigentätigkeit des Objektes, soweit diese magisch auf die Seele des Subjektes bezogen ist. Daher wendet sie der Abstrahierende bewusst an, um sich vor der magischen Beeinflussung durch das Objekt zu schützen. Aus dem aprioristischen Unbelebtsein der Objekte geht auch das Vertrauensverhältnis des Einfühlenden zur Welt hervor: es ist nichts da, was ihn feindlich zu beeinflussen und zu unterdrücken vermochte, denn er allein erteilt dem Objekt Leben und Seele, obschon seinem Bewusstsein die Sache gerade umgekehrt zu liegen scheint. Im Gegensatz dazu ist dem Abstrahierenden die Welt erfüllt mit mächtig wirkenden und deshalb gefährlichen Objekten, weshalb er Furcht empfindet und sich, seiner Ohnmacht bewusst, von der zu nahen Berührung mit der Welt zurückzieht, um jene Gedanken und Formeln zu erzeugen, mit denen er die Oberhand zu erlangen hofft. Seine Psychologie ist darum die des Unterdrückten, während der Einfühlende mit aprioristischer Sicherheit dem Objekt gegenüber tritt, denn das Objekt ist wegen seiner Unbelebtheit ungefährlich. Natürlich ist diese Charakterisierung schematisch und will durchaus nicht das ganze Wesen der extravertierten oder introvertierten Einstellung charakterisieren, sondern bloss gewisse Nuancen hervorheben, die aber immerhin eine nicht unerhebliche Bedeutung haben.

Wie der Einfühlende im Objekt sich selbst geniesst, ohne dessen bewusst zu sein, so schaut der Abstrahierende, indem er über den ihm vom Objekt zukommenden Eindruck nachdenkt, sich selbst, ohne es zu wissen. Denn was der Einfühlende ins Objekt überträgt, ist er selbst, d. h. sein eigener unbewusster Inhalt, und was der Abstrahierende über seinen Eindruck vom Objekt denkt, das denkt er über seine eigenen Gefühle, die ihm am Objekt erschienen sind. Es ist daher klar, dass zu einer wirklichen Erfassung des Objektes beide Funktionen gehören, wohl auch zu einem wirklichen Kunstschaffen. Beide Funktionen sind auch immer im Individuum vorhanden, nur sind sie meistens ungleichmässig differenziert. Worringer sieht als gemeinsame Wurzel dieser beiden Grundformen des ästhetischen Erlebens den Drang nach *Selbstentäusserung*.[274] Bei der Abstraktion strebt der Mensch darnach „in der Betrachtung eines Notwendigen und Unverrückbaren erlöst zu werden vom Zufälligen des Menschseins überhaupt, von der scheinbaren Willkür der allgemeinen organischen Existenz." Gegenüber der verwirrenden und eindrucksvollen Fülle der belebten Objekte schafft sich der Mensch eine Abstraktion, d. h. ein abstraktes allgemeines Bild, welches die Eindrücke in gesetzmässige Form bannt. Dieses Bild hat die magische Bedeutung eines Schutzes gegen den chaotischen Wechsel des Erlebens. Der Mensch versenkt sich in dieses Bild und verliert sich so daran, dass er seine abstrakte Wahrheit schliesslich über die Realität des Lebens stellt und damit das Leben, das den Genuss der abstrakten Schönheit stören könnte, überhaupt unterdrückt. Er erhebt sich damit selber zu einer Abstraktion, er identifiziert sich mit der ewigen Gültigkeit seines Bildes und erstarrt darin, indem es ihm gewissermassen zu einer erlösenden Formel wird. Auf diese Weise entäussert er sich seiner selbst und überträgt sein Leben seiner Abstraktion, in der es gewissermassen kristallisiert. Indem der Einfühlende aber seine Tätigkeit, sein Leben in das Objekt einfühlt, so begibt er sich damit ebenfalls ins Objekt, insofern der eingefühlte Inhalt einen wesentlichen Teil des Subjektes darstellt. Er wird zum Objekt, er identifiziert sich damit und kommt auf diese Weise von sich selbst los. Indem er sich objektiviert, entsubjektiviert er sich. Worringer[275] sagt: „Indem wir aber diesen Tätigkeitswillen in ein anderes Objekt einfühlen, *sind* wir in dem andern Objekt. Wir sind von unserm individuellen Sein erlöst, solange wir mit unserm Erlebensdrang in ein äusseres Objekt, in einer äussern Form aufgehen. Wir fühlen gleichsam unsere Individualität in feste Grenzen einfliessen gegenüber der grenzenlosen Differenziertheit des individuellen Bewusstseins. In dieser Selbstobjektivierung liegt eine Selbstentäusserung. Diese Bejahung unseres individuellen Tätigkeitsbedürfnisses stellt gleichzeitig eine Beschränkung seiner unbegrenzbaren Möglichkeiten, eine Verneinung seiner unvereinbaren

Differenziertheiten dar. Wir ruhen mit unserm innern Tätigkeitsdrange in den Grenzen dieser Objektivierung aus." Wie für den Abstrahierenden das abstrakte Bild eine Fassung, eine Schutzmauer gegenüber den auflösenden Wirkungen der unbewusst belebten Objekte[276] darstellt, so ist für den Einfühlenden die Übertragung auf das Objekt ein Schutz gegenüber der Auflösung durch innere subjektive Faktoren, welche in grenzenlosen Phantasiemöglichkeiten und entsprechenden Tätigkeitsantrieben bestehen. Wie nach *Adler* der introvertierte Neurotische sich an eine „fiktive Leitlinie" klammert, so klammert sich der extravertierte Neurotische an sein Übertragungsobjekt. Der Introvertierte hat seine „Leitlinie" abstrahiert aus seinen guten und schlechten Erfahrungen am Objekt, und vertraut sich der Formel an als einem Schutzmittel gegenüber den grenzenlosen Möglichkeiten des Lebens.

Einfühlung und Abstraktion, Extraversion und Introversion sind Anpassungs- und Schutzmechanismen. Insofern sie Anpassung ermöglichen, schützen sie den Menschen vor äussern Gefahren. Insofern es *gerichtete Funktionen*[277] sind, befreien sie den Menschen vom zufällig Triebhaften, ja, sie schützen ihn sogar davor, indem sie ihm eine *Selbstentäusserung* ermöglichen. Wie die alltägliche psychologische Erfahrung zeigt, gibt es sehr viele Menschen, die sich ganz mit ihrer gerichteten Funktion (der „wertvollen" Funktion) identifizieren, das sind eben u. a. die hier besprochenen Typen. Die Identifikation mit der gerichteten Funktion hat den (unbestreitbaren Vorteil, dass man sich damit den collektiven Erwartungen und Forderungen am besten anpasst und dabei erst noch seinen minderwertigen, nicht differenzierten und nicht gerichteten Funktionen aus dem Wege gehen kann durch Selbstentausserung. Die „Selbstlosigkeit" ist zudem vom Standpunkt der sozialen Moralität eine besondere Tugend. Auf der andern Seite jedoch liegt der grosse Nachteil der Identifikation mit der gerichteten Funktion, nämlich die *Degeneration des Individuums*. Der Mensch ist zweifellos einer weitgehenden Mechanisierung fähig, aber doch nicht in dem Masse, dass er sich selbst gänzlich, ohne Schaden zu leiden, aufgeben könnte. Je mehr er sich nämlich mit der einen Funktion identifiziert, desto mehr besetzt er sie mit Libido und desto mehr entzieht er die Libido den andern Funktionen. Sie ertragen zwar während längerer Zeit auch einen weitgehenden Libidoentzug; einmal aber reagieren sie doch. Indem ihnen nämlich die Libido entzogen wird, geraten sie allmählich unter die Bewusstseinsschwelle, ihr associativer Zusammenhang mit dem Bewusstsein lockert sich und dadurch versinken sie allmählich ins Unbewusste. Dies ist gleichbedeutend mit einer Regressiventwicklung, nämlich einem Zurückgehen der relativ entwickelten Funktion auf infantile und zuletzt auf archaïsche Stufe. Da der Mensch aber nur relativ wenige Jahrtausende in kultiviertem Zustand zugebracht hat, dagegen viele Hunderttausende von Jahren in unkultiviertem Zustand, so sind demgemäss in ihm die archaïschen Funktionsweisen noch ausserordentlich lebensfähig und leicht wiederzubeleben. Wenn nun gewisse Funktionen durch Libidoentzug desintegriert werden, so treten ihre archaïschen Grundlagen im Unbewussten in Funktion. Dieser Zustand bedeutet eine Dissociation der Persönlichkeit, indem die archaïschen Funktionen keine direkten Beziehungen zum Bewusstsein haben, also keine gangbaren Brücken existieren zwischen Bewusst und Unbewusst. Je weiter daher die Selbstentäusserung geht, desto weiter schreitet auch die Archaïsierung der unterbetonten Funktionen. Damit wächst auch die Bedeutung des Unbewussten. Dann fängt das Unbewusste an, die gerichtete Funktion symptomatisch zu stören, und damit beginnt jener charakteristische Circulus vitiosus, dem wir bei so manchen Neurosen begegnen: der Mensch versucht die unbewusst störenden Einflüsse durch besondere Leistungen der gerichteten Funktion zu compensieren, welcher Wettlauf gegebenenfalls bis zum nervösen Zusammenbruch fortgesetzt wird. Die Möglichkeit der Selbstentäusserung durch Identifikation mit der gerichteten Funktion beruht nicht etwa nur auf der einseitigen Beschränkung auf die eine Funktion, sondern auch darauf, dass das Wesen der gerichteten Funktion ein Prinzip ist, das die Selbstentäusserung verlangt. So verlangt jede gerichtete Funktion die strenge Ausschliessung alles dessen, was nicht dazu passt, das Denken schliesst alles störende Gefühl aus, ebenso schliesst das Gefühl alle störenden Gedanken aus. Ohne Verdrängung alles andern kann die gerichtete Funktion gar nicht zu Stande kommen. Dem gegenüber verlangt aber die Selbstregulierung des lebendigen Organismus natürlicherweise die Harmonisierung menschlichen Wesens; daher drängt sich die Berücksichtigung minderbegünstigter Funktionen als eine Lebensnotwendigkeit und als eine unumgängliche Aufgabe der Erziehung des Menschengeschlechtes auf.

VIII
Das Typenproblem in der modernen Philosophie.

VIII.
Das Typenproblem in der modernen Philosophie.

1. Die James'schen Typen.

Auch in der neuern pragmatischen Philosophie ist die Existenz zweier Typen entdeckt worden, und zwar von *William James*.[278] Er sagt: „Die Geschichte der Philosophie ist in hohem Masse ein Zusammenstoss von gewissen menschlichen *Temperamenten* (charakterologischen Dispositionen)".[279] „Von was für einem Temperament ein berufsmässiger Philosoph auch immer sein mag, er versucht jedenfalls, wenn er philosophiert, die Tatsache seines Temperamentes zu denken. Jedoch bildet sein Temperament ein stärkeres Vorurteil, als irgend eine seiner mehr objektiven Prämissen. Es gibt seiner Beweisführung in dieser oder jener Richtung Gewicht, indem es je nachdem zu einer sentimentalern oder kühlern Weltanschauung führt, ebenso gut wie eine Tatsache oder ein Prinzip. Er vertraut seinem Temperament. Er wünscht sich eine Welt, die zu seinem Temperament passt, und er glaubt an jede Darstellung der Welt, die zu ihm passt. Menschen eines andern Temperamentes empfindet er als nicht richtig abgestimmt auf den wirklichen Charakter der Welt, und im Grunde genommen betrachtet er sie als inkompetent und als keine eigentlichen Philosophen, wenn sie ihn an dialektischer Geschicklichkeit auch weit übertreffen mögen. Aber in der öffentlichen Diskussion kann er, bloss aus Gründen seines Temperamentes, keinen Anspruch erheben auf besondere Auszeichnung oder Autorität. Daher stammt ein gewisser Mangel an Ernsthaftigkeit in der philosophischen Diskussion: die bedeutendste aller unserer Prämissen wird nie erwähnt."[280]

James geht darauf über zur Charakterisierung der zwei Temperamente: So wie es im Gebiete der Sitten und Lebensgewohnheiten konventionelle und ungezwungen sich gebende Menschen, in politischer Hinsicht Autoritätgläubige und Anarchisten, in der schönen Literatur Akademiker und Realisten, in der Kunst Klassiker und Romantiker sich unterscheiden lassen, so fänden sich auch, wie James meint, in der Philosophie zwei Typen, nämlich der „Rationalist" und der „Empiriker". Der Rationalist ist der „Anbeter abstrakter und ewiger Prinzipien". Der Empiriker ist der „Liebhaber der Tatsachen in ihrer ganzen ungehobelten Mannigfaltigkeit".[281] Obschon niemand weder der Tatsachen noch der Prinzipien entraten kann, so kommen doch ganz verschiedene Gesichtspunkte heraus, je nach dem das Gewicht auf die eine oder andere Seite verschoben wird. „Rationalismus" stellt James als Synonym zu

„Intellektualismus" und „Empirismus" zu „Sensualismus". Obwohl diese Angleichung m. E. nicht stichhaltig ist, so wollen wir doch zunächst, eine Kritik vorbehaltend, dem James'schen Gedankengang weiter folgen. Nach seiner Ansicht verbindet sich mit dem Intellektualismus eine idealistische und optimistische Tendenz, während der Empirismus zum Materialismus und zu einem bloss bedingten und unsichern Optimismus neigt. Der Rationalismus (Intellektualismus) ist immer *monistisch.* Er beginnt mit dem Ganzen und Universellen und vereinigt die Dinge. Der Empirismus dagegen beginnt mit dem Teil und macht das Ganze zu einer *Sammlung.* Er liesse sich als *pluralistisch* bezeichnen. Der Rationalist ist ein Gefühlsmensch, der Empiriker ein hartköpfiges Wesen. Ersterer neigt natürlicherweise zur Überzeugung der Willensfreiheit, letzterer zum Fatalismus. Der Rationalist ist leicht dogmatisch in seinen Konstatierungen, der Empiriker dagegen skeptischer.[282] James bezeichnet den Rationalisten als *tender-minded* (mit zartem oder delikatem Geiste) und den Empiriker als tough-minded (mit zähem Geiste). Damit versucht er offenbar die eigentümliche Beschaffenheit der beiden Mentalitäten zu bezeichnen. Wir werden im weitern Verlauf Gelegenheit nehmen, diese Charakterisierung noch näher zu untersuchen. Interessant ist, was James sagt über die Vorurteile, welche die beiden Typen gegeneinander hegen. „Sie haben eine geringe Meinung von einander.[283] Ihr typischer Gegensatz hat zu allen Zeiten in der Philosophie eine Rolle gespielt, so auch heute. Der Tough-minded beurteilt den Tender-minded als sentimental, der Tender-minded dagegen nennt den andern unfein, stumpf oder brutal. Der eine hält den andern für inferior."

James stellt die Qualitäten der beiden Typen in folgende zwei Kolonnen nebeneinander:

Tender-minded:

Tough-minded:

Rationalistisch (folgt Prinzipien)

Empiristisch (folgt Tatsachen)

intellektualistisch

sensualistisch

idealistisch

materialistisch

optimistisch

pessimistisch

religiös

irreligiös

indeterministisch

deterministisch, fatalistisch

monistisch

pluralistisch

dogmatisch

skeptisch.

Diese Zusammenstellung berührt verschiedene Probleme, denen wir schon im Kapitel über Nominalismus und Realismus begegnet sind. Der Tender-minded hat gewisse Züge mit dem Realisten, und der Tough-minded mit dem Nominalisten gemeinsam. Wie ich oben erörtert habe, entspricht der Realismus dem Introversionsprinzip und der Nominalismus dem Extraversionsprinzip. Unzweifelhaft gehört auch der Universalienstreit an erster Stelle unter jene historischen Temperamentgegensätze in der Philosophic, auf welche James anspielt. Diese Beziehungen legen es nahe, beim Tender-minded an den Introvertierten und beim Tough-minded an den Extravertierten zu denken. Es bleibt aber noch näher zu untersuchen, ob diese Beziehung zu Recht besteht oder nicht.

Es ist meiner — allerdings beschränkten — Kenntnis der James'sehen Schriften nicht gelungen, nähere Definitionen oder Beschreibungen der beiden Typen aufzufinden, obschon er mehrfach von diesen beiden Arten des Denkens spricht, und sie etwa auch als „thin" und „thick" bezeichnet. *Flournoy*[284] erläutert „thin" als „mince, ténu, maigre, chétif" und „thick" als „épais, solide, massif, cossu". James gebraucht für den Tender-minded auch einmal den Ausdruck „soft-headed", also wörtlich „mit weichem Kopfe". „Soft" ist wie „tender" weich, zart, mild, sanft, leise, also etwas schwach, gedämpft, von geringer Kraft im Gegensatz zu „thick" und „tough", welche widerstandsfähige, solide, schwer zu verändernde Qualitäten sind, die an die Natur des Stoffes erinnern. Flournoy erläutert dementsprechend die beiden Arten des Denkens folgendermassen: „C'est l'opposition entre la façon de penser abstractionniste — c'est-à-dire purement logique et dialectique, si chère aux philosophes, mais qui n'inspire à James aucune confiance. et qui lui paraît fragile, creuse, „chétive", parceque trop sevrée du contact des choses particulières — et la façon de penser *concrète*, laquelle se nourrit de faits d'expérience et ne quitte jamais la région terre à terre, mais solide, des écailles de tortues ou autres données positives".[285] Man darf aus diesem Kommentar allerdings nicht den Schluss ziehen, dass James nun einseitig dem concreten Denken beifalle. Er würdigt beide Standpunkte: „Facts are good, of course — give us lots of facts. Principles are good — give us plenty of principles." Eine Tatsache ist bekanntlich nie nur so, wie sie an sich ist, sondern auch so, wie wir sie anschauen. Wenn nun James das concrete Denken als „thick" oder „tough" bezeichnet, so beweist er damit, dass diese Art Denken für ihn etwas Substantielles, Widerstandsfähiges hat, während das abstrakte Denken ihm als etwas Schwaches, Dünnes und Blasses vorkommt, vielleicht sogar, wenn wir mit Flournoy interpretieren, als etwas Kränkliches und Hinfälliges. Eine solche Auffassung ist natürlich nur möglich, wenn man die Substantialität a priori mit der concreten Tatsache verknüpft hat, was eben, wie gesagt, eine Angelegenheit des Temperamentes ist. Wenn der „empirische" Denker seinem concreten Denken eine widerstandsfähige Substantialität zuschreibt, so ist das vom abstrakten Standpunkt aus gesehen, eine Selbsttäuschung, denn die Substantialität, die „Härte" kommt der äussern Tatsache zu, nicht aber dem „empirischen" Denken. Letzteres erweist sich sogar als besonders schwach und hinfällig, indem es sich gegenüber der äussern Tatsache so wenig zu behaupten weiss, dass es immer von den sinnlich gegebenen Tatsachen abhängt, ihnen nachläuft und sich infolgedessen kaum über eine bloss klassifizierende oder darstellende Tätigkeit erheben kann. Vom Standpunkt des Denkens aus ist also das concrete Denken etwas sehr Schwächliches und Unselbständiges, weil es nicht in sich selber seine Festigkeit hat, sondern in den äussern Tatsachen, welche dem Denken an bedingendem Werte übergeordnet sind. Dieses Denken ist also charakterisiert durch eine Abfolge sinnlich gebundener Vorstellungen, die weniger durch eine innere Denktätigkeit, als vielmehr durch den Wechsel der Sinneswahrnehmungen in Bewegung gesetzt werden. Eine durch sinnliche Wahrnehmungen bedingte Abfolge concreter Vorstellungen ist also nicht gerade das, was der Abstrakte als Denken bezeichnen würde, sondern bestenfalls eine passive Apperception. Das Temperament, welches das concrete Denken vorzieht und ihm Substantialität zubilligt, ist daher gekennzeichnet durch ein Vorwiegen der sinnlich bedingten Vorstellung gegenüber der aktiven Apperceptionstätigkeit, die einer subjektiven Willenshandlung entspringt und sinnlich vermittelte Vorstellungen gemäss den Absichten einer *Idee* anordnen will, d. h. kürzer gesagt: diesem Temperament liegt es mehr am Objekt; das Objekt wird eingefühlt, es benimmt sich quasi selbständig in der Vorstellungswelt des Subjektes und zieht die Auffassung nach sich. Dieses Temperament ist also extravertierend. Das Denken des Extravertierten ist concretistisch. Seine Festigkeit liegt nicht in ihm, sondern gewissermassen ausser ihm in den eingefühlten Tatsachen, von woher auch die James'sche Qualifizierung als „tough" stammt. Wer immer sich auf die Seite des concreten Denkens stellt, d. h. auf die Seite von Tatsachenvorstellungen, dem kommt die Abstraktion als etwas Schwaches und Hinfälliges vor, denn er misst sie an der Festigkeit der concreten, sinnlich gegebenen Tatsache.

Wer aber auf der Seite der Abstraktion steht, dem ist nicht die sinnlich gebundene Vorstellung das Ausschlaggebende, sondern die *abstrakte Idee.* Die Idee ist, nach der landläufigen Auffassung nichts anderes als eine Abstraktion einer Summe von Erfahrungen. Man stellt sich dabei gerne den menschlichen Geist als eine anfängliche tabula rasa vor, die sich erst deckt durch die Wahrnehmung und Erfahrung von Welt und Leben. Von diesem Standpunkt aus, der der Standpunkt unserer empirischen Wissenschaftlichkeit im weitesten Sinne ist, kann die Idee auch gar nichts anderes sein, als eine epiphänomenale, aposteriorische Abstraktion aus Erfahrungen, daher schwächer und blässer als diese. Wir wissen aber, dass der Geist nicht tabula rasa sein kann, denn die Kritik unserer Denkprinzipien zeigt uns, dass gewisse Kategorien unseres Denkens a priori, d. h. vor aller Erfahrung gegeben sind und zugleich mit dem ersten Denkakt auftreten, ja sogar dessen präformierte Bedingungen sind. Was aber *Kant* für das logische Denken nachgewiesen hat, gilt für die Psyche in noch viel weiterm Umfang. Die Psyche ist so wenig wie der Geist (das Gebiet des Denkens) tabula rasa zu Beginn. Gewiss fehlen die concreten Inhalte, aber die Inhaltsmöglichkeiten sind durch die vererbte und präformierte funktionelle Disposition a priori gegeben. Sie ist nichts anderes als das Ergebnis der Funktionsweisen der Gehirne der Ahnenreihe, ein Niederschlag der Anpassungsversuche und Erfahrungen der phylogenetischen Reihe. Das neu entstandene Gehirn oder Funktionssystem ist also ein altes, für ganz bestimmte Zwecke hergerichtetes Instrument, das nicht nur passiv appercipiert, sondern auch aus sich heraus aktiv die Erfahrungen ordnet und zu gewissen Schlüssen oder Urteilen zwingt. Diese Anordnungen geschehen nun nicht etwa zufällig oder willkürlich, sondern sie folgen streng präformierten Bedingungen, die nicht als Anschauungsinhalte durch Erfahrung vermittelt werden, sondern Bedingungen der Anschauung a priori sind. Es sind Ideen ante rem, Formbedingungen, a priori gezogene Grundlinien, die dem Stoffe der Erfahrung eine bestimmte Gestaltung anweisen, sodass man sie, wie sie auch *Platon* aufgefasst hat, als *Bilder* denken kann, gewissermassen als Schemata oder anererbte Funktionsmöglichkeiten, welche aber andere Moglichkeiten ausschliessen oder zum mindesten in hohem Masse beschränken. Daher kommt es, dass selbst die freieste Geistesbetätigung, die Phantasie, nie ins Grenzenlose schweifen kann (obschon es der Dichter so empfinden mag), sondern gebunden bleibt an präformierte Möglichkeiten, an *Urbilder* oder *urtümliche Bilder.* Die Märchenerzählungen der entlegensten Völker zeigen in der Ähnlichkeit ihrer Motive diese Gebundenheit an gewisse Urbilder. Selbst die Bilder, die wissenschaftlichen Theorien zu Grunde liegen, zeigen diese Beschränkung, z. B. der Äther, die Energie, ihre Verwandlungen und ihre Konstanz, die Atomtheorie, die Affinität, usw.

Wie nun im Geiste des concret Denkenden die sinnlich gegebene Vorstellung vorwiegt und Richtung gibt, so überwiegt im Geiste des abstrakt Denkenden das inhaltlose und daher nicht vorstellbare Urbild. Es bleibt relativ untätig, solange das Objekt eingefühlt und dadurch zum bedingenden Faktor des Denkens erhoben wird. Wird aber das Objekt nicht eingefühlt und damit seiner Präponderanz im geistigen Prozess beraubt, so wendet sich die ihm versagte Energie ins Subjekt zurück. Das Subjekt wird unbewusst eingefühlt und dadurch werden die in ihm schlummernden präformierten Bilder geweckt, infolgedessen treten sie als wirkende Faktoren im Geistesprozesse auf, allerdings in unvorstellbarer Form, gewissermassen als unsichtbare Regisseure, hinter den Kulissen. Da sie bloss aktivierte Funktionsmöglichkeiten sind, sind sie ohne Inhalt, darum unvorstellbar, und deshalb streben sie nach Erfüllung. Sie ziehen den Erfahrungsstoff in ihre Form und stellen nicht die Tatsachen dar, sondern sich selber in den Tatsachen. Sie bekleiden sich gewissermassen mit Tatsachen. Sie sind daher nicht ein bekannter Ausgangspunkt, wie die empirische Tatsache im concreten Denken, sondern sie werden erst erfahrbar durch die unbewusste Gestaltung des Erfahrungsstoffes. Auch der Empiriker kann seinen Erfahrungsstoff gliedern und formen, jedoch formt er ihn möglichst nach einem concreten Begriffe, den er auf Grund vorhergegangener Erfahrungen gebildet hat.

Der Abstrahierende dagegen formt nach einer unbewussten Vorlage und erfährt erst a posteriori aus der von ihm gestalteten Erscheinung die *Idee*, nach der er geformt hat. Der Empiriker, gemäss seiner Psychologie, ist immer geneigt, anzunehmen, der Abstrahierende gestalte den Erfahrungsstoff willkürlich nach gewissen blassen, schwachen und unzulänglichen Voraussetzungen, denn er bemisst den geistigen Prozess des Abstrahierenden nach seinem eigenen modus procedendi. Die eigentliche Prämisse, die Idee oder das Urbild, ist aber dem Abstrahierenden genau so unbekannt, wie dem Empiriker die Theorie, die er dann nachträglich nach so und so viel Experimenten aus der Erfahrung heraus bilden wird. Wie ich in einem frühern Kapitel erläutert habe, sieht der eine das individuelle Objekt und interessiert sich für sein individuelles Verhalten, der andere aber sieht in erster Linie die Ähnlichkeitsbeziehungen der Objekte unter sich und setzt sich über die Individualität der Tatsache hinweg, weil ihm das Verbindende, das Einheitliche in der Zersplitterung der Mannigfaltigkeit angenehmer und beruhigender ist. Für den Erstern aber ist die Ähnlichkeitsbeziehung geradezu etwas Lästiges und Störendes, das ihn unter Umständen sogar hindert, sich der Erkenntnis der Eigenartigkeit des Objektes zu bemächtigen. Je weiter er sich in das einzelne Objekt einfühlt, desto mehr erkennt er seine Eigenart und desto mehr verschwindet ihm die Wirklichkeit einer Ähnlichkeitsbeziehung mit einem andern Objekt. Wenn er sich aber auch in das andere Objekt einzufühlen weiss, so ist er im Stande, die Ähnlichkeit der beiden Objekte in viel höherm Masse zu empfinden und zu erfassen, als der, der sie bloss von aussen zu allererst ersah. Der concret Denkende kann wegen der Tatsache, dass er zuerst das eine Objekt, dann ein anderes einfühlt, nur sehr langsam zur Erkenntnis der verbindenden Ähnlichkeiten kommen, weshalb sein Denken als zähflüssig erscheint. Leichtflüssig ist aber seine Einfühlung. Der Abstrahierende aber erfasst rasch die Ähnlichkeit, ersetzt die individuellen Objekte durch generelle Merkmale und formt diesen Erfahrungsstoff durch seine eigene innere Denktätigkeit, die aber genau so stark beeinflusst ist durch das „schattenhafte" Urbild, wie das concrete Denken durch das Objekt. Je grösser der Einfluss des Objektes auf das Denken ist, desto mehr prägt es seine Züge dem Denkbild auf. Je weniger aber das Objekt im Geiste wirkt, desto stärker drückt die apriorische Idee der Erfahrung ihr Siegel auf. Durch die übermässige Bedeutung des empirischen Objektes entsteht dann in der Wissenschaft eine gewisse Art von Spezialistentheorie, welche z. B. in der Psychiatrie als jene bekannte „Hirnmythologie" auftritt, wo ein grösseres Erfahrungsgebiet aus Prinzipien zu erklären versucht wird, die trefflich sind für die Erklärung von gewissen engbegrenzten Tatsachenkomplexen, aber gänzlich unzulänglich für jede andere Verwendung. Umgekehrt aber erzeugt das abstrakte Denken, das sich der Einzeltatsache nur wegen ihrer Ähnlichkeit mit einer andern annimmt, eine universale Hypothese, die zwar die Idee mehr oder weniger rein zur Darstellung bringt, aber mit dem Wesen der concreten Tatsachen ebenso wenig oder ebensoviel zu tun hat, wie ein Mythus. In ihrer extremen Form erzeugen also beide Denkformen Mythologie, die eine drückt sich concret aus mit Zellen, Atomen, Schwingungen und dergleichen mehr, die andere aber mit „ewigen" Ideen. Der extreme Empirismus hat wenigstens den Vorteil, Tatsachen möglichst rein zur Darstellung zu bringen. Der extreme Ideologismus aber hat den Vorteil, die apriorischen Formen, die Ideen oder Urbilder in möglichster Reinheit widerzuspiegeln. Die theoretischen Resultate des Erstern erschöpfen sich mit ihrem Erfahrungsstoff, die praktischen Resultate des Letztern beschränken sich auf die Darstellung der psychologischen Idee. Da unser gegenwärtiger wissenschaftlicher Geist einseitig concret-empirisch eingestellt ist, so weiss er die Tat dessen, der die Idee darstellt, nicht zu schätzen, denn Tatsachen stehen ihm höher als die Kenntnis der Urformen, in denen der menschliche Verstand sie begreift. Die Schwenkung nach der Seite des Concretismus ist, wie bekannt, eine relativ junge Erwerbung, die aus der Aufklärungsepoche stammt. Die Erfolge dieser Entwicklung sind staunenswert, aber sie haben zu einer Häufung des empirischen Stoffes geführt, deren Unabsehbarkeit allmählich mehr Verwirrung als Klarheit stiftet. Sie führt notgedrungen zu einem wissenschaftlichen Separatismus und damit zur Spezialistenmythologie, welche den Tod der Universalität bedeutet. Das Überwiegen des Empirismus aber ist nicht nur eine Erdrückung des aktiven Denkens, sondern auch eine Gefahr für die Theoriebildung innerhalb einer Disziplin. Die Abwesenheit allgemeiner Gesichtspunkte aber begünstigt die mythische Theoriebildung, ebenso sehr wie es die Abwesenheit empirischer Gesichtspunkte tut.

Ich bin darum der Ansicht, dass die James'sche Terminologie von Tender-minded und Tough-minded nur einseitig anschaulich ist und, im Grunde genommen, ein gewisses Präjudicium enthält. Es dürfte aber aus dieser Erörterung klar geworden sein, dass die James'sche Typisierung dieselben Typen behandelt, die ich als Introvertiert und Extravertiert bezeichnet habe.

2. Die charakteristischen Gegensatzpaare der James'schen Typen.

a) Das erste Gegensatzpaar, welches James als unterscheidendes Merkmal der Typen anführt, ist der *Rationalismus versus Empirismus.*

Ich habe, wie der Leser bemerkt haben wird, mich bereits im Vorigen zu diesem Gegensatz ausgesprochen und dabei den Gegensatz als Ideologismus versus Empirismus gefasst. Ich habe den Ausdruck „Rationalismus" vermieden, weil das concrete, empirische Denken ebenso „rational" ist, wie das aktive, ideologische Denken. Die ratio regiert beide Formen. Und zudem gibt es nicht nur einen logischen Rationalismus, sondern auch einen Gefühlsrationalismus, indem nämlich der Rationalismus überhaupt eine allgemeine psychologische Einstellung auf Vernünftigkeit des Denkens und Fühlens ist. Ich befinde mich mit dieser Auffassung des Begriffes „Rationalismus" in einem bewussten Gegensatz zu der historisch-philosophischen Auffassung, welche „rationalistisch" im Sinne von „ideologisch" gebraucht, resp. Rationalismus als Primat der Idee auffasst. Bei den neuern Philosophen hat die ratio allerdings den rein ideellen Charakter abgestreift und wird gerne als ein Vermögen, Trieb, Wollen sogar als ein Gefühl, oder als eine Methode bezeichnet. Jedenfalls ist sie — psychologisch betrachtet — eine gewisse Einstellung, die, wie *Lipps* sagt, vom „Objektivitätsgefühl" geleitet ist. Bei *Baldwin*[286] ist sie das „constitutive, regulative Prinzip des Geistes". *Herbart* erklärt die Vernunft als „Vermögen der Überlegung".[287] *Schopenhauer* sagt von der Vernunft, dass sie nur *eine* Funktion habe, nämlich „die Bildung des Begriffes; und aus dieser einzigen erklären sich sehr leicht und ganz und gar von selbst alle jene oben angeführten Erscheinungen, die das Leben des Menschen von dem des Tieres unterscheiden, und auf die Anwendung oder Nichtanwendung jener Funktion deutet schlechthin alles, was man überall und jederzeit vernünftig oder unvernünftig genannt hat".[288] Die „oben angeführten Erscheinungen" beziehen sich auf gewisse Äusserungen der Vernunft, die Schopenhauer beispielsweise zusammengestellt hat, nämlich „die Beherrschung der Affekte und Leidenschaften, die Fähigkeit, Schlüsse zu machen und allgemeine Prinzipien", „das übereinstimmende Handeln mehrerer Individuen", „die Zivilisation, der Staat; ferner die Wissenschaft, das Aufbewahren früherer Erfahrung", etc. Wenn für Schopenhauer die Vernunft die Funktion der Begriffsbildung hat, so hat sie demnach den Charakter derjenigen Einstellung des psychischen Apparates, welche geeignet ist, durch Denktätigkeit Begriffe zu bilden. Ganz in diesem Sinne einer Einstellung fasst auch *Jerusalem*[289] die Vernunft auf, nämlich als eine *Willensdisposition*, die uns befähigt, bei unsern Entscheidungen vom Verstande Gebrauch zu machen und die Leidenschaften zu beherrschen.

Vernunft ist also die Fähigkeit, vernünftig zu sein, eine bestimmte Einstellung, welche ein Denken, Fühlen und Handeln gemäss objektiven Werten ermöglicht. Diese „objektiven" Werte ergeben sich vom Standpunkt des Empirismus aus durch die Erfahrung, von dem des Ideologismus aus aber durch einen aktiven Bewertungsakt der Vernunft, welche dann in *Kant*'schem Sinne ein „Vermögen" wäre, „nach Grundsätzen zu urteilen und zu handeln". Denn die Vernunft ist bei Kant die Quelle der Idee, welche ein „Vernunftbegriff" ist, „dessen Gegenstand gar nicht in der Erfahrung kann angetroffen werden", und welche das „*Urbild des Gebrauchs des Verstandes* — als regulatives Prinzip zum Behuf des durchgängigen Zusammenhanges unseres empirischen Verstandesgebrauches" enthält.[290] Diese Anschauung ist echt introvertiert. Ihr gegenüber steht die empiristische Anschauung *Wundts*, wonach die Vernunft zu den komplexen intellektuellen Funktionen gehört, welche mit ihren „Vorstufen, die ihnen die *unerlässlichen sinnlichen Substrate* liefern, in einen allgemeinen Ausdruck" zusammengefasst werden. „Dass nun dieser Begriff des „Intellektuellen" ein Überlebnis der Vermögenspsychologie ist, das womöglich noch mehr als die alten Begriffe Gedächtnis, Verstand, Phantasie usw. unter der *Vermengung mit logischen Gesichtspunkten leidet, die ausserhalb der Psychologie liegen*, und dass er umso unbestimmter und zugleich willkürlicher wird, je mannigfaltigere psychische Inhalte er umfasst, ist einleuchtend." „Gibt es für den Standpunkt der wissenschaftlichen Psychologie kein Gedächtnis, keinen Verstand und keine Phantasie, *sondern eben nur gewisse elementare psychische Vorgänge und ihre Zusammenhänge*, die man in ziemlich willkürlicher Unterscheidung unter jenen Namen zusammenfasst, so gibt es natürlich noch weniger eine „Intelligenz" oder „intellektuelle Funktionen" als einen einheitlichen, irgend einem fest abzugrenzenden Tatbestand entsprechenden Begriff. Dennoch bleiben gewisse Fälle, wo es nützlich ist, sich, wenn auch in einem durch die psychologische Betrachtungsweise veränderten Sinne, jener Begriffe aus dem alten Inventar der Vermögenspsychologie zu bedienen. Diese Fälle ergeben sich da, wo uns komplexe, aus sehr verschiedenen Bestandteilen gemischte Phänomene entgegentreten, die wegen der Regelmässigkeit ihrer Verbindung vor allem auch aus praktischen Gründen eine Berücksichtigung erheischen, oder wo uns das individuelle Bewusstsein bestimmte Richtungen der Anlage und Bildung darbietet, und wo nun die Regelmässigkeit der Verbindung wiederum zur Analyse solcher komplexer geistiger Anlagen herausfordert. *In allen diesen Fällen ist es aber natürlich die Aufgabe der psychologischen Untersuchung, nicht bei den so gebildeten Generalbegriffen stehen zu bleiben, sondern sie womöglich auf ihre einfachen Faktoren zurückzuführen.*"[291] Diese Anschauung ist echt extravertiert. Ich habe die besonders charakteristischen Stellen durch Sperrdruck hervorgehoben. Während für den introvertierten Standpunkt die „Generalbegriffe" wie Vernunft, Intellekt, etc. „Vermögen", d. h. einfache Grundfunktionen sind, welche die Mannigfaltigkeit der von ihnen geleiteten psychischen Prozesse in einheitlichem Sinne zusammenfassen, so sind sie für den extravertierten, empiristischen Standpunkt nichts als sekundäre, abgeleitete Begriffe, Komplikationen der Elementarvorgänge, auf welch letztere von dieser Ansicht der Wertakzent verlegt wird. Wohl lassen sich, nach diesem Standpunkt, solche Begriffe nicht umgehen, aber man sollte sie im Prinzip immer auf „ihre einfachen Faktoren zurückführen." Es ist selbstverständlich, dass der empiristische Standpunkt gar nicht anders denken kann als reduktiv in Bezug auf allgemeine Begriffe, denn für ihn sind Begriffe immer nur aus Erfahrung Abgeleitetes. Er kennt überhaupt keine „Vernunftbegriffe", Ideen a priori, weil sein Denken passiv apperceptiv auf die sinnlich bedingte Erfahrung eingestellt ist. Infolge dieser Einstellung ist immer das Objekt betont, es ist gewissermassen handelnd, und nötigt zu Erkenntnissen und komplizierten Vernunftschlüssen, und diese erfordern die Existenz allgemeiner Begriffe, die aber nur dazu dienen, gewisse Gruppen von Phänomenen unter einem Collektivum zu begreifen. So ist der Allgemeinbegriff natürlicherweise nichts als eine sekundäre Grösse, die eigentlich, ausser in der Sprache, nicht existiert. Die Wissenschaft kann daher der Vernunft, der Phantasie etc. kein Recht auf Sonderexistenz einräumen, insoferne sie der Ansicht ist, dass nur das wirklich existiere, was als sinnlich gegebene Tatsache, als „elementarer Faktor" vorhanden ist. Wenn aber das Denken, wie es beim Introvertierten der Fall ist, aktiv apperceptiv eingestellt ist, so hat die Vernunft, der Intellekt, die Phantasie etc. den Wert einer Grundfunktion, eines Vermögens, d. h. eines Könnens oder Tuns von innen heraus, weil für diesen Standpunkt der Wertakzent auf dem Begriffe ruht und nicht auf den vom Begriffe gedeckten und zusammengefassten Elementarvorgängen. Dieses Denken ist von Hause aus synthetisch. Es ordnet nach dem Schema des Begriffes an und benützt den Erfahrungsstoff, um seine Ideen zu erfüllen. Der Begriff tritt als Aktivum auf und zwar aus eigener innerer Kraft, welche den Erfahrungsstoff gestaltend ergreift. Der Extravertierte vermutet als Quelle dieser Kraft einerseits blosse Willkür, andererseits vorschnelle Generalisierung beschränkter Erfahrungen. Der Introvertierte, der seiner eigenen Denkpsychologie unbewusst ist und vielleicht sogar den modegemässen Empirismus selber als Richtschnur adoptiert hat, verteidigt sich erfolglos gegen diesen Vorwurf. Der Vorwurf ist aber nichts anderes als eine Projektion der extravertierten Psychologie. Der aktive Denktypus bezieht nämlich die Energie seiner Denktätigkeit weder aus der Willkür noch aus der Erfahrung, sondern aus der Idee, d. h. aus der angebornen funktionellen Form, welche durch seine introvertierte Einstellung aktiviert ist. Diese Quelle ist ihm unbewusst, weil er die Idee wegen ihrer apriorischen Inhaltlosigkeit erst in der Gestaltung a posteriori erkennen kann, nämlich in der Form, welche der durch das Denken bearbeitete Erfahrungsstoff annimmt. Dem Extravertierten aber ist das Objekt und der Elementarvorgang darum wichtig und unerlässlich, weil er unbewusst die Idee in das Objekt projiziert hat und er nur durch die empirische Sammlung und Vergleichung zum Begriffe und damit zur Idee aufsteigen kann. Die beiden Denkrichtungen sind einander merkwürdig entgegengesetzt: Der Eine gestaltet aus seiner unbewussten Idee heraus den Stoff und gelangt so zur Erfahrung; der Andere lässt sich vom Stoffe, der seine unbewusste Ideenprojektion enthält, leiten und gelangt so zur Idee. Dieser Einstellungsgegensatz hat etwas Irritierendes an sich, und deshalb ist er es auch, der im Grunde genommen die hitzigsten und erfolglosesten wissenschaftlichen Diskussionen verursacht.

Ich hoffe, dass diese Auseinandersetzung meine Ansicht genügend belegt, dass die ratio und ihre einseitige Erhebung zum Prinzip, eben der Rationalismus, dem Empirismus ebenso sehr eignen, wie dem Ideologismus. Statt von Ideologismus zu sprechen, könnte ich auch das Wort „Idealismus" anwenden. Dieser Verwendung steht aber sein Gegensatz zu „Materialismus" entgegen, und ich könnte als Gegensatz zu „materialistisch" nicht „ideologisch" sagen, da der Materialist, wie die Geschichte der Philosophie zeigt, oft ebenso gut ein Ideolog sein kann, nämlich dann, wenn er kein Empiriker ist, sondern von der allgemeinen Idee der Materie aus aktiv denkt.

b) Das zweite Gegensatzpaar, das *James* aufstellt, ist *Intellektualismus versus Sensualismus* (Sensationalism).

Sensualismus ist der Ausdruck, der das Wesen des extremen Empirismus kennzeichnet. Er behauptet die Sinneserfahrung als einzige und ausschließliche Quelle der Erkenntnis. Die sensualistische Einstellung ist ganz nach dem durch die Sinne gegebenen Objekt orientiert, also nach aussen. Offenbar meint James einen intellektuellen und nicht einen ästhetischen Sensualismus, aber eben darum scheint „Intellektualismus" nicht gerade der dazu passende Gegensatz zu sein. Psychologisch ist der Intellektualismus eine Einstellung, welche sich dadurch kennzeichnet, dass sie dem Intellekt den bedingenden Hauptwert gibt, also dem Erkennen auf der begrifflichen Stufe. Ich kann mit dieser Einstellung auch ein Sensualist sein, nämlich dann, wenn ich mein Denken mit concreten Begriffen beschäftige, die allesamt aus der sinnlichen Erfahrung stammen. Daher kann auch der Empiriker intellektuell sein. Philosophisch wird Intellektualismus etwa promiscuë mit Rationalismus gebraucht, daher man wiederum

Ideologismus als den Gegensatz zu Sensualismus nennen müsste, insofern ja auch Sensualismus in seinem Wesen nur ein extremer Empirismus ist.

c) Das dritte James'sche Gegensatzpaar ist *Idealismus versus Materialismus*.

Man hätte schon beim Sensualismus die Vermutung hegen können, dass James damit nicht bloss einen gesteigerten Empirismus, d. h. also einen intellektuellen Sensualismus meint, sondern mit dem Ausdruck „sensationalistic" vielleicht auch das eigentlich Empfindungsmässige abgesehen von allem Intellekt hervorheben wollte. Mit Empfindungsmässigem meine ich die eigentliche *Sinnlichkeit*, allerdings nicht in vulgärem Sinne als voluptas, sondern als eine psychologische Einstellung, bei welcher weniger das eingefühlte Objekt, als vielmehr die blosse Tatsache der Sinneserregung und -empfindung die orientierende und determinierende Grösse ist. Diese Einstellung kann auch als eine reflektorische bezeichnet werden, indem die ganze Mentalität von der Sinnesempfindung abhängt und auch in ihr gipfelt. Das Objekt wird weder abstrakt erkannt noch eingefühlt, sondern wirkt durch seine natürliche Existenzform, und das Subjekt orientiert sich ausschließlich an den durch den Kontakt mit dem Objekt erregten Sinnesempfindungen. Diese Einstellung entspräche einer primitiven Mentalität. Ihr zugehöriger Gegensatz ist die *intuitive Einstellung*, welche charakterisiert ist durch ein empfindungsmässiges Erfassen, welches weder intellektuell noch gefühlsmässig ist, sondern beides zugleich in ungesonderter Mischung. Wie das sinnliche Objekt in der Wahrnehmung *erscheint*, so *erscheint* auch der psychische Inhalt in der Intuition, also quasi illusionär oder halluzinatorisch.

Dass James den Tough-minded sowohl als „sensationalistic" wie auch als „materialistic" bezeichnet (und weiter unten noch als „irreligious") lässt den Zweifel aufkommen, ob er wohl mit seiner Typisierung denselben Typengegensatz im Auge habe, wie ich. Materialismus wird vulgär ja stets verstanden als eine Einstellung, die sich nach „materiellen" Werten orientiert, also als eine Art von moralischem Sensualismus. Die James'sche Charakterisierung ergäbe also ein sehr ungünstiges Gemälde, wenn wir diesen Ausdrücken ihre vulgäre Bedeutung unterschieben wollten. Dies läge gewiss nicht im Sinne von James, dessen oben zitierte Worte über die Typen ein Missverständnis nach dieser Richtung verhindern wollen. Man dürfte also nicht fehlgehen, wenn man annimmt, dass James hauptsächlich die philosophische Bedeutung der in Frage stehenden Ausdrücke im Auge hatte. Dann heisst Materialismus eine Einstellung, welche sich allerdings nach materiellen Werten orientiert, aber nicht nach „sinnlichen", sondern nach Tatsachenwerten; wobei mit „Tatsache" etwas Äusseres und sozusagen Stoffliches gemeint ist. Der Gegensatz dazu ist „Idealismus", im philosophischen Sinne einer Hauptbewertung der *Idee*. Ein moralischer Idealismus kann damit nicht gemeint sein, sonst müssten wir auch, entgegen der Absicht von James, annehmen, dass mit Materialismus ein moralischer Sensualismus gemeint sei. Wenn wir also annehmen, dass er mit Materialismus eine Einstellung meint, die den orientierenden Hauptwert auf die reale Tatsächlichkeit legt, so gelangen wir wieder dazu, auch in diesem Attribut eine extravertierte Eigentümlichkeit aufzufinden, womit unsere anfänglichen Zweifel sich zerstreuen. Dass der philosophische Idealismus dem introvertierten Ideologismus entspricht, haben wir bereits gesehen. Ein moralischer Idealismus wäre aber keineswegs charakteristisch für den Introvertierten, denn auch der Materialist kann moralisch idealistisch sein.

d) Das vierte Gegensatzpaar ist *Optimismus versus Pessimismus.*

Ich hege grosse Zweifel, ob dieser bekannte Gegensatz, nach dem sich menschliche Temperamente unterscheiden lassen, ohne weiteres auf die James'schen Typen verwendet werden darf. Ist z. B. der Empirismus *Darwins* auch pessimistisch? Gewiss ist er es für einen, der eine ideologistische Weltanschauung hat und den andern Typus Mensch durch die Brille einer unbewussten Gefühlsprojektion sieht. Der Empiriker selber braucht aber deshalb keineswegs seine Ansicht als pessimistisch aufzufassen. Oder ist z. B. der Denker *Schopenhauer*, dessen Weltanschauung rein ideologistisch ist (genau wie der reine Ideologismus der Upanishads), der James'schen Typisierung entsprechend, etwa optimistisch? *Kant* selber, ein sehr reiner introvertierter Typus, steht jenseits von Optimismus und Pessimismus, so gut wie die grossen Empiriker. Es scheint mir daher, dass dieser Gegensatz auch mit den James'schen Typen nichts zu tun hat. So gut wie es optimistische Introvertierte gibt, gibt es auch optimistische Extravertierte und vice-versa. Es wäre aber sehr leicht möglich, dass James dieser Irrtum unterlaufen ist auf Grund der vorhin angedeuteten subjektiven Projektion. Eine materialistische oder rein empiristische oder positivistische Weltanschauung erscheint dem Standpunkt des Ideologismus als schlechthin trostlos. Er muss sie also als pessimistisch empfinden. Wer aber an den Gott „Materie" glaubt, dem erscheint die materialistische Anschauung als optimistisch. Durch die materialistische Auffassung wird nämlich dem Ideologismus der Lebensnerv durchschnitten, denn seine Hauptkraft, das aktive Appercipieren und das Verwirklichen der Urbilder, wird dadurch lahmgelegt. Darum muss ihm eine solche Ansicht als durchaus pessimistisch erscheinen, denn sie beraubt ihn jeglicher Hoffnung, die ewige Idee je wieder in der Erscheinung verwirklicht zu erblicken. Eine Welt realer Tatsachen bedeutet für ihn Exil und dauernde Heimatlosigkeit. Wenn also James die materialistische Ansicht parallel setzt mit Pessimismus, so dürfte dieser Umstand darauf hinweisen, dass er persönlich zur ideologistischen Seite gehört — eine Annahme, die unschwer durch viele andere Züge aus dem Leben dieses Philosophen erhärtet werden könnte. Dieser Umstand dürfte auch erklären, warum der Tough-minded die drei etwas verdächtigen

Epitheta: sensualistisch, materialistisch, irreligiös abbekommen hat. Auf denselben Umstand weist auch jene Stelle in „Pragmatism“ hin, wo James die gegenseitige Abneigung der Typen einem Zusammentreffen von Bostoner Touristen mit der Bevölkerung von Cripple Creek[292] vergleicht. Dieser Vergleich ist für den andern Typus wenig schmeichelhaft und lässt auf eine gefühlsmässige Abneigung schliessen, gegen die auch ein starker Wille zur Gerechtigkeit nicht ganz aufkommt. Dieses kleine „document humain“ scheint mir aber gerade ein kostbarer Beweis zu sein für die Tatsache der irritierenden Verschiedenheit der beiden Typen. Es mag vielleicht kleinlich erscheinen, wenn ich gerade auf solche Gefühlsinkompatibilitäten einen gewissen Nachdruck lege. Aber ich habe mich durch vielfache Erfahrungen davon überzeugt, dass gerade solche im Bewusstseinshintergrund gehaltene Gefühle gelegentlich auch das schönste Raisonnement in ungünstiger Weise beeinflussen und die Verständigung hintertreiben. Man kann sich ja leicht denken, dass auch die Bevölkerung von Cripple Creek den Bostoner Touristen mit besondern Augen ansieht.

e) Das fünfte Gegensatzpaar ist *Religiosität* versus *Irreligiosität.*

Die Gültigkeit dieses Gegensatzes für die James'sche Typenpsychologie hängt natürlich wesentlich ab von der Definition, die er der Religiosität gibt. Wenn er das Wesen der Religiosität ganz vom ideologistischen Standpunkt auffasst als eine Einstellung, bei welcher die religiöse Idee eine dominierende Rolle spielt (im Gegensatz zum Gefühl), dann hat er gewiss recht, den Tough-minded auch als irreligiös zu bezeichnen. Aber *James* denkt zu weit und zu menschlich, als dass er nicht sähe, dass die religiöse Einstellung auch durch das religiöse *Gefühl* determiniert sein kann. Sagt er doch selber: „Unsere Ehrerbietung vor Tatsachen hat nicht alle Religiosität in uns neutralisiert. *Aber diese Ehrerbietung ist in sich selber sozusagen religiös.* Unsere wissenschaftliche Einstellung ist fromm (our scientific temper is devout)“.[293] Den Mangel an Ehrfurcht vor „ewigen“ Ideen ersetzt der Empiriker durch einen sozusagen religiösen Glauben an die reale Tatsache. Wenn jemand seine Einstellung orientiert an der Idee Gottes, so ist es psychologisch dasselbe, wie wenn er es an der Idee des Stoffes täte oder wie wenn er die realen Tatsachen zum determinierenden Faktor seiner Einstellung erhöbe. Insofern diese Orientierung nur *unbedingt* geschieht, verdient sie das Epitheton „religiös“. Von einem hohen Standpunkt aus ist aber die reale Tatsache ebenso sehr wert, ein unbedingter Faktor zu sein, wie die Idee, das Urbild, das der Zusammenprall des Menschen und seiner innern Bedingungen mit den harten Tatsachen der äussern Wirklichkeit seit Myriaden Jahren geschaffen hat. Die unbedingte Hingebung an die realen Tatsachen kann jedenfalls vom psychologischen Standpunkt aus nie als irreligiös bezeichnet werden. Der tough-minded hat eben seine empiristische Religion, wie der tender-minded seine ideologistische Religion hat. Es ist nun allerdings auch eine Tatsache unserer gegenwärtigen Kulturepoche, dass die Wissenschaft vom Objekt und die Religion vom Subjekt, d. h. vom Ideologismus beherrscht wird, denn irgend wohin musste sich die aus sich selber wirkende Idee doch flüchten, nachdem sie in der Wissenschaft ihren Platz dem Objekt hatte räumen müssen. Wenn die Religion in dieser Weise als gegenwärtige Kulturerscheinung verstanden wird, dann hat James recht, den Empiriker als irreligiös zu bezeichnen, aber auch nur so weit. Da die Philosophen nicht unbedingt eine ganz abgesonderte Menschenklasse sind, so werden sich ihre Typen auch weit über den Bezirk des philosophierenden Menschen in die allgemeine Menschheit hinaus erstrecken, vielleicht soweit als die kultivierte Menschheit überhaupt reicht. Aus diesem allgemeinen Grunde schon verböte es sich, die eine Hälfte der Kulturmenschheit als irreligiös zu bezeichnen. Wir wissen ja aus der Psychologie des Primitiven, dass die religiöse Funktion schlechthin zum Bestande der Psyche gehört und stets und überall vorhanden ist, so undifferenziert sie auch sein mag.

Wenn wir die vorhin angedeutete Beschränktheit des Begriffes „Religion" bei James nicht annehmen, dann muss es sich wieder um eine gefühlsmässige Entgleisung handeln, die, wie wir sahen, sich nur allzu leicht ereignet.

f) Das sechste Gegensatzpaar ist *Indeterminismus* versus *Determinismus*.

Dieser Gegensatz ist psychologisch interessant. Es ist selbstverständlich, dass der Empirismus *causal* denkt, womit der notwendige Zusammenhang von Ursache und Wirkung axiomatisch angenommen ist. Die empiristische Einstellung wird orientiert durch das eingefühlte Objekt, sie wird gewissermassen von der äussern Tatsache „bewirkt" mit dem Gefühl der Notwendigkeit einer aus einer Ursache erfolgenden Wirkung. Es ist ganz natürlich, dass sich dieser Einstellung der Eindruck der Unabänderlichkeit der Kausalzusammenhänge psychologisch aufdrängt. Die Identifikation der innern psychischen Vorgänge mit dem Ablauf äusserer Tatsachen ist schon aus dem Grunde gegeben, dass unbewusst im Einfühlungsakt eine beträchtliche Summe der eigenen Aktivität, des eigenen Lebens dem Objekt verliehen wird. Dadurch wird das Subjekt dem Objekt assimiliert, obschon der Einfühlende das Objekt zu assimilieren glaubt. Wenn aber auf dem Objekt ein starker Wertakzent liegt, so besitzt damit das Objekt eine Bedeutung, welche auch ihrerseits das Subjekt beeinflusst und es zu einer Dissimilation von sich selber zwingt. Die menschliche Psychologie ist bekanntlich chamäleonartig, das erfährt der praktische Psycholog alltäglich. Wo immer das Objekt überwiegt, finden im Subjekt Angleichungen an die Natur des Objektes statt. So spielt z. B. die Identifikation mit dem geliebten Objekt in der analytischen Therapie keine geringe Rolle. Die Psychologie der Primitiven vollends gibt uns eine Menge von Beispielen der Dissimilation zu

Gunsten des Objektes, z B. die häufige Angleichung an das Totemtier oder an die Ahnengeister. Die Stigmatisierung der mittelalterlichen bis neuzeitlichen Heiligen gehört ebenfalls hieher. In der „imitatio Christi" ist die Dissimilation sogar zum Prinzip erhoben. Bei dieser unzweifelhaften Anlage der menschlichen Psyche zur Dissimilation ist das Herübernehmen der objektiven Kausalzusammenhänge ins Subjekt psychologisch leicht verständlich. Die Psyche kommt dadurch, wie gesagt, unter den Eindruck der alleinigen Gültigkeit des Kausalprinzips, und es bedarf schon des ganzen erkenntnistheoretischen Rüstzeuges, um sich der Übermacht dieses Eindruckes zu erwehren. Erschwerend kommt dabei in Betracht, dass die empiristische Einstellung mit ihrem ganzen Wesen uns hindert, an die innere Freiheit zu glauben. Denn jeder Beweis, ja jede Beweismöglichkeit fehlt uns. Was will jenes blasse, undeutliche Gefühl der Freiheit besagen gegenüber der erdrückenden Masse objektiver Beweise des Gegenteils? Der Determinismus des Empirikers ist daher sozusagen unvermeidlich, vorausgesetzt, dass der Empiriker soweit denkt und es nicht vorzieht — wie das nicht selten geschieht — zwei Schubfächer zu besitzen, das eine für die Wissenschaft und das andere für die von den Eltern und der Societät überkommene Religion. Wie wir sahen, besteht das Wesen des Ideologismus auf einer unbewussten Aktivierung der Idee. Diese Aktivierung kann auf einer nachträglichen, im Leben erworbenen Abneigung gegen die Einfühlung beruhen, kann aber auch von Geburt an existieren als eine a priori von Natur geschaffene und begünstigte Einstellung. (Ich habe in meiner praktischen Erfahrung mehrfach solche Fälle gesehen.) In diesem letztern Falle ist die Idee a priori aktiv, ohne aber, ihrer Leere und Unvorstellbarkeit wegen, dem Bewusstsein gegeben zu sein. Sie ist als überwiegende innere, aber unvorstellbare Tatsache den „objektiven" äussern Tatsachen übergeordnet, und gibt wenigstens das Gefühl ihrer Unabhängigkeit und Freiheit an das Subjekt ab, das sich infolge seiner innern Angleichung an die Idee dem Objekt gegenüber als unabhängig und frei empfindet. Wenn die Idee der orientierende Hauptfaktor ist, so assimiliert sie sich das Subjekt ebensowohl, wie das Subjekt versucht, durch die Gestaltung des Erfahrungsstoffes sich die Idee zu assimilieren. Es findet also genau wie bei der obenbesprochenen Objekteinstellung eine Dissimilation des Subjektes von sich selber statt, aber in umgekehrtem Sinne, d. h. in diesem Fall zu Gunsten der Idee. Das anererbte Urbild ist eine alle Zeiten überdauernde, allen Erscheinungswechseln übergeordnete Grösse, die vor aller und über aller individueller Erfahrung steht. Der Idee kommt daher eine besondere Macht zu. Wenn sie aktiviert ist, so überträgt sie ein ausgesprochenes Machtgefühl ins Subjekt, indem sie sich mittelst der innern unbewussten Einfühlung das Subjekt assimiliert. Daraus entspringt im Subjekt das Gefühl der Macht, der Unabhängigkeit, der Freiheit und der Ewigkeit. (Vergl. dazu *Kants* Postulate von Gott, Freiheit und Unsterblichkeit.) Wenn das Subjekt die freie Tätigkeit seiner über die reale

Tatsache erhabenen Idee empfindet, so drängt sich ihm natürlicherweise der Gedanke der Freiheit auf. Wenn sein Ideologismus rein ist, so muss es sogar zu einer indeterministischen Überzeugung gelangen.

Der hier besprochene Gegensatz ist in hohem Masse charakteristisch für unsere Typen. Der Extravertierte ist gekennzeichnet durch sein Streben nach dem Objekt, durch die Einfühlung in und die Identifikation mit dem Objekt, und seine gewollte Abhängigkeit vom Objekt. Er ist durch das Objekt ebenso sehr beeinflusst, wie er es zu assimilieren strebt. Der Introvertierte dagegen ist gekennzeichnet durch seine anscheinende Selbstbehauptung gegenüber dem Objekt. Er sträubt sich gegen jede Abhängigkeit vom Objekt, er weist die Beeinflussung durch das Objekt ab, ja er empfindet gelegentlich sogar Furcht davor. Umsomehr aber hängt er ab von der Idee, welche ihn vor äusserer Abhängigkeit beschützt und ihm das Gefühl der innern Freiheit gibt, dafür aber auch eine ausgesprochene Machtpsychologie.

g) Der siebente Gegensatz ist *Monismus* versus *Pluralismus*.

Es ist nach dem Obengesagten ohne weiteres verständlich, dass die Einstellung, die durch die Idee orientiert ist, nach dem Monismus tendiert. Die Idee hat immer hierarchischen Charakter, sei sie nun gewonnen durch Abstraktion aus Vorstellungen und concreten Begriffen, oder sei sie a priori als unbewusste Form existierend. Im erstem Fall ist sie der höchste Punkt des Gebäudes, der gewissermassen alles, was unter ihm liegt, abschliesst und damit umfasst, im letztern Fall ist sie der unbewusste Gesetzgeber, der die Möglichkeiten und Notwendigkeiten des Denkens reguliert. Beide Male hat die Idee beherrschende Eigenschaft. Obschon eine Mehrzahl von Ideen vorhanden ist, so hat doch jeweils eine Idee für kürzere oder längere Zeit die Oberhand und konstelliert monarchisch die Grosszahl der psychischen Elemente. Umgekehrt ist es ebenso klar, dass die Einstellung, die sich nach dem Objekte orientiert, immer zu einer Mehrzahl von Prinzipien (Pluralismus) neigt, denn die Mannigfaltigkeit der Objekteigenschaften zwingt auch zu einer Mehrzahl von Begriffen und Prinzipien, ohne welche eine Erklärung sich dem Wesen des Objektes nicht anpassen kann.

Die monistische Tendenz gehört zur Introversionseinstellung, die pluralistische Tendenz zur Extraversionseinstellung.

h) Der achte Gegensatz ist *Dogmatismus* versus *Skeptizismus*.

Es ist auch in diesem Falle leicht einzusehen, dass der Dogmatismus in erster Linie der Einstellung, die der Idee folgt, anhaftet, obschon die unbewusste Verwirklichung der Idee nicht eo ipso Dogmatismus ist. Gleichwohl macht die Art und Weise, wie sich eine unbewusste Idee sozusagen gewaltsam verwirklicht, auf Aussenstehende den Eindruck, als ob der nach Ideen

Denkende von einem Dogma ausginge, in dessen starre Schranken der Erfahrungsstoff gepresst wird. Die Einstellung, die sich nach dem Objekt richtet, erscheint selbstverständlich in Bezug auf alle Ideen a priori als skeptisch, denn sie will in erster Linie das Objekt und die Erfahrung zum Worte kommen lassen, unbekümmert um allgemeine Ideen. Der Skeptizismus ist in diesem Sinne sogar eine unerlässliche Vorbedingung aller Empirie.

Auch dieses Gegensatzpaar bestätigt die wesentliche Ähnlichkeit der James'schen Typen mit den meinigen.

3. Zur Kritik der James'schen Auffassung.

Wenn ich die James'sche Auffassung kritisiere, so muss ich vor allem hervorheben, dass sie sich fast ausschliesslich mit den Denkqualitäten der Typen beschäftigt. In einem philosophischen Werke ist dies wohl kaum anders zu erwarten. Diese durch den Rahmen bedingte Einseitigkeit gibt aber leicht Anlass zu Verwirrung. Es ist nämlich nicht schwer, diese oder jene Eigenschaften oder sogar einige davon am entgegengesetzten Typus nachzuweisen. Z. B. gibt es Empiriker, die dogmatisch, religiös, idealistisch, intellektualistisch und rationalistisch sind, und umgekehrt gibt es Ideologen, die materialistisch, pessimistisch, deterministisch, und irreligiös sind. Wenn man schon darauf hinweisen kann, dass diese Ausdrücke sehr komplexe Tatbestände bezeichnen, wobei noch sehr verschiedene Nuancen in Frage kommen, so ist damit der Möglichkeit der Verwirrung doch nicht abgeholfen. Die James'schen Ausdrücke sind einzeln genommen zu *weit* und geben nur in ihrer Gesamtheit ein ungefähres Bild des typischen Gegensatzes, ohne ihn damit aber auf eine einfache Formel zu bringen. Im ganzen sind die James'schen Typen eine wertvolle Ergänzung des Typen-Bildes, das wir aus den übrigen Quellen gewonnen haben. James gebührt das grosse Verdienst, zum ersten Male mit einer gewissen Ausführlichkeit auf die ausserordentliche Bedeutung der Temperamente für die Gestaltung des philosophischen Denkens hingewiesen zu haben. Seine pragmatische Auffassung will die Gegensätze der durch Temperamentunterschied bedingten philosophischen Anschauungen vereinigen. Bekanntlich ist der Pragmatismus eine aus der englischen Philosophie (F. C. S. *Schiller*) stammende, weit verbreitete philosophische Strömung, welche der „Wahrheit" einen auf ihre praktische Wirksamkeit und Nützlichkeit beschränkten Wert zuerkennt, unter Umständen unbekümmert um ihre Anfechtbarkeit von diesem oder jenem Standpunkt aus. Es ist nun bezeichnend, dass James seine Darstellung dieser philosophischen Ansicht gerade mit dem Typengegensatz einleitet und damit die Notwendigkeit einer pragmatischen Anschauung sozusagen begründet. Damit wiederholt sich jenes Schauspiel, das uns das frühe Mittelalter schon dargeboten hat. Der damalige Gegensatz lautete: Nominalismus versus Realismus, und es war

Abälard, welcher im Sermonismus oder Conceptualismus eine Vereinigung suchte. Da aber der damaligen Auffassung der psychologische Gesichtspunkt völlig abging, so fiel auch sein Lösungsversuch dementsprechend einseitig logisch-intellektualistisch aus. James greift tiefer, er fasst den Gegensatz psychologisch auf und versucht dementsprechend eine pragmatische Lösung. Man darf sich hinsichtlich des Wertes dieser Lösung allerdings keinen Illusionen hingeben: der Pragmatismus ist nur ein Notbehelf, der solange Anspruch auf Gültigkeit erheben darf, als ausser den durch Temperament gefärbten Erkenntnismöglichkeiten des Intellektes keine andern Quellen aufgeschlossen sind, welche der philosophischen Anschauungsbildung neue Elemente hinzufügen könnten. *Bergson* hat uns allerdings auf die Intuition und auf die Möglichkeit einer „intuitiven Methode" hingewiesen. Aber es ist, wie bekannt, beim blossen *Hinweis* geblieben. Ein *Nachweis* der Methode fehlt und wird auch so leicht nicht zu erbringen sein, obschon Bergson auf seine Begriffe des „élan vital" und der „durée créatrice" als Resultate der Intuition hinweisen darf. Abgesehen von dieser intuitiv erfassten Grundanschauung, die ihre psychologische Berechtigung von der Tatsache herleitet, dass sie schon dem Altertum, speziell dem Neuplatonismus, eine durchaus geläufige Anschauungskombination war, ist die Bergsonsche Methode intellektualistisch und nicht intuitiv. In unvergleichlich höherm Masse hat *Nietzsche* die intuitive Quelle genützt und sich damit vom blossen Intellekt in seiner philosophischen Anschauungsbildung befreit, allerdings in einer Art und Weise und in einem solchen Grade, dass sein Intuitionismus die Grenzen einer *philosophischen* Weltanschauung bei weitem überschritt, und zu einer künstlerischen Tat führte, die eine der philosophischen Kritik gutenteils unzugängliche Grösse darstellt. Ich meine damit natürlich den „Zarathustra" und nicht die philosophischen Aphorismensammlungen, welche einer in erster Linie psychologischen Kritik zugänglich sind, und zwar um ihrer vorwiegend intellektualistischen Methode willen. Wenn man also von einer „intuitiven Methode" überhaupt sprechen darf, so hat meines Erachtens *Nietzsches* „Zarathustra" dafür das beste Exempel gegeben und zugleich die Möglichkeit nichtintellektualistischer und doch philosophischer Problemerfassung schlagend dargetan. Als Vorläufer des *Nietzsche*schen Intuitionismus erscheinen mir *Schopenhauer* und *Hegel*, ersterer wegen der seine Anschauung ausschlaggebend beeinflussenden *Gefühlsintuition*, letzterer wegen der seinem System zu Grunde liegenden *ideellen* Intuition. Bei diesen beiden Vorläufern stand — wenn dieser Ausdruck mir gestattet ist — die Intuition unterhalb des Intellektes, bei *Nietzsche* jedoch oberhalb.

Der Gegensatz der beiden „Wahrheiten" erfordert zunächst eine pragmatische Einstellung, wenn man überhaupt dem andern Standpunkt gerecht werden will. So unerlässlich die pragmatische Methode ist, so setzt sie doch zuviel Resignation voraus und so verbindet sie sich fast unausweichlich mit einem Mangel an schöpferischer Gestaltung. Die Lösung des Konfliktes der Gegensätze aber erfolgt weder durch logisch-intellektualistische Kompromissbildung wie im Conceptualismus, noch durch pragmatische Bemessung des praktischen Wertes logisch unvereinbarer Anschauungen, sondern einzig und allein in der positiven Schöpfung oder Tat, welche die Gegensätze als nötige Elemente der Koordination in sich aufnimmt, so wie eine koordinierte Muskelbewegung immer auch die Innervation der Antagonisten in sich begreift. Der Pragmatismus kann darum nichts anderes sein, als eine Übergangseinstellung, welche der schöpferischen Tat den Weg bereiten soll durch die Beseitigung von Vorurteilen. Den neuen Weg, den der Pragmatismus vorbereitet, und auf den Bergson hinweist, hat, wie es mir scheint, die deutsche — allerdings nicht akademische — Philosophie bereits beschritten: es ist *Nietzsche*, der mit der ihm eigenen Gewaltsamkeit diese verschlossene Türe aufgebrochen hat. Seine Tat führt über das Unbefriedigende der pragmatischen Lösung hinaus und zwar ebenso gründlich, wie die pragmatische Anerkennung des Lebenswertes einer Wahrheit die trockene Einseitigkeit des unbewussten Conceptualismus der nachabälardschen Philosophie überwunden — und noch zu überwinden hat.

IX
Das Typenproblem in der Biographik.

IX.
Das Typenproblem in der Biographik.

Wie man fast erwarten darf, liefert auch das Gebiet der *Biographik* seinen Beitrag zum Problem der psychologischen Typen. Es ist der naturwissenschaftlichen Methodik eines *Wilhelm Ostwald*[294] zu verdanken, dass durch die Vergleichung einer Anzahl von Biographien hervorragender Naturforscher sich eine typische psychologische Gegensätzlichkeit herausgestellt hat, welche Ostwald als den *klassischen und den romantischen Typus* bezeichnet.[295] „Während der erste", sagt Ostwald, „durch die allseitige Vollendung jeder einzelnen Leistung, aber gleichzeitig durch ein zurückgezogenes Wesen und eine geringe persönliche Wirksamkeit auf seine Umgebung gekennzeichnet ist, fällt der Romantiker durch die entgegengesetzten Eigenschaften auf. Nicht sowohl Vollendung der einzelnen Arbeit, als Mannigfaltigkeit und auffallende Originalität zahlreicher, schnell aufeinanderfolgender Leistungen ist ihm eigen, und auf seine Zeitgenossen pflegt er unmittelbar und stark einzuwirken." „Und es soll betont werden, dass die mentale Reaktionsgeschwindigkeit massgebend dafür ist, ob der Entdecker dem einen Typus oder dem andern zugehört. Forscher mit sehr grosser Reaktionsgeschwindigkeit sind Romantiker, solche mit geringer sind Klassiker."[296] Der Klassiker hat eine langsame Produktionsweise und bringt zuweilen erst relativ spät die reifsten Früchte seines Geistes hervor.[297] Ein nach Ostwald nie fehlendes Kennzeichen des klassischen Typus ist das „unbedingte Bedürfnis, der Öffentlichkeit gegenüber frei von Irrtum dazustehen".[298] Dem klassischen Typus ist als Ersatz für die „mangelnde persönliche Wirkung eine umso ausgiebigere durch die Schrift gewährt".[299] Allerdings scheinen dieser Wirkung auch Grenzen gesteckt zu sein, wie der folgende, von Ostwald erwähnte Fall aus der Biographie von *Helmholtz* erkennen lässt: Anlässlich der mathematischen Untersuchungen von Helmholtz über die Wirkungen von Induktionsschlägen schreibt *Du Bois-Reymond* an den Forscher: „Du musst — nimm es mir nicht übel — durchaus mehr Sorgfalt darauf wenden, von Deinem eigenen Standpunkt des Wissens zu abstrahieren, und Dich auf den Standpunkt derer zu stellen, die noch nicht wissen, um was es sich handelt, und was Du ihnen auseinandersetzen willst." Helmholtz antwortete dagegen: „Was die Darstellung in dem Aufsatze anlangt, so hat sie mir gerade diesmal viel Mühe gemacht, und ich glaubte zuletzt, mit ihr zufrieden sein zu dürfen." Ostwald bemerkt dazu: „Auf die Frage nach dem Leser geht er gar nicht ein, da er nach Art des Klassikers *für sich selbst schreibt*, d. h. so, dass die Darstellung ihm einwandfrei erscheint, und nicht für andere." Es ist charakteristisch, was Du Bois in demselben Brief an Helmholtz schreibt: „Ich habe Deine Abhandlung und den Auszug ein paar Mal durchgelesen, ohne zu begreifen, was Du eigentlich gemacht hattest, und wie Du es gemacht hattest. Endlich erfand ich selbst Deine Methode, und nun verstand ich erst allmählich Deine Darstellung."

Dieser Fall ist im Leben des klassischen Typus, dem es selten oder nie glückt, „gleichgeartete Seelen an der seinen zu entzünden"[300], ein durchaus typisches Vorkommnis und zeigt, dass die ihm zuerkannte Wirkung durch die Schrift wohl hauptsächlich davon herrührt, dass er in der Regel erst posthum wirkt, d. h. wenn er aus seinen Schriften nachentdeckt wird, wie es etwa *Robert Mayer* gegangen ist. Auch seinen Schriften scheint sehr oft die überzeugende, zündende, unmittelbar persönliche Wirkung abzugehen, denn die Schrift ist schliesslich ein ebenso persönlicher Ausdruck, wie die Konversation oder der Vortrag. Die durch die Schrift vermittelte Wirkung des Klassikers beruht also weniger auf den äussern anregenden Qualitäten seiner Schrift, als vielmehr auf den Umstand, dass die Schrift schliesslich das einzige ist, was von ihm übrig bleibt und woraus sich nachträglich rekonstruieren lässt, was die Leistung des Mannes war. Denn es scheint eine auch aus der Beschreibung Ostwalds hervorgehende Tatsache zu sein, dass der Klassiker selten mitteilt, was er tut, und wie er es tut, sondern was er erreicht hat, ohne Rücksicht darauf, dass sein Publikum keine Ahnung von seinem Wege besitzt. Es scheint, dass für den Klassiker der Weg, die Art und Weise seines Schaffens von geringerer Bedeutung sind, weil sie mit seiner Persönlichkeit, die er im Hintergrund hält, auf's innigste verknüpft sind.

Ostwald vergleicht seine beiden Typen den 4 alten Temperamenten[301] und zwar hinsichtlich der ihm fundamental erscheinenden Eigentümlichkeit der langsamen und der geschwinden Reaktion. Die langsame Reaktion entspricht dem phlegmatischen und melancholischen Temperament, die geschwinde Reaktion dem sanguinischen und cholerischen. Er betrachtet den sanguinischen und den phlegmatischen Typus als die normalen Mitteltypen, während ihm der cholerische und der melancholische Typus als krankhafte Übertreibung der Grundcharaktere erscheinen. Es ist, wenn man die Biographien von *Humphry Davy* und *Liebig* einerseits und von *Robert Mayer* und *Faraday* andererseits überblickt, tatsächlich leicht, zu erkennen, dass erstere zugleich ausgesprochene „Romantiker" *und* sanguinisch-cholerisch, letztere dagegen ebenso deutliche „Klassiker" *und* phlegmatisch-melancholisch sind. Diese Überlegung Ostwalds erscheint mir als durchaus überzeugend, denn die 4 alten Temperamente sind sehr wahrscheinlich nach dem gleichen Erfahrungsprinzip konstruiert worden, nachdem Ostwald auch den klassischen und romantischen Typus aufgestellt hat. Die 4

Temperamente sind offenbare Unterscheidungen nach dem Gesichtspunkt der Affektivität, d. h. der in Erscheinung tretenden affektiven Reaktionen. Diese Klassifikation ist aber, vom psychologischen Standpunkt aus, *oberflächlich*; sie urteilt ausschliesslich nach der äussern Erscheinung. Nach dieser alten Einteilung gehört ein Mensch, der sich äusserlich ruhig und unauffällig benimmt, zum phlegmatischen Temperament. Er gilt als „phlegmatisch" und wird damit eingereiht bei den Phlegmatikern. In Wirklichkeit aber kann es so sein, dass er alles ist, nur kein Phlegmatiker, sondern sogar eine empfindsame, ja leidenschaftliche Natur, bei der die Emotion ganz nach innen verläuft, und die stärkste innere Erregung sich durch die grösste äussere Ruhe ausdrückt. Dieser Tatsache trägt die *Jordan*sche Typenauffassung Rechnung. Sie urteilt nicht nach dem oberflächlichen Eindruck, sondern nach einer tiefern Erfassung der menschlichen Natur. Ostwalds fundamentales Unterscheidungsmerkmal beruht, wie die alte Temperamenteinteilung, auf dem äussern Eindruck. Sein „romantischer" Typus ist charakterisiert durch die Tatsache *rascher Reaktion nach aussen*. Der „klassische" Typus reagiert vielleicht ebenso rasch, aber eben *nach innen*. Wenn man die Ostwaldschen Biographien, durchgeht, so sieht man ohne weiteres, dass der „romantische" Typus dem extravertierten, und der „klassische" Typus dem introvertierten entspricht. *Humphry Davy* und *Liebig* sind Schulbeispiele für den extravertierten Typus, wie *Rob. Mayer* und *Faraday* für den introvertierten Typus. Das Reagieren nach aussen ist für den Extravertierten charakteristisch, wie das Reagieren nach innen für den Introvertierten. Der Extravertierte hat keine besondern Schwierigkeiten in seiner persönlichen Äusserung, er bringt seine Gegenwart fast unwillkürlich zur Geltung, weil er seiner ganzen Natur nach dahin strebt, sich dem Objekt zu übertragen. Er gibt sich leicht an die Umwelt aus und zwar notwendigerweise in einer der Umgebung fasslichen und darum akzeptabeln Form. Die Form ist in der Regel gefällig, jedenfalls aber verständlich, auch wenn sie unangenehm ist. Denn es gehört zum raschen Reagieren und Entäussern, dass nicht nur Wertvolles, sondern auch Wertloses dem Objekt übertragen wird, neben Gewinnendem auch abstossende Gedanken und Affekte. Wegen der raschen Entäusserung und Übertragung sind die Inhalte wenig überarbeitet und darum leicht verständlich und schon aus der bloss zeitlichen Aneinanderreihung der unmittelbaren Äusserungen entsteht eine Stufenfolge von Bildern, welche dem Publikum deutlich den begangenen Weg und die Art und Weise, wie der Forscher zu seinem Resultat gelangt, dartun. Der Introvertierte dagegen, der zunächst bloss nach innen reagiert, entäussert sich in der Regel seiner Reaktionen nicht (Affektexplosionen ausgenommen!). Er verschweigt seine Reaktionen, die aber ebenso rasch sein können wie die des Extravertierten. Sie treten darum nicht in die Erscheinung, und daher macht der Introvertierte leicht den Eindruck der Langsamkeit. Weil unmittelbare Reaktionen immer stark persönlich sind, so kann der Extravertierte gar nicht anders als seine Persönlichkeit erscheinen zu lassen. Der Introvertierte dagegen versteckt seine Persönlichkeit, indem er seine unmittelbaren Reaktionen verschweigt. Er strebt nicht nach Einfühlung, nach Übertragung seiner Inhalte auf das Objekt, sondern nach Abstraktion vom Objekt. Er zieht es darum vor, statt seine Reaktionen unmittelbar zu entäussern, sie innerlich lange zu bearbeiten, um dann mit einem fertigen Resultat herauszutreten. Er strebt darnach sein Resultat vom Persönlichen möglichst zu befreien und als von jeder persönlichen Beziehung klar unterschieden darzustellen. Seine Inhalte treten daher an die Aussenwelt in möglichst abstrahierter und depersonalisierter Form als Resultate langer innerer Arbeit. Damit sind sie aber auch schwerverständlich geworden, weil dem Publikum jegliche Kenntnis der Vorstufen und der Art und Weise, wie der Forscher zu seinem Resultat gelangte, fehlt. Dem Publikum fehlt auch die persönliche Beziehung, weil der Introvertierte sich verschweigt und dadurch seine Persönlichkeit ihm verhüllt. Es sind aber gerade die persönlichen Beziehungen, welche sehr oft da ein Verständnis ermöglichen, wo das intellektuelle Begreifen versagt. Dieser Umstand muss immer sorgfältig berücksichtigt werden, wo es sich um die Beurteilung der Entwicklung eines Introvertierten handelt. Man ist über den Introvertierten in der Regel schlecht informiert, denn man kann ihn nicht sehen. Weil er nicht unmittelbar nach aussen reagieren kann, so tritt auch seine Persönlichkeit nicht hervor. Sein Leben lässt daher dem Publikum immer Spielraum zu phantastischen Deutungen und Projektionen, wenn er — z. B. vermöge seiner Leistungen — überhaupt je zum Gegenstand des allgemeinen Interesses wird.

Wenn daher *Ostwald* sagt, dass die *geistige Frühreife* für den Romantiker charakteristisch sei, so müssen wir hinzufügen, dass der Romantiker seine Frühreife eben zeigt, während der Klassiker vielleicht ebenso frühreif sein kann, seine Produkte aber in sich verschliesst, nicht aus Absicht, sondern aus Unvermögen, sich ihrer unmittelbar zu entäussern. Wegen der mangelhaften Gefühlsdifferenzierung haftet dem Introvertierten noch sehr lange eine gewisse Linkischkeit an, ein eigentlicher Infantilismus der persönlichen Beziehung, d. h. desjenigen Elementes, das der Engländer als „personality" bezeichnet. Seine persönliche Äusserung ist dermassen unsicher und unbestimmt, und er selber in dieser Hinsicht dermassen empfindlich, dass er es nur mit einem ihm vollendet erscheinenden Produkt wagen kann, sich der Umgebung zu zeigen. Auch zieht er es vor, sein Produkt für ihn sprechen zu lassen, anstatt dass er persönlich für sein Produkt eintritt. Aus dieser Einstellung ergibt sich natürlich eine so grosse Verzögerung seines Erscheinens auf der Szene der Welt, dass man ihn leicht als *spätreif* bezeichnen kann. Ein solch oberflächliches Urteil aber übersieht völlig den Umstand, dass der Infantilismus des scheinbar Frühreifen und nach aussen Differenzierten einfach innen ist, in seiner Beziehung zu seinem Innern.

Diese Tatsache offenbart sich erst später im Leben des Frühreifen, z. B. in Form einer moralischen Unreife, oder, was sehr häufig der Fall ist, in einem auffälligen Infantilismus des Denkens.

Der Romantiker hat in der Regel günstigere Möglichkeiten für seine Entwicklung und Entfaltung als der Klassiker, wie Ostwald richtig bemerkt. Er tritt eben sichtbar und überzeugend vor das Publikum, und lässt seine persönliche Bedeutung durch äussere Reaktionen unmittelbar erkennen. Es stellen sich dadurch für ihn rasch viele wertvolle Beziehungen her, welche seine Arbeit befruchten und deren Entwicklung nach der *Breite*[302] hin begünstigen. Umgekehrt bleibt der Klassiker verborgen; der Mangel an persönlichen Beziehungen beschränkt die Ausdehnung seines Arbeitsgebietes, dadurch aber gewinnt seine Tätigkeit an *Tiefe* und die Frucht seiner Arbeit an Dauerhaftigkeit. Die *Begeisterung* besitzen beide Typen, jedoch fliesst dem Extravertierten der Mund über, wessen ihm das Herz voll ist, während die Begeisterung dem Introvertierten den Mund schliesst. So entzündet er auch keine Begeisterung in seiner Umgebung, und daher fehlt ihm der Kreis ähnlich gearteter Mitarbeiter. Wenn er auch die Lust und den Drang zur Mitteilung hätte, so schreckt ihn doch der Lakonismus seines Ausdruckes und der dadurch bedingten verständnislosen Verwunderung seines Publikums von weitern Mitteilungen ab, denn sehr oft traut ihm auch niemand zu, dass er etwas irgendwie Außerordentliches mitzuteilen hätte. Sein Ausdruck, seine „personality“ erscheinen dem oberflächlichen Urteil als gewöhnlich, während der Romantiker nicht selten schon von Hause aus „interessant“ aussieht und die Kunst versteht, diesen Eindruck mit erlaubten oder auch unerlaubten Mitteln noch zu unterstreichen. Diese differenzierte Ausdrucksfähigkeit ist ein passender Hintergrund zu bedeutenden Gedanken und hilft dem mangelhaften Verständnis des Publikums entgegenkommend über die Lücken seines Denkens hinweg. Es ist darum durchaus für den Typus zutreffend, wenn Ostwald die erfolgreiche und glänzende Lehrtätigkeit des Romantikers hervorhebt. *Der Romantiker fühlt sich in den Schüler ein* und weiss darum im richtigen Augenblick das richtige Wort. Der Klassiker dagegen ist bei seinen Gedanken und Problemen und übersieht darum völlig die Schwierigkeiten des Verstehens bei seinem Schüler. Vom Klassiker *Helmholtz* bemerkt Ostwald[303]: Er ist „trotz seines riesigen Wissens, seiner umfassenden Erfahrung und seines schöpferischen Geistes nie ein guter Lehrer gewesen: er reagierte nicht augenblicklich, sondern erst nach einiger Zeit. Wenn ihm im Laboratorium ein Schüler eine Frage vorgelegt hatte, so versprach er, darüber nachzudenken und brachte auch nach einigen Tagen die Antwort. Diese befand sich aber um eine so weite Strecke von der Stellung des Schülers entfernt, dass dieser nur in den seltensten Fällen den Zusammenhang zwischen der Schwierigkeit, welche er empfunden hatte, und der abgerundeten Theorie eines allgemeinen Problems, die ihm der Lehrer vortrug, herauszubringen vermochte. So fehlte nicht nur die augenblickliche Hilfe, auf die es dem Anfänger am meisten ankommt, sondern auch die unmittelbar auf die Persönlichkeit des Schülers bemessene Führung, durch welche dieser von der anfänglichen natürlichen Unselbständigkeit in kleinen Stufen zu der vollkommenen Beherrschung des gewählten wissenschaftlichen Gebietes entwickelt wird. Alle diese Mängel rühren ganz unmittelbar daher, dass der Lehrer nicht sofort auf das eben aufgetretene Lernbedürfnis zu reagieren vermag, sondern für die erwartete und erwünschte Einwirkung solange Zeit braucht, dass die Wirkung selbst darüber verloren geht."

Ostwald's Erklärung durch die Langsamkeit der Reaktion des Introvertierten erscheint mir ungenügend. Es ist nicht nachzuweisen, dass Helmholtz eine geringe Reaktionsgeschwindigkeit besass. Er reagiert bloss nicht nach aussen, sondern nach innen. Er ist in den Schüler nicht eingefühlt, darum versteht er nicht, was der Schüler wünscht. Weil er ganz auf seine Gedanken eingestellt ist, so reagiert er nicht auf den persönlichen Wunsch des Schülers, sondern auf die Gedanken, welche die Frage des Schülers in ihm angeregt hat, und zwar so rasch und gründlich, dass er sofort einen weitern Zusammenhang ahnt, den er im Moment zu überblicken und in abstrakter und ausgearbeiteter Form wiederzugeben unfähig ist, aber nicht, weil er zu langsam denkt, sondern weil es objektiv unmöglich ist, die ganze Ausdehnung des geahnten Problems in einem Augenblick in eine fertige Formel zu fassen. Er merkt natürlich nicht, dass der Schüler keine Ahnung von diesem Problem hat, sondern ist der Meinung, dass es sich um ein Problem handle und nicht um einen für ihn höchst einfachen und billigen Rat, den er ohne weiteres zu erteilen im Stande wäre, wenn er sich nur klar machen könnte, was der Schüler in diesem Moment braucht, um weiter zu kommen. Als Introvertierter ist er aber nicht in die Psychologie des Andern eingefühlt, sondern er ist nach innen, in seine eigenen theoretischen Probleme eingefühlt und spinnt den vom Schüler aufgenommenen Faden dem theoretischen Problem entlang weiter, wohl dem Problem angepasst, nicht aber dem augenblicklichen Bedürfnis des Schülers. Diese eigentümliche Einstellung des introvertierten Lehrers ist in Hinsicht der Lehrtätigkeit natürlich sehr unzweckmässig und auch ungünstig hinsichtlich des persönlichen Eindruckes, den der Introvertierte macht. Er erweckt den Eindruck der Langsamkeit, Sonderbarkeit, ja sogar der Beschränktheit, daher er nicht nur von einem weitern Publikum, sondern auch von seinen engern Fachgenossen sehr oft unterschätzt wird, solange bis seine Gedankenarbeit von spätern Forschern nachgedacht, überarbeitet und übersetzt ist. Der Mathematiker *Gauss* hatte eine solche Lehrunlust, dass er jedem einzelnen Studenten, der sich bei ihm meldete, die Mitteilung machte, sein Kolleg würde wahrscheinlich nicht zu Stande kommen, um auf diese Weise, der Notwendigkeit, lesen zu müssen, sich zu entledigen. Das Peinliche an der Lehrtätigkeit lag für ihn, wie Ostwald treffend bemerkt, in der

„Notwendigkeit, in der Vorlesung wissenschaftliche Resultate aussprechen zu müssen, ohne vorher auf das Eingehendste den Wortlaut festgestellt und ausgefeilt zu haben. Ohne diese Bearbeitung seine Ergebnisse andern mitzuteilen, mag ihm ein Gefühl erregt haben, als sollte er sich Fremden im Nachtgewande zeigen.“[304] Mit dieser Bemerkung berührt Ostwald einen sehr wesentlichen Punkt, nämlich die oben schon erwähnte Abneigung des Introvertierten, andere als ganz unpersönliche Mitteilungen an die Umgebung gelangen zu lassen.

Ostwald hebt hervor, dass der Romantiker in der Regel seine Laufbahn schon relativ frühe abschliessen muss wegen überhandnehmender Erschöpfung. Ostwald ist geneigt, diese Tatsache ebenfalls durch die grössere Reaktionsgeschwindigkeit zu erklären. Da ich der Ansicht bin, dass der Begriff der mentalen Reaktionsgeschwindigkeit wissenschaftlich bei weitem noch nicht geklärt ist, und es bis jetzt keineswegs nachgewiesen ist, auch kaum nachzuweisen sein wird, dass die Reaktion nach aussen rascher erfolgt, als die nach innen, so scheint mir die frühere Erschöpfung des extravertierten Entdeckers wesentlich auf der ihm eigentümlichen Reaktion nach aussen zu beruhen. Er fängt schon sehr frühe an zu publizieren, wird rasch bekannt, entfaltet bald eine intensive publizistische und akademische Tätigkeit, pflegt persönliche Beziehungen zu einem ausgedehnten Freundes- und Bekanntenkreis und nimmt überdies ungewöhnlichen Anteil an der Entwicklung seiner Schüler. Der introvertierte Forscher fängt später an zu publizieren, seine Arbeiten folgen einander in grössern Zwischenräumen, sind meistens spärlicher im Ausdruck, Wiederholungen eines Themas sind vermieden, insofern nicht etwas grundlegend Neues dazu vorgebracht werden kann; infolge des prägnanten Lakonismus der wissenschaftlichen Mitteilung, die häufig alle Angaben über den zurückgelegten Weg oder über die bearbeiteten Materialien vermissen lässt, werden seine Arbeiten nicht verstanden und nicht beachtet und so bleibt der Forscher unbekannt. Seine Lehrunlust sucht keine Schüler, seine mangelnde Bekanntheit schliesst Beziehungen zu einem grössern Bekanntenkreis aus, und daher lebt er in der Regel nicht nur aus Not, sondern auch aus Wahl zurückgezogen, der Gefahr entrückt, sich zu viel auszugeben. Seine Reaktion nach innen führt ihn immer wieder zu den engbegrenzten Wegen seiner Forschertätigkeit, die an sich zwar sehr anstrengend und auf die Dauer ebenfalls erschöpfend wirkt, aber keine Nebenausgaben auf Bekannte und Schüler zulässt. Allerdings fällt erschwerend in Betracht, dass der offenkundige Erfolg des Romantikers auch eine lebenfördernde Erfrischung ist, die dem Klassiker sehr oft versagt bleibt, sodass er seine einzige Befriedigung in der Vollendung seiner Forscherarbeit zu suchen gezwungen ist. Es scheint mir daher, dass die relativ frühzeitige Erschöpfung des romantischen Genies auf der *Reaktion nach aussen* beruht, und nicht auf der grössern Reaktionsgeschwindigkeit.

Ostwald denkt sich seine Typeneinteilung nicht als absolut in dem Sinne, dass nun jeder Forscher ohne weiteres als dem einen oder andern Typus zugehörig dargestellt werden könnte. Er ist aber der Ansicht, „dass gerade die ganz Grossen“ sich sehr oft auf das bestimmteste in die eine oder andere Endgruppe einreihen lassen, während die „mittlern Leute“ viel häufiger auch die Mittelglieder bezüglich der Reaktionsgeschwindigkeit darstellen.[305]

Zusammenfassend möchte ich bemerken, dass die Ostwaldschen Biographien ein für die Psychologie der Typen zum Teil sehr wertvolles Material enthalten und die Übereinstimmung des romantischen mit dem extravertierten einerseits, und die des klassischen mit dem introvertierten Typus schlagend dartun.

X
Allgemeine Beschreibung der Typen.

X.
Allgemeine Beschreibung der Typen.

A. Einleitung.

Im folgenden will ich versuchen, eine allgemeine Beschreibung der Psychologie der Typen zu geben. Zunächst soll dies geschehen für die beiden allgemeinen Typen, die ich als introvertiert und als extravertiert bezeichnet habe. Im Anschluss werde ich dann noch versuchen eine gewisse Charakteristik jener speziellern Typen zu geben, deren Eigenart dadurch zustande kommt, dass das Individuum sich hauptsächlich mittelst der bei ihm am meisten differenzierten Funktion anpasst oder orientiert. Ich möchte erstere als *allgemeine Einstellungstypen*, die sich durch die Richtung ihres Interesses, ihrer Libidobewegung, unterscheiden, letztere dagegen als *Funktionstypen* bezeichnen.

Die allgemeinen Einstellungstypen unterscheiden sich, wie in den frühern Kapiteln vielfach hervorgehoben wurde, durch ihre eigentümliche Einstellung zum Objekt. Der Introvertierte verhält sich dazu abstrahierend; er ist im Grunde genommen immer darauf bedacht, dem Objekt die Libido zu entziehen, wie wenn er einer Übermacht des Objektes vorzubeugen hätte. Der Extravertierte dagegen verhält sich positiv zum Objekt. Er bejaht dessen Bedeutung in dem Masse, dass er seine subjektive Einstellung beständig nach dem Objekt orientiert und darauf bezieht. Im Grunde genommen hat das Objekt für ihn nie genügend Wert und darum muss dessen Bedeutung erhöht werden. Die beiden Typen sind dermassen verschieden und ihr Gegensatz ist so auffällig, dass ihre Existenz auch dem Laien in psychologischen Dingen ohne weiteres einleuchtend ist, wenn man ihn einmal darauf aufmerksam gemacht hat. Jedermann kennt jene verschlossenen, schwer zu durchschauenden, oft scheuen Naturen, die den denkbar stärksten Gegensatz bilden zu jenen andern offenen, umgänglichen, öfters heitern oder wenigstens freundlichen und zugänglichen Charakteren, die mit aller Welt auskommen oder auch sich streiten, aber doch in Beziehung dazu stehen, auf sie wirken und auf sich wirken lassen. Man ist natürlich geneigt, solche Unterschiede zunächst nur als individuelle Fälle eigenartiger Charakterbildung aufzufassen. Wer aber Gelegenheit hat, viele Menschen gründlich kennen zu lernen, wird unschwer die Entdeckung machen, dass es sich bei diesem Gegensatz keineswegs um isolierte Individualfälle handelt, sondern vielmehr um typische Einstellungen, die weit allgemeiner sind, als eine beschränkte psychologische Erfahrung zunächst annehmen musste. In der Tat handelt es sich, wie die vorausgegangenen Kapitel gezeigt haben dürften, um einen fundamentalen Gegensatz, der bald deutlich, bald undeutlicher ist, immer aber sichtbar wird, wo es sich um Individuen von einigermassen ausgesprochener Persönlichkeit handelt. Solche Menschen treffen wir nicht nur etwa unter den Gebildeten, sondern überhaupt in allen Bevölkerungsschichten an, weshalb sich unsere Typen ebensowohl beim gewöhnlichen Arbeiter und Bauern, wie bei den Höchstdifferenzierten einer Nation nachweisen lassen. Auch der Unterschied des Geschlechtes ändert an dieser Tatsache nichts. Man findet die gleichen Gegensätze auch bei den Frauen aller Bevölkerungsschichten. Eine derart allgemeine Verbreitung könnte wohl kaum vorkommen, wenn es sich um eine Angelegenheit des Bewusstseins, d. h. um eine bewusst und absichtlich gewählte Einstellung handelte. In diesem Falle wäre gewiss eine bestimmte, durch gleichartige Erziehung und Bildung zusammenhängende und dementsprechend lokal begrenzte Bevölkerungsschicht der hauptsächlichste Träger einer solchen Einstellung. Dem ist nun keineswegs so, sondern in geradem Gegenteil dazu verteilen sich die Typen anscheinend wahllos. In derselben Familie ist das eine Kind introvertiert, das andere extravertiert. Da der Einstellungstypus, diesen Tatsachen entsprechend, als allgemeines und anscheinend zufällig verteiltes Phänomen, keine Angelegenheit bewussten Urteils oder bewusster Absicht sein kann, so muss er wohl einem unbewussten, instinktiven Grunde sein Dasein verdanken. Der Typengegensatz muss daher, als ein allgemeines psychologisches Phänomen irgendwie seine biologischen Vorläufer haben.

Die Beziehung zwischen Subjekt und Objekt ist, biologisch betrachtet, immer ein *Anpassungsverhältnis*, indem jede Beziehung zwischen Subjekt und Objekt modifizierende Wirkungen des einen auf das andere voraussetzt. Diese Modifikationen machen die Anpassung aus. Die typischen Einstellungen zum Objekt sind daher Anpassungsprozesse. Die Natur kennt zwei fundamental verschiedene Wege der Anpassung und der dadurch ermöglichten Fortexistenz der lebenden Organismen: der eine Weg ist die gesteigerte Fruchtbarkeit bei relativ geringer Verteidigungsstärke und Lebensdauer des einzelnen Individuums; der andere Weg ist: Ausrüstung des Individuums mit vielerlei Mitteln der Selbsterhaltung bei relativ geringer Fruchtbarkeit. Dieser biologische Gegensatz scheint mir nicht bloss das Analogon, sondern auch die allgemeine Grundlage unserer beiden psychologischen Anpassungsmodi zu sein. Hier möchte ich mich auf einen allgemeinen Hinweis beschränken, auf die Eigenart des Extravertierten einerseits, sich beständig auszugeben und sich in alles hineinzuverbreiten, und auf die Tendenz des Introvertierten andererseits, sich gegen äussere Ansprüche zu verteidigen, sich möglichst aller Energieausgaben, die sich direkt auf das Objekt beziehen, zu enthalten, dafür aber sich selbst eine möglichst gesicherte und mächtige Position zu schaffen. *Blakes* Intuition hat die beiden darum nicht übel als den „prolific“ und den „devouring type“

bezeichnet. Wie die allgemeine Biologie zeigt, sind beide Wege gangbar und in ihrer Weise erfolgreich, so auch die typischen Einstellungen. Was der eine durch massenhafte Beziehungen zuwege bringt, erreicht der andere durch ein Monopol.

Die Tatsache, dass gelegentlich schon Kinder in den ersten Lebensjahren die typische Einstellung mit Sicherheit erkennen lassen, nötigt zu der Annahme, dass es keineswegs der Kampf ums Dasein, so wie man ihn allgemein versteht, sein kann, der zu einer bestimmten Einstellung zwingt. Man könnte allerdings, und zwar mit triftigen Gründen, einwenden, dass auch das unmündige Kind, ja sogar der Säugling schon eine psychologische Anpassungsleistung unbewusster Natur zu machen habe, indem besonders die Eigenart der mütterlichen Einflüsse zu spezifischen Reaktionen beim Kinde führe. Dieses Argument kann sich auf unzweifelhafte Tatsachen berufen, wird aber hinfällig durch die Erwähnung der ebenso zweifellosen Tatsache, dass zwei Kinder derselben Mutter schon frühe den entgegengesetzten Typus aufweisen können, ohne dass auch nur im geringsten eine Änderung der Einstellung der Mutter nachzuweisen wäre. Obschon ich unter keinen Umständen die fast unabsehbare Wichtigkeit der elterlichen Einflüsse unterschätzen möchte, so nötigt diese Erfahrung trotzdem zum Schlusse, dass der ausschlaggebende Faktor in der Disposition des Kindes zu suchen ist. Es ist wohl in letzter Linie der individuellen Disposition zuzuschreiben, dass bei möglichster Gleichartigkeit der äussern Bedingungen, das eine Kind diesen, und das andere jenen Typus annimmt. Ich habe hiebei natürlich nur jene Fälle im Auge, welche unter normalen Bedingungen stehen. Unter abnormen Bedingungen, d. h. wo es sich um extreme und daher abnorme Einstellungen bei Müttern handelt, kann den Kindern auch eine relativ gleichartige Einstellung aufgenötigt werden unter Vergewaltigung ihrer individuellen Disposition, die vielleicht einen andern Typus gewählt hätte, wenn keine abnormen äussern Einflüsse störend eingegriffen hätten. Wo eine solche, durch äussern Einfluss bedingte Verfälschung des Typus stattfindet, wird das Individuum später meistens neurotisch, und seine Heilung ist nur möglich durch Herausbildung der dem Individuum natürlicherweise entsprechenden Einstellung.

Was nun die eigenartige Disposition betrifft, so weiss ich darüber nichts zu sagen, als dass es offenbar Individuen gibt, die entweder eine grössere Leichtigkeit oder Fähigkeit haben, oder denen es zuträglicher ist, auf die eine und nicht auf die andere Weise sich anzupassen. Dafür dürften unserer Kenntnis unzugängliche, in letzter Linie physiologische Gründe in Frage kommen. Dass es solche sein könnten, wurde mir wahrscheinlich infolge der Erfahrung, dass eine Umkehrung des Typus das physiologische Wohlbefinden des Organismus unter Umständen schwer beeinträchtigen kann, indem sie meistens eine starke Erschöpfung verursacht.

B. Der extravertierte Typus.

Aus Gründen der Übersichtlichkeit und Klarheit der Darstellung ist es nötig, bei der Beschreibung dieses und der folgenden Typen die Psychologie des Bewussten und des Unbewussten auseinanderzuhalten. Wir wenden uns daher zuerst der Beschreibung der *Bewusstseinsphänomene* zu.

I. Die allgemeine Einstellung des Bewusstseins.

Wie bekannt, orientiert sich jedermann an den Daten, die ihm die Aussenwelt vermittelt; jedoch sehen wir, dass dies in einer mehr oder weniger ausschlaggebenden Weise der Fall sein kann. Der eine lässt sich durch die Tatsache, dass es draussen kalt ist, sofort veranlassen, seinen Überzieher anzuziehen, der andere aber findet dies aus Gründen seiner Abhärtungsabsicht überflüssig; der eine bewundert den neuen Tenor, weil alle Welt ihn bewundert, der andere bewundert ihn nicht, nicht etwa darum, weil er ihm missfiele, sondern weil er der Ansicht ist, was alle bewunderten, brauche noch lange nicht bewundernswert zu sein; der eine ordnet sich den gegebenen Verhältnissen unter, weil, wie die Erfahrung zeige, etwas anderes doch nicht möglich sei, der andere aber ist der Überzeugung, dass, wenn es schon tausendmal so gegangen sei, das tausend und erstemal ein neuer Fall vorliege, usw. Der erstere orientiert sich an den gegebenen äussern Tatsachen, der letztere reserviert sich eine Ansicht, welche sich zwischen ihn und das objektiv Gegebene hineinschiebt. Wenn nun die Orientierung am Objekt und am objektiv Gegebenen vorwiegt in der Weise, dass die häufigsten und hauptsächlichsten Entschlüsse und Handlungen nicht durch subjektive Ansichten, sondern durch objektive Verhältnisse bedingt sind, so spricht man von einer extravertierten Einstellung. Ist diese habituell, so spricht man von einem extravertierten Typus. Wenn einer so denkt, fühlt und handelt, mit einem Wort, so lebt, wie es den objektiven Verhältnissen und ihren Anforderungen *unmittelbar* entspricht, im guten wie im schlechten Sinne, so ist er extravertiert. Er lebt so, dass ersichtlicherweise das Objekt als determinierende Grösse in seinem Bewusstsein eine grössere Rolle spielt als seine subjektive Ansicht. Gewiss hat er subjektive Ansichten, aber ihre determinierende Kraft ist geringer, als die der äussern objektiven Bedingungen. Er erwartet daher auch nie, in seinem eigenen Innern auf irgend welche unbedingten Faktoren zu stossen, indem er solche nur aussen kennt. In epimetheischer Weise erliegt sein Inneres dem äussern Erfordernis, gewiss nicht ohne Kampf; aber das Ende fällt immer zu Gunsten der objektiven Bedingung aus. Sein ganzes Bewusstsein blickt nach aussen, weil ihm die wichtige und ausschlaggebende Determination immer von aussen zukommt. Sie kommt ihm aber so zu, weil er sie von dort erwartet. Aus dieser Grundeinstellung ergeben sich sozusagen alle Eigentümlichkeiten seiner

Psychologie, insofern diese nicht entweder auf dem Primat einer bestimmten psychologischen Funktion oder auf individuellen Besonderheiten beruhen.

Interesse und *Aufmerksamkeit* folgen den objektiven Vorkommnissen, in erster Linie denen der nächsten Umgebung. Es sind nicht nur die Personen, sondern auch die Dinge, welche das Interesse fesseln. Dementsprechend richtet sich auch das *Handeln* nach den Einflüssen von Personen und Dingen. Es ist direkt auf objektive Daten und Determinationen bezogen und aus ihnen sozusagen erschöpfend erklärbar. Das Handeln ist in erkennbarer Weise auf objektive Verhältnisse bezogen. Insofern das Handeln nicht bloss reaktiv ist in bezug auf Reize der Umgebung, so hat es doch stets einen auf reale Verhältnisse anwendbaren Charakter und findet innerhalb der Schranken des objektiv Gegebenen genügenden und angemessenen Spielraum. Es hat keinerlei irgendwie ernsthafte Tendenzen, darüber hinauszugehen. Dasselbe gilt vom Interesse: die objektiven Vorkommnisse sind von fast unerschöpflichem Reiz, sodass das Interesse normalerweise nie nach anderm verlangt. Die moralischen Gesetze des Handelns decken sich mit den entsprechenden Anforderungen der Societät, resp. mit der allgemein geltenden moralischen Auffassung. Wäre die allgemein geltende Anschauung eine andere, so wären auch die subjektiven moralischen Leitlinien andere, ohne dass damit am psychologischen Gesamthabitus irgend etwas geandert wäre. Diese strenge Bedingtheit durch objektive Faktoren bedeutet nun keineswegs, wie es etwa den Anschein erwecken könnte, eine völlige oder gar ideale Anpassung an die Lebensbedingungen überhaupt. Einer extravertierten Ansicht muss allerdings eine solche *Einpassung* in das objektiv Gegebene als eine völlige Anpassung erscheinen, denn dieser Ansicht ist ein anderes Kriterium überhaupt nicht gegeben. Es ist aber, von einem höhern Standpunkt aus, gar nicht gesagt, dass das objektiv Gegebene auch unter allen Umständen das Normale sei. Die objektiven Bedingungen können zeitgeschichtlich oder lokal abnorme sein. Ein Individuum, das in diese Verhältnisse eingepasst ist, macht zwar den abnormen Stil der Umgebung mit, ist aber, zugleich mit seiner ganzen Umgebung in einer abnormen Lage hinsichtlich der allgemein-gültigen Lebensgesetze. Der Einzelne kann dabei allerdings florieren, aber nur solange, bis er mit seiner ganzen Umgebung an der Versündigung gegen die allgemeinen Lebensgesetze zugrunde geht. Diesen Untergang muss er mit derselben Sicherheit mitmachen, mit der er vorher dem objektiv Gegebenen eingepasst war. Er hat Einpassung, aber nicht Anpassung, denn die Anpassung verlangt mehr als ein bloss reibungsloses Mitgehen mit den jeweiligen Bedingungen der unmittelbaren Umgebung. (Ich verweise auf *Spittelers* Epimetheus.) Sie verlangt eine Beobachtung jener Gesetze, welche allgemeiner sind als lokale und zeitgeschichtliche Bedingungen. Die blosse Einpassung ist die Beschränktheit des normalen extravertierten Typus. Seine Normalität verdankt der extravertierte Typus einerseits dem Umstande, dass er den gegebenen Verhältnissen relativ reibungslos eingepasst ist und natürlicherweise keine andern Ansprüche hat, als die objektiv gegebenen Möglichkeiten auszufüllen, also z. B. den Beruf zu ergreifen, der an dieser Stelle und zu dieser Zeit aussichtsreiche Möglichkeiten bietet, oder gerade das zu tun oder zu verfertigen, wessen die Umgebung momentan bedarf, und was sie von ihm erwartet, oder sich aller Neuerungen zu enthalten, welche nicht durchaus auf der Hand liegen, oder sonstwie über die Erwartung der Umgebung hinausgehen. Andererseits aber beruht seine Normalität auch auf dem wichtigen Umstand, dass der Extravertierte die Tatsächlichkeit seiner subjektiven Bedürfnisse und Notwendigkeiten in Rechnung zieht. Das ist nämlich sein schwacher Punkt, denn die Tendenz seines Typus geht dermassen nach aussen, dass leicht auch die sinnenfälligste aller subjektiven Tatsachen, nämlich das Befinden des Körpers, als zu wenig objektiv, als zu wenig „aussen" nicht genügend in Betracht fällt, sodass die zum physischen Wohlbefinden unerlässliche Befriedigung elementarer Bedürfnisse nicht mehr zustande kommt. Infolgedessen leidet der Körper, geschweige die Seele. Doch von diesem letztern Umstand merkt der Extravertierte in der Regel wenig, desto mehr aber seine intime häusliche Umgebung. Fühlbar wird ihm der Gleichgewichtsverlust erst dann, wenn sich abnorme Körperempfindungen melden.

Diese tastbare Tatsache kann er nicht übersehen. Es ist natürlich, dass er sie als concret und „objektiv" ansieht, denn für seine Mentalität gibt es nun einmal nichts anderes — bei ihm. Bei andern sieht er die „Einbildung" sofort. Eine zu extravertierte Einstellung kann auch dermassen rücksichtslos gegen das Subjekt werden, dass letzteres den sog. objektiven Anforderungen ganz aufgeopfert wird, z. B. durch ein beständiges Vergrössern des Geschäftes, weil doch Bestellungen vorliegen und weil doch die Möglichkeiten, die sich aufgetan haben, ausgefüllt werden müssen.

Die Gefahr des Extravertierten ist, dass er in die Objekte hineingezogen wird und sich selbst darin ganz verliert. Die daraus entstehenden funktionellen (nervösen) oder wirklichen körperlichen Störungen haben eine compensatorische Bedeutung, denn sie zwingen das Subjekt zu einer unfreiwilligen Selbstbeschränkung. Sind die Symptome funktionell, so können sie durch ihre eigentümliche Artung symbolisch die psychologische Situation ausdrücken, z. B. bei einem Sänger, dessen Ruhm rasch eine gefährliche Höhe erreicht, die ihn zu unverhältnismässigen Energieausgaben verführt, versagen aus nervöser Hemmung plötzlich die hohen Töne. Bei einem Manne, der sehr rasch aus bescheidensten Anfängen zu einer sehr einflussreichen und aussichtsvollen sozialen Stellung gelangt ist, stellen sich psychogen alle Symptome der Bergkrankheit ein. Ein Mann, der im Begriffe steht, eine von ihm vergötterte und masslos überschätzte Frau von sehr zweifelhaftem Charakter zu heiraten, wird von einem nervösen

Schlundkrampf befallen, der ihn zwingt, sich auf zwei Tassen Milch pro Tag zu beschränken, deren Aufnahme je drei Stunden erfordert. Damit ist er wirksam verhindert, seine Braut zu besuchen und kann sich nur noch mit der Ernährung seines Körpers beschäftigen. Ein Mann, der der Arbeitslast seines durch eigenen Verdienst enorm ausgedehnten Geschäftes nicht mehr gewachsen ist, wird von nervösen Durstanfällen heimgesucht, infolge deren er rasch einem hysterischen Alkoholismus verfällt. Wie mir scheint, ist die weitaus häufigste Neurose des extravertierten Typus die Hysterie. Der hysterische Schulfall ist immer durch einen übertriebenen Rapport mit den Personen der Umgebung charakterisiert, ebenso ist die geradezu imitatorische Einpassung in die Verhältnisse eine bezeichnende Eigentümlichkeit. Ein Grundzug des hysterischen Wesens ist die beständige Tendenz sich interessant zu machen und bei der Umgebung Eindrücke hervorzurufen. Ein Correlat dazu ist die sprichwörtliche Suggestibilität, die Beeinflussbarkeit durch andere Personen. Eine unverkennbare Extraversion zeigt sich auch in der Mitteilsamkeit der Hysterischen, welche gelegentlich bis zur Mitteilung rein phantastischer Inhalte geht, woher der Vorwurf der hysterischen Lüge stammt. Der hysterische „Charakter" ist zunächst eine Übertreibung der normalen Einstellung, dann aber kompliziert durch compensatorische Reaktionen von Seiten des Unbewussten, welche der übertriebenen Extraversion entgegen die psychische Energie durch körperliche Störungen zur Introversion zwingen. Durch die Reaktion des Unbewussten entsteht eine andere Kategorie von Symptomen, die mehr introvertierten Charakter haben. Hieher gehört vor allen Dingen die krankhaft gesteigerte Phantasietätigkeit. Nach dieser allgemeinen Charakterisierung der extravertierten Einstellung wenden wir uns nun der Beschreibung der Veränderungen, welche die psychologischen Grundfunktionen durch die extravertierte Einstellung erleiden, zu.

II. Die Einstellung des Unbewussten.

Es erscheint vielleicht befremdlich, wenn ich von einer „Einstellung des Unbewussten" spreche. Wie ich hinlänglich auseinandergesetzt habe, denke ich mir die Beziehung des Unbewussten zum Bewusstsein als compensatorisch. Nach dieser Ansicht käme dem Unbewussten ebensowohl eine Einstellung zu wie dem Bewusstsein.

Ich habe im vorangehenden Abschnitt die Tendenz der extravertierten Einstellung zu einer gewissen Einseitigkeit hervorgehoben, nämlich die Vormachtstellung des objektiven Faktors im Ablauf des psychischen Geschehens. Der extravertierte Typus ist stets versucht, sich (anscheinend) zu Gunsten des Objektes wegzugeben und sein Subjekt dem Objekt zu assimilieren. Ich habe ausführlich auf die Konsequenzen, die sich aus der Übertreibung der extravertierten Einstellung ergeben können, hingewiesen, nämlich auf die schädliche Unterdrückung des subjektiven Faktors. Es steht demnach zu erwarten, dass eine psychische Compensation der bewussten extravertierten Einstellung das subjektive Moment besonders betonen wird, d. h. wir werden im Unbewussten eine stark egozentrische Tendenz nachzuweisen haben. Dieser Nachweis glückt der praktischen Erfahrung tatsächlich. Ich gehe hier auf das Casuistische nicht ein, sondern verweise auf die folgenden Abschnitte, wo ich bei jedem Funktionstypus die charakteristische Einstellung des Unbewussten darzustellen versuche. Insofern es in diesem Abschnitt bloss um die Compensation einer allgemeinen extravertierten Einstellung sich handelt, beschränke ich mich auf eine ebenso allgemeine Charakteristik der compensierenden Einstellung des Unbewussten. Die Einstellung des Unbewussten hat zu einer wirksamen Ergänzung der bewussten extravertierten Einstellung eine Art von introvertierendem Charakter. Es konzentriert die Energie auf das subjektive Moment, d. h. auf alle Bedürfnisse und Ansprüche, welche durch eine zu extravertierte bewusste Einstellung unterdrückt oder verdrängt sind. Es ist, wie schon aus dem vorangehenden Abschnitt einleuchten dürfte, leicht verständlich, dass eine Orientierung nach dem Objekt und dem objektiv Gegebenen eine Menge subjektiver Regungen, Meinungen, Wünsche und Notwendigkeiten vergewaltigt und jener Energie beraubt, die ihnen natürlicherweise zukommen sollte. Der Mensch ist ja keine Maschine, die man gegebenenfalls für ganz andere Zwecke umbauen kann und die dann in ganz anderer Weise ebenso regelmässig funktioniert wie vorher. Der Mensch trägt immer seine ganze Geschichte und die Geschichte der Menschheit mit sich. Der historische Faktor aber stellt ein vitales Bedürfnis dar, dem eine weise Ökonomie entgegenkommen muss. Das Bisherige muss im Neuen irgendwie zu Worte kommen und mitleben. Die gänzliche Assimilation an das Objekt stösst daher auf den Protest der unterdrückten Minorität des Bisherigen und des von Anfang an Gewesenen. Aus dieser ganz allgemeinen Überlegung ist es leicht verständlich, weshalb die unbewussten Ansprüche des extravertierten Typus einen eigentlich primitiven und infantilen, selbstischen Charakter haben. Wenn *Freud* vom Unbewussten sagt, dass es „nur wünschen" könne, so gilt dies in hohem Masse für das Unbewusste des extravertierten Typus. Die Einpassung in und die Assimilation an das objektiv Gegebene verhindert die Bewusstmachung unzulänglicher subjektiver Regungen. Diese Tendenzen (Gedanken, Wünsche, Affekte, Bedürfnisse, Gefühle, usw.) nehmen entsprechend dem Grade ihrer Verdrängung regressiven Charakter an, d. h. sie werden, je weniger sie anerkannt sind, desto infantiler und archaïscher. Die bewusste Einstellung beraubt sie ihrer relativ disponiblen Energiebesetzungen und belässt ihnen nur das an Energie, was sie ihnen nicht nehmen kann. Dieser Rest, der immerhin noch von nicht zu unterschätzender Stärke ist, ist das, was man als ursprünglichen Instinkt bezeichnen muss. Der Instinkt kann durch willkürliche Massnahmen eines einzelnen Individuums nicht ausgerottet werden, dazu bedürfte es vielmehr der langsamen organischen Umwandlung vieler Generationen, denn der Instinkt ist der energetische Ausdruck einer bestimmten organischen Anlage. So bleibt schliesslich bei jeder unterdrückten Tendenz ein erheblicher Energiebeitrag, der der Instinktstärke entspricht, stehen und bewahrt seine Wirksamkeit, obgleich er durch Energieberaubung unbewusst wurde. Je vollkommener die bewusste extravertierte Einstellung ist, desto infantiler und archaïscher ist die unbewusste Einstellung. Es ist bisweilen ein das Kindische weit überschreitender und an das Ruchlose streifender brutaler Egoismus, welcher die unbewusste Einstellung charakterisiert. Hier finden wir jene Inzestwünsche, die Freud beschreibt, in vollster Blüte. Es ist selbstverständlich, dass diese Dinge gänzlich unbewusst sind und auch dem Auge des laienhaften Beobachters verborgen bleiben, solange die extravertierte bewusste Einstellung keinen höhern Grad erreicht. Kommt es aber zu einer Übertreibung des bewussten Standpunktes, so tritt auch das Unbewusste symptomatisch zu Tage, d. h. der unbewusste Egoismus, Infantilismus und Archaïsmus verliert seinen ursprünglichen compensatorischen Charakter, indem er in mehr oder weniger offene Opposition gegen die bewusste Einstellung tritt. Dies geschieht zunächst in einer absurden Übertreibung des bewussten Standpunktes, welche zu einer Unterdrückung des Unbewussten dienen soll, die aber in der Regel mit einer reductio ad absurdum der bewussten Einstellung endet, d. h. mit einem Zusammenbruch. Die Katastrophe kann eine objektive sein, indem die objektiven Zwecke allmählich in subjektive verfälscht werden. So hatte sich z. B. ein Buchdrucker in zwei Jahrzehnte langer harter Arbeit vom blossen Angestellten zum selbständigen Besitzer eines sehr ansehnlichen Geschäftes emporgearbeitet. Das Geschäft dehnte sich mehr und mehr aus und er geriet mehr und mehr hinein, indem er allmählich alle seine Nebeninteressen darin aufgehen liess. Dadurch wurde er aufgeschluckt, und dies gereichte ihm in folgender Weise zum Verderben: Unbewusst wurden zur Compensation seiner ausschliesslichen Geschäftsinteressen gewisse Erinnerungen aus seiner Kindheit lebendig. Damals hatte er nämlich eine grosse Freude am Malen und Zeichnen. Anstatt dass er nun diese Fähigkeit als balancierende Nebenbeschäftigung an und für sich aufgenommen hätte, kanalisierte er sie in sein Geschäft und begann von einer „künstlerischen" Ausgestaltung seiner Produkte zu phantasieren. Unglücklicherweise wurden die Phantasien Wirklichkeit: er begann tatsächlich nach seinem eigenen primitiven und infantilen Geschmack zu produzieren, mit dem Erfolg, dass nach wenigen Jahren sein Geschäft zugrunde gerichtet war. Er hat nach einem unserer „Kulturideale" gehandelt, wonach der tatkräftige Mann alles auf den einen Endzweck konzentrieren muss. Er ging aber zu weit und verfiel der Macht subjektiver, infantiler Ansprüche.

Die katastrophale Lösung kann aber auch subjektiver Art sein, nämlich in Gestalt eines nervösen Zusammenbruches. Ein solcher kommt immer dadurch zu Stande, dass die unbewusste Gegenwirkung die bewusste Aktion schliesslich zu lähmen vermag. In diesem Fall drängen sich die Ansprüche des Unbewussten kategorisch dem Bewusstsein auf und erregen dadurch einen unheilvollen Zwiespalt, der sich meistens darin äussert, dass die Leute entweder nicht mehr wissen, was sie eigentlich wollen, zu nichts mehr Lust haben, oder zu viel auf einmal wollen und zu viel Lust haben, aber zu unmöglichen Dingen. Die aus Kulturgründen öfters notwendige Niederhaltung der infantilen und primitiven Ansprüche führt leicht zur Neurose oder zum Missbrauch von narkotischen Stoffen, wie Alkohol, Morphium, Cocain usw. In noch schwereren Fällen endet der Zwiespalt mit Selbstmord. Es ist eine hervorstechende Eigentümlichkeit der unbewussten Tendenzen, dass sie nämlich in dem Masse, als sie durch *bewusste Nichtanerkennung* ihrer Energien beraubt werden, einen destruktiven Charakter annehmen, und das, sobald sie aufhören, compensatorisch zu sein. Sie hören aber dann auf, compensatorisch zu wirken, wenn sie jenen Tiefstand erreicht haben, der einem Kulturniveau entspricht, welches mit dem unsrigen absolut unverträglich ist. Von diesem Augenblick an bilden die unbewussten Tendenzen einen der bewussten Einstellung in jeder Hinsicht entgegengesetzten Block, dessen Existenz zum offenen Konflikt führt. Die Tatsache, dass die Einstellung des Unbewussten die des Bewusstseins compensiert, kommt im allgemeinen im psychischen Gleichgewicht zum Ausdruck. Eine normale extravertierte Einstellung bedeutet natürlich niemals, dass das Individuum nun immer und überall sich nach dem extravertierten Schema benimmt. Unter allen Umständen werden bei demselben Individuum, viele psychologische Geschehnisse, wo der Mechanismus der Introversion in Frage kommt, zu beobachten sein. Extravertiert nennen wir einen Habitus ja nur, wenn der Mechanismus der Extraversion vorwiegt. In diesem Fall ist dann stets die am meisten differenzierte psychische Funktion in extravertierter Anwendung, während die minderdifferenzierten Funktionen sich in introvertierter Anwendung befinden, d. h. die höherwertige Funktion ist am meisten bewusst und unterliegt der Bewusstseinskontrolle und der bewussten Absicht am völligsten, während die minderdifferenzierten Funktionen auch weniger bewusst, resp. zum Teil unbewusst sind und in weit geringerm Masse bewusster Willkür unterworfen sind. Die höherwertige Funktion ist immer der Ausdruck der bewussten Persönlichkeit, ihre Absicht, ihr Wille und ihre Leistung, während die minder differenzierten Funktionen zu den Dingen gehören, die einem passieren. Es brauchen nicht gerade lapsus linguae oder calami oder sonstige Versehen zu sein, sondern sie können auch halben oder dreiviertels Absichten entspringen, indem die minderdifferenzierten Funktionen auch geringere Bewusstheit besitzen. Ein klassisches Beispiel hiefür ist der extravertierte Gefühlstypus, der sich eines ausgezeichneten Gefühlsrapportes mit seiner Umgebung erfreut, dem es aber passiert, gelegentlich Urteile von unübertrefflicher Taktlosigkeit zu äussern. Diese Urteile entspringen seinem minderdifferenzierten und minderbewussten Denken, das nur zum Teil unter seiner Kontrolle steht und zudem ungenügend auf das Objekt bezogen ist, daher es als in hohem Masse rücksichtslos wirken kann.

Die minderdifferenzierten Funktionen in der extravertierten Einstellung verraten stets eine ausserordentlich subjektive Bedingtheit von ausgesprochener Egozentrizität und persönlicher Voreingenommenheit, womit sie ihren nahen Zusammenhang mit dem Unbewussten erweisen. In ihnen tritt das Unbewusste beständig zu Tage. Man muss sich überhaupt nicht vorstellen, dass das Unbewusste dauernd unter so und so vielen Überlagerungen begraben liege und gewissermassen nur durch eine mühsame Tiefbohrung entdeckt werden könne. Das Unbewusste fliesst im Gegenteil beständig in das bewusste psychologische Geschehen ein, und zwar in so hohem Masse, dass es dem Beobachter bisweilen schwer fällt, zu entscheiden, welche Charaktereigenschaften der bewussten und welche der unbewussten Persönlichkeit zuzurechnen sind. Diese Schwierigkeit tritt hauptsächlich ein bei Personen, die sich in etwas reichlicherm Masse als andere ausdrücken. Es hängt natürlich auch sehr ab von der Einstellung des Beobachters, ob er mehr den bewussten oder den unbewussten Charakter einer Persönlichkeit erfasst. Im allgemeinen wird ein urteilend eingestellter Beobachter eher den bewussten Charakter erfassen, während ein wahrnehmend eingestellter Beobachter mehr durch den unbewussten Charakter beeinflusst sein wird, denn das Urteil interessiert sich mehr für die bewusste Motivierung des psychischen Geschehens, während die Wahrnehmung mehr das blosse Geschehen registriert. Insofern wir aber Wahrnehmung und Urteil in gleichem Masse verwenden, kann es uns leicht geschehen, dass uns eine Persönlichkeit zugleich als introvertiert und extravertiert vorkommt, ohne dass wir zunächst anzugeben wüssten, welcher Einstellung die höherwertige Funktion zugehört. In solchen Fällen kann nur eine gründliche Analyse der Funktionseigenschaften zu einer gültigen Auffassung verhelfen. Dabei ist zu beachten, welche Funktion der Bewusstseinskontrolle und -motivation gänzlich unterstellt ist, und welche Funktionen den Charakter des Zufälligen und Spontanen haben. Die erstere Funktion ist immer hoher differenziert als die letztern, die zudem etwas infantile und primitive Eigenschaften besitzen. Gelegentlich macht die erstere Funktion den Eindruck der Normalität, während letztere etwas Abnormes oder Pathologisches an sich haben.

III. Die Besonderheiten der psychologischen Grundfunktionen in der extravertierten Einstellung.

1. Das Denken.

Infolge der extravertierten Gesamteinstellung orientiert sich das Denken nach dem Objekt und den objektiven Daten. Diese Orientierung des Denkens ergibt eine ausgesprochene Eigentümlichkeit.

Das Denken überhaupt wird einerseits aus subjektiven, in letzter Linie unbewussten Quellen gespeist, andererseits aus den durch die Sinnesperceptionen vermittelten objektiven Daten. Das extravertierte Denken ist in höherm Masse von diesen letztern Faktoren bestimmt, als von den erstern. Das Urteil setzt immer einen Masstab voraus; für das extravertierte Urteil ist hauptsächlich der von objektiven Verhältnissen entlehnte Masstab der gültige und bestimmende, gleichgültig, ob er direkt durch eine objektive, sinnlich wahrnehmbare Tatsache, oder durch eine objektive Idee dargestellt wird, denn eine objektive Idee ist ebenfalls etwas äusserlich Gegebenes und von aussen Entlehntes, auch wenn sie subjektiv gebilligt wird. Das extravertierte Denken braucht daher keineswegs ein rein concretes Tatsachendenken zu sein, sondern kann ebensowohl auch ein rein ideelles Denken sein, insofern nur nachgewiesen ist, dass die Ideen, mit denen gedacht wird, in höherm Masse von aussen entlehnt, d. h. durch Tradition, Erziehung und Bildungsgang vermittelt sind. Das Kriterium der Beurteilung, ob ein Denken extravertiert sei, besteht also zunächst in der Frage, nach welchem Masstab sich das Urteilen richtet, ob er von aussen vermittelt oder ob er subjektiven Ursprungs ist. Ein weiteres Kriterium ist die Richtung des Schliessens, nämlich die Frage, ob das Denken vorzüglich eine Richtung nach aussen habe oder nicht. Die Beschäftigung des Denkens mit concreten Gegenständen ist kein Beweis für seine extravertierte Natur, denn ich kann mich denkend mit einem concreten Gegenstande beschäftigen, indem ich mein Denken von ihm abstrahiere oder indem ich mein Denken durch ihn concretisiere. Wenn auch mein Denken mit concreten Dingen beschäftigt ist und insofern als extravertiert bezeichnet werden könnte, so bleibt es doch fraglich und charakteristisch, welche Richtung das Denken einschlagen wird, nämlich, ob es in seinem weitern Verlauf wiederum zu objektiven Gegebenheiten, zu äussern Tatsachen oder allgemeinen, bereits gegebenen Begriffen führe, oder nicht. Für das praktische Denken des Kaufmanns, des Technikers, des naturwissenschaftlichen Forschers ist die Richtung auf das Objekt ohne weiteres ersichtlich. Beim Denken des Philosophen kann ein Zweifel bestehen, wenn die Richtung seines Denkens auf Ideen abzielt. In diesem Falle muss einerseits untersucht werden, ob diese Ideen lediglich Abstraktionen aus Erfahrungen am Objekte sind und somit nichts anderes darstellen, als höhere Collektivbegriffe, welche eine Summe objektiver

Tatsachen in sich begreifen; andererseits muss untersucht werden, ob diese Ideen (wenn sie nämlich nicht als Abstraktionen aus unmittelbaren Erfahrungen ersichtlich sind), etwa durch Tradition überkommen oder der geistigen Umwelt entlehnt sind. Ist diese Frage zu bejahen, so gehören solche Ideen ebenfalls in die Kategorie objektiver Gegebenheiten, und somit ist auch dieses Denken als extravertiert zu bezeichnen.

Trotzdem ich mir vorgenommen habe, das Wesen des introvertierten Denkens nicht hier, sondern in einem spätern Abschnitt darzustellen, so erscheint es mir doch unerlässlich, schon hier einige Angaben darüber zu machen. Denn, wenn man sich genau überlegt, was ich eben über das extravertierte Denken sagte, so kann man unschwer zum Schluss gelangen, dass ich damit wohl überhaupt alles meine, was man unter Denken versteht. Ein Denken, das weder auf objektive Tatsachen, noch auf allgemeine Ideen ziele, verdiene, könnte man sagen, nicht den Namen „Denken". Ich bin mir dessen bewusst, dass unsere Zeit und ihre vorzüglichen Repräsentanten nur den extravertierten Typus des Denkens kennen und anerkennen. Dieses rührt einesteils daher, dass in der Regel alles Denken, das an der Oberfläche der Welt sichtbar wird in Form von Wissenschaft und Philosophie oder auch von Kunst entweder direkt vom Objekte stammt oder in die allgemeinen Ideen mündet. Aus beiderlei Gründen erscheint es, wenn auch nicht immer als evident, so doch im wesentlichen als verstehbar und mithin als relativ gültig. In diesem Sinn lässt sich sagen, dass eigentlich nur der extravertierte Intellekt, nämlich eben der, der sich am objektiv Gegebenen orientiert, bekannt sei. Nun aber gibt es — und damit komme ich auf den introvertierten Intellekt zu sprechen — auch eine ganz andere Art des Denkens, dem man sogar schwerlich den Namen „Denken" versagen kann, nämlich eine Art, die sich weder an der unmittelbaren objektiven Erfahrung noch an allgemeinen und objektiv vermittelten Ideen orientiert. Ich gelange zu dieser andern Art des Denkens auf folgende Weise: Wenn ich mich mit einem concreten Objekte oder mit einer allgemeinen Idee gedanklich befasse, und zwar in der Weise, dass die Richtung meines Denkens in letzter Linie wieder zu meinen Gegenständen zurückführt, so ist dieser intellektuelle Vorgang nicht der einzige psychische Prozess, der momentan in mir stattfindet. Ich sehe ab von allen möglichen Empfindungen und Gefühlen, die sich neben meinem Gedankengang mehr oder weniger störend bemerkbar machen, und hebe hervor, dass mein vom objektiv Gegebenen ausgehender und zum Objektiven hinstrebender Gedankengang auch beständig in Beziehung zum Subjekt steht. Diese Beziehung ist eine conditio sine qua non, denn ohne sie fände überhaupt kein Gedankengang statt. Wenn schon mein Gedankengang so viel wie nur möglich sich nach dem objektiv Gegebenen richtet, so ist es doch *mein* subjektiver Gedankengang, der die

Einmischung des Subjektiven weder vermeiden noch ihrer entraten kann. Wenn ich schon darnach trachte, meinem Gedankengang in jeder Hinsicht objektive Richtung zu geben, so kann ich doch den subjektiven Parallelvorgang und dessen durchgehende Anteilnahme nicht hindern, ohne meinem Gedankengang das Lebenslicht auszublasen. Dieser subjektive Parallelvorgang hat die natürliche und nur mehr oder weniger vermeidbare Tendenz, das objektiv Gegebene zu subjektivieren, d. h. ans Subjekt zu assimilieren. Fällt nun der Hauptakzent auf den subjektiven Vorgang, so entsteht jene andere Art des Denkens, die dem extravertierten Typus gegenüber steht, nämlich die am Subjekt und am subjektiv Gegebenen orientierte Richtung, die ich als introvertiert bezeichne. Aus dieser andern Orientierung entsteht ein Denken, das weder von objektiven Tatsachen determiniert, noch auf objektiv Gegebenes gerichtet ist, ein Denken also, das von subjektiv Gegebenem ausgeht und auf subjektive Ideen oder Tatsachen subjektiver Natur sich richtet. Ich will hier nicht weiter auf dieses Denken eingehen, sondern nur sein Vorhandensein feststellen, um damit das den extravertierten Gedankengang notwendig ergänzende Stück zu geben und damit sein Wesen zu klären. Das extravertierte Denken kommt somit nur dadurch zustande, dass der objektiven Orientierung ein gewisses Übergewicht zufällt. Dieser Umstand ändert nichts an der Logik des Denkens, sondern er macht bloss jenen von *James* als Temperamentfrage aufgefassten Unterschied zwischen den Denkern aus. Mit der Orientierung nach dem Objekt ist, wie gesagt, am Wesen der Denkfunktion nichts geändert, wohl aber an seiner Erscheinung. Da es sich am objektiv Gegebenen orientiert, so erscheint es als an das Objekt gebannt, als ob es ohne die äussere Orientierung gar nicht bestehen könnte. Es erscheint quasi im Gefolge äusserer Tatsachen, oder es scheint seine Höhe erreicht zu haben, wenn es in eine allgemein gültige Idee einmünden kann. Es scheint stets durch objektiv Gegebenes bewirkt zu sein und seine Schlüsse nur mit dessen Zustimmung ziehen zu können. Es erweckt daher den Eindruck der Unfreiheit und bisweilen der Kurzsichtigkeit trotz aller Behendigkeit in dem von objektiven Grenzen beschränkten Räume.

Was ich hier beschreibe, ist der blosse Eindruck der Erscheinung des extravertierten Denkens auf den Beobachter, der bereits schon deshalb auf einem andern Standpunkt stehen muss, weil er sonst die Erscheinung des extravertierten Denkens gar nicht beobachten könnte. Infolge seines andern Standpunktes sieht er auch bloss die Erscheinung und nicht deren Wesen. Wer aber im Wesen dieses Denkens selber drin steht, vermag wohl sein Wesen, nicht aber seine Erscheinung zu erfassen. Die Beurteilung nach der blossen Erscheinung kann dem Wesen nicht gerecht werden, daher sie meist entwertend ausfällt. Dem Wesen nach aber ist dieses Denken nicht minder fruchtbar und schöpferisch als das introvertierte Denken, nur dient sein Können andern Zielen als dieses. Dieser Unterschied wird dann besonders fühlbar, wenn das extravertierte Denken sich eines Stoffes, der ein spezifischer Gegenstand des subjektiv orientierten Denkens ist, bemächtigt. Dieser Fall tritt ein, wenn z. B. eine subjektive Überzeugung analytisch aus objektiven Tatsachen oder als Folge und Ableitung aus objektiven Ideen erklärt wird. Noch offenkundiger für unser naturwissenschaftlich orientiertes Bewusstsein aber wird der Unterschied der beiden Denkarten, wenn das subjektiv orientierte Denken den Versuch macht, objektiv Gegebenes in objektiv nicht gegebene Zusammenhänge zu bringen, d. h. einer subjektiven Idee zu unterstellen. Beides wird als Übergriff empfunden und dabei tritt dann jene Schattenwirkung hervor, welche die beiden Denkarten aufeinander haben. Das subjektiv orientierte Denken erscheint dann als reine Willkür, das extravertierte Denken dagegen als platte und banale Incommensurabilität. Deshalb befehden sich die beiden Standpunkte unaufhörlich. Man könnte meinen, dieser Streit wäre dadurch leicht zu beendigen, dass man die Gegenstände subjektiver von denjenigen objektiver Natur reinlich schiede. Diese Scheidung ist leider ein Ding der Unmöglichkeit, obschon nicht wenige sie durchzuführen versucht haben. Und wenn diese Scheidung auch möglich wäre, so wäre sie ein grosses Unheil, indem beide Orientierungen an sich einseitig und nur von beschränkter Gültigkeit sind, und darum eben ihrer gegenseitigen Beeinflussung bedürfen. Wenn das objektiv Gegebene das Denken in irgendwie höherm Masse unter seinen Einfluss bringt, so sterilisiert es das Denken, indem letzteres zu einem blossen Anhängsel des objektiv Gegebenen erniedrigt wird, sodass es in keinerlei Hinsicht mehr imstande ist, sich vom objektiv Gegebenen bis zur Herstellung eines abgezogenen Begriffes zu befreien. Der Prozess des Denkens beschränkt sich dann auf ein blosses „Nachdenken“, nicht etwa im Sinne von „Überlegung“, sondern im Sinne von blosser Imitation, die im wesentlichen durchaus nichts anderes besagt, als was im objektiv Gegebenen allbereits ersichtlich und unmittelbar vorlag. Ein solcher Denkprozess führt natürlich zum objektiv Gegebenen unmittelbar zurück, aber niemals darüber hinaus, also nicht einmal zum Anschluss der Erfahrung an eine objektive Idee; und umgekehrt, wenn dieses Denken eine objektive Idee zum Gegenstand hat, so wird es nicht imstande sein, die praktische Einzelerfahrung zu erreichen, sondern es wird in einem mehr oder weniger tautologischen Zustand verharren. Hiefür liefert die materialistische Mentalität einleuchtende Beispiele.

Wenn das extravertierte Denken infolge einer verstärkten Determination durch das Objekt dem objektiv Gegebenen unterliegt, so verliert es sich einerseits gänzlich in der Einzelerfahrung und erzeugt eine Anhäufung unverdauter empirischer Materialien. Die bedrückende Masse mehr oder weniger zusammenhangsloser Einzelerfahrungen schafft einen Zustand gedanklicher Dissociation, der in der Regel auf der andern Seite eine psychologische Compensation erfordert. Diese besteht in einer ebenso einfachen wie allgemeinen Idee, welche dem aufgehäuften, aber innerlich unverbundenen Ganzen einen Zusammenhang geben, oder wenigstens die Ahnung eines solchen vermitteln soll. Passende Ideen zu diesem Zweck sind etwa „Materie" oder „Energie". Hängt aber das Denken nicht in erster Linie zu viel an äussern Tatsachen, sondern an einer überkommenen Idee, so entsteht aus Compensation der Armut dieses Gedankens eine umso eindrucksvollere Anhäufung von Tatsachen, die eben einseitig nach einem relativ beschränkten und sterilen Gesichtspunkt gruppiert sind, wobei regelmässig viel wertvollere und sinnreichere Aspekte der Dinge gänzlich verloren gehen. Die schwindelerregende Fülle der sogenannten wissenschaftlichen Literatur unserer Tage verdankt, zu einem leider hohen Prozentsatz, ihre Existenz dieser Misorientierung.

2. Der extravertierte Denktypus.

Wie die Erfahrung zeigt, haben die psychologischen Grundfunktionen in einem und demselben Individuum selten oder so gut wie nie alle dieselbe Stärke oder denselben Entwicklungsgrad. In der Regel überwiegt die eine oder andere Funktion sowohl an Stärke wie an Entwicklung. Wenn nun dem Denken das *Primat* unter den psychologischen Funktionen zufällt, d. h. wenn das Individuum seine Lebensleistung hauptsächlich unter der Führung denkender Überlegung vollbringt, sodass alle irgendwie wichtigen Handlungen aus intellektuell gedachten Motiven hervorgehen oder doch wenigstens der Tendenz gemäss hervorgehen sollten, so handelt es sich um einen *Denktypus*. Ein solcher Typus kann introvertiert oder extravertiert sein: Wir beschäftigen uns hier zunächst mit dem *extravertierten Denktypus*. Dieser wird also, der Definition gemäss, ein Mensch sein, der das Bestreben hat — natürlich nur, insofern er ein reiner Typus ist — seine gesammte Lebensäusserung in die Abhängigkeit von intellektuellen Schlüssen zu bringen, die sich in letzter Linie stets am objektiv Gegebenen, entweder an objektiven Tatsachen oder allgemein gültigen Ideen orientieren. Dieser Typus Mensch verleiht nicht nur sich selber, sondern auch seiner Umgebung gegenüber der objektiven Tatsächlichkeit, resp. ihrer objektiv orientierten intellektuellen Formel die ausschlaggebende Macht. An dieser Formel wird Gut und Böse gemessen, wird schön und hässlich bestimmt. Richtig ist alles, was dieser Formel entspricht, unrichtig, was ihr widerspricht, und zufällig, was indifferent neben ihr herläuft. Weil diese Formel dem Weltsinn entsprechend erscheint, so wird sie auch zum Weltgesetz, das immer und überall zur Verwirklichung gelangen muss im einzelnen sowohl wie im allgemeinen. Wie der extravertierte Denktypus sich seiner Formel unterordnet, so muss es auch seine Umgebung tun zu ihrem eigenen Heile, denn wer es nicht tut, ist unrichtig, er widerstrebt dem Weltgesetz, ist daher unvernünftig, unmoralisch und gewissenlos. Seine Moral verbietet dem extravertierten Denktypus Ausnahmen zu dulden, denn sein Ideal muss unter allen Umständen Wirklichkeit werden, denn es ist, wie es ihm erscheint, reinste Formulierung objektiver Tatsächlichkeit und muss daher auch allgemein gültige Wahrheit sein, unerlässlich zum Heile der Menschheit. Dies nicht etwa aus Nächstenliebe, sondern vom höhern Gesichtspunkt der Gerechtigkeit und Wahrheit aus. Alles, was in seiner eigenen Natur dieser Formel als widersprechend empfunden wird, ist bloss Unvollkommenheit, ein zufälliges Versagen, das bei nächster Gelegenheit ausgemerzt sein wird, oder wenn dies nicht gelingt, so ist es krankhaft. Wenn die Toleranz mit dem Kranken, Leidenden und Abnormen einen Bestandteil der Formel bilden sollte, so wird dafür eine spezielle Einrichtung getroffen, z. B. Rettungsanstalten, Spitäler, Gefängnisse, Kolonien etc. resp. Pläne und Entwürfe dazu. Zur wirklichen Ausführung reicht das Motiv der Gerechtigkeit und Wahrheit in der Regel nicht aus, es bedarf dazu noch der wirklichen Nächstenliebe, die mehr mit dem Gefühl zu tun hat, als mit einer intellektuellen Formel. Das „man sollte eigentlich" oder „man müsste" spielt eine grosse Rolle. Ist die Formel aber weit genug, so kann dieser Typus als Reformator, als öffentlicher Ankläger und Gewissensreiniger oder als Propagator wichtiger Neuerungen eine dem sozialen Leben äusserst nützliche Rolle spielen. Je enger aber die Formel ist, desto mehr wird dieser Typus zum Nörgler, Vernünftler und selbstgerechten Kritiker, der sich und andere in ein Schema pressen möchte. Damit sind zwei Endpunkte angegeben, zwischen denen sich die Mehrzahl dieser Typen bewegt.

Entsprechend dem Wesen der extravertierten Einstellung sind die Wirkungen und Äusserungen dieser Persönlichkeiten umso günstiger oder besser, je weiter aussen sie liegen. Ihr bester Aspekt findet sich an der Peripherie ihrer Wirkungssphäre. Je tiefer man in ihren Machtbereich eindringt, desto mehr machen sich ungünstige Folgen ihrer Tyrannei bemerkbar. An der Peripherie pulsiert noch anderes Leben, das die Wahrheit der Formel als schätzenswerte Zugabe zum übrigen empfindet. Je tiefer man aber in den Machtbereich der Formel eintritt, desto mehr stirbt alles Leben ab, das der Formel nicht entspricht. Am meisten bekommen die eigenen Angehörigen die übeln Folgen einer extravertierten Formel zu kosten, denn sie sind die ersten, die unerbittlich damit beglückt werden. Am allermeisten aber leidet darunter das Subjekt selber, und damit kommen wir nun zur andern Seite der Psychologie dieses Typus.

Der Umstand, dass es keine intellektuelle Formel je gegeben hat, noch je geben wird, welche die Fülle des Lebens und seiner Möglichkeiten in sich fassen und passend ausdrücken könnte, bewirkt eine Hemmung, resp. Ausschliessung anderer wichtiger Lebensformen und Lebensbetätigungen. In erster Linie werden es bei diesem Typus Mensch alle vom Gefühl abhängigen Lebensformen sein, welche der Unterdrückung verfallen, also

z. B. ästhetische Betätigungen, der Geschmack, der Kunstsinn, die Pflege der Freundschaft usw. Irrationale Formen, wie religiöse Erfahrungen, Leidenschaften und dergleichen sind oft bis zur völligen Unbewusstheit ausgetilgt. Diese unter Umständen ausserordentlich wichtigen Lebensformen fristen ein zum grössten Teil unbewusstes Dasein. Obschon es Ausnahmemenschen gibt, die ihr ganzes Leben einer bestimmten Formel zum Opfer bringen können, so sind doch die meisten nicht imstande, eine solche Ausschliesslichkeit auf die Dauer zu leben. Früher oder später — je nach äussern Umständen und innerer Veranlagung — werden sich die durch die intellektuelle Einstellung verdrängten Lebensformen indirekt bemerkbar machen, indem sie die bewusste Lebensführung stören. Erreicht diese Störung einen erheblichen Grad, so spricht man von einer Neurose. In den meisten Fällen kommt es allerdings nicht so weit, indem das Individuum instinktiv einige präventive Milderungen der Formel sich gestattet, allerdings mittels einer passenden vernünftigen Einkleidung. Damit ist ein Sicherheitsventil geschaffen.

Infolge der relativen oder gänzlichen Unbewusstheit der von der bewussten Einstellung ausgeschlossenen Tendenzen und Funktionen bleiben diese in einem relativ unentwickelten Zustand stecken. Sie sind gegenüber der bewussten Funktion minderwertig. Insoweit sie unbewusst sind, sind sie mit den übrigen Inhalten des Unbewussten verschmolzen, wodurch sie einen bizarren Charakter annehmen. Insoweit sie bewusst sind, spielen sie eine sekundäre Rolle, wenn schon sie für das psychologische Gesamtbild von beträchtlicher Bedeutung sind. Von der vom Bewusstsein ausgehenden Hemmung sind in erster Linie die Gefühle betroffen, denn sie widersprechen am ehesten einer starren intellektuellen Formel, daher sie auch am intensivsten verdrängt werden. Ganz ausgeschaltet kann keine Funktion werden, sondern bloss erheblich entstellt. Soweit sich die Gefühle willkürlich formen und unterordnen lassen, müssen sie die intellektuelle Bewusstseinseinstellung unterstützen und ihren Absichten sich anpassen. Dies ist aber nur bis zu einem gewissen Grade möglich; ein Teil des Gefühles bleibt unbotmässig und muss deshalb verdrängt werden. Gelingt die Verdrängung, so entschwindet es dem Bewusstsein und entfaltet dann unter der Schwelle des Bewusstseins eine den bewussten Absichten zuwiderlaufende Tätigkeit, welche unter Umständen Effekte erzielt, deren Zustandekommen dem Individuum ein völliges Rätsel ist. So wird z. B. der bewusste oft außerordentliche Altruismus durchkreuzt von einer heimlichen, dem Individuum selber verborgenen Selbstsucht, welche im Grunde genommen uneigennützigen Handlungen den Stempel der Eigennützigkeit aufdrückt. Reine ethische Absichten können das Individuum in kritische Situationen führen, wo es bisweilen mehr als bloss den Anschein hat, als ob ganz andere als ethische Motive ausschlaggebend wären. Es sind freiwillige Retter oder Sittenwächter, welche plötzlich selber als rettungsbedürftig oder als compromittiert erscheinen. Ihre Rettungsabsicht führt sie gerne zum Gebrauche von Mitteln, die geeignet sind, eben das herbeizuführen, was man vermeiden wollte. Es gibt extravertierte Idealisten, welche ihrem Ideal dermassen zur Verwirklichung zum Heile der Menschen verhelfen wollen, dass sie selbst vor Lügen und sonstigen unredlichen Mitteln nicht zurückschrecken. Es gibt in der Wissenschaft mehrere peinliche Beispiele, wo hochverdiente Forscher aus tiefster Überzeugung von der Wahrheit und Allgemeingültigkeit ihrer Formel Fälschungen von Belegen zu Gunsten ihres Ideales begangen haben. Dies nach der Formel: Der Zweck heiligt die Mittel. Nur eine minderwertige Gefühlsfunktion, die unbewusst verführend am Werke ist, kann solche Verirrungen bei sonst hochstehenden Menschen bewirken.

Die Minderwertigkeit des Gefühls bei diesem Typus äussert sich auch noch in anderer Weise. Die bewusste Einstellung ist, wie es der vorherrschenden sachlichen Formel entspricht, mehr oder weniger unpersönlich, oft in dem Masse, dass die persönlichen Interessen erheblich darunter leiden. Ist die bewusste Einstellung extrem, so fallen alle persönlichen Rücksichten fort, auch solche gegen die eigene Person. Die eigene Gesundheit wird vernachlässigt, die soziale Position gerät in Verfall, die eigene Familie wird oft in ihren vitalsten Interessen vergewaltigt, gesundheitlich, finanziell und moralisch geschädigt, alles im Dienste des Ideals. Auf alle Fälle leidet die persönliche Anteilnahme am andern, insofern dieser nicht zufällig ein Förderer derselben Formel ist. Es kommt daher nicht selten vor, dass die engere Familie, z. B. gerade die eigenen Kinder einen solchen Vater nur als grausamen Tyrannen kennen, während die weitere Umgebung vom Ruhme seiner Menschlichkeit widerhallt. Nicht etwa trotz, sondern gerade wegen der hohen Unpersönlichkeit der bewussten Einstellung sind die Gefühle unbewusst ausserordentlich persönlich empfindlich und verursachen gewisse heimliche Vorurteile, namentlich eine gewisse Bereitschaft, z. B. eine objektive Opposition gegen die Formel als ein persönliches Übelwollen zu missverstehen, oder stets eine negative Voraussetzung von den Qualitäten anderer zu machen, um deren Argumente im voraus zu entkräften, natürlich zum Schutz der eigenen Empfindlichkeit. Durch die unbewusste Empfindlichkeit wird sehr oft der Ton der Sprache verschärft, zugespitzt, aggressiv. Insinuationen kommen häufig vor. Die Gefühle haben den Charakter des Nachträglichen und Nachhinkenden, wie es einer minderwertigen Funktion entspricht. Daher besteht eine ausgesprochene Anlage zum Ressentiment. So grosszügig die individuelle Aufopferung für das intellektuelle Ziel auch sein mag, so kleinlich misstrauisch, launisch und konservativ sind die Gefühle. Alles Neue, das nicht in der Formel schon enthalten ist, wird durch einen Schleier von unbewusstem Hass angesehen und dementsprechend beurteilt. Es ist um die Mitte des vorigen Jahrhunderts vorgekommen, dass ein wegen seiner Menschenfreundlichkeit berühmter

Mediziner einen Assistenten fortzuschicken drohte, weil dieser ein Thermometer gebrauchte; denn die Formel lautet: das Fieber erkennt man am Pulse. Ähnliche Fälle gibt es bekanntlich eine Menge. Je stärker die Gefühle verdrängt sind, desto schlimmer und heimlicher beeinflussen sie das Denken, das sonst in tadelloser Verfassung sein kann. Der intellektuelle Standpunkt, der vielleicht um seines ihm tatsächlich zukommenden Wertes willen auf eine allgemeine Anerkennung Anspruch erheben dürfte, erfährt durch den Einfluss der unbewussten persönlichen Empfindlichkeit eine charakteristische Veränderung: er wird dogmatisch-starr. Die Selbstbehauptung der Persönlichkeit wird auf ihn übertragen. Die Wahrheit wird ihrer natürlichen Wirkung nicht mehr überlassen, sondern durch die Identifikation des Subjektes mit ihr wird sie behandelt wie ein empfindsames Püppchen, dem ein böser Kritiker ein Leid angetan hat. Der Kritiker wird heruntergerissen, womöglich noch mit persönlichen Invektiven, und kein Argument ist unter Umständen schlecht genug, um nicht verwendet zu werden. Die Wahrheit muss vorgeführt werden, bis es dem Publikum anfängt klar zu werden, dass es sich offenbar weniger um die Wahrheit, als um ihren persönlichen Erzeuger handelt.

Der Dogmatismus des intellektuellen Standpunktes erfährt aber bisweilen durch die unbewusste Einmischung der unbewussten persönlichen Gefühle noch weitere eigentümliche Veränderungen, welche weniger auf dem Gefühl sensu strictiori beruhen, als vielmehr auf der Beimischung von andern unbewussten Faktoren, die mit dem verdrängten Gefühl im Unbewussten verschmolzen sind. Trotzdem die Vernunft selber beweist, dass jede intellektuelle Formel nur eine beschränkt gültige Wahrheit sein und deshalb niemals einen Anspruch auf Alleinherrschaft erheben kann, so nimmt die Formel praktisch doch ein solches Übergewicht an, dass alle andern Standpunkte und Möglichkeiten neben ihr in den Hintergrund treten. Sie ersetzt jede allgemeinere, unbestimmtere und daher bescheidenere und wahrere Weltanschauung. Sie tritt daher auch an die Stelle jener allgemeinen Anschauung, die man als Religion bezeichnet. Dadurch wird die Formel zur Religion, auch wenn sie es dem Wesen nach nicht im Geringsten mit etwas Religiösem zu tun hat. Damit gewinnt sie auch den der Religion wesentlichen Charakter der Unbedingtheit. Sie wird sozusagen zum intellektuellen Aberglauben. Alle jene psychologischen Tendenzen jedoch, die durch sie verdrängt werden, sammeln sich als Gegenposition im Unbewussten an und bewirken Anwandlungen von Zweifel. Zur Abwehr der Zweifel wird die bewusste Einstellung fanatisch, denn Fanatismus ist nichts anderes als übercompensierter Zweifel. Diese Entwicklung führt schliesslich zu einer übertrieben verteidigten bewussten Position und zur Ausbildung einer absolut gegensätzlichen unbewussten Position, welche z. B. im Gegensatz zum bewussten Rationalismus äusserst irrational, im Gegensatz zur modernen Wissenschaftlichkeit des bewussten Standpunktes äusserst archaïsch und abergläubisch ist. Infolgedessen passieren dann jene aus der Geschichte der Wissenschaften bekannten bornierten und lächerlichen Ansichten, über die viele hochverdiente Forscher schliesslich gestolpert sind. Manchmal verkörpert sich die unbewusste Seite bei einem solchen Mann in einer Frau.

Dieser dem Leser gewiss wohlbekannte Typus findet sich nach meiner Erfahrung hauptsächlich bei Männern, wie überhaupt das Denken eine Funktion ist, die beim Manne weit eher zur Vorherrschaft geeignet ist, als bei der Frau. Wenn bei Frauen das Denken zur Herrschaft gelangt, so handelt es sich, soweit ich sehen kann, wohl meistens um ein Denken, das im Gefolge einer überwiegend *intuitiven* Geistestätigkeit steht.

Das Denken des extravertierten Denktypus ist *positiv*, d. h. es erschafft. Es führt entweder zu neuen Tatsachen oder zu allgemeinen Auffassungen disparater Erfahrungsmaterialien. Sein Urteil ist im allgemeinen *synthetisch*. Auch wenn es zerlegt, so baut es auf, indem es immer über die Auflösung hinausgeht zu einer neuen Zusammensetzung, zu einer andern Auffassung, die das Zerlegte in anderer Weise wieder vereinigt, oder indem es dem gegebenen Stoff etwas weiteres hinzufügt. Man könnte diese Art des Urteils daher auch im allgemeinen als *prädikativ* bezeichnen. Jedenfalls ist es charakteristisch, dass es niemals absolut entwertend oder destruktiv ist, sondern immer einen zerstörten Wert durch einen andern ersetzt. Diese Eigenschaft kommt daher, dass das Denken eines Denktypus sozusagen der Kanal ist, in dem seine Lebensenergie hauptsächlich fliesst. Das stetig fortschreitende Leben manifestiert sich in seinem Denken, wodurch sein Gedanke progressiven, zeugenden Charakter erhält. Sein Denken ist nicht stagnierend oder gar regressiv. Diese letztern Eigenschaften nimmt aber das Denken an, wenn ihm das Primat im Bewusstsein nicht zukommt. Da es in diesem Fall relativ bedeutungslos ist, so mangelt ihm auch der Charakter einer positiven Lebenstätigkeit. Es folgt andern Funktionen nach; es wird epimetheisch, indem es quasi zum Treppenwitz wird, der sich stets damit begnügt, das Vorangegangene und bereits Geschehene ruminierend nachzudenken, es zu zergliedern und zu verdauen. Da in diesem Fall das Schöpferische in einer andern Funktion liegt, so ist das Denken nicht mehr progressiv, sondern stagnierend. Sein Urteil nimmt einen ausgesprochenen *Inhärenzcharakter* an, d. h. es beschränkt sich ganz auf den Umfang seines vorliegenden Stoffes, ihn nirgends überschreitend. Es genügt sich mit mehr oder weniger abstrakter Konstatierung, ohne dem Erfahrungsstoffe einen Wert zu erteilen, der nicht bereits von vornherein in ihm läge. Das Inhärenzurteil des extravertierten Denkens ist am Objekte orientiert, d. h. seine Konstatierung erfolgt immer im Sinne einer objektiven Bedeutung der Erfahrung. Es bleibt daher nicht nur unter dem orientierenden Einfluss des objektiv Gegebenen, sondern es bleibt sogar im Banne der einzelnen

Erfahrung und sagt über diese nichts aus, was nicht schon bereits durch sie gegeben ist. Man kann dieses Denken leicht beobachten bei Leuten, die es nicht unterlassen können, hinter einen Eindruck oder eine Erfahrung eine vernünftige und zweifellos sehr gültige Bemerkung zu setzen, die aber in nichts über den gegebenen Umfang der Erfahrung hinausgeht. Eine solche Bemerkung besagt im Grunde nur: „Ich habe es verstanden, ich kann es nachdenken." Aber dabei hat es auch sein Bewenden. Ein solches Urteil bedeutet höchstens die Einreihung einer Erfahrung in einen objektiven Zusammenhang, wobei aber die Erfahrung schon ohne weiteres, als in diesen Rahmen gehörig, ersichtlich ist.

Besitzt aber eine andere Funktion als das Denken das Bewusstseinsprimat in einem irgendwie höhern Grade, so nimmt das Denken, soweit es dann überhaupt bewusst ist, und soweit es sich nicht in direkter Abhängigkeit von der vorherrschenden Funktion befindet, *negativen* Charakter an. So weit das Denken der vorherrschenden Funktion untergeordnet ist, kann es allerdings als positiv erscheinen, aber eine nähere Untersuchung kann unschwer nachweisen, dass es einfach die vorherrschende Funktion nachspricht, sie mit Argumenten stützt, oft in unverkennbarem Widerspruch mit den dem Denken eigenen Gesetzen der Logik. Dieses Denken fällt also für unsere vorliegende Betrachtung fort. Wir beschäftigen uns vielmehr mit der Beschaffenheit jenes Denkens, das sich dem Primat einer andern Funktion nicht unterordnen kann, sondern seinem eigenen Prinzip treu bleibt. Die Beobachtung und Untersuchung dieses Denkens ist schwierig, weil es im concreten Fall stets mehr oder weniger verdrängt ist durch die Einstellung des Bewusstseins. Es muss daher meistens erst aus den Hintergründen des Bewusstseins hervorgeholt werden, wenn es nicht zufälligerweise in einem unbewachten Moment einmal an die Oberfläche kommt. Meist muss man es mit der Frage hervorlocken: „Aber was denken Sie denn eigentlich, im Grunde genommen und so ganz bei Ihnen von der Sache?" Oder man muss sogar zu einer List greifen und die Frage etwa so formulieren: „Was denken Sie denn, dass ich von dieser Sache denke?" Diese letztere Form muss nämlich dann gewählt werden, wenn das eigentliche Denken unbewusst und darum projiziert ist. Das Denken, das auf diese Weise an die Oberfläche des Bewusstseins gelockt wird, hat charakteristische Eigenschaften, um derentwillen ich es eben als *negativ* bezeichne. Sein Habitus ist am besten gekennzeichnet durch die beiden Worte „nichts als". *Goethe* hat dieses Denken in der Figur des Mephistopheles personifiziert. Vor allem zeigt es die Tendenz, den Gegenstand seines Urteilens auf irgend eine Banalität zurückzuführen und ihn einer eigenen selbständigen Bedeutung zu entkleiden. Dies geschieht dadurch, dass er als in Abhängigkeit von einer andern banalen Sache befindlich dargestellt wird. Ergibt sich zwischen zwei Männern ein Konflikt von anscheinend sachlicher Natur, so sagt das negative Denken: „Cherchez la femme." Verficht oder propagiert jemand eine Sache, so fragt das negative Denken nicht nach der Bedeutung der Sache, sondern: „Wieviel verdient er dabei?“ Das *Moleschott* zugeschriebene Wort: „Der Mensch ist, was er isst“, gehört ebenfalls in dieses Kapitel, wie noch viele andere Aussprüche und Anschauungen, die ich nicht wörtlich anzuführen brauche. Das Destruktive dieses Denkens sowohl, wie eine gegebenenfalls beschränkte Nützlichkeit bedarf wohl keiner weitern Erklärung. Es gibt nun aber noch eine andere Form des negativen Denkens, die man auf den ersten Blick wohl kaum als solche erkennen würde, und das ist das *theosophische* Denken, das sich heute rapide in allen Weltteilen ausbreitet, vielleicht als eine Reaktionserscheinung auf den Materialismus der unmittelbar vorausgegangenen Epoche. Das theosophische Denken ist anscheinend keineswegs reduktiv, sondern erhöht alles zu transscendenten und weltumfassenden Ideen. Ein Traum, z. B., ist nicht mehr ein bescheidener Traum, sondern ein Erlebnis auf einer „andern Ebene“. Die vorderhand noch unerklärbare Tatsache der Telepathie erklärt sich sehr einfach durch „Vibrationen“, die von einem zum andern gehen. Eine gewöhnliche nervöse Störung ist sehr einfach dadurch erklärt, dass dem Astralkörper etwas zugestossen ist. Gewisse anthropologische Eigentümlichkeiten der atlantischen Küstenbewohner erklären sich leicht durch den Untergang der Atlantis, usw. Man braucht nur ein theosophisches Buch zu öffnen, um von der Erkenntnis erdrückt zu werden, dass alles schon erklärt ist, und dass die „Geisteswissenschaft“ überhaupt keine Rätsel mehr übrig gelassen hat. Diese Art des Denkens ist im Grunde genommen ebenso negativ wie das materialistische Denken. Wenn letzteres die Psychologie als chemische Veränderungen der Ganglienzellen oder als ein Ausstrecken und Zurückziehen der Zellfortsätze oder als innere Sekretion auffasst, so ist dies genau so abergläubisch wie die Theosophie. Der einzige Unterschied liegt darin, dass der Materialismus auf die uns geläufige Physiologie reduziert, während die Theosophie alles auf Begriffe der indischen Metaphysik bringt. Wenn man den Traum auf einen überladenen Magen zurückführt, so ist damit doch der Traum nicht erklärt, und wenn man die Telepathie als „Vibration“ erklärt, so ist damit ebenso wenig gesagt. Denn was ist „Vibration“? Beide Erklärungsmodi sind nicht nur impotent, sondern sie sind auch destruktiv, indem sie eine ernsthafte Erforschung des Problems dadurch verhindern, dass sie durch eine Scheinerklärung das Interesse von der Sache abziehen und in ersterm Fall dem Magen und in letzterm Fall den imaginären Vibrationen zuwenden. Beide Denkarten sind steril und sterilisierend. Die negative Qualität rührt davon her, dass dieses Denken so unbeschreiblich billig ist, d. h. arm an zeugender und schöpferischer Energie. Es ist ein Denken im Schlepptau anderer Funktionen.

3. Das Fühlen.

Das Fühlen in der extravertierten Einstellung orientiert sich nach dem objektiv Gegebenen, d. h. das Objekt ist die unerlässliche Determinante der Art des Fühlens. Es befindet sich in Übereinstimmung mit objektiven Werten. Wer immer das Gefühl nur als einen subjektiven Tatbestand kennt, wird das Wesen des extravertierten Fühlens nicht ohne weiteres verstehen, denn das extravertierte Fühlen hat sich vom subjektiven Faktor möglichst befreit und sich dafür ganz dem Einfluss des Objektes unterworfen. Auch wo es sich anscheinend von der Qualität des concreten Objektes als unabhängig erweist, steht es dennoch im Banne traditioneller oder sonstwie allgemeingültiger Werte. Ich kann mich zum Prädikat „schön" oder „gut" gedrängt fühlen, nicht weil ich aus subjektivem Gefühl das Objekt „schön" oder „gut" fände, sondern weil es *passend* ist, es „schön" oder „gut" zu nennen; und zwar passend insofern, als ein gegenteiliges Urteil die allgemeine Gefühlssituation irgendwie stören würde. Bei einem solchen passenden Gefühlsurteil handelt es sich keineswegs um eine Simulation oder gar um eine Lüge, sondern um einen Akt der Einpassung. So kann z. B. ein Gemälde als „schön" bezeichnet werden, weil ein in einem Salon aufgehängtes, mit einem bekannten Namen signiertes Gemälde allgemein als „schön" vorausgesetzt wird, oder weil das Prädikat „hässlich" die Familie des glücklichen Besitzers kränken könnte, oder weil auf Seiten des Besuchers die Intention vorhanden ist, eine angenehme Gefühlsatmosphäre zu erzeugen, wozu es notwendig ist, dass alles als angenehm gefühlt wird. Solche Gefühle sind nach Massgabe objektiver Determinanten gerichtet. Sie sind als solche genuin und stellen die gesamte sichtbare Fühlfunktion dar. Genau wie das extravertierte Denken sich subjektiver Einflüsse soviel wie möglich entledigt, so muss auch das extravertierte Fühlen einen gewissen Differenzierungsprozess durchlaufen, bis es von jeder subjektiven Zutat entkleidet ist. Die durch den Gefühlsakt erfolgenden *Bewertungen* entsprechen entweder direkt den objektiven Werten oder wenigstens gewissen traditionellen und allgemein verbreiteten Wertmasstäben. Dieser Art des Fühlens ist es zum grossen Teil zuzuschreiben, warum so viele Leute ins Theater oder ins Konzert oder in die Kirche gehen und zwar mit richtig abgemessenen positiven Gefühlen. Ihm sind auch die Moden zu verdanken, und was weit wertvoller ist, die positive und verbreitete Unterstützung sozialer, philanthropischer und sonstiger Kulturunternehmungen. In diesen Dingen erweist sich das extravertierte Fühlen als schöpferischer Faktor. Ohne dieses Fühlen ist z. B. eine schöne und harmonische Geselligkeit undenkbar. Insoweit ist das extravertierte Fühlen eine ebenso wohltätige, vernünftig wirkende Macht, wie das extravertierte Denken. Diese heilsame Wirkung geht aber verloren, sobald das Objekt einen übertriebenen Einfluss gewinnt. In diesem Fall nämlich zieht das zu extravertierte Fühlen die Persönlichkeit zu viel ins Objekt, d. h. das Objekt assimiliert die Person, wodurch der persönliche Charakter des Fühlens, der seinen Hauptreiz ausmacht, verloren geht. Dadurch wird nämlich das Gefühl kalt, sachlich und unglaubwürdig. Es verrät geheime Absicht, jedenfalls erweckt es solchen Verdacht beim unbefangenen Beobachter. Es macht nicht mehr jenen angenehmen und erfrischenden Eindruck, der ein genuines Fühlen stets begleitet, sondern man wittert Pose oder Schauspielerei, wenn schon vielleicht die egozentrische Absicht noch ganz unbewusst ist. Ein solch übertrieben extravertiertes Fühlen erfüllt zwar ästhetische Erwartungen, aber es spricht nicht mehr zum Herzen, sondern bloss noch zu den Sinnen, oder — noch schlimmer — bloss noch zum Verstande. Es kann zwar eine Situation ästhetisch ausfüllen, es beschränkt sich aber darauf und wirkt nicht darüber hinaus. Es ist steril geworden. Schreitet dieser Prozess weiter, so entwickelt sich eine merkwürdig widerspruchsvolle Dissociation des Fühlens: es bemächtigt sich jeglichen Objektes mit gefühlsmässigen Bewertungen, und es werden zahlreiche Beziehungen angeknüpft, die einander innerlich widersprechen. Da dergleichen gar nicht möglich wäre, wenn ein einigermassen betontes Subjekt vorhanden wäre, so werden auch die letzten Reste eines wirklich persönlichen Standpunktes unterdrückt. Das Subjekt wird dermassen aufgesogen in die einzelnen Fühlprozesse, dass der Beobachter den Eindruck erhält, als ob nur noch ein Prozess des Fühlens und kein Subjekt des Fühlens mehr vorhanden sei. Das Fühlen in diesem Zustande hat seine ursprüngliche menschliche Wärme ganz eingebüsst, es macht den Eindruck der Pose, des Flatterhaften, des Unzuverlässigen und in schlimmem Fällen den Eindruck des Hysterischen.

4. Der extravertierte Fühltypus.

Insofern das Gefühl unbestreitbar eine sichtbarere Eigentümlichkeit der weiblichen Psychologie ist, als das Denken, so finden sich auch die ausgesprochensten Fühltypen beim weiblichen Geschlecht. Wenn das extravertierte Fühlen das Primat besitzt, so sprechen wir von einem extravertierten Fühltypus. Die Beispiele, die mir bei diesem Typus vorschweben, betreffen fast ohne Ausnahme Frauen. Diese Art Frau lebt nach der Richtschnur ihres Gefühls. Ihr Gefühl hat sich infolge der Erziehung zu einer eingepassten und der Bewusstseinskontrolle unterworfenen Funktion entwickelt. In Fällen, die nicht extrem liegen, hat das Gefühl persönlichen Charakter, obschon das Subjektive bereits in höherm Masse unterdrückt wurde. Die Persönlichkeit erscheint daher als in die objektiven Verhältnisse eingepasst. Die Gefühle entsprechen den objektiven Situationen, und den allgemein gültigen Werten. Dies zeigt sich nirgends deutlicher als in der sog. Liebeswahl: Der „passende" Mann wird geliebt, nicht irgend ein anderer; er ist passend, nicht etwa, weil er dem subjektiven verborgenen Wesen der Frau durchaus zusagte — das weiss sie meistens gar nicht —, sondern weil er in punkto Stand, Alter, Vermögen, Grösse und Respektabilität seiner Familie allen vernünftigen Anforderungen entspricht. Man könnte natürlich eine solche Formulierung leicht als ironisch und entwertend ablehnen, wenn ich nicht der vollen Überzeugung wäre, dass das Liebesgefühl dieser Frau ihrer Wahl auch vollkommen entspricht. Es ist ächt und nicht etwa vernünftige Mache. Solcher „vernünftigen" Ehen gibt es unzählige, und es sind keineswegs die schlechtesten. Solche Frauen sind gute Gefährtinnen ihrer Männer und gute Mütter, solange ihre Männer oder Kinder die landesübliche psychische Konstitution besitzen. „Richtig" fühlen kann man nur dann, wenn nichts anderes das Gefühl stört. Nichts stört aber das Fühlen so sehr wie das Denken. Es ist daher ohne weiteres begreiflich, dass das Denken bei diesem Typus möglichst unterdrückt wird. Damit soll nun keineswegs gesagt sein, dass eine solche Frau überhaupt nicht denke; im Gegenteil, sie denkt vielleicht sehr viel und sehr klug, aber ihr Denken ist niemals sui generis, sondern ein epimetheisches Anhängsel ihres Fühlens. Was sie nicht fühlen kann, kann sie auch bewusst nicht denken. „Ich kann doch nicht denken, was ich nicht fühle", sagte mir einmal ein solcher Fall in entrüstetem Tone. Soweit es das Gefühl erlaubt, kann sie sehr gut denken, aber jeder noch so logische Schluss, der zu einem das Gefühl störenden Ergebnis führen könnte, wird a limine abgelehnt. Er wird einfach nicht gedacht. Und so wird alles, was objektiver Bewertung entsprechend gut ist, geschätzt oder geliebt; übriges scheint bloss ausserhalb ihrer selbst zu existieren. Dieses Bild ändert sich aber, wenn die Bedeutung des Objektes einen noch höhern Grad erreicht. Wie ich bereits oben erläuterte, erfolgt dann eine solche Assimilation des Subjektes an das Objekt, dass das Subjekt des Fühlens mehr oder weniger untergeht. Das Fühlen verliert den persönlichen Charakter, es wird Fühlen an sich, und man gewinnt den Eindruck, als ob sich die Persönlichkeit gänzlich in das jeweilige Gefühl auflöse. Da nun im Leben beständig Situationen miteinander abwechseln, welche verschiedene oder sogar miteinander kontrastierende Gefühlstöne auslösen, so löst sich die Persönlichkeit in ebenso viele verschiedene Gefühle auf. Man ist das eine Mal dies, das andere Mal etwas ganz anderes — anscheinend; denn in Wirklichkeit ist eine derartige Mannigfaltigkeit der Persönlichkeit etwas Unmögliches. Die Basis des Ich bleibt doch immerhin sich selber identisch und tritt deshalb in eine deutliche Opposition zu den wechselnden Gefühlszuständen. Infolgedessen fühlt der Beobachter das zur Schau getragene Gefühl nicht mehr als einen persönlichen Ausdruck des Fühlenden, sondern vielmehr als eine Alteration seines Ich, also eine Laune. Je nach dem Grade der Dissociation zwischen dem Ich und dem jeweiligen Gefühlszustand treten mehr oder weniger Zeichen des Uneinsseins mit sich selber auf, d. h. die ursprünglich compensierende Einstellung des Unbewussten wird zur manifesten Opposition. Dies zeigt sich zunächst in einer übertriebenen Gefühlsäusserung, z. B. in lauten und aufdringlichen Gefühlsprädikaten, die aber eine gewisse Glaubwürdigkeit vermissen lassen. Sie klingen hohl und überzeugen nicht. Sie lassen im Gegenteil bereits die

Möglichkeit erkennen, dass damit ein Widerstand übercompensiert wird, und dass darum ein solches Gefühlsurteil auch ganz anders lauten könnte. Und wenig später lautet es auch anders. Die Situation braucht sich nur um ein weniges zu ändern, um sofort eine ganz entgegengesetzte Bewertung desselben Objektes auf den Plan zu rufen. Das Ergebnis einer solchen Erfahrung ist, dass der Beobachter weder das eine noch das andere Urteil ernst nehmen kann. Er fängt an, sich sein eigenes Urteil zu reservieren. Da es nun aber diesem Typus vor allem darauf ankommt, einen intensiven Gefühlsrapport mit der Umgebung herzustellen, so werden verdoppelte Anstrengungen nötig sein, um die Reserve der Umgebung zu überwinden. Dies verschlimmert die Situation auf dem Wege des Circulus vitiosus. Je stärker die Gefühlsbeziehung zum Objekt betont wird, desto mehr nähert sich die unbewusste Opposition der Oberfläche.

Wir haben bereits gesehen, dass der extravertierte Fühltypus am meisten sein Denken unterdrückt, weil eben das Denken am ehesten geeignet ist, das Fühlen zu stören. Aus diesem Grunde schliesst ja auch das Denken, wenn es zu irgendwie reinen Resultaten gelangen will, am allermeisten das Fühlen aus, denn nichts ist so geeignet, das Denken zu stören und zu verfälschen, wie die Gefühlswerte. Das Denken des extravertierten Fühltypus ist daher, insofern es eine selbständige Funktion ist, verdrängt. Wie ich bereits erwähnte, ist es nicht ganz verdrängt, sondern nur insofern seine unerbittliche Logik zu Schlüssen zwingt, die dem Gefühl nicht passen. Es ist aber zugelassen als Diener des Gefühls, oder besser gesagt, als sein Sklave. Sein Rückgrat ist gebrochen, es kann sich nicht selber, seinem eigenen Gesetze gemäss, durchführen. Da es nun doch aber eine Logik und unerbittlich richtige Schlüsse gibt, so geschehen sie auch irgendwo, aber ausserhalb des Bewusstseins, nämlich im Unbewussten. Darum ist der unbewusste Inhalt dieses Typus in allererster Linie ein eigenartiges Denken. Dieses Denken ist infantil, archaïsch und negativ. Solange das bewusste Fühlen den persönlichen Charakter bewahrt, oder mit andern Worten: solange die Persönlichkeit nicht von den einzelnen Gefühlszuständen aufgeschluckt wird, verhält sich das unbewusste Denken compensierend. Wenn aber die Persönlichkeit sich dissociiert und sich in einzelne einander widersprechende Gefühlszustände auflöst, so geht die Identität des Ich verloren, das Subjekt wird unbewusst. Indem das Subjekt aber ins Unbewusste gerät, associiert es sich mit dem unbewussten Denken und verhilft dadurch dem unbewussten Denken zu gelegentlicher Bewusstheit. Je stärker die bewusste Gefühlsbeziehung ist und je mehr sie darum das Gefühl „ent-icht", desto stärker wird auch die unbewusste Opposition. Dies äussert sich darin, dass gerade um die am höchsten bewerteten Objekte sich unbewusste Gedanken ansammeln, welche den Wert dieser Objekte erbarmungslos herunterreissen. Das Denken im Stile des „Nichts als" ist hier durchaus am Platze, denn es zerstört die Übermacht des an Objekte geketteten Gefühls. Das unbewusste Denken erreicht die Oberfläche in Form von Einfällen, oft obsedierender Natur, deren allgemeiner Charakter immer negativ und entwertend ist. Es gibt darum bei Frauen von diesem Typus Momente, wo die schlimmsten Gedanken sich gerade an diejenigen Objekte heften, welche das Gefühl am höchsten wertet. Das negative Denken bedient sich aller infantilen Vorurteile oder Vergleiche, die geeignet sind, den Gefühlswert in Zweifel zu setzen, und es zieht alle primitiven Instinkte heran, um die Gefühle für „nichts als" erklären zu können. Es ist mehr eine Seitenbemerkung, wenn ich hier erwähne, dass auf diese Weise auch das collektive Unbewusste, die Gesamtheit der primordialen Bilder, herangezogen wird, aus deren Bearbeitung sich dann wieder die Möglichkeit einer Regeneration der Einstellung auf einer andern Basis ergibt.

Die hauptsächlichste Neurosenform dieses Typus ist die Hysterie mit ihrer charakteristischen infantil-sexuellen unbewussten Vorstellungswelt.

5. Zusammenfassung der rationalen Typen.

Ich bezeichne die beiden vorausgegangenen Typen als rationale oder urteilende Typen, weil sie charakterisiert sind durch das Primat vernünftig urteilender Funktionen. Es ist ein allgemeines Merkmal beider Typen, dass ihr Leben in hohem Masse dem vernünftigen Urteil unterstellt ist. Wir haben allerdings zu berücksichtigen, ob wir dabei vom Standpunkte der subjektiven Psychologie des Individuums sprechen oder vom Standpunkt des Beobachters, der von aussen wahrnimmt und urteilt. Dieser Beobachter könnte nämlich leicht zu einem entgegengesetzten Urteil gelangen, und zwar dann, wenn er intuitiv bloss das Vorkommende erfasst und darnach urteilt. Das Leben dieses Typus in seiner Gesamtheit ist ja niemals allein vom vernünftigen Urteil abhängig, sondern auch in beinahe ebenso hohem Masse von der unbewussten Unvernünftigkeit. Wer nun allein das Vorkommende beobachtet, ohne sich um den innern Haushalt des Bewusstseins des Individuums zu kümmern, kann leicht in höherm Masse von der Unvernünftigkeit und Zufälligkeit gewisser unbewusster Äusserungen des Individuums betroffen sein, als von der Vernunftmässigkeit seiner bewussten Absichten und Motivationen. Ich gründe daher mein Urteil darauf, was das Individuum als seine bewusste Psychologie empfindet. Ich gebe aber zu, dass man ebenso gut eine solche Psychologie gerade umgekehrt auffassen und darstellen könnte. Ich bin auch überzeugt, dass ich, falls ich selber eine andere individuelle Psychologie besässe, die rationalen Typen in umgekehrter Weise vom Unbewussten her als irrational beschreiben würde. Dieser Umstand erschwert die Darstellung und Verständlichkeit psychologischer Tatbestände in nicht zu unterschätzender Weise und erhöht die Möglichkeit von Missverständnissen ins Ungemessene. Die Diskussionen, die sich aus diesen Missverständnissen ergeben, sind in der Regel hoffnungslos, denn man spricht aneinander vorbei. Diese Erfahrung war für mich ein Grund mehr, mich in meiner Darstellung auf die subjektiv bewusste Psychologie des Individuums zu gründen, weil man dadurch wenigstens einen bestimmten objektiven Anhalt hat, der gänzlich wegfällt, wenn man eine psychologische Gesetzmässigkeit auf das Unbewusste gründen wollte. In diesem Fall nämlich könnte das Objekt gar nicht mehr mitsprechen, denn es weiss von allem andern mehr als vom eigenen Unbewussten. Das Urteil wäre damit dem Beobachter einzig und allein anheimgegeben — eine sichere Gewähr dafür, dass er sich auf seine eigene individuelle Psychologie gründen und diese dem Beobachteten aufdrängen wird. Dieser Fall liegt meines Erachtens sowohl in der *Freud*schen, wie in der *Adler*schen Psychologie vor. Das Individuum ist damit ganz dem Gutfinden des urteilenden Beobachters ausgeliefert. Dies kann aber nicht der Fall sein, wenn die bewusste Psychologie des Beobachteten zur Basis genommen wird. In diesem Fall ist er der Kompetente, weil er allein seine bewussten Motive kennt.

Die Vernünftigkeit der bewussten Lebensführung dieser beiden Typen bedeutet eine bewusste Ausschliessung des Zufälligen und Nichtvernunftgemässen. Das vernünftige Urteil repräsentiert in dieser Psychologie eine Macht, welche das Ungeordnete und Zufällige des realen Geschehens in bestimmte Formen zwingt oder wenigstens zu zwingen versucht. Damit wird einerseits unter den Lebensmöglichkeiten eine bestimmte Auswahl geschaffen, indem bewusst nur das Vernunftgemässe angenommen wird, und andererseits wird die Selbständigkeit und der Einfluss derjenigen psychischen Funktionen, welche der Wahrnehmung des Vorkommenden dienen, wesentlich beschränkt. Diese Beschränkung der Empfindung und der Intuition ist natürlich keine absolute. Diese Funktionen existieren wie überall, nur unterliegen ihre Produkte der Wahl des vernünftigen Urteils. Die absolute Stärke der Empfindung z. B. ist nicht ausschlaggebend für die Motivation des Handelns, sondern das Urteil. Die wahrnehmenden Funktionen teilen also in gewissem Sinne das Schicksal des Fühlens im Falle des ersten Typus und das des Denkens im zweiten Falle. Sie sind relativ verdrängt und daher im minderdifferenzierten Zustand. Dieser Umstand gibt dem Unbewussten unserer beiden Typen ein eigenartiges Gepräge: was diese Menschen bewusst und absichtlich tun, ist vernunftgemäss (*ihrer* Vernunft gemäss!), was ihnen aber passiert, entspricht dem Wesen infantil-primitiver Empfindungen einerseits und andererseits ebensolcher Intuitionen. Was unter diesen Begriffen zu verstehen ist, versuche ich in den folgenden Abschnitten darzustellen. Jedenfalls ist das, was diesen Typen passiert, irrational (natürlich von ihrem Standpunkt aus gesehen!). Da es nun sehr viele Menschen gibt, die mehr aus dem leben, was ihnen passiert, als aus dem, was sie aus vernünftiger Absicht tun, so kann leicht der Fall eintreten, dass ein solcher unsere beiden Typen nach sorgfältiger Analyse als irrational bezeichnen würde. Man muss ihm zugeben, dass nicht allzu selten das Unbewusste eines Menschen einen weit stärkeren

Eindruck macht als sein Bewusstes, und dass seine Taten oft bedeutend schwerer wiegen, als seine vernünftigen Motivationen.

Die Vernünftigkeit der beiden Typen ist objektiv orientiert, vom objektiv Gegebenen abhängig. Ihre Vernünftigkeit entspricht dem, was collektiv als vernünftig gilt. Subjektiv gilt ihnen nichts anderes vernünftig, als was allgemein als vernünftig angesehen wird. Aber auch die Vernunft ist zum guten Teil subjektiv und individuell. In unserm Fall ist dieser Teil verdrängt, und zwar umso mehr, je grösser die Bedeutung des Objektes ist. Das Subjekt und die subjektive Vernunft sind daher immer von der Verdrängung bedroht, und wenn sie ihr verfallen, so geraten sie unter die Herrschaft des Unbewussten, das in diesem Falle sehr unangenehme Eigentümlichkeiten besitzt. Von seinem Denken sprachen wir bereits. Dazu kommen primitive Empfindungen, die sich als Empfindungszwang äussern, z. B. in Form einer abnormen, zwangsmässigen Genussucht, die alle möglichen Formen annehmen kann, und primitive Intuitionen, welche den Betroffenen und ihrer Umgebung direkt zur Qual werden können. Alles Unangenehme und Peinliche, alles Widerwärtige, Hässliche oder Schlechte, wird herausgewittert oder hineinvermutet, und meistens handelt es sich dabei um halbe Wahrheiten, welche, wie nichts anderes, geeignet sind, Missverständnisse giftigster Art zu erzeugen. Aus der starken Beeinflussung durch die opponierenden unbewussten Inhalte ergibt sich notwendigerweise auch eine häufige Durchbrechung der bewussten Vernunftregel, nämlich eine auffallende Bindung an Zufälligkeiten, die entweder vermöge ihrer Empfindungsstärke oder vermöge ihrer unbewussten Bedeutung einen zwingenden Einfluss erlangen.

6. Das Empfinden.

In der extravertierten Einstellung ist das Empfinden vorwiegend durch das Objekt bedingt. Als Sinnesperception ist das Empfinden natürlicherweise vom Objekt abhängig. Es ist aber ebenso natürlicherweise auch vom Subjekt abhängig, daher es auch ein subjektives Empfinden gibt, welches seiner Art nach vom objektiven Empfinden durchaus verschieden ist. In der extravertierten Einstellung ist der subjektive Anteil des Empfindens, insoweit dessen bewusste Verwendung in Frage kommt, gehemmt oder verdrängt. Ebenso ist das Empfinden, als irrationale Funktion relativ verdrängt, wenn Denken oder Fühlen das Primat besitzen, d. h. es funktioniert bewusst bloss in dem Masse als die bewusste, urteilende Einstellung die zufälligen Wahrnehmungen zu Bewusstseinsinhalten werden lässt, mit andern Worten sie realisiert. Die Sinnesfunktion sensu strictiori ist natürlich absolut, es wird z. B. alles gesehen und gehört, soweit dies physiologisch möglich ist, aber nicht alles erreicht jenen Schwellenwert, welchen eine Perception besitzen muss, um auch appercipiert zu werden. Dies ändert sich, wenn keine andere Funktion das Primat besitzt, als das

Empfinden selber. In diesem Falle wird aus der Objektempfindung nichts ausgeschlossen und nichts verdrängt (mit Ausnahme des subjektiven Anteils, wie schon erwähnt). Das Empfinden wird vorzugsweise durch das Objekt determiniert, und diejenigen Objekte, welche die stärkste Empfindung auslösen, sind für die Psychologie des Individuums ausschlaggebend. Dadurch entsteht eine ausgesprochen *sinnliche Bindung* an die Objekte. Das Empfinden ist daher eine vitale Funktion, die mit dem stärksten Lebenstrieb ausgerüstet wird. Insofern Objekte Empfindungen auslösen, gelten sie und werden auch, insoweit dies durch Empfinden überhaupt möglich ist, völlig in das Bewusstsein aufgenommen, ob sie nun dem vernünftigen Urteil passen oder nicht. Ihr Wertkriterium ist einzig die durch ihre objektiven Eigenschaften bedingte Empfindungsstärke. Infolgedessen treten alle objektiven Vorgänge ins Bewusstsein, insofern sie überhaupt Empfindungen auslösen. Es sind aber nur concrete, sinnlich wahrnehmbare Objekte oder Vorgänge, welche in der extravertierten Einstellung Empfindungen erregen, und zwar ausschliesslich solche, die jedermann überall und zu allen Zeiten als concret empfinden würde. Das Individuum wird daher nach rein sinnenfälliger Tatsächlichkeit orientiert. Die urteilenden Funktionen stehen unterhalb der concreten Tatsache der Empfindung und haben daher die Eigenschaften der minderdifferenzierten Funktionen, d. h. also eine gewisse Negativität mit infantil-archaïschen Zügen. Am stärksten von der Verdrängung betroffen ist natürlich die der Empfindung entgegengesetzte Funktion, nämlich die der unbewussten Wahrnehmung, der Intuition.

7. Der extravertierte Empfindungstypus.

Es gibt keinen andern menschlichen Typus, der an Realismus dem extravertierten Empfindungstypus gleichkäme. Sein objektiver Tatsachensinn ist ausserordentlich entwickelt. Er häuft in seinem Leben reale Erfahrungen am concreten Objekt, und je ausgesprochener er ist, desto weniger macht er Gebrauch von seiner Erfahrung. Sein Erlebnis wird in gewissen Fällen überhaupt nicht zu dem, was den Namen „Erfahrung" verdiente. Was er empfindet, dient ihm höchstens als Wegleitung zu neuen Empfindungen und alles, was etwa Neues in den Kreis seiner Interessen eintritt, ist auf dem Wege der Empfindung erworben und soll zu diesem Zwecke dienen. Insofern man einen ausgesprochenen Sinn für reine Tatsächlichkeit als sehr vernünftig aufzufassen geneigt ist, wird man solche Menschen als vernünftig preisen. Sie sind es aber in Wirklichkeit keineswegs, indem sie der Empfindung des irrationalen Zufalls genau so unterworfen sind, wie der des rationalen Vorkommens. Ein solcher Typus — vielfach handelt es sich anscheinend um Männer — meint natürlich nicht, der Empfindung „unterworfen" zu sein. Er wird diesen Ausdruck vielmehr als ganz unzutreffend belächeln, denn für ihn ist Empfindung concrete Lebensäusserung; sie bedeutet ihm eine Fülle wirklichen Lebens. Seine

Absicht geht auf den concreten Genuss, ebenso seine Moralität. Denn das wahre Geniessen hat seine besondere Moral, seine besondere Mässigkeit und Gesetzmässigkeit, seine Selbstlosigkeit und Opferwilligkeit. Er braucht keineswegs ein sinnlicher Rohling zu sein, sondern kann sein Empfinden zu grösster ästhetischer Reinheit differenzieren, ohne dass er auch in der abstraktesten Empfindung jemals seinem Prinzip der objektiven Empfindung untreu würde. *Wulfens* Cicerone des rücksichtslosen Lebensgenusses ist das ungeschminkte Selbstbekenntnis eines derartigen Typus. Das Buch erscheint mir unter diesem Gesichtswinkel als lesenswert.

Auf niederer Stufe ist dieser Typus der Mensch der tastbaren Wirklichkeit, ohne Neigung zu Reflexionen und ohne Herrscherabsichten. Sein stetiges Motiv ist, das Objekt zu empfinden, Sensationen zu haben und womöglich zu geniessen. Er ist kein unliebenswürdiger Mensch, im Gegenteil, er ist häufig von erfreulicher und lebendiger Genussfähigkeit, bisweilen ein lustiger Kumpan, bisweilen ein geschmackvoller Ästhet. Im erstern Fall hängen die grossen Probleme des Lebens ab von einem mehr oder weniger guten Mittagstisch, im letztern gehören sie zum guten Geschmack. Wenn er empfindet, so ist für ihn alles wesentliche gesagt und erfüllt. Nichts kann mehr als concret und wirklich sein, Vermutungen daneben oder darüber hinaus sind nur zugelassen, insofern sie die Empfindung verstärken. Sie brauchen diese keineswegs im angenehmen Sinn zu verstärken, denn dieser Typus ist nicht ein gewöhnlicher Lüstling, sondern er will nur die stärkste Empfindung, die er seiner Natur nach immer von aussen empfangen muss. Was von innen kommt, erscheint ihm als krankhaft und verwerflich. Insofern er denkt und fühlt, reduziert er immer auf objektive Grundlagen, d. h. auf Einflüsse, die vom Objekt kommen, unbekümmert auch um die stärkste Beugung der Logik. Tastbare Wirklichkeit lässt ihn unter allen Umständen aufatmen. In dieser Beziehung ist er von unerwarteter Leichtgläubigkeit. Ein psychogenes Symptom wird er unbedenklich auf den tiefen Barometerstand beziehen, die Existenz eines psychischen Konfliktes dagegen erscheint ihm als abnorme Träumerei. Seine Liebe gründet sich unzweifelhaft auf die sinnenfälligen Reize des Objektes. Insofern er normal ist, ist er der gegebenen Wirklichkeit auffallend eingepasst, auffallend darum, weil es immer sichtbar ist. Sein Ideal ist die Tatsächlichkeit, er ist rücksichtsvoll in dieser Beziehung. Er hat keine Ideen-Ideale, darum auch keinen Grund, sich irgendwie gegen die tatsächliche Wirklichkeit fremd zu verhalten. Das drückt sich in allen Äusserlichkeiten aus. Er kleidet sich gut, seinen Umständen entsprechend, man isst und trinkt gut bei ihm, man sitzt bequem oder man begreift wenigstens, dass sein verfeinerter Geschmack einige Ansprüche an seine Umgebung stellen darf. Er überzeugt sogar, dass gewisse Opfer dem Stil zuliebe sich entschieden lohnen.

Je mehr aber die Empfindung überwiegt, sodass das empfindende Subjekt hinter der Sensation verschwindet, desto unerfreulicher wird dieser Typus. Er entwickelt sich entweder zum rohen Genussmenschen oder zum skrupellosen, raffinierten Ästheten. So unerlässlich ihm dann das Objekt wird, so sehr wird es auch als etwas, das in und durch sich selbst besteht, entwertet. Es wird ruchlos vergewaltigt und ausgepresst, indem es überhaupt nur noch als Anlass zur Empfindung gebraucht wird. Die Bindung an das Objekt wird aufs Äusserste getrieben. Dadurch aber wird auch das Unbewusste aus der compensatorischen Rolle in die offene Opposition gedrängt. Vor allem machen sich die verdrängten Intuitionen geltend in Form von Projektionen auf das Objekt. Die abenteuerlichsten Vermutungen entstehen; handelt es sich um ein Sexualobjekt, so spielen Eifersuchtsphantasien eine grosse Rolle, ebenso Angstzustände. In schwereren Fällen entwickeln sich Phobien aller Art, und besonders Zwangssymptome. Die pathologischen Inhalte sind von einem bemerkenswerten Irrealitätscharakter, häufig moralisch und religiös gefärbt. Es entwickelt sich oft eine spitzfindige Rabulistik, eine lächerlich-skrupulöse Moralität und eine primitive, abergläubische und „magische" Religiosität, die auf abstruse Riten zurückgreift. Alle diese Dinge stammen aus den verdrängten, minderdifferenzierten Funktionen, welche in solchen Fällen dem Bewusstsein schroff gegenüberstehen und umso auffallender in die Erscheinung treten, als sie auf den absurdesten Voraussetzungen zu beruhen scheinen, ganz im Gegensatz zum bewussten Tatsachensinn. Die ganze Kultur des Fühlens und Denkens erscheint in dieser zweiten Persönlichkeit in eine krankhafte Primitivität verdreht; Vernunft ist Vernünftelei und Haarspalterei, Moral ist öde Moralisiererei und handgreiflicher Pharisäismus, Religion ist absurder Aberglauben, das Ahnungsvermögen, diese vornehme Gabe des Menschen, ist persönliche Tüftelei, Beschnupperung jeder Ecke, und geht, statt ins Weite, ins Engste allzumenschlicher Kleinlichkeit.

Der spezielle Zwangscharakter der neurotischen Symptome stellt das unbewusste Gegenstück dar zur bewussten moralischen Zwangslosigkeit einer bloss empfindenden Einstellung, welche, vom Standpunkt des rationalen Urteils aus, wahllos das Vorkommende aufnimmt. Wenn schon die Voraussetzungslosigkeit des Empfindungstypus keineswegs absolute Gesetz- und Schrankenlosigkeit bedeutet, so fällt bei ihm doch die ganz wesentliche Beschränkung durch das Urteil weg. Das rationale Urteil aber stellt einen bewussten Zwang dar, den sich der rationale Typus anscheinend freiwillig auferlegt. Dieser Zwang befällt den Empfindungstypus vom Unbewussten her. Zudem bedeutet die Objektbindung des rationalen Typus eben wegen der Existenz eines Urteils niemals soviel wie jene unbedingte Beziehung, die der Empfindungstypus zum Objekt hat. Wenn seine Einstellung eine abnorme Einseitigkeit erreicht, so ist er daher in Gefahr, ebenso sehr dem Griffe des Unbewussten zu verfallen, wie er bewusst am

Objekte hängt. Ist er einmal neurotisch geworden, so ist er auch viel schwerer in vernünftiger Weise zu behandeln, weil die Funktionen, an die der Arzt sich wendet, in einem relativ undifferenzierten Zustand sich befinden und daher wenig oder gar nicht verlässlich sind. Es bedarf öfters affektiver Pressionsmittel, um ihm etwas bewusst zu machen.

8. Die Intuition.

Die Intuition als die Funktion unbewusster Wahrnehmung richtet sich in der extravertierten Einstellung ganz auf äussere Objekte. Da die Intuition ein in der Hauptsache unbewusster Prozess ist, so ist auch ihr Wesen bewusst sehr schwer zu erfassen. Im Bewusstsein ist die intuitive Funktion vertreten durch eine gewisse Erwartungseinstellung, ein Anschauen und Hineinschauen, wobei immer erst das nachträgliche Resultat erweisen kann, wieviel hineingeschaut und wieviel wirklich am Objekt lag. Wie auch die Empfindung, falls sie das Primat besitzt, nicht bloss ein reaktiver, für das Objekt weiter nicht bedeutsamer Vorgang ist, sondern vielmehr eine actio, welche das Objekt ergreift und gestaltet, so ist auch die Intuition nicht bloss eine Wahrnehmung, ein blosses Anschauen, sondern ein aktiver, schöpferischer Vorgang, der ebensoviel in das Objekt hineinbildet, als er davon herausnimmt. Wie er unbewusst die Anschauung herausnimmt, so schafft er auch eine unbewusste Wirkung im Objekt. Die Intuition vermittelt allerdings zunächst bloss Bilder oder Anschauungen von Beziehungen und Verhältnissen, die mittelst anderer Funktionen entweder gar nicht, oder nur auf grossen Umwegen erreicht werden können. Diese Bilder haben den Wert bestimmter Erkenntnisse, welche das Handeln ausschlaggebend beeinflussen, insofern der Intuition das Hauptgewicht zufällt. In diesem Fall gründet sich die psychische Anpassung beinahe ausschliesslich auf Intuitionen. Denken, Fühlen und Empfinden sind relativ verdrängt, wobei die Empfindung am meisten betroffen ist, weil sie als bewusste Sinnesfunktion der Intuition am meisten hinderlich ist. Die Empfindung stört die reine, unvoreingenommene, naive Anschauung durch aufdringliche Sinnesreizungen, welche den Blick auf physische Oberflächen lenken, also gerade auf die Dinge, hinter welche die Intuition zu gelangen sucht. Da sich die Intuition in der extravertierten Einstellung vorwiegend auf das Objekt richtet, so kommt sie eigentlich der Empfindung sehr nahe, denn die Erwartungseinstellung auf äussere Objekte kann sich mit fast ebenso grosser Wahrscheinlichkeit der Empfindung bedienen. Damit aber die Intuition durchgeführt werden kann, muss die Empfindung in hohem Masse unterdrückt werden. Unter Empfindung verstehe ich in diesem Fall die einfache und direkte Sinnesempfindung als ein fest umrissenes physiologisches und psychisches Datum. Das muss nämlich zuvor ausdrücklich festgestellt werden, denn, wenn ich den Intuitiven frage, wonach er sich orientiere, so wird er mir von Dingen sprechen, die auf's Haar den Sinnesempfindungen gleichen. Er wird sich auch des Ausdruckes „Empfindung" vielfach bedienen. Er hat tatsächlich Empfindungen, aber er richtet sich nicht nach den Empfindungen selber, sondern sie sind ihm blosse Anhaltspunkte für die Anschauung. Sie sind ausgewählt durch unbewusste Voraussetzung. Nicht die physiologisch stärkste Empfindung erlangt den Hauptwert, sondern irgend eine andere, welche durch die unbewusste Einstellung des Intuitiven in ihrem Wert beträchtlich erhöht wird. Dadurch erlangt sie eventuell den Hauptwert und es erscheint dem Bewusstsein des Intuitiven, als ob sie eine reine Empfindung wäre. Sie ist es aber tatsächlich nicht. Wie die Empfindung in der extravertierten Einstellung stärkste Tatsächlichkeit zu erreichen sucht, weil dadurch allein der Anschein eines vollen Lebens erweckt wird, so erstrebt die Intuition die Erfassung grösster *Möglichkeiten*, weil durch die Anschauung von Möglichkeiten die *Ahnung* am allermeisten befriedigt wird. Die Intuition strebt nach der Entdeckung von Möglichkeiten im objektiv Gegebenen, darum ist sie auch als blosse beigeordnete Funktion (nämlich wenn ihr das Primat nicht zukommt) das Hilfsmittel, das automatisch wirkt, wenn keine andere Funktion den Ausweg aus einer überall versperrten Situation zu entdecken vermag. Hat die Intuition das Primat, so erscheinen alle gewöhnlichen Lebenssituationen so, als ob sie verschlossene Räume wären, welche die Intuition zu öffnen hat. Sie sucht beständig Auswege und neue Möglichkeiten äussern Lebens. Der intuitiven Einstellung wird jede Lebenssituation in kürzester Frist zum Gefängnis, zur erdrückenden Fessel, welche zu Lösungen drängt. Die Objekte scheinen zeitweise von beinahe übertriebenem Wert, nämlich dann, wenn sie gerade einer Lösung, einer Befreiung, der Auffindung einer neuen Möglichkeit zu dienen haben. Kaum haben sie ihren Dienst als Stufe oder Brücke erfüllt, so haben sie anscheinend überhaupt keinen Wert mehr und werden als lästiges Anhängsel abgestreift. Eine Tatsache gilt nur, insofern sie neue Möglichkeiten erschliesst, die über sie hinausgehen, das Individuum von ihr befreien. Auftauchende Möglichkeiten sind zwingende Motive, denen sich die Intuition nicht entziehen kann und der sie alles andere aufopfert.

9. Der extravertierte intuitive Typus.

Wo die Intuition vorherrscht, ergibt sich eine eigenartige, nicht zu verkennende Psychologie. Da sich die Intuition nach dem Objekt orientiert, ist eine starke Abhängigkeit von äussern Situationen erkennbar, jedoch ist die Art der Abhängigkeit von der des Empfindungstypus durchaus verschieden. Der Intuitive findet sich nie dort, wo allgemein anerkannte Wirklichkeitswerte zu finden sind, sondern immer da, wo Möglichkeiten vorhanden sind. Er hat eine feine Witterung für Keimendes und Zukunftversprechendes. Nie findet er sich in stabilen, seit langem bestehenden und wohlgegründeten Verhältnissen von allgemein anerkanntem, aber beschränktem Wert. Da er immer auf der Suche nach neuen Möglichkeiten ist, so droht er in stabilen Verhältnissen zu ersticken. Er erfasst zwar neue Objekte und Wege mit grosser Intensität und mit bisweilen ausserordentlichem Enthusiasmus, um sie ohne Pietät und anscheinend ohne Erinnerung kaltblütig aufzugeben, sobald ihr Umfang festgestellt ist und sie weiter keine beträchtliche Entwicklung mehr voraussahnen lassen. Solange eine Möglichkeit besteht, ist der Intuitive daran gebunden mit Schicksalsmacht. Es ist, als ob sein ganzes Leben in der neuen Situation aufginge. Man hat den Eindruck, und er selber teilt ihn, als ob er soeben die definitive Wendung in seinem Leben erreicht hätte, und als ob er von nun an nichts anderes mehr denken und fühlen könnte. Auch wenn es noch so vernünftig und zweckmässig wäre, auch wenn alle erdenklichen Argumente zu Gunsten der Stabilität sprächen, nichts wird ihn davon abhalten, eines Tages dieselbe Situation, die ihm eine Befreiung und Erlösung schien, als ein Gefängnis zu betrachten und auch demgemäss zu behandeln. Weder Vernunft noch Gefühl können ihn zurückhalten oder von einer neuen Möglichkeit abschrecken, auch wenn sie unter Umständen seinen bisherigen Überzeugungen zuwiderläuft. Denken und Fühlen, die unerlässlichen Komponenten der Überzeugung, sind bei ihm minderdifferenzierte Funktionen, die kein ausschlaggebendes Gewicht besitzen und darum der Kraft der Intuition keinen nachhaltigen Widerstand entgegen zu setzen vermögen. Und doch sind diese Funktionen allein imstande, das Primat der Intuition wirksam zu compensieren, indem sie dem Intuitiven das *Urteil* geben, das ihm als Typus gänzlich mangelt. Die Moralität des Intuitiven ist weder intellektuell noch gefühlsmässig, sondern er hat seine eigene Moral, nämlich die Treue zu seiner Anschauung und die willige Unterwerfung an ihre Macht. Die Rücksicht auf das Wohlergehen der Umgebung ist gering. Ihr physisches Wohlempfinden ist so wenig wie sein eigenes, ein stichhaltiges Argument. Ebenso wenig ist ein Respekt für die Überzeugungen und Lebensgewohnheiten seiner Umgebung vorhanden, sodass er nicht selten als unmoralischer und rücksichtsloser Abenteurer gilt. Da seine Intuition sich mit äussern Objekten befasst und äussere Möglichkeiten herauswittert, so wendet er sich gerne Berufen zu, wo er seine Fähigkeiten möglichst vielseitig entfalten kann. Viele Kaufleute, Unternehmer, Spekulanten, Agenten, Politiker usw. gehören zu diesem Typus.

Noch häufiger als bei Männern, scheint dieser Typus bei Frauen vorzukommen. In diesem letztern Fall offenbart sich die intuitive Tätigkeit weit weniger beruflich, als vielmehr gesellschaftlich. Solche Frauen verstehen es, alle sozialen Möglichkeiten auszunützen, gesellschaftliche Verbindungen anzuknüpfen, Männer mit Möglichkeiten ausfindig zu machen, um für eine neue Möglichkeit wieder alles aufzugeben.

Es ist ohne weiteres verständlich, dass ein solcher Typus volkswirtschaftlich sowohl wie als Kulturförderer ungemein bedeutsam ist. Wenn er gutgeartet, d. h. nicht zu selbstisch eingestellt ist, so kann er sich als Initiator oder doch wenigstens als Förderer aller Anfänge ungemeine Verdienste erwerben. Er ist ein natürlicher Anwalt aller zukunftversprechenden Minoritäten. Da er, wenn er weniger auf Sachen, als auf Menschen eingestellt ist, gewisse Fähigkeiten und Nützlichkeiten in ihnen ahnungsweise erfasst, so kann er auch Leute „machen". Niemand wie er hat die Fähigkeit, seinen Mitmenschen Mut zu machen oder Begeisterung einzuflössen für eine neue Sache, auch wenn er sie schon übermorgen wieder verlässt. Je stärker seine Intuition, desto mehr verschmilzt auch sein Subjekt mit der geschauten Möglichkeit. Er belebt sie, er führt sie anschaulich und mit überzeugender Wärme vor, er verkörpert sie sozusagen. Es ist keine Schauspielerei, sondern ein Schicksal.

Diese Einstellung hat ihre grossen Gefahren, denn allzu leicht verzettelt der Intuitive sein Leben, indem er Menschen und Dinge belebt, und eine Fülle des Lebens um sich verbreitet, das aber nicht er, sondern die andern leben. Könnte er bei der Sache bleiben, so kämen ihm die Früchte seiner Arbeit zu, aber nur allzu bald muss er der neuen Möglichkeit nachrennen und seine eben bepflanzten Felder verlassen, die andere ernten werden. Am Ende geht er leer aus. Wenn der Intuitive es aber soweit kommen lässt, so hat er auch sein Unbewusstes gegen sich. Das Unbewusste des Intuitiven hat eine gewisse Ähnlichkeit mit dem des Empfindungstypus. Denken und Fühlen sind relativ verdrängt und bilden im Unbewussten infantil-archaïsche Gedanken und Gefühle, die sich mit denen des Gegentypus vergleichen lassen. Sie treten ebenfalls in Form von intensiven Projektionen zu Tage und sind ebenso absurd wie die des Empfindungstypus, nur fehlt ihnen, wie es mir scheint, der mystische Charakter, sie betreffen meistens concrete, quasi reale Dinge, wie sexuelle, finanzielle und andere Vermutungen, z. B. Krankheitswitterungen. Diese Verschiedenheit scheint von den verdrängten Realempfindungen herzurühren. Diese letztern machen sich in der Regel auch dadurch bemerkbar, dass der Intuitive plötzlich an eine höchst unpassende Frau, oder im entgegengesetzten Fall, an einen unpassenden Mann verhaftet wird, und zwar infolge des Umstandes, dass diese Personen die archaïsche Empfindungssphäre berührt haben. Daraus ergibt sich eine unbewusste Zwangsbindung an ein Objekt von meist unzweifelhafter Aussichtslosigkeit. Ein solcher Fall ist bereits ein Zwangssymptom, das auch für diesen Typus durchaus charakteristisch ist. Er beansprucht eine ähnliche Freiheit und Ungebundenheit wie der Empfindungstypus, indem er seine Entschliessungen keinen rationalen Urteilen unterwirft, sondern einzig und allein der Wahrnehmung der zufälligen Möglichkeiten. Er enthebt sich der Beschränkung durch die Vernunft und verfällt darum in der Neurose dem unbewussten Zwang, der Vernünftelei, Tüftelei und der Zwangsbindung an die Empfindung des Objektes. Im Bewusstsein behandelt er die Empfindung und das empfundene Objekt mit souveräner Überlegenheit und Rücksichtslosigkeit. Nicht dass er etwa meint, rücksichtslos oder überlegen zu sein, er sieht das Objekt, das jedermann sehen kann, einfach nicht und geht darüber hinweg, ähnlich wie der Empfindungstypus; nur sieht letzterer die Seele des Objektes nicht. Dafür rächt sich später das Objekt und zwar in Form von hypochondrischen Zwangsideen, Phobien und allen möglichen absurden Körperempfindungen.

10. Zusammenfassung der irrationalen Typen.

Ich bezeichne die beiden vorangegangenen Typen als *irrational* aus dem schon erörterten Grunde, dass sie ihr Tun und Lassen nicht auf Vernunfturteile gründen, sondern auf die absolute Stärke der Wahrnehmung. Ihre Wahrnehmung richtet sich auf das schlechthin Vorkommende, das keiner Auswahl durch Urteil unterliegt. In dieser Hinsicht haben die beiden letztern Typen eine bedeutende Überlegenheit über die beiden erstern, urteilenden Typen. Das objektiv Vorkommende ist gesetzmässig und zufällig. Insofern es gesetzmässig ist, ist es der Vernunft zugänglich, insofern es zufällig ist, ist es der Vernunft unzugänglich. Man könnte auch umgekehrt sagen, dass wir das am Vorkommenden als gesetzmässig bezeichnen, was unserer Vernunft so erscheint, und das als zufällig, worin wir keine Gesetzmässigkeit entdecken können. Das Postulat einer universalen Gesetzmässigkeit bleibt Postulat unserer Vernunft allein, ist aber keineswegs ein Postulat unserer Wahrnehmungsfunktionen. Da sie sich in keinerlei Weise auf das Prinzip der Vernunft und ihres Postulates gründen, so sind sie irrational ihrem Wesen nach. Daher ich auch die Wahrnehmungstypen als ihrem Wesen nach als irrational bezeichne. Es wäre aber ganz unrichtig, darum nun etwa diese Typen als „unvernünftig" aufzufassen, weil sie das Urteil unter die Wahrnehmung stellen. Sie sind bloss in hohem Masse *empirisch*; sie gründen sich ausschliesslich auf Erfahrung, sogar dermassen ausschliesslich, dass ihr Urteil mit ihrer Erfahrung meistens nicht Schritt halten kann. Aber die Urteilsfunktionen sind trotzdem vorhanden, nur fristen sie ein zum grossen Teil unbewusstes Dasein. Insofern das Unbewusste trotz seiner Abtrennung vom bewussten Subjekt doch immer wieder in die Erscheinung tritt, so machen sich auch im Leben der irrationalen Typen auffallende Urteile und auffallende Wahlakte bemerkbar in Form von anscheinender Vernünftelei, kaltherziger Urteilerei und anscheinend absichtsvoller Auswahl von Personen und Situationen. Diese Züge tragen ein infantiles oder auch primitives Gepräge; bisweilen sind sie auffallend naiv, bisweilen auch rücksichtslos, schroff und gewalttätig. Dem rational Eingestellten könnte es leicht erscheinen, als ob diese Leute ihrem wirklichen Charakter nach rationalistisch und absichtsvoll im schlimmen Sinne wären. Dieses Urteil würde aber bloss für ihr Unbewusstes gelten und keineswegs für ihre bewusste Psychologie, die ganz auf Wahrnehmung eingestellt ist und infolge ihres irrationalen Wesens dem vernünftigen Urteil ganz unfassbar ist. Einem rational Eingestellten kann es schliesslich vorkommen, als ob eine solche Zusammenhäufung von Zufälligkeiten überhaupt den Namen „Psychologie“ nicht verdiene. Der Irrationale macht dies abschätzige Urteil wett durch den Eindruck, den ihm der Rationale macht: er sieht ihn als etwas nur Halblebendiges an, dessen einziger Lebenszweck darin besteht, allem Lebendigen Vernunftfesseln anzulegen und ihm mit Urteilen den Hals zuzuschnüren. Das sind natürlich krasse Extreme, aber sie kommen vor. Vom Urteil des Rationalen könnte der Irrationale leicht als ein Rationaler minderer Güte dargestellt werden, wenn er nämlich aus dem erfasst wird, was ihm passiert. Ihm passiert nämlich nicht das Zufällige — darin ist er der Meister —, sondern das vernünftige Urteil und die vernünftige Absicht sind die Dinge, die ihm zustossen. Dies ist eine dem Rationalen kaum fassbare Tatsache, deren Unausdenkbarkeit bloss noch dem Erstaunen des Irrationalen gleichkommt, welcher jemanden entdeckt hat, der Vernunftideen höher stellt als das lebendige und wirkliche Vorkommen. Etwas dergleichen erscheint ihm kaum glaubhaft. In der Regel ist es schon hoffnungslos, ihm überhaupt etwas Prinzipielles in dieser Richtung vorsetzen zu wollen, denn eine rationale Verständigung ist ihm genau so unbekannt und sogar widerwärtig, wie dem Rationalen es unausdenkbar erschiene, einen Kontrakt ohne gegenseitige Aussprache und Verpflichtung herzustellen.

Dieser Punkt führt mich auf das Problem der psychischen Beziehung unter den Repräsentanten verschiedener Typen. Die psychische Beziehung wird in der neuern Psychiatrie in Anlehnung an die Sprache der französischen Hypnotistenschule als „Rapport“ bezeichnet. Der Rapport besteht in erster Linie in einem *Gefühl von bestehender Übereinstimmung*, trotz anerkannter Verschiedenheit. Sogar die Anerkennung von bestehenden Verschiedenheiten, ist, insofern sie nur gemeinsam ist, allbereits ein Rapport, ein Übereinstimmungsgefühl. Wenn wir dieses Gefühl vorkommenden Falles in höherm Masse bewusst machen, so entdecken wir, dass es nicht bloss schlechthin ein Gefühl von nicht weiter zu analysierender Beschaffenheit ist, sondern zugleich eine Einsicht oder ein Erkenntnisinhalt, welcher den Punkt der Übereinstimmung in gedanklicher Form darstellt. Diese rationale Darstellung gilt nun ausschliesslich für den Rationalen, keineswegs aber für den Irrationalen, denn sein Rapport basiert nicht im Geringsten auf dem Urteil, sondern auf der Parallelität des Geschehenden, des lebendigen Vorkommens überhaupt. Sein Übereinstimmungsgefühl ist die gemeinsame Wahrnehmung einer Empfindung oder Intuition. Der Rationale würde sagen, der Rapport mit dem Irrationalen beruhe auf reiner

Zufälligkeit. Wenn die objektiven Situationen zufälligerweise gerade stimmen, dann komme etwas wie eine menschliche Beziehung zustande, aber niemand wisse, von welcher Gültigkeit oder welcher Dauer diese Beziehung sei. Es ist dem Rationalen ein oft geradezu peinlicher Gedanke, dass die Beziehung genau solange dauert, als die äussern Umstände zufälligerweise eine Gemeinsamkeit aufweisen. Dies kommt ihm als nicht besonders menschlich vor, während der Irrationale gerade darin eine besonders schöne Menschlichkeit sieht. Das Resultat ist, dass der eine den andern als beziehungslos ansieht, als einen Menschen, auf den kein Verlass sei, und mit dem man nie richtig auskommen könne. Zu einem solchen Resultat gelangt man allerdings nur dann, wenn man sich bewusst Rechenschaft abzulegen versucht über die Art der Beziehung zum Mitmenschen. Da eine solche psychologische Gewissenhaftigkeit nicht allzu gewöhnlich ist, so ergibt es sich häufig, dass trotz einer absoluten Standpunktverschiedenheit eine Art Rapport zustande kommt und zwar in folgender Weise: Der eine setzt mit stillschweigender Projektion voraus, dass der andere in wesentlichen Punkten dieselbe Meinung habe, der andere aber ahnt oder empfindet eine objektive Gemeinsamkeit, von welcher aber der erstere keine bewusste Ahnung hat und deren Vorhandensein er auch sofort bestreiten würde, genau so, wie letzterer nie auf den Gedanken verfallen würde, dass seine Beziehung auf einer gemeinsamen Meinung beruhen sollte. Ein solcher Rapport ist das Allerhäufigste; er beruht auf Projektion, welche später zur Quelle von Missverständnissen wird. Die psychische Beziehung in der extravertierten Einstellung reguliert sich immer nach objektiven Faktoren, nach äussern Bedingungen. Das, was einer ist nach innen, ist niemals von ausschlaggebender Bedeutung. Für unsere gegenwärtige Kultur ist die extravertierte Einstellung zum Problem der menschlichen Beziehung im Prinzip massgebend; das introvertierte Prinzip kommt natürlich vor, gilt aber als Ausnahme und appelliert an die Toleranz der Mitwelt.

C. Der introvertierte Typus.

I. Die allgemeine Einstellung des Bewusstseins.

Wie ich bereits unter Abschnitt A I. dieses Kapitels ausführte, unterscheidet sich der introvertierte Typus vom extravertierten dadurch, dass er sich nicht, wie letzterer, vorwiegend am Objekt und am objektiv Gegebenen orientiert, sondern an subjektiven Faktoren. Ich habe im erwähnten Abschnitt u. A. angegeben, dass sich dem Introvertierten zwischen die Wahrnehmung des Objektes und sein eigenes Handeln eine subjektive Ansicht einschiebt, welche verhindert, dass das Handeln einen dem objektiv Gegebenen entsprechenden Charakter annimmt. Dies ist natürlich ein spezieller Fall, der nur beispielsweise angeführt wurde und nur einer einfachen Veranschaulichung dienen sollte. Hier müssen wir selbstverständlich allgemeinere Formulierungen aufsuchen.

Das introvertierte Bewusstsein sieht zwar die äussern Bedingungen, erwählt aber die subjektive Determinante als die ausschlaggebende. Dieser Typus richtet sich daher nach jenem Faktor des Wahrnehmens und Erkennens, welcher die den Sinnesreiz aufnehmende subjektive Disposition darstellt. Zwei Personen sehen z. B. dasselbe Objekt, aber sie sehen es nie so, dass die beiden davon gewonnenen Bilder absolut identisch wären. Ganz abgesehen von der verschiedenen Schärfe der Sinnesorgane und der persönlichen Gleichung bestehen oft tiefgreifende Unterschiede in Art und Mass der psychischen Assimilation des Perceptionsbildes. Während nun der extravertierte Typus sich stets vorwiegend auf das, was ihm vom Objekt zukommt, beruft, stützt sich der Introvertierte vorwiegend auf das, was der äussere Eindruck im Subjekt zur Konstellation bringt. Im einzelnen Fall einer Apperception kann der Unterschied natürlich sehr delikat sein, im ganzen des psychologischen Haushaltes aber macht er sich in höchstem Masse bemerkbar, und zwar in Form eines *Reservates des Ich*. Um es gleich vorweg zu nehmen: Ich betrachte diejenige Ansicht, welche mit *Weininger* diese Einstellung als philautisch oder m. A. als autoerotisch oder egozentrisch oder subjektivistisch oder egoistisch bezeichnen möchte, als prinzipiell irreführend und entwertend. Sie entspricht dem Vorurteil der extravertierten Einstellung gegenüber dem Wesen des Introvertierten. Man darf nie vergessen — die extravertierte Ansicht aber vergisst es allzuleicht — dass alles Wahrnehmen und Erkennen nicht nur objektiv, sondern auch subjektiv bedingt ist. Die Welt ist nicht nur an und für sich, sondern auch so, wie sie mir erscheint. Ja, wir haben sogar im Grunde genommen gar kein Kriterium, das uns zur Beurteilung einer Welt verhülfe, welche dem Subjekt unassimilierbar wäre. Es hiesse den grossen Zweifel in eine absolute Erkenntnismöglichkeit leugnen, wenn wir den subjektiven Faktor übersähen. Damit geriete man auf den Weg jenes hohlen und schalen Positivismus, welcher die Wende unseres Jahrhunderts verunziert hat, und damit auch in jene intellektuelle Unbescheidenheit, welche der Vorläufer der Gefühlsroheit und einer ebenso stumpfsinnigen als anmassenden Gewalttätigkeit ist. Durch die Überschätzung des objektiven Erkenntnisvermögens verdrangen wir die Bedeutung des subjektiven Faktors, die Bedeutung des Subjektes schlechthin. Was aber ist das Subjekt? Das Subjekt ist der Mensch, wir sind das Subjekt. Es ist krankhaft, zu vergessen, dass das Erkennen ein Subjekt hat, und dass es überhaupt kein Erkennen und darum auch für uns keine Welt gibt, wo nicht einer sagt: „Ich erkenne", womit er aber allbereits die subjektive Beschränkung alles Erkennens ausspricht. Das Gleiche gilt für alle psychischen Funktionen: sie haben ein Subjekt, das so unerlässlich ist, wie das Objekt. Es ist charakteristisch für unsere derzeitige extravertierte Schätzung, dass das Wort „subjektiv" gelegentlich fast wie ein Tadel klingt, auf alle Fälle aber als „bloss subjektiv" eine gefährliche Waffe bedeutet, bestimmt, denjenigen zu treffen, der von der unbedingten Überlegenheit des

Objektes nicht restlos überzeugt ist. Wir müssen darum klar darüber sein, was mit dem Ausdruck „subjektiv" in dieser Untersuchung gemeint ist. Als subjektiven Faktor bezeichne ich jene psychologische Aktion oder Reaktion, welche sich mit der Einwirkung des Objektes zu einem neuen psychischen Tatbestand verschmilzt. Insofern nun der subjektive Faktor seit ältesten Zeiten und bei allen Völkern der Erde in einem sehr hohen Masse sich selber identisch bleibt —, indem elementare Wahrnehmungen und Erkenntnisse sozusagen überall und zu allen Zeiten dieselben sind —, so ist er eine ebenso festgegründete Realität, wie das äussere Objekt. Wenn dem nicht so wäre, so könnte von irgend einer dauerhaften und im wesentlichen sich gleichbleibenden Wirklichkeit gar nicht gesprochen werden, und eine Verständigung mit Überlieferungen wäre ein Ding der Unmöglichkeit. Insofern ist daher der subjektive Faktor etwas ebenso unerbittlich Gegebenes wie die Ausdehnung des Meeres und der Radius der Erde. Insofern beansprucht auch der subjektive Faktor die ganze Würde einer weltbestimmenden Grösse, die nie und nirgends aus der Rechnung ausgeschlossen werden kann. Er ist das andere Weltgesetz, und wer sich auf ihn gründet, gründet sich auf ebensoviel Sicherheit, auf ebensoviel Dauer und Gültigkeit, als der, der sich auf das Objekt beruft. Wie aber das Objekt und das objektiv Gegebene keineswegs immer dasselbe bleibt, indem es der Hinfälligkeit sowohl wie der Zufälligkeit unterworfen ist, so unterliegt auch der subjektive Faktor der Veränderlichkeit und der individuellen Zufälligkeit. Und damit ist auch sein Wert bloss relativ. Die übermässige Entwicklung des introvertierten Standpunktes im Bewusstsein führt nämlich nicht zu einer bessern und gültigern Verwendung des subjektiven Faktors, sondern zu einer künstlichen Subjektivierung des Bewusstseins, welcher man den Vorwurf des „bloss Subjektiven" nicht ersparen kann. Es entsteht dadurch ein Gegenstück zu der Entsubjektivierung des Bewusstseins in einer übertriebenen, extravertierten Einstellung, welche *Weiningers* Bezeichnung „misautisch" verdient. Weil sich die introvertierte Einstellung auf eine allgemein vorhandene, höchst reale und absolut unerlässliche Bedingung der psychologischen Anpassung stützt, so sind Ausdrücke wie „philautisch", „egozentrisch" und dergleichen mehr unangebracht und verwerflich, weil sie das Vorurteil erwecken, dass es sich allemal bloss um das liebe Ich handle. Nichts wäre verkehrter als eine solche Annahme. Man begegnet ihr aber häufig, wenn man die Urteile des Extravertierten über den Introvertierten untersucht. Ich möchte diesen Irrtum allerdings keineswegs dem einzelnen Extravertierten zuschreiben, sondern eher auf Rechnung der gegenwärtig allgemein geltenden extravertierten Ansicht setzen, welche sich nicht auf den extravertierten Typus beschränkt, sondern vom andern, sehr gegen ihn selbst, in gleichem Masse vertreten wird. Letztern trifft sogar mit Recht der Vorwurf, dass er seiner eigenen Art untreu ist, während dies dem erstern wenigstens nicht vorgeworfen werden kann.

Die introvertierte Einstellung richtet sich im Normalfall nach der im Prinzip durch Vererbung gegebenen psychologischen Struktur, welche eine dem Subjekt innewohnende Grösse ist. Sie ist aber keineswegs als schlechthin identisch mit dem Ich des Subjektes zu setzen, was durch die oben erwähnten Bezeichnungen geschehen würde, sondern sie ist die psychologische Struktur des Subjektes vor aller Entwicklung eines Ich. Das eigentlich zugrunde liegende Subjekt, eben das Selbst, ist bei weitem umfangreicher als das Ich, indem ersteres auch das Unbewusste umfasst, während letzteres im wesentlichen der Mittelpunkt des Bewusstseins ist. Wäre das Ich identisch mit dem Selbst, so wäre es undenkbar, wieso wir in den Träumen gelegentlich in gänzlich andern Formen und Bedeutungen auftreten können. Es ist nun allerdings eine für den Introvertierten bezeichnende Eigentümlichkeit, dass er, ebenso sehr eigener Neigung wie allgemeinem Vorurteil folgend, sein Ich mit seinem Selbst verwechselt, und sein Ich zum Subjekt des psychologischen Prozesses erhöht, womit er eben jene vorhin erwähnte, krankhafte Subjektivierung seines Bewusstseins vollzieht, die ihn dem Objekt entfremdet. Die psychologische Struktur ist dasselbe, was *Semon* als Mneme und ich als das *collektive Unbewusste* bezeichnet habe. Das individuelle Selbst ist ein Teil oder Ausschnitt oder Repräsentant einer überall, in allen lebendigen Wesen vorhandenen und entsprechend abgestuften Art des psychologischen Ablaufes, die auch jedem Wesen wieder aufs Neue angeboren ist. Seit Alters wird die angeborne Art des *Handelns* als *Instinkt* bezeichnet, die Art der psychischen Erfassung des Objektes habe ich als *Archetypus* zu bezeichnen vorgeschlagen. Was unter Instinkt zu verstehen ist, kann ich wohl als bekannt voraussetzen. Ein anderes ist es mit den Archetypen. Ich verstehe darunter dasselbe, was ich früher in Anlehnung an *Jakob Burckhardt* als „urtümliches Bild" bezeichnet und in Kapitel XI dieser Arbeit beschrieben habe. Ich muss den Leser auf jenes Kapitel und im besondern auf den Artikel „Bild" verweisen. Der Archetypus ist eine symbolische Formel, welche überall da in Funktion tritt, wo entweder noch keine bewussten Begriffe vorhanden, oder solche aus innern oder äussern Gründen überhaupt nicht möglich sind. Die Inhalte des collektiven Unbewussten sind im Bewusstsein als ausgesprochene Neigungen und Auffassungen vertreten. Sie werden vom Individuum in der Regel als vom Objekt bedingt aufgefasst — fälschlicherweise, im Grunde genommen —, denn sie entstammen der unbewussten Struktur der Psyche und werden durch die Objekteinwirkung nur ausgelöst. Diese subjektiven Neigungen und Auffassungen sind stärker als der Objekteinfluss, ihr psychischer Wert ist höher, sodass sie sich allen Eindrücken superponieren. So, wie es dem Introvertierten unbegreiflich erscheint, dass immer das Objekt ausschlaggebend sein soll, so bleibt es dem Extravertierten ein Rätsel, wieso ein subjektiver Standpunkt der objektiven Situation überlegen sein soll. Er gelangt unvermeidlich zu der Vermutung, dass der Introvertierte entweder ein eingebildeter Egoist oder ein doktrinärer Schwärmer ist. Neuerdings würde er auf die Hypothese kommen, der Introvertierte stehe unter dem Einfluss eines unbewussten Machtkomplexes. Diesem Vorurteil kommt der Introvertierte unzweifelhaft dadurch entgegen, dass seine bestimmte und stark verallgemeinernde Ausdrucksweise, welche anscheinend jede andere Meinung im Vornherein ausschliesst, dem extravertierten Vorurteil Vorschub leistet. Überdies könnte allein schon die Entschiedenheit und Starrheit des subjektiven Urteils, welches allem objektiv Gegebenen a priori übergeordnet ist, genügen, den Eindruck einer starken Egozentrizität zu erwecken. Diesem Vorurteil gegenüber fehlt dem Introvertierten meistens das richtige Argument: er weiss nämlich nicht um die unbewussten, aber durchaus allgemeingültigen Voraussetzungen seines subjektiven Urteils oder seiner subjektiven Wahrnehmungen. Dem Stile der Zeit entsprechend sucht er aussen und nicht hinter seinem Bewusstsein. Ist er gar etwas neurotisch, so heisst das eine mehr oder weniger völlige unbewusste Identität des Ich mit dem Selbst, wodurch das Selbst in seiner Bedeutung auf Null heruntergesetzt, das Ich dagegen masslos angeschwellt wird. Die unzweifelhafte, weltbestimmende Macht des subjektiven Faktors wird dann in das Ich hineingepresst, wodurch ein ungemessener Machtanspruch und eine geradezu läppische Egozentrizität erzeugt wird. Jede Psychologie, welche das Wesen des Menschen auf den unbewussten Machttrieb reduziert, ist aus dieser Anlage geboren. Viele Geschmacklosigkeiten bei *Nietzsche* z. B. verdanken ihre Existenz der Subjektivierung des Bewusstseins.

II. Die unbewusste Einstellung.

Die überlegene Stellung des subjektiven Faktors im Bewusstsein bedeutet eine Minderwertung des objektiven Faktors. Das Objekt hat nicht jene Bedeutung, die ihm eigentlich zukommen sollte. Wie es in der extravertierten Einstellung eine zu grosse Rolle spielt, so hat es in der introvertierten Einstellung zu wenig zu sagen. In dem Masse, als das Bewusstsein des Introvertierten sich subjektiviert und dem Ich eine ungehörige Bedeutung zuerteilt, wird dem Objekt eine Position gegenüber gestellt, die auf die Dauer ganz unhaltbar ist. Das Objekt ist eine Grösse von unzweifelhafter Macht, während das Ich etwas sehr Beschränktes und Hinfälliges ist. Ein anderes wäre es, wenn das Selbst dem Objekt gegenüber träte. Selbst und Welt sind commensurable Grössen, daher eine normale introvertierte Einstellung ebenso viel Daseinsberechtigung und Gültigkeit hat, wie eine normale extravertierte Einstellung. Hat aber das Ich den Anspruch des Subjektes auf sich übernommen, so entsteht naturgemäss, zur Compensierung, eine unbewusste Verstärkung des Objekteinflusses. Diese Veränderung macht sich dadurch bemerkbar, dass trotz einer manchmal geradezu krampfhaften Anstrengung, dem Ich die Überlegenheit zu sichern, das Objekt und das objektiv Gegebene übermächtige Einflüsse entfalten, die umso unüberwindlicher sind, als sie das Individuum unbewusst erfassen und sich dadurch dem Bewusstsein unwiderstehlich aufdrängen. Infolge der mangelhaften Beziehung des Ich zum Objekt — Beherrschenwollen ist nämlich keine Anpassung — entsteht im Unbewussten eine compensatorische Beziehung zum Objekt, die sich im Bewusstsein als eine unbedingte und nicht zu unterdrückende Bindung an das Objekt geltend macht. Je mehr sich das Ich alle möglichen Freiheiten, Unabhängigkeiten, Verpflichtungslosigkeiten und Überlegenheiten zu sichern sucht, desto mehr gerät es in die Sklaverei des objektiv Gegebenen. Die Freiheit des Geistes wird an die Kette einer schmählichen, finanziellen Abhängigkeit gelegt, die Unbekümmertheit des Handelns erleidet eins ums andere Mal ein ängstliches Zusammenknicken vor der öffentlichen Meinung, die moralische Überlegenheit gerät in den Sumpf minderwertiger Beziehungen, die Herrscherlust endet mit einer kläglichen Sehnsucht nach dem Geliebtwerden. Das Unbewusste besorgt in erster Linie die Beziehung zum Objekt und zwar in einer Art und Weise, welche geeignet ist, die Machtillusion und die Überlegenheitsphantasie des Bewusstseins aufs Gründlichste zu zerstören. Das Objekt nimmt angsterregende Dimensionen an, trotz bewusster Heruntersetzung. Infolgedessen wird die Abtrennung und die Beherrschung des Objektes vom Ich noch heftiger betrieben. Schliesslich umgibt sich das Ich mit einem förmlichen System von Sicherungen (wie dies *Adler* zutreffend geschildert hat), welche wenigstens den Wahn der Überlegenheit zu wahren suchen. Damit aber trennt sich der Introvertierte vom Objekte gänzlich ab und reibt sich völlig auf in Verteidigungsmassnahmen einerseits und in fruchtlosen Versuchen andererseits, dem Objekt zu imponieren und sich durchzusetzen. Diese Bemühungen werden aber beständig durchkreuzt durch die überwältigenden Eindrücke, die er vom Objekt erhält. Wider seinen Willen imponiert ihm das Objekt anhaltend, es verursacht ihm die unangenehmsten und nachhaltigsten Affekte und verfolgt ihn auf Schritt und Tritt. Er bedarf beständig einer ungeheuren, innern Arbeit, um „sich halten“ zu können. Daher ist seine typische Neurosenform die *Psychasthenie*, eine Krankheit, die einerseits durch eine grosse Sensitivität, andererseits durch grosse Erschöpfbarkeit und chronische Ermüdung gekennzeichnet ist.

Eine Analyse des persönlichen Unbewussten ergibt eine Menge von Machtphantasien gepaart mit Angst vor gewaltig belebten Objekten, denen der Introvertierte in der Tat auch leicht zum Opfer fällt. Es entwickelt sich nämlich aus der Objektangst eine eigentümliche Feigheit, sich oder seine Meinung geltend zu machen, denn er fürchtet einen verstärkten Objekteinfluss. Er fürchtet eindrucksvolle Affekte der andern und kann sich kaum der Angst erwehren, unter einen fremden Einfluss zu geraten. Die Objekte nämlich haben für ihn furchterregende, machtvolle Qualitäten, die er ihnen zwar bewusst nicht ansehen kann, die er aber durch sein Unbewusstes wahrzunehmen glaubt. Da seine bewusste Beziehung zum Objekt relativ verdrängt ist, so geht sie durch das Unbewusste, wo sie mit den Qualitäten des Unbewussten beladen wird. Diese Qualitäten sind in erster Linie infantil-archaïsche. Infolgedessen wird seine Objektbeziehung primitiv und nimmt alle jene Eigentümlichkeiten an, welche die primitive Objektbeziehung kennzeichnen. Es ist dann, wie wenn das Objekt magische Gewalt besässe. Fremde, neue Objekte erregen Furcht und Misstrauen, wie wenn sie unbekannte Gefahren bärgen, althergebrachte Objekte sind wie mit unsichtbaren Fäden an seine Seele gehängt, jede Veränderung erscheint störend, wenn nicht geradezu gefährlich, denn sie scheint eine magische Belebtheit des Objektes zu bedeuten. Eine einsame Insel, wo sich nur das bewegt, dem man sich zu bewegen erlaubt, wird zum Ideal. Der Roman von *F. Th. Vischer*: „Auch Einer", gibt einen trefflichen Einblick in diese Seite des introvertierten Seelenzustandes, zugleich auch in die dahinterliegende Symbolik des collektiven Unbewussten, die ich in dieser Typenbeschreibung bei Seite lasse, weil sie nicht bloss dem Typus angehört, sondern allgemein ist.

III. Die Besonderheiten der psychologischen Grundfunktionen in der introvertierten Einstellung.

1. Das Denken.

Ich habe bei der Beschreibung des extravertierten Denkens bereits eine kurze Charakteristik des introvertierten Denkens gegeben, auf die ich hier nochmals verweisen möchte. Das introvertierte Denken orientiert sich in erster Linie am subjektiven Faktor. Der subjektive Faktor ist dargestellt mindestens durch ein subjektives Richtungsgefühl, welches die Urteile letzten Endes bestimmt. Bisweilen ist es auch ein mehr oder weniger fertiges Bild, welches gewissermassen als Massstab dient. Das Denken kann sich mit concreten oder abstrakten Grössen befassen, immer aber orientiert es sich an entscheidendem Orte am subjektiv Gegebenen. Es führt also nicht aus der concreten Erfahrung wieder in die objektiven Dinge zurück, sondern zum subjektiven Inhalt. Die äussern Tatsachen sind nicht Ursache und Ziel dieses Denkens, obschon der Introvertierte sehr oft seinem Denken diesen Anschein geben möchte, sondern dieses Denken beginnt im Subjekt und führt zum Subjekt zurück, auch wenn es die weitesten Ausflüge in das Gebiet realer Tatsächlichkeit unternimmt. Es ist daher in Ansehung der Aufstellung neuer Tatsachen hauptsächlich indirekt von Wert, insofern es in erster Linie neue Ansichten vermittelt und weit weniger Kenntnis neuer Tatsachen. Es erschafft Fragestellungen und Theorien, es eröffnet Ausblicke und Einblicke, aber es zeigt Tatsachen gegenüber ein reserviertes Verhalten. Sie sind ihm recht als illustrierende Beispiele, sie dürfen aber nicht überwiegen. Tatsachen werden nur gesammelt als Beweistümer, niemals aber um ihrer selbst willen. Letzteres wird überhaupt, wenn es geschieht, nur als Kompliment an den extravertierten Stil getan. Die Tatsachen sind diesem Denken von sekundärer Bedeutung, von überwiegendem Wert aber erscheint ihm die Entwicklung und Darstellung der subjektiven Idee, des anfänglichen symbolischen Bildes, das mehr oder weniger dunkel vor seinem innern Blicke steht. Es strebt daher nie nach einer gedanklichen Rekonstruktion der concreten Tatsächlichkeit, sondern nach einer Ausgestaltung des dunkeln Bildes zur lichtvollen Idee. Es will die Tatsächlichkeit erreichen, es will die äussern Tatsachen sehen, wie sie den Rahmen seiner Idee ausfüllen, und seine schöpferische Kraft bewährt sich darin, dass dieses Denken auch jene Idee erzeugen kann, die nicht in den äussern Tatsachen lag, und doch deren passendster, abstrakter Ausdruck ist, und seine Aufgabe ist vollendet, wenn die von ihm geschaffene Idee als aus den äussern Tatsachen hervorgehend erscheint und auch durch sie als gültig erwiesen werden kann.

Ebenso wenig aber, wie es dem extravertierten Denken immer gelingt, einen tüchtigen Erfahrungsbegriff den concreten Tatsachen zu entwinden, oder neue Tatsachen zu erschaffen, ebenso wenig glückt es dem introvertierten Denken, sein anfängliches Bild immer auch in eine den Tatsachen angepasste Idee zu übersetzen. Wie in ersterm Falle die rein empirische Tatsachenzusammenhäufung den Gedanken verkrüppelt und den Sinn erstickt, so zeigt das introvertierte Denken eine gefährliche Neigung, die Tatsachen in die Form seines Bildes hineinzuzwängen oder sie gar zu ignorieren, um sein Phantasiebild entrollen zu können. In diesem Fall wird die dargestellte Idee ihre Herkunft aus dem dunkeln archaïschen Bilde nicht verleugnen können. Es wird ihr ein mythologischer Zug anhaften, den man etwa als „Originalität", und in schlimmem Fällen als Schrullenhaftigkeit deutet, indem ihr archaïscher Charakter den mit mythologischen Motiven unbekannten Fachgelehrten nicht als solcher durchsichtig ist. Die subjektive Überzeugungskraft einer solchen Idee pflegt eine grosse zu sein, wohl umso grösser, je weniger sie mit äussern Tatsachen in Berührung kommt. Obschon es dem, der die Idee vertritt, erscheinen mag, als ob sein spärliches Tatsachenmaterial Grund und Ursache der Glaubwürdigkeit und Gültigkeit seiner Idee wäre, so ist dem doch nicht so, denn die Idee bezieht ihre Überzeugungskraft aus ihrem unbewussten Archetypus, der als solcher allgemeingültig und wahr ist und ewig wahr sein wird. Aber diese Wahrheit ist dergestalt allgemein und dermassen symbolisch, dass sie immer zuerst in die momentan anerkannten und anerkennbaren Erkenntnisse eingehen muss, um eine praktische Wahrheit von einigem Lebenswert zu werden. Was wäre z. B. eine Kausalität, die nirgends in praktischen Ursachen und praktischen Wirkungen erkennbar wäre?

Dieses Denken verliert sich leicht in die immense Wahrheit des subjektiven Faktors. Es schafft Theorien um der Theorie willen, anscheinend in Hinblick auf wirkliche oder wenigstens mögliche Tatsachen, aber mit deutlicher Neigung vom Ideellen zum bloss Bildhaften überzugehen. Dadurch kommen zwar Anschauungen von vielen Möglichkeiten zustande, von denen aber keine zur Wirklichkeit wird, und schliesslich werden Bilder geschaffen, die überhaupt nichts äusserlich Wirkliches mehr ausdrücken, sondern „bloss" noch Symbole des schlechthin Unerkennbaren sind. Damit wird dieses Denken mystisch und genau so unfruchtbar wie ein Denken, das sich bloss im Rahmen objektiver Tatsachen abspielt. Wie letzteres auf das Niveau des Tatsachenvorstellens hinuntersinkt, so verflüchtigt sich ersteres zum Vorstellen des Unvorstellbaren, das sogar jenseits aller Bildhaftigkeit ist. Das Tatsachenvorstellen ist von unbestreitbarer Wahrheit, denn der subjektive Faktor ist ausgeschlossen, und die Tatsachen beweisen sich aus sich selber. So ist auch das Vorstellen des Unvorstellbaren von subjektiv unmittelbarer, überzeugender Kraft und beweist sich aus seinem eigenen Vorhandensein. Ersteres sagt: Est, ergo est; dagegen letzteres: Cogito, ergo cogito. Das auf die Spitze getriebene introvertierte Denken gelangt zur Evidenz seines eigenen subjektiven Seins, das extravertierte Denken dagegen zur Evidenz seiner völligen Identität mit der objektiven Tatsache. Wie nun dieses durch sein völliges Aufgehen im Objekt sich selber leugnet, so entledigt sich jenes allen und jeglichen Inhaltes und begnügt sich mit seinem blossen Vorhandensein. Damit wird in beiden Fällen das Weiterschreiten des Lebens aus der Denkfunktion herausgedrängt in das Gebiet anderer psychischen Funktionen, welche bis anhin in relativer Unbewusstheit existierten. Die ausserordentliche Verarmung des introvertierten Denkens an objektiven Tatsachen wird compensiert durch eine Fülle unbewusster Tatsachen. Je mehr sich das Bewusstsein mit der Denkfunktion auf einen kleinsten und möglichst leeren Kreis einschränkt, der aber die ganze Fülle der Gottheit zu enthalten scheint, desto mehr bereichert sich die unbewusste Phantasie mit einer Vielheit von archaïsch geformten Tatsachen, einem Pandaemonium magischer und irrationaler Grössen, welche je nach der Art der Funktion, welche die Denkfunktion als Lebensträgerin zunächst ablöst, ein besonderes Gesicht erhalten. Ist es die intuitive Funktion, so wird die „andere Seite" mit den Augen eines *Kubin* oder eines *Meyrink* gesehen. Ist es die Fühlfunktion, so entstehen bisher unerhörte, phantastische Gefühlsbeziehungen und Gefühlsurteile widerspruchsvollen und unverständlichen Charakters. Ist es die Empfindungsfunktion, so entdecken die Sinne Neues, Niezuvorerfahrenes in und ausserhalb des eigenen Körpers. Eine nähere Untersuchung dieser Veränderungen kann unschwer das Hervortreten primitiver Psychologie mit allen ihren Kennzeichen nachweisen. Natürlich ist das Erfahrene nicht bloss primitiv, sondern auch symbolisch und je älter und ursprünglicher es aussieht, desto zukunftswahrer ist es. Denn alles Alte unseres Unbewussten meint Kommendes. Unter gewöhnlichen Umständen glückt nicht einmal der Übergang nach der „andern Seite", geschweige denn der erlösende Durchgang durch das Unbewusste. Der Übergang wird meistens verhindert durch den bewussten Widerstand gegen die Unterwerfung des Ich unter die unbewusste Tatsächlichkeit, unter die bedingende Realität des unbewussten Objektes. Der Zustand ist eine Dissociation, mit andern Worten eine Neurose mit dem Charakter der innern Aufreibung und der zunehmenden Gehirnerschöpfung, der Psychasthenie.

2. Der introvertierte Denktypus.

Wie ein *Darwin* etwa den normalen extravertierten Denktypus darstellen könnte, so könnte man beispielsweise *Kant* als den gegenüberstehenden normalen introvertierten Denktypus bezeichnen. Wie ersterer in Tatsachen spricht, so beruft sich letzterer auf den subjektiven Faktor. Darwin drängt nach dem weiten Felde objektiver Tatsächlichkeit, Kant dagegen reserviert sich eine Kritik des Erkennens überhaupt. Nehmen wir einen *Cuvier* und stellen ihn einem *Nietzsche* gegenüber, so spannen wir die Gegensätze noch schärfer.

Der introvertierte Denktypus ist charakterisiert durch das Primat des oben beschriebenen Denkens. Er ist, wie sein extravertierter Parallelfall, ausschlaggebend beeinflusst durch Ideen, die aber nicht dem objektiv Gegebenen, sondern der subjektiven Grundlage entspringen. Er wird, wie der Extravertierte, seinen Ideen folgen, aber in umgekehrter Richtung, nicht nach aussen, sondern nach innen. Er strebt nach Vertiefung und nicht nach Verbreiterung. Durch diese Grundlage unterscheidet er sich von seinem extravertierten Parallelfall in ganz erheblichem Masse und in unverkennbarer Weise. Was den andern auszeichnet, nämlich seine intensive Bezogenheit auf das Objekt, fehlt ihm gelegentlich fast völlig, wie übrigens jedem introvertierten Typus. Ist das Objekt ein Mensch, so fühlt dieser Mensch deutlich, dass er eigentlich nur negativ in Frage kommt, d. h. in mildern Fällen wird er sich seiner Überflüssigkeit bewusst, in schlimmern fühlt er sich als störend direkt abgelehnt. Diese negative Beziehung zum Objekt, Indifferenz bis Ablehnung, charakterisiert jeden Introvertierten und macht auch die Beschreibung des introvertierten Typus überhaupt äusserst schwierig. Es tendiert in ihm alles zum Verschwinden und zur Verborgenheit. Sein Urteil erscheint als kalt, unbeugsam, willkürlich und rücksichtslos, weil es weniger auf das Objekt als auf das Subjekt bezogen ist. Es ist nichts daran zu fühlen, was dem Objekt etwa höhern Wert verliehe, sondern es geht immer etwas über das Objekt hinweg und lässt eine Überlegenheit des Subjektes durchfühlen. Höflichkeit, Liebenswürdigkeit und Freundlichkeit mögen vorhanden sein, aber öfters mit dem sonderbaren

Beigeschmack einer gewissen Ängstlichkeit, welche eine Absicht dahinter verrät, nämlich die Absicht der Entwaffnung des Gegners. Er soll beruhigt oder stillgelegt werden, denn er könnte störend werden. Er ist zwar kein Gegner, aber, wenn er empfindsam ist, so wird er eine gewisse Zurückdrängung, vielleicht sogar Entwertung fühlen. Das Objekt unterliegt immer einer gewissen Vernachlässigung oder wird, in schlimmern Fällen, mit unnötigen Vorsichtsmassregeln umgeben. So verschwindet dieser Typus gerne hinter einer Wolke von Missverständnis, die umso dichter wird, je mehr er compensatorisch versucht, mit Hilfe seiner minderwertigen Funktionen die Maske einer gewissen Urbanität anzunehmen, welche aber mit seinem wirklichen Wesen oft in grellstem Kontrast steht. Wenn er schon beim Ausbau seiner Ideenwelt vor keinem noch so kühnen Wagnis zurückschreckt und keinen Gedanken darum nicht denkt, weil er gefährlich, umstürzlerisch, ketzerisch und gefühlsverletzend sein könnte, so wird er doch von der grössten Ängstlichkeit befallen, wenn das Wagnis äussere Wirklichkeit werden sollte. Das geht ihm gegen den Strich. Wenn er auch seine Gedanken in die Welt setzt, so führt er sie nicht ein wie eine besorgte Mutter ihre Kinder, sondern er setzt sie aus und ärgert sich höchstens, wenn sie ihr Fortkommen nicht von selber finden. Sein meist enormer Mangel an praktischer Fähigkeit oder seine Abneigung gegen Reklame in jeder Hinsicht kommen ihm dabei helfend entgegen. Wenn ihm sein Produkt subjektiv richtig und wahr erscheint, so muss es auch richtig sein, und andere haben sich dieser Wahrheit einfach zu beugen. Er wird wohl kaum hingehen, um jemand, hauptsächlich jemand von Einfluss, dafür zu gewinnen. Und wenn er es tut, so tut er es meistens dermassen ungeschickt, dass er das Gegenteil seines Vorhabens erreicht. Mit Konkurrenten im eigenen Fach macht er meistens schlechte Erfahrungen, indem er niemals ihre Gunst zu erringen versteht; er gibt ihnen in der Regel sogar zu verstehen, wie überflüssig sie ihm sind. In der Verfolgung seiner Ideen ist er meist hartnäckig, eigensinnig und unbeeinflussbar. Seltsam kontrastiert damit seine Suggestibilität persönlichen Einflüssen gegenüber. Ist die anscheinende Ungefährlichkeit eines Objektes erkannt, so ist dieser Typus gerade minderwertigen Elementen äusserst zugänglich. Sie fassen ihn vom Unbewussten her. Er lässt sich brutalisieren und aufs schmählichste ausbeuten, wenn er nur in der Verfolgung seiner Ideen nicht gestört wird. Er sieht es nicht, wenn er hinterrücks ausgeplündert und praktisch geschädigt wird, denn seine Beziehung zum Objekt ist ihm sekundär, und die objektive Bewertung seines Produktes ist ihm unbewusst. Weil er seine Probleme nach Möglichkeit ausdenkt, kompliziert er sie und ist daher stets in allen möglichen Bedenklichkeiten befangen. So klar ihm die innere Struktur seiner Gedanken ist, so unklar ist ihm, wo und wie sie in die wirkliche Welt hineingehören. Er kann sich nur schwer darein finden, anzunehmen, dass etwas, was ihm klar ist, nicht auch jedermann klar erscheint. Sein Stil ist meistens erschwert durch allerhand Zutaten, Einschränkungen, Vorsichten, Zweifel, die von seiner Bedenklichkeit herstammen. Die Arbeit geht ihm schwer von der Hand. Entweder ist er schweigsam, oder er verfällt auf Leute, die ihn nicht verstehen; damit sammelt er sich Beweisstücke für die unergründliche Dummheit der Menschen. Wird er zufällig einmal verstanden, so verfällt er leichtgläubiger Überschätzung. Gerne wird er das Opfer ehrgeiziger Frauen, die seine Kritiklosigkeit dem Objekt gegenüber auszunützen verstehen, oder er entwickelt sich zum misanthropischen Junggesellen mit einem kindlichen Herzen. Öfters ist auch sein äusseres Auftreten ungeschickt, etwa peinlich sorgfältig, um Aufsehen zu vermeiden oder auch bemerkenswert unbekümmert, von kindlicher Naivetät. In seinem speziellen Arbeitsgebiet erregt er heftigsten Widerspruch, mit dem er nichts anzufangen weiss, wenn er sich durch seinen primitiven Affekt nicht etwa in eine ebenso bissige wie fruchtlose Polemik hineinreissen lässt. Er gilt als rücksichtslos und autoritär im weitern Umkreis. Je näher man ihn kennt, desto günstiger wird das Urteil über ihn, und die Nächsten wissen seine Intimität aufs Höchste zu schätzen. Für den Fernerstehenden scheint er borstig, unnahbar und hochmütig, öfters auch verbittert infolge seiner der Gesellschaft ungünstigen Vorurteile. Er hat als persönlicher Lehrer geringen Einfluss, da ihm die Mentalität seiner Schuler unbekannt ist. Auch interessiert ihn das Lehren im Grunde genommen gar nicht, wenn es ihm nicht gerade zufälligerweise ein theoretisches Problem ist. Er ist ein schlechter Lehrer, da er während des Lehrens über den Lehrstoff denkt und sich nicht mit dem Vorstellen desselben begnügt.

Mit der Verstärkung seines Typus werden seine Überzeugungen starrer und unbeugsamer. Fremde Einflüsse werden ausgeschaltet, auch persönlich wird er für die Fernerstehenden unsympathischer, und dafür von den Nächsten abhängiger. Seine Sprache wird persönlicher und rücksichtsloser und seine Ideen werden tief, vermögen sich aber im noch vorhandenen Stoff nicht mehr genügend auszudrücken. Der Mangel wird durch Emotivität und Empfindlichkeit ersetzt. Die fremde Beeinflussung, die er aussen schroff ablehnt, befällt ihn von innen, von Seiten des Unbewussten, und er muss Beweise dagegen häufen, und zwar gegen Dinge, die Aussenstehenden als gänzlich überflüssig erscheinen. Da durch den Mangel an Beziehung zum Objekt sein Bewusstsein sich subjektiviert, so erscheint ihm das als das Wichtigste, was im Geheimen seine *Person* am meisten angeht. Und er beginnt, seine subjektive Wahrheit mit seiner Person zu verwechseln. Er wird zwar niemand persönlich für seine Überzeugungen zu pressen versuchen, er wird aber giftig und persönlich gegen jede auch noch so gerechte Kritik losfahren. Damit isoliert er sich allmählich in jeder Hinsicht. Seine anfänglich befruchtenden Ideen werden destruktiv, weil sie durch den Niederschlag der Verbitterung vergiftet werden. Mit der Isolierung nach aussen wächst der Kampf mit der unbewussten Beeinflussung, welche ihn allmählich zu lähmen beginnt. Ein verstärkter Hang zur Einsamkeit soll ihn vor den unbewussten Beeinflussungen schützen, sie führt ihn in der Regel aber tiefer in den Konflikt, der ihn innerlich aufreibt.

Das Denken des introvertierten Typus ist positiv und synthetisch in Hinsicht der Entwicklung von Ideen, die sich in steigendem Masse der ewigen Gültigkeit der Urbilder annähern. Lockert sich aber ihr Zusammenhang mit der objektiven Erfahrung, so werden sie mythologisch und für die momentane Zeitlage unwahr. Daher ist dieses Denken nur so lange auch für den Zeitgenossen wertvoll, als es in ersichtlichem und verstehbarem Zusammenhang mit den derzeit bekannten Tatsachen steht. Wird das Denken aber mythologisch, so wird es irrelevant und verläuft in sich selbst. Die diesem Denken gegenüberstehenden relativ unbewussten Funktionen des Fühlens, Intuierens und Empfindens sind minderwertig und haben einen primitiv extravertierten Charakter, welchem alle die lästigen Objekteinflüsse, denen der introvertierte Denktypus unterworfen ist, zuzuschreiben sind. Die Selbstschutzmassnahmen und die Hindernisfelder, die solche Leute um sich herum anzulegen pflegen, sind genügsam bekannt, sodass ich mir ihre Schilderung ersparen kann. Dies alles dient zur Abwehr „magischer" Einwirkungen, dazu gehört auch die Angst vor dem weiblichen Geschlecht.

3. Das Fühlen.

Das introvertierte Fühlen ist in der Hauptsache determiniert durch den subjektiven Faktor. Dies bedeutet für das Gefühlsurteil einen ebenso wesentlichen Unterschied vom extravertierten Fühlen, wie die Introversion des Denkens von der Extraversion. Es gehört zweifellos zu den schwierigern Dingen, den introvertierten Gefühlsprozess intellektuell darzustellen oder auch nur annähernd zu beschreiben, obschon das eigentümliche Wesen dieses Fühlens unbedingt auffällt, wenn man seiner überhaupt gewahr wird. Da sich dieses Fühlen hauptsächlich subjektiven Vorbedingungen unterwirft und sich nur sekundär mit dem Objekt beschäftigt, so tritt es viel weniger und in der Regel missverständlich in die Erscheinung. Es ist ein Fühlen, das anscheinend die Objekte entwertet und sich darum meistens negativ bemerkbar macht. Die Existenz eines positiven Gefühles ist sozusagen nur indirekt zu erschliessen. Es sucht sich nicht dem Objektiven einzupassen, sondern ihm überzuordnen, indem es unbewusst versucht, die ihm zu Grunde liegenden Bilder zu verwirklichen. Es sucht daher stets nach einem in der Wirklichkeit nicht anzutreffenden Bild, das es gewissermassen zuvor gesehen hat. Es gleitet anscheinend über die Objekte, die seinem Ziele niemals passen, achtlos hinweg. Es strebt nach einer innern Intensität, zu der die Objekte höchstens einen Anreiz beitragen. Die Tiefe dieses Gefühles lässt sich nur ahnen, aber nicht klar erfassen. Es macht die Menschen still und schwer zugänglich, da es sich vor der Brutalität des Objektes mimosenhaft zurückzieht, um den tiefen Hintergrund des Subjektes zu erfühlen. Zum Schutze schiebt es negative Gefühlsurteile vor oder eine auffallende Indifferenz.

Die urtümlichen Bilder sind bekanntlich ebenso sehr Idee wie Gefühl. Daher sind auch grundlegende Ideen wie Gott, Freiheit und Unsterblichkeit ebenso sehr Gefühlswerte, wie sie als Ideen bedeutend sind. Es liesse sich demnach alles, was vom introvertierten Denken gesagt wurde, auch auf das introvertierte Fühlen übertragen, nur wird hier alles erfühlt, was dort erdacht wird. Die Tatsache aber, dass Gedanken in der Regel verständlicher ausgedrückt werden können, als Gefühle, bedingt, dass es bei diesem Fühlen schon einer nicht gewöhnlichen sprachlichen oder künstlerischen Ausdrucksfähigkeit bedarf, um seinen Reichtum auch nur annähernd äusserlich darzustellen oder mitzuteilen. Wie das subjektive Denken wegen seiner Unbezogenheit nur schwierig ein adäquates Verständnis zu erwecken vermag, so gilt dies vielleicht in noch höherm Masse für das subjektive Fühlen. Um sich andern mitzuteilen, muss es eine äussere Form finden, welche geeignet ist, einerseits das subjektive Fühlen entsprechend aufzunehmen und andererseits dem Mitmenschen es so zu übermitteln, dass in ihm ein Parallelvorgang entsteht. Wegen der relativ grossen innern (wie äussern) Gleichheit der Menschen kann diese Wirkung auch erreicht werden, obschon es ausserordentlich schwierig ist, eine dem Gefühl zusagende Form zu finden, solange nämlich das Fühlen sich wirklich noch hauptsächlich am Schatze der urtümlichen Bilder orientiert. Wird es aber durch Egozentrizität verfälscht, so wird es unsympathisch, weil es sich dann überwiegend nur noch mit dem Ich beschäftigt. Es erweckt dann unfehlbar den Eindruck sentimentaler Eigenliebe, des Sichinteressantmachens und selbst einer krankhaften Selbstbespiegelung. Wie das subjektivierte Bewusstsein des introvertierten Denkers nach einer Abstraktion der Abstraktionen strebt und damit nur eine höchste Intensität eines an sich leeren Denkprozesses erreicht, so vertieft sich auch das egozentrische Fühlen zu einer inhaltlosen Leidenschaftlichkeit, die bloss sich selber fühlt. Diese Stufe ist mystisch-ekstatisch und bereitet den Übergang in die vom Fühlen verdrängten, extravertierten Funktionen vor. Wie dem introvertierten Denken ein primitives Fühlen, dem sich Objekte mit magischer Gewalt anhängen, gegenübersteht, so tritt dem introvertierten Fühlen ein primitives Denken gegenüber, das an Concretismus und Tatsachensklaverei seinesgleichen sucht. Das Fühlen emanzipiert sich fortschreitend von der Beziehung aufs Objekt und schafft sich eine nur subjektiv gebundene Handlungs- und Gewissensfreiheit, die sich gegebenenfalls von allem Hergebrachtem lossagt. Umso mehr aber verfällt das unbewusste Denken der Macht des Objektiven.

4. Der introvertierte Fühltypus.

Das Primat des introvertierten Fühlens habe ich hauptsächlich bei Frauen angetroffen. Das Sprichwort „Stille Wasser gründen tief“, gilt von diesen

Frauen. Sie sind meist still, schwer zugänglich, unverständlich, öfters hinter einer kindlichen oder banalen Maske verborgen, öfters auch von melancholischem Temperament. Sie scheinen nicht und treten nicht auf. Da sie sich überwiegend von ihrem subjektiv orientierten Gefühl leiten lassen, so bleiben ihre wahren Motive meistens verborgen. Nach aussen zeigen sie eine harmonische Unauffälligkeit, eine angenehme Ruhe, einen sympathischen Parallelismus, der den andern nicht veranlassen, beeindrucken oder gar bearbeiten und verändern will. Ist diese Aussenseite etwas ausgeprägter, so drängt sich ein leiser Verdacht von Indifferenz und Kühle auf, der sich bis zu dem der Gleichgültigkeit für das Wohl und Wehe der andern verstärken kann. Man fühlt dann deutlich die vom Objekt sich abwendende Gefühlsbewegung. Beim normalen Typus tritt dieser Fall allerdings nur dann ein, wenn das Objekt in irgend einer Weise zu stark einwirkt. Die harmonische Gefühlsbegleitung findet darum nur solange statt, als das Objekt in mittlerer Gefühlslage sich auf seinem eigenen Wege bewegt und den Weg des andern nicht zu durchkreuzen sucht. Eigentliche Emotionen des Objektes werden nicht begleitet, sondern gedämpft und abgewehrt oder besser gesagt „abgekühlt" mit einem negativen Gefühlsurteil. Obschon stets eine Bereitschaft zu einem ruhigen und harmonischen Nebeneinandergehen vorhanden ist, so zeigt sich dem fremden Objekt gegenüber keine Liebenswürdigkeit, kein warmes Entgegenkommen, sondern eine indifferent erscheinende, kühle bis abweisende Art. Man bekommt gelegentlich die Überflüssigkeit der eigenen Existenz zu fühlen. Gegen etwas Mitreissendes, Enthusiastisches beobachtet dieser Typus zunächst eine wohlwollende Neutralität, bisweilen mit einem leisen Zug von Überlegenheit und Kritik, der einem empfindsamen Objekt leicht den Wind aus den Segeln nimmt. Eine anstürmende Emotion aber kann mit mörderischer Kälte schroff abgeschlagen werden, wenn sie nicht zufälligerweise das Individuum vom Unbewussten her erfasst, d. h. mit andern Worten irgend ein urtümliches Gefühlsbild belebt und damit das Fühlen dieses Typus gefangen nimmt. Wenn dieser Fall eintritt, so empfindet eine solche Frau einfach eine momentane Lähmung, gegen die sich später unfehlbar ein umso heftigerer Widerstand erhebt, welcher das Objekt an der verwundbarsten Stelle erreichen wird. Die Beziehung zum Objekt wird möglichst in einer ruhigen und sichern Mittellage des Gefühls gehalten unter hartnäckiger Verpönung der Leidenschaft und ihrer Ungemessenheit. Der Gefühlsausdruck bleibt daher spärlich und das Objekt fühlt dauernd seine Minderbewertung, wenn es deren bewusst wird. Dies ist allerdings nicht immer der Fall, indem der Fehlbetrag sehr oft unbewusst bleibt, dafür aber mit der Zeit infolge unbewussten Gefühlsanspruches Symptome entwickelt, welche eine vermehrte Aufmerksamkeit erzwingen sollen. Da dieser Typus meist kühl und reserviert erscheint, so spricht ihm ein oberflächliches Urteil leicht jedes Gefühl ab. Das ist aber grundfalsch, indem die Gefühle zwar nicht extensiv, sondern intensiv sind. Sie entwickeln sich in die Tiefe. Während z. B. ein extensives Mitleidsgefühl sich an passender Stelle mit Worten und Taten äussert und sich bald von diesem Eindruck wieder befreien kann, verschliesst sich ein intensives Mitleid vor jedem Ausdruck und gewinnt eine leidenschaftliche Tiefe, welche das Elend einer Welt in sich begreift und daran erstarrt. Es mag vielleicht im Übermass herausbrechen und zu einer verblüffenden Tat sozusagen heroischen Charakters führen, zu der aber weder das Objekt noch das Subjekt ein richtiges Verhältnis finden können. Nach aussen und dem blinden Auge des Extravertierten erscheint dieses Mitleid als Kälte, denn es tut nichts Sichtbares, und an unsichtbare Kräfte vermag ein extravertiertes Bewusstsein nicht zu glauben. Dieses Missverständnis ist ein charakteristisches Vorkommnis im Leben dieses Typus und wird in der Regel registriert als ein wichtigstes Argument gegen jede tiefere Gefühlsbeziehung zum Objekte. Was aber der wirkliche Gegenstand dieses Fühlens ist, ist dem Normaltypus selbst nur ahnungsweise gegeben. Er drückt sein Ziel und seinen Inhalt vielleicht in einer verborgenen und vor profanen Augen ängstlich gehüteten Religiosität, oder in ebenso vor Überraschung gesicherten poetischen Formen vor sich selber aus, nicht ohne den geheimen Ehrgeiz, damit eine Überlegenheit über das Objekt zustande zu bringen. Frauen, die Kinder haben, legen vieles davon in diese, indem sie ihnen heimlich ihre Leidenschaftlichkeit einflössen.

Obschon im Normaltypus die angedeutete Tendenz, das heimlich Gefühlte dem Objekt einmal offen und sichtbar überzuordnen oder überwältigend aufzuzwingen, keine störende Rolle spielt, und niemals zu einem ernstlichen Versuch in dieser Richtung führt, so sickert davon doch etwas in die persönliche Wirkung auf das Objekt durch, in Form eines oft schwer zu definierenden, dominierenden Einflusses. Es wird etwa als ein erdrückendes oder erstickendes Gefühl empfunden, das die Umgebung in einen Bann schlägt. Dadurch gewinnt dieser Typus eine gewisse geheimnisvolle Macht, welche namentlich den extravertierten Mann in höchstem Masse faszinieren kann, weil sie sein Unbewusstes berührt. Diese Macht stammt von den erfühlten, unbewussten Bildern, wird aber vom Bewusstsein leicht auf das Ich bezogen, wodurch der Einfluss verfälscht wird im Sinne der persönlichen Tyrannei. Wenn aber das unbewusste Subjekt mit dem Ich identifiziert wird, so wandelt sich auch die geheimnisvolle Macht des intensiven Gefühls in banale und anmassende Herrschsucht, Eitelkeit und tyrannische Zwängerei. Daraus entsteht ein Typus Frau, der wegen seines skrupellosen Ehrgeizes und wegen seiner heimtückischen Grausamkeit unvorteilhaft bekannt ist. Diese Wendung führt aber in die Neurose.

Solange das Ich sich unterhalb der Höhe des unbewussten Subjektes fühlt und das Gefühl Höheres und Mächtigeres erschliesst als das Ich, ist der Typus normal. Das unbewusste Denken ist zwar archaïsch, compensiert aber hilfreich durch Reduktionen die gelegentlichen Anwandlungen, das Ich zum Subjekt zu erheben. Tritt dieser Fall aber doch ein durch völlige Unterdrückung der reduzierenden unbewussten Denkeinflüsse, dann begibt sich das unbewusste Denken in die Opposition und projiziert sich in die Objekte. Damit bekommt das egozentrisch gewordene Subjekt die Macht und Bedeutung der entwerteten Objekte zu fühlen. Das Bewusstsein beginnt zu fühlen, „was die Andern denken". Natürlich denken die Andern alle möglichen Gemeinheiten, planen Übles, hetzen und intriguieren im Geheimen, usw. Dem muss das Subjekt zuvorkommen, indem es selber anfängt, präventiv zu intriguieren und zu verdächtigen, auszuhorchen und zu kombinieren. Es wird von Gerüchten befallen und krampfhafte Anstrengungen müssen gemacht werden, um eine drohende Unterlegenheit womöglich in eine Überlegenheit zu verwandeln. Es entstehen endlose Rivalitäten geheimer Natur und in diesen erbitterten Kämpfen wird nicht nur kein schlechtes oder gemeines Mittel gescheut, sondern auch die Tugenden werden missbraucht, nur um einen Trumpf ausspielen zu können. Eine solche Entwicklung führt zur Erschöpfung. Die Neurosenform ist weniger hysterisch als neurasthenisch, bei Frauen oft mit starker Mitbeteiligung des körperlichen Zustandes, z. B. Anämie mit Folgezuständen.

5. Zusammenfassung der rationalen Typen.

Die beiden vorausgegangenen Typen sind rationale, indem sie sich auf vernünftig urteilende Funktionen gründen. Das vernünftige Urteil gründet sich nicht bloss auf das objektiv Gegebene, sondern auch auf das Subjektive. Das Überwiegen des einen oder andern Faktors, bedingt durch eine oft von früher Jugend her existierende psychische Disposition, beugt allerdings die Vernunft. Ein wirklich vernünftiges Urteil sollte sich nämlich ebenso wohl auf den objektiven, wie auf den subjektiven Faktor berufen und beiden gerecht werden können. Das wäre aber ein Idealfall und würde eine gleichmässige Entwicklung der Extraversion und Introversion voraussetzen. Die beiden Bewegungen aber schliessen sich aus und können, solange ihr Dilemma besteht, nebeneinander überhaupt gar nicht sein, sondern höchstens nacheinander. Darum ist auch unter den gewöhnlichen Umständen eine ideale Vernunft unmöglich. Ein rationaler Typus hat immer eine typisch variierte Vernunft. So haben die introvertierten rationalen Typen zweifellos ein vernünftiges Urteil, nur richtet sich dieses Urteil mehr nach dem subjektiven Faktor. Die Logik braucht nirgends gebeugt zu sein, denn die Einseitigkeit liegt in der Prämisse. Die Prämisse ist das vor allen Schlüssen und Urteilen bestehende Überwiegen des subjektiven Faktors. Er tritt von vornherein mit selbstverständlich höherm Wert auf als der objektive. Es handelt sich dabei, wie gesagt, keineswegs um einen erteilten Wert, sondern um eine vor aller Werterteilung vorhandene natürliche Disposition. Daher erscheint dem Introvertierten notwendigerweise das Vernunfturteil um einige Nuancen anders als dem Extravertierten. So erscheint dem Introvertierten, um den allgemeinsten Fall zu erwähnen, diejenige Schlusskette, die auf den subjektiven Faktor führt, etwas vernünftiger, als die, die zum Objekte führt. Diese, im einzelnen Fall zunächst geringfügige, fast unmerkliche Differenz bewirkt im Grossen unüberbrückbare Gegensätze, die umso irritierender sind, je weniger einem die im Einzelfall minimale Standpunktverschiebung durch die psychologische Prämisse bewusst ist. Ein Hauptirrtum, der dabei regelmässig passiert, ist, dass man sich bemüht, einen Irrtum im Schluss nachzuweisen, anstatt die Verschiedenheit der psychologischen Prämisse anzuerkennen. Eine solche Anerkennung fällt jedem rationalen Typus schwer, denn sie untergräbt die anscheinend absolute Gültigkeit seines Prinzips und liefert ihn seinem Gegensatze aus, was einer Katastrophe gleichkommt.

Fast mehr noch als der extravertierte Typus, unterliegt der introvertierte dem Missverständnis; nicht etwa, weil ihm der Extravertierte ein schonungsloserer oder kritischerer Gegner ist, als er selbst es sein könnte, sondern weil der Stil der Epoche, den er selber mitmacht, gegen ihn ist. Nicht dem Extravertierten gegenüber, sondern unserer allgemeinen okzidentalen Weltanschauung gegenüber, befindet er sich in der Minorität, wohl nicht zahlenmässig, sondern seinem Gefühl nach. Da er den allgemeinen Stil überzeugt mitmacht, untergräbt er sich selbst, denn der gegenwärtige Stil mit seiner fast ausschliesslichen Anerkennung des Sicht- und Tastbaren ist gegen sein Prinzip. Er muss den subjektiven Faktor wegen seiner Unsichtbarkeit entwerten und sich zwingen, die extravertierte Objektüberwertung mitzumachen. Er selber schätzt den subjektiven Faktor zu niedrig ein und wird dafür von Minderwertigkeitsgefühlen heimgesucht. Es ist daher kein Wunder, dass gerade in unserer Zeit und besonders in jenen Bewegungen, die der Gegenwart um einiges voraneilen, der subjektive Faktor sich in übertriebener und darum in geschmackloser und karikierter Weise äussert. Ich meine die heutige Kunst. Die Unterschätzung des eigenen Prinzips macht den Introvertierten egoistisch und nötigt ihm die Psychologie des Unterdrückten auf. Je egoistischer er wird, desto mehr erscheint es ihm auch, als ob die andern, die den gegenwärtigen Stil anscheinend restlos mitmachen können, die Unterdrücker wären, gegen die er sich schützen und zur Wehr setzen muss. Er sieht meistens nicht, dass er darin seinen Hauptfehler begeht, dass er am subjektiven Faktor nicht mit jener Treue und Ergebenheit hängt, mit welcher sich der Extravertierte nach dem Objekte richtet. Durch die Unterschätzung des eigenen Prinzips wird sein Hang zum Egoismus unvermeidlich und damit verdient er sich auch das Vorurteil des Extravertierten. Bliebe er aber seinem Prinzipe treu, so wäre er als Egoist grundfalsch beurteilt, und die Berechtigung seiner Einstellung würde sich durch ihre allgemeinen Wirkungen bestätigen und die Missverständnisse zerstreuen.

6. Das Empfinden.

Auch das Empfinden, das seinem ganzen Wesen nach auf das Objekt und den objektiven Reiz angewiesen ist, unterliegt in der introvertierten Einstellung einer beträchtlichen Veränderung. Auch es hat einen subjektiven Faktor, denn neben dem Objekt, das empfunden wird, steht ein Subjekt, welches empfindet, und welches dem objektiven Reiz seine subjektive Disposition beiträgt. Das Empfinden in der introvertierten Einstellung gründet sich überwiegend auf den subjektiven Anteil der Perception. Was damit gemeint ist, erhellt am ehesten aus Kunstwerken, welche äussere Objekte reproduzieren. Wenn z. B. mehrere Maler eine und dieselbe Landschaft malen mit der Bemühung, dieselbe getreu wiederzugeben, so wird doch jedes Gemälde vom andern verschieden sein, nicht etwa bloss vermöge eines mehr oder minderentwickelten Könnens, sondern hauptsächlich infolge eines verschiedenen Sehens, ja, es wird an einigen Gemälden sogar eine ausgesprochen psychische Verschiedenheit in der Stimmungslage und Bewegung von Farbe und Figur zu Tage treten. Diese Eigenschaften verraten ein mehr oder weniger starkes Mitwirken des subjektiven Faktors. Der subjektive Faktor des Empfindens ist im wesentlichen derselbe wie für die andern bereits besprochenen Funktionen. Es ist eine unbewusste Disposition, welche die Sinnesperception schon in ihrem Entstehen verändert und ihr dadurch den Charakter einer reinen Objekteinwirkung wegnimmt. In diesem Fall bezieht sich die Empfindung überwiegend auf das Subjekt und erst in zweiter Linie auf das Objekt. Wie ausserordentlich stark der subjektive Faktor sein kann, zeigt uns am deutlichsten die Kunst. Das Überwiegen des subjektiven Faktors geht gelegentlich bis zur völligen Unterdrückung der blossen Objektwirkung und doch bleibt die Empfindung dabei Empfindung, allerdings ist sie dann zu einer Wahrnehmung des subjektiven Faktors geworden, und die Objektwirkung ist auf die Stufe eines blossen Anregers gesunken. Das introvertierte Empfinden entwickelt sich nach dieser Richtung. Es besteht zwar eine richtige Sinneswahrnehmung, aber es hat den Anschein, als ob die Objekte gar nicht eigentlich ins Subjekt eindrängen, sondern als ob das Subjekt die Dinge ganz anders oder ganz andere Dinge sähe, als andere Menschen. Tatsächlich nimmt das Subjekt dieselben Dinge wahr, wie jedermann, verweilt aber dann keineswegs bei der reinen Objekteinwirkung, sondern beschäftigt sich mit der durch den objektiven Reiz ausgelösten subjektiven Wahrnehmung. Die subjektive Wahrnehmung ist merklich verschieden von der objektiven. Sie ist im Objekt entweder gar nicht oder höchstens andeutungsweise anzutreffen, d. h. sie kann zwar in andern Menschen ähnlich sein, aber sie ist im objektiven Verhalten der Dinge nicht unmittelbar zu begründen. Sie macht nicht den Eindruck eines Bewusstseinsproduktes, dazu ist sie zu genuin. Sie macht aber einen psychischen Eindruck, da in ihr Elemente von einer hohem psychischen Ordnung erkennbar sind. Jedoch stimmt diese Ordnung nicht überein mit den Inhalten des Bewusstseins. Es handelt sich um collektiv-unbewusste Voraussetzungen oder Dispositionen, um mythologische Bilder, Urmöglichkeiten von Vorstellungen. Der subjektiven Wahrnehmung haftet der Charakter des Bedeutenden an. Sie sagt mehr, als das reine Bild des Objektes, natürlich nur zu dem, dem der subjektive Faktor überhaupt etwas sagt. Einem andern erscheint ein reproduzierter subjektiver Eindruck an der Eigenschaft zu leiden, dass er keine genügende Ähnlichkeit mit dem Objekt besitzt und darum seinen Zweck verfehlt habe. Das subjektive Empfinden erfasst daher mehr die Hintergründe der physischen Welt als ihre Oberfläche. Es empfindet nicht die Realität des Objektes als das Ausschlaggebende, sondern die Realität des subjektiven Faktors, nämlich der urtümlichen Bilder, welche in ihrer Gesamtheit eine psychische Spiegelwelt darstellen. Dieser Spiegel hat aber die eigentümliche Fähigkeit, die gegenwärtigen Inhalte des Bewusstseins nicht in ihrer uns bekannten und geläufigen Form darzustellen, sondern in gewissem Sinne sub specie aeternitatis, nämlich etwa so, wie ein eine Million Jahre altes Bewusstsein sie sehen würde. Ein solches Bewusstsein würde das Werden und Vergehen der Dinge zugleich mit ihrem gegenwärtigen und momentanen Sein sehen und nicht nur das, sondern zugleich auch das Andere, das vor ihrem Werden war und nach ihrem Vergehen sein wird. Der gegenwärtige Moment ist diesem Bewusstsein unwahrscheinlich. Selbstverständlich ist dies nur ein Gleichnis, dessen ich aber bedarf, um das eigentümliche Wesen der introvertierten Empfindung einigermassen zu veranschaulichen. Die introvertierte Empfindung vermittelt ein Bild, welches weniger das Objekt reproduziert, als dass es das Objekt überkleidet mit dem Niederschlag uralter und zukünftiger subjektiver Erfahrung. Dadurch wird der blosse Sinneseindruck entwickelt nach der Tiefe des Ahnungsreichen, während die extravertierte Empfindung das momentane und offen zu Tage liegende Sein der Dinge erfasst.

7. Der introvertierte Empfindungstypus.

Das Primat des introvertierten Empfindens schafft einen bestimmten Typus, der sich durch gewisse Eigentümlichkeiten auszeichnet. Er ist ein irrationaler Typus, insofern er unter dem Vorkommenden nicht vorwiegend nach Vernunfturteilen auswählt, sondern sich nach dem richtet, was eben vorkommt. Während der extravertierte Empfindungstypus durch die Intensität der Objekteinwirkung determiniert ist, orientiert sich der introvertierte nach der Intensität des durch den objektiven Reiz ausgelösten subjektiven Empfindungsanteiles. Dabei besteht, wie ersichtlich, gar kein proportionaler Zusammenhang zwischen Objekt und Empfindung, sondern ein anscheinend durchaus unabgemessener und willkürlicher. Es ist von aussen darum sozusagen nie vorauszusehen, was Eindruck machen wird und was nicht. Wäre eine der Empfindungsstärke proportionale Ausdrucksfähigkeit und -willigkeit vorhanden, so würde die Irrationalität dieses Typus ausserordentlich auffallen. Dies ist z. B. der Fall, wenn das Individuum ein produzierender Künstler ist. Da dies aber ein Ausnahmefall ist, so verbirgt die für den Introvertierten charakteristische Ausdruckserschwerung auch seine Irrationalität. Er kann im Gegenteil durch seine Ruhe oder Passivität oder durch eine vernünftige Selbstbeherrschung auffallen. Diese Eigentümlichkeit, welche das oberflächliche Urteil irreleitet, verdankt ihre Existenz der Nichtbezogenheit auf Objekte. Das Objekt wird im Normalfall zwar keineswegs bewusst entwertet, aber sein Anreiz wird ihm dadurch entzogen, dass er sofort durch eine subjektive Reaktion, die sich auf die Wirklichkeit des Objektes weiter nicht mehr bezieht, ersetzt wird. Das wirkt natürlich wie eine Objektentwertung. Ein solcher Typus kann einem leicht die Frage beibringen, wozu man überhaupt existiere, wozu überhaupt Objekte noch daseinsberechtigt seien, da ja doch alles wesentliche ohne das Objekt passiere. Dieser Zweifel mag in extremen Fällen berechtigt sein, im Normalfall aber nicht, denn der Empfindung ist der objektive Reiz unerlässlich, nur bringt er anderes hervor, als nach der äussern Sachlage vermutet werden könnte. Von aussen betrachtet sieht es aus, als ob die Objekteinwirkung überhaupt nicht zum Subjekt vordränge. Dieser Eindruck ist insofern richtig, als ein subjektiver dem Unbewussten entstammender Inhalt sich dazwischen drängt und die Objekteinwirkung abfängt. Dieses Dazwischentreten kann mit solcher Schroffheit erfolgen, dass man den Eindruck gewinnt, als schütze sich das Individuum direkt vor Objekteinwirkungen. In einem irgendwie gesteigerten Fall ist auch tatsächlich eine solche schützende Abwehr vorhanden. Wenn das Unbewusste nur um etwas verstärkt ist, so wird der subjektive Empfindungsanteil dermassen lebendig, dass er die Objekteinwirkung fast gänzlich überdeckt. Daraus entsteht einerseits für das Objekt das Gefühl einer völligen Entwertung, andererseits für das Subjekt eine illusionäre Auffassung der Wirklichkeit, die allerdings nur in krankhaften Fällen soweit geht, dass das Individuum nicht mehr imstande wäre, zwischen dem wirklichen Objekt und der subjektiven Wahrnehmung zu unterscheiden. Obschon eine so wichtige Unterscheidung erst in einem nahezu psychotischen Zustand gänzlich verschwindet, so kann doch längst zuvor die subjektive Wahrnehmung das Denken, Fühlen und Handeln in höchstem Masse beeinflussen, trotzdem das Objekt in seiner ganzen Wirklichkeit klar gesehen wird. In Fällen, wo die Objekteinwirkung infolge besonderer Umstände, z. B. infolge besonderer Intensität oder völliger Analogie mit dem unbewussten Bilde, bis zum Subjekt vordringt, ist auch der Normalfall dieses Typus veranlasst, nach seiner unbewussten Vorlage zu *handeln.* Dieses

Handeln ist in bezug auf die objektive Wirklichkeit von illusionärem Charakter und darum äusserst befremdlich. Es enthüllt mit einem Schlage die wirklichkeitsfremde Subjektivität des Typus. Wo aber die Objekteinwirkung nicht völlig durchdringt, da begegnet sie einer wenig Anteilnahme verratenden wohlwollenden Neutralität, welche stets zu beruhigen und auszugleichen bestrebt ist. Das allzu Niedere wird etwas gehoben, das allzu Hohe etwas niedriger gemacht, das Enthusiastische gedämpft, das Extravagante gezügelt und das Ungewöhnliche auf die „richtige" Formel gebracht, all dies, um die Objekteinwirkung in den nötigen Schranken zu halten. Dadurch wirkt auch dieser Typus auf die Umgebung drückend, sofern seine gänzliche Harmlosigkeit nicht ausser allem Zweifel steht. Ist letzteres aber der Fall, so wird das Individuum leicht das Opfer der Aggressivität und der Herrschsucht anderer. Solche Menschen lassen sich in der Regel missbrauchen und rächen sich dafür an ungeeigneter Stelle durch vermehrte Resistenz und Störrigkeit. Ist keine künstlerische Ausdrucksfähigkeit vorhanden, so gehen alle Eindrücke nach innen in die Tiefe und halten das Bewusstsein im Banne, ohne dass es ihm möglich wäre, des faszinierenden Eindruckes durch bewussten Ausdruck Herr zu werden. Für seine Eindrücke stehen diesem Typus nur archaïsche Ausdrucksmöglichkeiten zu relativer Verfügung, weil Denken und Fühlen relativ unbewusst sind, und insofern sie bewusst sind, nur über die notwendigen, banalen und alltäglichen Ausdrücke verfügen. Sie sind als bewusste Funktionen darum ganz ungeeignet, die subjektiven Wahrnehmungen adäquat wiederzugeben. Dieser Typus ist daher dem objektiven Verständnis äusserst schwer erschliessbar, wie er auch sich selber meist verständnislos gegenübersteht.

Seine Entwicklung entfernt ihn hauptsächlich von der Wirklichkeit des Objektes und liefert ihn an seine subjektiven Wahrnehmungen aus, die sein Bewusstsein im Sinne einer archaïschen Wirklichkeit orientieren, obschon ihm dieses Faktum aus Mangel an vergleichendem Urteil gänzlich unbewusst bleibt. Tatsächlich bewegt er sich aber in einer mythologischen Welt, in der ihm Menschen, Tiere, Eisenbahnen, Häuser, Flüsse und Berge zum Teil als huldvolle Götter und zum Teil als übelwollende Dämonen erscheinen. Dass sie ihm so erscheinen, ist ihm unbewusst. Aber sie wirken als solche auf sein Urteilen und Handeln. Er urteilt und handelt so, als ob er es mit solchen Mächten zu tun hätte. Dies fängt erst dann an, ihm aufzufallen, wenn er seine Empfindungen als von der Wirklichkeit total verschieden entdeckt. Ist er mehr zur objektiven Vernunft geneigt, so wird er diesen Unterschied als krankhaft empfinden, ist er dagegen, getreu seiner Irrationalität, bereit, seiner Empfindung Realitätswert zuzusprechen, so wird ihm die objektive Welt zum Schein und zur Komödie. Es sind aber nur zum Extrem geneigte Fälle, welche dieses Dilemma erreichen. In der Regel begnügt sich das Individuum mit seiner Eingeschlossenheit und mit der Banalität der Wirklichkeit, die es aber unbewusst archaïsch behandelt.

Sein Unbewusstes ist hauptsächlich gekennzeichnet durch die Verdrängung der Intuition, welch letztere einen extravertierten und archaïschen Charakter hat. Während die extravertierte Intuition jene charakteristische Findigkeit, die „gute Nase" für alle Möglichkeiten der objektiven Wirklichkeit hat, hat die archaïsche extravertierte Intuition ein Witterungsvermögen für alle zweideutigen, düstern, schmutzigen und gefährlichen Hintergründe der Wirklichkeit. Dieser Intuition gegenüber will die wirkliche und bewusste Absicht des Objektes nichts bedeuten, sondern sie wittert dahinter alle Möglichkeiten der archaïschen Vorstufen einer solchen Absicht. Sie hat daher etwas geradezu gefährlich Untergrabendes, das oft in grellstem Kontrast steht mit der wohlwollenden Harmlosigkeit des Bewusstseins. Solange das Individuum sich nicht zu weit vom Objekt entfernt, wirkt die unbewusste Intuition als heilsame Compensation für die etwas phantastische und zur Leichtgläubigkeit neigende Einstellung des Bewusstseins. Tritt das Unbewusste aber in Opposition zum Bewusstsein, dann erreichen solche Intuitionen die Oberfläche und entfalten ihre verderblichen Wirkungen, indem sie sich zwangsweise dem Individuum aufnötigen und Zwangsvorstellungen widerwärtigster Art über Objekte auslösen. Die daraus entstehende Neurose ist in der Regel eine Zwangsneurose, in der die hysterischen Züge hinter Erschöpfungssymptomen zurücktreten.

8. Die Intuition.

Die Intuition in der introvertierten Einstellung richtet sich auf die innern Objekte, wie man mit Recht die Elemente des Unbewussten bezeichnen könnte. Die innern Objekte verhalten sich nämlich zum Bewusstsein ganz analog wie äussere Objekte, obschon sie nicht von einer physischen, sondern von einer psychologischen Realität sind. Die innern Objekte erscheinen der intuitiven Wahrnehmung als subjektive Bilder von Dingen, die in der äussern Erfahrung nicht anzutreffen sind, sondern die Inhalte des Unbewussten, in letzter Linie des collektiven Unbewussten, ausmachen. Diese Inhalte sind in ihrem An- und Fürsichsein natürlich keiner Erfahrung zugänglich, eine Eigenschaft, die sie mit dem äussern Objekt gemeinsam haben. Wie die äussern Objekte nur ganz relativ so sind, wie wir sie perzipieren, so sind auch die Erscheinungsformen der innern Objekte relativ, Produkte ihrer uns unzugänglichen Essenz und der Eigenart der intuitiven Funktion. Wie die Empfindung, so hat auch die Intuition ihren subjektiven Faktor, welcher in der extravertierten Intuition möglichst unterdrückt, in der introvertierten aber zur massgebenden Grösse wird. Wenn schon die introvertierte Intuition ihren Anstoss von äussern Objekten empfangen mag, so hält sie sich doch nicht bei den äussern Möglichkeiten auf, sondern verweilt bei dem, was durch das Äussere innerlich ausgelöst wurde. Während sich die introvertierte

Empfindung in der Hauptsache auf die Wahrnehmung der eigenartigen Innervationserscheinungen durch das Unbewusste beschränkt und bei ihnen verweilt, unterdrückt die Intuition diese Seite des subjektiven Faktors und nimmt das Bild wahr, welches diese Innervation veranlasst hat. Z. B. wird jemand von einem psychogenen Schwindelanfall betroffen. Die Empfindung verweilt bei der eigenartigen Beschaffenheit dieser Innervationsstörung und nimmt alle ihre Qualitäten, ihre Intensität, ihren zeitlichen Ablauf, die Art ihres Entstehens und Vergehens mit allen Einzelheiten wahr, ohne sich im geringsten darüber zu erheben und zu ihrem Inhalt, von dem die Störung ausging, fortzuschreiten. Die Intuition dagegen empfängt aus der Empfindung nur den Anstoss zu sofortiger Tätigkeit, sie versucht dahinter zu sehen und nimmt auch bald das innere Bild wahr, welches die Ausdruckserscheinung, eben den Schwindelanfall, veranlasst hat. Sie sieht das Bild eines schwankenden Mannes, der von einem Pfeil ins Herz getroffen wurde. Dieses Bild fasziniert die intuitive Tätigkeit, sie verweilt bei ihm und sucht alle seine Einzelheiten auszukundschaften. Sie hält das Bild fest und konstatiert mit lebhaftester Anteilnahme, wie sich dieses Bild verändert und weiter entwickelt und schliesslich verschwindet. Auf diese Weise nimmt die introvertierte Intuition alle Hintergrundvorgänge des Bewusstseins etwa mit derselben Deutlichkeit wahr, wie die extravertierte Empfindung die äussern Objekte. Für die Intuition erlangen daher die unbewussten Bilder die Dignität von Dingen oder Objekten. Weil aber die Intuition die Mitwirkung der Empfindung ausschliesst, so erlangt sie entweder gar keine oder eine nur ungenügende Kenntnis der Innervationsstörungen, der Beeinflussungen des Körpers durch die unbewussten Bilder. Dadurch erscheinen die Bilder als vom Subjekt losgelöst und als für sich selber ohne Beziehung zur Person existierend. Infolgedessen würde im vorhin erwähnten Beispiel der vom Schwindelanfall betroffene introvertierte Intuitive nicht auf den Gedanken kommen, dass sich das wahrgenommene Bild auch irgendwie auf ihn selber beziehen könnte. Das erscheint natürlich einem urteilend Eingestellten als beinahe undenkbar, ist aber trotzdem eine Tatsache, die ich bei diesem Typus oftmals erfahren habe.

Die merkwürdige Indifferenz des extravertierten Intuitiven inbezug auf äussere Objekte, hat auch der introvertierte inbezug auf innere Objekte. Wie der extravertierte Intuitive immerfort neue Möglichkeiten wittert und diesen unbekümmert sowohl um das eigene wie um das Wohl und Wehe der andern nachgeht, achtlos über menschliche Rücksichten hinweg tritt und in ewiger Veränderungssucht kaum Erbautes wieder niederreisst, so bewegt sich der introvertierte von Bild zu Bild, allen Möglichkeiten des gebärenden Schosses des Unbewussten nachjagend, ohne den Zusammenhang der Erscheinung mit sich herzustellen. Wie dem, der die Welt bloss empfindet, sie nie zum moralischen Problem wird, so wird auch dem Intuitiven die Welt der Bilder nie zum moralischen Problem. Sie ist dem einen, wie dem andern *ein ästhetisches Problem*, eine Frage der Wahrnehmung, eine „Sensation". Auf diese Weise entschwindet dem introvertierten Intuitiven das Bewusstsein seiner körperlichen Existenz sowohl wie ihrer Wirkung auf andere. Der extravertierte Standpunkt würde von ihm sagen: „die Wirklichkeit existiert nicht für ihn, er hängt unfruchtbaren Träumereien nach". Die Anschauung der Bilder des Unbewussten, welche die schaffende Kraft in unerschöpflicher Fülle erzeugt, ist allerdings in bezug auf unmittelbare Nützlichkeit unfruchtbar. Insofern jedoch diese Bilder Möglichkeiten sind von Auffassungen, welche der Energie gegebenenfalls ein neues Gefälle zu verleihen vermögen, so ist auch diese Funktion, welche der äusseren Welt die allerfremdeste ist, im psychischen Gesamthaushalt unerlässlich, wie auch der entsprechende Typus dem psychischen Leben eines Volkes keineswegs fehlen darf. Israel hätte seine Propheten nicht gehabt, wenn dieser Typus nicht existierte. Die introvertierte Intuition erfasst die Bilder, welche aus den a priori, d. h. infolge Vererbung, vorhandenen Grundlagen des unbewussten Geistes stammen. Diese Archetypen, deren innerstes Wesen der Erfahrung unzugänglich ist, stellen den Niederschlag des psychischen Funktionierens der Ahnenreihe dar, d. h. die durch millionenfache Wiederholung aufgehäuften und zu Typen verdichteten Erfahrungen des organischen Daseins überhaupt. In diesen Archetypen sind daher alle Erfahrungen vertreten, welche seit Urzeit auf diesem Planeten vorgekommen sind. Sie sind im Archetypus umso deutlicher, je häufiger und je intensiver sie waren. Die Archetypus wäre, um mit *Kant* zu reden, etwa das Noumenon des Bildes, welches die Intuition wahrnimmt und im Wahrnehmen erzeugt. Da das Unbewusste nun keineswegs etwas ist, das bloss daliegt wie ein psychisches caput mortuum, sondern vielmehr etwas, das mitlebt und innere Verwandlungen erfährt, Verwandlungen, die in innerer Beziehung zum allgemeinen Geschehen überhaupt stehen, so gibt die introvertierte Intuition durch die Wahrnehmung der innern Vorgänge gewisse Daten, die von hervorragender Wichtigkeit für die Auffassung des allgemeinen Geschehens sein können; sie kann sogar die neuen Möglichkeiten sowohl wie das später tatsächlich Eintreffende in mehr oder weniger klarer Weise voraussehen. Ihre prophetische Voraussicht ist erklärbar aus ihrer Beziehung zu den Archetypen, welche den gesetzmässigen Ablauf aller erfahrbaren Dinge darstellen.

9. Der introvertierte intuitive Typus.

Die Eigenart der introvertierten Intuition schafft auch, wenn sie das Primat erlangt, einen eigenartigen Typus Mensch, nämlich den mystischen Träumer und Seher einerseits, den Phantasten und Künstler andererseits. Der letztere Fall dürfte der Normalfall sein, denn im allgemeinen besteht bei diesem Typus die Neigung, sich auf den Wahrnehmungscharakter der Intuition zu beschränken. Der Intuitive bleibt in der Regel beim Wahrnehmen, sein höchstes Problem ist das Wahrnehmen, und — insofern er ein produktiver Künstler ist — die Gestaltung der Wahrnehmung. Der Phantast aber begnügt sich mit der Anschauung, durch die er sich gestalten, d. h. determinieren lässt. Die Vertiefung der Intuition bewirkt natürlich eine oft ausserordentliche Entfernung des Individuums von der handgreiflichen Wirklichkeit, sodass er selbst seiner nähern Umgebung zum völligen Rätsel wird. Ist er ein Künstler, so verkündet seine Kunst ausserordentliche, weltentrückte Dinge, die in allen Farben schillern, bedeutend und banal, schön und grotesk, erhaben und schrullenhaft zugleich sind. Ist er kein Künstler, so ist er häufig ein verkanntes Genie, eine verbummelte Grösse, eine Art weiser Halbnarr, eine Figur für „psychologische" Romane.

Obschon es nicht ganz auf der Linie des introvertierten Intuitionstypus liegt, die Wahrnehmung zu einem moralischen Problem zu machen, indem dazu eine gewisse Verstärkung der urteilenden Funktionen nötig ist, so genügt doch schon eine relativ geringe Differenzierung des Urteils, um die Anschauung aus dem rein Ästhetischen ins Moralische überzuführen. Dadurch entsteht eine Spielart dieses Typus, welche von seiner ästhetischen Form wesentlich verschieden, für den introvertierten Intuitiven aber trotzdem charakteristisch ist. Das moralische Problem entsteht dann, wenn der Intuitive sich zu seiner Vision in Beziehung setzt, wenn er sich nicht mehr mit der blossen Anschauung und ihrer ästhetischen Bewertung und Gestaltung begnügt, sondern zu der Frage gelangt: Was heisst das für mich oder für die Welt? Was geht daraus hervor für mich oder für die Welt in Hinsicht einer Pflicht oder Aufgabe? Der reine Intuitive, der das Urteil verdrängt oder ein solches nur im Banne der Wahrnehmung besitzt, gelangt im Grunde genommen nie zu dieser Frage, denn seine Frage ist nur das Wie der Wahrnehmung. Er findet darum das moralische Problem unverständlich oder gar absurd und verbannt darum das Denken über das Geschaute soviel wie möglich. Anders der moralisch eingestellte Intuitive. Er beschäftigt sich mit der Bedeutung seiner Vision, er kümmert sich weniger um ihre weitern ästhetischen Möglichkeiten als vielmehr um ihre möglichen moralischen Wirkungen, die aus ihrer inhaltlichen Bedeutung für ihn hervorgehen. Sein Urteil lässt ihn, allerdings öfters nur dämmerhaft, erkennen, dass er als Mensch, als Ganzes irgendwie in seine Vision einbezogen ist, dass sie etwas ist, das nicht bloss angeschaut werden kann, sondern auch zum Leben des Subjektes werden möchte. Durch diese Erkenntnis fühlt er sich verpflichtet, seine Vision in sein eigenes Leben umzugestalten. Da er sich aber in der überwiegenden Hauptsache auf die Vision allein stützt, so gerät sein moralischer Versuch einseitig; er macht sich und sein Leben symbolisch, angepasst zwar an den innern und ewigen Sinn des Geschehens, unangepasst aber an die gegenwärtige tatsächliche Wirklichkeit. Damit beraubt er sich auch der Wirksamkeit auf diese, denn er bleibt unverständlich. Seine Sprache ist nicht die, die allgemein gesprochen wird, sondern eine zu subjektive. Seinen Argumenten fehlt die überzeugende Ratio. Er kann nur bekennen oder verkündigen. Er ist die Stimme des Predigers in der Wüste.

Der introvertierte Intuitive verdrängt die Empfindung des Objekts am allermeisten. Dadurch ist sein Unbewusstes gekennzeichnet. Im Unbewussten besteht eine compensierende extravertierte Empfindungsfunktion von archaïschem Charakter. Die unbewusste Persönlichkeit liesse sich daher am ehesten beschreiben als einen extravertierten Empfindungstypus niedriger, primitiver Gattung. Triebhaftigkeit und Masslosigkeit sind die Eigenschaften dieser Empfindung, samt einer ausserordentlichen Gebundenheit an den sinnlichen Eindruck. Diese Qualität compensiert die dünne Höhenluft der bewussten Einstellung und gibt ihr eine gewisse Schwere, sodass eine völlige „Sublimierung" verhindert wird. Tritt aber durch eine forcierte Übertreibung der bewussten Einstellung eine völlige Unterordnung unter die innere Wahrnehmung ein, so begibt sich das Unbewusste in die Opposition, und es entstehen dann Zwangsempfindungen mit übermässiger Gebundenheit ans Objekt, welche der bewussten Einstellung widerstreben. Die Neurosenform ist eine Zwangsneurose, die als Symptome teils hypochondrische Erscheinungen, teils Überempfindlichkeit der Sinnesorgane, teils Zwangsbindungen an bestimmte Personen oder andere Objekte aufweist.

10. Zusammenfassung der irrationalen Typen.

Die beiden eben geschilderten Typen sind einer äusserlichen Beurteilung fast unzugänglich. Da sie introvertiert sind und infolgedessen eine geringere Fähigkeit oder Willigkeit zur Äusserung haben, so geben sie nur wenig Handhaben zu einer treffenden Beurteilung. Da ihre Haupttätigkeit sich nach innen richtet, so ist aussen nichts als Zurückhaltung, Verstecktheit, Teilnahmlosigkeit oder Unsicherheit und anscheinend unbegründete Verlegenheit sichtbar. Wenn sich etwas äussert, so sind es meistenteils indirekte Manifestationen der minderwertigen und relativ unbewussten Funktionen. Äusserungen solcher Art bedingen natürlich ein Vorurteil der Umgebung gegen diese Typen. Infolgedessen werden sie meistenteils unterschätzt oder zum mindesten nicht begriffen. In dem Masse, als diese Typen sich selber nicht begreifen, da ihnen eben das Urteil in hohem Masse fehlt, so können sie auch nicht verstehen, warum sie beständig von der öffentlichen Meinung unterschätzt werden. Sie sehen nämlich nicht ein, dass ihre nach aussen gehende Leistung auch tatsächlich von minderwertiger Beschaffenheit ist. Ihr Blick ist gebannt vom Reichtum der subjektiven Ereignisse. Was immer geschieht, ist dermassen fesselnd und von solch unerschöpflichem Reiz, dass sie gar nicht bemerken, dass das, was sie davon der Umgebung mitteilen, in der Regel nur höchst wenig von dem enthält, was sie in ihnen selbst als damit verbunden, erleben. Der fragmentarische und meist bloss episodische Charakter ihrer Mitteilungen stellt zu hohe Anforderungen an das Verständnis und an die Bereitwilligkeit der Umgebung, zudem fehlt ihrer Mitteilung eine dem Objekt zufliessende Wärme, welche einzig überzeugende Kraft haben könnte. Im Gegenteil zeigen diese Typen sehr oft ein barsch abweisendes Verhalten gegen aussen, obschon ihnen dies gar nicht bewusst ist, und sie es auch nicht zu zeigen beabsichtigen. Man wird solche Menschen gerechter beurteilen und mit mehr Nachsicht umgeben, wenn man weiss, wie schwer sich das, was innerlich erschaut wird, in eine verständliche Sprache übertragen lässt. Immerhin darf diese Nachsicht keineswegs so weit gehen, dass man ihnen die Anforderung der Mitteilung überhaupt erliesse. Dies würde solchen Typen zum grössten Schaden gereichen. Das Schicksal selber bereitet ihnen, vielleicht noch öfters als andern Menschen, überwältigende äussere Schwierigkeiten, die sie vom Rausche der innern Anschauung zu ernüchtern vermögen. Es muss aber oft eine grosse Not sein, die ihnen die menschliche Mitteilung endlich abpresst.

Von einem extravertierten und rationalistischen Standpunkt aus sind diese Typen wohl die allerunnützlichsten aller Menschen. Von einem hohem Standpunkt aus gesehen, sind solche Menschen lebendige Zeugen für die Tatsache, dass die reiche und vielbewegte Welt und ihr überquellendes und berauschendes Leben nicht nur aussen, sondern auch innen ist. Gewiss sind diese Typen einseitige Demonstrationen der Natur, aber sie sind lehrreich für den, der sich nicht von der jeweiligen geistigen Mode verblenden lässt. Menschen von solcher Einstellung sind Kulturförderer und Erzieher in ihrer Art. Ihr Leben lehrt mehr, als was sie sagen. Wir verstehen aus ihrem Leben und nicht zum mindesten gerade aus ihrem grössten Fehler, ihrem Nichtmitteilenkönnen, einen der grossen Irrtümer unserer Kultur, nämlich den Aberglauben an das Sagen und Darstellen, die masslose Überschätzung des Belehrens durch Worte und durch Methoden. Ein Kind lässt sich gewiss imponieren durch die grossen Worte der Eltern. Aber man scheint sogar zu glauben, dass das Kind damit erzogen werde. In Wirklichkeit erzieht das, was die Eltern leben, das Kind, und was die Eltern noch an Wortgesten dazufügen, verwirrt das Kind höchstens. Das Gleiche gilt vom Lehrer. Aber man glaubt so sehr an die Methoden, dass, wenn nur die Methode gut ist, auch der Lehrer, der sie ausübt, dadurch geheiligt erscheint. Ein minderwertiger Mensch ist niemals ein guter Lehrer. Er verbirgt aber seine schädliche Minderwertigkeit, welche den Schüler heimlich vergiftet, hinter einer ausgezeichneten Methodik und einer ebenso glänzenden intellektuellen Ausdrucksfähigkeit. Natürlich verlangt der Schüler von reiferem Alter nichts Besseres als die Kenntnis der nützlichen Methoden, weil er der allgemeinen Einstellung, welche an die siegreiche Methode glaubt, schon erlegen ist. Er hat bereits erfahren, dass der leerste Kopf, der eine Methode gut nachbeten kann, der beste Schüler ist. Seine ganze Umgebung redet und lebt es ihm vor, dass aller Erfolg und alles Glück aussen ist, und dass man nur der richtigen Methoden bedürfe, um das Gewünschte zu erreichen. Oder demonstriert ihm etwa das Leben seines Religionslehrers jenes Glück, das vom Reichtum, der innern Anschauung ausstrahlt? Gewiss sind die irrationalen introvertierten Typen keine Lehrer vollendeter Menschlichkeit. Ihnen fehlt die Vernunft und die Ethik der Vernunft; aber ihr Leben lehrt die andere Möglichkeit, die unsere Kultur schmerzlicherweise vermissen lässt.

11. Durch die vorangegangenen Beschreibungen möchte ich keineswegs den Eindruck erwecken, als ob diese Typen in solcher Reinheit irgendwie häufiger in praxi vorkämen. Es sind gewissermassen nur *Galton*sche Familienphotographien, welche den gemeinsamen, und deshalb typischen Zug kumulieren und dadurch unverhältnismässig herausheben, während die individuellen Züge ebenso unverhältnismässig verwischt werden. Die genaue Untersuchung des individuellen Falles ergibt die offenbar gesetzmässige Tatsache, dass neben der am meisten differenzierten Funktion stets eine zweite Funktion von sekundärer Bedeutung und darum von minderer Differenzierung im Bewusstsein vorhanden und relativ determinierend ist. Um es aus Gründen der Klarheit nochmals zu wiederholen: bewusst können die Produkte aller Funktionen sein; wir sprechen aber nur dann von Bewusstheit einer Funktion, wenn nicht nur ihre Ausübung dem Willen zur Verfügung steht, sondern auch ihr Prinzip für die Orientierung des Bewusstseins massgebend ist. Letzteres aber ist dann der Fall, wenn z. B. das Denken nicht nur ein nachhinkendes Überlegen und Ruminieren ist, sondern wenn sein Schliessen eine absolute Gültigkeit besitzt, sodass der logische Schluss gegebenenfalls ohne irgendwelche andere Evidenz als Motiv sowohl wie als Garantie des praktischen Handelns gilt. Diese absolute Vormachtstellung kommt empirisch immer nur einer Funktion zu und kann nur einer Funktion zukommen, denn die ebenso selbständige Intervention einer andern Funktion würde notwendigerweise eine andere Orientierung ergeben, welche der erstern, teilweise wenigstens, widersprechen würde. Da es aber eine vitale Bedingung für den bewussten Anpassungsprozess ist, stets klare und eindeutige Ziele zu haben, so verbietet sich naturgemäss eine Gleichordnung einer zweiten Funktion. Die zweite Funktion kann daher nur von sekundärer Bedeutung sein, was sich auch empirisch stets bestätigt. Ihre sekundäre Bedeutung besteht darin, dass sie nicht wie die primäre Funktion gegebenenfalls einzig und allein als absolut verlässlich sowohl, wie als ausschlaggebend gilt, sondern mehr als Hilfs- oder Ergänzungsfunktion in Betracht kommt. Als sekundäre Funktion kann natürlich nur eine solche auftreten, deren Wesen nicht im Gegensatz zur Hauptfunktion steht. Z. B. kann neben dem Denken niemals das Fühlen als zweite Funktion auftreten, denn sein Wesen steht zu sehr im Gegensatz zu dem des Denkens. Das

Denken muss das Fühlen sorgfältig ausschliessen, wenn anders es ein wirkliches, seinem Prinzip getreues Denken sein will. Dies schliesst natürlich nicht aus, dass es Individuen gibt, denen das Denken auf gleicher Höhe wie das Fühlen steht, wobei beide von gleicher bewusster Motivkraft sind. In einem solchen Falle handelt es sich aber auch nicht um einen differenzierten Typus, sondern um ein relativ unentwickeltes Denken und Fühlen. Die gleichmässige Bewusstheit und Unbewusstheit der Funktionen ist daher ein Kennzeichen des primitiven Geisteszustandes.

Die sekundäre Funktion ist erfahrungsgemäss immer eine solche, deren Wesen anders, aber nicht gegensätzlich zur Hauptfunktion ist, also z. B. kann sich ein Denken als Hauptfunktion leicht mit Intuition als sekundärer Funktion paaren, oder auch ebenso gut mit Empfindung, aber, wie gesagt, niemals mit Fühlen. Die Intuition sowohl, wie die Empfindung sind nicht gegensätzlich zum Denken, d. h. sie müssen nicht unbedingt ausgeschlossen werden, denn sie sind dem Denken nicht wesensähnlich in umgekehrtem Sinne wie das Fühlen, welches als Urteilsfunktion mit dem Denken erfolgreich konkurriert, sondern sie sind Wahrnehmungsfunktionen, welche dem Denken willkommene Hilfe gewähren. Sobald sie daher auf eine dem Denken gleiche Höhe der Differenzierung gelangten, würden sie eine Veränderung der Einstellung bedingen, die der Tendenz des Denkens widerspräche. Sie würden nämlich aus der urteilenden Einstellung eine wahrnehmende machen. Dadurch würde das dem Denken unerlässliche Prinzip der Rationalität unterdrückt zu Gunsten der Irrationalität des blossen Wahrnehmens. Die Hilfsfunktion ist daher nur insofern möglich und nützlich, als sie der Hauptfunktion *dient*, ohne dabei einen Anspruch auf die Autonomie ihres Prinzipes zu erheben.

Für alle praktisch vorkommenden Typen nun gilt der Grundsatz, dass sie neben der bewussten Hauptfunktion noch eine relativ bewusste, auxiliäre Funktion besitzen, welche in jeder Hinsicht vom Wesen der Hauptfunktion verschieden ist. Aus diesen Mischungen entstehen wohlbekannte Bilder, z. B. der praktische Intellekt, der mit Empfindung gepaart ist, der spekulative Intellekt, der mit Intuition durchsetzt ist, die künstlerische Intuition, welche mittelst des Gefühlsurteils ihre Bilder auswählt und darstellt, die philosophische Intuition, die vermöge eines kräftigen Intellektes ihre Vision in die Sphäre des Verstehbaren übersetzt usw.

Entsprechend dem bewussten Funktionsverhältnis gestaltet sich auch die unbewusste Funktionsgruppierung. So entspricht z. B. einem bewussten praktischen Intellekt eine unbewusste intuitiv-fühlende Einstellung, wobei die Funktion des Fühlens von einer relativ stärkern Hemmung betroffen ist, als die Intuition. Diese Eigentümlichkeit hat allerdings nur Interesse für den, der sich mit der praktischen psychologischen Behandlung solcher Fälle beschäftigt. Für diesen aber ist es wichtig, darum zu wissen. Ich habe es nämlich öfters gesehen, dass der Arzt sich bemühte, z. B. bei einem exquisit Intellektuellen die Fühlfunktion direkt aus dem Unbewussten zu entwickeln. Dieser Versuch dürfte wohl immer scheitern, denn er bedeutet eine zu grosse Vergewaltigung des bewussten Standpunktes. Gelingt die Vergewaltigung, so entsteht dadurch eine förmliche Zwangsabhängigkeit des Patienten vom Arzt, eine nur noch mit Brutalität abzuschneidende „Übertragung", denn durch die Vergewaltigung wird der Patient standpunktlos, d. h. sein Arzt wird sein Standpunkt. Der Zugang zum Unbewussten und zu der am meisten verdrängten Funktion aber erschliesst sich sozusagen von selbst und mit genügender Wahrung des bewussten Standpunktes, wenn der Entwicklungsweg über die sekundäre Funktion geht, also im Falle eines rationalen Typus über die irrationale Funktion. Diese nämlich verleiht dem bewussten Standpunkt eine solche Um- und Übersicht über das Mögliche und Vorkommende, dass dadurch das Bewusstsein einen genügenden Schutz gegen die destruktive Wirkung des Unbewussten bekommt. Umgekehrt verlangt ein irrationaler Typus eine stärkere Entwicklung der im Bewussten vertretenen rationalen Hilfsfunktion, um genügend vorbereitet zu sein, den Stoss des Unbewussten aufzufangen.

Die unbewussten Funktionen befinden sich in einem archaïsch-animalischen Zustand. Ihre in Träumen und Phantasien auftretenden symbolischen Ausdrücke stellen meistens den Kampf oder das Gegenübertreten zweier Tiere oder zweier Monstren dar.

XI
Definitionen.

XI.
Definitionen.

Es mag dem Leser vielleicht überflüssig erscheinen, wenn ich ein besonderes Kapitel über Begriffsdefinitionen dem Texte meiner Untersuchung anfüge. Ich habe aber reichlich die Erfahrung gemacht, dass gerade in psychologischen Arbeiten man gar nicht sorgfältig genug mit Begriffen und Ausdrücken verfahren kann, indem gerade im Gebiete der Psychologie, wie sonst nirgends, die allergrössten Variationen der Begriffe vorkommen, welche häufig zu den hartnäckigsten Missverständnissen Anlass geben. Dieser Übelstand scheint nicht allein daher zu rühren, dass die Psychologie eine junge Wissenschaft ist, sondern auch daher, dass der Erfahrungsstoff, das Material der wissenschaftlichen Betrachtung, sozusagen nicht concret unter die Augen des Lesers gelegt werden kann. Der psychologische Forscher sieht sich immer wieder gezwungen, die von ihm beobachtete Wirklichkeit durch weitläufige und sozusagen indirekte Beschreibung darzustellen. Nur soweit mit Zahl und Mass zugängliche Elementartatsachen mitgeteilt werden, kann auch von einer direkten Darstellung die Rede sein. Aber wieviel von der wirklichen Psychologie des Menschen wird als durch Mass und Zahl erfassbare Tatsache erlebt und beobachtet? Es giebt solche Tatbestände, und ich glaube gerade durch meine Associationsstudien[306] nachgewiesen zu haben, dass noch recht komplizierte Tatbestände einer messenden Methode zugänglich sind. Aber wer tiefer in das Wesen der Psychologie eingedrungen ist und die höhere Anforderung an die Psychologie als Wissenschaft stellt, nämlich, dass sie nicht bloss eine durch die Grenzen der naturwissenschaftlichen Methodik beschränkte kümmerliche Existenz fristen darf, der wird auch erkannt haben, dass es nie und nimmer einer experimentellen Methodik gelingen wird, dem Wesen der menschlichen Seele gerecht zu werden, ja auch nur ein annähernd getreues Bild der komplizierten seelischen Erscheinungen zu entwerfen.

Wenn wir aber das Gebiet der durch Mass und Zahl erfassbaren Tatbestände verlassen, so sind wir auf *Begriffe* angewiesen, welche uns Mass und Zahl ersetzen müssen. Die Bestimmtheit, die Mass und Zahl der beobachteten Tatsache verleihen, kann nur ersetzt werden durch die *Bestimmtheit des Begriffes*. Nun leiden aber, wie es jedem Forscher und Arbeiter auf diesem Gebiet nur zu gut bekannt ist, die derzeit geläufigen psychologischen Begriffe an so grosser Unbestimmtheit und Vieldeutigkeit, dass man sich gegenseitig kaum verständigen kann. Man nehme nur einmal den Begriff „Gefühl“ und suche sich zu vergegenwärtigen, was alles unter diesem Begriff geht, um eine Vorstellung von der Variabilität und Vieldeutigkeit psychologischer Begriffe zu bekommen. Und doch ist irgend etwas Charakteristisches damit ausgedrückt, das zwar für Mass und Zahl unzugänglich und doch fassbar existierend ist. Man kann nicht einfach darauf verzichten, wie es *Wundts* physiologische Psychologie tut, diese Tatbestände als wesentliche Grundphänomene zu leugnen und sie durch Elementarfacta zu ersetzen oder sie in solche aufzulösen. Damit geht ein hauptsächliches Stück Psychologie geradezu verloren.

Um diesem durch die Überschätzung der naturwissenschaftlichen Methodik erzeugten Übelstand zu entgehen, ist man genötigt, zu festen Begriffen seine Zuflucht zu nehmen. Um solche Begriffe zu erlangen, bedarf es allerdings der Arbeit Vieler, gewissermassen des consensus gentium. Da dies aber nicht ohne weiteres und namentlich nicht sofort möglich ist, so muss der einzelne Forscher wenigstens sich bemühen, seinen Begriffen einige Festigkeit und Bestimmtheit zu verleihen, was wohl am besten dadurch geschieht, dass er die Bedeutung der von ihm jeweilig verwendeten Begriffe erörtert, sodass jedermann in den Stand gesetzt ist, zu sehen, was mit ihnen gemeint ist.

Diesem Bedürfnis entsprechend, möchte ich im folgenden meine hauptsächlichsten psychologischen Begriffe in alphabetischer Reihenfolge erörtern. Zugleich möchte ich den Leser bitten, im Zweifelsfalle sich dieser Erklärungen erinnern zu wollen. Es ist selbstverständlich, dass ich mit diesen Erklärungen und Definitionen mich nur darüber ausweisen will, in welchem Sinne ich mich der Begriffe bediene, womit ich aber keineswegs sagen möchte, dass dieser Gebrauch unter allen Umständen der einzig mögliche, oder unbedingt richtige wäre.

1. **Abstraktion**. Abstraktion ist, wie das Wort schon andeutet, ein Heraus- oder Wegziehen eines Inhaltes (einer Bedeutung, eines allgemeinen Merkmals etc.) aus einem Zusammenhang, der noch andere Elemente enthält, deren Kombination als Ganzes etwas Einmaliges oder Individuelles und darum etwas Unvergleichbares ist. Die Einmaligkeit, Einzigartigkeit und Unvergleichbarkeit hindern die Erkenntnis, weshalb dem Erkennenwollen die mit dem als wesentlich empfundenen Inhalt verbundenen übrigen Elemente als unzugehörig erscheinen müssen.

Die Abstraktion ist daher diejenige Geistestätigkeit, welche den als wesentlich empfundenen Inhalt oder Tatbestand aus seiner Verknüpfung mit den als unzugehörig empfundenen Elementen befreit, indem sie ihn davon unterscheidet, mit andern Worten *differenziert* (s. d.). *Abstrakt* im weitern Sinne ist alles, was aus seiner Verknüpfung mit in Hinsicht auf seine Bedeutung als unzugehörig Empfundenem herausgezogen ist.

Die Abstraktion ist eine Tätigkeit, welche den psychologischen Funktionen überhaupt eignet. Es gibt ein abstrahierendes *Denken*, ein ebensolches *Fühlen*, *Empfinden* und *Intuieren* (s. diese Begriffe). Das abstrahierende Denken hebt einen durch denkgemässe, logische Eigenschaften gekennzeichneten Inhalt aus dem Nichtzugehörigen heraus. Das abstrahierende Fühlen tut dasselbe mit einem gefühlsmässig charakterisierten Inhalt, ebenso Empfindung und Intuition. Es gibt daher ebensowohl abstrakte Gedanken, wie abstrakte Gefühle, welch letztere von *Sully* als intellektuelle, ästhetische und moralische bezeichnet werden.[307] *Nahlowsky* fügt das religiöse Gefühl noch dazu. Die abstrakten Gefühle würden den „höhern" oder „ideellen" Gefühlen *Nahlowskys*[308] in meiner Auffassung entsprechen. Die abstrakten Gefühle setze ich auf gleiche Linie mit den abstrakten Gedanken. Die abstrakte Empfindung wäre als ästhetische Empfindung zu bezeichnen, im Gegensatz zur sinnlichen Empfindung (s. Empf.). Die abstrakte Intuition als symbolische Intuition im Gegensatz zur phantastischen Intuition (s. Phantasie und Intuition).

In dieser Arbeit verknüpfe ich mit dem Begriff der Abstraktion auch zugleich die Anschauung eines damit verbundenen psychoenergetischen Vorganges: Wenn ich mich zum Objekt abstrahierend einstelle, so lasse ich das Objekt nicht als Ganzes auf mich wirken, sondern ich hebe einen Teil desselben aus seinen Verknüpfungen heraus, indem ich die nichtzugehörigen Teile ausschliesse. Meine Absicht ist, mich des Objektes als eines einmaligen und einzigartigen Ganzen zu entledigen und nur einen Teil desselben herauszuziehen. Die Anschauung des Ganzen ist mir zwar gegeben, aber ich vertiefe mich in diese Anschauung nicht, mein Interesse fliesst nicht in das Ganze ein, sondern zieht sich vom Objekt als Ganzem mit dem herausgehobenen Teil auf mich zurück, d. h. in meine Begriffswelt, welche zum Behufe der Abstraktion eines Teiles des Objektes bereit gestellt oder konstelliert ist. (Anders als vermöge einer subjektiven Begriffskonstellation kann ich vom Objekt nicht abstrahieren.) Das „Interesse" fasse ich als Energie – Libido (s. d.), welche ich dem Objekt als Wert erteile, oder welche das Objekt auch eventuell gegen meinen Willen oder mir unbewusst auf sich zieht. Ich veranschauliche mir daher den Abstraktionsvorgang als eine Zurückziehung der Libido vom Objekt, als ein Rückströmen des Wertes vom Objekt zum subjektiven abstrakten Inhalt. Die Abstraktion bedeutet mir also eine energetische *Objektentwertung*. Die Abstraktion ist, m. a. W. ausgedrückt, eine introvertierende Libidobewegung.

Abstrahierend nenne ich eine *Einstellung* (s. d.), wenn sie einerseits introvertierend ist und andererseits zugleich einen als wesentlich empfundenen Teil des Objektes den im Subjekt bereit gestellten abstrakten Inhalten assimiliert. Je abstrakter ein Inhalt ist, desto *unvorstellbarer* ist er. Ich schliesse mich *Kants* Auffassung an, nach welcher ein Begriff umso abstrakter ist, „je mehr Unterschiede der Dinge aus ihm weggelassen sind“[309], in dem Sinne, dass die Abstraktion in ihrem höchsten Grade sich vom Objekt absolut entfernt und damit zur äussersten Unvorstellbarkeit gelangt, welches Abstraktum ich als *Idee* bezeichne (s. Idee). Umgekehrt ist ein Abstraktum, das noch Vorstellbarkeit oder Anschaulichkeit besitzt, ein concreter Begriff (s. Concretismus).

2. **Affektivität.** Affektivität ist ein Begriff, den *Bleuler* geprägt hat. Affektivität bezeichnet und fasst zusammen „nicht nur die Affekte im eigentlichen Sinne, sondern auch die leichten Gefühle oder Gefühlstöne der Lust und Unlust“.[310] *Bleuler* unterscheidet von der Affektivität einerseits die Sinnesempfindungen und die sonstigen Körperempfindungen, andererseits die „Gefühle“, insofern sie innere Wahrnehmungsvorgänge (z. B. Gefühl der Gewissheit, der Wahrscheinlichkeit) und insofern sie unklare Gedanken oder Erkenntnisse sind.[311]

3. **Affekt.** Unter Affekt ist ein Gefühlszustand zu verstehen, der einerseits durch merkbare Körperinnervation, andererseits durch eine eigentümliche Störung des Vorstellungsablaufes gekennzeichnet ist.[312] Mit Affekt als synonym gebrauche ich *Emotion.* Ich unterscheide — im Gegensatz zu *Bleuler* (s. Affektivität) — das *Gefühl* vom Affekt, obschon sein Übergang zum Affekt fliessend ist, indem jedes Gefühl, wenn es eine gewisse Stärke erlangt, Körperinnervationen auslöst und damit zum Affekt wird. Aus praktischen Gründen aber wird man gut daran tun, Affekt von Gefühl zu unterscheiden, indem das Gefühl eine willkürlich disponible Funktion sein kann, während der Affekt dies in der Regel nicht zu sein pflegt. Ebenso zeichnet sich der Affekt vor dem Gefühl deutlich durch die merkbare Körperinnervation aus, während dem Gefühl diese Innervationen grösstenteils fehlen oder von solch geringer Intensität sind, dass sie bloss mit sehr feinen Instrumenten nachzuweisen sind, z. B. durch das psychogalvanische Phänomen.[313] Der Affekt kumuliert sich durch die Empfindung der von ihm ausgelösten Körperinnervationen. Diese Wahrnehmung gab Anlass zur *James-Lange*schen Affekttheorie, welche den Affekt überhaupt aus den Körperinnervationen ursächlich ableitet. Dieser extremen Auffassung gegenüber fasse ich den Affekt einerseits als einen psychischen Gefühlszustand, andererseits als einen physiologischen Innervationszustand auf, welche beide wechselseitig kumulierend aufeinanderwirken, d. h. dem verstärkten Gefühl gesellt sich eine Empfindungskomponente, durch welche der Affekt mehr den Empfindungen (s. d.) angenähert und vom Gefühlszustand wesentlich unterschieden wird. Ich rechne ausgesprochene, d. h. durch heftige Körperinnervationen begleitete Affekte nicht dem Gebiete der Fühlfunktion, sondern dem Gebiete der Empfindungsfunktion zu (s. Funktion).

4. **Apperception.** Apperception ist ein psychischer Vorgang, durch den ein neuer Inhalt ähnlichen, schon vorhandenen Inhalten dermassen angegliedert wird, dass man ihn als verstanden, aufgefasst oder als klar bezeichnet.[314] Man unterscheidet eine *aktive* und eine *passive* Apperception; erstere ist ein Vorgang, bei welchem das Subjekt von sich aus, aus eigenen Motiven bewusst einen neuen Inhalt mit Aufmerksamkeit erfasst und an andere Inhalte, die in Bereitschaft stehen, assimiliert; letztere ist ein Vorgang, bei dem ein neuer Inhalt von aussen (durch die Sinne) oder von innen (aus dem Unbewussten) sich dem Bewusstsein aufdrängt und die Aufmerksamkeit und Auffassung sich gewissermassen erzwingt. In ersterm Fall liegt der Akzent der Tätigkeit beim Ich, in letzterm bei dem sich andrängenden neuen Inhalt.

5. **Archaïsmus.** Mit A. bezeichne ich den *altertümlichen* Charakter psychischer Inhalte und Funktionen. Es handelt sich dabei nicht um archaïstische, d. h. nachgeahmte Altertümlichkeit, wie sie z. B. spätrömische Bildwerke oder die „Gothik" des XIX. Jahrhunderts aufweisen, sondern um Eigenschaften, die den Charakter des *Reliktes* haben. Als solche Eigenschaften sind alle diejenigen psychologischen Züge zu bezeichnen, welche im wesentlichen mit den Eigenschaften der primitiven Mentalität übereinstimmen. Es ist klar, dass der A. in erster Linie den Phantasien des Unbewussten anhaftet, d. h. den das Bewusstsein erreichenden Produkten der unbewussten Phantasietätigkeit. Die Qualität des Bildes ist dann archaïsch, wenn es unverkennbare mythologische Parallelen hat.[315] Archaïsch sind die Analogieassociationen der unbewussten Phantasie, ebenso ihr Symbolismus (s. Symbol.). A. ist die Identitätsbeziehung zum Objekt, (s. Identität) die „participation mystique" (s. d.). A. ist der Concretismus des Denkens und des Fühlens. A. ist ferner der Zwang und die Unfähigkeit zur Selbstbeherrschung (das Hingerissensein). A. ist das Verschmolzensein der psychologischen Funktionen (s. Differenzierung) miteinander, z. B. Denken und Fühlen, Fühlen und Empfinden, Fühlen und Intuition, auch das Verschmolzensein der Teile einer Funktion (Audition coloriée), Ambitendenz und Ambivalenz (*Bleuler*), d. h. Verschmolzensein mit dem Gegenteil, z. B. Gefühl und Gegengefühl.

6. **Assimilation.** A. ist die Angleichung eines neuen Bewusstseininhaltes an das in Bereitschaft stehende subjektive Material[316], wobei besonders die Ähnlichkeit des neuen Inhaltes mit dem bereitstehenden subjektiven Material hervorgehoben wird, event. zu Ungunsten der selbständigen Qualität des neuen Inhaltes[317]. Die A. ist, im Grunde genommen, ein Apperceptionsvorgang (s. Apperception), der sich aber von der reinen Apperception durch das Element der Angleichung an das subjektive Material, unterscheidet. In diesem Sinne sagt *Wundt*[318]: „Am augenfälligsten tritt diese Bildungsweise (nämlich die A.) bei den Vorstellungen dann hervor, wenn die assimilierenden Elemente durch

Reproduktion, die assimilierten durch einen unmittelbaren Sinneseindruck entstehen. Es werden dann die Elemente von Erinnerungsbildern gewissermassen in das äussere Objekt hineinverlegt, sodass, namentlich wenn das Objekt und die reproduzierten Elemente erheblich voneinander abweichen, die vollzogene Sinneswahrnehmung als eine Illusion erscheint, die uns über die wirkliche Beschaffenheit der Dinge täuscht."

Ich gebrauche A. in einem etwas erweiterten Sinne, nämlich als Angleichung des Objektes an das Subjekt überhaupt und setze ihr gegenüber die *Dissimilation* als Angleichung des Subjektes an das Objekt, und als Entfremdung des Subjektes von sich selber zu Gunsten des Objektes, sei es ein äusseres Objekt oder ein „psychologisches" Objekt, z. B. eine Idee.

7. **Bewusstsein.** Unter B. verstehe ich die Bezogenheit psychischer Inhalte auf das Ich (s. Ich), soweit sie als solche vom Ich empfunden wird[319]. Beziehungen zum Ich, soweit sie von diesem nicht als solche empfunden werden, sind unbewusst (s. d.). Das Bewusstsein ist die Funktion oder Tätigkeit[320], welche die Beziehung psychischer Inhalte zum Ich unterhält. B. ist für mich nicht identisch mit *Psyche*, indem Psyche mir die Gesamtheit aller psychischen Inhalte darstellt, welche nicht notwendigerweise alle mit dem Ich direkt verbunden, d. h. dermassen auf das Ich bezogen sind, dass ihnen die Qualität der Bewusstheit zukäme. Es gibt eine Vielheit von psychischen Komplexen, die nicht alle notwendigerweise mit dem Ich verbunden sind.[321]

8. **Bild.** Wenn ich in dieser Arbeit von Bild spreche, so meine ich damit nicht das psychische Abbild des äussern Objektes, sondern vielmehr eine Anschauung, die dem poetischen Sprachgebrauch entstammt, nämlich das *Phantasiebild*, welches sich nur indirekt auf Wahrnehmung des äussern Objektes bezieht. Dieses Bild beruht vielmehr auf unbewusster Phantasietätigkeit, als deren Produkt es dem Bewusstsein mehr oder weniger abrupt erscheint, etwa in der Art einer Vision oder Hallucination, ohne aber den pathologischen Charakter einer solchen, d. h. die Zugehörigkeit zu einem klinischen Krankheitsbilde zu besitzen. Das Bild hat den psychologischen Charakter einer Phantasievorstellung und niemals den quasi Realcharakter der Hallucination, d. h. es steht nie an Stelle der Wirklichkeit und wird von sinnlicher Wirklichkeit als „inneres" Bild stets unterschieden. In der Regel ermangelt es auch jeder Projektion in den Raum, obschon in Ausnahmefällen es auch gewissermassen von aussen erscheinen kann. Diese Erscheinungsweise ist als *archaïsch* (s. d.) zu bezeichnen, wenn sie nicht in erster Linie pathologisch ist, was aber den archaischen Charakter keineswegs aufhebt. Auf primitiver Stufe, d. h. in der Mentalität des Primitiven verlegt sich das innere Bild leicht als Vision oder Gehörshallucination in den Raum, ohne pathologisch zu sein.

Wenn schon in der Regel dem Bild kein Wirklichkeitswert zukommt, so kann ihm doch unter Umständen eine umso grössere Bedeutung für das seelische Erleben anhaften, d. h. ein grosser *psychologischer* Wert, welcher eine innere „Wirklichkeit" darstellt, die gegebenenfalls die psychologische Bedeutung der „äussern" Wirklichkeit überwiegt. In diesem Fall ist das Individuum nicht nach Anpassung an die Wirklichkeit, sondern nach Anpassung an die innere Forderung orientiert.

Das innere Bild ist eine komplexe Grösse, die sich aus den verschiedensten Materialien von verschiedenster Herkunft zusammensetzt. Es ist aber kein Konglomerat, sondern ein in sich einheitliches Produkt, das seinen eigenen selbständigen Sinn hat. Das Bild ist ein konzentrierter *Ausdruck der psychischen Gesamtsituation*, nicht etwa bloss oder vorwiegend der unbewussten Inhalte schlechthin. Es ist zwar ein Ausdruck unbewusster Inhalte, aber nicht aller Inhalte überhaupt, sondern bloss der momentan konstellierten. Diese Konstellation erfolgt einerseits durch die Eigentätigkeit des Unbewussten, andererseits durch die momentane Bewusstseinslage, welche immer zugleich auch die Aktivität zugehöriger subliminaler Materialien anregt und die nicht zugehörigen hemmt. Dementsprechend ist das Bild ein Ausdruck sowohl der unbewussten wie der bewussten momentanen Situation. Die Deutung seines Sinnes kann also weder vom Bewusstsein allein noch vom Unbewussten allein ausgehen, sondern nur von ihrer wechselseitigen Beziehung.

Ich bezeichne das Bild als *urtümlich*[322], wenn es einen archaischen Charakter hat. Von archaischem Charakter spreche ich dann, wenn das Bild eine auffallende Übereinstimmung mit bekannten mythologischen Motiven hat. In diesem Fall drückt es einerseits überwiegend collektiv-unbewusste (s. d.) Materialien aus und andererseits weist es darauf hin, dass die momentane Bewusstseinslage weniger persönlich, als vielmehr collektiv beeinflusst ist.

Ein *persönliches* B. hat weder archaïschen Charakter noch collektive Bedeutung, sondern drückt persönlich unbewusste Inhalte und eine persönlich-bedingte Bewusstseinslage aus.

Das urtümliche B., das ich andernorts auch als „Archetypus"[323] bezeichnet habe, ist immer collektiv, d. h. es ist mindestens ganzen Völkern, oder Zeiten gemeinsam. Wahrscheinlich sind die hauptsächlichsten mythologischen Motive allen Rassen und Zeiten gemeinsam; so konnte ich eine Reihe von Motiven der griechischen Mythologie in den Träumen und Phantasien von geisteskranken reinrassigen Negern nachweisen.[324]

Das urtümliche Bild ist ein mnemischer Niederschlag, ein *Engramm* (*Semon*), das durch Verdichtung unzähliger, einander ähnlicher Vorgänge entstanden ist. Es ist in erster Linie und zunächst ein Niederschlag und damit eine typische Grundform eines gewissen immer wiederkehrenden seelischen

Erlebens. Darum ist es als mythologisches Motiv auch ein stets wirksamer und immer wieder auftretender Ausdruck, welcher das gewisse seelische Erleben entweder wachruft oder in passender Weise formuliert. Das urtümliche Bild ist wohl ein psychischer Ausdruck einer physiologisch-anatomisch bestimmten Anlage. Stellt man sich auf den Standpunkt, dass eine bestimmte anatomische Struktur entstanden sei aus der Einwirkung der Umweltsbedingungen auf den lebenden Stoff, so entspricht das urtümliche Bild in seinem stetigen und allverbreiteten Vorkommen einer ebenso allgemeinen und beständigen äussern Einwirkung, welche daher den Charakter eines Naturgesetzes haben muss. Man könnte auf diese Weise den Mythus auf die Natur beziehen (z. B. die Sonnenmythen auf das tägliche Auf- und Untergehen der Sonne oder den ebenso sinnenfälligen Wechsel der Jahreszeiten). Dabei bliebe aber die Frage übrig, warum dann nicht einfach z. B. die Sonne und ihre scheinbaren Veränderungen direkt und unverhüllt als Inhalt des Mythus aufträten. Die Tatsache, dass die Sonne oder der Mond oder die meteorologischen Vorgänge zum mindesten allegorisiert auftreten, weist uns aber auf eine selbständige Mitarbeit der Psyche hin, welche also in diesem Falle keineswegs bloss ein Produkt oder Abklatsch der Umweltsbedingungen sein kann. Denn woher bezöge sie dann überhaupt die Fähigkeit zu einem Standpunkt ausserhalb der Sinneswahrnehmung? Woher käme ihr dann überhaupt die Fähigkeit zu, ein Mehreres oder Anderes zu leisten, als die Bestätigung des Zeugnisses der Sinne? Wir müssen daher notgedrungen annehmen, dass die gegebene Hirnstruktur ihr Sosein nicht bloss der Einwirkung der Umweltsbedingungen verdankt, sondern ebensowohl auch der eigentümlichen und selbständigen Beschaffenheit des lebenden Stoffes, d. h. also einem mit dem Leben gegebenen Gesetze. Die gegebene Beschaffenheit des Organismus ist daher ein Produkt einerseits der äussern Bedingungen und andererseits der dem Lebendigen inhärenten Bestimmungen. Demgemäss ist auch das urtümliche Bild einerseits unzweifelhaft auf gewisse sinnenfällige und stets sich erneuernde und daher immer wirksame Naturvorgänge zu beziehen, andererseits aber ebenso unzweifelhaft auf gewisse innere Bestimmungen des geistigen Lebens und des Lebens überhaupt. Dem Licht setzt der Organismus ein neues Gebilde, das Auge, entgegen, und dem Naturvorgang setzt der Geist ein symbolisches Bild entgegen, das den Naturvorgang ebenso erfasst, wie das Auge das Licht. Und ebenso wie das Auge ein Zeugnis ist für die eigentümliche und selbständige schöpferische Tätigkeit des lebenden Stoffes, so ist auch das urtümliche Bild ein Ausdruck der eigenen und unbedingten, erschaffenden Kraft des Geistes.

Das urtümliche Bild ist somit ein zusammenfassender Ausdruck des lebendigen Prozesses. Es gibt den sinnlichen und innern geistigen Wahrnehmungen, die zunächst ungeordnet und unzusammenhängend erscheinen, einen ordnenden und verbindenden Sinn und befreit dadurch die psychische Energie von der Bindung an die blosse und unverstandene Wahrnehmung. Es bindet aber auch die durch Wahrnehmung der Reize entfesselten Energien an einen bestimmten Sinn, der das Handeln in die dem Sinn entsprechenden Bahnen leitet. Es löst unverwendbare, aufgestaute Energie, indem es den Geist auf die Natur verweist, und blossen Naturtrieb in geistige Formen überführt.

Das urtümliche Bild ist Vorstufe der *Idee* (s. d.), es ist ihr Mutterboden. Aus ihm entwickelt die Vernunft durch Ausscheidung des dem urtümlichen Bild eigentümlichen und notwendigen Concretismus (s. d.), einen Begriff — eben die Idee — der aber von allen andern Begriffen sich dadurch unterscheidet, dass er der Erfahrung nicht gegeben ist, und dass er sogar als aller Erfahrung zu Grunde liegend erschlossen wird. Diese Eigenschaft hat die Idee vom urtümlichen Bild, das als Ausdruck der spezifischen Hirnstruktur auch aller Erfahrung die bestimmte Form erteilt.

Der Grad der psychologischen Wirksamkeit des urtümlichen Bildes wird bestimmt durch die Einstellung des Individuums. Ist die Einstellung überhaupt introvertiert, so ergibt sich natürlicherweise infolge der Abziehung der Libido vom äussern Objekt eine erhöhte Betonung des innern Objektes, des Gedankens. Daraus erfolgt eine besonders intensive Entwicklung der Gedanken auf der durch das urtümliche Bild unbewusst vorgezeichneten Linie. Auf diese Weise tritt das urtümliche Bild zunächst indirekt in die Erscheinung. Die Weiterführung der gedanklichen Entwicklung führt zur Idee, welche nichts anderes ist, als das zur gedanklichen Formulierung gelangte urtümliche Bild. Über die Idee hinaus führt nur die Entwicklung der Gegenfunktion, d. h. ist die Idee intellektuell erfasst, so will sie auf das Leben wirken. Sie zieht darum das Fühlen an, welches aber in diesem Falle weit weniger differenziert und daher concretistischer ist als das Denken. Das Fühlen ist daher unrein, und, weil undifferenziert, noch mit dem Unbewussten verschmolzen. Das Individuum ist dann unfähig, dieses so beschaffene Fühlen mit der Idee zu vereinigen. In diesem Falle tritt nun das urtümliche Bild als *Symbol* in das innere Blickfeld, erfasst vermöge seiner concreten Natur einerseits das in undifferenziertem concreten Zustand befindliche Fühlen, ergreift aber auch vermöge seiner Bedeutung die Idee, deren Mutter es ja ist, und vereinigt so die Idee mit dem Fühlen. Das urtümliche Bild tritt solchergestalt als Mittler ein und beweist damit wiederum seine erlösende Wirksamkeit, die es in den Religionen stets gehabt hat. Ich möchte daher das, was *Schopenhauer* von der Idee sagt, eher auf das urtümliche Bild beziehen, indem, wie ich unter „Idee" erläutert habe, die Idee nicht ganz und durchaus als etwas Apriorisches, sondern eben auch als etwas Abgeleitetes und Herausentwickeltes aufgefasst werden muss. Wenn ich daher im, folgenden die Worte *Schopenhauers* anführe, so bitte ich den Leser, das Wort „Idee“ im Text jeweils durch „urtümliches Bild“ ersetzen zu wollen, um zum Verständnis dessen zu gelangen, was ich hier meine:

„Vom Individuo als solchem wird — die Idee — nie erkannt, sondern nur von dem, der sich über alles Wollen und über alle Individualität zum reinen Subjekt des Erkennens erhoben hat: also ist sie nur dem Genius und sodann dem, welcher durch, meistens von den Werken des Genius veranlasste, Erhöhung seiner reinen Erkenntniskraft, in einer genialen Stimmung ist, erreichbar: daher ist sie nicht schlechthin, sondern nur bedingt mitteilbar, indem die aufgefasste und (z. B.) im Kunstwerk wiederholte Idee jedem nur nach Massgabe seines eigenen intellektualen Wertes anspricht“, etc.

„Die Idee ist die, vermöge der Zeit- und Raumform unserer intuitiven Apprehension in die Vielheit zerfallene Einheit.“

„Der Begriff gleicht einem toten Behältnis, in welchem, was man hineingelegt hat, wirklich nebeneinander liegt, aus welchem sich aber auch nicht mehr herausnehmen lässt, als man hineingelegt hat: die Idee hingegen entwickelt in dem, welcher sie gefasst hat, Vorstellungen, die in Hinsicht auf den ihr gleichnamigen Begriff neu sind: sie gleicht einem lebendigen, sich entwickelnden, mit Zeugungskraft begabten Organismus, welcher hervorbringt, was nicht in ihm eingeschachtelt lag.“[325]

Schopenhauer hat es klar erkannt, dass die „Idee“, d. h. das urtümliche Bild nach meiner Definition, nicht erreicht werden kann auf dem Wege, auf dem ein Begriff oder eine „Idee“ hergestellt wird („Idee“ nach *Kant* ein „Begriff aus Notionen“[326]), sondern dass dazu ein Element jenseits des formulierenden Verstandes gehört, etwa, wie *Schopenhauer* sagt, die „geniale Stimmung“, womit nichts anderes als ein Gefühlszustand gemeint ist. Denn von der Idee gelangt man zum urtümlichen Bild nur dadurch, dass der Weg, der zur Idee führte, über den Höhepunkt der Idee hinaus in die Gegenfunktion fortgesetzt wird.

Das urtümliche Bild hat vor der Klarheit der Idee die Lebendigkeit voraus. Es ist ein eigener lebender Organismus, „mit Zeugungskraft begabt“, denn das urtümliche Bild ist eine vererbte Organisation der psychischen Energie, ein festes System, welches nicht nur Ausdruck, sondern auch Möglichkeit des Ablaufes des energetischen Prozesses ist. Es charakterisiert einerseits die Art, wie der energetische Prozess seit Urzeit immer wieder in derselben Weise abgelaufen ist und ermöglicht zugleich auch immer wieder den gesetzmässigen Ablauf, indem es eine Apprehension oder psychische Erfassung von Situationen in solcher Art ermöglicht, dass dem Leben immer wieder eine weitere Fortsetzung gegeben werden kann. Es ist somit das notwendige Gegenstück zum *Instinkt*, der ein zweckmässiges Handeln ist, aber auch ein ebenso sinnentsprechendes wie zweckmässiges Erfassen der jeweiligen Situation voraussetzt. Diese Apprehension der gegebenen

Situation wird durch das a priori vorhandene Bild gewährleistet. Es stellt die anwendbare Formel dar, ohne welche die Apprehension eines neuen Tatbestandes unmöglich wäre.

9. **Collektiv.** Als collektiv bezeichne ich alle diejenigen psychischen Inhalte, die nicht einem, sondern vielen Individuen zugleich, d. h. also einer Gesellschaft, einem Volke oder der Menschheit eigentümlich sind. Solche Inhalte sind die von *Lévy-Bruhl*[327] beschriebenen „mystischen Collektivvorstellungen" (représentations collectives) der Primitiven, ebenso die dem Kulturmenschen geläufigen *allgemeinen Begriffe* von Recht, Staat, Religion, Wissenschaft usw. Aber es sind nicht nur Begriffe und Anschauungen, die als collektiv zu bezeichnen sind, sondern auch *Gefühle.* Lévy-Bruhl zeigt für die Primitiven, wie ihre Collektivvorstellungen auch zugleich Collektivgefühle darstellen. Um dieses collektiven Gefühlswertes willen bezeichnet er die „représentations collectives" auch als „mystiques", weil diese Vorstellungen nicht bloss intellektuell, sondern auch emotional sind.[328] Beim Kulturmenschen verknüpfen sich mit gewissen collektiven Begriffen auch collektive Gefühle, z. B. mit der collektiven Idee Gottes oder des Rechtes oder des Vaterlandes etc. Der collektive Charakter kommt nun nicht nur einzelnen psychischen Elementen oder Inhalten zu, sondern auch ganzen Funktionen (s. d.). So kann z. B. das Denken überhaupt als ganze Funktion collektiven Charakter haben, insofern es nämlich ein allgemeingültiges, z. B. den Gesetzen der Logik entsprechendes Denken ist. Ebenso kann das Fühlen als ganze Funktion collektiv sein, insofern es z. B. mit dem allgemeinen Fühlen identisch ist, m. a. W. den allgemeinen Erwartungen, z. B. dem allgemeinen moralischen Bewusstsein usw. entspricht. Ebenso ist diejenige Empfindung oder Empfindungsart und diejenige Intuition collektiv, welche zugleich einer grössern Gruppe von Menschen eigentümlich ist. Der Gegensatz zu collektiv ist *individuell* (s. d.).

10. **Compensation** bedeutet *Ausgleichung oder Ersetzung.* Der Begriff der Compensation wurde eigentlich von *Adler*[329] in die Neurosenpsychologie eingeführt.[330] Er versteht unter Compensation die funktionelle Ausgleichung des Minderwertigkeitsgefühles durch ein compensierendes psychologisches System, vergleichbar den compensierenden Organentwicklungen bei Organminderwertigkeit[331]. So sagt *Adler*: „Mit der Loslösung vom mütterlichen Organismus beginnt für diese minderwertigen Organe und Organsysteme der Kampf mit der Aussenwelt, der notwendigerweise entbrennen muss und mit grösserer Heftigkeit einsetzt als bei normal entwickeltem Apparat. — Doch verleiht der fötale Charakter zugleich die erhöhte Möglichkeit der Compensation und Übercompensation, steigert die Anpassungsfähigkeit an gewöhnliche und ungewöhnliche Widerstände und sichert die Bildung von neuen und höhern Formen, von neuen und höhern Leistungen." Das Minderwertigkeitsgefühl des

Neurotikers, das nach Adler ätiologisch einer Organminderwertigkeit entspricht, gibt Anlass zu einer „Hilfskonstruktion“[332], eben einer Compensation, welche in der Herstellung einer die Minderwertigkeit ausgleichenden Fiktion besteht. Die Fiktion oder „fiktive Leitlinie“ ist ein psychologisches System, welches die Minderwertigkeit in eine Mehrwertigkeit umzuwandeln sucht. Bedeutsam an dieser Auffassung ist die erfahrungsgemäss nicht zu leugnende Existenz einer compensierenden Funktion im Gebiete der psychologischen Vorgänge. Sie entspricht einer ähnlichen Funktion auf physiologischem Gebiet, der Selbststeuerung oder Selbstregulierung des Organismus. Während Adler seinen Begriff der Compensation auf die Ausgleichung des Minderwertigkeitsgefühles einschränkt, fasse ich den Begriff der Compensation allgemein als funktionelle Ausgleichung, als Selbstregulierung des psychischen Apparates[333]. In diesem Sinne fasse ich die Tätigkeit des Unbewussten (s. d.) als Ausgleichung der durch die Bewusstseinsfunktion erzeugten Einseitigkeit der allgemeinen Einstellung. Das Bewusstsein wird von den Psychologen gerne dem Auge verglichen, man spricht von einem Blickfeld und Blickpunkt des Bewusstseins. Mit diesem Vergleich ist das Wesen der Bewusstseinsfunktion treffend charakterisiert: nur wenige Inhalte können zugleich den höchsten Bewusstseinsgrad erreichen, und nur eine beschränkte Anzahl von Inhalten kann sich zugleich im Bewusstseinsfelde aufhalten. Die Tätigkeit des Bewusstseins ist *auswählend*. Die Auswahl erfordert *Richtung*. Richtung aber erfordert *Ausschliessung alles Nichtzugehörigen*. Daraus muss jeweils eine gewisse Einseitigkeit der Bewusstseinsorientierung entstehen. Die von der gewählten Richtung ausgeschlossenen und gehemmten Inhalte verfallen zunächst dem Unbewussten, bilden aber wegen ihrer effektiven Existenz doch ein Gegengewicht gegen die bewusste Orientierung, das sich durch Vermehrung der bewussten Einseitigkeit ebenfalls vermehrt und schliesslich zu einer merklichen Spannung führt. Diese Spannung bedeutet eine gewisse Hemmung der bewussten Tätigkeit, welche zwar zunächst durch vermehrte bewusste Anstrengung durchbrochen werden kann. Aber auf die Dauer erhöht sich die Spannung derart, dass die gehemmten unbewussten Inhalte sich dem Bewusstsein doch mitteilen und zwar vermittelst der Träume und freisteigender Bilder. Je grösser die Einseitigkeit der bewussten Einstellung ist, desto gegensätzlicher sind die dem Unbewussten entstammenden Inhalte, sodass man von einem eigentlichen Kontraste zwischen Bewusstsein und Unbewusstem sprechen kann. In diesem Falle tritt die Compensation in Form einer kontrastierenden Funktion auf. Dieser Fall ist extrem. In der Regel ist die Compensation durch das Unbewusste kein Kontrast, sondern eine Ausgleichung oder Ergänzung der bewussten Orientierung. Das Unbewusste gibt z. B. im Traume alle diejenigen zur bewussten Situation konstellierten, aber durch die bewusste

Wahl gehemmten Inhalte, deren Kenntnis dem Bewusstsein zu einer völligen Anpassung unerlässlich wäre.

Im Normalzustande ist die Compensation unbewusst, d. h. sie wirkt unbewusst regulierend auf die bewusste Tätigkeit. In der Neurose tritt das Unbewusste in so starken Kontrast zum Bewusstsein, dass die Compensation gestört wird. Die analytische Therapie zielt daher auf eine Bewusstmachung der unbewussten Inhalte, um auf diese Weise die Compensation wieder herzustellen.

11. **Concretismus.** Unter dem Begriff des Concretismus verstehe ich eine bestimmte Eigentümlichkeit des *Denkens* und *Fühlens*, welche den Gegensatz zur Abstraktion darstellt. Concret heisst eigentlich „zusammengewachsen". Ein concret gedachter Begriff ist ein Begriff, der mit andern Begriffen verwachsen oder verschmolzen vorgestellt wird. Ein solcher Begriff ist nicht abstrakt, nicht abgesondert und an sich gedacht, sondern bezogen und vermischt. Er ist kein differenzierter Begriff, sondern er steckt noch im sinnlich vermittelten Anschauungsmaterial drin. Das concretistische Denken bewegt sich in ausschliesslich concreten Begriffen und Anschauungen, es ist stets auf die Sinnlichkeit bezogen. Ebenso ist das concretistische Fühlen niemals von sinnlicher Bezogenheit abgesondert.

Das primitive Denken und Fühlen ist ausschliesslich concretistisch, es ist immer auf die Sinnlichkeit bezogen. Der Gedanke des Primitiven hat keine abgesonderte Selbständigkeit, sondern klebt an der materiellen Erscheinung. Er erhebt sich höchstens zur Stufe der *Analogie*. Ebenso ist das primitive Fühlen immer auf die materielle Erscheinung bezogen. Denken und Fühlen beruhen auf der Empfindung und unterscheiden sich nur wenig von ihr. Der Concretismus ist daher ein Archaïsmus (s. d.). Der magische Einfluss des Fetisch wird nicht als subjektiver Gefühlszustand erlebt, sondern als magische Wirkung empfunden. Das ist Concretismus des Gefühls. Der Primitive erfährt nicht den Gedanken der Gottheit als subjektiven Inhalt, sondern der heilige Baum ist der Wohnsitz, ja der Gott selber. Das ist Concretismus des Denkens. Beim Kulturmenschen besteht der Concretismus des Denkens z. B. in der Unfähigkeit, etwas anderes zu denken, als sinnlich vermittelte Tatsachen von unmittelbarer Anschaulichkeit, oder in der Unfähigkeit, das subjektive Fühlen vom sinnlich gegebenen Objekt des Fühlens zu unterscheiden.

Der Concretismus ist ein Begriff, der unter den allgemeinern Begriff der „participation mystique" (s. d.) fällt. Wie die „participation mystique" eine Vermischung des Individuums mit äussern Objekten darstellt, so stellt der Concretismus eine Vermischung des Denkens und Fühlens mit der Empfindung dar. Der Concretismus bedingt, dass der Gegenstand des Denkens und Fühlens allemal zugleich auch ein Gegenstand des Empfindens ist. Diese Vermischung verhindert eine Differenzierung des Denkens und Fühlens und hält beide Funktionen in der Sphäre der Empfindung, d. h. der sinnlichen Bezogenheit fest, wodurch sie sich nie zu reinen Funktionen entwickeln können, sondern stets im Gefolge der Empfindung bleiben. Dadurch entsteht ein Vorwiegen des Empfindungsfaktors in der psychologischen Orientierung. (Über die Bedeutung des Empfindungsfaktors siehe „Empfindung“ und „Typen“.)

Der Nachteil des Concretismus ist die Gebundenheit der Funktion an die Empfindung. Da die Empfindung Wahrnehmung physiologischer Reize ist, so hält der Concretismus die Funktion entweder in der sinnlichen Sphäre fest oder führt sie immer wieder dahin zurück. Damit ist eine sinnliche Gebundenheit der psychologischen Funktionen bewirkt, welche die psychische Selbständigkeit des Individuums verhindert zu Gunsten der sinnlich gegebenen Tatsachen. In Ansehung der Anerkennung von Tatsachen ist diese Orientierung natürlich wertvoll, nicht aber in Ansehung der *Deutung* der Tatsachen und ihres Verhältnisses zum Individuum. Der Concretismus schafft ein Überwiegen der Tatsachenbedeutung und damit eine Unterdrückung der Individualität und ihrer Freiheit zu Gunsten des objektiven Vorganges. Da das Individuum aber nicht nur durch physiologische Reize bestimmt ist, sondern auch durch Faktoren, welche gegebenenfalls der äussern Tatsache entgegengesetzt sind, so bewirkt der Concretismus eine Projektion dieser innern Faktoren in die äussere Tatsache und damit eine sozusagen abergläubische Überbewertung der blossen Tatsachen, genau wie beim Primitiven. Ein gutes Beispiel hiefür ist der Concretismus des Fühlens bei *Nietzsche* und die dadurch bewirkte Überbewertung der Diät, ebenso der Materialismus *Moleschotts* („Der Mensch ist, was er isst“). Ein Beispiel für die abergläubische Überbewertung der Tatsachen ist die Hypostasierung des Energiebegriffes im *Ostwald*schen Monismus.

12. **Construktiv.** Dieser Begriff wird von mir in ähnlicher Weise gebraucht, wie *synthetisch*, gewissermassen zur Erläuterung des letztern Begriffes. Construktiv bedeutet „aufbauend“. Ich gebrauche „construktiv“ und „synthetisch“ zur Bezeichnung einer Methode, die der reduktiven Methode entgegengesetzt ist.[334] Die construktive Methode betrifft die Bearbeitung unbewusster Produkte (Träume, Phantasien). Sie geht vom unbewussten Produkt aus als von einem *symbolischen* (s. d.) Ausdruck, welcher vorausgreifend ein Stück psychologischer Entwicklung darstellt.[335] *Maeder* spricht in dieser Hinsicht von einer eigentlichen *prospektiven Funktion* des Unbewussten, welches quasi spielend die zukünftige psychologische Entwicklung antecipiert.[336] Auch *Adler* anerkennt eine vorausgreifende Funktion des Unbewussten.[337] Sicher ist, dass das Produkt des Unbewussten nicht einseitig als Gewordenes, gewissermassen als

Endprodukt betrachtet werden darf, sonst müsste ihm jeder zweckmässige Sinn abgesprochen werden. Selbst *Freud* weist dem Traum die teleologische Rolle wenigstens als „Hüter des Schlafes" zu[338], während sich die prospektive Funktion für ihn wesentlich auf „Wünsche" beschränkt. Der Zweckmässigkeitscharakter der unbewussten Tendenzen kann aber nach Analogie mit andern psychologischen oder physiologischen Funktionen nicht a priori bestritten werden. Wir fassen darum das Produkt des Unbewussten als einen nach einem Ziel oder einem Zweck orientierten Ausdruck auf, der aber den Richtpunkt in symbolischer Sprache charakterisiert.[339] Dieser Auffassung entsprechend beschäftigt sich die c. Methode der Deutung nicht mit den dem unbewussten Produkt zu Grunde liegenden Quellen oder Ausgangsmaterialien, sondern sie sucht das symbolische Produkt auf einen allgemeinen und verständlichen Ausdruck zu bringen.[340] Die freien Einfälle zum unbewussten Produkt werden also in Hinsicht einer Zielrichtung und nicht in Hinsicht der Herkunft betrachtet. Sie werden unter dem Gesichtswinkel zukünftigen Tuns oder Lassens betrachtet; ihr Verhältnis zur Bewusstseinslage wird dabei sorgfältig berücksichtigt, denn nach der compensatorischen Auffassung des Unbewussten hat die Tätigkeit des Unbewussten eine hauptsächlich ausgleichende oder ergänzende Bedeutung für die Bewusstseinslage. Da es sich um eine Vorausorientierung handelt, so kommt die wirkliche Beziehung zum Objekt viel weniger in Frage als beim reduktiven Verfahren, welches sich mit wirklich stattgehabten Beziehungen zum Objekt beschäftigt. Es handelt sich vielmehr um die subjektive Einstellung, in der das Objekt zunächst nur ein Zeichen für Tendenzen des Subjektes bedeutet. Die Absicht der c. Methode ist daher die Herstellung eines auf die zukünftige Einstellung des Subjektes bezüglichen Sinnes des unbewussten Produktes. Da das Unbewusste in der Regel nur symbolische Ausdrücke zu schaffen vermag, so dient die c. Methode dazu, den symbolisch ausgedrückten Sinn dermassen zu verdeutlichen, dass ein die bewusste Orientierung richtig stellender Hinweis dabei herauskommt, womit dem Subjekt das für sein Handeln notwendige Einssein mit dem Unbewussten vermittelt wird.

So, wie sich keine psychologische Deutungsmethode auf das Associationsmaterial des Analysanden allein gründet, so bedient sich auch der c. Standpunkt gewisser Vergleichsmaterialien. So, wie sich die reduktive Deutung gewisser biologischer, physiologischer, folkloristischer, literarischer und anderer Vergleichsvorstellungen bedient, so ist die c. Behandlung des Denkproblems auf philosophische, und die des Intuitionsproblems auf mythologische und religionsgeschichtliche Parallelen angewiesen.

Die c. Methode ist notgedrungenerweise *individualistisch*, denn eine zukünftige Collektiveinstellung entwickelt sich nur über das Individuum. Im Gegensatz dazu ist die reduktive Methode *collektiv*, denn sie führt aus dem individuellen

Fall zurück auf allgemeine Grundeinstellungen oder -tatsachen. Die c. Methode kann auch vom Subjekt direkt auf seine subjektiven Materialien angewendet werden. In diesem letztern Fall ist sie eine *intuitive* Methode, verwendet zur Ausarbeitung des allgemeinen Sinnes eines Produktes des Unbewussten. Diese Ausarbeitung erfolgt durch die *associative* (also nicht aktiv apperceptive, s. d.) Angliederung weitern Materials, welches den symbolischen Ausdruck des Unbewussten (z. B. den Traum) dermassen bereichert und vertieft, dass er jene Deutlichkeit erreicht, welche das bewusste Begreifen ermöglicht. Durch die Bereicherung des symbolischen Ausdruckes wird er in allgemeinere Zusammenhänge verwoben und dadurch assimiliert.

13. **Denken**. Ich fasse das Denken als eine der vier psychologischen Grundfunktionen auf (s. Funktion). Das Denken ist diejenige psychologische Funktion, welche, ihren eigenen Gesetzen gemäss, gegebene Vorstellungsinhalte in (begrifflichen) Zusammenhang bringt. Es ist apperceptive Tätigkeit und als solche in *aktive* und *passive* Denktätigkeit zu unterscheiden. Das aktive Denken ist eine Willenshandlung, das passive Denken ein Geschehnis. Im erstem Fall unterwerfe ich die Vorstellungsinhalte einem gewollten Urteilsakt, im letztern Fall ordnen sich begriffliche Zusammenhänge an, es formen sich Urteile, welche gegebenenfalls zu meiner Absicht in Widerspruch stehen, meiner Zielrichtung nicht entsprechen und daher für mich des Gefühles der Richtung entbehren, obschon ich nachträglich zur Anerkennung ihres Gerichtetseins durch einen aktiven Apperceptionsakt gelangen kann. Das aktive Denken würde demnach meinem Begriffe des gerichteten Denkens[341] entsprechen. Das passive D. ist in meiner unten zitierten Arbeit ungenügend als „Phantasieren“ gekennzeichnet worden.[342] Ich würde es heute als *intuitives* Denken bezeichnen.

Ein einfaches Aneinanderreihen von Vorstellungen, was von gewissen Psychologen als *associatives* D.[343] bezeichnet wird, ist für mich kein Denken, sondern blosses *Vorstellen.* Von D. sollte man m. E. nur da sprechen, wo es sich um die Verbindung von Vorstellungen durch einen Begriff handelt, wo also m. a. W. ein Urteilsakt vorliegt, gleichviel ob dieser Urteilsakt unserer Absicht entspringt oder nicht.

Das Vermögen des gerichteten D. bezeichne ich als *Intellekt*, das Vermögen des passiven oder nicht gerichteten D. bezeichne ich als *intellektuelle Intuition.* Ich bezeichne ferner das gerichtete Denken, den Intellekt, als *rationale* (s. d.) Funktion, indem es nach der Voraussetzung der mir bewussten vernünftigen Norm die Vorstellungsinhalte unter Begriffen anordnet. Dagegen ist mir das nichtgerichtete Denken, die intellektuelle Intuition, eine *irrationale* (s. d.) Funktion, indem es nach mir unbewussten und darum nicht als vernunftgemäss erkannten Normen die Vorstellungsinhalte beurteilt und anordnet. Ich kann aber gegebenenfalls nachträglich erkennen, dass auch der intuitive Urteilsakt der Vernunft entspricht, obschon er auf einem mir irrational erscheinenden Wege zustande gekommen ist.

Unter gefühlsmässigem D. verstehe ich nicht das intuitive D., sondern ein Denken, das vom Fühlen abhängig ist, also ein Denken, das nicht seinem eigenen, logischen Prinzip folgt, sondern dem Prinzip des Fühlens untergeordnet ist. Im gefühlsmässigen D. sind die Gesetze der Logik nur scheinbar vorhanden, in Wirklichkeit aber aufgehoben zu Gunsten der Gefühlsabsicht.

14. **Differenzierung** bedeutet Entwicklung von Unterschieden, Aussonderung von Teilen aus einem Ganzen. Ich gebrauche den Begriff der D. in dieser Arbeit hauptsächlich in Hinsicht von psychologischen Funktionen. Solange eine Funktion noch dermassen mit einer oder mehreren andern Funktionen verschmolzen ist, z. B. Denken und Fühlen, oder Fühlen und Empfindung etc., dass sie für sich allein gar nicht auftreten kann, so ist sie in *archaischem* (s. d.) Zustand, sie ist nicht differenziert, d. h. nicht als ein besonderer Teil vom Ganzen ausgeschieden und als solcher für sich bestehend. Ein nicht differenziertes Denken ist unfähig, von andern Funktionen abgesondert zu denken, d. h. es mischen sich ihm beständig Empfindungen oder Gefühle oder Intuitionen bei; ein nicht differenziertes Fühlen vermischt sich z. B. mit Empfindungen und Phantasien, z. B. Sexualisierung (*Freud*) des Fühlens und Denkens in der Neurose. In der Regel ist die nicht differenzierte Funktion auch dadurch charakterisiert, dass sie die Eigenschaft der *Ambivalenz* und der *Ambitendenz*[344] hat, d. h. jede Position führt ihre Negation merklich mit sich, woraus kennzeichnende Hemmungen im Gebrauch der nicht differenzierten Funktion entstehen. Die nicht differenzierte Funktion ist auch in ihren einzelnen Teilen verschmolzen, so ist z. B. ein nicht differenziertes Empfindungsvermögen dadurch beeinträchtigt, dass sich die einzelnen Sinnessphären vermischen (Audition colorée), ein nicht differenziertes Fühlen z. B. durch Vermengung von Hass und Liebe. Insofern eine Funktion ganz oder grösstenteils unbewusst ist, ist sie auch nicht differenziert, sondern in ihren Teilen und mit andern Funktionen verschmolzen. Die D. besteht in der Absonderung der Funktion von andern Funktionen und in der Absonderung ihrer einzelnen Teile von einander. Ohne D. ist Richtung unmöglich, denn die Richtung einer Funktion resp. ihr Gerichtetsein beruht auf Besonderung und Ausschliessung des Nichtzugehörigen. Durch Verschmelzung mit Nichtzugehörigem ist das Gerichtetsein unmöglich gemacht; nur eine differenzierte Funktion erweist sich als *richtungsfähig*.

15. **Dissimilation**, s. **Assimilation**.

16. **Einfühlung**. E. ist eine **Introjektion** (s. d.) des Objektes. Für die nähere Beschreibung des Begriffes der E. siehe Text Kapitel VII. (Siehe auch **Projektion**.)

17. **Einstellung**. Dieser Begriff ist eine relativ neue Erwerbung der Psychologie. Er stammt von *Müller* und *Schumann*[345]. Während *Külpe*[346] die E. als eine Prädisposition sensorischer oder motorischer Zentren für eine bestimmte Erregung oder einen beständigen Impuls definiert, fasst sie *Ebbinghaus*[347] in weiterm Sinne als eine Übungserscheinung, welche das Gewohnte in die vom Gewohnten abweichende Einzelleistung hineinträgt. Von dem *Ebbinghaus*'schen Begriffe der E. geht auch unser Gebrauch des Begriffes aus. E. ist für uns eine Bereitschaft der Psyche in einer gewissen Richtung zu agieren oder zu reagieren. Der Begriff ist gerade für die Psychologie der komplexen seelischen Phänomene sehr wichtig, indem er jene eigenartige psychologische Erscheinung, dass gewisse Reize zu gewissen Zeiten stark, zu andern schwach oder gar nicht wirken, auf einen Ausdruck bringt. Eingestellt sein heisst: für etwas Bestimmtes bereit sein, auch wenn dieses Bestimmte unbewusst ist, denn Eingestelltsein ist gleichbedeutend mit apriorischer Richtung auf Bestimmtes, gleichviel ob dieses Bestimmte vorgestellt ist oder nicht. Die Bereitschaft, als welche ich die E. auffasse, besteht immer darin, dass eine gewisse subjektive Konstellation, eine bestimmte Kombination von psychischen Faktoren oder Inhalten vorhanden ist, welche entweder das Handeln in dieser oder jener bestimmten Richtung determinieren oder einen äussern Reiz in dieser oder jener bestimmten Weise auffassen wird. Ohne E. ist aktive Apperception (s. d.) unmöglich. E. hat immer einen Richtpunkt, der bewusst oder unbewusst sein kann, denn eine bereitgestellte Kombination von Inhalten wird unfehlbar im Akte der Apperception eines neuen Inhaltes jene Qualitäten oder Momente hervorheben, welche dem subjektiven Inhalt als zugehörig erscheinen. Es findet daher eine Auswahl oder ein Urteil statt, welches Nichtzugehöriges ausschliesst. Was zugehörig oder nichtzugehörig ist, wird durch die bereitgestellte Inhaltskombination oder -konstellation entschieden. Ob der Richtpunkt der E. bewusst oder unbewusst ist, hat keine Bedeutung für die auswählende Wirkung der E., indem die Auswahl durch die E. schon a priori gegeben ist und im Übrigen automatisch erfolgt. Es ist aber praktisch zwischen bewusst und unbewusst zu unterscheiden, da ungemein häufig auch zwei E. vorhanden sind, nämlich eine bewusste und eine unbewusste E. Damit soll ausgedrückt sein, dass das Bewusstsein eine Bereitstellung von andern Inhalten hat als das Unbewusste. Besonders deutlich ist die Zweiheit der E. in der Neurose.

Der Begriff der E. hat mit dem *Wundt*schen Apperceptionsbegriff eine gewisse Verwandtschaft, jedoch mit dem Unterschied, dass der Begriff der Apperception den Vorgang der Beziehung des bereitgestellten Inhaltes zum neuen, zu appercipierenden Inhalt in sich fasst, während der Begriff der E. sich ausschliesslich auf den subjektiv bereitgestellten Inhalt bezieht. Die Apperception ist gewissermassen die Brücke, die den bereits vorhandenen und bereitgestellten Inhalt mit dem neuen Inhalt verbindet, während die E. gewissermassen das Widerlager der Brücke auf dem einen Ufer, der neue Inhalt aber das Widerlager auf dem andern Ufer darstellt. E. bedeutet eine *Erwartung*, und Erwartung wirkt immer auswählend und Richtung gebend. Ein starkbetonter, im Blickfeld des Bewusstseins befindlicher Inhalt bildet (event. mit andern Inhalten zusammen) eine gewisse Konstellation, welche gleichbedeutend mit einer bestimmten E. ist, denn ein solcher Bewusstseinsinhalt fördert die Wahrnehmung und Apperception alles Gleichartigen und hemmt die alles Ungleichartigen. Er erzeugt die ihm entsprechende E. Dieses automatische Phänomen ist ein wesentlicher Grund zur Einseitigkeit der bewussten Orientierung. Es würde zu einem völligen Gleichgewichtsverlust führen, wenn nicht eine selbstregulierende, compensatorische (s. d.) Funktion in der Psyche bestünde, welche die bewusste E. korrigiert. In diesem Sinn ist die Zweiheit der E. also ein normales Phänomen, das nur dann störend in Erscheinung tritt, wenn die bewusste Einseitigkeit excessiv ist. Die E. kann, als gewöhnliche *Aufmerksamkeit* eine relativ unbedeutende Teilerscheinung sein, oder auch ein die ganze Psyche bestimmendes allgemeines Prinzip. Aus Gründen der Disposition oder der Milieubeeinflussung oder der Erziehung oder der allgemeinen Lebenserfahrung oder der Überzeugung kann habituell eine Inhaltskonstellation vorhanden sein, welche beständig und oft bis ins allerkleinste eine gewisse E. erzeugt. Jemand, der das Unlustvolle des Lebens besonders tief empfindet, wird naturgemäss eine E. haben, welche stets das Unlustvolle erwartet. Diese excessive bewusste E. ist durch unbewusste Einstellung auf Lust compensiert. Der Unterdrückte hat eine bewusste E. auf Unterdrückendes, er wählt in der Erfahrung dieses Moment aus, er wittert es überall, seine unbewusste E. geht daher auf Macht und Überlegenheit.

Je nach der Art der habituellen E. ist die gesamte Psychologie des Individuums auch in den Grundzügen verschieden orientiert. Obschon die allgemeinen psychologischen Gesetze in jedem Individuum Geltung haben, so sind sie für das einzelne Individuum doch nicht charakteristisch, denn die Art ihres Wirkens ist ganz verschieden je nach der Art der allgemeinen E. Die allgemeine E. ist immer ein Resultat aller Faktoren, welche die Psyche wesentlich zu beeinflussen vermögen, also der angebornen Disposition, der Erziehung, der Milieueinflüsse, der Lebenserfahrungen, der durch Differenzierung (s. d.) gewonnenen Einsichten und Überzeugungen, der Collektivvorstellungen etc. Ohne die durchaus fundamentale Bedeutung der E. wäre die Existenz einer individuellen Psychologie ausgeschlossen. Die allgemeine E. aber bewirkt dermassen grosse Kräfteverschiebungen und

Beziehungsveränderungen der einzelnen Funktionen unter sich, dass daraus Gesamtwirkungen resultieren, welche die Gültigkeit allgemeiner psychologischer Gesetze öfters in Frage stellen. Obschon z. B. ein gewisses Mass an Betätigung der Sexualfunktion aus physiologischen und psychologischen Gründen als unerlässlich gilt, so gibt es dennoch Individuen, welche ohne Einbusse, d. h. ohne pathologische Erscheinungen und ohne irgendwie nachweisbare Einschränkung der Leistungsfähigkeit ihrer in hohem Masse entraten, während in andern Fällen schon geringfügige Störungen auf diesem Gebiet ganz beträchtliche allgemeine Folgen nach sich ziehen können. Wie gewaltig die individuellen Verschiedenheiten sind, sieht man vielleicht am besten in der Lust-Unlustfrage. Hier versagen sozusagen alle Regeln. Was gibt es schliesslich, das dem Menschen nicht gelegentlich Lust, und was, das ihm nicht gelegentlich Unlust verursachte? Jeder Trieb, jede Funktion kann der andern sich unterordnen und ihr Gefolgschaft leisten. Der Ich- oder Machttrieb kann sich die Sexualität dienstbar machen, oder die Sexualität benützt das Ich. Das Denken überwuchert alles andere, oder das Fühlen verschluckt das Denken und das Empfinden, alles je nach der E.

Im Grunde genommen ist die E. ein individuelles Phänomen und entzieht sich der wissenschaftlichen Betrachtungsweise. In der Erfahrung jedoch lassen sich gewisse E.-typen unterscheiden, insofern sich auch gewisse psychische Funktionen unterscheiden lassen. Wenn eine Funktion habituell überwiegt, so entsteht dadurch eine typische E. Je nach der Art der differenzierten Funktion ergeben sich Inhaltskonstellationen, welche eine entsprechende E. erzeugen. So gibt es eine typische E. des Denkenden, des Fühlenden, des Empfindenden und des Intuierenden. Ausser diesen rein psychologischen E.-typen, deren Zahl sich vielleicht noch vermehren lässt, gibt es auch soziale Typen, nämlich solche, denen eine Collektivvorstellung den Stempel aufdrückt. Sie sind charakterisiert durch die verschiedenen -ismen. Diese collektiv bedingten E. sind jedenfalls sehr wichtig, in gewissen Fällen den rein individuellen E. an Bedeutung sogar überlegen.

18. **Enantiodromie**. E. heisst „Entgegenlaufen". Mit diesem Begriff wird in der Philosophie des *Heraklit*[348] das Gegensatzspiel des Geschehens bezeichnet, nämlich die Anschauung, nach der Alles, was ist, in sein Gegenteil übergeht. „Aus dem Lebenden wird Totes und aus dem Toten Lebendiges, aus dem Jungen Altes, und aus dem Alten Junges, aus dem Wachen Schlafendes und aus dem Schlafenden Waches, der Strom des Erzeugens und des Untergangs steht nie stille."[349] „Denn Aufbau und Zerstörung, Zerstörung und Aufbau, dies ist die Norm, welche alle Kreise des Naturlebens, die kleinsten, wie die grössten, einspannt. Soll doch auch der Kosmos selbst, gleichwie er aus dem Urfeuer hervorgegangen ist, wieder in dasselbe zurückkehren — ein Doppelprozess, der sich in bemessenen

Fristen, wenn dies gleich ungeheure Zeiträume sind, abspielt und immer von neuem abspielen wird."[350] Dies ist die E. des *Heraklit* nach den Worten berufener Interpreten. Reichlich sind die Aussprüche aus dem Munde *Heraklits*, welche dieser Ansicht Ausdruck verleihen. So sagt er: „Auch die Natur strebt wohl nach dem Entgegengesetzten und bringt hieraus und nicht aus dem Gleichen den Einklang hervor."

„Wann sie geboren sind, schicken sie sich an zu leben und dadurch den Tod zu erleiden."

„Für die Seelen ist es Tod, zu Wasser zu werden, für das Wasser Tod, zur Erde zu werden. Aus der Erde wird Wasser, aus Wasser Seele."

„Umsatz findet wechselweise statt, des Alls gegen das Feuer, und des Feuers gegen das All, wie des Goldes gegen Waren und der Waren gegen Gold."

In psychologischer Anwendung seines Prinzips sagt *Heraklit*: „Möge es euch nie an Reichtum fehlen, Ephesier, damit eure Verlotterung an den Tag kommen kann."[351]

Mit E. bezeichne ich das Hervortreten des unbewussten Gegensatzes, namentlich in der zeitlichen Folge. Dieses charakteristische Phänomen findet beinahe überall da statt, wo eine extrem einseitige Richtung das bewusste Leben, beherrscht, sodass sich in der Zeit eine ebenso starke, unbewusste Gegenposition ausbildet, welche sich zunächst durch Hemmung der bewussten Leistung, später durch Unterbrechung der bewussten Richtung äussert. Ein gutes Beispiel für E. ist die Psychologie des Paulus und seiner Bekehrung zum Christentum, ebenso die Bekehrungsgeschichte des *Raimundus Lullus*, die Christusidentifikation des erkrankten *Nietzsche*, seine Verhimmelung Wagners und die spätere Gegnerschaft zu Wagner, die Verwandlung *Swedenborgs* aus dem Gelehrten in den Seher usw.

19. **Emotion**: s. Affekt.

20. **Empfindung.** E. ist nach meiner Auffassung eine der psychologischen Grundfunktionen (s. Funktion). *Wundt* rechnet die E. ebenfalls zu den psychischen Elementarphänomenen.[352]

Die E. oder das Empfinden ist diejenige psychologische Funktion, welche einen physischen Reiz der Wahrnehmung vermittelt. E. ist daher identisch mit Perception. E. ist streng zu unterscheiden von *Gefühl*, indem das Gefühl ein ganz anderer Vorgang ist, der sich z. B. als „Gefühlston" der E. hinzugesellen kann. Die E. bezieht sich nicht nur auf den äussern physischen Reiz, sondern auch auf den innern, d. h. auf die Veränderungen der innern Organe. Die E. ist daher in erster Linie *Sinnesempfindung*, d. h. Perception vermittelst der Sinnesorgane und des „Körpersinnes" (kinästhetische, vasomotorische etc. E.). Sie ist einerseits ein Element des Vorstellens, indem sie dem Vorstellen das Perceptionsbild des äussern Objektes vermittelt, andererseits ein Element des Gefühls, indem sie durch die Perception der Körperveränderung dem Gefühl den Affektcharakter verleiht (s. Affekt). Indem die E. dem Bewusstsein die Körperveränderungen vermittelt, so repräsentiert sie auch die physiologischen Triebe. Sie ist nicht damit identisch, indem sie eine bloss perceptive Funktion ist.

Es ist zu unterscheiden zwischen sinnlicher oder concreter und abstrakter E. Erstere begreift die oben besprochenen Formen unter sich. Letztere aber bezeichnet eine abgezogene, d. h. von andern psychologischen Elementen gesonderte Art der E. Die concrete E. tritt nämlich nie „rein" auf, sondern ist immer mit Vorstellungen, Gefühlen und Gedanken vermengt. Die abstrakte E. dagegen stellt eine differenzierte Art der Perception dar, welche als „ästhetisch" bezeichnet werden dürfte, insofern sie ihrem eigenen Prinzipe folgend von allen Beimengungen der Unterschiede des percipierten Objektes sowohl, wie von subjektiven Beimengungen von Gefühl und Gedanken sich sondert und sich dadurch zu einem Reinheitsgrade erhebt, welcher der concreten E. niemals zukommt. Die concrete E. einer Blume z. B. vermittelt nicht nur die Wahrnehmung der Blume selbst, sondern auch des Stengels, der Blätter, des Standortes, usw. Sie vermengt sich auch sofort mit den durch den Anblick erregten Lust oder Unlustgefühlen oder mit den gleichzeitig erregten Geruchsperceptionen oder mit Gedanken, z. B. über ihre botanische Klassifikation. Die abstrakte E. dagegen erhebt sofort das hervorstechende sinnliche Merkmal der Blume, z. B. ihre leuchtend rote Farbe zum alleinigen oder hauptsächlichen Inhalt des Bewusstseins, abgesondert von allen angedeuteten Beimengungen. Die abstrakte E. eignet hauptsächlich dem Künstler. Sie ist, wie jede Abstraktion, ein Produkt der Funktionsdifferenzierung, daher nichts Ursprüngliches. Die ursprüngliche Funktionsform ist immer concret, d. h. vermischt (s. Archaïsmus und Concretismus). Die concrete E. ist als solche ein reaktives Phänomen. Die abstrakte E. dagegen entbehrt, wie jede Abstraktion, niemals des Willens, d. h. des Richtungselementes. Der auf Abstraktion der E. gerichtete Wille ist der Ausdruck und die Betätigung der *ästhetischen Empfindungseinstellung*.

Die E. charakterisiert sehr stark das Wesen des Kindes und des Primitiven, insofern sie jedenfalls gegenüber dem Denken und Fühlen überwiegt, nicht aber notwendigerweise gegenüber der Intuition. Ich fasse die E. nämlich als die bewusste Perception auf, die Intuition aber als die unbewusste Perception. E. und Intuition stellen für mich ein Gegensatzpaar dar oder zwei einander compensierende Funktionen, wie Denken und Fühlen. Die Denk- und Fühlfunktion als selbständige Funktionen entwickeln sich ontogenetisch wie phylogenetisch aus der E. (Natürlich ebenso aus der Intuition, als dem notwendigen Gegenstück der E.)

Die E. ist, insofern sie ein Elementarphänomen ist, etwas schlechthin Gegebenes, das den Vernunftgesetzen nicht unterworfen ist, im Gegensatz zu Denken und Fühlen. Ich bezeichne daher das E. als *irrationale* (s. d.) Funktion, obschon es dem Verstande gelingt, eine grosse Zahl von E. in rationale Zusammenhänge aufzunehmen.

Ein Mensch, der seine Gesamteinstellung nach dem Prinzip des E. orientiert, gehört zum *Empfindungstypus* (s. Typen).

Normale E. sind verhältnismässig, d. h. sie entsprechen schätzungsweise der Intensität des physischen Reizes. Pathologische E. sind unverhältnismässig, d. h. abnorm schwach oder abnorm stark; in ersterm Fall sind sie gehemmt, in letzterm Fall übertrieben. Die Hemmung entsteht durch das Vorwiegen einer andern Funktion, die Übertreibung durch ein abnormes Verschmolzensein mit einer andern Funktion, z. B. durch ein Verschmolzensein mit einer noch undifferenzierten Fühl- oder Denkfunktion. Die Übertreibung der E. hört in diesem Fall auf, sobald die mit der E. verschmolzene Funktion für sich heraus differenziert ist. Besonders einleuchtende Beispiele liefert die Neurosenpsychologie, wo sehr oft eine starke *Sexualisierung* (Freud) anderer Funktionen vorliegt, d. h. also ein Verschmolzensein der Sexualempfindung mit andern Funktionen.

21. **Extraversion.** E. heisst Auswärtswendung der Libido (s. d.). Mit diesem Begriff bezeichne ich eine offenkundige Beziehung des Subjektes auf das Objekt im Sinne einer positiven Bewegung des subjektiven Interesses zum Objekt. Jemand, der sich in einem extravertierten Zustande befindet, denkt, fühlt und handelt in Bezug auf das Objekt und zwar in einer direkten und äusserlich deutlich wahrnehmbaren Weise, sodass kein Zweifel über seine positive Einstellung auf das Objekt bestehen kann. Die E. ist daher gewissermassen eine Hinausverlegung des Interesses aus dem Subjekt auf das Objekt. Ist die E. intellektuell, so denkt sich das Subjekt in das Objekt ein; ist die E. gefühlsmässig, so fühlt sich das Subjekt in das Objekt ein. Es ist im Zustande der E. eine starke, wenn auch nicht ausschliessliche Bedingtheit durch das Objekt vorhanden. Es ist von einer *aktiven* E. zu sprechen, wenn die E. absichtlich gewollt ist, und von einer *passiven* E., wenn das Objekt die E. erzwingt, d. h. von sich aus das Interesse des Subjektes anzieht, eventuell entgegen der Absicht des Subjektes.

Ist der Zustand der E. habituell, so entsteht daraus der *extravertierte Typus* (s. Typus).

22. **Fühlen.** Ich rechne das F. zu den vier psychologischen Grundfunktionen. Ich kann mich jener psychologischen Richtung, welche das F. als eine sekundäre, von „Vorstellungen“ oder Empfindungen abhängige Erscheinung auffassen, nicht anschliessen, sondern sehe das F. mit *Höffding*, *Wundt*, *Lehmann*, *Külpe*, *Baldwin* und andern als eine selbständige

Funktion sui generis an.[353] Das Gefühl ist zunächst ein Vorgang, der zwischen dem Ich und einem gegebenen Inhalt stattfindet, und zwar ein Vorgang, welcher dem Inhalt einen bestimmten *Wert* im Sinne des Annehmens oder Zurückweisens („Lust" oder „Unlust") erteilt, sodann aber auch ein Vorgang, der, abgesehen vom momentanen Bewusstseinsinhalt oder von momentanen Empfindungen sozusagen isoliert als „Stimmung" auftreten kann. Dieser letztere Vorgang kann sich auf frühere Bewusstseinsinhalte causal beziehen, braucht es aber nicht notwendigerweise, indem er ebenso gut auch aus unbewussten Inhalten hervorgehen kann, wie die Psychopathologie reichlich beweist. Aber auch die Stimmung, sei sie nun allgemein, oder bloss als partielles F. gegeben, bedeutet eine Bewertung, aber nicht die eines bestimmten, einzelnen Bewusstseinsinhaltes, sondern der ganzen momentanen Bewusstseinslage und zwar wiederum im Sinne des Annehmens oder Zurückweisens. Das F. ist daher zunächst ein gänzlich *subjektiver* Vorgang, der in jeder Hinsicht vom äussern Reiz unabhängig sein kann, obschon er sich jeder Empfindung hinzugesellt.[354] Sogar eine „gleichgültige" Empfindung hat einen „Gefühlston", nämlich den der Gleichgültigkeit, womit wiederum eine Bewertung ausgedrückt ist. Das F. ist daher auch eine Art des *Urteilens*, das aber insofern vom intellektuellen Urteil verschieden ist, als es nicht in Absicht der Herstellung eines begrifflichen Zusammenhanges, sondern in Absicht eines zunächst subjektiven Annehmens oder Zurückweisens erfolgt. Die Bewertung durch das F. erstreckt sich auf *jeden* Bewusstseinsinhalt, von was für einer Art er immer sein mag. Steigert sich die Intensität des F., so entsteht ein *Affekt* (s. Affekt), welcher ein Gefühlszustand ist mit merklichen Körperinnervationen. Das Gefühl unterscheidet sich dadurch vom Affekt, dass es keine merklichen Körperinnervationen veranlasst, d. h. so wenig oder so viel wie ein gewöhnlicher Denkvorgang. Das gewöhnliche, „einfache" F. ist *concret* (s. d.), d. h. vermischt mit andern Funktionselementen, z. B. sehr häufig mit Empfindungen. Man kann es in diesem besondern Fall als *affektiv* bezeichnen, oder (wie es z. B. in dieser Arbeit geschieht) als *Gefühlsempfindung*, worunter eine zunächst untrennbare Verschmelzung des F. mit Empfindungselementen verstanden ist. Diese charakteristische Vermischung findet sich überall da, wo das F. sich als nicht differenzierte Funktion erweist, am deutlichsten in der Psyche eines Neurotikers mit differenziertem Denken. Obschon das F. eine an sich selbständige Funktion ist, so kann sie doch in die Abhängigkeit von einer andern Funktion geraten, z. B. vom Denken, wodurch ein F. entsteht, das sich zum Denken begleitend verhält und nur insofern nicht aus dem Bewusstsein verdrängt wird, als es in die intellektuellen Zusammenhänge passt. Vom gewöhnlichen concreten F. ist das *abstrakte* F. zu unterscheiden. Wie der abstrakte Begriff (s. Denken) die Unterschiede der von ihm begriffenen Dinge wegfallen lässt, so erhebt sich das abstrakte F. über die Unterschiede der einzelnen von ihm bewerteten

Inhalte und stellt eine „Stimmung“ oder Gefühlslage her, welche die verschiedenen Einzelbewertungen in sich begreift und damit aufhebt. So wie das Denken die Bewusstseinsinhalte unter Begriffen anordnet, so ordnet das F. die Bewusstseinsinhalte nach ihrem Werte an. Je concreter das F. ist, desto subjektiver und persönlicher ist der von ihm erteilte Wert, je abstrakter dagegen das F., desto allgemeiner und objektiver ist der von ihm erteilte Wert. So wie ein vollkommen abstrakter Begriff nicht mehr die Einzelheit und Besonderheit der Dinge deckt, sondern nur ihre Allgemeinheit und Ununterschiedenheit, so deckt sich auch das vollkommen abstrakte F. mit dem Einzelmoment und seiner Gefühlsqualität nicht mehr, sondern nur mit der Gesamtheit aller Momente und ihrer Ununterschiedenheit. Das F. ist demnach wie das Denken eine *rationale* Funktion, indem, wie die Erfahrung zeigt, die Werte im allgemeinen nach Gesetzen der Vernunft zuerteilt werden, so wie auch Begriffe im allgemeinen nach Gesetzen der Vernunft gebildet werden.

Mit den obigen Definitionen ist natürlich das Wesen des F. gar nicht charakterisiert, sondern das F. ist damit nur äusserlich umschrieben. Das intellektuelle Begriffsvermögen erweist sich als unfähig, das Wesen des F. in einer begrifflichen Sprache zu formulieren, da das Denken einer dem F. inkommensurabeln Kategorie angehört, wie überhaupt keine psychologische Grundfunktion sich durch eine andere völlig ausdrücken lässt. Diesem Umstand ist es zuzuschreiben, dass keine intellektuelle Definition jemals in der Lage sein wird, das Spezifische des Gefühls in einem irgend genügenden Masse wiederzugeben. Damit, dass die Gefühle klassifiziert werden, ist für die Erfassung ihres Wesens nichts gewonnen, denn auch die genaueste Klassifikation wird immer nur jenen intellektuell fassbaren Inhalt angeben können, an welchem oder mit welchem verbunden, Gefühle auftreten, ohne aber das Spezifische des Gefühls damit erfasst zu haben. So viele verschiedene und intellektuell erfassbare Inhaltsklassen es gibt, so viele Gefühle lassen sich unterscheiden, ohne dass damit aber die Gefühle selber erschöpfend klassifiziert wären, denn es gibt über alle möglichen intellektuell erfassbaren Klassen von Inhalten hinaus noch Gefühle, welche sich einer intellektuellen Rubrizierung entziehen. Schon der Gedanke einer Klassifizierung ist intellektuell und darum dem Wesen des Gefühls incommensurabel. Wir müssen uns daher damit begnügen, die Grenzen des Begriffes anzugeben.

Die Art der Bewertung durch das F. ist der intellektuellen Apperception zu vergleichen, als eine *Apperception des Wertes*. Es lässt sich eine *aktive* und eine *passive* Gefühlsapperception unterscheiden. Der passive Fühlakt ist dadurch charakterisiert, dass ein Inhalt das Gefühl erregt oder anzieht, er erzwingt die Gefühlsbeteiligung des Subjektes. Der aktive Fühlakt dagegen erteilt vom Subjekt aus Werte, er bewertet die Inhalte nach Intention, und zwar nach gefühlsmässiger und nicht intellektueller Intention. Das aktive F. ist daher eine *gerichtete* Funktion, eine Willenshandlung, z. B. Lieben im Gegensatz zu Verliebtsein, welch letzterer Zustand ein *nichtgerichtetes*, passives F. wäre, wie auch schon der Sprachgebrauch zeigt, indem er ersteres als Tätigkeit, letzteres als Zustand bezeichnet. Das nichtgerichtete F. ist *Gefühlsintuition.* In strengerem Sinne darf also nur das aktive, gerichtete F. als *rational* bezeichnet werden, dagegen ist das passive F. *irrational*, insofern es Werte herstellt ohne Zutun, eventuell sogar gegen die Absicht des Subjektes.

Orientiert sich die Gesamteinstellung des Individuums nach der Funktion des F., so sprechen wir von einem *Fühltypus* (s. Typen).

23. **Funktion.** Unter psychologischer F. verstehe ich eine gewisse, unter verschiedenen Umständen sich prinzipiell gleichbleibende psychische Tätigkeitsform. Energetisch betrachtet ist die F. eine Erscheinungsform der Libido (s. d.), die unter verschiedenen Umständen sich prinzipiell gleichbleibt, etwa in ähnlicher Weise, wie die physikalische Kraft als die jeweilige Erscheinungsform der physikalischen Energie betrachtet werden kann. Ich unterscheide im ganzen vier Grundfunktionen, zwei rationale und zwei irrationale F., nämlich *Denken* und *Fühlen*, *Empfinden* und *Intuieren.* Warum ich gerade die vier F. als Grundfunktionen anspreche, dafür kann ich keinen Grund a priori angeben, sondern nur hervorheben, dass sich mir diese Auffassung im Laufe jahrelanger Erfahrung herausgebildet hat. Ich unterscheide diese F. von einander, weil sie sich nicht auf einander beziehen, resp. reduzieren lassen. Das Prinzip des Denkens z. B. ist vom Prinzip des Fühlens absolut verschieden usw. Ich unterscheide diese F. prinzipiell vom Phantasieren, weil mir das Phantasieren als eine eigentümliche Tätigkeitsform erscheint, die sich in allen vier Grund-F. zeigen kann. Der Wille erscheint mir als eine durchaus sekundäre psychische Erscheinung, ebenso die Aufmerksamkeit.

24. **Gedanke.** G. ist der durch die Analyse des Denkens bestimmte Inhalt oder Stoff der Denkfunktion (s. d.).

25. **Gefühl.** G. ist der durch die Analyse des Fühlens bestimmte Inhalt oder Stoff der Fühlfunktion (s. d.).

26. **Ich.** Unter „Ich" verstehe ich einen Komplex von Vorstellungen, der mir das Zentrum meines Bewusstseinsfeldes ausmacht und mir von hoher Kontinuität und Identität mit sich selber zu sein scheint. Ich spreche daher auch von Ich-*Komplex*[355]. Der I.-Komplex ist ein Inhalt des Bewusstseins sowohl, wie eine Bedingung des Bewusstseins (s. d.), denn bewusst ist mir ein psychisches Element, insofern es auf den I.-Komplex bezogen ist. Insofern aber das I. nur das Zentrum meines Bewusstseinsfeldes ist, ist es nicht identisch mit dem Ganzen meiner Psyche, sondern bloss ein Komplex unter andern Komplexen. Ich unterscheide daher zwischen Ich und Selbst,

insofern das I. nur das Subjekt meines Bewusstseins, das Selbst aber das Subjekt meiner gesamten, also auch der unbewussten Psyche ist. In diesem Sinne wäre das Selbst eine (ideelle) Grösse, die das I. in sich begreift. Das Selbst erscheint in der unbewussten Phantasie gerne als übergeordnete oder ideale Persönlichkeit, etwa wie Faust bei *Goethe* und Zarathustra bei *Nietzsche*. Um der Idealität willen wurden die archaïschen Züge des Selbst auch etwa als vom „höhern" Selbst getrennt dargestellt, bei *Goethe* in Gestalt des Mephisto, bei *Spitteler* in Gestalt des Epimetheus, in der christlichen Psychologie als Christus und der Teufel oder Antichrist, bei *Nietzsche* entdeckt Zarathustra seinen Schatten im „hässlichsten Menschen".

27. **Idee.** Ich gebrauche in dieser Arbeit bisweilen den Begriff der I., um damit ein gewisses psychologisches Element zu bezeichnen, welches eine nahe Beziehung hat zu dem, was ich Bild (s. d.) nenne. Das Bild kann *persönlicher* oder *unpersönlicher* Provenienz sein. In letzterm Fall ist es collektiv und durch mythologische Qualitäten ausgezeichnet. Ich bezeichne es dann als *urtümliches Bild*. Hat es dagegen keinen mythologischen Charakter, d. h. fehlen ihm die anschaulichen Qualitäten und ist es bloss collektiv, dann spreche ich von einer I. Ich gebrauche demnach I. als einen Ausdruck für den Sinn eines urtümlichen Bildes, welcher von dem Concretismus des Bildes abgezogen, abstrahiert, wurde. Insofern die I. eine Abstraktion ist, erscheint sie als etwas aus Elementarerem Abgeleitetes oder Entwickeltes, als ein Produkt des Denkens. In diesem Sinne eines Sekundären und Abgeleiteten wird die I. von *Wundt*[356] und andern aufgefasst. Insofern aber die I. nichts anderes ist, als der formulierte Sinn eines urtümlichen Bildes, in welchem er schon *symbolisch* dargestellt war, ist das Wesen der I. nichts Abgeleitetes oder Hervorgebrachtes, sondern, psychologisch betrachtet, a priori vorhanden, als eine gegebene Möglichkeit von Gedankenverbindungen überhaupt. Daher ist die I. dem Wesen (nicht der Formulierung) nach eine a priori existierende und bedingende psychologische Grösse. In diesem Sinn ist die Idee bei *Platon* ein Urbild der Dinge, bei *Kant* das „Urbild des Gebrauchs des Verstandes", ein transscendenter Begriff, der als solcher die Grenze der Erfahrbarkeit überschreitet[357], ein Vernunftbegriff, „dessen Gegenstand gar nicht in der Erfahrung kann angetroffen werden".[358] *Kant* sagt: „Ob wir nun gleich von den transscendentalen Vernunftbegriffen sagen müssen: *sie sind nur Ideen*, so werden wir sie doch keineswegs für überflüssig und nichtig anzusehen haben. Denn wenn schon dadurch kein Objekt bestimmt werden kann, so können sie doch im Grunde und unbemerkt dem Verstande zum Kanon seines ausgebreiteten und einhelligen Gebrauchs dienen, dadurch er zwar keinen Gegenstand *mehr* erkennt, als er nach seinen Begriffen erkennen würde, aber doch in dieser Erkenntnis besser und weiter geleitet wird. Zu geschweigen: dass sie vielleicht von den Naturbegriffen zu den praktischen einen Übergang möglich machen und den moralischen Ideen selbst auf solche Art Haltung

und Zusammenhang mit den spekulativen Erkenntnissen der Vernunft verschaffen können."[359]

Schopenhauer sagt: „Ich verstehe also unter Idee jede bestimmte und feste Stufe der Objektivation des Willens, sofern er Ding an sich und daher der Vielheit fremd ist, welche Stufen sich zu den einzelnen Dingen allerdings verhalten, wie ihre ewigen Formen oder ihre Musterbilder."[360] Bei *Schopenhauer* ist die Idee allerdings anschaulich, weil er sie ganz im Sinne dessen auffasst, was ich als urtümliches Bild bezeichne, immerhin ist sie für das Individuum unerkennbar, sie offenbart sich nur dem „reinen Subjekt des Erkennens", das sich über Wollen und Individualität erhoben hat.[361]

Hegel hypostasiert die I. völlig und verleiht ihr das Attribut des allein realen Seins. Sie ist „der Begriff, die Realität des Begriffes und die Einheit beider".[362] Sie ist „ewiges Erzeugen".[363]

Bei *Lasswitz* ist die I. ein „Gesetz, welches die Richtung anweist, in der unsere Erfahrung sich entwickeln soll". Sie ist die „sicherste und höchste Realität".[364]

Bei *Cohen* ist die I. das „Selbstbewusstsein des Begriffes", die „Grundlegung" des Seins.[365]

Ich will die Zeugnisse für die primäre Natur der I. nicht vermehren. Die Anführungen mögen genügen, um darzutun, dass die I. auch als eine grundlegende, a priori vorhandene Grösse aufgefasst wird. Diese letztere Qualität hat sie von ihrer Vorstufe, dem urtümlichen, symbolischen Bild (s. d.). Ihre sekundäre Natur des Abstrakten und Abgeleiteten hat sie von der rationalen Bearbeitung, welcher das urtümliche Bild unterworfen wird, um es für den rationalen Gebrauch geschickt zu machen. Indem das urtümliche Bild eine stets und überall autochthon wiedererstehende psychologische Grösse ist, so kann in einem gewissen Sinne dasselbe auch von der I. gesagt werden, jedoch unterliegt sie, ihrer rationalen Natur wegen, weit mehr der Veränderung durch die durch Zeit und Umstände stark beeinflusste rationale Bearbeitung, die ihr Formulierungen gibt, welche dem jeweiligen Zeitgeist entsprechen. Wegen ihrer Abstammung vom urtümlichen Bild sprechen ihr einige Philosophen transscendente Qualität zu, was eigentlich der I. wie ich sie fasse, nicht zukommt, sondern vielmehr dem urtümlichen Bilde, dem die Qualität der Zeitlosigkeit anhaftet, indem es von jeher und überall als integrierender Bestandteil dem menschlichen Geiste mitgegeben ist. Ihre Qualität der Selbständigkeit bezieht sie ebenfalls vom urtümlichen Bild, das nie gemacht, sondern stets vorhanden ist und aus sich in die Wahrnehmung tritt, sodass man auch sagen könnte, dass es von sich aus nach seiner Verwirklichung strebe, indem es vom Geiste als aktiv bestimmende Potenz empfunden wird. Diese Anschauung ist allerdings nicht allgemein, sondern ist vermutlich Angelegenheit der Einstellung. (S. Kap. VII.)

Die I. ist eine psychologische Grösse, die nicht nur das Denken, sondern auch als praktische Idee das Fühlen bestimmt. Ich gebrauche den Terminus I. allerdings meist nur dann, wenn ich von der Bestimmung des Denkens beim Denkenden rede; ebenso würde ich von I. sprechen bei der Bestimmung des Fühlens beim Fühlenden. Hingegen ist es terminologisch am Platze, von der Bestimmung durch das urtümliche Bild zu reden, wenn es sich um die a priorische Bestimmung einer nicht-differenzierten Funktion handelt. Die Doppelnatur der I. als etwas Primärem und zugleich Sekundärem bringt es mit sich, dass der Ausdruck gelegentlich promiscuë mit „urtümlichem Bild" gebraucht wird. Die I. ist für die introvertierte Einstellung das primum movens, für die extravertierte Einstellung ein Produkt.

28. **Identifikation.** Unter I. ist ein psychologischer Vorgang verstanden, bei dem die Persönlichkeit teilweise oder total von sich selbst *dissimiliert* (s. Assimilation) wird. I. ist eine Entfremdung des Subjektes von sich selber zu Gunsten eines Objektes, in das sich das Subjekt gewissermassen verkleidet. I. mit dem Vater z. B. bedeutet praktisch eine Adoption der Art und Weise des Vaters, wie wenn der Sohn dem Vater gleich wäre und nicht eine vom Vater verschiedene Individualität. I. unterscheidet sich von *Imitation* dadurch, dass die I. eine *unbewusste Imitation* ist, während Imitation ein bewusstes Nachahmen ist. Die Imitation ist ein unerlässliches Hilfsmittel für die sich noch entwickelnde jugendliche Persönlichkeit. Sie wirkt fördernd, solange sie nicht als Mittel blosser Bequemlichkeit dient und damit die Entwicklung einer passenden individuellen Methode verhindert. Ebenso kann die I. fördernd sein, solange der individuelle Weg noch nicht gangbar ist. Eröffnet sich aber eine bessere individuelle Möglichkeit, so beweist die I. ihren pathologischen Charakter dadurch, dass sie nunmehr ebenso hinderlich ist, wie sie vorher unbewusst tragend und fördernd war. Sie wirkt dann dissociierend, indem das Subjekt durch sie in zwei einander fremde Persönlichkeitsteile zerspalten wird. Die I. bezieht sich nicht immer auf Personen, sondern auch auf Sachen (z. B. auf eine geistige Bewegung, ein Geschäft etc.) und auf psychologische Funktionen. Letzterer Fall ist sogar besonders wichtig. (Vergl. Kap. II.) In diesem Fall führt die I. zur Ausbildung eines sekundären Charakters und zwar dadurch, dass sich das Individuum mit seiner am besten entwickelten Funktion dermassen identifiziert, dass es sich von seiner ursprünglichen Charakteranlage zum grossen Teil oder gänzlich entfernt, wodurch seine eigentliche Individualität dem Unbewussten verfällt. Dieser Fall bildet fast die Regel bei allen Menschen mit einer differenzierten Funktion. Er ist sogar ein notwendiger Durchgangspunkt auf dem Wege der Individuation überhaupt. Die I. mit den Eltern oder den nächsten Familienangehörigen ist zum Teil eine normale Erscheinung,

insofern sie zusammenfällt mit der a priori bestehenden *familiären Identität*. In diesem Fall empfiehlt es sich, nicht von I. zu reden, sondern, wie es der Sachlage entspricht, von Identität. Die I. mit den Familienangehörigen unterscheidet sich nämlich dadurch von der Identität, dass sie keine a priori gegebene Tatsache ist, sondern erst sekundär entsteht durch folgenden Prozess: das aus der ursprünglichen familiären Identität sich herausentwickelnde Individuum stösst in seinem Anpassungs- und Entwicklungsprozess auf ein nicht ohne weiteres zu bewältigendes Hindernis, infolgedessen entsteht eine Libidostauung, welche allmählich einen regressiven Ausweg sucht. Durch die Regression werden frühere Zustände wiederbelebt, u. a. die familiäre Identität. Diese regressiv wiederbelebte, eigentlich schon fast überwundene Identität ist die I. mit den Familienangehörigen. Alle I. mit Personen erfolgen auf diesem Wege. Die I. verfolgt immer den Zweck, auf die Art und Weise des andern einen Vorteil zu erreichen oder ein Hindernis zu beseitigen oder eine Aufgabe zu lösen.

29. **Identität.** Von I. spreche ich im Falle eines psychologischen Gleichseins. Die I. ist immer ein unbewusstes Phänomen, denn ein bewusstes Gleichsein würde immer schon das Bewusstsein zweier Dinge, die einander gleich sind, mithin also eine Trennung von Subjekt und Objekt voraussetzen, wodurch das Phänomen der I. bereits aufgehoben wäre. Die psychologische I. setzt ihr Unbewusstsein voraus. Sie ist ein Charakteristicum der primitiven Mentalität und die eigentliche Grundlage der „participation mystique", welche nämlich nichts anderes ist, als ein Überbleibsel der uranfänglichen psychologischen Ununterschiedenheit von Subjekt und Objekt, also des primordialen unbewussten Zustandes; sodann ist sie ein Charakteristikum des früh-infantilen Geisteszustandes, und schliesslich ist sie auch ein Charakteristikum des Unbewussten beim erwachsenen Kulturmenschen, das, insofern es nicht zum Bewusstseinsinhalt geworden ist, dauernd im Zustand der I. mit den Objekten verharrt. Auf der I. mit den Eltern beruht die *Identifikation* (s. d.) mit den Eltern; ebenso beruht auf ihr die Möglichkeit der *Projektion* und der *Introjektion* (s. d.). Die I. ist in erster Linie ein unbewusstes Gleichsein mit den Objekten. Sie ist *keine Gleichsetzung*, keine Identifikation, sondern ein a priorisches Gleichsein, das überhaupt nie Gegenstand des Bewusstseins war. Auf der I. beruht das naive Vorurteil, dass die Psychologie des einen gleich sei der des andern, dass überall dieselben Motive gälten, dass, was mir angenehm ist, selbstverständlich für den andern auch ein Vergnügen sei, dass, was für mich unmoralisch ist, für den andern auch unmoralisch sein müsse, etc. Auf I. beruht auch das allgemein verbreitete Streben, am andern das verbessern zu wollen, was man bei sich selber ändern sollte. Auf I. beruht ferner die Möglichkeit der Suggestion und der psychischen Ansteckung. Besonders klar tritt die I. hervor in pathologischen Fällen, z. B. im paranoischen Beziehungswahn, wo beim andern selbstverständlich der eigene subjektive Inhalt vorausgesetzt wird.

Die I. ist aber auch die Möglichkeit eines bewussten Collektivismus, einer bewussten sozialen Einstellung, die im Ideal der christlichen Nächstenliebe ihren höchsten Ausdruck gefunden hat.

30. **Individualität.** Unter I. verstehe ich die Eigenart und Besonderheit des Individuums in jeder psychologischen Hinsicht. Individuell ist alles, was nicht collektiv ist, was also nur Einem zukommt und nicht einer grössern Gruppe von Individuen. Von den psychologischen Elementen wird sich kaum I. aussagen lassen, sondern wohl nur von ihrer eigenartigen und einzigartigen Gruppierung und Kombination. (S. Individuum.)

31. **Individuation.** Der Begriff der I. spielt in unserer Psychologie keine geringe Rolle. Die I. ist allgemein der Vorgang der Bildung und Besonderung von Einzelwesen, speziell die Entwicklung des psychologischen Individuums als eines vom allgemeinen, von der Collektivpsychologie unterschiedenen Wesens. Die I. ist daher ein *Differenzierungsprozess*, der die Entwicklung der individuellen Persönlichkeit zum Ziele hat. Die Notwendigkeit der I. ist insofern eine natürliche, als eine Verhinderung der I. durch überwiegende oder gar ausschliessliche Normierung an Collektivmasstäben eine Beeinträchtigung der individuellen Lebenstätigkeit bedeutet. Die Individualität ist aber schon physisch und physiologisch gegeben und drückt sich dementsprechend auch psychologisch aus. Eine wesentliche Behinderung der Individualität bedeutet daher eine künstliche Verkrüppelung. Es ist ohne weiteres klar, dass eine soziale Gruppe, die aus verkrüppelten Individuen besteht, keine gesunde und auf die Dauer lebensfähige Institution sein kann, denn nur diejenige Societät, welche ihren innern Zusammenhang und ihre Collektivwerte bei grösstmöglicher Freiheit des Einzelnen bewahren kann, hat eine Anwartschaft auf dauerhafte Lebendigkeit. Da das Individuum nicht nur Einzelwesen ist, sondern auch collektive Beziehung zu seiner Existenz voraussetzt, so führt auch der Prozess der I. nicht in die *Vereinzelung*, sondern in einen intensivern und allgemeinern Collektivzusammenhang.

Der psychologische Vorgang der I. ist eng verknüpft mit der sogen. *transscendenten Funktion*, indem durch diese Funktion die individuellen Entwicklungslinien gegeben werden, welche auf dem durch Collektivnormen vorgezeichneten Wege niemals erreicht werden können. (s. Symbol.)

Die I. kann unter keinen Umständen das einzige Ziel der psychologischen Erziehung sein. Bevor die I. zum Ziele genommen werden kann, muss das Erziehungsziel der Anpassung an das zur Existenz notwendige Minimum von Collektivnormen erreicht sein: eine Pflanze, die zur grösstmöglichen Entfaltung ihrer Eigentümlichkeit gebracht werden soll, muss zu allererst in dem Boden, in den sie gepflanzt ist, auch wachsen können. Die I. befindet sich immer mehr oder weniger im Gegensatz zur Collektivnorm, denn sie ist

Abscheidung und Differenzierung vom Allgemeinen und Herausbildung des Besondern, jedoch nicht einer *gesuchten* Besonderheit, sondern einer Besonderheit, die a priori schon in der Anlage begründet ist. Der Gegensatz zur Collektivnorm ist aber nur ein scheinbarer, indem bei genauerer Betrachtung der individuelle Standpunkt *nicht gegensätzlich* zur Collektivnorm, sondern nur *anders* orientiert ist. Der individuelle Weg kann auch gar nicht eigentlich ein Gegensatz zur Collektivnorm sein, weil der Gegensatz zu letzterer nur eine entgegengesetzte *Norm* sein könnte. Der individuelle Weg ist aber eben niemals eine Norm. Eine Norm entsteht aus der Gesamtheit individueller Wege und hat nur dann eine Existenzberechtigung und eine lebenfördernde Wirkung, wenn individuelle Wege, die sich von Zeit zu Zeit an einer Norm orientieren wollen, überhaupt vorhanden sind. Eine Norm dient zu nichts, wenn sie absolute Geltung hat. Ein wirklicher Konflikt mit der Collektivnorm entsteht nur dann, wenn ein individueller Weg zur Norm erhoben wird, was die eigentliche Absicht des extremen Individualismus ist. Diese Absicht ist natürlich pathologisch und durchaus lebenswidrig. Sie hat demgemäss nichts mit I. zu tun, welch letztere zwar den individuellen Nebenweg einschlägt, eben deshalb auch die Norm braucht zur Orientierung der Gesellschaft gegenüber und zur Herstellung des lebensnotwendigen Zusammenhanges der Individuen in der Societät. Die I. führt daher zu einer natürlichen Wertschätzung der Collektivnormen, während einer ausschliesslich collektiven Lebensorientierung die Norm in zunehmendem Masse überflüssig wird, wodurch die eigentliche Moralität zu Grunde geht. *Je stärker die collektive Normierung des Menschen, desto grösser ist seine individuelle Immoralität.* Die I. fällt zusammen mit der Entwicklung des Bewusstseins aus dem ursprünglichen *Identitätszustand* (s. Identität). Die I. bedeutet daher eine Erweiterung der Sphäre des Bewusstseins und des bewussten psychologischen Lebens.

32. **Individuum.** I. ist Einzelwesen; das psychologische I. ist charakterisiert durch seine eigenartige und in gewisser Hinsicht einmalige Psychologie. Die Eigenart der individuellen Psyche erscheint weniger an ihren Elementen als vielmehr an ihren komplexen Gebilden. Das (psychologische) I. oder die psychologische Individualität existiert unbewusst a priori, bewusst aber nur in soweit, als ein Bewusstsein der Eigenart vorhanden ist, d. h. insoweit eine bewusste Verschiedenheit von andern I. vorhanden ist. Mit der physischen ist auch die psychische Individualität als Korrelat gegeben, jedoch, wie gesagt, zunächst unbewusst. Es bedarf eines bewussten Differenzierungsprozesses, der Individuation (s. d.), um die Individualität bewusst zu machen, d. h. sie aus der Identität mit dem Objekt herauszuheben. Die Identität der Individualität mit dem Objekt ist gleichbedeutend mit ihrem Unbewusstsein. Ist die Individualität unbewusst, so ist kein psychologisches I. vorhanden, sondern bloss eine Collektivpsychologie des Bewusstseins. In diesem Fall erscheint die

unbewusste Individualität als identisch mit dem Objekt, projiziert auf das Objekt. Das Objekt hat infolgedessen einen zu grossen Wert und wirkt zu stark determinierend.

33. **Intellekt.** I. nenne ich das *gerichtete* Denken (s. d.).

34. **Introjektion.** I. wurde von *Avenarius*[366] als ein der *Projektion* entsprechender Terminus eingeführt. Die damit gemeinte *Hineinverlegung* eines subjektiven Inhaltes in ein Objekt wird aber ebenso gut auch durch den Begriff der Projektion ausgedrückt, weshalb für diesen Vorgang der Terminus „Projektion" beizubehalten wäre. *Ferenczi* hat nun den Begriff der I. als im Gegensatz zu „Projektion" definiert, nämlich als eine Einbeziehung des Objektes in den subjektiven Interessenkreis, während „Projektion" eine Hinausverlegung subjektiver Inhalte in das Objekt bedeutet.[367] „Während der Paranoische die unlustvoll gewordenen Regungen aus dem Ich hinaus verdrängt, hilft sich der Neurotiker auf die Art, dass er einen möglichst grossen Teil der Aussenwelt in das Ich aufnimmt und zum Gegenstand unbewusster Phantasien macht." Ersterer Mechanismus ist Projektion, letzterer I. Die I. ist eine Art „Verdünnungsprozess", eine „Ausweitung des Interessenkreises". Nach Ferenczi ist die I. auch ein normaler Vorgang. Psychologisch ist die I. also ein Assimilationsvorgang (s. d.); während die Projektion ein Dissimilationsvorgang ist. Die I. bedeutet eine Angleichung des Objektes an das Subjekt, die Projektion dagegen eine Unterscheidung des Objektes vom Subjekt vermittelst eines aufs Objekt verlegten subjektiven Inhaltes. Die I. ist ein Extraversionsvorgang, indem zur Angleichung des Objektes eine Einfühlung, überhaupt eine Besetzung des Objektes nötig ist. Man kann eine *passive* und eine *aktive* I. unterscheiden; zu ersteren Formen gehören die Übertragungsvorgänge bei der Behandlung von Neurosen, überhaupt alle Fälle, wo das Objekt eine unbedingte Anziehung auf das Subjekt ausübt; zur letzteren Form gehört die *Einfühlung* als Anpassungsvorgang.

35. **Introversion.** I. heisst Einwärtswendung der Libido (s. d.). Damit ist eine negative Beziehung des Subjektes zum Objekt ausgedrückt. Das Interesse bewegt sich nicht zum Objekt, sondern zieht sich davor zurück aufs Subjekt. Jemand, der introvertiert eingestellt ist, denkt, fühlt und handelt in einer Art und Weise, die deutlich erkennen lässt, dass das Subjekt in erster Linie motivierend ist, während dem Objekt höchstens ein sekundärer Wert zukommt. Die I. kann einen mehr intellektuellen oder mehr gefühlsmässigen Charakter haben, ebenso kann sie durch Intuition oder durch Empfindung gekennzeichnet sein. Die I. ist *aktiv*, wenn das Subjekt eine gewisse Abschliessung gegenüber dem Objekt *will*, *passiv*, wenn das Subjekt nicht imstande ist, die vom Objekt zurückströmende Libido wieder auf das Objekt zurückzubringen. Ist die I. habituell, so spricht man von einem *introvertierten Typus* (s. Typen).

36. **Intuition** (von intueri-anschauen) ist nach meiner Auffassung eine psychologische Grundfunktion (s. Funktion). Die I. ist diejenige psychologische Funktion, welche Wahrnehmungen *auf unbewusstem Wege* vermittelt. Gegenstand dieser Wahrnehmung kann Alles sein, äussere und innere Objekte oder deren Zusammenhänge. Das Eigentümliche der I. ist, dass sie weder Sinnesempfindung, noch Gefühl, noch intellektueller Schluss ist, obschon sie auch in diesen Formen auftreten kann. Bei der I. präsentiert sich irgend ein Inhalt als fertiges Ganzes, ohne dass wir zunächst fähig wären, anzugeben oder herauszufinden, auf welche Weise dieser Inhalt zustande gekommen ist. Die I. ist eine Art instinktiven Erfassens, gleichviel welcher Inhalte. Sie ist, wie die Empfindung (s. d.), eine *irrationale* (s. d.) Wahrnehmungsfunktion. Ihre Inhalte haben, wie die der Empfindung, den Charakter der Gegebenheit, im Gegensatz zu dem Charakter des „Abgeleiteten", „Hervorgebrachten" der Gefühls- und Denkinhalte. Die intuitive Erkenntnis hat daher ihren Charakter von Sicherheit und Gewissheit, der *Spinoza* vermochte, die „scientia intuitiva" für die höchste Form der Erkenntnis zu halten.[368] Die I. hat diese Eigenschaft mit der Empfindung gemein, deren physische Grundlage Grund und Ursache ihrer Gewissheit ist. Ebenso beruht die Gewissheit der I. auf einem bestimmten psychischen Tatbestand, dessen Zustandekommen und Bereitsein aber unbewusst war. Die I. tritt auf in *subjektiver* oder *objektiver* Form, erstere ist eine Wahrnehmung unbewusster psychischer Tatbestände, die wesentlich subjektiver Provenienz sind, letztere eine Wahrnehmung von Tatbeständen, die auf subliminalen Wahrnehmungen am Objekte und auf durch sie veranlassten subliminalen Gefühlen und Gedanken beruhen. Es sind auch *concrete* und *abstrakte* Formen der I. zu unterscheiden, je nach dem Grade der Mitbeteiligung der Empfindung. Die concrete I. vermittelt Wahrnehmungen, welche die Tatsächlichkeit der Dinge betreffen, die abstrakte I. dagegen vermittelt die Wahrnehmung ideeller Zusammenhänge. Die concrete I. ist ein reaktiver Vorgang, indem sie aus gegebenen Tatbeständen ohne weiteres erfolgt. Die abstrakte I. dagegen benötigt, wie die abstrakte Empfindung, eines gewissen Richtungselementes, eines Willens oder einer Absicht.

Die I. ist neben der Empfindung ein Charakteristikum der infantilen und primitiven Psychologie. Sie vermittelt dem Kinde und dem Primitiven gegenüber dem stark hervortretenden Empfindungseindruck die Wahrnehmung der mythologischen Bilder, der Vorstufen der *Ideen* (s. d.). Die I. verhält sich compensierend zur Empfindung, und ist, wie die Empfindung, die Mutterstätte, von wo sich Denken und Fühlen als rationale Funktionen entwickeln. Die I. ist eine irrationale Funktion, obschon viele I. nachträglich in ihre Komponenten zerlegt werden können, und somit auch ihr Zustandekommen mit den Vernunftgesetzen in Einklang gebracht werden kann. Jemand, der seine allgemeine Einstellung nach dem Prinzip der I. also nach Wahrnehmungen über das Unbewusste orientiert, gehört zum *intuitiven*

Typus[369] (s. Typen). Je nach der Verwertung der I. nach innen, ins Erkennen oder innere Anschauen oder nach aussen ins Handeln und Ausführen kann man introvertierte und extravertierte Intuitive unterscheiden. In abnormen Fällen tritt eine starke Verschmelzung mit und eine ebenso grosse Bedingtheit durch Inhalte des collektiven Unbewussten zu Tage, wodurch der intuitive Typus äusserst irrational und unbegreiflich erscheinen kann.

37. **Irrational.** Ich verwende diesen Begriff nicht im Sinne des *Widervernünftigen*, sondern im Sinne des *Ausservernünftigen*, nämlich dessen, was mit der Vernunft nicht zu begründen ist. Dazu gehören die elementaren Tatsachen, z. B. dass die Erde einen Mond hat, dass Chlor ein Element ist, dass Wasser bei 4° C. seine grösste Dichtigkeit erreicht usw. I. ist ferner der *Zufall*, obschon *nachträglich* seine vernünftige Kausalität nachgewiesen werden kann. Das I. ist ein Faktor des Seins, der zwar durch Komplikation der vernünftigen Erklärung immer weiter hinausgeschoben werden kann, der aber dadurch die Erklärung schliesslich dermassen kompliziert, dass sie die Fassungskraft des vernünftigen Denkens übersteigt und somit dessen Grenzen erreicht, noch bevor sie das Ganze der Welt mit dem Gesetze der Vernunft umspannt hätte. Eine völlige rationale Erklärung eines wirklich seienden Objektes (also nicht eines bloss gesetzten) ist eine Utopie oder ein Ideal. Nur ein Objekt, das gesetzt wurde, kann rational auch völlig erklärt werden, denn es ist von vornherein nicht mehr darin, als eben durch die Vernunft des Denkens gesetzt wurde. Auch die empirische Wissenschaft setzt rational beschränkte Objekte, indem sie durch beabsichtigten Ausschluss des Zufälligen das wirkliche Objekt als Ganzes nicht in Betracht kommen lässt, sondern immer nur einen für die rationale Betrachtung desselben hervorgehobenen Teil. So ist das Denken als *gerichtete Funktion* rational, ebenso das Fühlen. Stellen diese Funktionen aber nicht auf eine rational bestimmte Auswahl von Objekten oder Eigenschaften und Beziehungen von Objekten ab, sondern auf zufällig Wahrgenommenes, das am wirklichen Objekt niemals zu fehlen pflegt, so entbehren sie der Richtung und verlieren dadurch etwas von ihrem rationalen Charakter, weil sie Zufälliges aufnehmen. Sie werden dadurch zum Teil i. Das Denken und Fühlen, das sich nach zufälligen Wahrnehmungen richtet und deshalb eben i. ist, ist *intuitives* oder *empfindendes* Denken und Fühlen. *Intuition* sowohl wie *Empfindung* sind psychologische Funktionen, die ihre Vollkommenheit in der *absoluten Wahrnehmung* des überhaupt Geschehenden erreichen. Ihrem Wesen entsprechend müssen sie daher auf absolute Zufälligkeit und auf jede Möglichkeit eingestellt sein; sie müssen daher der rationalen Richtung gänzlich entbehren. Ich bezeichne sie darum als i. Funktionen, im Gegensatz zu Denken und Fühlen, als welche Funktionen sind, die ihre Vollkommenheit in einer völligen Übereinstimmung mit den Vernunftgesetzen erreichen. Obschon das I. als solches niemals der

Gegenstand einer Wissenschaft sein kann, so ist es doch für eine praktische Psychologie von grossem Belang, das Moment des I. richtig eingeschätzt zu haben. Die praktische Psychologie wirft nämlich viele Probleme auf, die rational überhaupt nicht gelöst werden können, sondern eine i. Erledigung verlangen, d. h. auf einem Wege, welcher den Vernunftgesetzen nicht entspricht. Durch eine zu ausschliessliche Erwartung oder gar Überzeugung, dass für jeden Konflikt auch eine vernünftige Möglichkeit der Beilegung existieren müsse, kann eine wirkliche Lösung von i. Natur verhindert werden. (Siehe Rational.)

38. **Libido.** Unter L. verstehe ich die *psychische Energie.*[370] Psychische Energie ist die Intensität des psychischen Vorganges, sein *psychologischer Wert.* Darunter ist kein erteilter Wert moralischer, ästhetischer oder intellektueller Art zu verstehen, sondern der psychologische Wert wird einfach bestimmt nach seiner *determinierenden* Kraft, die sich in bestimmten psychischen Wirkungen („Leistungen") äussert. Ich verstehe unter L. auch nicht eine psychische *Kraft*, welches Missverständnis oftmals von Kritikern gemacht wurde. Ich hypostasiere den Energiebegriff nicht, sondern gebrauche ihn als einen Begriff für Intensitäten oder Werte. Die Frage, ob es eine spezifische, psychische Kraft gibt oder nicht, hat mit dem Begriff der L. nichts zu tun. Ich gebrauche den Ausdruck L. öfters promiscuë mit „Energie". Die Berechtigung, die psychische Energie L. zu nennen, habe ich in den in der Fussnote angeführten Arbeiten ausführlich dargetan.

39. **Machtkomplex.** Mit M. bezeichne ich gelegentlich den gesamten Komplex aller jener Vorstellungen und Strebungen, welche die Tendenz haben, das Ich über andere Einflüsse zu stellen und diese dem Ich unterzuordnen, mögen diese Einflüsse von Menschen und Verhältnissen stammen, oder mögen sie von eigenen, subjektiven Trieben, Gefühlen und Gedanken herkommen.

40. **Minderwertige Funktion.** Unter M. F. verstehe ich jene F., welche beim Differenzierungsprozess im Rückstand bleibt. Es ist nämlich erfahrungsgemäss kaum möglich, — aus Ungunst der allgemeinen Bedingungen — dass jemand zugleich alle seine psychologischen F. zur Entwicklung bringe. Schon die sozialen Anforderungen bringen es mit sich, dass der Mensch zu allernächst und allermeist jene F. am stärksten differenziert, zu welcher er entweder von Natur aus am besten befähigt ist, oder welche ihm zu seinem sozialen Erfolge die wirksamsten Mittel leiht. Sehr häufig, fast in der Regel, identifiziert man sich auch mehr oder weniger vollständig mit der meist begünstigten und daher am weitesten entwickelten F. Daraus entstehen die psychologischen *Typen.* Bei der Einseitigkeit dieses Entwicklungsprozesses, bleiben eine oder mehrere Funktionen notwendigerweise in der Entwicklung zurück. Man kann sie daher passenderweise als „minderwertig" bezeichnen und zwar in

psychologischem, aber nicht in psychopathologischem Sinne, denn diese zurückgebliebenen F. sind keineswegs krankhaft, sondern nur rückständig im Vergleich zur begünstigten F. Meist, d. h. in normalen Fällen, bleibt die M. F. bewusst; in der Neurose dagegen verfällt die M. F. teilweise oder grösstenteils dem Unbewussten. In dem Masse nämlich als alle Libido der begünstigten F. zugeführt wird, entwickelt sich die M. F. regressiv, d. h. sie kehrt in ihre archaïschen Vorstadien zurück, wodurch sie inkompatibel mit der bewussten und begünstigten F. wird. Wenn eine F., die normalerweise bewusst sein sollte, dem Unbewussten verfällt, so verfällt auch die dieser F. spezifische Energie dem Unbewussten. Eine natürliche F., wie z. B. das Fühlen, besitzt eine ihr von Natur aus zukommende Energie, sie ist ein festorganisiertes lebendiges System, das unter keinen Umständen seiner Energie gänzlich zu berauben ist. Durch das Unbewusstwerden der M. F. wird ihr Energierest ins Unbewusste überführt, wodurch das Unbewusste in unnatürlicher Weise belebt wird. Daraus entstehen der archaïsch gewordenen F. entsprechende Phantasien. Eine analytische Befreiung der M. F. aus dem Unbewussten kann daher nur stattfinden durch die Heraufbringung der unbewussten Phantasiegebilde, die eben durch die unbewusst gewordene F. angeregt worden waren. Durch die Bewusstmachung dieser Phantasien wird auch die M. F. wieder zum Bewusstsein gebracht und damit der Entwicklungsmöglichkeit zugeführt.

41. **Objektstufe.** Unter Deutung auf der O. verstehe ich diejenige Auffassung eines Traumes oder einer Phantasie, bei der die darin auftretenden Personen oder Verhältnisse als auf Objektiv-reale Personen oder Verhältnisse bezogen werden. Dies im Gegensatz zur Subjektstufe (s. d.), bei der die im Traume vorkommenden Personen und Verhältnisse ausschliesslich auf subjektive Grössen bezogen werden. Die *Freud*sche Traumauffassung bewegt sich fast ausschliesslich auf der Objektstufe, insofern die Traumwünsche als auf reale Objekte bezüglich gedeutet oder auf Sexualvorgänge bezogen werden, die in die physiologische, also ausserpsychologische Sphäre fallen.

42. **Orientierung.** Als O. bezeichne ich das allgemeine Prinzip einer Einstellung (s. d.). Jede Einstellung orientiert sich nach einem gewissen Gesichtspunkt, ob nun dieser Gesichtspunkt bewusst sei oder nicht. Eine sogen. Machteinstellung orientiert sich nach dem Gesichtspunkt der Macht des Ich über unterdrückende Einflüsse und Bedingungen. Eine Denkeinstellung orientiert sich z. B. am logischen Prinzip als ihrem höchsten Gesetz. Eine Empfindungseinstellung orientiert sich an der sinnlichen Wahrnehmung gegebener Tatsachen.

43. **„Participation mystique“.** Dieser Terminus stammt von *Lévy-Bruhl.*[371] Es wird darunter eine eigentümliche Art einer psychologischen Verbundenheit mit dem Objekt verstanden. Sie besteht darin, dass das

Subjekt sich nicht klar vom Objekt unterscheiden kann, sondern mit diesem durch eine unmittelbare Beziehung, die man als partielle Identität bezeichnen kann, verbunden ist. Diese Identität beruht auf einem a priorischen Einssein von Objekt und Subjekt. Die P. m. ist daher ein Überbleibsel dieses Urzustandes. Sie betrifft nicht das Ganze der Beziehung von Subjekt und Objekt, sondern nur gewisse Fälle, in denen das Phänomen dieser eigenartigen Bezogenheit auftritt. Die P. m. ist natürlich eine Erscheinung, die am besten bei den Primitiven zu beobachten ist; sie ist jedoch auch beim Kulturmenschen sehr häufig, wenn auch nicht in derselben Ausdehnung und Intensität vorhanden. In der Regel findet sie beim Kulturmenschen statt zwischen Personen, seltener zwischen einer Person und einer Sache. Im erstern Fall ist sie ein sogen. Übertragungsverhältnis, bei welchem dem Objekt (in der Regel) eine gewissermassen magische, d. h. unbedingte Wirkung auf das Subjekt zukommt. In letzterm Fall handelt es sich entweder um ähnliche Wirkungen einer Sache oder um eine Art von Identifikation mit einer Sache oder der Idee derselben.

44. **Phantasie.** Unter P. verstehe ich zwei verschiedene Dinge, nämlich 1. das *Phantasma* und 2. die *imaginative Tätigkeit.* Es geht aus dem Text meiner Arbeit hervor, was jeweils mit dem Ausdruck P. gemeint ist. Unter P. *als Phantasma* verstehe ich einen Vorstellungskomplex, welcher sich vor andern Vorstellungskomplexen dadurch auszeichnet, dass ihm kein äusserlich realer Sachverhalt entspricht. Obschon eine P. ursprünglich auf Erinnerungsbildern wirklich stattgehabter Erlebnisse beruhen kann, so entspricht doch ihr Inhalt keiner äussern Realität, sondern ist wesentlich nur der Ausfluss der schöpferischen Geistestätigkeit, eine Betätigung oder ein Produkt der Kombination energiebesetzter psychischer Elemente. Insofern die psychische Energie einer willkürlichen Richtung unterworfen werden kann, kann auch die P. bewusst und willkürlich hervorgebracht werden, entweder als Ganzes oder wenigstens als Teil. Im erstern Fall ist sie dann nichts anderes als eine Kombination bewusster Elemente. Jedoch ist dieser Fall nur ein künstliches und theoretisch bedeutsames Experiment. In der Wirklichkeit der alltäglichen psychologischen Erfahrung ist die P. meistens entweder durch eine erwartende, intuitive Einstellung ausgelöst oder sie ist eine Irruption unbewusster Inhalte ins Bewusstsein. Man kann *aktive* und *passive* P. unterscheiden; erstere sind veranlasst durch Intuition, d. h. durch eine auf Wahrnehmung unbewusster Inhalte gerichtete Einstellung, wobei die Libido alle aus dem Unbewussten auftauchenden Elemente sofort besetzt und durch Association paralleler Materialien zur Höhe der Klarheit und Anschaulichkeit bringt; letztere treten ohne vorgehende und begleitende intuitive Einstellung von vornherein in anschaulicher Form auf bei völlig passiver Einstellung des erkennenden Subjektes. Diese P. gehören zu den psychischen „Automatismes" (*Janet*). Diese letzteren P. können natürlich nur bei einer relativen Dissociation der Psyche vorkommen, denn ihr

Zustandekommen setzt voraus, dass ein wesentlicher Energiebetrag sich der bewussten Kontrolle entzogen und unbewusste Materialien besetzt hat. So setzt die Vision des Saulus voraus, dass er unbewusst bereits ein Christ ist, was seiner bewussten Einsicht entgangen war. Die passive P. entstammt wohl immer einem im Verhältnis zum Bewusstsein gegensätzlichen Vorgang im Unbewussten, der annähernd so viel Energie auf sich vereinigt, wie die bewusste Einstellung und deshalb auch befähigt ist, den Widerstand letzterer zu durchbrechen.

Die aktive P. dagegen verdankt ihre Existenz nicht bloss einseitig einem intensiven und gegensätzlichen unbewussten Vorgang, sondern ebensowohl der Geneigtheit der bewussten Einstellung, die Andeutungen oder Fragmente relativ schwach betonter, unbewusster Zusammenhänge aufzunehmen und durch Associierung paralleler Elemente bis zur völligen Anschaulichkeit auszugestalten. Bei der aktiven P. handelt es sich also nicht notwendigerweise um einen dissociierten Seelenzustand, sondern vielmehr um eine positive Anteilnahme des Bewusstseins. Wenn die passive Form der P. nicht selten den Stempel des Krankhaften oder wenigstens Abnormen trägt, so gehört die aktive Form oft zu den höchsten menschlichen Geistestätigkeiten. Denn in ihr fliesst die bewusste und die unbewusste Persönlichkeit des Subjektes in ein gemeinsames und vereinigendes Produkt zusammen. Eine derart gestaltete P. kann der höchste Ausdruck der Einheit einer Individualität sein und diese letztere eben gerade durch den vollkommenen Ausdruck ihrer Einheit auch erzeugen. (Vergl. dazu *Schillers* Begriff der „ästhetischen Stimmung".) Die passive P. ist in der Regel wohl nie der Ausdruck einer zur Einheit gelangten Individualität, denn sie setzt, wie gesagt, eine starke Dissociation voraus, die ihrerseits nur auf einem ebenso starken Gegensatz des Unbewussten zum Bewusstsein beruhen kann. Die aus einem solchen Zustande durch Irruption ins Bewusstsein hervorgegangene P. wird daher wohl nie der vollkommene Ausdruck einer in sich geeinten Individualität sein können, sondern vorwiegend des Standpunktes der unbewussten Persönlichkeit. Das Leben des Paulus ist ein gutes Beispiel hiefür: seine Wendung zum christlichen Glauben entsprach einem Annehmen des vorher unbewussten Standpunktes und einer Verdrängung des bisherigen antichristlichen Standpunktes, welch letzterer sich dann in seinen hysterischen Anfällen bemerkbar machte. Die passive P. bedarf daher immer einer bewussten *Kritik*, wenn sie nicht einseitig den Standpunkt des unbewussten Gegensatzes zur Geltung bringen soll. Die aktive P. dagegen als das Produkt einerseits einer zum Unbewussten *nicht* gegensätzlichen bewussten Einstellung und andererseits unbewusster Vorgänge, die sich nicht gegensätzlich, sondern bloss compensatorisch zum Bewusstsein verhalten, bedarf dieser Kritik nicht, sondern bloss des *Verständnisses*.

Wie beim Traume (der nichts anderes als eine passive P. ist), so ist auch bei der P. ein *manifester* und ein *latenter Sinn* zu unterscheiden. Ersterer ergibt sich aus der unmittelbaren Anschauung des P.-bildes, der unmittelbaren Aussage des phantastischen Vorstellungskomplexes. Der manifeste Sinn verdient allerdings oft kaum diesen Namen, obschon er bei der P. immer sehr viel mehr entwickelt ist, als beim Traum, was wahrscheinlich daher rühren dürfte, dass die Traum-P. in der Regel keiner besondern Energie bedarf, um sich dem schwachen Widerstand des schlafenden Bewusstseins wirksam entgegensetzen zu können, weshalb auch wenig gegensätzliche und bloss leicht compensatorische Tendenzen schon zur Wahrnehmung gelangen können. Die Wach-P. dagegen muss schon über eine beträchtliche Energie verfügen, um die von der bewussten Einstellung ausgehende Hemmung überwinden zu können. Dazu muss der unbewusste Gegensatz also schon sehr wichtig sein, um ins Bewusstsein hineingelangen zu können. Wenn er nur in vagen und schwer fassbaren Andeutungen bestände, so wäre er niemals imstande, die Aufmerksamkeit (die bewusste Libido) dermassen auf sich zu lenken, dass er den Zusammenhang der Bewusstseinsinhalte unterbrechen könnte. Der unbewusste Inhalt ist daher auf einen sehr starken innern Zusammenhang, der sich eben in einem ausgesprochenen manifesten Sinn äussert, angewiesen. Der manifeste Sinn hat immer den Charakter eines anschaulichen und concreten Vorganges, der wegen seiner objektiven Irrealität den Anspruch des Bewusstseins auf Verständnis nicht befriedigen kann. Es wird daher nach einer andern Bedeutung der P., nach einer *Deutung* derselben, suchen, also nach einem latenten Sinne. Obschon nun die Existenz eines latenten Sinnes der P. zunächst keineswegs sicher ist, und einer eventuellen Bestreitung der Möglichkeit eines latenten Sinnes nichts im Wege steht, so ist doch der Anspruch auf ein befriedigendes Verständnis Motiv genug für eine eingehende Nachforschung. Diese Erforschung des latenten Sinnes kann zunächst rein *kausaler* Natur sein, unter der Fragestellung nach den psychologischen Ursachen des Zustandekommens der P. Diese Fragestellung führt einerseits zu weiter rückwärts gelegenen Anlässen zur P. und andererseits zur Feststellung der Triebkräfte, welche energetisch für das Zustandekommen der P. verantwortlich zu machen sind. Wie bekannt, hat *Freud* diese Richtung besonders intensiv ausgebaut. Ich habe diese Art der Deutung als *reduktive* bezeichnet. Die Berechtigung einer reduktiven Auffassung ist ohne weiteres ersichtlich und ebenso ist es durchaus verständlich, wenn für ein gewisses Temperament diese Art der Deutung psychologischer Tatbestände etwas Befriedigendes hat, sodass kein Anspruch auf weiteres Verständnis mehr erhoben wird. Wenn jemand einen Hilferuf ausstösst, so ist dieses Faktum hinreichend und befriedigend erklärt, wenn nachgewiesen ist, dass der Betreffende sich momentan in Lebensgefahr befindet. Wenn jemand von vollbesetzten Tafeln träumt, und es ist nachgewiesen, dass er beim Zubettegehen an Hunger litt, so ist diese

Erklärung seines Traumes befriedigend. Wenn jemand, der seine Sexualität unterdrückt, etwa ein mittelalterlicher Heiliger, sexuelle P. hat, so ist diese Tatsache durch Reduktion auf die unterdrückte Sexualität hinreichend erklärt.

Wenn wir hingegen die Vision des Petrus dadurch erklären wollten, dass wir sie etwa auf die Tatsache, dass er an Hunger gelitten und darum vom Unbewussten die Aufforderung zum Essen der unreinen Tiere erhalten hätte, oder dass das Essen der unreinen Tiere überhaupt bloss die Erfüllung eines verbotenen Wunsches bedeutet hätte, so hat eine solche Erklärung wenig Befriedigendes an sich. Ebenso kann es unsern Anspruch nicht befriedigen, wenn wir die Vision des Saulus beispielsweise auf seinen verdrängten Neid auf die Rolle, die der Christus bei seinen Volksgenossen spielte, vermöge dessen er sich mit Christus identifizierte, zurückführen wollten. Beide Erklärungen mögen etwas Wahres an sich haben, sie stehen jedoch in keinem Verhältnis zu der zeitgeschichtlich bedingten Psychologie des Petrus sowohl wie des Paulus. Diese Erklärung ist zu einfach und zu billig. Man kann die Weltgeschichte nicht als ein Problem der Physiologie oder der persönlichen chronique scandaleuse abhandeln. Dieser Standpunkt wäre zu beschränkt. Wir sind daher genötigt, unsere Auffassung vom latenten Sinn der P. bedeutend zu erweitern; zunächst in kausaler Hinsicht: die Psychologie des einzelnen ist niemals erschöpfend aus ihm selber zu erklären, sondern es muss auch klar erkannt sein, dass und wie seine individuelle Psychologie durch die zeitgeschichtlichen Umstände bedingt ist. Sie ist nicht bloss ein physiologisches, biologisches oder persönliches, sondern auch ein zeitgeschichtliches Problem. Und sodann lässt sich irgend ein psychologischer Tatbestand niemals erschöpfend aus seiner Kausalität allein erklären, indem er als lebendiges Phänomen immer in die Kontinuität des Lebensprozesses unauflöslich verknüpft ist, sodass er zwar einerseits stets ein Gewordenes, andererseits aber auch stets ein Werdendes, Schöpferisches ist. Der psychologische Moment hat ein Janusgesicht: er blickt rückwärts und vorwärts. Indem er wird, bereitet er auch das Zukünftige vor. Wenn dem nicht so wäre, so wären die Absicht, der Zweck, das Setzen von Zielen, die Vorausberechnung oder Vorausahnung psychologische Unmöglichkeiten. Wenn jemand eine Meinung äussert, und wir beziehen diesen Tatbestand lediglich darauf, dass zuvor ein anderer eine Meinung äusserte, so ist diese Erklärung praktisch ganz unzulänglich, denn wir wollen nicht bloss die Ursache dieses Tuns wissen, um es zu begreifen, sondern auch, was er damit meint, was er bezweckt und beabsichtigt, was er damit erreichen will. Wenn wir auch darum noch wissen, so geben wir uns in der Regel zufrieden. Im alltäglichen Leben fügen wir ohne weiteres und ganz instinktiv einen finalen Standpunkt der Erklärung ein; ja, wir halten sehr oft gerade den finalen Gesichtspunkt für den ausschlaggebenden unter gänzlicher Übergehung des stricte ursächlichen Momentes, offenbar in der instinktiven Anerkennung des schöpferischen Momentes des psychischen Wesens. Wenn wir in der alltäglichen Erfahrung dermassen handeln, so muss auch eine wissenschaftliche Psychologie diesem Umstand Rechnung tragen und zwar dadurch, dass sie sich nicht ausschliesslich auf den stricte kausalen Standpunkt, den sie ursprünglich von der Naturwissenschaft übernommen hat, begibt, sondern auch die finale Natur des Psychischen berücksichtigt.

Wenn nun durch die alltägliche Erfahrung die finale Orientierung der Bewusstseinsinhalte über allen Zweifel hinaus feststeht, so ist zunächst gar kein Anlass vorhanden, anzunehmen, dass dies nicht auch bei den Inhalten des Unbewussten der Fall wäre, gegenteilige Erfahrung vorbehalten. Nach meiner Erfahrung besteht nun keineswegs ein Anlass, die finale Orientierung unbewusster Inhalte zu bestreiten, im Gegenteil; die Fälle, in denen eine befriedigende Erklärung nur durch die Einführung des finalen Gesichtspunktes erreicht wird, sind recht zahlreich. Wenn wir also z. B. die Vision des Saulus in Ansehung der paulinischen Weltmission betrachten, und darum zum Schlusse kommen, dass Saulus zwar bewusst ein Christenverfolger war, unbewusst aber den christlichen Standpunkt adoptiert hatte und durch Überwiegen und Irruption des Unbewussten zum Christen gemacht wurde, weil seine unbewusste Persönlichkeit nach diesem Ziele strebte in instinktiver Erfassung der Notwendigkeit und Bedeutsamkeit dieser Tat, so erscheint mir diese Erklärung der Bedeutung dieses Tatbestandes adäquater zu sein, als eine reduktive Erklärung durch persönliche Momente, obschon letztere zweifellos in dieser oder jener Form mitbeteiligt waren, denn das „Allzumenschliche" fehlt nirgends. Ebenso ist die in der Apostelgeschichte gegebene Andeutung einer finalen Erklärung der Petrusvision weit befriedigender als eine physiologisch-persönliche Mutmassung.

Zusammenfassend können wir also sagen, dass die P. sowohl kausal wie final zu verstehen ist. Der kausalen Erklärung erscheint sie als ein *Symptom* eines physiologischen oder persönlichen Zustandes, welcher das Resultat vorausgegangener Geschehnisse ist. Der finalen Erklärung dagegen erscheint die P. als ein *Symbol*, welches mit Hilfe der vorhandenen Materialien ein bestimmtes Ziel oder vielmehr eine gewisse zukünftige psychologische Entwicklungslinie zu kennzeichnen oder zu erfassen sucht. Weil die aktive P. das hauptsächliche Merkmal der künstlerischen Geistestätigkeit ist, so ist der Künstler nicht bloss ein *Darsteller*, sondern ein *Schöpfer* und darum ein *Erzieher*, denn seine Werke haben den Wert von Symbolen, welche künftige Entwicklungslinien vorzeichnen. Die beschränktere oder allgemeinere soziale Gültigkeit der Symbole hängt ab von der beschränkteren oder allgemeineren Lebensfähigkeit der schöpferischen Individualität. Je abnormer, d. h. je lebensunfähiger die Individualität ist, desto beschränktere soziale Gültigkeit haben die durch sie hervorgebrachten Symbole, wenn schon die Symbole für die betreffende Individualität von absoluter Bedeutung sind. Man kann die Existenz des latenten Sinnes der P. nur dann bestreiten, wenn man auch der Ansicht ist, dass ein Naturvorgang überhaupt eines befriedigenden Sinnes entbehre. Die Naturwissenschaft hat indes den Sinn des Naturvorganges in Form der Naturgesetze herausgehoben. Die Naturgesetze sind zugestandenermassen menschliche Hypothesen, aufgestellt zur Erklärung des Naturvorganges. In dem Masse aber, als es sicher gestellt ist, dass das aufgestellte Gesetz mit dem objektiven Vorgang übereinstimmt, sind wir berechtigt von einem Sinn des Naturgeschehens zu reden. In dem Masse nun, indem es uns gelingt, eine Gesetzmässigkeit der P. aufzuweisen, sind wir auch berechtigt, von einem Sinn derselben zu reden. Der aufgefundene Sinn ist aber nur dann befriedigend, oder mit andern Worten: die nachgewiesene Gesetzmässigkeit verdient nur dann diesen Namen, wenn sie das Wesen der P. adäquat wiedergibt. Es gibt eine Gesetzmässigkeit am Naturvorgang und eine Gesetzmässigkeit des Naturvorganges. Es ist zwar gesetzmässig, dass man träumt, wenn man schläft; das ist aber keine Gesetzmässigkeit, welche etwas über das Wesen des Traumes aussagt. Es ist eine blosse Bedingung des Traumes. Der Nachweis einer physiologischen Quelle der P. ist eine blosse Bedingung ihres Vorhandenseins, aber kein Gesetz ihres Wesens. Das Gesetz der P. als eines psychologischen Phänomens kann nur ein psychologisches sein.

Wir gelangen nun zum zweiten Punkte unserer Erklärung des Begriffes der P., nämlich zum Begriff der *imaginativen Tätigkeit.* Die Imagination ist die reproduktive oder schöpferische Tätigkeit des Geistes überhaupt, ohne ein besonderes Vermögen zu sein, denn sie kann sich in allen Grundformen des psychischen Geschehens abspielen, im Denken, Fühlen, Empfinden und Intuieren. Die P. als imaginative Tätigkeit ist für mich einfach der unmittelbare Ausdruck der psychischen Lebenstätigkeit, der psychischen Energie, die dem Bewusstsein nicht anders als in Form von Bildern oder Inhalten gegeben ist, wie auch die physische Energie nicht anders in Erscheinung tritt, denn als physischer Zustand, der die Sinnesorgane auf physischem Wege reizt. Wie jeder physische Zustand — energetisch betrachtet — nichts anderes ist als ein Kräftesystem, so ist auch ein psychischer Inhalt nichts anderes — wenn energetisch betrachtet — als ein dem Bewusstsein erscheinendes Kräftesystem. Man kann daher von diesem Standpunkt aus sagen, dass die P. als Phantasma nichts anderes sei als ein bestimmter Libidobetrag, der dem Bewusstsein niemals anders erscheinen kann, als eben in der Form eines Bildes. Das Phantasma ist eine „idée-force". Das Phantasieren als imaginative Tätigkeit ist identisch mit dem Ablauf des psychischen Energieprozesses.

45. **Projektion.** P. bedeutet die Hinauslegung eines subjektiven Vorganges in ein Objekt. (Dies im Gegensatz zur Introjektion (s. d.).) Die P. ist demnach

ein Dissimilationsvorgang, indem ein subjektiver Inhalt dem Subjekt entfremdet und gewissermassen dem Objekt einverleibt wird. Es sind ebenso wohl peinliche, inkompatible Inhalte, deren sich das Subjekt durch P. entledigt, wie auch positive Werte, die dem Subjekt aus irgend welchen Gründen, z. B. infolge Selbstunterschätzung, unzugänglich sind. Die P. beruht auf der archaïschen Identität (s. d.) von Subjekt und Objekt, ist aber erst dann als P. zu bezeichnen, wenn die Notwendigkeit der Auflösung der Identität mit dem Objekt eingetreten ist. Diese Notwendigkeit tritt ein, wenn die Identität störend wird, d. h. wenn durch die Abwesenheit des projizierten Inhaltes die Anpassung wesentlich beeinträchtigt und deshalb die Zurückbringung des projizierten Inhaltes ins Subjekt wünschenswert wird. Von diesem Moment an erhält die bisherige partielle Identität den Charakter der P. Der Ausdruck P. bezeichnet daher einen Identitätszustand, der merkbar und dadurch Gegenstand der Kritik geworden ist, sei es der eigenen Kritik des Subjektes, sei es der Kritik eines andern.

Man kann eine *passive* und eine *aktive* P. unterscheiden. Erstere Form ist die gewöhnliche Form aller pathologischen und vieler normalen P., welche keiner Absicht entspringen, sondern lediglich automatisches Geschehen sind. Letztere Form findet sich als wesentlicher Bestandteil des *Einfühlungsaktes*. Die Einfühlung (s. d.) ist zwar als Ganzes ein Introjektionsprozess, indem sie dazu dient, das Objekt in eine intime Beziehung zum Subjekt zu bringen. Um diese Beziehung herzustellen, trennt das Subjekt einen Inhalt, z. B. ein Gefühl, von sich ab, versetzt es ins Objekt, es damit belebend, und bezieht auf diese Weise das Objekt in die subjektive Sphäre ein. Die aktive Form der P. findet sich aber auch als Urteilsakt, der eine Trennung von Subjekt und Objekt bezweckt. In diesem Fall wird ein subjektives Urteil als gültiger Sachverhalt vom Subjekt abgetrennt und ins Objekt versetzt, wodurch das Subjekt sich vom Objekt absetzt. Die P. ist demnach ein Introversionsvorgang, indem sie im Gegensatz zur Introjektion keine Einbeziehung und Angleichung, sondern eine Unterscheidung und Abtrennung des Subjektes vom Objekt herbeiführt. Sie spielt daher eine Hauptrolle bei der Paranoia, welche in der Regel zu einer totalen Isolierung des Subjektes führt.

46. **Rational.** Das R. ist das Vernünftige, der Vernunft entsprechende. Ich fasse die Vernunft als eine Einstellung auf, deren Prinzip es ist, das Denken, Fühlen und Handeln gemäss objektiven Werten zu gestalten. Die objektiven Werte stellen sich her durch die durchschnittliche Erfahrung einerseits äusserer, andererseits innerer psychologischer Tatsachen. Diese Erfahrungen könnten allerdings keine objektiven „Werte" darstellen, wenn sie vom Subjekt als solche „bewertet" würden, was allbereits ein Akt der Vernunft ist. Die vernünftige Einstellung, welche uns erlaubt, objektive Werte überhaupt als gültig zu erklären, ist nun aber nicht das Werk des einzelnen Subjektes,

sondern der Menschheitsgeschichte. Die meisten objektiven Werte — und eben damit die Vernunft — sind seit Alters überkommene, festgefügte Vorstellungskomplexe, an deren Organisation ungezählte Jahrtausende gearbeitet haben mit derselben Notwendigkeit, mit der die Natur des lebenden Organismus überhaupt auf die durchschnittlichen und stets sich wiederholenden Bedingungen der Umwelt reagiert und ihnen entsprechende Funktionskomplexe gegenüberstellt, wie z. B. das der Natur des Lichtes vollkommen entsprechende Auge. Man könnte daher von einer präexistierenden, metaphysischen Weltvernunft sprechen, wenn nicht das der durchschnittlichen äussern Einwirkung entsprechende Reagieren des lebendigen Organismus die unerlässliche Bedingung seiner Existenz überhaupt wäre, welchen Gedanken schon *Schopenhauer* geäussert hat. Die menschliche Vernunft ist daher nichts anderes als der Ausdruck der Angepasstheit an das durchschnittlich Vorkommende, das sich in allmählich festorganisierten Vorstellungskomplexen, welche die objektiven Werte ausmachen, niedergeschlagen hat. Die Gesetze der Vernunft sind also diejenigen Gesetze, welche die durchschnittliche „richtige", die angepasste Einstellung bezeichnen und regulieren. R. ist alles, was mit diesen Gesetzen übereinstimmt, irrational (s. d.) dagegen alles, was sich mit diesen Gesetzen nicht deckt.

R.-Funktionen sind Denken und Fühlen, insofern sie durch das Moment der Überlegung ausschlaggebend beeinflusst sind. Sie erreichen ihre Bestimmung am völligsten in einer möglichst vollkommenen Übereinstimmung mit den Vernunftgesetzen. Irrationale Funktionen dagegen sind solche, die eine reine Wahrnehmung bezwecken, wie Intuieren und Empfinden, denn sie müssen des R., welches die Ausschliessung alles Ausservernünftigen voraussetzt, so viel wie möglich entbehren, um zu einer vollständigen Wahrnehmung alles Vorkommenden gelangen zu können.

47. **Reduktiv.** R. bedeutet „zurückführend". Ich gebrauche diesen Ausdruck zur Bezeichnung jener psychologischen Deutungsmethode, welche das unbewusste Produkt nicht unter dem Gesichtswinkel des symbolischen Ausdrucks, sondern als *semiotisch*, als Zeichen oder als Symptom eines grundliegenden Vorganges auffasst. Dementsprechend behandelt die r. Methode das unbewusste Produkt im Sinne einer Zurückführung auf die Elemente, auf die Grundvorgänge, seien sie nun Reminiszenzen an wirklich stattgehabte Ereignisse oder seien sie elementare, die Psyche affizierende Vorgänge. Die r. Methode ist daher rückwärts orientiert (im Gegensatz zur construktiven Methode (s. d.)), entweder im historischen Sinne oder im übertragenen Sinne einer Rückführung einer komplexen und differenzierten Grösse auf Allgemeineres und Elementareres. Die *Freud*sche, sowie die *Adler*sche Deutungsmethode ist r., indem beide auf elementare Wunsch- oder Strebungsvorgänge, in letzter Linie infantiler oder physiologischer

Natur reduzieren. Dem unbewussten Produkt kommt dabei notwendigerweise nur der Wert eines uneigentlichen Ausdrucks zu, wofür der Terminus „Symbol“ (s. d.) eigentlich nicht verwendet werden sollte. Die Wirkung der Reduktion ist in Bezug auf die Bedeutung des unbewussten Produktes eine auflösende, indem es entweder auf seine historischen Vorstufen zurückgeführt und dadurch vernichtet wird, oder indem es wieder demjenigen Elementarvorgang integriert wird, aus dem es hervorgegangen ist.

48. **Seele.** Ich habe mich im Verlaufe meiner Untersuchungen der Struktur des Unbewussten veranlasst gesehen, eine begriffliche Unterscheidung durchzuführen zwischen S. und *Psyche*. Unter Psyche verstehe ich die Gesamtheit aller psychischen Vorgänge, der bewussten sowohl wie der unbewussten. Unter S. dagegen verstehe ich einen bestimmten, abgegrenzten Funktionskomplex, den man am besten als eine „Persönlichkeit“ charakterisieren könnte. Um zu beschreiben, was ich des Nähern damit meine, muss ich noch einige fernerliegende Gesichtspunkte herbeiziehen. Es sind besonders die Erscheinungen des Somnambulismus, der Charakterverdoppelung, der Persönlichkeitsspaltung, um deren Erforschung sich in erster Linie französische Forscher verdient gemacht haben, welche uns den Gesichtspunkt einer möglichen Mehrheit von Persönlichkeiten in einem und demselben Individuum nahegelegt haben.[372] Es ist ohne weiteres klar, dass bei einem normalen Individuum eine solche Mehrheit von Persönlichkeiten niemals in Erscheinung treten kann; aber die durch diese Fälle dargetane Möglichkeit einer Persönlichkeitsdissociation dürfte wenigstens als Andeutung auch in der normalen Breite existieren. Tatsächlich gelingt es auch einer etwas geschärften psychologischen Beobachtung unter nicht allzu grossen Schwierigkeiten bei normalen Individuen wenigstens andeutungsweise Spuren einer Charakterspaltung nachzuweisen. Man muss z. B. nur jemand unter verschiedenen Umständen genau beobachten, dann wird man entdecken, wie auffallend seine Persönlichkeit beim Übergang von einem Milieu ins andere sich verändert, wobei jedesmal ein scharfumrissener und von dem frühern deutlich verschiedener Charakter herauskommt. Der sprichwörtliche Ausdruck „Gassenengel-Hausteufel“ ist eine der alltäglichen Erfahrung entsprungene Formulierung des Phänomens der Persönlichkeitsspaltung. Ein bestimmtes Milieu erfordert eine bestimmte Einstellung. Je länger oder je öfter diese dem Milieu entsprechende Einstellung erfordert ist, desto eher wird sie habituell. Sehr viele Menschen von der gebildeten Klasse müssen sich meistens in zwei total verschiedenen Milieus bewegen, im häuslichen Kreise, in der Familie und im Geschäftsleben. Die beiden total verschiedenen Umgebungen erfordern zwei total verschiedene Einstellungen, die je nach dem Grade der Identifikation (s. d.) des Ich mit der jeweiligen Einstellung eine Verdoppelung des Charakters bedingen. Den sozialen Bedingungen und Notwendigkeiten

entsprechend orientiert sich der soziale Charakter einerseits nach den Erwartungen oder den Anforderungen des geschäftlichen Milieus, andererseits nach den sozialen Absichten und Bestrebungen des Subjekts. Der häusliche Charakter dürfte sich in der Regel mehr nach den gemütlichen und den Bequemlichkeitsansprüchen des Subjekts gestalten, woher es kommt, dass Leute, die im öffentlichen Leben äusserst energisch, mutig, hartnäckig, eigensinnig und rücksichtslos sind, zu Hause und in der Familie als gutmütig, weich, nachgiebig und schwach erscheinen. Welches ist nun der wahre Charakter, die wirkliche Persönlichkeit? Diese Frage ist oft unmöglich zu beantworten. Diese kurze Überlegung zeigt, dass auch beim normalen Individuum die Charakterspaltung keineswegs zu den Unmöglichkeiten gehört. Man ist darum wohl berechtigt, die Frage der Persönlichkeitsdissociation auch als ein Problem der normalen Psychologie zu behandeln. Nach meiner Ansicht wäre — um die Erörterung fortzusetzen — die obige Frage dahin zu beantworten, dass ein solcher Mensch überhaupt keinen wirklichen Charakter hat, d. h. überhaupt nicht *individuell* (s. d.) ist, sondern *collektiv* (s. d.), d. h. den allgemeinen Umständen, den allgemeinen Erwartungen entsprechend. Wäre er individuell, so hätte er nur einen und denselben Charakter bei aller Verschiedenheit der Einstellung. Er wäre nicht identisch mit der jeweiligen Einstellung und könnte und wollte es nicht hindern, dass seine Individualität im einen wie im andern Zustand irgendwie zum Ausdruck käme. Tatsächlich ist er individuell, wie jedes Wesen, aber unbewusst. Durch seine mehr oder weniger vollständige Identifikation mit der jeweiligen Einstellung täuscht er mindestens die andern, oft auch sich selbst, über seinen wirklichen Charakter; er nimmt eine *Maske* vor, von der er weiss, dass sie einerseits seinen Absichten, andererseits den Ansprüchen und Meinungen seiner Umgebung entspricht, wobei bald das eine, bald das andere Moment überwiegt. Diese Maske, nämlich die ad hoc vorgenommene Einstellung, nannte ich *Persona*[373], was die Bezeichnung der Maske des antiken Schauspielers war. Wer sich mit der Maske identifiziert, den nenne ich „persönlich" (im Gegensatz zu „individuell").

Die beiden Einstellungen des obgedachten Falles sind zwei collektive Persönlichkeiten, die wir schlechthin unter dem Namen Persona oder Personae zusammenfassen wollen. Ich habe oben bereits angedeutet, dass die wirkliche Individualität von beiden verschieden ist. Die Persona ist also ein Funktionskomplex, der aus Gründen der Anpassung oder der notwendigen Bequemlichkeit zustande gekommen, aber nicht identisch ist mit der Individualität. Der Funktionskomplex der Persona bezieht sich ausschliesslich auf das Verhältnis zu den Objekten.

Von der Beziehung des Individuums zum äussern Objekt ist nun die Beziehung zum Subjekt scharf zu unterscheiden. Mit dem Subjekt meine ich zunächst jene vagen oder dunklen Regungen, Gefühle, Gedanken und

Empfindungen, die nicht nachweisbar aus der Kontinuität des bewussten Erlebens am Objekt zufliessen, sondern eher störend und hemmend, bisweilen auch fördernd aus dem dunklen Innern, aus den Unter- und Hintergründen des Bewusstseins auftauchen und in ihrer Gesamtheit die Wahrnehmung vom Leben des Unbewussten ausmachen. Das Subjekt, als „inneres“ Objekt aufgefasst, ist das Unbewusste. Wie es ein Verhältnis zum äussern Objekt, eine äussere Einstellung gibt, so gibt es auch ein Verhältnis zum innern Objekt, eine innere Einstellung. Es ist verständlich, dass diese innere Einstellung wegen ihres äusserst intimen und schwer zugänglichen Wesens eine bei weitem unbekanntere Sache ist, als die äussere Einstellung, die jedermann ohne weiteres sehen kann. Jedoch scheint es mir nicht zu schwierig, sich von dieser innern Einstellung einen Begriff zu machen. Alle jene sogenannten zufälligen Hemmungen, Launen, Stimmungen, vagen Gefühle und Phantasiefragmente, welche bisweilen die konzentrierte Arbeitsleistung, bisweilen auch die Ruhe des normalsten Menschen stören und bald auf körperliche Ursachen, bald auf sonstige Anlässe zurückrationalisiert werden, haben fast in der Regel ihren Grund nicht in den ihnen vom Bewusstsein zugedachten Ursachen, sondern sind Wahrnehmungen von unbewussten Vorgängen. Zu diesen Erscheinungen gehören natürlich auch die Träume, die man ja, wie bekannt, gerne auf solche äussere und oberflächliche Ursachen, wie Indigestionen, Rückenlage und dergl. m. zurückführt, obschon eine solche Erklärung einer strengern Kritik niemals standhält. Die Einstellung der einzelnen Menschen ist diesen Dingen gegenüber eine ganz verschiedene. Der eine lässt sich von seinen innern Vorgängen nicht im geringsten anfechten, er kann darüber sozusagen gänzlich hinwegsehen, der andere aber ist ihnen im höchsten Mass unterworfen; schon beim Aufstehen verdirbt ihm irgend eine Phantasie oder ein widerwärtiges Gefühl die Laune für den ganzen Tag, eine vage, unangenehme Empfindung suggeriert ihm den Gedanken an eine heimliche Krankheit, ein Traum hinterlässt ihm eine düstere Ahnung, obschon er sonst nicht abergläubisch ist. Andere wiederum sind nur episodisch diesen unbewussten Regungen zugänglich oder nur einer gewissen Kategorie derselben. Dem einen sind sie vielleicht überhaupt noch nie zum Bewusstsein gekommen als etwas, worüber man denken könnte, dem andern aber sind sie ein Problem täglichen Grübelns. Der eine bewertet sie physiologisch, oder schreibt sie dem Verhalten des Nächsten zu, der andere findet in ihnen eine religiöse Offenbarung.

Diese gänzlich verschiedenen Arten, mit den Regungen des Unbewussten umzugehen, sind ebenso habituell wie die Einstellungen zum äussern Objekt. Die innere Einstellung entspricht daher einem ebenso bestimmten Funktionskomplex, wie die äussere Einstellung. Jene Fälle, in denen die innern psychischen Vorgänge anscheinend gänzlich übersehen werden, ermangeln ebenso wenig einer typischen innern Einstellung, wie jene, welche konstant das äussere Objekt, die Realität der Tatsachen übersehen, einer typischen äussern Einstellung ermangeln. Die Persona dieser letzteren, nicht allzu seltenen Fälle hat den Charakter der Beziehungslosigkeit, bisweilen sogar einer blinden Rücksichtslosigkeit, die sich oft erst harten Schicksalsschlägen beugt. Es ist nicht selten, dass oft gerade solche Individuen, deren Persona durch eine starre Rücksichtslosigkeit und Beziehungslosigkeit gekennzeichnet ist, den Vorgängen des Unbewussten gegenüber eine Einstellung besitzen, deren Charakter eine äusserste Beeinflussbarkeit ist. So unbeeinflussbar und unzugänglich sie aussen sind, so weich, schlaff und bestimmbar sind sie gegenüber ihren innern Vorgängen. In diesen Fällen entspricht daher die innere Einstellung einer von der äussern diametral verschiedenen innern Persönlichkeit. Ich kenne z. B. einen Menschen, der schonungslos und blind das Lebensglück seiner Nächsten zerstört hat, der aber wichtige Geschäftsreisen unterbricht, um die Schönheit eines Waldrandes, den er von der Eisenbahn aus erspäht hat, geniessen zu können. Solche oder ähnliche Fälle sind gewiss jedem bekannt, sodass ich die Beispiele nicht zu häufen brauche. Ebenso gut, wie uns die alltägliche Erfahrung berechtigt, von einer äussern Persönlichkeit zu sprechen, berechtigt sie uns auch, die Existenz einer innern Persönlichkeit anzunehmen. Die innere Persönlichkeit ist die Art und Weise, wie sich einer zu den innern psychischen Vorgängen verhält, sie ist die innere Einstellung, der Charakter, den er dem Unbewussten zukehrt. Ich bezeichne die äussere Einstellung, den äussern Charakter als Persona, die innere Einstellung bezeichne ich als *Anima*, als *Seele*. In demselben Masse als eine Einstellung habituell ist, ist sie ein mehr oder weniger festgefügter Funktionskomplex, mit dem sich das Ich mehr oder weniger identifizieren kann. Die Sprache drückt es plastisch aus: wenn jemand eine habituelle Einstellung gewissen Situationen gegenüber hat, so pflegt man zu sagen: Er ist ein ganz *anderer*, wenn er dieses oder jenes tut. Damit ist die Selbständigkeit des Funktionskomplexes einer habituellen Einstellung dargetan: es ist, wie wenn eine andere Persönlichkeit vom Individuum Besitz ergriffe, wie wenn „ein anderer Geist in ihn gefahren wäre". Dieselbe Selbständigkeit, wie sie der äussern Einstellung sehr oft zukommt, beansprucht auch die innere Einstellung, die Seele. Es gehört zu den allerschwierigsten Kunststücken der Erziehung, die Persona, die äussere Einstellung zu ändern. Ebenso schwierig ist es, die Seele zu ändern, denn ihre Struktur pflegt genau so fest gefügt zu sein, wie die der Persona. Wie die Persona ein Wesen ist, das oft den ganzen anscheinenden Charakter eines Menschen ausmacht und ihn gegebenen Falls durch sein ganzes Leben unveränderlich begleitet, so ist auch seine Seele ein bestimmt umrissenes Wesen von einem bisweilen unveränderlich festen und selbständigen Charakter. Sie lässt sich darum öfters sehr wohl charakterisieren und beschreiben.

Was den Charakter der Seele anbetrifft, so gilt nach meiner Erfahrung der allgemeine Grundsatz, dass sie sich im grossen und ganzen zum äussern Charakter *complementär* verhält. Die Seele pflegt erfahrungsgemäss alle diejenigen allgemein menschlichen Eigenschaften zu enthalten, welche der bewussten Einstellung fehlen. Der von bösen Träumen, düstern Ahnungen und innerlichen Ängsten geplagte Tyrann ist eine typische Figur. Äusserlich rücksichtslos, hart und unzugänglich, ist er innerlich jedem Schatten zugänglich, jeder Laune unterworfen, wie wenn er das unselbständigste, bestimmbarste Wesen wäre. Seine Seele enthält also jene allgemein menschlichen Eigenschaften der Bestimmbarkeit und der Schwäche, die seiner äussern Einstellung, seiner Persona gänzlich fehlen. Ist die Persona intellektuell, so ist die Seele ganz sicher sentimental. Der Complementärcharakter der Seele betrifft aber auch den Geschlechtscharakter, wie ich vielfach unzweifelhaft gesehen habe. Eine sehr weibliche Frau hat eine männliche Seele, ein sehr männlicher Mann eine weibliche Seele. Dieser Gegensatz rührt daher, dass z. B. der Mann nicht durchaus und in allen Dingen männlich ist, sondern er hat normalerweise auch gewisse weibliche Züge. Je männlicher seine äussere Einstellung ist, desto mehr sind darin die weiblichen Züge ausgemerzt; sie treten daher an der Seele auf. Dieser Umstand erklärt, warum gerade sehr männliche Männer charakteristischen Schwächen unterworfen sind: sie verhalten sich zu den Regungen des Unbewussten weiblich-bestimmbar und beeinflussbar. Umgekehrt sind oft gerade die weiblichsten Frauen gewissen innern Dingen gegenüber von einer Unbelehrbarkeit, Hartnäckigkeit und Eigensinnigkeit, welche Eigenschaften in solcher Intensität nur beim Manne als äussere Einstellung zu finden sind. Es sind Züge männlicher Art, die, von der weiblichen äussern Einstellung ausgeschlossen, zu Eigenschaften der Seele geworden sind. Wenn wir daher beim Manne von einer *Anima* sprechen, so müssten wir folgerichtigerweise bei der Frau von einem *Animus* reden, um der Seele der Frau den richtigen Namen zu geben. Wie beim Manne im allgemeinen in der äussern Einstellung Logik und Sachlichkeit überwiegen oder wenigstens als Ideale betrachtet werden, so bei der Frau das Gefühl. In der Seele aber kehrt sich das Verhältnis um, der Mann fühlt nach Innen, die Frau aber überlegt. Deshalb ist der Mann leichter total verzweifelt, wo die Frau immer noch trösten und hoffen kann, darum bringt er sich eher um als die Frau. So sehr die Frau den sozialen Umständen z. B. als Prostituierte zum Opfer fallen kann, so sehr verfällt der Mann den Impulsen des Unbewussten, dem Alkoholismus und andern Lastern.

Was die allgemein menschlichen Eigenschaften betrifft, so lässt sich der Charakter der Seele aus dem Charakter der Persona deduzieren. Alles, was normalerweise in der äussern Einstellung sein sollte, dort aber auffallenderweise fehlt, findet sich unzweifelhaft in der innern Einstellung. Dies ist eine Grundregel, die sich mir immer wieder bestätigte. Was aber die individuellen Eigenschaften anbetrifft, so lässt sich in dieser Hinsicht nichts deduzieren. Man kann nur gewiss sein, dass, wenn jemand mit seiner Persona identisch ist, die individuellen Eigenschaften mit der Seele associiert sind. Aus dieser Association geht das in Träumen häufige Symbol der Seelenschwangerschaft hervor, das sich an das urtümliche Bild der Heldengeburt anlehnt. Das zu gebärende Kind bedeutet dann die noch nicht bewusst vorhandene Individualität. So wie die Persona als Ausdruck der Anpassung an das Milieu in der Regel stark vom Milieu beeinflusst und geformt ist, so ist auch die Seele stark vom Unbewussten und dessen Qualitäten geformt. Wie die Persona in einem primitiven Milieu fast notwendigerweise primitive Züge annimmt, so übernimmt die Seele einerseits die archaïschen Züge des Unbewussten, andererseits den symbolisch-prospektiven Charakter des Unbewussten. Daher stammt das „Ahnungsreiche" und „Schöpferische" der innern Einstellung. Die Identität mit der Persona bedingt automatisch eine unbewusste Identität mit der Seele, denn, wenn das Subjekt, das Ich, ununterschieden ist von der Persona, so hat es keine bewusste Beziehung zu den Vorgängen des Unbewussten. Es ist daher diese Vorgänge selber, es ist identisch damit. Wer seine äussere Rolle unbedingt selber ist, der ist auch unweigerlich den innern Vorgängen verfallen, d. h. er wird gegebenenfalls seine äussere Rolle mit unbedingter Notwendigkeit durchkreuzen oder sie ad absurdum führen (Enantiodromia, s. d.). Eine Behauptung der individuellen Linie ist dadurch ausgeschlossen, und das Leben verläuft in den unausweichlichen Gegensätzen. In diesem Falle ist die Seele auch immer projiziert in ein entsprechendes, reales Objekt, zu welchem dann ein fast unbedingtes Abhängigkeitsverhältnis existiert. Alle Reaktionen, die von diesem Objekt ausgehen, haben eine unmittelbare, von Innen angreifende Wirkung auf das Subjekt. Es handelt sich oft um tragische Bindungen. (Siehe Seelenbild.)

49. **Seelenbild.** Das S. ist ein bestimmter Fall unter den psychischen Bildern (s. d.), die das Unbewusste produziert. Wie die Persona, die äussere Einstellung, in den Träumen durch die Bilder gewisser Personen, welche die betreffenden Eigenschaften in besonders ausgeprägter Form besitzen, dargestellt wird, so wird auch die Seele, die innere Einstellung vom Unbewussten durch bestimmte Personen, welche die der Seele entsprechenden Eigenschaften besitzen, dargestellt. Ein solches Bild heisst S. Gelegentlich sind es auch ganz unbekannte oder mythologische Personen. Bei Männern wird die Seele vom Unbewussten in der Regel als weibliche Person dargestellt, bei Frauen als männliche Person. In jenen Fällen, wo die Individualität unbewusst und darum mit der Seele associiert ist, hat das S. gleichgeschlechtlichen Charakter. In allen jenen Fällen, wo eine Identität mit der Persona (siehe Seele) vorliegt, und daher die Seele unbewusst ist, ist das Seelenbild in eine reale Person verlegt. Diese Person ist der Gegenstand einer intensiven Liebe oder eines ebenso intensiven Hasses (oder auch der Furcht).

Die Einflüsse dieser Person haben den Charakter der Unmittelbarkeit und des unbedingt Zwingenden, indem sie stets affektiv beantwortet werden. Der Affekt rührt daher, dass eine wirkliche bewusste Anpassung an das das S. vorstellende Objekt unmöglich ist. Wegen der Unmöglichkeit und Nichtexistenz einer objektiven Beziehung staut sich die Libido auf und explodiert in einer Affektentladung. Affekte finden sich stets an Stelle missglückter Anpassungen. Eine bewusste Anpassung an das das S. darstellende Objekt ist eben darum unmöglich, weil dem Subjekt die Seele unbewusst ist. Wäre sie ihm bewusst, so könnte es sie vom Objekt unterscheiden und damit auch die unmittelbaren Wirkungen des Objektes aufheben, denn diese Wirkungen rühren von der Projektion des S. auf das Objekt her.

Als realer Träger des S. eignet sich für den Mann am besten eine Frau, wegen der weiblichen Qualität seiner Seele, für die Frau am ehesten ein Mann. Wo immer eine unbedingte, sozusagen magisch wirkende Beziehung zwischen den Geschlechtern besteht, handelt es sich um eine Projektion des S. Da nun diese Beziehungen häufig sind, so muss auch die Seele häufig unbewusst sein, d. h. es muss vielen Menschen unbewusst sein, wie sie sich zu den innern psychischen Vorgängen verhalten. Weil diese Unbewusstheit immer zusammengeht mit einer entsprechend vollständigen Identifikation mit der Persona (s. Seele), so muss diese letztere offenbar häufig sein. Dies trifft nun insofern mit der Wirklichkeit zusammen, als tatsächlich sehr viele Menschen sich mit ihrer äussern Einstellung völlig identifizieren und daher kein bewusstes Verhältnis zu den innern Vorgängen haben. Immerhin kommt auch der umgekehrte Fall vor, dass das S. nicht projiziert wird, sondern beim Subjekt bleibt, woraus insofern eine Identifikation mit der Seele hervorgeht, als das betreffende Subjekt dann überzeugt ist, dass die Art und Weise, wie es sich zu den innern Vorgängen verhält, auch sein einziger und wirklicher Charakter sei. In diesem Fall wird die Persona infolge ihres Unbewusstseins projiziert und zwar auf ein gleichgeschlechtliches Objekt, eine Grundlage für viele Fälle von offener oder mehr latenter Homosexualität oder von Vaterübertragungen bei Männern und Mutterübertragungen bei Frauen. Solche Fälle betreffen immer Menschen mit defekter äusserer Anpassung und relativer Beziehungslosigkeit, denn die Identifikation mit der Seele schafft eine Einstellung, die sich vorwiegend an der Wahrnehmung innerer Vorgänge orientiert, wodurch dem Objekt der bedingende Einfluss weggenommen wird.

Wird das S. projiziert, so tritt eine unbedingte affektive Bindung an das Objekt ein. Wird es nicht projiziert, so entsteht ein relativ unangepasster Zustand, den *Freud* als *Narzissmus* zum Teil beschrieben hat. Die Projektion des S. entbindet von der Beschäftigung mit den innern Vorgängen, so lange das Verhalten des Objektes mit dem S. übereinstimmt. Dadurch ist das

Subjekt in den Stand gesetzt, seine Persona zu leben und weiter zu entwickeln. Auf die Dauer wird allerdings das Objekt kaum imstande sein, den Anforderungen des S. stets zu entsprechen, obschon es Frauen gibt, die unter Hintansetzung des eigenen Lebens es fertig bringen, ihren Ehemännern die längste Zeit hindurch das S. darzustellen. Dazu hilft ihnen der biologische weibliche Instinkt. Dasselbe kann ein Mann unbewusst für seine Frau tun, nur wird er dadurch zu Taten veranlasst, die im Guten und im Schlechten schliesslich seine Fähigkeiten übersteigen. Auch dazu hilft ihm der biologische männliche Instinkt. Wird das S. nicht projiziert, so entsteht mit der Zeit eine geradezu krankhafte Differenzierung der Beziehung zum Unbewussten. Das Subjekt wird in zunehmendem Masse von unbewussten Inhalten überschwemmt, die es wegen der mangelnden Beziehung zum Objekt weder verwerten noch irgendwie sonst verarbeiten kann. Es ist selbstverständlich, dass solche Inhalte das Verhältnis zum Objekt in hohem Masse beeinträchtigen. Diese beiden Einstellungen sind natürlich äusserste Grenzfälle, zwischen denen die normalen Einstellungen liegen. Wie bekannt, zeichnet sich der Normale keineswegs durch eine besondere Klarheit, Reinheit oder Tiefe seiner psychologischen Phänomene aus, sondern vielmehr durch deren allgemeine Dämpfung und Verwischtheit. Bei Menschen mit einer gutmütigen und nicht aggressiven äussern Einstellung hat das S. in der Regel einen bösartigen Charakter. Ein literarisches Beispiel hiefür ist das dämonische Weib, das den Zeus begleitet in *Spittelers* Olympischem Frühling. Der verkommene Mann ist für idealistische Frauen öfters ein Träger des S., daher die in solchen Fällen häufige „Rettungsphantasie", dasselbe bei Männern, wo die Prostituierte mit dem Glorienschein der zu rettenden Seele umgeben ist.

50. **Selbst.** (Siehe Ich.)

51. **Subjektstufe.** Unter Deutung auf der S. verstehe ich diejenige Auffassung eines Traumes oder einer Phantasie, bei der die darin auftretenden Personen oder Verhältnisse als auf subjektive, gänzlich der eigenen Psyche angehörende Faktoren bezogen werden. Bekanntlich ist das in unserer Psyche befindliche Bild eines Objektes niemals dem Objekt absolut gleich, sondern höchstens ähnlich. Es kommt zwar durch die sinnliche Perception und durch die Apperception dieser Reize zustande, aber eben durch Vorgänge, welche schon unserer Psyche angehören und vom Objekt bloss veranlasst sind. Das Zeugnis unserer Sinne deckt sich zwar erfahrungsgemäss weitgehend mit den Qualitäten des Objektes, unsere Apperception aber steht unter fast unabsehbaren subjektiven Einflüssen, welche die richtige Erkenntnis eines menschlichen Charakters ausserordentlich erschweren. Eine so komplexe psychische Grösse, wie sie ein menschlicher Charakter darstellt, bietet zudem der reinen Sinnesperception nur sehr geringe Anhaltspunkte. Seine Erkenntnis

erfordert auch Einfühlung, Überlegung und Intuition. Infolge dieser Komplikationen ist natürlich das endliche Urteil immer nur von sehr zweifelhaftem Werte, sodass das Bild, das wir uns von einem menschlichen Objekte formen, unter allen Umständen äusserst subjektiv bedingt ist. Man tut darum in der praktischen Psychologie gut daran, wenn man das Bild, die *Imago* eines Menschen streng unterscheidet von seiner wirklichen Existenz. Infolge des äusserst subjektiven Zustandekommens einer Imago ist sie nicht selten eher ein Bild eines subjektiven Funktionskomplexes als des Objektes selbst. Darum ist es bei der analytischen Behandlung unbewusster Produkte wesentlich, dass die Imago nicht ohne weiteres als mit dem Objekt identisch gesetzt, sondern vielmehr als ein Bild der subjektiven Beziehung zum Objekt aufgefasst wird. Dies ist die Auffassung auf der S.

Die Behandlung eines unbewussten Produktes auf der S. ergiebt das Vorhandensein subjektiver Urteile und Tendenzen, zu deren Träger das Objekt gemacht wird. Wenn nun in einem unbewussten Produkt eine Objektimago auftritt, so handelt es sich also nicht eo ipso um das reale Objekt, sondern ebensowohl, vielleicht sogar vorwiegend, um einen subjektiven Funktionskomplex (s. Seelenbild). Die Anwendung der Deutung auf der S. erlaubt uns eine umfassende psychologische Deutung nicht nur des Traumes, sondern auch literarischer Werke, in denen die einzelnen Figuren Vertreter für relativ selbständige Funktionskomplexe in der Psyche des Dichters sind.

51. **Symbol.** Der Begriff eines S. ist in meiner Auffassung streng unterschieden von dem Begriff eines blossen *Zeichens. Symbolische* und *semiotische* Bedeutung sind ganz verschiedene Dinge. *Ferrero*[374] spricht in seinem Buche streng genommen nicht von S., sondern von *Zeichen.* Z. B. der alte Gebrauch, beim Verkaufe eines Grundstückes ein Stück Rasen zu überreichen, lässt sich vulgär als „symbolisch" bezeichnen, ist aber seiner Natur nach durchaus semiotisch. Das Stück Rasen ist ein *Zeichen*, gesetzt für das ganze Grundstück. Das Flügelrad des Eisenbahnbeamten ist kein S. der Eisenbahn, sondern ein Zeichen, das die Zugehörigkeit zum Eisenbahnbetrieb kennzeichnet. Das S. dagegen setzt immer voraus, dass der gewählte Ausdruck die bestmögliche Bezeichnung oder Formel für einen relativ unbekannten, jedoch als vorhanden erkannten oder geforderten Tatbestand sei. Wenn also das Flügelrad des Eisenbahnbeamten als S. erklärt wird, so wäre damit gesagt, dass dieser Mann mit einem unbekannten Wesen zu tun habe, das sich nicht anders und besser ausdrücken liesse, als durch ein beflügeltes Rad. Jede Auffassung, welche den symbolischen Ausdruck als Analogie oder abgekürzte Bezeichnung einer bekannten Sache erklärt, ist *semiotisch.* Eine Auffassung, welche den symbolischen Ausdruck als bestmögliche und daher zunächst gar nicht klarer oder charakteristischer darzustellende Formulierung einer relativ unbekannten Sache erklärt, ist

symbolisch. Eine Auffassung, welche den symbolischen Ausdruck als absichtliche Umschreibung oder Umgestaltung einer bekannten Sache erklärt, ist *allegorisch.* Die Erklärung des Kreuzes als eines S. der göttlichen Liebe ist *semiotisch*, denn „göttliche Liebe" bezeichnet den auszudrückenden Tatbestand treffender und besser als ein Kreuz, das noch viele andere Bedeutungen haben kann. Symbolisch hingegen ist diejenige Erklärung des Kreuzes, welche es über alle erdenkbaren Erklärungen hinaus, als einen Ausdruck eines annoch unbekannten und unverstehbaren mystischen oder transscendenten, d. h. also zunächst psychologischen Tatbestandes, der sich schlechthin am treffendsten durch das Kreuz darstellen lässt, ansieht.

Solange ein S. lebendig ist, ist es der Ausdruck einer sonstwie nicht besser zu kennzeichnenden Sache. Das S. ist nur lebendig, solange es bedeutungsschwanger ist. Ist aber sein Sinn aus ihm geboren, d. h. ist derjenige Ausdruck gefunden, welcher die gesuchte, erwartete oder geahnte Sache noch besser als das bisherige S. formuliert, so ist das S. *tot*, d. h. es hat nur noch historische Bedeutung. Man kann deshalb von ihm immer noch als von einem S. reden, unter der stillschweigenden Voraussetzung, dass man von ihm spricht, als das, was es war, als es seinen bessern Ausdruck noch nicht aus sich geboren hatte. Die Art und Weise, wie Paulus und die ältere mystische Spekulation das Kreuzsymbol behandeln, zeigt, dass es für sie ein lebendiges S. war, welches Unaussprechliches in *unübertrefflicher Weise* darstellte. Für jede esoterische Erklärung ist das S. tot, denn es ist durch die Esoterik auf einen (sehr oft vermeintlich) bessern Ausdruck gebracht, wodurch es zum blossen konventionellen Zeichen für anderwärts völliger und besser bekannte Zusammenhänge dient. Lebendig ist das S. immer nur für den exoterischen Standpunkt. Ein Ausdruck, der für eine bekannte Sache gesetzt wird, bleibt immer ein blosses Zeichen und ist niemals S. Es ist darum ganz unmöglich, ein lebendiges, d. h. bedeutungsschwangeres S. aus bekannten Zusammenhängen zu schaffen. Denn das so Geschaffene enthält nie mehr, als was darein gelegt wurde. Jedes psychische Produkt, insofern es der augenblicklich bestmögliche Ausdruck für einen annoch unbekannten oder bloss relativ bekannten Tatbestand ist, kann als Symbol aufgefasst werden, insofern man geneigt ist, anzunehmen, dass der Ausdruck auch das, was erst geahnt, aber noch nicht klar gewusst ist, bezeichnen wolle. Insofern jede wissenschaftliche Theorie eine Hypothese einschliesst, also eine antizipierende Bezeichnung eines im wesentlichen noch unbekannten Tatbestandes ist, ist sie ein S. Des Weitern ist jede psychologische Erscheinung ein S. unter der Annahme, dass sie noch ein Mehreres und Anderes besage oder bedeute, was sich der gegenwärtigen Erkenntnis entziehe. Diese Annahme ist schlechterdings überall möglich, wo ein Bewusstsein ist, das auf weitere Bedeutungsmöglichkeiten der Dinge eingestellt ist. Sie ist nur da nicht möglich, und zwar bloss für dieses selbe Bewusstsein, wo es selber einen Ausdruck hergestellt hat, der genau soviel besagen soll, als die Absicht seiner Herstellung wollte, also z. B. ein mathematischer Ausdruck. Für ein anderes Bewusstsein aber besteht diese Einschränkung keineswegs. Es kann auch den mathematischen Ausdruck als ein S. auffassen für einen in der Absicht seiner Herstellung verborgenen, unbekannten psychischen Tatbestand, insofern dieser Tatbestand demjenigen, der den semiotischen Ausdruck geschaffen hat, nachweisbar nicht bekannt ist und darum nicht Gegenstand einer bewussten Benützung sein konnte. Ob etwas ein S. sei oder nicht, hängt zunächst von der Einstellung des betrachtenden Bewusstseins ab, eines Verstandes z. B., der den gegebenen Tatbestand nicht bloss als solchen, sondern auch als Ausdruck von Unbekanntem ansieht. Es ist daher wohl möglich, dass jemand einen Tatbestand herstellt, der seiner Betrachtung keineswegs symbolisch erscheint, wohl aber einem andern Bewusstsein. Ebenso ist der umgekehrte Fall möglich. Es gibt nun allerdings Produkte, deren symbolischer Charakter nicht bloss von der Einstellung des betrachtenden Bewusstseins abhängt, sondern sich von sich aus in einer symbolischen Wirkung auf den Betrachtenden offenbart. Es sind dies Produkte, die so gestaltet sind, dass sie jeglichen Sinnes entbehren müssten, wenn ihnen nicht ein symbolischer Sinn zukäme. Ein Dreieck mit einem darin eingeschlossenen Auge ist als reine Tatsächlichkeit dermassen sinnlos, dass der Betrachtende es unmöglich als eine bloss zufällige Spielerei auffassen kann. Eine solche Gestaltung drängt eine symbolische Auffassung unmittelbar auf. Unterstützt wird diese Wirkung entweder durch ein öfteres und identisches Vorkommen derselben Gestaltung oder durch eine besonders sorgfältige Art der Herstellung, welche nämlich der Ausdruck eines darauf verlegten besondern Wertes ist. S., die nicht in dieser eben beschriebenen Weise aus sich wirken, sind entweder tot, d. h. durch bessere Formulierung überholt, oder Produkte, deren symbolische Natur ausschliesslich von der Einstellung des betrachtenden Bewusstseins abhängt. Wir können diese Einstellung, welche die gegebene Erscheinung als symbolisch auffasst, abgekürzt als *symbolische Einstellung* bezeichnen. Sie ist durch das Verhalten der Dinge nur zum Teil berechtigt, zum andern Teil ist sie Ausfluss einer bestimmten Weltanschauung, welche nämlich dem Geschehen, sei es im Grossen oder Kleinen, einen Sinn beimisst und auf diesen Sinn einen gewissen grössern Wert legt, als auf die reine Tatsächlichkeit. Dieser Anschauung steht eine andere Anschauung gegenüber, die den Akzent stets auf die reine Tatsächlichkeit legt und den Sinn den Tatsachen unterordnet. Für diese letztere Einstellung gibt es überall dort keine S., wo die Symbolik ausschliesslich auf der Art der Betrachtung beruht. Dagegen gibt es auch für sie S., nämlich eben solche, die den Betrachter zur Vermutung eines verborgenen Sinnes auffordern. Ein stierköpfiges Götterbild kann zwar als ein Menschenleib mit einem Stierkopf drauf erklärt werden. Diese Erklärung dürfte aber der symbolischen Erklärung kaum die Wage halten, denn das S. ist zu aufdringlich, als dass es übergangen werden könnte. Ein S., das seine symbolische Natur aufdringlich dartut, braucht noch kein *lebendiges* S. zu sein. Es kann z. B. bloss auf den historischen oder philosophischen Verstand wirken. Es erweckt intellektuelles oder ästhetisches Interesse. Lebendig heisst ein S. aber nur dann, wenn es ein best- und höchstmöglicher Ausdruck des Geahnten und noch nicht Gewussten auch für den Betrachtenden ist. Unter diesen Umständen bewirkt es unbewusste Anteilnahme. Es hat lebenerzeugende und -fördernde Wirkung. Wie Faust sagt:

„Wie anders wirkt dies Zeichen auf mich ein —" Das lebendige S. formuliert ein wesentliches unbewusstes Stück, und je allgemeiner verbreitet dieses Stück ist, desto allgemeiner ist auch die Wirkung des S., denn es rührt in jedem die verwandte Saite an. Da das S. einerseits der bestmögliche und für die gegebene Epoche nicht zu übertreffende Ausdruck für das noch Unbekannte ist, so muss es aus dem Differenziertesten und Kompliziertesten der zeitgenössischen geistigen Atmosphäre hervorgehen. Da das lebendige S. andererseits aber das Verwandte einer grössern Menschengruppe in sich schliessen muss, um überhaupt auf eine solche wirken zu können, so muss es gerade das erfassen, was einer grössern Menschengruppe gemeinsam sein kann. Dies kann nun niemals das Höchstdifferenzierte, das Höchsterreichbare sein, denn das erreichen und verstehen nur die wenigsten, sondern es muss etwas noch so Primitives sein, dass dessen Omnipräsenz ausser allem Zweifel steht. Nur wenn das S. dieses erfasst und auf den höchstmöglichen Ausdruck bringt, hat es allgemeine Wirkung. Darin besteht die gewaltige und zugleich erlösende Wirkung eines lebendigen sozialen S.

Das Gleiche nun, was ich hier vom sozialen S. sage, gilt für das individuelle S. Es gibt individuelle psychische Produkte, die offenkundig symbolischen Charakter haben, die ohne weiteres zu einer symbolischen Auffassung drängen. Für das Individuum haben sie eine ähnliche funktionelle Bedeutung, wie das soziale S. für eine grössere Menschengruppe. Diese Produkte sind aber nie von einer ausschliesslich bewussten oder ausschliesslich unbewussten Abstammung, sondern gehen aus einer gleichmässigen Mitwirkung beider hervor. Die reinen Bewusstseinsprodukte sowohl wie die ausschliesslich unbewussten Produkte sind nicht eo ipso überzeugend symbolisch, sondern es bleibt der symbolischen Einstellung des betrachtenden Bewusstseins überlassen, ihnen den Charakter des S. zuzuerkennen. Sie können aber ebensowohl auch als rein kausal bedingte Tatsachen aufgefasst werden, etwa in dem Sinne, wie man das rote Exanthem des Scharlachs als ein „Symbol" des Scharlachs auffassen kann. Man spricht in diesem Fall allerdings mit Recht von „Symptom" und nicht von Symbol. *Freud* hat m. E. darum von seinem Standpunkt aus mit Recht nicht von *symbolischen*, sondern von *Symptomhandlungen*[375] gesprochen, denn für ihn sind diese Erscheinungen nicht symbolisch in dem hier definierten Sinne, sondern symptomatische Zeichen eines bestimmten und allgemein bekannten grundliegenden Prozesses. Es gibt natürlich Neurotiker, die ihre unbewussten Produkte, welche in erster Linie und hauptsächlich Krankheitssymptome sind, als höchst bedeutungsvolle S. auffassen. Aber im allgemeinen ist dies nicht der Fall. Im Gegenteil, der Neurotiker von heute ist nur zu sehr geneigt, auch das Bedeutungsvolle nur als „Symptom" aufzufassen. Die Tatsache, dass es zwei distinkte, einander widersprechende und von hüben und drüben eifrig verfochtene Auffassungen gibt über Sinn und Nichtsinn der Dinge, belehrt uns, dass es offenbar Vorgänge gibt, die keinen besondern Sinn ausdrücken, die blosse Konsequenzen, nichts wie Symptome sind, und andere Vorgänge, welche einen verborgenen Sinn in sich tragen; die nicht bloss von etwas abstammen, sondern vielmehr zu etwas werden wollen und die darum S. sind. Es ist unserm Takt und unserer Kritik überlassen, zu entscheiden, wo wir es mit Symptomen, und wo mit S. zu tun haben.

Das S. ist immer ein Gebilde höchst komplexer Natur, denn es setzt sich zusammen aus den Daten aller psychischen Funktionen. Es ist infolgedessen weder rationaler, noch irrationaler Natur. Es hat zwar eine Seite, die der Vernunft entgegenkommt, aber auch eine Seite, die der Vernunft unzugänglich ist, indem es nicht nur aus Daten rationaler Natur, sondern auch aus den irrationalen Daten der reinen innern und äussern Wahrnehmung zusammengesetzt ist. Das Ahnungsreiche und Bedeutungsschwangere des Symbols spricht ebenso wohl das Denken, wie das Fühlen an, und seine eigenartige Bildhaftigkeit, wenn zu sinnlicher Form gestaltet, erregt die Empfindung sowohl wie die Intuition. Das lebendige S. kann nicht zustande kommen in einem stumpfen und wenig entwickelten Geiste, denn ein solcher wird sich am schon vorhandenen S., wie es ihm das traditionell Bestehende darbietet, genügen lassen. Nur die Sehnsucht eines hoch entwickelten Geistes, dem das gebotene S. die höchste Vereinigung in *einem* Ausdruck nicht mehr vermittelt, kann ein neues S. erzeugen. Indem das S. aber eben aus seiner höchsten und letzten geistigen Errungenschaft hervorgeht, und zugleich auch die tiefsten Gründe seines Wesens einschliessen muss, so kann es nicht einseitig aus den höchst differenzierten geistigen Funktionen hervorgehen, sondern es muss auch im gleichen Masse den niedersten und primitivsten Regungen entstammen. Damit diese Zusammenwirkung gegensätzlichster Zustände überhaupt möglich wird, müssen sie beide in vollstem Gegensatz bewusst neben einander stehen. Dieser Zustand muss eine heftigste Entzweiung mit sich selbst sein und zwar in dem Masse, dass sich Thesis und Antithesis negieren, und das Ich doch seine unbedingte Anteilnahme an Thesis und Antithesis anerkennen muss. Besteht aber eine Unterlegenheit des einen Teiles, so wird das S. vorwiegend das Produkt des andern Teiles sein und eben in selbem Masse auch weniger S. als Symptom sein, nämlich Symptom einer unterdrückten Antithesis. In dem Masse aber, in welchem ein S. blosses Symptom ist, ermangelt es auch der befreienden Wirkung, denn es drückt nicht die völlige Existenzberechtigung aller Teile der Psyche aus, sondern erinnert an die Unterdrückung der Antithesis, auch wenn sich das Bewusstsein hievon nicht Rechenschaft ablegen sollte. Besteht aber eine völlige Gleichheit und Gleichberechtigung der Gegensätze, bezeugt durch die unbedingte Anteilnahme des Ich an Thesis und Antithesis, so ist damit ein Stillstand des Wollens geschaffen, denn es kann nicht mehr gewollt werden, weil jedes Motiv sein gleich starkes Gegenmotiv neben sich hat. Da das Leben niemals einen Stillstand erträgt, so entsteht eine Stauung der Lebensenergie, die zu einem unerträglichen Zustand führen würde, wenn nicht aus der Gegensatzspannung eine neue vereinigende Funktion entstünde, welche über die Gegensätze hinausführt. Sie entsteht aber natürlicherweise aus der durch die Aufstauung bewirkten Regression der Libido. Da durch die gänzliche Entzweiung des Willens ein Fortschritt unmöglich gemacht ist, so strömt die Libido nach rückwärts ab, der Strom fliesst gleichsam zur Quelle zurück, d. h. bei Stillstellung und Inaktivität des Bewusstseins entsteht eine Aktivität des Unbewussten, wo alle differenzierten Funktionen ihre gemeinsame, archaïsche Wurzel haben, wo jene Vermischtheit der Inhalte besteht, von der die primitive Mentalität noch zahlreiche Überreste aufweist. Durch die Aktivität des Unbewussten wird nun ein Inhalt zu Tage gefördert, der gleichermassen durch Thesis und Antithesis konstelliert ist und sich zu beiden kompensatorisch (s. d.) verhält. Da dieser Inhalt sowohl eine Beziehung zur Thesis wie zur Antithesis aufweist, so bildet er einen mittleren Grund, auf dem sich die Gegensätze vereinigen können. Fassen wir z. B. den Gegensatz als den von Sinnlichkeit und Geistigkeit auf, so bietet der mittlere aus dem Unbewussten geborene Inhalt vermöge seines geistigen Beziehungsreichtums der geistigen Thesis einen willkommenen Ausdruck, und vermöge seiner sinnlichen Anschaulichkeit erfasst er die sinnliche Antithesis. Das zwischen Thesis und Antithesis zerspaltene Ich aber findet in dem einen mittleren Grund sein Gegenstück, seinen einen und eigenen Ausdruck, und es wird ihn begierig ergreifen, um sich aus seiner Zerspaltung zu erlösen. Daher strömt die Spannung der Gegensätze in den mittleren Ausdruck ein und verteidigt ihn gegen den alsbald an ihm und in ihm beginnenden Kampf der Gegensätze, welche beide versuchen, den neuen Ausdruck in ihrem Sinne aufzulösen. Die Geistigkeit will aus dem Ausdruck des Unbewussten etwas Geistiges machen, die Sinnlichkeit aber etwas Sinnliches, die eine will Wissenschaft oder Kunst, die andere sinnliches Erleben daraus schaffen. Die Auflösung des unbewussten Produktes in das eine oder andere gelingt, wenn das Ich nicht völlig zerspalten war, sondern mehr auf dieser als auf jener Seite stand. Gelingt nun der einen Seite die Auflösung des unbewussten Produktes, so fällt nicht nur das unbewusste Produkt an diese Seite, sondern auch das Ich, wodurch eine Identifikation des Ich mit der meistbegünstigten Funktion (s. minderwertige Funktion) entsteht. Infolgedessen wird sich der Zerspaltungsprozess später auf einer höheren Stufe wiederholen. Gelingt es infolge der Festigkeit des Ich weder der Thesis noch der Antithesis, das unbewusste Produkt aufzulösen, so ist damit dargetan, dass der unbewusste Ausdruck sowohl der einen wie der andern Seite überlegen ist. Die Festigkeit des Ich und die Überlegenheit des mittlern Ausdruckes über Thesis und Antithesis scheinen mir Korrelate zu sein, die einander gegenseitig bedingen. Bisweilen will es scheinen, als ob die Festigkeit der angebornen Individualität das Ausschlaggebende wäre, bisweilen auch, als ob der unbewusste Ausdruck eine überlegene Kraft besässe, welche das Ich zur unbedingten Festigkeit veranlasst. In Wirklichkeit dürfte es aber vielleicht so sein, dass die Festigkeit und Bestimmtheit der Individualität einerseits und die überlegene Kraft des unbewussten Ausdruckes nichts als Zeichen eines und desselben Tatbestandes sind. Bleibt der unbewusste Ausdruck dermassen erhalten, so bildet er einen nicht aufzulösenden, sondern zu formenden Rohstoff, der zum gemeinsamen Gegenstand für Thesis und Antithesis wird. Er wird dadurch zu einem neuen, die ganze Einstellung beherrschenden Inhalt, der die Zerspaltung aufhebt und die Kraft der Gegensätze in ein gemeinsames Strombett zwingt. Damit ist der Stillstand des Lebens aufgehoben und das Leben kann weiter fliessen mit neuer Kraft und neuen Zielen.

Ich habe diesen eben beschriebenen Vorgang in seiner Totalität als *transscendente Funktion* benannt, wobei ich unter „Funktion" nicht eine Grundfunktion, sondern eine komplexe, aus andern Funktionen zusammengesetzte Funktion verstehe, und mit „transscendent" keine metaphysische Qualität bezeichnen will, sondern die Tatsache, dass durch diese Funktion ein Übergang von der einen Einstellung in eine andere geschaffen wird. Der von Thesis und Antithesis bearbeitete Rohstoff, der in seinem Formungsprozess die Gegensätze vereinigt, ist das lebendige S. In seinem für eine lange Epoche nicht aufzulösenden Rohstoff liegt sein Ahnungsreiches und in der Gestalt, die sein Rohstoff durch die Einwirkung der Gegensätze empfängt, liegt seine Wirkung auf alle psychischen Funktionen. Andeutungen der Grundlagen des symbolbildenden Prozesses finden sich in den spärlichen Berichten über die Initiationsperioden der Religionsstifter, z. B. Jesus und Satan, Buddha und Mara, Luther und der Teufel, Zwingli und seine weltliche Vorgeschichte, die Erneuerung des Faust durch den Kontrakt mit dem Teufel bei *Goethe*. In Zarathustra finden wir gegen den Schluss ein treffliches Beispiel für die Unterdrückung der Antithese in der Gestalt des „hässlichsten Menschen".

53. **Synthetisch.** (Siehe konstruktiv.)

54. **Transscendente Funktion.** (Siehe **Symbol**.)

55. **Trieb.** Wenn ich von T. in dieser oder andern Arbeiten spreche, so meine ich damit dasselbe, was gemeinhin unter diesem Worte verstanden ist: nämlich *Nötigung* zu gewissen Tätigkeiten. Die Nötigung kann hervorgehen aus einem äussern oder innern Reiz, der den Mechanismus des T. psychisch auslöst oder aus organischen Gründen, die ausserhalb der Sphäre psychischer Kausalbeziehungen liegen. *Triebmässig* ist jede psychische Erscheinung, die aus keiner durch Willensabsicht gesetzten Verursachung hervorgeht, sondern aus dynamischer Nötigung, ob nun diese Nötigung aus organischen, also ausserpsychischen Quellen direkt abstammt, oder wesentlich bedingt ist von durch Willensabsicht bloss ausgelösten Energien; in letzterm Fall mit der Einschränkung, dass das hervorgebrachte Resultat die durch die Willensabsicht bezweckte Wirkung übersteigt. Unter den Begriff des T. fallen m. E. alle diejenigen psychischen Vorgänge, über deren Energie das Bewusstsein nicht disponiert.[376] Nach dieser Auffassung gehören also die Affekte (s. d.) ebensowohl zu den T.-Vorgängen, wie auch zu den Gefühlsvorgängen (s. Fühlen). Psychische Vorgänge, die unter gewöhnlichen Umständen Willensfunktionen sind (d. h. also gänzlich der Bewusstseinskontrolle unterstellt), können abnormerweise zu T.-Vorgängen werden, dadurch, dass sich ihnen eine unbewusste Energie zugesellt. Diese Erscheinung tritt überall da ein, wo die Sphäre des Bewusstseins entweder durch Verdrängungen inkompatibler Inhalte eingeschränkt wird, oder wo infolge von Ermüdung, Intoxikationen oder überhaupt pathologischen Gehirnvorgängen ein „abaissement du niveau mental" (*Janet*) stattfindet, wo also mit einem Wort das Bewusstsein die stärkstbetonten Vorgänge nicht mehr oder noch nicht kontrolliert.

Ich möchte solche Vorgänge, die einstmals bei einem Individuum bewusst waren, sich aber mit der Zeit *automatisiert* haben, nicht als T.-Vorgänge bezeichnen, sondern als automatische Vorgänge. Sie verhalten sich auch normalerweise nicht als T., indem sie niemals unter normalen Umständen als Nötigungen auftreten. Sie tun das nur, wenn ihnen eine Energie zufliesst, die ihnen fremd ist.

56. **Typus.** T. ist ein den Charakter einer Gattung oder Allgemeinheit in charakteristischer Weise wiedergebendes Beispiel oder Musterbild. In dem engern Sinne der vorliegenden Arbeit ist der T. ein charakteristisches Musterbild einer in vielen individuellen Formen vorkommenden allgemeinen Einstellung (s. d.). Von den zahlreichen vorkommenden und möglichen Einstellungen hebe ich in der vorliegenden Untersuchung im ganzen *vier* heraus, nämlich diejenigen, die sich hauptsachlich nach den vier psychologischen Grundfunktionen orientieren (s. Funktion), also nach Denken, Fühlen, Intuieren und Empfinden. Insofern eine solche Einstellung *habituell* ist und dadurch dem Charakter des Individuums ein bestimmtes Gepräge verleiht, spreche ich von einem psychologischen T. Diese auf die

Grundfunktionen basierten T., die man als *Denk-*, *Fühl-*, *Intuitions-* und *Empfindungs-T.* bezeichnen kann, lassen sich gemäss der Qualität der Grundfunktion in zwei Klassen scheiden: in die *rationalen* und in die *irrationalen T.* Zu den ersteren gehören der Denk- und der Fühl-T., zu den letzteren der intuitive und der Empfindungs-T. (s. rational, irrational). Eine weitere Unterscheidung in zwei Klassen erlaubt die vorzugsweise Libidobewegung, nämlich die *Introversion* und *Extraversion* (s. d.). Alle Grundtypen können sowohl der einen wie der andern Klasse angehören, je nach ihrer vorherrschenden mehr introvertierten oder mehr extravertierten Einstellung. Ein Denk-T. kann zur introvertierten oder zur extravertierten Klasse gehören, ebenso irgend ein anderer T. Die Unterscheidung in rationale und irrationale T. ist ein anderer Gesichtspunkt und hat mit Introversion und Extraversion nichts zu tun.

Ich habe in zwei vorläufigen Mitteilungen der Typenlehre[377] den Denk- und den Fühl-T. nicht vom introvertierten und extravertierten T. unterschieden, sondern den Denk-T. mit dem introvertierten und den Fühl-T. mit dem extravertierten T. identifiziert. Bei der völligen Durcharbeitung des Materials habe ich aber eingesehen, dass man den Introversions-T. sowohl wie den Extraversions-T. als den Funktions-T. übergeordnete Kategorien behandeln muss. Diese Trennung entspricht auch durchaus der Erfahrung, indem es unzweifelhaft z. B. zweierlei Fühl-T. gibt, von denen der eine mehr auf sein Gefühlserlebnis, der andere mehr auf das Objekt eingestellt ist.

57. **Unbewusst.** Der Begriff des U. ist für mich ein *ausschliesslich psychologischer Begriff*, und kein philosophischer im Sinne eines metaphysischen. Das U. ist m. E. ein psychologischer Grenzbegriff, welcher alle diejenigen psychischen Inhalte oder Vorgänge deckt, welche nicht bewusst sind, d. h. nicht auf das Ich in wahrnehmbarer Weise bezogen sind. Die Berechtigung, überhaupt von der Existenz unbewusster Vorgänge zu reden, ergibt sich mir einzig und allein aus der Erfahrung und zwar zunächst aus der psychopathologischen Erfahrung, welche unzweifelhaft dartut, dass z. B. in einem Falle von hysterischer Amnesie das Ich von der Existenz ausgedehnter psychischer Komplexe nicht weiss, dass aber eine einfache hypnotische Prozedur imstande ist, im nächsten Moment den verlorenen Inhalt vollkommen zur Reproduktion zu bringen. Aus den Tausenden von Erfahrungen dieser Art leitete man die Berechtigung ab, von der Existenz unbewusster psychischer Inhalte zu reden. Die Frage, in welchem Zustande sich ein unbewusster Inhalt befindet, solange er nicht ans Bewusstsein angeschlossen ist, entzieht sich jeder Erkenntnismöglichkeit. Es ist daher ganz überflüssig, darüber Vermutungen anstellen zu wollen. Zu solchen Phantasien gehört die Vermutung der Cerebration, des physiologischen Prozesses usw. Es ist auch ganz unmöglich anzugeben, welches der Umfang des U. sei, d. h. welche

Inhalte es in sich fasse. Darüber entscheidet bloss die Erfahrung. Vermöge der Erfahrung wissen wir zunächst, dass bewusste Inhalte durch Verlust ihres energetischen Wertes unbewusst werden können. Dies ist der normale Vorgang des Vergessens. Dass diese Inhalte unter der Bewusstseinsschwelle nicht einfach verloren gehen, wissen wir durch die Erfahrung, dass sie gelegentlich noch nach Jahrzehnten aus der Versenkung auftauchen können unter geeigneten Umständen, z. B. im Traum, in der Hypnose, als Kryptomnesie[378] oder durch Auffrischung von Associationen mit dem vergessenen Inhalt.

Des fernern belehrt uns die Erfahrung, dass bewusste Inhalte ohne allzu erhebliche Werteinbusse durch intentionelles Vergessen, was *Freud* als *Verdrängung* eines peinlichen Inhaltes bezeichnet, unter die Bewusstseinsschwelle geraten können. Eine ähnliche Wirkung entsteht durch Dissociation der Persönlichkeit, eine Auflösung der Geschlossenheit des Bewusstseins infolge heftigen Affektes oder infolge eines nervous shock oder durch Persönlichkeitszerfall in der Schizophrenie (*Bleuler*).

Ebenso wissen wir aus Erfahrung, dass Sinnesperceptionen infolge ihrer geringen Intensität oder infolge Ablenkung der Aufmerksamkeit keine bewusste Apperception erreichen und doch zu psychischen Inhalten werden durch unbewusste Apperception, was wiederum z. B. durch Hypnose nachgewiesen werden kann. Das Gleiche kann der Fall sein für gewisse Schlüsse und sonstige Kombinationen, die wegen zu geringer Wertigkeit oder wegen Ablenkung der Aufmerksamkeit unbewusst bleiben. Schliesslich belehrt uns die Erfahrung auch, dass es unbewusste psychische Zusammenhänge gibt, z. B. mythologische Bilder, welche niemals Gegenstand des Bewusstseins waren, die also ganz aus unbewusster Tätigkeit hervorgehen.

Soweit gibt uns die Erfahrung Anhaltspunkte zur Annahme der Existenz unbewusster Inhalte. Sie kann aber nichts aussagen darüber, was *möglicherweise* unbewusster Inhalt sein kann. Es ist müssig, darüber Vermutungen anzustellen, weil es ganz unabsehbar ist, was alles unbewusster Inhalt sein könnte. Wo ist die unterste Grenze einer subliminalen Sinnesperception? Gibt es irgend eine Massbestimmung für die Feinheit oder Reichweite unbewusster Kombinationen? Wann ist ein vergessener Inhalt total ausgelöscht? Auf diese Fragen gibt es keine Antwort.

Unsere bisherige Erfahrung von der Natur unbewusster Inhalte erlaubt uns aber eine gewisse allgemeine Einteilung derselben. Wir können ein *persönliches* U. unterscheiden, welches alle Acquisitionen der persönlichen Existenz umfasst, also Vergessenes, Verdrängtes, unterschwellig Wahrgenommenes, Gedachtes und Gefühltes. Neben diesen persönlichen unbewussten Inhalten gibt es aber andere Inhalte, die nicht aus persönlichen Acquisitionen, sondern aus der ererbten Möglichkeit des psychischen Funktionierens überhaupt, nämlich aus der ererbten Hirnstruktur stammen. Das sind die mythologischen Zusammenhänge, die Motive und Bilder, die jederzeit und überall ohne historische Tradition oder Migration neu entstehen können. Diese Inhalte bezeichne ich als *collektiv unbewusst.* So gut wie die bewussten Inhalte in einer bestimmten Tätigkeit begriffen sind, so sind es auch die unbewussten Inhalte, wie uns die Erfahrung lehrt. Wie aus der bewussten psychischen Tätigkeit gewisse Resultate oder Produkte hervorgehen, so gehen auch aus der unbewussten Tätigkeit Produkte hervor, z. B. Träume und Phantasien. Es ist müssig, darüber zu spekulieren, wie gross der Anteil des Bewusstseins z. B. an den Träumen sei. Ein Traum stellt sich uns dar, wir erschaffen ihn nicht bewusst. Gewiss verändert die bewusste Reproduktion, oder gar schon die Wahrnehmung vieles daran, ohne aber die Grundtatsache der produktiven Regung von unbewusster Provenienz aus der Welt zu schaffen.

Das funktionelle Verhältnis der unbewussten Vorgänge zum Bewusstsein dürfen wir als ein *compensatorisches* (s. d.) bezeichnen, indem der unbewusste Vorgang erfahrungsgemäss das subliminale Material, das durch die Bewusstseinslage konstelliert ist, zu Tage fördert, also alle diejenigen Inhalte, welche, wenn alles bewusst wäre, am bewussten Situationsbilde nicht fehlen könnten. Die compensatorische Funktion des Unbewussten tritt umso deutlicher zu Tage, je einseitiger die bewusste Einstellung ist, wofür die Pathologie reichliche Beispiele liefert.

58. **Wille.** Als W. fasse ich die dem Bewusstsein disponible psychische Energiesumme auf. Der Willensvorgang wäre demnach ein energetischer Prozess, der durch bewusste Motivation ausgelöst wird. Ich würde also einen psychischen Vorgang, der durch unbewusste Motivation bedingt wird, nicht als Willensvorgang bezeichnen. Der W. ist ein psychologisches Phänomen, das seine Existenz der Kultur und der sittlichen Erziehung verdankt, der primitiven Mentalität aber in hohem Masse fehlt.

Schlusswort.

In unserer Zeit, in der aus den Errungenschaften der französischen Revolution, der Liberté, Egalité, Fraternité, sich eine weit verbreitete soziale Geistesströmung entwickelt hat, welche nicht etwa nur die politischen Rechte auf ein allgemeines und gleiches Niveau herunterdrückt oder heraufhebt, sondern auch das Unglück durch äussere Regulierungen und Gleichmachungen beheben zu können meint, in einer solchen Zeit, ist es wohl eine undankbare Aufgabe, von der völligen Ungleichartigkeit der Elemente, welche die Nation zusammensetzen, zu reden. Trotzdem es gewiss eine schöne Sache ist, dass jeder vor dem Gesetze gleich sei, dass jeder seine politische Stimme habe, und dass keiner durch ererbte Standesvorrechte ungerechterweise seinen Bruder überrage, so wird dieselbe Sache weniger schön, wenn man diesen Gleichheitsgedanken noch auf andere Gebiete des Lebens ausdehnt. Es muss jemand schon einen sehr getrübten Blick haben oder aus einer sehr nebelhaften Distanz die menschliche Gesellschaft anschauen, wenn er meinen sollte, dass durch gleichmässige Regulierungen des Lebens eine gleichmässigere Verteilung des Glückes erzielt werden könne. Er müsste schon etwa im Wahne befangen sein, dass z. B. der gleiche Betrag an Einkommen, resp. an ausserer Lebensmöglichkeit für alle ungefähr dieselbe Bedeutung besitzen müsse. Was tut ein solcher Gesetzgeber aber mit allen jenen, deren grössere Lebensmöglichkeit innen liegt, anstatt aussen? Er müsste, wenn er gerecht wäre, dem einen etwa doppelt soviel geben wie dem andern, denn dem einen bedeutet es viel und dem andern wenig. Über die psychologische Verschiedenheit der Menschen, diesen notwendigsten Faktor der Lebensenergie einer menschlichen Gesellschaft, wird keine soziale Gesetzgebung hinwegkommen. Darum ist es wohl nützlich, von der Verschiedenartigkeit der Menschen zu reden. Diese Unterschiede bedingen derartig verschiedene Glücksansprüche, dass keine auch noch so vollkommene Gesetzgebung ihnen jemals auch nur annähernd genügen könnte. Es wäre auch keine noch so billig und gerecht erscheinende allgemeine äussere Lebensform zu erdenken, welche nicht für den einen oder andern Typus Mensch eine Ungerechtigkeit bedeuten würde. Dass trotzdem allerhand Schwärmer politischer, sozialer, philosophischer und religiöser Natur am Werke sind, jene allgemeinen und gleichartigen äussern Bedingungen, welche eine allgemeine grössere Glücksmöglichkeit bedeuten sollen, ausfindig zu machen, scheint mir auf der zu sehr am Äussern orientierten allgemeinen Einstellung zu liegen. Wir können diese ins Weite gehenden Fragen hier nur streifen, da wir uns ja nicht zur Aufgabe gesetzt haben, sie zu behandeln. Wir haben uns hier nur mit dem psychologischen Problem zu beschäftigen. Und die Tatsache der verschiedenen typischen Einstellungen ist ein Problem erster Ordnung, nicht nur für die Psychologie, sondern auch für alle jene Gebiete der Wissenschaft und des Lebens, wo die menschliche Psychologie eine ausschlaggebende Rolle spielt. Es ist z. B. eine dem gewöhnlichen Menschenverstande ohne weiteres einleuchtende Tatsache, dass jede Philosophie, die nicht gerade nur Geschichte der Philosophie ist, auf einer persönlichen psychologischen Vorbedingung beruht. Diese Vorbedingung kann rein individueller Natur sein, und gewöhnlich wurde sie auch als solche aufgefasst, wenn überhaupt eine psychologische Kritik stattfand. Man hielt damit den Fall für erledigt. Man übersah aber dabei, dass das, was man als individuelles Präjudicium betrachtete, keineswegs unter allen Umständen ein solches war, indem nämlich der Standpunkt jenes Philosophen eine oft ansehnliche Gefolgschaft aufwies. Ihr sagte dieser Standpunkt zu und zwar nicht bloss, weil sie ihn gedankenlos nachgebetet hätte, sondern weil sie ihn völlig verstehen und anerkennen konnte. Ein solches Verständnis wäre unmöglich, wenn der Standpunkt des Philosophen bloss individuell bedingt wäre, denn dann könnte er gar nicht völlig verstanden oder auch nur gebilligt werden. Die von der Gefolgschaft verstandene und anerkannte Eigenart des Standpunktes muss also vielmehr einer *typischen*, persönlichen Einstellung, welche noch mehrere Vertreter in der Gesellschaft in gleicher oder ähnlicher Form besitzt, entsprechen. In der Regel bekämpfen sich die Parteien rein äusserlich, indem sie auf Lücken in der individuellen Rüstung des Gegners zielen. Ein solcher Streit ist in der Regel von geringer Fruchtbarkeit. Von erheblich höherm Werte wäre es, wenn der Gegensatz auf das psychologische Gebiet verschoben würde, woher er auch ursprünglich stammt. Die Verschiebung liesse bald erkennen, dass es verschiedenartige psychologische Einstellungen gibt, die jede ein Anrecht auf Existenz besitzt, obschon ihre Existenz zur Aufstellung inkompatibler Theorien führt. Solange man versucht den Streit zu schlichten durch äusserliche Kompromissbildungen, genügt man nur den bescheidenen Ansprüchen seichter Köpfe, die sich noch nie an Prinzipien zu erhitzen vermochten. Eine wirkliche Verständigung aber kann meines Erachtens nur dann erreicht werden, wenn die Verschiedenheit der psychologischen Vorbedingung anerkannt wird.

Es ist eine Tatsache, die mir in meiner praktischen Arbeit immer wieder überwältigend entgegentritt, dass der Mensch nahezu unfähig ist, einen andern Standpunkt als seinen eigenen zu begreifen und gelten zu lassen. In kleinern Dingen hilft die allgemeine Oberflächlichkeit, eine nicht gerade häufige Nachsicht und Toleranz und ein seltenes Wohlwollen eine Brücke über den Abgrund der Verständnislosigkeit zu schlagen. In wichtigern Dingen aber und besonders in solchen, wo die Ideale des Typus in Frage kommen, scheint eine Verständigung meist zu den Unmöglichkeiten zu gehören. Gewiss wird Streit und Unfrieden immer zu den Requisiten der menschlichen Tragikomödie gehören, aber es ist doch nicht zu leugnen, dass der Fortschritt der Gesittung vom Faustrecht zur Gesetzesbildung geführt hat und somit zur Bildung einer Instanz und eines Masstabes, die den streitenden Parteien übergeordnet sind. Eine Basis zur Schlichtung des Streites der Auffassung könnte nach meiner Überzeugung die Anerkennung von Typen der Einstellung sein, aber nicht nur der Existenz solcher Typen, sondern auch der Tatsache, dass jeder in seinem Typus bis zu dem Grade befangen ist, dass er des völligen Verständnisses eines andern Standpunktes unfähig ist. Ohne Anerkennung dieser weitgehenden Forderung ist eine Vergewaltigung des andern Standpunktes so gut wie sicher. Ebenso, wie die streitenden Parteien, die sich vor Gericht zusammenfinden, auf direkte Gewalttat am andern verzichten und ihre Ansprüche der Gerechtigkeit des Gesetzes und des Richters anvertrauen, so muss sich der Typus der Beschimpfung, Verdächtigung und Herunterreissung des Gegners enthalten im Bewusstsein seiner eigenen Befangenheit. Durch die Auffassung des Problems typischer Einstellungen und durch ihre Darstellung im Umriss bestrebe ich mich, den Blick meines Lesers auf dieses Gemälde vielfacher Möglichkeiten der Auffassungsbildung zu lenken, in der Hoffnung, dadurch wenigstens ein Kleines beizutragen zur Kenntnis der fast unendlichen Variationen und Abstufungen der Individualpsychologie. Ich hoffe, dass aus meinen Typenbeschreibungen niemand den Schluss ziehen wird, dass ich meine, die 4 oder 8 Typen, die ich beschreibe, seien alle, die überhaupt vorkämen. Das wäre ein Missverständnis. Ich zweifle nämlich keineswegs an der Möglichkeit, die vorkommenden Einstellungen auch unter andern Gesichtspunkten zu betrachten und zu klassifizieren. Es gibt in dieser Untersuchung einige Andeutungen von andern Möglichkeiten, wie z. B. eine Einteilung sub specie der Aktivität. Was aber immer auch als Criterium einer Aufstellung von Typen dienen möge, so wird eine Vergleichung der verschiedenen Formen habitueller Einstellungen zur Aufstellung von ebenso vielen psychologischen Typen führen.

So leicht es wohl sein wird, die vorkommenden Einstellungen unter andern Gesichtswinkeln zu betrachten, als es hier geschehen ist, so schwer dürfte es sein, Beweise gegen die Existenz von psychologischen Typen beizubringen. Ich zweifle zwar nicht daran, dass meine Gegner sich bemühen werden, die Typenfrage aus der wissenschaftlichen Traktandenliste zu streichen, denn für jede, Allgemeingültigkeit prätendierende Theorie komplexer psychischer Vorgänge muss das Typenproblem ein zum mindesten sehr unwillkommenes Hindernis sein. Jede Theorie komplexer psychischer Vorgänge setzt eine gleichartige menschliche Psychologie voraus, nach Analogie jeder naturwissenschaftlichen Theorie, welche als Grundlage auch ein und dieselbe Natur voraussetzt. Mit der Psychologie aber hat es die eigenartige Bewandtnis, dass bei ihrer Begriffsbildung der psychische Vorgang nicht bloss Objekt, sondern zugleich auch Subjekt ist. Wenn nun angenommen wird, dass das Subjekt in allen individuellen Fällen eins und dasselbe sei, so kann man auch annehmen, dass der subjektive Prozess der Begriffsbildung auch überall einer und derselbe sei. Dass dem aber nicht so ist, erweist sich am eindrücklichsten aus der Existenz der verschiedenartigsten Auffassungen vom Wesen komplexer psychischer Vorgänge. Natürlich setzt eine neue Theorie gewöhnlich voraus, dass alle andern Ansichten unrichtig gewesen seien, und zwar meistens nur aus dem Grunde, weil der Autor subjektiv anders sieht, als seine Vorgänger. Er berücksichtigt nicht, dass die Psychologie, die er sieht, seine Psychologie und höchstens noch die Psychologie seines Typus ist. Er erwartet daher, dass es für den psychischen Vorgang, der ihm Objekt des Erkennens und Erklärens ist, nur eine wahre Erklärung geben könne, nämlich eben die, die seinem Typus zusagt. Alle andern Auffassungen — ich möchte fast sagen, alle sieben andern Auffassungen, die in ihrer Art ebenso wahr sind, wie die seine, gelten ihm als Irrtum. Im Interesse der Gültigkeit seiner eigenen Theorie wird er also einen lebhaften und menschlich verstehbaren Widerwillen gegen eine Aufstellung von Typen menschlicher Psychologie empfinden, denn damit verlöre seine Auffassung beispielsweise ⅞ ihres Wahrheitswertes; es müsste denn sein, dass er neben seiner eigenen Theorie noch 7 andere Theorien desselben Vorganges als gleich wahr denken könnte — oder sagen wir: wenigstens noch eine zweite Theorie als vollwertig neben der seinigen.

Ich bin ganz überzeugt, dass ein Naturvorgang, der in hohem Masse von der menschlichen Psychologie unabhängig ist und ihr daher nur Objekt sein kann, nur einerlei wahre Erklärung haben kann. Ebenso bin ich auch überzeugt, dass ein komplexer psychischer Vorgang, der in keine objektiv registrierenden Apparate eingespannt werden kann, notwendigerweise nur diejenige Erklärung erhalten kann, die er als Subjekt selber erzeugt, d. h. der Autor des Begriffes kann nur einen solchen Begriff erzeugen, welcher zu dem psychischen Vorgang, den er zu erklären trachtet, stimmt. Der Begriff wird aber nur dann stimmen, wenn er mit dem zu erklärenden Vorgang im denkenden Subjekt selbst übereinstimmt. Wenn der zu erklärende Vorgang beim Autor selber gar nicht vorkäme und auch keine Analogie davon, so stünde der Autor vor einem, völligen Rätsel, welches zu erklären er dem überlassen müsste, der den Vorgang selber erlebt. Wie eine Vision zustande kommt, kann ich durch objektive Apparate niemals in Erfahrung bringen; ich kann ihr Zustandekommen also nur erklären, wie ich es mir denke. In diesem „wie ich es mir denke“ steckt aber die Befangenheit, denn bestenfalls geht meine Erklärung daraus hervor, wie der Vorgang einer Vision sich in mir darstellt. Wer aber gibt mir das Recht, anzunehmen, dass in jedem andern der Vorgang der Vision sich gleich oder auch nur ähnlich darstelle?

Man wird mit einem Anschein von Recht die universelle Gleichartigkeit der menschlichen Psychologie in allen Zeiten und Zonen als Argument zu Gunsten dieser Verallgemeinerung des subjektiv bedingten Urteils anführen. Ich bin von dieser Gleichartigkeit der menschlichen Psyche so tief überzeugt, dass ich sie sogar in den Begriff des collektiven Unbewussten gefasst habe, als eines universellen und gleichartigen Substratums, dessen Gleichartigkeit so weit geht, dass man dieselben Mythen- und Märchenmotive in allen Winkeln der weiten Erde findet, dass ein Neger der amerikanischen Südstaaten in Motiven der griechischen Mythologie träumt und ein schweizerischer Handelslehrling in seiner Psychose die Vision eines ägyptischen Gnostikers wiederholt. Von dieser fundamentalen Gleichartigkeit hebt sich aber eine ebenso grosse Ungleichartigkeit der bewussten Psyche ab. Welche ungemessenen Distanzen liegen zwischen dem Bewusstsein eines Primitiven, eines Themistocleïschen Atheners und eines heutigen Europäers! Welcher Unterschied besteht zwischen dem Bewusstsein des Herrn Professors und dem seiner Gattin! Wie sähe überhaupt unsere heutige Welt aus, wenn eine Gleichartigkeit der Bewusstseine bestünde? Nein, der Gedanke einer Gleichartigkeit der bewussten Psychen ist eine akademische Chimäre, welche die Aufgabe eines Dozenten vor seinen Schülern vereinfacht, die aber vor der Wirklichkeit in nichts zusammenfällt. Ganz abgesehen von der Verschiedenheit der Individuen, deren innerstes Wesen durch Gestirnsweite geschieden ist vom Nachbarn, sind schon die Typen als Klassen von Individuen in sehr hohem Masse von einander verschieden, und ihrer Existenz sind die Verschiedenheiten allgemeiner Auffassungen zuzuschreiben. Um die Gleichartigkeit der menschlichen Psychen aufzufinden, muss ich schon in die Fundamente des Bewusstseins hinuntersteigen. Dort finde ich das, worin alle einander gleichen. Gründe ich eine Theorie auf das, was alle verbindet, so erkläre ich die Psyche aus dem, was an ihr Fundament und Ursprung ist. Damit aber erkläre ich nichts von dem, was an ihr historische oder individuelle Differenzierung ist. Mit einer solchen Theorie übergehe ich die Psychologie der bewussten Psyche. Ich leugne damit eigentlich die ganze andere Seite der Psyche, nämlich ihre Differenzierung von der ursprünglichen Keimanlage. Ich reduziere gewissermassen den Menschen auf seine phylogenetische Vorlage, oder ich zerlege ihn in seine Elementarvorgänge, und wenn ich ihn aus dieser Reduktion rekonstruieren wollte, so käme im erstem Fall ein Affe heraus und in letzterm eine Anhäufung von Elementarvorgängen, deren Zusammenspiel eine sinn- und zwecklose Wechselwirkung ergäbe. Zweifellos ist die Erklärung des Psychischen auf der Grundlage der Gleichartigkeit nicht nur möglich, sondern auch völlig berechtigt. Will ich aber das Bild der Psyche zu seiner Vollständigkeit ergänzen, so muss ich mir die Tatsache der Verschiedenartigkeit der Psychen vor Augen halten, denn die bewusste individuelle Psyche gehört ebensowohl in ein allgemeines Gemälde der Psychologie wie ihre unbewussten Fundamente. Ich kann daher mit demselben Recht in meiner Begriffsbildung von der Tatsache differenzierter Psychen ausgehen und denselben Vorgang, den ich vorhin unter dem

Gesichtswinkel seiner Gleichartigkeit betrachtete, nunmehr vom Standpunkt der Differenzierung aus betrachten. Dies führt mich natürlicherweise zu einer der frühern gerade entgegengesetzten Auffassung. Alles was für jene Auffassung als individuelle Variante ausser Betracht fiel, wird hier bedeutsam als Ansatz zu weitern Differenzierungen und alles, was dort als gleichartig einen besondern Wert erhielt, erscheint mir jetzt als wertlos, weil bloss collektiv. Ich werde in dieser Ansicht immer darauf sehen, worauf etwas zielt und niemals darauf, woher es kommt, während ich in der vorherigen Ansicht mich nie um ein Ziel, sondern bloss um den Ursprung kümmerte. Ich kann daher einen und denselben psychischen Vorgang durch zwei gegensätzliche Theorien, die sich gegenseitig ausschliessen, erklären, wobei ich weder von der einen noch von der andern Theorie behaupten kann, sie sei unrichtig, denn die Richtigkeit der einen ist bewiesen durch die Gleichartigkeit und die der anderen durch die Ungleichartigkeit der Psychen.

Hier aber beginnt nun die grosse Schwierigkeit, welche dem Laien, sowie dem wissenschaftlichen Publikum die Lektüre meines frühern Buches über „die Wandlungen und Symbole der Libido" so sehr erschwert hat, dass viele sonst fähige Köpfe darob in Verwirrung geraten sind (wie mir ihre bedenklichen Kritiken beweisen). Ich habe nämlich dort am concreten Material die eine wie die andere Ansicht darzustellen versucht. Da nun die Wirklichkeit bekanntlich weder aus Theorien besteht, noch nach solchen geht, so ist in ihr beides, was wir getrennt denken müssen, in einem beisammen und jedes lebendige Etwas in der Seele schillert in mehreren Farben. Jedes ist Hergekommenes und meint Zukünftiges und von keinem ist mit Sicherheit auszumachen, ob es bloss Ende und nicht auch schon ein Anfang wäre. Jemandem, der meint, für einen psychischen Vorgang könne es nur *eine* wahre Erklärung geben, ist diese Lebendigkeit des psychischen Inhaltes, die zu zwei gegensätzlichen Theorien nötigt, eine Sache zum verzweifeln, besonders noch, wenn er ein Liebhaber einfacher und unkomplizierter Wahrheiten und etwa unfähig sein sollte, sie zugleich zu denken.

Ich bin wiederum nicht der Überzeugung, dass mit den zwei Betrachtungsweisen, der reduzierenden und der construktiven — wie ich sie einmal genannt habe[379] —, die Möglichkeiten der Betrachtung erschöpft wären. Ich glaube im Gegenteil, dass für den psychischen Vorgang noch einige andere ebenso „wahre" Erklärungen beigebracht werden können, und zwar ebenso viel als es Typen gibt. Und diese Erklärungen werden sich miteinander ebenso gut oder schlecht vertragen, wie die Typen selber in ihren persönlichen Beziehungen. Falls also die Existenz von typischen Verschiedenheiten der menschlichen Psychen zugegeben werden sollte — ich gestehe, dass ich keinen Grund sehe, warum dies nicht geschehen könnte — so sieht sich der wissenschaftliche Theoretiker vor das unangenehme

Dilemma gestellt, entweder mehrere einander widersprechende Theorien desselben Vorganges nebeneinander bestehen zu lassen, oder dann den von vornherein hoffnungslosen Versuch einer Sektengründung zu machen, welche die allein richtige Methode und die allein wahre Theorie für sich beansprucht. Erstere Möglichkeit verstösst nicht nur gegen die schon erwähnte ausserordentliche Schwierigkeit einer doppelten und innerlich gegensätzlichen Denkoperation, sondern auch gegen einen der ersten Grundsätze intellektueller Moral: principia explicandi non sunt multiplicanda — praeter necessitatem. Die necessitas einer Mehrheit von Erklärungen ist aber im Falle einer psychologischen Theorie entschieden gegeben, denn zum Unterschied mit irgend einer naturwissenschaftlichen Theorie, ist das Objekt der Erklärung in der Psychologie von gleicher Natur wie das Subjekt: ein psychologischer Vorgang soll den andern erklären. Diese bedenkliche Schwierigkeit hat schon lange denkende Köpfe zu merkwürdigen Ausflüchten genötigt, wie z. B. zur Annahme eines „objektiven Geistes", der jenseits der Psychologie stünde und darum objektiv seine ihm unterstellte Psyche denken könne oder zur ähnlichen Annahme, dass der Intellekt ein Vermögen sei, das auch noch ausserhalb sich selber sich stellen und sich denken könne. Mit diesen und ähnlichen Ausflüchten soll jener archimedische Punkt ausserhalb der Erde geschaffen werden, mittelst dessen der Intellekt sich selber aus den Angeln heben soll. Ich begreife das tiefgehende menschliche Bedürfnis nach Bequemlichkeit, aber ich begreife nicht, dass die Wahrheit sich diesem Bedürfnis beugen sollte. Ich begreife auch, dass es ästhetisch viel befriedigender wäre, wenn man, statt der Paradoxie einander widersprechender Erklärungen, den psychischen Vorgang auf irgend eine möglichst einfache Instinktgrundlage reduzieren und sich dabei beruhigen, oder wenn man ihm ein metaphysisches Erlösungsziel unterlegen und sich in dieser Hoffnung zur Ruhe begeben könnte.

Was aber immer wir mit unserm Intellekt zu ergründen streben, wird mit Paradoxie und Relativität endigen, wenn es ehrliche Arbeit und nicht eine der Bequemlichkeit dienende petitio principii ist. Dass die intellektuelle Erfassung des psychischen Vorganges zur Paradoxie und Relativität führen *muss*, ist sicher, schon aus dem Grunde, dass der Intellekt nur eine unter verschiedenen psychischen Funktionen ist, welche von Natur aus dem Menschen zur Konstruktion seiner Objektbilder dient. Man gebe sich nicht den Anschein, als ob man die Welt nur aus dem Intellekt begriffe; man begreift sie ebenso sehr auch aus dem Gefühl. Darum ist das Urteil des Intellektes höchstens die Hälfte der Wahrheit, und muss, wenn es ehrlich ist, auch zum Eingeständnis seines Ungenügens gelangen.

Die Existenz von Typen zu leugnen, hilft nichts gegen die Tatsache ihres Daseins. In Ansehung ihrer Existenz muss daher jede Theorie über psychische Vorgänge es sich gefallen lassen, selber wieder als psychischer Vorgang zu gelten, und zwar als Ausdruck eines bestehenden und daseinsberechtigten Typus menschlicher Psychologie. Aus diesen typischen Darstellungen erst ergeben sich die Materialien, deren *Cooperation* eine höhere Synthese ermöglicht.

Fußnoten:

[1] *Jung*: Contribution à l'étude des Types psychologiques. Arch. de Psychologie. I. XIII p. 289.

id.: Psychological Types. Collected Papers on Analytical Psychology. London, 1917, p. 287.

id.: Psychologie der unbewussten Prozesse. Zürich. II. Auflage. 1918. p. 65.

[2] Dokumente der Gnosis. Jena, 1910.

[3] Begierde; wir würden etwa sagen: ungezähmte Libido, die als εἱμαρμένη, Gestirns- und Schicksalszwang, den Menschen in Schuld und Verderben führt.

[4] *Buber*: Ekstatische Konfessionen. 1909. p. 31 ff.

[5] Kr. der pr. Vernunft. p. 90 und 157 ff.

[6] *Charles de Rémusat*: Abélard. Paris, 1845.

[7] Lady Meux Manuskript Nr. 6. The book of Paradise by Palladius, Hieronymus etc. Edited by E. A. Wallis Budge. London 1904.

[8] Ich sage: „semiotisch" im Gegensatz zu „symbolisch". Was Freud als Symbole bezeichnet, sind nichts anderes als *Zeichen* für elementare Triebvorgänge. Ein Symbol aber ist der bestmögliche Ausdruck für einen Tatbestand, der noch nicht anders als durch eine mehr oder weniger nahe Analogie ausgedrückt werden kann.

[9] Vergl. dazu: *Jung*: Inhalt der Psychose. II. Auflage. idem: Psychologie der unbewussten Prozesse.

[10] Cotta'sche Ausgabe. 1826. Bd. XVIII.

[11] l. c. p. 22.

[12] l. c. p. 22.

[13] l. c. pag. 29.

[14] l. c. pag. 28.

[15] l. c. pag. 29.

[16] l. c. pag. 30 f.

Die Hervorhebungen im Text sind von mir.

[17] l. c. p. 33 f.

[18] 1. c. pag. 35 f.

[19] Émile: Livre I.

[20] Émile: Livre II.

[21] Andeutungen davon finden sich schon in den griechischen Mysterien.

[22] Erz. d. Menschen, pag. 39.

[23] l. c. pag. 50.

[24] Émile: Livre II.

[25] l. c. p. 51.

[26] l. c. p. 54.

[27] l. c. p. 54.

[28] l. c. p. 54.

[29] Vergl. dazu die Rede des Julian über die Göttermutter.

[30] Brief an Goethe, 5. Januar 1798.

[31] Brief an Schiller, April 1798.

[32] Brief an Schiller, 6. Januar 1798.

[33] Brief an Goethe, 31. August 1794.

[34] l. c. p. 55.

[35] l. c. p. 56.

[36] l. c. p. 57.

[37] d. h. „extravertiert".

[38] d. h. „introvertiert".

[39] „Formtrieb" kommt bei Schiller mit „Denkkraft" überein. cf. l. c. p. 68.

[40] l. c. p. 59.

[41] Im weitern Verlauf kritisiert Schiller selber diesen Punkt.

[42] l. c. p. 61 f.

[43] l. c. p. 67.

[44] l. c. p. 64 f.

[45] Ich möchte hier zur Vermeidung von Missverständnissen bemerken, dass diese Verachtung nicht dem Objekte gilt, wenigstens in der Regel nicht, sondern bloss der Beziehung dazu.

[46] Im Gegensatz zu dem oben angeführten *reaktiven* Denken.

[47] l. c. p. 90 f.

[48] l. c. p. 68.

[49] l. c. p. 76 f.

[50] l. c. p. 68 f.

[51] l. c. p. 69.

[52] l. c. p. 73.

[53] l. c. p. 74.

[54] l. c. p. 79.

[55] l. c. p. 156.

[56] Ich zitiere nach der lateinischen Übersetzung des Marsilius Ficinus von 1497.

[57] l. c. p. 99 und 100.

[58] Vergl. dazu die Arbeit von *Nunberg*: Über körperliche Begleiterscheinungen assoziativer Vorgänge. In *Jung*: Diagnost. Assoz. stud. Bd. II. p. 196 ff.

[59] Wandl. und Symb. der Libido. p. 155 ff.

[60] Ich muss betonen, dass ich hier diese Funktion nur im Prinzip darstelle. Weitere Beiträge zu diesem sehr komplexen Problem, bei dem namentlich die Art der Aufnahme der unbewussten Materialien ins Bewusstsein von grundlegender Bedeutung ist, finden sich in meiner Arbeit: „La structure de l'Inconscient" (Archives de Psychologie. Déc. 1916), sowie in meiner Broschüre: die Psychologie der unbewussten Prozesse. (Rascher, Zürich, 1917.)

[61] l. c. p. 104.

[62] Wie Schiller richtig sagt, ist im ästhetischen Zustand der Mensch Null. l. c. p. 108.

[63] l. c. p. 135.

[64] Ich verwende das Wort „Ästhetismus" als einen abgekürzten Ausdruck für „ästhetische Weltanschauung". Ich meine daher nicht jenen Ästhetismus mit dem übeln Beiklang des Ästhetisch-Tuns und der Anempfindelei, was man vielleicht als Ästhetizismus bezeichnen könnte.

[65] Vergl. dazu *Schiller*: Über die notwendigen Grenzen beim Gebrauch schöner Formen, p. 195. „Dafür nämlich, dass bei dem ästhetisch verfeinerten Menschen die Einbildungskraft auch in ihrem freien Spiele sich

nach Gesetzen richtet, und dass der Sinn sich gefallen lässt, nicht ohne Beistimmung der Vernunft zu geniessen, wird von der Vernunft gar leicht der Gegendienst verlangt, in dem Ernst ihrer Gesetzgebung sich nach dem Interesse der Einbildungskraft zu richten, und nicht ohne Beistimmung der sinnlichen Triebe dem Willen zu gebieten."

[66] l. c. p. 81.

[67] l. c. p. 81: „indem der weibliche Gott unsere Anbetung heischt" etc.

[68] Ich habe diesen Punkt in meinem Buche „Wandl. und Symb. der Libido" weitläufig erörtert.

[69] l. c. p. 108.

[70] l. c. p. 118.

[71] l. c. p. 120.

[72] l. c. p. 121.

[73] l. c. p. 123.

[74] l. c. p. 124.

[75] l. c. p. 111.

[76] l. c. p. 142.

[77] l. c. p. 146.

[78] l. c. p. 151.

[79] *Schiller*: Über naive und sentimentalische Dichtung.

[80] l. c. p. 248.

[81] l. c. p. 250.

[82] l. c. p. 304.

[83] l. c. p. 303.

[84] l. c. p. 305.

[85] l. c. p. 307 f.

[86] l. c. p. 314.

[87] Les fonctions mentales dans les sociétés inférieures.

[88] l. c. p. 249.

[89] l. c. p. 250.

[90] l. c. p. 301.

[91] l. c. p. 303.

[92] l. c. p. 329 f.

[93] l. c. p. 331.

[94] l. c. p. 331.

[95] *Nietzsche*: l. c. p. 31.

[96] l. c. p. 19.

[97] l. c. p. 23.

[98] l. c. p. 57 ff.

[99] l. c. p. 24.

[100] l. c. p. 25.

[101] l. c. p. 27.

[102] Der Ästhetismus kann natürlich die religiösen Funktionen ersetzen. Aber wie viele Dinge gibt es, die nicht dasselbe tun können? Was haben wir nicht Alles kennen gelernt als Surrogat für eine mangelnde Religion? Wenn der Ästhetismus auch ein sehr edles Surrogat ist, so ist er eben doch nur Ersatzbildung an Stelle des mangelnden Ächten. Die spätere „Bekehrung" Nietzsches zu Dionysos zeigt übrigens am besten, dass das ästhetische Surrogat auf die Dauer nicht Stand gehalten hat.

[103] *Nietzsche*: Vom Nutzen und Nachteil der Historie für das Leben. II. Stück der unzeitgemässen Betrachtungen.

[104] p. 9 ff.

[105] pag. 35.

[106] p. 9, Diederichs, Jena, 1911.

[107] Vergl. *Jung*: La structure de l'inconscient. Arch. de Psych. T. XVI.

[108] p. 24 f.

[109] l. c. p. 28.

[110] Vergl. dazu *Jung*: Inhalt der Psychose.

Idem: Wandl. und Symb. der Libido.

[111] Bezüglich des Motives des Kleinodes und der Wiedergeburt muss ich auf mein Buch: Wandlungen u. Symbole der Libido, verweisen.

[112] *Spitteler*: l. c. p. 126.

[113] Spitteler stellt das famose Gewissen des Epimetheus als ein kleines Tier dar. Es entspricht auch dem thierischen Opportunitätsinstinkt.

[114] l. c. p. 132 ff.

[115] Spittelers „Heit“ und „Keit“.

[116] An ihre Stelle kann auch compensatorisch eine erhöhte Geselligkeit, ein intensiver gesellschaftlicher Betrieb treten, in dessen hastigem Wechsel Vergessen gesucht wird.

[117] Compensatorisch kann dafür eine krankhaft gesteigerte Arbeitstätigkeit eintreten, welche ebenfalls der Verdrängung dient.

[118] Phileros = der den Eros liebt.

[119] Vergl. *Goethes* „Geheimnisse“. Dort wird die rosenkreuzerische Lösung versucht, nämlich die Vereinigung von Dionysos und Christus, Rose und Kreuz. Das Gedicht lässt kalt. Man kann nicht neuen Wein in alte Schläuche füllen.

[120] Es sind sehr oft die Vertreter ältern Volkstums, welche magische Kräfte haben. In Indien sind es die Nepalesen, in Europa Zigeuner, in protestantischen Gegenden Kapuziner.

[121] Manava-Dharmaçastra I, 26. Sacred Books. 25.

[122] Ramayana II, 84. 20.

[123] Manava-Dharmaçastra VI, 80 f. l. c.

[124] Bhagavadgita II.

[125] Qualitäten oder Faktoren oder Konstituenten der Welt.

[126] *Deussen*: Allg. Gesch. d. Phil. 1. 3. p. 511 ff.

[127] Yoga ist bekanntlich ein Übungssystem zur Erlangung höherer erlöster Zustände.

[128] Kaushitaki-Upanishad. I. 4.

[129] Tejobindu-Upanishad 3.

[130] Mahabharata I, 119, 8 f.

[131] Mahabharata. XIV. 19, 4 ff.

[132] Bhagavata-Purana IX. 19, 18 f. „Nachdem er abgetan das Nichtschweigen und das Schweigen, so wird er ein Brahmana.“ Brihadaranyaka-Up. 3, 5.

[133] Bhagavata-Purana IV. 22. 24.

[134] Garuda-Purana 16, 110.

[135] Ich verdanke diese für mich zum Teil unerreichbaren Zitate (Nr. 193, 201–205) der liebenswürdigen Mithilfe des Sanskritspezialisten Dr. Abegg in Zürich.

[136] *Deussen*: Allg. Gesch. d. Phil. I, 2, pag. 117.

[137] Brihadaranyaka-Upanishad, 2, 3 (Engl. Übersetzung: the material and the immaterial, the mortal and the immortal, the solid and the fluid, „sat" (being, definite) and „tya" (that, indefinite). Sacred Books. 15).

[138] Svetasvatara-Upanishad, 4, 17 f.

[139] Svetasvatara-Upanishad 5, 1. (*Deussen.*) Englische Übersetzung (Sacred Books 15): „In the imperishable and infinite highest Brahman, wherein the two, knowledge and ignorance are hidden, the one, ignorance perishes, the other, knowledge, is immortal; but he, who controls both, knowledge and ignorance, is another."

[140] *Deussen* übersetzt hier: „Er sitzt und wandert doch fernhin. Er liegt und schweift doch allerwärts. Des Gottes Hin- und Herwogen, wer verstände es ausser mir?" Kâtha-Upanishad 1, 2, 20 f.

[141] Iça-Upanishad, 4–5. (*Deussen.*)

[142] Brihadaranyaka-Upanishad. 4, 3.

[143] Atharvaveda 10, 8, II (Deussen).

[144] Daher ist Brahman gänzlich unerkennbar und unverstehbar.

[145] *Jung*: Wandl. und Symbole der Libido. Leipzig u. Wien, 1912.

[146] Çatap. Brahm. 14, l, 3, 3 (Deussen).

[147] Taitt. Ar. 10, 63, 15 (Deussen).

[148] Çankh. Br. 8, 3 (Deussen).

[149] Vaj. Samh. 23, 48 (Deussen).

[150] Çatap. Br. 8, 5, 3, 7 (Deussen).

[151] Taitt. Br. 2, 8, 8, 8 ff. (Deussen).

[152] Atharvaveda. 2, l. 4, l. II, 5.

[153] Übung, Selbstbebrütung. Vergl. dazu: *Jung*: Wandl. und Symb. d. Libido.

[154] Atharvaveda 11, 5, 23 f. (Deussen).

[155] *Deussen*: Allg. Gesch. d. Phil. I, 2. p. 93 ff.

[156] Taitt. Up. 2, 8, 5 (F. Max Müller).

[157] Brihadar. Up. 5, 15, 1 ff. (F. Max Müller).

[158] Khandogya-Up. 3, 13, 7 f. (F. Max Müller).

[159] Çatap. brahm. 10, 6, 3 (Deussen).

[160] Allg. Gesch. d. Phil. I, 1, p. 240 ff.

[161] Dafür spricht auch die Beziehung Brahman-prana-Matariçvan (der in der Mutter Schwellende) Atharvaveda 11, 4, 15.

[162] *Jung*: Wandlungen und Symbole der Libido.

[163] Rigveda 10, 31, 6 (Deussen).

[164] Kosmisches Schöpferprinzip = Libido. Taitt. Samh. 5, 5, 2, 1: „Er hat die Kreaturen, nachdem er sie erschaffen, mit Liebe durchdrungen."

[165] Selbstbebrütung, Askese, Introversion.

[166] Die Feuererzeugung im Munde hat eine merkwürdige Beziehung zur Sprache.

Vergl. dazu *Jung*: Wandl. u. Symb. d. Libido.

[167] Vergl. Dioskurenmotiv in *Jung*: Wandl. und Symb. d. Libido.

[168] *Deussen*: Gesch. d. Phil. I, 1, p. 206. Pancav. Br. 20, 14, 12.

[169] *Weber*: Ind. Stud. 9, 477.

Cit. *Deussen*: Gesch. d. Phil. I, 1. p. 206.

[170] Name eines Saman = Lied.

[171] *Deussen*: l. c. I, 1, 205. Pancav. Br. 7, 6.

[172] Çatap. Br. 11, 2, 3 (Deussen).

[173] Vergl. dazu *Jung*: Über die Psychologie der Dem. praecox. Halle, 1907.

[174] Andeutung von Pferd, was auf die *dynamische* Natur des Ritabegriffes hinweist.

[175] Agni wird Wagenlenker des rita genannt. Vedic Hymns. Sacred Books 46, p. 158, 7, p. 160, 3, p. 229, 8.

[176] Vergl. dazu *Oldenberg*: Nachr. d. Gött. Ges. d. Wiss. 1915, p. 167 ff. Religion des Veda. p. 194 ff. Ich verdanke diese Angabe der Liebenswürdigkeit von Herrn Dr. Abegg in Zürich.

[177] *Deussen*: Allg. Gesch. d. Phil. I, 1, p. 92.

[178] Çatapatha-Brahmanam. 4, 1, 4, 10 (Eggeling).

[179] Atharvaveda 10, 10, 33 (Deussen).

[180] Atharvaveda 10, 12, 1, 61 (Bloomfield).

[181] Vedic Hymns. Sacred Books, 46, p. 54.

[182] Vedic Hymns. l. c. p. 61.

[183] Ved. Hymns. l. c. p. 393.

[184] Die Befreiung der Libido erfolgt durch *rituelle* Arbeit. Die Befreiung bringt die Libido zur bewussten Verwendbarkeit. Sie wird domestiziert. Sie wird aus einem instinktiven, undomestizierten Zustand in einen Zustand der Disponibilität übergeführt. Dies schildert ein Vers, wo es heisst: „Wenn die Herrscher, die freigebigen Herren ihn (Agni) durch ihre Kraft aus der *Tiefe, aus der Form des Stieres*, hervorgebracht haben —" (Ved. Hym. l. c. p. 147).

[185] Vedic Hymns. l. c. p. 147.

[186] Vergl. dazu das Tishtrya-Lied. *Jung*: Wandl. u. Symb. d. Libido.

[187] Vedic Hymns. l. c. p. 88.

[188] l. c. p. 103.

[189] l. c. p. 160, 2.

[190] Ved. Hymns. l. c. p. 244, 6 und p. 316, 3.

[191] Ved. Hymns. l. c. p. 153 und p. 8.

[192] Tao-te-king Cap. 4.

[193] Tao-te-king Cap. 25.

[194] l. c. Cap. 1.

[195] l. c. Cap. 16.

[196] l. c. Cap. 21.

[197] l. c. Cap. 40.

[198] l. c. Cap. 41.

[199] l. c. Cap. 56.

[200] Vergl. *Tetsujiro Inouye*: Die japanische Philosophie. (In „Kultur der Gegenwart". Leipzig u. Berlin, 1913.)

[201] „Illa terra virgo nondum pluviis rigata nec imbribus foecundata", etc.

[202] „Veritas de terra orta est, quia Christus de virgine natus est."

[203] Die Beispiele hiefür sind zahlreich. Ich habe einiges erwähnt in „Wandl. und Symbole der Libido".

[204] *Pfeiffer*: Deutsche Mystiker. Bd. II.

[205] Von den Hindernissen an wahrer Geistlichkeit. *H. Büttner*. Meister Eckeharts Schriften und Predigten. Diederichs, Jena, 1909, Bd. II, 185.

[206] Geistl. Unterweisung. 4. H. Büttner, l. c. Bd. II. p. 8.

[207] Der Libidobegriff der Batak. *Warnecke*: Die Religion der Batak. Leipzig, 1909, Tondi ist der Name für die magische Kraft, um die sich sozusagen alles dreht.

[208] Etwas als Projektion erkennen, ist niemals als ein bloss intellektueller Vorgang misszuverstehen. Die intellektuelle Erkenntnis löst eine Projektion nur dann auf, wenn sie sowieso schon reif ist zur Auflösung. Durch intellektuelles Urteil und durch Willen die Libido aus einer Projektion, die nicht sowieso schon fällig ist, herauszuziehen, ist unmöglich.

[209] *William Blake*, der englische Mystiker, sagt: „Energy is eternal delight." Poetical Works. Vol. I. London, 1906. p. 240.

[210] *Büttner*, l. c. Bd. II, p. 195.

[211] Nach Eckehart ist die Seele ebensosehr das Begreifende, wie das Begriffene. *Büttner*. l. c. Bd. I., p. 186.

[212] Literarische Beispiele hiefür sind: E. T. A. Hoffmann, Meyrink, Barlach („Der tote Tag") auf höherer Stufe: Spitteler, Goethe (Faust), Wagner.

[213] Nietzsche im „Zarathustra".

[214] Vergl. eine vorläufige Mitteilung in *Jung*: Psychol. der unbew. Prozesse.

[215] Eckehart sagt: „Darum kehre ich wieder auf mich selber zurück, da finde ich die tiefste Stätte, tiefer als die Hölle selber; denn auch aus der treibt mein Elend mich fort: Ich kann mir doch nicht entrinnen! Hierin will ich mich setzen und hierin will ich bleiben." *Büttner* l. c. I, 180.

[216] *Büttner*, l. c. Bd. I. p. 198.

[217] *Büttner*, l. c. Bd. I. p. 147.

[218] *Büttner*. l. c. Bd. I. p. 148.

[219] *Spencer and Gillen*: The Northern Tribes of Central Australia.

[220] Vergl. *Jung*: Wandlungen und Symbole der Libido.

[221] *Spitteler*. l. c. p. 108.

[222] l. c. p. 127.

[223] l. c. p. 132.

[224] l. c. p. 129.

[225] l. c. p. 128.

[226] Paul Cassirer. Berlin. 1912. p. 16 f.

[227] *Spitteler*: l. c. p. 138.

[228] Jes. 7, 14.

[229] Jes. 11, 6 ff.

[230] „Wunderkind“ bei Spitteler.

[231] Vergl. oben meine Erörterungen zu den Schillerschen Briefen.

[232] Römer 8, 19.

[233] *Frobenius*: Das Zeitalter des Sonnengottes.

[234] Siehe Wandl. und Symb. der Libido. Mit der Erwürgung des Leviathan geht bei Spitteler parallel die Überwältigung Behemoths.

[235] *Spitteler* l. c. p. 163.

[236] *E. König*: Ahasver. 1907.

[237] *Spitteler*: l. c. p. 179.

[238] Vergl. dazu: Wandl. und Symb. der Libido. p. 58.

[239] Die Vulgata hat sogar: nervi testiculorum ejus perplexi sunt. Bei Spitteler ist *Astarte* die Tochter Behemoths — bezeichnenderweise.

[240] Man vergleiche damit *Flournoy*: Une mystique moderne. Arch. de Psych. T. XV. 1915.

[241] *Büttner*: l. c. I. p. 165.

[242] Dazu reichliche Belege: Wandl. und Symb. der Libido.

[243] Poetical works. 1. p. 249.

[244] The prolific = der Fruchtbare, der aus sich herausgebärt.

[245] The devouring = der verschlingt, in sich hinein nimmt.

[246] „Religion is an endeavour to reconcile the two!“

[247] Eine umgearbeitete, aber im Wesen unveränderte Darstellung der Typen gibt Gross auch in seinem Buche: Ueber psychopathologische Minderwertigkeiten. Braumüller, Wien und Leipzig, 1909. p. 27 ff.

[248] *Jung*: Diagnostische Associationsstudien.

[249] *Eberschweiler*: Untersuchungen über die sprachliche Komponente der Association. Inaug. Diss. Zürich. 1908. Allg. Zeitschr. f. Psychiatrie, 1908.

[250] An anderer Stelle (Psychopath. Minderw. p. 41) macht Gross, wie mir scheint, mit Recht, einen Unterschied zwischen der „überwertigen Idee“ und dem sogen. „wertüberhöhten Komplexe“. Letzteres Phänomen ist nämlich nicht bloss für diesen Typus charakteristisch, wie Gross meint, sondern auch für den andern. Der „Konfliktkomplex“ hat vermöge seiner Gefühlsbetonung überhaupt beträchtlichen Wert, gleichviel, bei welchem Typus er auch vorkommt.

[251] Vergl. dazu *P. Bjerre*: Zur Radikalbehandlung der chronischen Paranoia. Jahrb. für psychoanalytische Forschungen. Bd. III. p. 795 ff.

[252] *Gross*: Über psychopathologische Minderwertigkeiten. p. 37.

[253] l. c. p. 59.

[254] Vergl. dazu die ähnliche Feststellung bei *Jordan*.

[255] Gross: p. 63.

[256] p. 64.

[257] p. 65.

[258] p. 65.

[259] p. 68 f.

[260] p. 12. Ebenso Gross in seinem Buch: Über pathologische Minderwertigkeiten. Wien, 1909. p. 30 und p. 37.

[261] Diese Spannung oder Entspannung lässt sich gelegentlich sogar im Tonus der Muskulatur nachweisen. In der Regel sieht man sie im Gesicht ausgedrückt.

[262] *Worringer*: Abstraktion und Einfühlung. III. Auflage. München, 1911. (1. Aufl. 1908)

[263] *Lipps*: Leitfaden der Psychologie. II. Auflage 1906. p. 193 f.

[264] *Jodl*: Lehrbuch der Psychologie. 1908. Bd. II. p. 436.

[265] Unter Externalisation versteht *Jodl* die Lokalisierung der Sinneswahrnehmung im Raume. Wir hören die Töne nicht im Ohre und sehen die Farben nicht im Auge, sondern am räumlich lokalisierten Objekt. l. c. Bd. II. p. 247.

[266] *Wundt*: Grundzüge der physiologischen Psychologie. V. Aufl. Bd. III. p. 191.

[267] l. c. p. 4.

[268] *Lipps*: Ästhetik. p. 247.

[269] *Worringer*: l. c. p. 16.

[270] l. c. p. 18.

[271] l. c. p. 21.

[272] *Spencer* and *Gillen*: The Northern Tribes of Central Australia. London. 1904.

[273] Weil die unbewussten Inhalte des Einfühlenden selber relativ unbelebt sind.

[274] l. c. p. 26.

[275] l. c. p. 27.

[276] *Fr. Th. Vischer* gibt in seinem Roman: „Auch Einer" eine treffliche Schilderung der belebten Objekte.

[277] Vergl. zum gerichteten Denken: *Jung*: Wandl. und Symbole der Libido. p. 7 ff.

[278] W. *James*: Pragmatism. A new name for some old ways of thinking. Longmans, London, 1911.

[279] p. 6.

[280] l. c. p. 7 f.

[281] l. c. p. 9.

[282] l. c. p. 10 ff.

[283] l. c. pag. 12 f.

[284] *Th. Flournoy*: La philosophie de W. James. Saint-Blaise, 1911, pag. 32.

[285] *Flournoy*: l. c. p. 32.

[286] *Baldwin*: Handbook of Psychology. I, p. 312.

[287] *Herbart*: Psychologie als Wissenschaft. § 117.

[288] *Schopenhauer*: Welt als Wille und Vorstellung. I, § 8.

[289] *Jerusalem*: Lehrb. der Psychologie, pag. 195.

[290] *Kant*: Log. pag. 140 f.

[291] *Wundt*: Grundzüge der phys. Psychol. V. Auflage, Bd. III, pag. 582 f.

[292] *James*: Pragmatism. p. 13. Die Bostoner sind wegen ihres „vergeistigten“ Ästhetismus bekannt. Cripple Creek ist ein bekannter Bergwerksdistrikt in Virginia. Man kann sich also den Gegensatz leicht vorstellen!

[293] *James*: l. c. p. 15.

[294] *Ostwald*: Grosse Männer. III. und IV. Aufl. Leipzig, 1910.

[295] *Ostwald*: l. c. p. 44.

[296] *Ostwald*: l. c. p. 44 f.

[297] l. c. p. 89.

[298] l. c. p. 94.

[299] l. c. p. 100.

[300] l. c. p. 100.

[301] l. c. p. 372.

[302] l. c. p. 374.

[303] l. c. p. 377.

[304] Ostwald: l. c. p. 380.

[305] Ostwald: l. c. p. 372 f.

[306] *Jung*: Diagnostische Associationsstudien. J. A. Barth. Leipzig. 1911. II. Auflage.

[307] *Sully*: Hum. mind. II c. 16.

[308] *Nahlowsky*: Das Gefühlsleben, p. 48.

[309] *Kant*: Log. § 6.

[310] *Bleuler*: Affektivität, Suggestibilität, Paranoia. 1906. p. 6.

[311] l. c. p. 13 f.

[312] Vergl. dazu *Wundt*: Grundz. der phys. Psych. V. Auflage. III, p. 209. ff.

[313] *Féré*: Note sur des modifications de la résistance électrique etc. Comptes-Rendus de la Société de Biologie 1888. p. 217 ff.

Veraguth: Das psychogalvanische Reflexphänomen. Mon. schr. f. Psych. u. Neurol. XXI p. 387.

Jung: On psychophysical relations etc. Journ. of Abnorm. Psych. I, 247.

Binswanger: Über das Verhalten des psychogalvanischen Phänomens etc. Diagnost. Assoc. stud. II, 113.

[314] Vergl. *Wundt*: Grundz. der phys. Psych. I, 322.

[315] Vergl. dazu *Jung*: Wandl. u. Symb. der Libido.

[316] *Wundt*: Log. I, 20.

[317] Vergl. *Lipps*: Leitf. d. Psych. II. Auflage, p. 104.

[318] *Wundt*: Grundz. d. phys. Psych. III, 529.

[319] *Natorp*: Einl. in d. Psych. p. 11. Ebenso: *Lipps*: Leitfaden der Psych. p. 3.

[320] Vergl. *Riehl*: (Z. Einf. in die Phil. 161.), welcher das B. ebenfalls als „Aktivität", als „Prozess" auffasst.

[321] *Jung*: Zur Psych. der Dem. praec.

[322] In Anlehnung an einen Ausspruch J. *Burckhardts*. Vergl. *Jung*: Wandl. u. Symb. der Lib. p. 35.

[323] *Jung*: Instinct and the Unconscious. The Journal of Psychology. Vol. X, 1.

[324] Ein bemerkenswertes Beispiel eines archaïschen Bildes findet sich *Jung*: Wandl. u. Symb. d. Lib. p. 94 f.

[325] Welt als Wille und Vorstellung. Bd. I. § 49.

[326] Kritik der reinen Vernunft. Kehrb. p. 279.

[327] *Lévy-Bruhl*: Les fonctions mentales dans les sociétés inférieures, p. 27. ff.

[328] *Lévy-Bruhl*: l. c. p. 28 f.

[329] *Adler*: Über den nervösen Charakter. 1912.

[330] Andeutungen der Compensationslehre auch bei *Gross*, angeregt von *Anton*.

[331] *Adler*: Studie über Minderwertigkeit von Organen, 1907.

[332] Id. Über den nervösen Charakter, p. 14.

[333] *Jung*: Collected Papers on Analytical Psychology, II Ed. p. 278 ff.

[334] *Jung*: Inhalt der Psychose. II. Auflage, p. 29 ff.

[335] Ein ausführliches Beispiel hiefür in *Jung*: Psych. u. Path. sog. occult. Phaen. 1902.

[336] *Maeder*: Über das Traumproblem. Jahrb. f. psychoanalyt. u. psychopathol. Forsch. Bd. V, 647.

[337] *Adler*: Über den nervösen Charakter.

[338] *Freud*: Traumdeutung.

[339] *Silberer*: (Probleme der Myst. und ihrer Symbole, p. 149 ff.) drückt sich in der Formulierung der *anagogischen* Bedeutung ähnlich aus.

[340] *Jung*: Die Psych. der unbew. Prozesse. p. 95 ff.

[341] *Jung*: Wandl. u. Symb. d. Libido. p. 7 ff.

[342] l. c. p. 19.

[343] *James*: Grundriss der Psych. p. 464.

[344] *Bleuler*: Die negative Suggestibilität. Psych. Neur. Wochenschr. 1904, 27/28.

Idem: Zur Theorie des schizophrenen Negativismus. Psych. Neur. Wochenschr. 1910, 18/21.

Idem: Lehrb. der Psychiatrie, p. 92, 285.

[345] Pflügers Arch. Bd. 45, 37.

[346] Gr. der Psychol. p. 44.

[347] Gr. der Psychol. I, 681 f.

[348] *Stobaeus*: Ekl. I, 58: εἱμαρμένην δὲ λόγον ἐκ τῆς ἐναντιοδρομίας δημιουργὸν τῶν ὄντων.

[349] *Zeller*: Die Phil. der Griech. II. Auflage, I, 456.

[350] *Gomperz*: Griech. Denker. I, 53.

[351] *Diels*: Fragm. d. Vorsokr. I, 79.

[352] Zur Geschichte des Begriffes der Empfindung vergleiche: *Wundt*: Grundz. d. phys. Psych. I, 350 ff.

Dessoir: Geschichte der neuern deutschen Psychologie.

Villa: Einl. in d. Psych. der Gegenwart.

v. Hartmann: Die moderne Psychologie.

[353] Zur Geschichte des Begriffes des Fühlens und zur Theorie des Gefühls vergl.: *Wundt*: Grundz. d. phys. Psych. *Idem*: Grundr. d. Psych. p. 35 ff.

Nahlowsky: Das Gefühlsleben in seinen wesentlichen Erscheinungen, etc.

Ribot: Psych. d. Gefühle.

Lehmann: Die Hauptgesetze des menschlichen Gefühlslebens.

Villa: Einleitung in d. Psych. d. Gegenwart, p. 208 ff.

[354] Zur Unterscheidung von Gefühl und Empfindung vergl. *Wundt*: Grundz. d. phys. Psych. I, 350 ff.

[355] *Jung*: Zur Psychologie der Dem. praec. Halle. 1907. p. 45.

[356] Phil. Stud. VII, 13.

[357] Kr. d. reinen Vernunft. *Ed. Kehrbach*. p. 279 ff.

[358] Logik. p. 140.

[359] Kr. d. reinen Vernunft. Kehrbach.

[360] Welt als Wille und Vorstellung. Bd. I, § 25.

[361] l. c. § 49.

[362] Ästhet. I, 138.

[363] Log. III, p. 242 f.

[364] Wirklichkeit. p. 152, 154.

[365] Log. p. 14, 18.

[366] Menschl. Weltbegr. p. 25 ff.

[367] *Ferenczi*: Introjektion und Übertragung, p. 10 ff.

[368] Ähnlich *Bergson*.

[369] Das Verdienst, die Existenz dieses Typus entdeckt zu haben, gebührt M. *Moltzer*.

[370] Vergl. dazu *Jung*: Wandl. und Symbole der Libido, p. 119.

Idem: Darstellung der psychoanalytischen Theorie, p. 30 ff.

[371] *Lévy-Bruhl*: Les fonctions mentales dans les sociétés inférieures. Paris 1912.

[372] *Azam*: Hypnotisme — Double Conscience. Paris 1887.

Morton Prince: The dissociation of a personality. 1906.

Landmann: Die Mehrheit geistiger Persönlichkeiten in einem Individuum. 1894.

Ribot: Die Persönlichkeit. 1894.

Flournoy: Des Indes à la Planète Mars. 1900.

Jung: Zur Psychol. u. Pathol. sog. occulter Phaenomene. 1902.

[373] *Jung*: La structure de l'inconscient. Arch. de Psychologie. I. XVI. p. 152.

[374] *Ferrero*: Les lois psychologiques du symbolisme. 1895.

[375] *Freud*: Zur Psychopathologie des Alltaglebens.

[376] Vergl. *Jung*: Instinct and the Unconscious. The Journal of Psychology. Vol. X. 1.

[377] *Jung*: Contribution a l'étude des types psychologiques, Arch. de Psychologie. T. XVI. p. 152.

Idem: Die Psychologie der unbewussten Prozesse. 1918.

[378] Vergl. *Flournoy*: Des Indes à la Planète Mars, 1900.

Idem: Nouvelles observations sur un cas de comnambulisme avec glossolalie. Arch. de Psychologie. T. I. p. 101.

Jung: Zur Psych. und Path. sog. occulter Phaen. 1902.

[379] *Jung*: Inhalt der Psychose. II. Auflage. Zweiter Teil.

CPSIA information can be obtained
at www.ICGtesting.com
Printed in the USA
LVHW032004171022
730904LV00007B/291

9 789356 704190